Mut zu Innovationen

Wolfgang Scholl
(Hrsg.)

Mut zu Innovationen

Impulse aus Praxis, Forschung, Beratung
und Ausbildung

2., überarbeitete und erweiterte Auflage

Hrsg.
Wolfgang Scholl
Institut für Psychologie, Humboldt-
Universität und artop GmbH – Institut an
der Humboldt-Universität zu Berlin
Berlin, Deutschland

ISBN 978-3-662-58389-0   ISBN 978-3-662-58390-6   (eBook)
https://doi.org/10.1007/978-3-662-58390-6

Die Deutsche Nationalbibliothek verzeichnet diese Publikation in der Deutschen Nationalbibliografie; detaillierte bibliografische Daten sind im Internet über http://dnb.d-nb.de abrufbar.

Springer Gabler
© Springer-Verlag GmbH Deutschland, ein Teil von Springer Nature 2014, 2019

Springer Gabler ist ein Imprint der eingetragenen Gesellschaft Springer-Verlag GmbH, DE und ist ein Teil von Springer Nature
Die Anschrift der Gesellschaft ist: Heidelberger Platz 3, 14197 Berlin, Germany

Vorwort zur 2. Auflage

Die Vielfalt der Perspektiven auf Innovation in diesem Buch unterscheidet dieses Buch von vielen anderen Innovationsbüchern und wurde deshalb in der 2. Auflage noch erweitert. Hinzugekommen ist ein neuer Beitrag unseres Beirates, Prof. Dr. Tom Sommerlatte, der aus eigenen Forschungs- und Beratungserfahrungen über „Die Rolle von Vertrauen für den Erfolg der digitalen Transformation" im ersten Teil berichtet. Das Vertrauen in die Organisation und ihre Führung wird in dem Maße wichtiger, wie es durch immer schnelleren Veränderungsbedarf und dessen oft unzureichende Umsetzung zu erodieren droht. Hinzugekommen ist des Weiteren im Teil V des Buches ein ausführliches Interview mit Dr. Ing. Alexander Bünz, Geschäftsführer bei Expresso und Teilnehmer an unserer Innovationspromotorausbildung. Es verdeutlicht nicht nur die Schwierigkeiten des Aufbaus einer Innovationskultur, sondern zeigt auch, wie man auf die „Bright Side of Innovation" kommen kann. Die Entwicklungen im Bereich der Digitalisierung haben schließlich unseren zweiten Beirat, Dipl. Ing. Ulrich Klotz, motiviert, in einem zweiten Interview über Hoffnungen, Fehleinschätzungen und Schattenseiten der IT-Entwicklung zu reflektieren und Auskunft zu geben. Das liest sich im letzten Teil genauso spannend wie das erste Interview, das natürlich beibehalten wurde, und es zeigt besonders die immer wieder mögliche „Dark Side of Innovation".

Andere Beiträge wurden deutlich erweitert, um die vorgelegten Erkenntnisse zu vertiefen. Das gilt für den Beitrag „Innovationskultur, Innovationsprozesse und Innovationserfolge" mit einem erweiterten empirisch geprüften Modell, das den theoretischen Ansatz noch besser aufnimmt. Eine andere wichtige Erweiterung ist im Kapitel über Möglichkeiten und Grenzen von Trainingsevaluation am Beispiel der Ausbildung zum Innovationspromotor zu finden. Wir haben die Teilnehmenden um eine Einschätzung gebeten, wie und inwieweit ihnen die Ausbildung auf ihrem weiteren Berufsweg genützt hat. Die beiden Kapitel von Stephan Bedenk und die beiden von Sebastian Kunert wurden in einigen Punkten überarbeitet und so noch besser verständlich gemacht. Bei den übrigen Kapiteln wurden nur einige Fehler verbessert und die persönlichen Daten und die Praxisvorwörter wurden auf Stand gebracht.

Der Untertitel des Buches wurde an den erweiterten Inhalt noch besser angepasst. Diese erweiterte zweite Auflage wurde alleine vom Erstautor der ersten Auflage betreut und gestaltet und daher auch von ihm alleine herausgegeben.

Allen Leser*innen wünschen die Autor*innen viele Anregungen und den Mut zu persönlichen und organisationalen Innovationen, die zu tatsächlichen Verbesserungen führen.

Berlin   Wolfgang Scholl
September 2018

Vorwort

Folgt man der Diskussion in Politik, Wirtschaft und Gesellschaft, dann sind Innovationen die wichtigste olympische Disziplin, zu der Unternehmen weltweit in ihren jeweiligen Märkten antreten. Höher – schneller – weiter: Die Investitionen in Forschung und Entwicklung sollen höher werden, die Innovationen schneller aufeinander folgen und die Ergebnisse weiterverbreitet werden. Statistisch gesehen geht es Innovationen dabei nicht so gut; nach verschiedenen Schätzungen gelingt höchstens jede zweite Innovation, wobei die Erfolgsquote bei Produktinnovationen eher noch geringer eingeschätzt wird und man bei Verfahrensinnovationen häufig schon zufrieden ist, wenn sie überhaupt Bestand haben, während der erreichte Nutzen gar nicht mehr gemessen wird. Etwas neu, anders und besser zu machen ist naturgemäß sehr schwierig und fordert allen Beteiligten und Betroffenen viel ab.

In dieser Situation wollen wir Mut zu Innovationen machen und dies mit unserer Forschung, mit dem Nachdenken über angemessene Beratung und mit einer innovativen Ausbildung unterstützen, über die wir in diesem Buch berichten. Angesprochen sind Praktiker in den Unternehmen, Innovationsforscher aus allen Disziplinen und Berater. Im ersten Teil des Buches „Innovation von Fall zu Fall" werden die Problematik von Innovationen und der Umgang in der Praxis mit diesen Problemen anhand von Fallberichten aufgezeigt. Im zweiten Teil „Was Innovationsdaten verraten …" werden die Ergebnisse von drei umfangreichen Befragungen zur Innovationsfähigkeit dargestellt. Dabei werden auch Benchmarks zur Innovationsfähigkeit und ihren Voraussetzungen dargestellt und Unternehmen können sich jederzeit über einen online-Test (scholl@artop.de) in allen wichtigen Innovationsbedingungen mit diesen Benchmarks vergleichen. Im dritten Teil „Beratung von Innovationen" werden ein Konzept innovativer Innovationsberatung, eine neue Form des Ideenmanagements sowie Beispiele für geeignete Unterstützungsinstrumente berichtet sowie eine grundsätzliche Reflexion zu den Möglichkeiten wissenschaftlicher Unterstützung von Organisationsberatung. Im vierten Teil „Innovationsprozesse vorantreiben" wird ein ganz neues Ausbildungskonzept zur Unterstützung von Innovationen vorgestellt, die Ausbildung zum/zur Innovations-promotor/in. Vertieft wird dieses neue Konzept durch die Erforschung der dazu benötigten Kompetenzen und die sorgfältige Evaluation dieser Ausbildung. Im letzten Teil „The bright side and the dark side of innovation" wird in einem Interview mit Ulrich Klotz, der sich wie kaum ein anderer persönlich mit den Höhen und Tiefen dieses Feldes auskennt, die Innovations- und Arbeitskultur der letzten Jahrzehnte und der zu erwartenden Entwicklung beleuchtet.

Die einzelnen Kapitel sind jeweils in sich abgeschlossen; man kann als Leser/in bei einem beliebigen Kapitel einsteigen, das einen besonders interessiert, und bekommt dann weitere Verweise auf verwandte Themen in den anderen Kapiteln. Ein besonderes Problem für jede schriftliche Ausarbeitung ist die Beachtung einer geschlechtergerechten Sprache; wir haben es den einzelnen Autor/inn/en überlassen, wie sie es handhaben wollen: Meist wurde der pragmatische Weg gewählt, da beide Geschlechter explizit zu erwähnen, wo es leicht möglich ist, und darauf zu verzichten, wenn dadurch der sprachliche Ausdruck zu kompliziert geworden wäre.

Das vorliegende Buch ist ein Ergebnis des Projektes „Grundlagen nachhaltiger Innovationsfähigkeit: Vertrauenskultur und Evolutionäre Wissensproduktion (GI:VE)", das von den Buchautoren aus dem Institut für Psychologie der Humboldt-Universität zu Berlin und der artop GmbH – Institut an der Humboldt-Universität zu Berlin von Oktober 2009 bis April 2013 durchgeführt wurde. Gefördert wurde es vom Bundesministerium für Bildung und Forschung (BMBF) und dem Europäischen Sozialfonds (ESF) im Rahmen der Bekanntmachung „Balance von Flexibilität und Stabilität", Bereich Vertrauenskulturen und Innovationsstrategien; die Administration dieses Programms lag beim Projektträger Deutsche Gesellschaft für Luft-und Raumfahrt (DLR). Wir bedanken uns beim BMBF und der DLR und deren Gutachter/innen für diese Förderung, sowie besonders bei Frau Dr. Reuther (DLR), die als unsere Ansprechpartnerin immer ein offenes Ohr hatte und uns tatkräftig unterstützte. Großer Dank gilt auch unseren Partnerunternehmen AdvoService – Gesellschaft für juristische EDV-Systeme mbH, ALBA Wertstoffmanagement GmbH, DEICHBLICK agentur für film und fernsehen GbR, ECOVIS International, KNAUER Wissenschaftliche Gerätebau Dr. Ing. Herbert Knauer GmbH, PACE Paparazzi Catering & Event GmbH sowie dem Event-Netzwerk Ruesche Catering oHG, Bassta Event Technologies Schulte & Löcker GbR und Wirkstoffgruppe GmbH. Bei diesen Partnerunternehmen haben wir unsere Befragung zur Innovationsfähigkeit durchgeführt, haben gemeinsam mit ihnen über mögliche Verbesserungen der laufenden Innovationsprozesse beraten und aus diesen Unternehmen kam auch ein Drittel der Teilnehmer/innen an unserer Innovationspromotor-Ausbildung. Darüber hinaus danken wir allen weiteren Unternehmen, die an unserer Befragung teilgenommen haben und uns zwei aussagekräftige Untersuchungen ermöglicht haben. Ebenfalls bedanken wir uns bei den Wissenschaftler/innen mit Beratungserfahrung und den Berater/innen mit einem Standbein in der Wissenschaft, die an zwei Expertentagen teilgenommen und uns eine Vertiefung dieser Thematik ermöglicht haben.

Im Projekt GI:VE haben neben den Buchautoren viele weitere mitgewirkt, denen wir an dieser Stelle ganz herzlich danken. Sie haben zum Teil auch als Autoren an einzelnen Kapiteln dieses Buches mitgeschrieben oder aus Sicht der Praxis ein Vorwort für die einzelnen Teile verfasst. Ein besonderer Dank gilt unseren Beiräten Dipl.-Ing. Ulrich Klotz, Prof. Dr. Tom Sommerlatte und Prof. Dr. Theo Wehner, die uns intensiv über die Jahre begleitet und beraten haben. Ein weiterer Dank gilt der Mitarbeiterin im ersten Jahr, Katrin Schillinger, sowie unseren studentischen Hilfskräften Isabel Ernst, Jolanta Griscenka, Isabel Hühnel, Sophie Neef, Hannah Rauterberg und Lisa Vogel. Sehr wertvoll waren schließlich die Diskussionen mit und die Ausarbeitungen von den Diplomand/inn/en Martina Bierbichler, Ludwig Kannicht, Anja Knittel, Dorothea Markusch, Hannah Rauterberg, Grit Rudinger, Christine Runge und Sandra Tirre.

Wir wünschen allen Leser/inne/n viel Spaß, neue Ideen und produktive Verwunderungen beim Lesen und freuen uns auf Rückmeldungen, die uns persönlich erreichen.

Berlin   Wolfgang Scholl
September 2013

Praxisvorwort

Prof. Dr. Tom Sommerlatte

Dieses Buch erfüllt einen doppelten Zweck: über frische bahnbrechende Forschungsergebnisse zu berichten und zum entschlossenen Transfer dieser Ergebnisse in die unternehmerische Praxis zu ermutigen.

Die neuen Forschungsergebnisse resultieren aus einem dreieinhalb-jährigen Verbundprojekt, in dem Wissenschaftler der Organisationspsychologie[1], Unternehmensberater[2]
und mehrere Unternehmen eng zusammenwirkten, um die Wechselbeziehung von
Innovationsfähigkeit, Vertrauenskultur und Wissensproduktion aufzudecken und daraus
Interventionsansätze abzuleiten und zu erproben, die die Innovationsfähigkeit von Unternehmen zu steigern helfen.

Das zunächst erstaunlich Erscheinende an diesem Projekt besteht darin, dass es vom
Bundesministerium für Bildung und Forschung (BMBF) und vom Europäischen Sozialfonds gefördert wurde. Bei genauerem Einblick in die Förderabsicht wird jedoch klar,
dass gerade das BMBF aufgrund seiner jahrzehntelangen Förderung von Projekten der
Technologieentwicklung zu dem Schluss gekommen sein muss, dass neue Technologie-
entwicklungen eben nicht ausreichen, um erfolgreiche Innovationen hervorzubringen,
sondern dass dafür eine gut ausgeprägte Vertrauenskultur in den Unternehmen eine bisher vielfach unterschätzte Bedeutung haben kann.

Genau dieser Vermutung ging das Verbundprojekt GI:VE[3] auf den Grund, indem
einerseits die Merkmale von Vertrauenskultur in den Unternehmen bestimmt wurden und
andererseits ein integratives Theoriemodell der Innovationsfähigkeit von Unternehmen
entwickelt wurde. Anhand beider Aspekte konnte bei den teilnehmenden Unternehmen
in vielen Gesprächen erhoben werden, durch welches Verhalten und welche Maßnahmen ihre Innovationsfähigkeit und –bereitschaft nachhaltig verbessert werden kann.
Dabei wird der Bogen weit gespannt von konkreten Führungsproblemen über detaillierte

---

[1] Sozial-, Organisations- und Ingenieurpsychologie der Humboldt-Universität zu Berlin.

[2] artop GmbH – Arbeits- & Technikgestaltung, Organisations- & Personalentwicklung.

[3] Projekt **GI:VE**–**G**rundlagen nachhaltiger **I**nnovationsfähigkeit: **V**ertrauenskultur und **E**volutionäre Wissensproduktion.

Innovationprozessanalysen bis hin zu spezifischen und generellen Beratungskonzepten und einer innovativen Ausbildung zur Stärkung der Innovationskompetenzen.

Aus meiner eigenen langjährigen Beratungserfahrung auf dem Gebiet des Innovationsmanagements[4] kann ich voll bestätigen, dass durch die Einengung auf so genannte „technologische Innovationen" in der öffentlichen Diskussion und in vielen Unternehmen die Umsetzung von Wissen und Können in marktfähige Produkte und Leistungen immer wieder erschwert und verzögert worden ist.

Auch die formale Detaillierung des Innovationsprozesses mit Steuerungsinstanzen und Stage-Gate-Punkten allein hat meistens nicht zu einem höheren Innovationserfolg geführt. Mit seinem Forschungsschwerpunkt „Balance von Flexibilität und Stabilität in einer sich wandelnden Arbeitswelt" hat das BMBF denn auch die (Weiter-)Entwicklung einer organisatorischen Vertrauenskultur und nachhaltiger Innovationsfähigkeit zu einem wichtigen zu fördernden Thema gemacht.

Das vorliegende Buch zeigt, welche Faktoren in den Unternehmen zu einer starken Vertrauenskultur führen und wie wichtig neben individueller Kreativität die verschiedenen Ebenen und Formen der Zusammenarbeit sind, um marktorientierte Innovationen ebenso wie interne Prozessinnovationen voranzutreiben. Kompetenz und Flexibilität der Führung und der Mitarbeiterschaft erweisen sich in beiden Fällen als offensichtliche Basisfaktoren „sine qua non", während die Merkmale einer vertrauensbasierten und innovationsfreundlichen Unternehmenskultur bisher viel zu wenig bekannt waren und beachtet wurden.

Besonders in dem sich dynamisch wandelnden wirtschaftlichen und technischen Umfeld, in dem sich die Unternehmen heute behaupten müssen, können nachhaltige Innovationserfolge nur im Rahmen einer geeigneten, Vertrauen schaffenden Unternehmenskultur erreicht werden, deren Bedingungen und Folgen in den Kapiteln dieses Buches von verschiedenen Seiten und mit unterschiedlichen Methoden beleuchtet werden. Egal ob Sie Praktiker, Berater oder Wissenschaftler sind, Sie werden sicher konkrete Antworten und Anregungen zu Ihren spezifischen Fragen in den einzelnen Kapiteln finden. So meine Schlussfolgerung aus dem Projekt GI:VE und aus den Beiträgen in diesem Buch.

Aber prüfen Sie es selbst.

Tom Sommerlatte
Arthur D. Little GmbH
The Squaire, 60600 Frankfurt am Main
E-Mail: sommerlatte.tom@adlittle.com

---

[4]Als Mitbegründer des Beratungsbereichs Technologie- und Innovationsmanagement der internationale Consultingfirma Arthur D. Little und Autor zahlreicher Veröffentlichungen zum Thema Innovationsmanagement.

Inhaltsverzeichnis

Über die Autoren

Dr. Stephan Bedenk ist Berater bei artop GmbH – Institut an der Humboldt-Universität zu Berlin. Er promovierte an der Humboldt-Universität zu Berlin zur Innovationsförderung und begrenzten Rationalität von Geschäftsleitern.

Martina Bierbichler, Dipl.-Psych. ist im Bereich der Sicherheitsforschung mit dem Schwerpunkt Luftsicherheit tätig und Dozentin für Wirtschafts- und Organisations-psychologie an der Hochschule für Technik und Wirtschaft in Berlin.

Dr.-Ing. Alexander Bünz, MBA war Geschäftsführender Direktor der Dr. Ing.Herbert Knauer GmbH und ist jetzt Geschäftsführer/CEO der EXPRESSO Deutschland GmbH, Kassel.

Bernd Fricke, Dipl. Kfm. war Geschäftsführer in verschiedenen Tochterunternehmen der ALBA Group plc & Co. KG. Er ist jetzt Vorstand/COO der PIN Mail AG, Berlin.

Ulf Hausmann, MBA, Dipl. Betriebswirt (BA) ist Gründer und Managing Partner von Ulf Hausmann CONSULTING – Innovationsdesign & Guerilla Marketing für Steuerberatungskanzleien.

Jens Hüttner, Dipl. Psych. ist Geschäftsführer, Berater und Ausbilder bei artop GmbH – Institut an der Humboldt-Universität zu Berlin.

Ulrich Klotz, Dipl.-Ing. i. R., zuletzt beschäftigt im Bereich Wirtschaft, Technologie, Umwelt beim Vorstand der IG Metall, Frankfurt a. M. Er konzipierte und begleitete mehrere große BMBF-Forschungsprogramme zum Thema „Arbeit und Innovation" und „Mensch-Technik-Interaktion" und war Mitglied der Expertengruppe „Zukunft der Arbeit" beim Bundeskanzleramt.

Prof. Dr. Sebastian Kunert ist Berater, Trainer und Coach bei artop GmbH – Institut an der Humboldt-Universität zu Berlin. Darüber hinaus lehrt er als Dozent an verschiedenen europäischen Universitäten und Fachhochschulen zu den Themen Organisation, Wandel und Führung.

Julia Pullen, Dipl. Psych. Netzwerkpartnerin bei artop GmbH – Institut an der Humboldt-Universität zu Berlin.

Mathias Quetz Restaurantfachmann, BA BWL, war Teamleiter Innovationsmanagement bei der PACE Paparazzi Catering & Event GmbH und ist jetzt Teamleiter Digitale Projekte und Innovationen bei den Berliner Verkehrsbetrieben (BVG).

Hannah Rauterberg, Dipl.-Psych. ist Senior Consultant bei HRpepper Management Consultants.

Frank Schmelzer, Dipl. Psych. Berater und Ausbilder bei artop GmbH – Institut an der Humboldt-Universität zu Berlin.

Prof. Dr. Wolfgang Scholl ist Prof. i. R. für Organisations- und Sozialpsychologie an der Humboldt-Universität zu Berlin sowie Initiator und Partner der artop GmbH – Institut an der Humboldt-Universität zu Berlin. Dabei handelt es sich um ein unabhängiges Unternehmen, in welchem wissenschaftliche Erkenntnisse mit praktischer Umsetzung in Beratung und Weiterbildung kombiniert werden. Zu Wolfgang Scholls Fachgebieten zählen die Bedingungen erfolgreicher Zusammenarbeit, Einflussnahme und konstruktiver Konflikthandhabung, die in Experimenten mit Gruppen, Felduntersuchungen zu Innovationsprozessen und Kulturvergleichen durchgeführt und publiziert wurden, siehe http://www.artop.de/team/prof-dr-wolfgang-scholl, www.researchgate.net/profile/Wolfgang_Scholl.

Prof. Dr. Ing. Tom Sommerlatte ist Chairman des Advisory Board der Consultingfirma Arthur D. Little GmbH, Geschäftsführer der Osiris MIC GmbH und Vorsitzender des Vorstands des Trust Management Instituts e.V. Er hielt eine Honorarprofessur für Systemdesign an der Universität Kassel.

Tom Streicher, M.BC., Dip.-Ing. ist Vorstand der ECOVIS Europe AG sowie der ECOVIS Grieger Mallison Management AG. Er ist Vorstandsvorsitzender der Gesellschaft der Förderer der Universität Rostock e. V.

Sandra Tirre, MA Pädagogik, Germanistik und Psychologie, ist Beraterin und Trainerin bei artop GmbH – Institut an der Humboldt-Universität.

René Träder, M.Sc. Psych. und Journalist, ist Trainer, Coach, Berater & Moderator, Autor, Redakteur.

Einladung

Frank Schmelzer

Stellen Sie sich vor, Sie sind Geschäftsführer eines Unternehmens von 100 Mitarbeitern. Die letzten Jahre waren turbulent. Das Überleben war bedroht. Doch jetzt ist die Krise bewältigt und Sie wagen den Kopf zu heben und nach vorn zu sehen. Sie wissen, dass Sie Glück gehabt haben und Sie fühlen sich z. T. von der Komplexität der Anforderungen überwältigt (s. Kapitel „Komplexität und Komplexitätsmanagement in Innovationsprozessen"). Sie ahnen, dass Ihr Unternehmen in den nächsten Jahren flexibler am Markt agieren muss, um nicht wieder in gefährliches Fahrwasser zu geraten. Doch welche Möglichkeiten haben Sie, Innovationen gezielt in Ihrem Unternehmen zu fördern? Sie haben eine Idee: Sie wollen alle Mitarbeiter einladen, über die Entwicklung des Unternehmens mit nachzudenken. Sie wünschen sich mehr Ideen von Ihren Mitarbeitern. Sie glauben, dass es ohne die Ideen nicht genug Innovationen gibt, welche die Zukunftsfähigkeit ihres Unternehmens spürbar steigern würden (mehr dazu im Kapitel „Herausforderungen und Möglichkeiten der Innovationsförderung durch die Geschäftsleitung"). Überall ist die Rede von der zunehmenden Digitalisierung aller Prozesse, ohne dass klar wird, was wie digitalisiert werden soll. Und das verunsichert nicht nur Sie, sondern auch Ihre Beschäftigten und es droht ein gravierender Vertrauensverlust in die Geschäftsführung; wie lässt sich das vermeiden? (mehr dazu im Kapitel „Die Rolle von Vertrauen für den Erfolg der digitalen Transformation"). Besonders schwer ist das natürlich in Unternehmen, die bisher keine Innovationsaktivitäten gezeigt haben, aber auch das lässt sich Schritt für Schritt verändern und dabei können auch in ganz traditionellen Geschäftsfeldern Digitalisierungsmöglichkeiten entdeckt und umgesetzt werden (s Kapitel „Aufbau einer Innovationskultur bei Expresso").

F. Schmelzer (✉)
artop GmbH – Institut an der Humboldt-Universität zu Berlin, Berlin, Deutschland
E-Mail: schmelzer@artop.de

© Springer-Verlag GmbH Deutschland, ein Teil von Springer Nature 2019
W. Scholl (Hrsg.), *Mut zu Innovationen*, https://doi.org/10.1007/978-3-662-58390-6_1

Sie loben ein Projekt aus, um die Innovationsfähigkeit Ihres Unternehmens zu verbessern. Die Aussichten sind hoffnungsvoll, da mehrere Führungskräfte des mittleren
Managements Impulse in die gleiche Richtung setzen. Sie entschließen sich, das Projekt durch eine externe Innovationsberatung begleiten zu lassen (s. dazu Kapitel „Innovative Innovationsberatung" und Kapitel „(Wie) Lässt sich Organisationsberatung
wissenschaftlich unterstützen?").

Los geht's.

Am Anfang lassen Sie das Beratungsunternehmen eine Befragung aller Mitarbeiter
durchführen, denn Sie wollen ein möglichst weitreichendes Meinungsbild in Ihrem
Unternehmen erstellen lassen. Sie hoffen einerseits auf gute Ergebnisse, andererseits
wünschen Sie sich auch, dass die Baustellen deutlich zum Ausdruck gebracht werden,
damit auch die skeptischen Kollegen, vor allem die beiden Geschäftsführerkollegen vom
Sinn und Nutzen des Projektes überzeugt werden.

Gemeinsam mit dem Beratungsunternehmen konstruieren Sie ein Befragungs-
instrument (s. die Kapitel „Making the difference: Benchmarks der Innovation in
deutschen KMU", Kapitel „Innovationskultur, Innovationsprozesse und Innovationserfolge" oder Kapitel „Vom Umgang mit der Ressource Wissen – Auswirkungen auf die
Innovationsfähigkeit am Beispiel von Steuerberatungskanzleien") und legen das in elektronischer Form allen Kolleginnen und Kollegen vor. Der Anklang ist gut, aber nicht so
stark, wie Sie gewünscht haben: ca. 60 % der Mitarbeiterinnen und Mitarbeiter beteiligen
sich an der Befragung. Die Berater beruhigen Sie jedoch, dass Sie mit dieser Quote sehr
zufrieden sein können, da in den meisten Unternehmen deutlich geringere Werte zu verzeichnen sind. Außerdem führen die Berater spezifische Innovationsprozessanalysen
durch, in denen sie nach förderlichen und hinderlichen Faktoren für Innovationsprozesse
forschen (s. Kapitel „Innovationsprojektgestaltung").

Nun wird's interessant. Wie fallen denn nun die Ergebnisse aus (s. die zuvor gen-
nanten Kapitel)? Es kommt, wie es oft kommt. Es gibt einige Themen, die sehr hoch
bewertet werden. Zum Beispiel sehen die Mitarbeiterinnen und Mitarbeiter ihre Arbeit
als sehr sinnvoll an. Sie erleben Erfüllung und machen deswegen ihre Arbeit gern.
Außerdem ist das Engagement für die Arbeit sehr ausgeprägt. Ähnlich hoch bewertet
sind die kollegialen Beziehungen und die Beziehungen zu den Führungskräften. Niedrige Werte hingegen erzielen Themen wie Informationspolitik, Orientierung an Unternehmenszielen, Arbeitsbelastung und Verbindlichkeit in den Absprachen. Die Berater
paraphrasieren die Ergebnisse mit der Metapher der Feuerwehr, die schnell ausrückt,
ihre Aufträge mit hoher Präzision umsetzt und ein gutes Ansehen bei den Kunden hat.
Gleichzeitig ist der Arbeitsalltag von Hektik und vielen unvorhersehbaren Dingen
bestimmt.

In mehreren Feedbackschleifen diskutiert die Steuerungsgruppe des Projektes, wie
die Daten zu interpretieren und welche Konsequenzen für die Umsetzung zu treffen sind
(s. Kapitel „Making the difference: Benchmarks der Innovation in deutschen KMU" und
Kapitel „Innovationskultur, Innovationsprozesse und Innovationserfolge"). Kann man die
wirksamen Qualitäten der Feuerwehr beibehalten und gleichzeitig mehr Verbindlichkeit

und Orientierung in den Arbeitsalltag integrieren? Die Steuerungsgruppe entscheidet, die Themen Einführung eines Strategieprozesses, Verbesserung des horizontalen und vertikalen Informationsflusses und die Einführung eines Ideenmanagementsystems samt der Installation der Rolle des Innovationspromotors (s. die Kapitel „Innovationspromotor: Idee, Rolle, Ausbildungskonzept und Umsetzung", Kapitel „Möglichkeiten und Grenzen von Trainingsevaluation am Beispiel der Evaluation der Ausbildung zum Innovationspromotor" und Kapitel „Kompetenzen von Innovationspromotoren") anzugehen. Dieser Prozess soll ebenso wie die Befragung von dem Beratungsunternehmen in einem einjährigen Veränderungsprojekt begleitet werden (s. Kapitel „Innovative Innovationsberatung").

Die Erfolge nach einem Jahr waren sehr unterschiedlich. In monatelanger Diskussion erarbeitete die Steuerungsgruppe einen Strategieprozess, der die Orientierung und Verbindlichkeit deutlich steigern und die vielen Hauruck-Aktivitäten und hektischen Entscheidungen minimieren sollte. Hier gab es eher kleine Erfolge und große Enttäuschungen, da dieser Prozess nicht eingeführt wurde, weil entscheidende Interessengruppen wenig Neigung zu mehr Planung und gemeinsamen Strategiediskursen hatten. Hier verharrte das Unternehmen in seinem bisherigen Handlungsmuster, das eher auf hohe Flexibilität und Intransparenz ausgerichtet war.

Ein größerer Erfolg war die Bearbeitung des Informationsflusses. Die zwei entscheidenden Maßnahmen waren hierbei zum einen die Einführung eines Gremiums, des Managing Boards, aus Geschäftsführern und mittlerem Management, das aus ca. 10 Personen bestand und das nun einen Kommunikationsraum ermöglichte, in dem einerseits wichtige Informationen ausgetauscht und andererseits Entscheidungen gemeinsam vorbereitet werden konnten. Damit wurde ein formales Gremium geschaffen, dass die vielen informalen Entscheidungs- und Informationsräume, in denen oft zu zweit oder dritt gesprochen wurde, in ihrer Bedeutung deutlich zurückdrängte und für mehr Transparenz sorgte. Zum anderen wurden die Schnittstellen zwischen den Abteilungen mit ihren häufigen Informationspannen analysiert und stärker formalisiert, damit die wesentlichen Informationen auch die entsprechenden Adressanten erreichen und somit die Qualität der Auftragsbearbeitung gegenüber dem Kunden verbessert werden konnte (s. a. Kapitel „Vom Umgang mit der Ressource Wissen – Auswirkungen auf die Innovationsfähigkeit am Beispiel von Steuerberatungskanzleien").

Einen großen Erfolg verbuchte die Einführung des Ideenmanagementsystems. Der Start wurde mit einer Mitarbeiterveranstaltung inszeniert. Hier wurden alle eingeladen, sich an der Suche und Gestaltung des Namens und des Logos des Ideenmanagementsystems zu beteiligen. Es gab viele lustige Ideen, die dann von den Mitarbeitern bewertet und auf der Mitarbeiterveranstaltung ausgezeichnet wurden. Das Ideenmanagementsystem besteht zunächst aus einem Ideenbriefkasten, der monatlich geleert wird. Eine Jury selegiert die Ideen nach den vorher definierten Kriterien. Alle Ideenabsender erhalten Antwort und Begründung und entweder eine kleine oder große Anerkennung (s. a. Kapitel „Open Innovation im Ideenmanagement"). Die Ideen werden dem Managing Board vorgelegt und jenes kann die Initiierung von Innovationsprojekten entscheiden. Die neu installierte Innovationspromotorin (s. Kapitel „Innovationspromotor:

Idee, Rolle, Ausbildungskonzept und Umsetzung", Kapitel „Möglichkeiten und Grenzen von Trainingsevaluation am Beispiel der Evaluation der Ausbildung zum Innovations-promotor" und Kapitel „Kompetenzen von Innovationspromotoren") hat einen Überblick über den Stand der Projekte und unterstützt die Projektleiter in schwierigen Situationen. In näherer Zukunft sollen gezielte Ideenwettbewerbe hinzukommen (s. Kapitel „Open Innovation im Ideenmanagement").

Die Erhöhung der Innovationsfähigkeit in diesem Unternehmen war selbst ein inno-vatives Projekt, da das Unternehmen neue Strukturen und Prozesse installiert hat, damit neue Erfahrungen gesammelt und letztlich auch neue Aufträge generiert hat. Es war ein deutlicher Schritt vorwärts, auch wenn nicht alles so gelaufen ist, wie gewünscht.

Nachträglich erfahren Sie, dass auch das Beratungsunternehmen in Zusammenarbeit mit Wissenschaftlern erhebliche Lernfortschritte während dieses und ähnlicher Pro-jekte gemacht hat, sowohl in der Testung ihrer Befragungsinstrumente (Kapitel „Making the difference: Benchmarks der Innovation in deutschen KMU", Kapitel „Innovations-kultur, Innovationsprozesse und Innovationserfolge" und Kapitel „Vom Umgang mit der Ressource Wissen – Auswirkungen auf die Innovationsfähigkeit am Beispiel von Steuer-beratungskanzleien") und Theorien (Kapitel „Komplexität und Komplexitätsmanagement in Innovationsprozessen", Kapitel „Herausforderungen und Möglichkeiten der Innovations-förderung durch die Geschäftsleitung", Kapitel „Innovationskultur, Innovationsprozesse und Innovationserfolge"), in Detail- und Grundsatzfragen der Beratung (Kapitel „Innova-tive Innovationsberatung" und Kapitel „(Wie) Lässt sich Organisationsberatung wissen-schaftlich unterstützen?"), im Ausbau der verfügbaren Interventionsinstrumente und Vorgehensweisen (Kapitel „Innovationsprojektgestaltung", Kapitel „Open Innovation im Ideenmanagement", Kapitel „TOOLBOX – Schrittmacher für Innovationen"), in der Ver-besserung der Ausbildung zum Innovationspromotor (Kapitel „Innovationspromotor: Idee, Rolle, Ausbildungskonzept und Umsetzung", Kapitel „Möglichkeiten und Grenzen von Trainingsevaluation am Beispiel der Evaluation der Ausbildung zum Innovationspromotor" und Kapitel „Kompetenzen von Innovationspromotoren").

Innovationsprozesse beinhalten oft die Schattenseite des Scheiterns, weil die Zeit für das Neue anscheinend noch nicht reif war (Kapitel „Kein Licht ohne Schatten – Praxis-bericht über Widerstände gegen das Neue als Element typischer Innovationsprozesse"). Sie sind aber auch dann, wenn sie gelingen, nicht automatisch positiv für alle Beteilig-ten,wie die IT-Entwicklung zeigt (s. Kapitel „Ist das Neue auch das Bessere? Für wen? Ein Rückblick auf das Wechselspiel von Licht- und Schattenseiten in fünfzig Jahren IT-Innovation". Das wird besonders deutlich an den größten Erfolgen der Digitalisierung durch die großen 5 US-IT-Konzerne Google, Facebook, Amazon, Microsoft und Apple: Anscheinend erleichtern sie – weitgehend kostenlos – den Nutzern das Leben, in Wirk-lichkeit dringen sie aber tief in deren Privatsphäre ein, berechnen deren zu erwartenden Verhaltensweisen und testen aus, wie man aus diesem Wissen, das sie nicht nur selbst nutzen, sondern auch an zahlungskräftige Interessenten verkaufen, möglichst viel Geld abschöpfen kann. Diese kritische Betrachtung soll nicht verdecken, dass Innovationen, gerade auch digitale, viele positiven Möglichkeiten schaffen können bzw. ans „Licht" bringen (s. das letzte Kapitel „Aufbau einer Innovationskultur bei Expresso").

In den verschiedenen Kapiteln wird deutlich, dass die Initiierung von Innovationen und die Steigerung der Innovationsfähigkeit komplexe Herausforderungen sind, in denen es vielfältige, scheinbar widersprüchliche Fragestellungen zu bearbeiten gibt. Wir haben einige dieser Fragestellungen für Sie ausgewählt und uns nicht auf ein Unternehmen beschränkt, sondern Erkenntnisse und Erfahrungen aus über 100 kleinen und mittleren Unternehmen gesammelt. Wir laden Sie herzlich ein, diese Fragestellungen in den folgenden Kapiteln mit uns zu diskutieren.

Wir wünschen Ihnen reichhaltige Erkenntnisse!

Teil I
Innovation von Fall zu Fall

Praxisvorwort: Evolution der Innovation

Bernd Fricke

Die Finanz- und Weltwirtschaftskrise in 2008/2009 stellte die in den Jahren erlernten und an der bisherigen Realität validierten Methoden zu Bewältigung von externen Störungen vieler Unternehmen in wesentlichen Komponenten grundsätzlich in Frage. Die Hauptschlagrichtung war auf die Bewältigung dieser unter Umständen essentiellen Krise gerichtet. „Business as possible" dominierte; Weiterentwicklungen, Ideengenerierung und Innovationsprozesse waren für den Moment nicht im vorrangigen Fokus der Unternehmenslenker.

Im Vorfeld, noch ohne den Eindruck der beginnenden Krise, wurden in Folge der marktseitigen Herausforderungen im hier betrachteten Unternehmen strukturelle und prozessuale Anpassungen vorgenommen, das Marktportfolio überdacht und angepasst, ferner die angebotenen Leistungen umgebaut, um auf Grundlage einer erstarkten Basis auch morgen „Markt machen" zu können. Dies waren in Mehrheit nicht Innovationen im engeren Sinne, vielmehr zielgerichtete Evolutionen im Rahmen einer sukzessiven Anpassung auf die sich wandelnden Erfordernisse. Sozusagen die Sicherstellung und der Ausbau der „Brot-und-Butter-Geschäfte".

Ein wesentlicher Punkt der regulären Veränderungsprozesse bestand darin, die Kolleginnen und Kollegen intensiv darin einzubinden. Die offene Kommunikationskultur schuf gegenseitiges Vertrauen, Wertschätzung und ein hohes Maß an Aufgeschlossenheit, um kritische Themen konstruktiv zu diskutieren, Gedanken vorzubringen und

Bernd Fricke, Dipl.-Kfm. war Segmentleiter und Geschäftsführer in einem der weltweit zehngrößten Ent- und Versorgungsunternehmen. Heute zeichnet er für die ias-Gruppe – „Strategien für Gesundheit" für das Business Development verantwortlich.

B. Fricke (✉)
PIN MAIL AG, Berlin, Deutschland
E-Mail: Bernd.Fricke@pin-ag.de

© Springer-Verlag GmbH Deutschland, ein Teil von Springer Nature 2019
W. Scholl (Hrsg.), *Mut zu Innovationen*, https://doi.org/10.1007/978-3-662-58390-6_2

gemeinsam die Arbeitspakete zu konkretisieren. Das Gesamtgefüge des Unternehmens war auf die realistisch zu erwartenden Szenarien der Zukunft wie ein abgestimmter, flexibler und leistungsstarker Organismus ausgerichtet. Im Folgeschritt wurden Ideen entwickelt und auf ihre Erfolgswahrscheinlichkeit hin bewertet, um schlussendlich Marktzugänge zu generieren. Rückblickend betrachtet fußte all dies auf den erlernten Wirkungszusammenhängen der Märkte.

Innerhalb weniger Tage war die Wirtschaftswelt im Eindruck der Abwärtsspirale an den Finanzmärkten eine andere. Marktpreise kamen zeitweilig gar nicht mehr zustande, der Absatz brach zusammen, Warenlager quollen über, Nachschub blieb aus und langjährige Kunden- und Lieferantenbeziehungen mussten auf den Prüfstand gestellt werden. Die Anzahl der sich stellenden Fragen übertrafen in ihrer Inhaltstiefe und Geschwindigkeit die zeitlich möglichen Antworten, die das Unternehmen geben konnte. Getroffene Entscheidungen seitens der Geschäftsführung wurden unter teils großen Anstrengungen durch die Organisationseinheiten umgesetzt. Aufgrund des im Vorfeld gewachsenen, stabilen Vertrauens der Belegschaft untereinander als auch in Richtung der Geschäftsleitung wurde trotzdem ruhig und konzentriert das umgebaut, was notwendig war. Tiefere Einschnitte in den Geschäftsbetrieb blieben erspart, weil nicht erforderlich, die Notwendigkeit der Aufgabe einzelner Geschäftsfelder konnte schnell ausgeschlossen werden. Innerhalb der nächsten Monate stabilisierten sich die Märkte auf niedrigem Niveau.

Welche Lehren sind aus der oben genannten Situationsbeschreibung zu ziehen? Festzuhalten bleibt, dass übergreifende und definiert abgestimmte Strukturen und Prozesse den Kern für ein erfolgreiches Managen von komplexen Krisensituationen bilden. Umfasst und somit geschützt wird dieser Kern von einer starken Unternehmenskultur. Kann sich die Organisation intentional und kurzerhand auf neue Sachverhalte einstellen? Sind die Unternehmensziele und die Strategien zu deren Erreichung klar definiert und kommuniziert? Gibt es eine Kultur, Ideen hervorzubringen, wie dem veränderten oder neuen Marktumfeld begegnet werden kann? Und haben die Menschen grundsätzliches und berechtigtes Vertrauen zueinander, welches den Klebstoff bildet und das Unternehmen stabil und gleichzeitig hoch flexibel zusammenhält? Ist das kritische Hinterfragen von Handlungen, Meinungen und Festlegungen möglich, ohne dass Kritik mit Vorwurf gleichgesetzt wird und gleichzeitig kein Debattierklub entsteht, welcher Probleme wälzt anstatt Lösungen zu eruieren?

Die gestellten Fragen konnten hier überwiegend positiv beantwortet werden, wobei alsbald festgestellt werden musste, dass es nach wie vor weitgehend Reaktionen auf die veränderten Marktbedingungen waren und somit das Unternehmen nur unter größeren Anstrengungen in der Lage war Neues, Innovatives für den sich stark gewandelten Markt anzubieten. Kurzum, es waren vor allem inkrementelle Innovationen: regelmäßig Varianten der bisher erlernten und bis vor kurzem erfolgreichen Handlungsmuster. Die unternehmerisch in Teilbereichen notwendige Neujustierung aufgrund des vorliegenden Marktportfolios und -niveaus war damit de facto schwer möglich.

Die Fragestellung war nun, wie sich das Unternehmen in Bezug auf seine eigene Innovationsfähigkeit aus der selbstgebundenen Zwangsjacke befreien und den Prozess

strukturiert, aber nicht einengend ausbauen konnte? Während Innovationsprozesse beispielsweise in forschungsintensiven oder produzierenden Branchen regelmäßig etabliert
sind, bei vielen Start-Ups Ideen vor der Gründung eben zu einer solchen geführt haben,
war und ist bei der hier betrachteten Branche mit all seinen gesetzlichen Leitplanken
und Stoppschildern grundsätzlich von Variationen des Bisherigen, von Evolution als ein
sukzessiver Anpassungsmechanismus auf die sich wandelnden Gegebenheiten die Rede.
Notwendig war und ist zukünftig neben „bewährt" und „anders" auch „neu" und „überraschend". Nicht mehr überwiegend reaktiv, sondern deutlich proaktiv!

Auf der Suche nach einem Weg aus diesem Dilemma stießen wir auf das Forschungs-
programm GI:VE (Grundlagen nachhaltiger Innovationsfähigkeit: Vertrauenskultur und
Evolutionäre Wissensproduktion) der Humboldt-Universität zu Berlin. Zunächst bei
Teilaspekten skeptisch (Fragebogen! Das Verständnis für unser Geschäft fehlt! Elfen-
beinturm Universität! Theoretischer Ansatz ohne Praxisrelevanz etc.), entschlossen wir
uns am Programm teilzunehmen. Es begann unweigerlich mit dem Fragebogen für die
gesamte Belegschaft. Die Teilnehmerzahl als auch die interne, nachlaufende Resonanz
überraschten uns trotz bereits hoher eigener Erwartungen positiv. Einzelinterviews zur
vertieften Analyse vergangener Innovationsprojekte wurden geführt, um Indikationen
zu generieren und zu einem Gesamtbild zu verdichten. Positive wie negative Kritik wurde nicht nur zugelassen, sondern vielmehr gefordert und gefördert. Hierarchie-
übergreifend entstanden neben den bestehenden eine Vielzahl von neuen, tragfähigen
Kommunikationskanälen.

Die Ergebnisse diskutierten wir zunächst mit den Fachleuten der Universität in der
Geschäftsführung und machten sie sodann der ganzen Belegschaft detailliert und unver-
fälscht zugänglich. In der Folgezeit wurden Maßnahmen umgesetzt, die es ermöglichten,
die Komplexität innovativen Handelns besser zu beherrschen. Dabei wurde ganzheitlich die Unternehmenskultur im Marktumfeld gewürdigt und soweit notwendig der
Veränderungsprozess initiiert. Es stellte sich heraus, dass vieles, was wahrhaftige Innovation im Unternehmen befördert, bereits vorhanden war, allerdings oftmals hinter das
Tagesgeschäft zurückgestellt bzw. nicht prozessual und damit nicht nachhaltig erfasst
wurde. Die anschließenden Diskussionen überzeugten restlos vom Potential unseres
Unternehmens.

Wir schafften Freiräume für Innovationen. Damit sind nicht Workshops zur ziel-
gerichteten Suche nach Innovationen gemeint, sondern vielmehr die institutionelle
Aufmerksamkeit, die wir seitens der Geschäftsleitung auf dieses Thema legten. Zudem
wurden zwei Innovationspromotoren ausgebildet, Mitglieder der mittleren Führungsebene, die die Klaviatur der Branche beherrschen. Diese erarbeiteten für die innovationshemmenden Punkte aus der Mitarbeiterbefragung Lösungen. Was sich dann innerhalb
der kommenden Wochen und Monate herausbildete, überraschte uns alle. Aus einem
im positiven Sinne guten, normalen Unternehmen wurde eine Innovationsorganisation,
die heute nicht mehr vorrangig vom Markt determiniert wird, sondern innovative
Dienstleistungen entlang der Kundenbedarfe am Markt platziert. Unsere modifizierten
Marktangänge, das geänderte und für die Marktteilnehmer in Auszügen überraschende

Portfolio sowie das Vertrauen in die Selbsterneuerungsfähigkeit unserer Organisation lieferten Antworten auf die Fragen, die sich uns in der neuerlichen, zur Zeit aktuellen (Euro-)Krise stellten. Der Markt rutschte in Teilen wieder ab, diesmal aber ohne uns!

Kann man Innovationen wirklich planen? Wohl nicht! Aber es ist mit einfachen Mitteln möglich, die Innovationsfähigkeit einer Unternehmung zu fördern. Schaffen Sie Raum und Zeit für Innovationen, institutionalisieren Sie den Innovationsprozess ohne ihn zu fixieren. Machen Sie es zu einem der wichtigen Ziele für die gesamte Belegschaft und nicht ausschließlich zur Aufgabe der Führungsetage. Verhindern Sie Partikularinteressen einzelner Unternehmensteile. Vertrauen Sie Ihren Kolleginnen und Kollegen und schaffen Sie Voraussetzungen für ein stabiles offenes Betriebsklima, eine Vertrauenskultur, die einen kritischen, sachbezogenen Umgang miteinander und mit den in- und extrinsischen Themen und Herausforderungen sicherstellt. Ihr Unternehmen wird Sie nach kurzer Zeit mehr als positiv überraschen!

Utopie ist die Realität von morgen. (Henri Dunant)

Komplexität und Komplexitätsmanagement in Innovationsprozessen

Stephan Bedenk

1 Einleitung

Weit mehr als Linienprojekte stellen Innovationen in Unternehmen prototypische komplexe organisationale Projekte dar (vgl. Berglund 2007; Scholl 2004). Sie werden ausgelöst und beeinflusst durch eine Vielzahl an externen und internen Einflussfaktoren, von denen manche offensichtlich und steuerbar, die meisten jedoch weitestgehend verborgen bleiben und schwer zu kontrollieren sind.

Deutlich wird diese Komplexität von Innovationen etwa am Beispiel einer ERP-Einführung („Enterprise-Resource-Planning") in einem Dienstleistungsunternehmen. Viele Jahre lang hatte das Unternehmen mit knapp 550 Mitarbeitern sämtliche organisationalen Prozesse über ein ERP-Programm verwaltet und damit gute Erfahrungen gesammelt. Die Abläufe waren (scheinbar) sauber dokumentiert, im Laufe der Zeit sukzessive angepasst und immer weiter optimiert worden. Viele Mitarbeiter, auch jene mit anfangs großer Skepsis, hatten sich an die Bedienung gewöhnt.

Eine praxisorientierte Kurzversion dieses Kapitels ist erschienen in: Bedenk et al. 2013. Die in diesem Kapitel aufgeführten Maßnahmen und Strategien beruhen auf einer Interviewstudie, die der Autor im Rahmen des GI:VE-Projekts mit 20 Vorständen und Geschäftsführern durchgeführt hat. Personennamen sowie Namen der Unternehmen wurden verändert. Für die illustrativen Fallbeispiele wurden gegebenenfalls Organisationsmerkmale, Geschehnisse, Erfahrungen und Aktivitäten aus verschiedenen Organisationen der Untersuchungsstichprobe bewusst kombiniert, um Identifikationen zu vermeiden.

S. Bedenk (✉)
artop – Institut an der Humboldt-Universität zu Berlin, Berlin, Deutschland
E-Mail: bedenk@artop.de

© Springer-Verlag GmbH Deutschland, ein Teil von Springer Nature 2019
W. Scholl (Hrsg.), *Mut zu Innovationen,* https://doi.org/10.1007/978-3-662-58390-6_3

Trotzdem wurde der Wechsel auf ein neues Programm schließlich unvermeidlich, da das alte Programm in naher Zukunft nur noch eingeschränkt weiter genutzt werden konnte. Nachdem sich das Management notgedrungen für eine komplett neue ERP-Lösung entschieden hatte, sollte der Implementierungsprozess stattfinden.

Dieser gestaltete sich allerdings als weitaus schwieriger als vom Management ursprünglich angenommen. Im Zuge der IT-Umstellung mussten die grundlegenden Abläufe im Unternehmen neu aufgenommen und definiert werden. Erstmals wurden zwischen einigen Abteilungen Konflikte und Unstimmigkeiten über vergangene Ablaufschwierigkeiten deutlich. Zudem wurden neue Ansprüche auf zukünftige Zuständigkeiten und Kompetenzen formuliert und insbesondere auf Führungskräfteebene die bestehenden Macht- und Einflussverhältnisse infrage gestellt. Mitarbeiter der unteren Hierarchieebenen klagten wiederum über die enorme Arbeitsbelastung, da das Programm knapp ein Jahr lang parallel zum alten System bedient werden musste. Nicht wenige Mitarbeiter fürchteten, mit den Kompetenzanforderungen, die die neue Software an die Bediener stellte, nicht mehr Schritt halten zu können. Machtkonflikte, schlechte Arbeitsbedingungen und Zukunftsängste gefährdeten so das Innovationsprojekt, das – anfangs als IT-Projekt gestartet – sich mehr und mehr als ein organisationsumfassendes Veränderungsvorhaben entpuppte.

2   Innovationsprozesse als komplexe Probleme

Die beschriebenen Problematiken im Zuge der ERP-Einführung in dem Dienstleistungsunternehmen sind keineswegs selten bei Innovations- und Veränderungsvorhaben. Das Beispiel steht symptomatisch für Innovationen in vielen Unternehmen, deren Realisierung in Bezug auf Kosten, auftretende Konflikte und Aufwand meist deutlich von den Prognosen und Erwartungen vor Projektbeginn abweichen (vgl. Wegner 1995). Grund hierfür ist nicht zuletzt auch eine Unter- oder Fehleinschätzung des Faktors Komplexität bei der vorausgehenden Projektplanung (vgl. Böhle 2011). Denn Innovationen gehen typischerweise einher mit fünf Merkmalen, die in der psychologischen Forschung zum menschlichen Umgang mit „komplexen Problemen" schon länger bekannt sind (vgl. Funke 2010; Hacker und von der Weth 2008):

Innovationen sind demnach fast immer gekennzeichnet durch eine enorm hohe Zahl an potenziell zu berücksichtigenden Einflussfaktoren (vgl. Wegner 1995). Merkmale der Wettbewerber, der Partnerunternehmen, des Zielmarktes und der Kunden haben ebenso Einfluss auf den Innovationserfolg wie eine Vielzahl an unternehmensinternen Merkmalen. So kann das Ergebnis des Innovationsvorhabens unter anderem abhängen von finanziellen und technologischen Ressourcen, den bestehenden Organisationsstrukturen und -abläufen, der vorhandenen Fach- und Prozessexpertise sowie Merkmalen der Unternehmenskultur und der einzelnen Mitarbeiter, wie Motivation, Kompetenz und Veränderungsbereitschaft (vgl. auch Kap. „Innovationskultur, Innovationsprozesse und Innovationserfolge"). Diese Einflussgrößen können dabei weder isoliert betrachtet noch isoliert beeinflusst werden. Sie sind stattdessen hochgradig miteinander vernetzt.

Im oben skizzierten Beispiel des Dienstleistungsunternehmens war es so auch die Veränderung einer einzelnen externen Einflussgröße – dem Wechsel des IT-Partnerunternehmens – das die gesamte Organisation verändern sollte.

Wie genau die vielen Einflussvariablen dabei zusammenwirken, lässt sich vorab jedoch in den seltensten Fällen bestimmen (vgl. Bergmann et al. 2007; Cavusgil et al. 2003). Mit großer Wahrscheinlichkeit bleiben die Wirkmechanismen sogar für immer völlig intransparent. Nie liegen Management und Mitarbeitern im Vorfeld eines Ver-änderungsprozesses alle erforderlichen Informationen vor, um die Wechselwirkungen zwischen den verschiedenen Faktoren hinreichend erkennen, nachvollziehen und berück-sichtigen zu können. Daher entstehen viele Komplikationen zumeist erst im Laufe eines bereits angestoßenen Innovationsprozesses und müssen dann immer wieder neu erkannt, bedacht und gehandhabt werden.

Ebenfalls charakteristisch für Innovationen ist die hohe (Eigen-)Dynamik des Prozes-ses. Innovationen lösen nicht selten dominosteinartig weitere Innovationen in der Orga-nisation aus (vgl. Böhle 2011); in der Forschung zum organisatorischen Wandel spricht man auch vom Reorganisationskarussell (Kirsch et al. 1979, S. 11). Im Falle des Dienst-leistungsunternehmens wurde das IT-Projekt „Einführung einer neuen ERP-Software" schon nach kurzer Zeit überlagert von einem umfassenden Reorganisationsprojekt. Die Neu-Definition der Prozesse hatte Ablaufschwierigkeiten zwischen den Abteilungen deutlich zutage gefördert, die durch eine reine IT-Abbildung nicht zu lösen waren. Stattdessen verdeutlichten die nun offenliegenden Konflikte die Notwendigkeit, die eta-blierten Kommunikations- und Koordinationsstrukturen im Unternehmen zu verändern – eine Erneuerung bzw. Innovation der Organisationsprozesse wurde unvermeidlich.

Ein letztes Merkmal komplexer Problemstellungen, das auch für Innovationen typisch ist, ist die Konflikthäufigkeit und -intensität (vgl. Kap. „Innovationskultur, Innovations-prozesse und Innovationserfolge" sowie Scholl 2009, 2012). Ebenso wenig wie die Wahl der richtigen Lösungswege bei Innovationen vorab eindeutig ist, ist auch die Formulie-rung einer von allen Protagonisten geteilten Zielsetzung möglich. In der Komplexitäts-forschung wird die Existenz vieler und teilweise konkurrierender Ziele als Polytelie bezeichnet (Funke 2010). Vertreter der Unternehmensführung werden ihr Augenmerk wohl vor allem auf eine möglichst effiziente ERP-Einführung legen, während die IT-Abteilung womöglich eine technologisch besonders anspruchsvolle Lösung präferiert. Auf der Ebene der einzelnen Mitarbeiter können die Zielsetzungen zudem noch sehr viel grundsätzlicher sein: Innovationen machen im günstigen Fall Karriere- und Kompetenz-sprünge möglich, im ungünstigen Fall verursachen sie Beschneidungen der eigenen Macht- und Einflussbereiche. Im ungünstigsten Fall können Innovationen existenzielle Bedrohungen darstellen, beispielsweise wenn ein Mitarbeiter fürchten muss, den neuen Arbeitsanforderungen nicht mehr gewachsen zu sein und seinen Arbeitsplatz zu verlieren.

Die Vielzahl an Einflussgrößen, deren Vernetztheit und Intransparenz, Eigendynamik und Polytelie machen Innovationen somit zu prototypischen komplexen Problemen in Organisationen – und stellen das Management vor die schwierige Aufgabe, adäquate Problemlösungsstrategien zu finden. Doch wie können solche Problemlösungsstrategien in komplexen Situationen ausschauen?

3   Komplexitätsmanagement als sozial-kommunikative Aufgabe

Viele Unternehmen führen als Lösungen für komplexe Innovationsprobleme vor allem jene Strategien und Maßnahmen ins Feld, die sich bereits in der Alltags- und Linienarbeit bewährt haben: klare Vorgaben, standardisierte Umsetzungsabläufe, Richtlinien und elaborierte Prozesspläne. Nicht selten wird der Versuch unternommen, dem wachsenden Ausmaß an Komplexität bei Innovationen durch eine noch striktere und rigidere Interpretation dieser Strategien und Maßnahmen zu begegnen.

Dabei wird verkannt, dass Komplexitätsmanagement weit über die reine Umsetzung von Vorgaben und Entscheidungen hinausgehen muss (vgl. Böhle 2011). Das zeigt allein das Beispiel der ERP-Einführung in dem Dienstleistungsunternehmen. Sehr wohl existierte auch dort ein detaillierter Implementierungsplan, doch weder konnten in diesem die später auftretenden verborgenen und offenen Konflikte, Ängste und Zweifel berücksichtigt werden noch deren rückwirkende Auswirkungen auf den Implementierungsplan. Standardisierte Prozess- und Projektpläne haben eine tendenziell statische Landkartenfunktion. Sie liefern eine abstrahierte, stark vereinfachte Sicht der Zusammenhänge und damit die trügerische Illusion, Komplexität vereinfachen und weitestgehend transparent machen zu können. Das tatsächliche Geschehen in Organisationen beruht jedoch auf vielschichtigen Informations-, Handlungs- und Kooperationsgeflechten (Scholl 2004, Kap. 5–7). Diese folgen nicht streng dokumentierten und dokumentierbaren Pfaden, sondern in vielen Fällen informellen Kommunikationswegen wie Flurgesprächen, Absprachen und Koalitionen, die nicht zuletzt aufgrund persönlicher Interessen und Sympathien bedient oder eben nicht bedient werden.

Für das Management komplexer Innovationsvorhaben folgt daraus, dass sozial-kommunikative und kooperative Prozesse der entscheidende Ansatzpunkt für das Gelingen sind (Pavitt 2005). Dies fängt schon bei der Entscheidungsfindung im Top-Management an (vgl. Kap. „Herausforderungen und Möglichkeiten der Innovationsförderung auf Geschäftsleitungsebene"), wo strategisch bedeutsame Entscheidungen selten von einzelnen Personen alleine getroffen werden. Mit zunehmender Größe eines Unternehmens steigt die Notwendigkeit, mehrere Personen an Entscheidungen zu beteiligen (vgl. Simon 1979). Sie werden weniger im engen Kreise der Geschäftsführung als vielmehr im Austausch mit weiteren Führungskräften, Fachexperten und ggf. Betriebsräten ausgehandelt. Unterschiedliche Sichtweisen, Informationen und Einzelinteressen fließen dabei zusammen, müssen beachtet, austariert und schließlich in eine vom gesamten Entscheidungsgremium getragene und für das Unternehmen gangbare Lösung integriert werden.

Die dann getroffenen Entscheidungen müssen anschließend wiederum im gesamten Unternehmen kommuniziert werden, sodass sie auch für jene Mitarbeiter verständlich und nachvollziehbar sind, die bei dem Prozess der Entscheidungsfindung selbst nicht beteiligt waren und dennoch unmittelbar von der Entscheidung betroffen sind – in Falle von Veränderungsvorhaben betrifft das also fast die gesamte Belegschaft (Clampitt und Williams 2007). Diese Kommunikationsleistung ist so schwierig, weil Entscheidungen und deren Konsequenzen von den Mitarbeitern auch aus dem Blickwinkel der eigenen persönlichen Interessen betrachtet und interpretiert werden. Werde ICH mich in das neue ERP-System einarbeiten können? Wird es MEINE Arbeitsweise erleichtern? Werde ICH durch das neue System an Kompetenzen gewinnen? Im beschriebenen Falle des Dienstleistungsunternehmens musste das Management den Mitarbeitern auf diese Fragen Antworten liefern, obwohl eindeutige Antworten zu Beginn des Innovationsprozesses auch für das Management kaum möglich waren. Eine engagierte Umsetzung des Veränderungsvorhabens wurde zunehmend herausfordernd und es kam zu einigen der beschriebenen dominosteinartigen „Nebenwirkungen".

„Komplexe organisationale Probleme" sind mehr als nur reine Planungsprobleme. Komplexität besteht und entsteht, weil unterschiedliche Personen und Abteilungen mit unterschiedlichen Informationen und unterschiedlichen Interessen zusammenarbeiten (müssen), um gemeinsam Lösungen zu finden und umzusetzen. Während komplexe Problemstellungen in Organisationen also oft von einzelnen Personen an der Spitze aufgeworfen werden, können sie in den seltensten Fällen von einzelnen Personen gelöst werden. Stattdessen bedarf es der bewussten Gestaltung und Nutzung sozialer Systeme und der Berücksichtigung der vielfältigen Ansichten, Interessen, Wünsche und Ängste aller betroffenen Mitarbeiter, die sich in einem sich sukzessive ändernden System zurechtfinden müssen (Scholl et al. 2013).

4 Strategien und Maßnahmen zum Management von Komplexität

Wie also kann das Management komplexer sozialer Interaktionen in Innovationsprozessen verbessert werden? Die organisationspsychologische Forschung liefert hier wertvolle Hinweise. Vor allem können Unternehmen an zwei Stellschrauben ansetzen: An den Veränderungsprozessen selbst und an grundsätzlichen Aspekten der Unternehmenskultur (vgl. Bedenk et al. 2013; s. a. Kap. „Innovationskultur, Innovationsprozesse und Innovationserfolge"; Scholl 2012). Die erste Stellschraube, die Optimierung des Innovationsprozesses, setzt unmittelbar an den Merkmalen an, die für Veränderungen typisch sind:

4.1 Austausch von Wissen und Informationen über den Prozessverlauf

Zunächst benötigen Mitarbeiter ausreichend Informationen über die Notwendigkeit, die Zielrichtung und die Art des Vorgehens der geplanten Veränderung oder Innovation (vgl. Clampitt und Williams 2007). Während die Notwendigkeit sich oft aus externen Veränderungen und/oder einer klaren betriebswirtschaftlichen Analyse ergibt, sind bei der Zielrichtung nicht nur die betriebswirtschaftliche Seite, sondern auch die Interessen der Belegschaft mit einzuplanen und zu benennen (Scholl et al. 2013). Dazu zählen der Ausgleich eventueller Nachteile, die durch die Innovation entstehen könnten sowie Informationen, wie die Innovation langfristig auch zur Verbesserung der individuellen Arbeitsbedingungen beiträgt. Insbesondere müssen Mitarbeiter die Gelegenheit haben, während des Innovationsprozesses sowohl allgemeine Verbesserungsideen als auch individuelle Probleme ansprechen zu können (Klippert et al. 2009; Nickel und Krems 1998; Scholl et al. 2013). Diese Möglichkeit wird dabei idealerweise bereits zu Projektbeginn von Vertretern der obersten Managementebene an die Mitarbeiter kommuniziert. Ein Unternehmen mit 4000 Beschäftigten, das eine Vielzahl elektronischer Kleinteile herstellt, mietete zum Auftakt eines großen Innovationsvorhabens etwa die Stadthalle. So konnte allen Mitarbeitern, auch den vermutlich (oder vermeintlich) nicht direkt Betroffenen, die Teilnahme ermöglicht werden[1]. Die direkte Betroffenheit der Mitarbeiter in Innovations- und Veränderungsprojekten führt zudem dazu, dass Mitarbeiter sehr schnell eigene Erfahrungen und Erkenntnisse über Inhalte, Aspekte und Probleme des Prozesses sammeln (Bergmann et al. 2007; Scholl 2007). Bestehen für sie ausreichend Organe und Plattformen, um ihr spezifisches „Problemwissen" frühzeitig an die Entscheidungsträger weiterzugeben und wird es von diesen auch gehört, so kann insbesondere verborgenen Dynamiken, wie sie für viele komplexe Organisationsprozesse üblich sind, schneller begegnet werden. Der Vorstand eines Unternehmens in der Pflegebranche mit 2000 Mitarbeitern entschloss sich daher, während eines größeren Veränderungsprozesses regelmäßig Kaminabende an wechselnden Unternehmensstandorten zu veranstalten. Diese boten der obersten Managementebene nicht nur die Möglichkeit, persönlich über das Veränderungsvorhaben zu informieren und spezifische Fragen der Mitarbeiter/innen zu beantworten (auch dies eine komplexitätsreduzierende Maßnahme!). Vor allem gelangten so auch frühzeitig solche Informationen über Prozessschwierigkeiten an die Vorstände, die auf klassischem Informationsweg über Hierarchieebenen hinweg wahrscheinlich ausgesiebt worden wären (Jablin 1979).

In einem öffentlichen Unternehmen wurde die Mitarbeiterzeitung dazu genutzt, wichtige Informationen zu Veränderungsvorhaben aufzuarbeiten und den Mitarbeitern zugänglich zu machen. In einer eigenen Rubrik konnten wiederum die Mitarbeiter über ihre positiven wie negativen Erfahrungen mit den Veränderungen berichten. „Interne Öffentlichkeitsarbeit" ist dabei idealerweise breit aufgestellt und nutzt gleich mehrere Plattformen, wie Mitarbeiterzeitung, Intranet und Projektflyer. Komplexe Inhalte werden durch die Wiederholung und unterschiedliche Aufbereitung in den Medien so deutlich präsenter, einprägsamer und schneller akzeptierbar. Insbesondere die Geschäftsführung sollte in vergleichbaren indirekten Kommunikationsmedien zudem regelmäßig sichtbar und präsent sein, um die nachhaltige Unterstützung des Vorhabens durch die Unternehmensleitung auch auf diesem Wege zu dokumentieren.

---

[1]Dieses Beispiel wurde in der Studie von Scholl (2004, S. 155 ff.) erhoben.

4.2   Koordinationsfähigkeit

Die mitarbeiter-, abteilungs- und hierarchiestufenübergreifende Beteiligung an Veränderungsprozessen erzeugt ein so hohes Maß an organisatorischer Komplexität, dass
eine Steuerung des Vorhabens allein durch die oberen Führungsebenen kaum möglich ist.
Zusätzliche zwischengeschaltete Koordinationsinstanzen werden notwendig. Zunehmend
suchen sich Unternehmen hierfür die Unterstützung von Beratern, die Innovations-
und Veränderungsprojekte begleiten und moderieren. Zusammen mit einem Mitglied
oder Beauftragten der Geschäftsführung, den hauptsächlich betroffenen Abteilungsleitern, einem Mitglied der Arbeitnehmervertretung sowie einem internen „Change
Agent" (sofern vorhanden) wird eine Steuerungsgruppe gebildet. Diese zerlegt das
Gesamtproblem in überschaubare Teilprobleme und bildet zu ihnen spezifische Arbeitsgruppen aus fachlich und organisatorisch kompetenten Mitarbeitern (s. a. Kap. „Herausforderungen und Möglichkeiten der Innovationsförderung durch die Geschäftsleitung").

In mittleren und großen Unternehmen werden die Koordinationsprozesse bei
Innovationsvorhaben zudem durch die oftmals ungewohnte, aber notwendige
Zusammenarbeit verschiedener Abteilungen komplexer. Im Falle der ERP-Einführung
in dem Dienstleistungsunternehmen etwa musste die IT-Abteilung die Prozesse in den
benachbarten Ressorts Controlling, Personal, Marketing und Logistik neu aufnehmen.
Von einigen Abteilungsleitern wurde dies tendenziell eher als „Invasion", denn als
Intervention wahrgenommen – als Eingriff also in den eigenen Fach- und Herrschafts-
bereich. Starkes Abteilungsdenken kann so schnell dazu führen, dass Informationen von
Abteilungsleitern bewusst zurückgehalten oder verfälscht sowie Oppositionen gegen
das Erneuerungsvorhaben aufgebaut werden (vgl. Scholl 1992). In der Konsequenz
verzögern sich Innovationsprozesse, werden intransparenter und somit noch komplexer. Um derartige Negativspiralen zu vermeiden, ist die geschlossene Unterstützung
von Innovationen auf Führungskräfteebene notwendig. Eine „One voice"-Praxis in der
gemeinsamen Zielsetzung und Zieldurchsetzung (vgl. Kap. „Herausforderungen und
Möglichkeiten der Innovationsförderung durch die Geschäftsleitung") erleichtert es,
komplexe Innovationsvorhaben in ihrer Notwendigkeit für das gesamte Unternehmen
und in ihren Chancen für alle Abteilungen darzustellen (Clampitt und Williams 2007).

Unternehmen können diesen Verstehens- und Verständigungsprozess durch die Ausbildung eigener Mitarbeiter (gerade auch der unteren und mittleren Führungsebene
sowie der Mitarbeitervertretung) zu Innovationspromotoren oder Change Agents fördern
(vgl. Kap. „Innovationspromotor: Idee, Rolle, Ausbildungskonzept und Umsetzung",
„Möglichkeiten und Grenzen von Trainingsevaluation am Beispiel der Evaluation der
Ausbildung zum Innovationspromotor", „Kompetenzen von Innovationspromotoren"
zu Konzeption und Kompetenzen von Innovationspromotoren). Diese kennen das
Unternehmen, die Führungskräfte und die Mitarbeiter besonders gut und können auf-
keimende Konflikte und Komplikationen frühzeitig erkennen, zwischen Personen und
Abteilungen vermitteln und so dafür sorgen, dass der Veränderungsprozess auch bei

Schwierigkeiten und Interessenunterschieden nicht aus dem Ruder läuft. In einem Verlagshaus wurde etwa ein organisationsumfassender Veränderungsprozess von einem eigens eingerichteten „Project Office" begleitet, das Projektmanagementtechniken und „Change-Tools" für Führungskräfte und Mitarbeiter entwickelte und diese in Seminaren und Projektbroschüren vermittelte. Darüber hinaus fungierte das „Project Office" auch als Prozesspromotor bzw. als Schnittstelle zwischen Führungskräften, Mitarbeitern und Management. Führungskräfte und Mitarbeiter konnten Probleme, Ängste und Zweifel digital oder persönlich beim „Project Office" einreichen. Von dort gingen die Rückmeldungen dann direkt an das Top-Management. Anschließend entwickelte Unterstützungsangebote zur Prozessverbesserung wurden schließlich vom „Project Office" wieder in das gesamte Unternehmen getragen.

Durch solche beispielhaft genannten Strategien können einzelne Innovationen wirkungsvoll gefördert werden. Das Fundament für gute Prozesse liefert – als zweite Stellschraube – zudem eine grundsätzlich innovations- und veränderungsorientierte Unternehmenskultur (vgl. Cooper und Kleinschmidt 1995; Hauschildt und Salomo 2007). In einer solchen sind Bedingungen geschaffen, die den Mitarbeitern frühzeitig einen adäquaten Umgang mit Komplexität und sich stetig wandelnden Bedingungen ermöglicht. Da sich in dem vorliegenden Buch das Kap. „Innovationskultur, Innovationsprozesse und Innovationserfolge" der Bedeutung der Unternehmenskultur für Innovationen genauer widmet, sollen an dieser Stelle zwei Aspekte herausgegriffen werden, die in Interviews von Geschäftsführern immer wieder genannt wurden.

4.3   Ein hohes Maß an Partizipation

Die Erfahrung, nicht nur auf Veränderungen reagieren zu müssen, sondern diese selbst auch herbeiführen und beeinflussen zu können, führt zu einer deutlich höheren grundsätzlichen Akzeptanz von Veränderungen (Amabile 1996; Bergmann et al. 2007). Ein Unternehmen aus dem Gesundheitsbereich bietet seinen 600 Mitarbeitern daher gleich mehrere Plattformen, mit eigenen Ideen selbst Veränderungen anstoßen und umsetzen zu können: Neben einem Internetforum, über das eigene Ideen eingereicht werden können, finden regelmäßig knapp einstündige Großgruppenveranstaltungen mit dem Großteil der Belegschaft statt, bei der sich Mitarbeiter zu eigenen Ideen und Vorhaben äußern und Mitstreiter für selbst initiierte Veränderungsprojekte gewinnen können. Das Großgruppenformat erlaubt dabei sehr schnell Meinungen sowie relevantes Wissen und Informationen aus dem gesamten Unternehmen zu sammeln; Bedenken, Korrekturvorschläge und (mögliche) Folgeveränderungen können so frühzeitig diskutiert, von allen Mitarbeitern reflektiert und vorausschauend in die Planung von Großprojekten mit einbezogen werden.

Partizipation sollte dabei sowohl lohnenswert als auch sichtbar sein (vgl. Vahs und Burmester 2005). Lohnenswert werden Vorschläge und Ideen nicht nur durch monetäre Anreize, wie beispielsweise einer prozentualen Beteiligung an Einsparungen, die durch

Verbesserungsvorschläge zu realisieren sind. Ebenso bedeutsam ist eine immaterielle bzw. soziale Anerkennung von Partizipation. In einem Pharmaunternehmen mit 600 Mitarbeitern werden eingereichte Verbesserungsvorschläge bewusst demonstrativ gewürdigt. So werden Mitarbeiter/innen, deren Vorschläge eine Kosteneinsparung in der Produktion ermöglichen, in der Tages- und Nachtschicht von der Geschäftsführung besucht und im Beisein der Kollegen ausgezeichnet. Kleine Maßnahmen wie diese verdeutlichen auf anekdotische und einfache Weise, dass alle Mitarbeiter/innen am komplexen Gebilde „Organisation" mitwirken können – und dass Ideen auch auf den oberen Management-ebenen wahrgenommen und wertgeschätzt werden.

In einem Facility-Management-Unternehmen wurden einzelne Teilprojekte im Zuge eines großen Digitalisierungsprozesses, der die gesamte Organisation betraf, komplett an Mitarbeitergruppen der unteren Hierarchieebenen übergeben. So wurde einer Gruppe junger Auszubildender die Konzeption einer Social Media Plattform für das Unter-nehmen übertragen; ihr wurde das beste Verständnis der internetaffinen Zielgruppe zugetraut. Diese Maßnahme zeigt, wie Mitarbeiter wirkungsvoll als „interne Experten" im Rahmen von Innovationsvorhaben einbezogen und gefördert werden können.

4.4   Gute Arbeitsbedingungen

Gute Arbeitsbedingungen schließen nicht nur Aspekte wie Arbeitsplatzsicherheit und eine adäquate Bezahlung ein. In Zeiten permanenter Veränderungen stellen Unter-nehmen durch Weiterbildungen und Qualifizierungsoptionen sicher, dass Mitarbeiter sich wandelnden Anforderungen gewachsen fühlen (vgl. Hübner 2002). In einer Wohnungs-baugenossenschaft stehen Mitarbeitern daher fakultativ Schulungen und Trainings in Schlüsselqualifikationen, wie Soft-Skills und IT-Skills zur Verfügung, die Kompetenz-erleben ermöglichen und die Fallhöhe bei etwaigen Change-Projekten verringern. Dar-über hinaus sorgen Austauschprogramme mit Mitarbeitern aus Unternehmen anderer Branchen dafür, dass Modelle für erfolgreiche Anpassungen kennen gelernt und für eigene Veränderungssituationen nutzbar gemacht werden können.

Eine realistische Erwartungshaltung des Managements an die Anpassungsfähigkeit und -schnelligkeit der Mitarbeiter ist dabei wichtig. Veränderungsvorhaben sind nicht zuletzt deshalb zäh, weil jahrelang eingeübte und quasi-perfektionierte Denkschemata, Automatismen und Routinen mühsam aufgebrochen und ersetzt werden müssen. Insbesondere in Unternehmen, die lange Zeit von einer hohen Statik und Veränderungs-resistenz geprägt waren, scheitern Innovationen häufig auch deshalb, weil auf einmal sehr viele oder sehr umfassende Veränderungen anstehen und umgesetzt werden müs-sen. Der hierfür notwendige anspruchsvolle Prozess benötigt vor allem Zeit, der den Mitarbeitern von der Unternehmensführung zugestanden werden muss. In einem Unter-nehmen der Pflegebranche wird daher besonders auf die Dokumentation individueller und kleiner Veränderungserfolge Wert gelegt. Im Intranet wurde beispielsweise eine Fotostrecke eingerichtet, in der Mitarbeiter über ihre ersten kleinen Erfolgserlebnisse mit einer neu eingeführten Software berichten konnten. So wird das zumeist abstrakte gesamtunternehmerische Ziel, das mit Innovationen verfolgt wird, auf die Ebene und Erlebensweise des einzelnen Mitarbeiters herunter gebrochen. Das Komplizierte wird ins Einfache, Anschauliche und Beispielhafte überführt und erfährt so eine besondere kommunikative Wirkung auf andere Betroffene. In einer weiteren Maßnahme wurde bei den Mitarbeitern nach persönlich wahrgenommenen Vorteilen der Software-Umstellung gefragt. Die so bei der gesamten Belegschaft gefundenen Vorteile wurden mitsamt einer kurzen Darstellung der Ziele des Veränderungsvorhabens auf ein Papier gedruckt und dieses der Gehaltsabrechnung eines jeden Mitarbeiters beigelegt. Die dadurch vermittelte Botschaft: Dieses Unternehmen will nicht nur für ein finanzielles Auskommen sorgen, sondern ist an guten persönlichen und sozialen Bedingungen interessiert.

5   Fazit

Die angeführten Beispiele und Erfahrungen aus der Unternehmenspraxis machen deutlich: Damit Organisationen Innovations- und Veränderungsprozesse erfolgreich gestalten können, müssen sie Komplexität und Komplexitätsmanagement ernst nehmen. Standardisierte Tools und strikte Umsetzungsrichtlinien, die sich bei Routinetätigkeiten bewähren, reichen für die Bewältigung komplexer Probleme, die Innovationen meist darstellen, nicht aus. Viele oftmals intransparente Einflussfaktoren führen zu kaum vorhersehbaren Hürden oder weiteren Folgeveränderungen in ganz anderen Bereichen. Die Komplexität wird zudem durch Konflikte, Ängste und Zweifel einzelner Mitarbeiter, Führungskräfte oder auch ganzer Abteilungen erhöht.

Unternehmen können diese Komplexität allerdings direkt durch erweiterte Koordinations- sowie Wissensmechanismen bei Innovationsprojekten adressieren. Wesentlich ist hierbei der hierarchie- und abteilungsübergreifende Austausch von Informationen und Erfahrungen, die zur Gestaltung, Anpassung und Akzeptanz des Innovationsprojekts beitragen. Darüber hinaus können Unternehmen durch eine veränderungsorientierte Kultur grundsätzlich dafür sorgen, dass Komplexität als elementarer Aspekt sich wandelnder interner und externer Bedingungen von Mitarbeitern angenommen und adäquat gehandhabt werden kann.

Literatur

Amabile, T. M. (1996). *Creativity in context*. Boulder: Westview.
Bedenk, S., Kunert, S., & Scholl, W. (2013). Fähigkeit zur Veränderung fördern. *IO Management, 1*, 16–20.
Berglund, H. (2007). Risk conception and risk management in corporate innovation: Lessons from two Swedish cases. *International Journal of Innovation Management, 11*(4), 497–513.
Bergmann, B., Debitz, U., Hacker, W., Looks, P., Prescher, C., & Winkelmann, C. (2007). Unterstützung innovierenden Handelns als strategische Unternehmensaufgabe. In E. Barthel, J.

Erpenbeck, J. Hasebrook, & O. Zawacki-Richter (Hrsg.), *Kompetenzkapital heute – Wege zum integrierten Kompetenzmanagement* (S. 31–78). Frankfurt a. M.: School Verlag.

Böhle, F. (2011). Management of uncertainty – A blind spot in the promotion of innovations. In S. Jeschke (Hrsg.), *Enabling innovation. Innovative capability – German and international views* (S. 17–30). Heidelberg: Springer.

Cavusgil, S., Calantone, R., & Zhao, Y. (2003). Tacit knowledge transfer and firm innovation capability. *Journal of Business & Industrial Marketing, 18*(1), 6–21.

Clampitt, P., & Williams, M. (2007). Decision downloading. *Sloan Management Review, 48,* 77–82.

Cooper, R. G., & Kleinschmidt, E. J. (1995). Benchmarking the firm's critical success factors in new product development. *Journal of Product Innovation Management, 12*(5), 374–391.

Funke, J. (2010). Complex problem solving: A case for complex cognition? *Cognitive Processing, 11,* 133–142.

Hacker, W., & von der Weth, R. (2008). Denken-Entscheiden-Handeln. In P. Badke-Schaub, G. Hofinger & K. Lauche (Hrsg.), *Human Factors. Psychologie sicheren Handelns in Risikobranchen* (S. 77–93). Heidelberg: Springer Medizin.

Hauschildt, J., & Salomo, S. (2007). *Innovationsmanagement*. München: Vahlen.

Hübner, H. (2002). *Integratives Innovationsmanagement – Nachhaltigkeit als Herausforderung für ganzheitliche Erneuerungsprozesse*. Wiesbaden: Schmidt.

Jablin, F. M. (1979). Superior-subordinate communication: The state of the art. *Psychological Bulletin, 86,* 1201–1222.

Kirsch, W., Esser, W.-M., & Gabele, E. (1979). *Das Management des geplanten Wandels von Organisationen*. Stuttgart: Poeschel.

Klippert, J., Wölk, M., & Potzner, C. (2009). Beitrag partizipativer Aspekte der Arbeitsgestaltung und des Wissensaustausches zum Innovationserfolg. *Zeitschrift Arbeit, 18*(2), 93–106.

Nickel, T. M., & Krems, J. F. (1998). Führungsverhalten und Mitarbeiterkreativität – Eine empirische Untersuchung zum betrieblichen Vorschlagswesen. *Zeitschrift für Arbeits- und Organisationspsychologie, 42,* 27–32.

Pavitt, K. (2005). Innovation process. In J. Fagerberg, D. C. Mowery, & R. R. Nelson (Hrsg.), *The Oxford Handbook of innovation* (S. 86–114). Oxford: Oxford University Press.

Scholl, W. (1992). Politische Prozesse in Organisationen. In E. Frese (Hrsg.), *Handwörterbuch der Organisation* (S. 1993–2004). Stuttgart: Poeschel.

Scholl, W. (2004). *Innovation und Information. Wie in Unternehmen neues Wissen produziert wird.* Göttingen: Hogrefe.

Scholl, W. (2007). Innovationen – Wie Unternehmen neues Wissen produzieren und etablieren. In H. Hof & U. Wengenroth (Hrsg.), *Innovationsforschung – Ansätze, Methoden, Grenzen und Perspektiven* (S. 271–300). Münster: LIT.

Scholl, W. (2009). Konflikte und Konflikthandhabung bei Innovationen. In E. Witte & C. Kahl (Hrsg.), *Sozialpsychologie der Kreativität und Innovation* (S. 67–86). Lengerich: Pabst.

Scholl, W. (2012). Bedingungen der Innovationsfähigkeit kleiner professioneller Dienstleistungsunternehmen. *Zeitschrift für Arbeit, 21,* 118–131.

Scholl, W., Breitling, K., Janetzke, H., & Shajek, A. (2013). *Innovationserfolg durch aktive Mitbestimmung*. Berlin: Sigma.

Simon, H. A. (1979). Rational decision making in business organizations [Nobel Memorial Lecture]. *American Economic Review, 69*(4), 493–513.

Vahs, D., & Burmester, R. (2005). *Innovationsmanagement: Von der Produktidee zur erfolgreichen Vermarktung*. Stuttgart: Schäffer Poeschel.

Wegner, G. (1995). Innovation, Komplexität und Erfolg. Zu einer ökonomischen Handlungstheorie des Neuen. In E. K. Seifert & B. P. Priddat (Hrsg.), *Neuorientierung in der ökonomischen Theorie*. Marburg: Metropolis.

Herausforderungen und Möglichkeiten der Innovationsförderung durch Geschäftsleiter

Stephan Bedenk

1 Einleitung

Für Herbert Walther, Geschäftsführer eines mittelständigen Unternehmens[1], ist die Bedeutung von Innovativität für seine Organisation eindeutig: wäre das Unternehmen in den letzten Jahren nicht durch und durch innovativ gewesen, würde es heute wahrscheinlich nicht mehr existieren. Walther, seit 20 Jahren in dem Unternehmen und seit knapp 10 Jahren Geschäftsführer, weiß um die Dynamik in seiner Branche, in der die Organisation mit seinen 250 Mitarbeitern tätig ist: Zwar sind Geschäftsmodell und Kundengruppe seit Jahrzehnten beinahe unverändert; die Produkttechnik hat sich durch die zunehmende Digitalisierung und Computerisierung in den letzten Jahren jedoch grundlegend geändert (vgl. auch Kap. „Aufbau einer Innovationskultur bei Expresso – Interview mit Dr. Alexander Bünz").

Für das Unternehmen wären diese technologischen Entwicklungen dabei beinahe zum Verhängnis geworden. Noch vor wenigen Jahren stand es unmittelbar vor dem Aus. Das Unternehmen war in der Hand von Investoren, die jedoch zunehmend weniger Geld investieren wollten. Walther selbst beschreibt die Investorengruppe als „Heuschrecken

---

[1]Die in diesem Kapitel aufgeführten Maßnahmen und Strategien beruhen auf einer Interviewstudie, die der Autor im Rahmen des GI:VE-Projekts mit 20 Vorständen und Geschäftsführern durchgeführt hat. Personennamen sowie Namen der Unternehmen wurden verändert. Für die illustrativen Fallbeispiele wurden gegebenenfalls Organisationsmerkmale, Geschehnisse, Erfahrungen und Aktivitäten aus verschiedenen Organisationen der Untersuchungsstichprobe bewusst kombiniert, um Identifikationen zu vermeiden.

S. Bedenk (✉)
artop – Institut an der Humboldt-Universität zu Berlin, Berlin, Deutschland
E-Mail: bedenk@artop.de

© Springer-Verlag GmbH Deutschland, ein Teil von Springer Nature 2019
W. Scholl (Hrsg.), *Mut zu Innovationen,* https://doi.org/10.1007/978-3-662-58390-6_4

wie sie im Buche stehen", die sich strikt weigerten, jene notwendigen Investitionen in technologische Erneuerungen zu bewilligen, die Digitalisierung und Computerisierung nötig machten – und die längst zum Standard in der Branche geworden waren. In der Konsequenz enteilten nicht nur die Konkurrenten, sondern zunehmend auch die eigenen Kunden.

Kurz vor der Pleite wurde das Unternehmen dann verkauft – nach Meinung der Investoren war nun endgültig kein Geld mehr zu verdienen. Für das Unternehmen Glück im Unglück: Denn die neue Investorengruppe war am Fortbestand und der Weiterentwicklung der Organisation interessiert. Gemeinsam mit der Geschäftsführung wurde ein Plan erarbeitet, wie das Unternehmen kurzfristig überleben und langfristig wieder marktfähig werden könnte. In einem ersten Schritt wollte man insbesondere wieder technologisch auf Augenhöhe mit der Konkurrenz kommen. In einem zweiten Schritt sollte diese mit innovativen Produkten überflügelt werden.

Die anschließende Umsetzung dieses Zwei-Phasen-Plans wurde für Walther und sein Reorganisations-Team dabei erschwert durch zahlreichen Herausforderungen: Um technologisch aufholen und überholen zu können, musste eine wirklich zukunftsfähige neue Technologie erst einmal identifiziert und von den vielen alternativen Lösungswegen unterschieden werden. Im Vorfeld dieser Entscheidung wurden der Geschäftsführung jedoch sehr viele und vor allem sehr unterschiedliche Optionen angeraten. Während manche Mitarbeiter erweiterte Updates der alten Technologien vorschlugen, empfahlen andere einen kompletten Systemwechsel. Für die Geschäftsführung, die eher begrenztes Fachwissen in den neuen Technologien besaß, standen (überlebens-)wichtige Entscheidungen unter großer Unsicherheit an: Welchen Expertenmeinungen sollte die Geschäftsführung nun folgen? Wie viele Ressourcen würde man jeweils bereitstellen müssen? Und wie würde man auch jene Mitarbeiter für den Veränderungsprozess gewinnen können, deren Vorschläge abgelehnt wurden?

Eine weitere Herausforderung stellte der anschließende Umsetzungs- und Implementierungsprozess dar. Nachdem man sich letztlich für einen kompletten Systemwechsel entschieden hatte, veränderten sich mit den neuen Produktionstechniken nicht nur sämtliche Ablaufprozesse, sondern vor allem auch die Arbeitsweisen, Kompetenzanforderungen und Zielsetzungen jedes einzelnen der knapp 250 Mitarbeiter radikal. Es galt nicht nur, mehr oder bessere Produkte zu bauen – vor allem mussten die Produkte auf einer völlig neuen Technik aufbauen. Wie aber konnte man einer Organisation, die seit Jahren nach innen wie außen vor allem durch Stagnation gekennzeichnet war, die Notwendigkeit enormer Veränderungen und einer innovativeren Unternehmenskultur veranschaulichen? Wie konnte die Bereitschaft der Mitarbeiter für einen so langfristigen Innovationsprozess nachhaltig erzeugt werden?

Eine dritte große Herausforderung, mit der sich die Geschäftsführung auseinandersetzen musste, stellten die strapazierten Beziehungen mit externen Partnern dar. Zahlreiche Großkunden waren durch die Wirrungen der letzten Jahre verschreckt worden und hatten sich anderen Anbietern zugewandt. Wie konnte das Vertrauen derjenigen Großkunden, die das Unternehmen zunehmend mit veralteten Produkten in Verbindung brachten, zurückgewonnen werden? Konnten das Wissen und die Wünsche der externen Partner eventuell sogar in den langen und beschwerlichen Veränderungsprozess eingebracht werden?

2   Geschäftsleiter: (Macht-)Promotoren in Innovationsprozessen

Schaut man sich Walthers Rolle im Veränderungsprozess seiner Organisation an, werden Funktionen, die Geschäftsleiter[2] in Innovationsprozessen oftmals einnehmen (müssten), sehr deutlich. Sie sind federführend bei der Formulierung von langfristigen Unternehmensvisionen, -zielen und -strategien und damit einhergehend: von Innovationsbereichen.

Als hauptverantwortliche Akteure in ihren Unternehmen entscheiden sie zudem über die Vergabe der zumeist begrenzten finanziellen, personellen oder technischen Ressourcen zur Initiierung von Innovationen. Deren langfristige und nachhaltige Umsetzung unterstützen sie schließlich kraft Ihrer hohen Machtposition im Unternehmen und schirmen sie gegen Widerstände, hemmende Einflüsse und Partikularinteressen ab. Ordnet man diese Potenziale und Aufgaben in das Promotorenmodell von Witte (1973, vgl. auch Kap. „Kompetenzen von Innovationspromotoren") ein, so stellen Geschäftsleiter paradigmatische Machtpromotoren in ihren Unternehmen dar. Kernidee des Promotorenmodells von Witte (1973) ist, dass der Erfolg von Innovationen maßgeblich vom Einsatz einzelner besonders engagierter Personen abhängt. Promotoren bringen „ihre Persönlichkeit, ihre Position, ihre Sanktionierungsinstrumente, ihr Wissen, ihr Wollen in die Entscheidung und Durchsetzung des Neuen ein" (Hauschildt und Salomo 2007, S. 209). Den Machtpromotor definiert Witte (1973, S. 17) dabei als „diejenige Person, die einen Innovationsprozess durch hierarchisches Potential aktiv und intensiv fördert." Als hoch- oder höchstrangige Personen im Unternehmen obliegt es Machtpromotoren, (Innovations-)Ziele und deren Prioritäten mit den relevanten Innovatoren zu beraten und letztlich zu autorisieren sowie verfügbare Ressourcen an Personen oder Abteilungen zu vergeben. Durch die Zuteilung von Ressourcen und Ihr Einstehen für Innovationen unterstützen sie somit andere innovationsbereite Akteure im Unternehmen. Da Innovationsvorhaben auf der anderen Seite fast immer zu Interessenunterschieden und Konflikten führen, können Machtpromotoren kraft ihres hierarchischen Potenzials auch Oppositionen blockieren oder – besser noch – in konstruktive Kontroversen einbinden. Für Müller (2004,

---

[2]Die oberste Managementebene setzt sich organisationsabhängig aus strukturell, funktional und namentlich unterschiedlichen Gremien zusammen, etwa in Form von Vorständen, Geschäftsführungen oder Präsidien. Aus Gründen der besseren Lesbarkeit wird im vorliegenden Kapitel daher die übergreifende Bezeichnung „Geschäftsleitung" gewählt. Gemeint ist damit in allen Fällen die oberste Führungs- und Leitungsebene einer Organisation.

S. 152) besteht eine weitere Bedeutung von Machtpromotoren darin, dass sie „auf ihre
Überzeugungskraft und Begeisterungsfähigkeit bauen oder Mittel wie Belohnungen und
Anreize als Instrumente dafür einsetzen, ihre organisatorische Umwelt nachhaltig davon
zu überzeugen, dass sie verlässliche Partner sind."

Im Promotorenmodell wird der Machtpromotor insbesondere vom Fachpromotor
abgegrenzt (s. a. Kap. „Kompetenzen von Innovationspromotoren"). Anders als Fachpromotoren, d. h. Experten mit viel objektspezifischem Fachwissen, unterstützen sie
Innovationen demnach kaum oder weit weniger durch ihr spezifisches Fachwissen;
auch sind sie weit weniger in den (technischen) Umsetzungsprozessen einer Neuerung
involviert. In neueren Konzeptionen des Promotorenmodells wird neben dem Fachpromotor und dem Machtpromotor vor allem die Rolle des Prozesspromotors betont,
der durch gute Organisationskenntnisse und Kommunikationsfähigkeit Innovationen fördern kann (vgl. Hauschildt und Chakrabarti 1988). So sieht Kirchmann (1994,
S. 225) Prozesspromotoren als Vermittler zwischen Machtpromotor und Fachpromotor
bzw. „zwischen Unternehmensangehörigen, die sich in besonderer Weise durch ihr hierarchisches Potenzial für den Innovationsprozess eingesetzt haben, und Mitarbeitern,
die sich in besonderer Weise durch ihr objektspezifisches Wissen für den Innovationsprozess eingesetzt haben". Sowohl Machtpromotoren als auch Prozesspromotoren fördern Innovationen, indem sie motivierend auf die Mitarbeiter einwirken. Während der
Machtpromotor allerdings tendenziell vor allem auf unternehmensstruktureller und
übergreifender Ebene agiert (z. B. durch Etablierung von Anreizsystemen oder Aufzeigen langfristiger Unternehmensperspektiven), thematisiert und adressiert der
Prozesspromotor stärker und differenzierter Interessen einzelner Prozessbeteiligter und
interorganisationaler Koalitionen (vgl. Müller 2004, s. a. Kap. „Innovationspromotor:
Idee, Rolle, Ausbildungskonzept und Umsetzung" und „Kompetenzen von Innovationspromotoren"). Insbesondere da Konflikte bei Innovationen oftmals unter dem Radar
der obersten Führungsebene geführt werden, können Prozesspromotoren weit mehr als
„reine" Machtpromotoren bei deren Erkennung, Vermittlung und Handhabung wirken.
Geschäftsleiter spielen als paradigmatische Machtpromotoren in Innovationsvorhaben
somit eine zentrale Rolle. Das Fallbeispiel zu Beginn des Kapitels und die Ausführungen
zum Machtpromotor machen dabei deutlich, dass sich aus der exponierten hierarchischen Position spezifische Herausforderungen ergeben, das enorme hierarchische Potenzial allerdings auch zahlreiche Einflussmöglichkeiten zur Förderung von Innovationen
erlaubt.

Im Folgenden sollen fünf wesentliche Herausforderungen und Möglichkeiten der
Innovationsförderung durch die Geschäftsleitung näher beschrieben und ausgeführt
werden, die in der Interviewstudie mit Geschäftsleitern im Rahmen des GI:VE-Projekts
thematisiert wurden:

- Treffen von Richtungsentscheidungen
- Förderung der Koordinationsfähigkeit
- Etablierung einer Innovationskultur

- Umgang mit Oppositionen und Einzelinteressen
- Repräsentation nach außen

Dabei gelten, ähnlich wie im Beispiel des skizzierten Beispielfalls, die beschriebenen Herausforderungen und Möglichkeiten vor allem für umfassendere Innovationen, d. h. jene Innovationen und Veränderungsprojekte, die nicht nur einzelne Projektteams betreffen, sondern von organisationsweiter und grundlegender Konsequenz sind. Veranschaulicht werden die einzelnen Aspekte dabei jeweils durch Beispiele, die im Rahmen der Interviewstudie mit Geschäftsleitern eruiert werden konnten.

2.1 Treffen von Richtungsentscheidungen

Bringt man die Kernfunktion von Geschäftsleitern auf den Punkt, so ist es wohl die, gute Entscheidungen zu treffen (vgl. Priem et al. 2002). Für Peter Drucker (1955) stand fest: „management is always a decision-making process" (S. 310) und Herbert Simon (1960) resümierte: „I shall find it convenient to take mild liberties with the English language by using ‚decision making' as though it were synonymous with ‚managing'" (S. 1). Innovationsentscheidungen stellen dabei besonders richtungsweisende und herausfordernde Unternehmensentscheidungen dar. Sie sind einerseits richtungsweisend, da eine Organisation nur sehr begrenzte materielle und immaterielle Ressourcen für die Entwicklung und Umsetzung von „Neuem" zur Verfügung stellen kann. Werden diese Ressourcen zugunsten einer Innovationsoption verwendet, fehlen sie für andere alternative Ideen und Projekte (vgl. Haller 2003; Schäfer 2011). Eine Entscheidung kann somit den Kurs eines Unternehmens für die nächsten Jahre vorgeben. Im Fundamentalfall beeinflusst sie sogar die Überlebenswahrscheinlichkeit eines Unternehmens im positiven oder negativen Sinn. Im skizzierten Fallbeispiel etwa hing von der Grundsatzentscheidung, auf welche Technologie man in Zukunft bauen sollte, nicht nur der Erfolg einer Innovation, sondern der Weiterbestand des gesamten Unternehmens ab.

Innovationsentscheidungen sind zudem enorm herausfordernd (vgl. Berglund 2007, s. a. Kap. „Komplexität und Komplexmanagement in Innovationsprozessen"). Bei der Entscheidung, auf welche Technologie man im oben beschriebenen Unternehmen setzen sollte, musste die Geschäftsführung eine Vielzahl an gegenwärtigen und potenziellen zukünftigen Einflussvariablen berücksichtigen und richtig einschätzen, etwa die Verfügbarkeit von Kapital, Technik, Arbeitszeit sowie Kompetenzen und Kompetenzpotenzialen der Mitarbeiter. Darüber hinaus sind bei Innovationsentscheidungen Aspekte bedeutsam, die in ihrer Ausprägung und Bedeutsamkeit für den Innovationserfolg schlichtweg nicht oder kaum transparent oder vorhersehbar sind. So sind Entwicklungen des Marktes, der Kunden und Wettbewerber oder auch neue technologische Entwicklungen in den Folgejahren wichtige, aber kaum prognostizierbare Einflussfaktoren (s. Kap. „Komplexität und Komplexmanagement in Innovationsprozessen").

Wie können Geschäftsleiter vor diesem Hintergrund nun überhaupt zu tragfähigen Entscheidungen in Innovationskontexten gelangen? Als einzelne Akteure verfügen sie kaum über ausreichende kognitive und zeitliche Kapazitäten, um sämtliches (verfügbares) Wissen zu verarbeiten, Realisierungsmöglichkeiten, -bedingungen und -risiken in allen Facetten zu betrachten und darauf basierend gute Entscheidungen zu treffen (Bergmann et al. 2007, S. 34; Cavusgil et al. 2003; Scholl 2004, Kap. 9). Als „general managers" (Sayles 1979, S. 6) besitzen Geschäftsleiter zwar oftmals breites Wissen über alle Unternehmensbereiche hinweg, verfügen jedoch nur über begrenztes Detailwissen in einzelnen Unternehmensbereichen (vgl. Scholl 2004, Kap. 9). Ein Modell, das wertvolle Hinweise darauf liefert, wie Geschäftsleiter diesen individuellen Begrenzungen Rechnung tragen können, ist das Modell des adaptiven Problemlösens (March und Simon 1958; vgl. Scholl 2004, Kap. 7). Wissensintensive Entscheidungsprozesse sollten demnach wie Problemlösungsprozesse in Teilentscheidungen zerlegt werden. Arbeitsteilige Strukturen in Organisationen erlauben dann die eigenständige Bearbeitung von Teilproblemen durch jene Mitarbeiter unterer Hierarchieränge, die über fundierteres Detailwissen in den entsprechenden Domänen verfügen. Deren Problemlösungen können dann über die Hierarchieebenen wieder aggregiert und zusammengefügt werden, sodass Geschäftsleiter nur über finale und globale Aspekte entscheiden müssen, ohne zwangsläufig die Details sämtlicher Teilprobleme im Einzelnen nachvollziehen zu müssen.

Praktisch umsetzbar wird das Modell des adaptiven Problemlösens vor allem durch den Einsatz von Arbeits- und Steuerungsgruppen zur Koordination von Wissen und Informationen. Arbeitsgruppen behandeln in diesem Sinne vor allem fachliche oder thematische Schwerpunkte, deren verschiedentliche Lösungen von einer Steuerungsgruppe anschließend synchronisiert und gegebenenfalls als Informationsgrundlange an die Geschäftsführung[3] weitergegeben werden. Anlässlich einer ERP-Einführung in einem öffentlichen Unternehmen wurde dazu eine Steuerungsgruppe, bestehend aus IT- und Personalverantwortlichen sowie einem externen Prozessberater gebildet, die wichtige Teilentscheidungen definierte und als Problemstellungen in einzelne Arbeitsgruppen weiterreichte. Diese berichteten dann ihre Ergebnisse wieder an die Steuerungsgruppe, die die Ergebnisse bündelte und an die Geschäftsführung weitergab.

Nichtsdestotrotz lässt sich bei umfassenden Innovationsentscheidungen eine selektive und interessengefärbte Informationsweitergabe wohl nie ganz vermeiden (vgl. Chira et al. 2008; Frey 1986), die dann auch die Entscheidungsgüte auf Geschäftsleitungsebene beeinflussen kann. Im Falle des oben skizzierten mittelständischen Unternehmens votierten verständlicherweise jene Führungskräfte, die Experten in den alten Technologien waren, für eine Weiterentwicklung der alten Technologien, während sich Führungskräfte,

---

[3]In manchen Unternehmen und Innovationsfällen ist die Geschäftsführung auch selbst in der Steuerungsgruppe vertreten.

die bereits Expertise mit den neuen Technologien besaßen, für eine Systemumstellung aussprachen. Folgerichtig bekam die Geschäftsführung aus der Mitarbeiterschaft gegenläufige Entscheidungsvorschläge.

Solche interessengesteuerten Informationen können, falls erkannt, im Vorfeld von strategisch bedeutsamen Entscheidungen jedoch auch als relevante und wertvolle Informationen betrachtet werden. Sie liefern ein Stimmungsbild über Akzeptanz und Nicht-Akzeptanz von Vorschlägen innerhalb der Organisation; Koalitionen und Oppositionen werden so sichtbar und thematisierbar. Gleichzeitig können unterschiedliche Perspektiven auch vor Entscheidungsfehlern bewahren, da sie wechselseitig Probleme oder Schwachstellen der verschiedenen Optionen aufzeigen („Debiasing"; vgl. Larrick 2004). Aus ähnlichen Gründen sollten Geschäftsleiter auch Vorschläge insbesondere jener Mitarbeiter anhören, deren Meinungen ansonsten über die Hierarchieebenen herausgefiltert werden würden. In einem Pharma-Unternehmen nimmt sich die Geschäftsführerin regelmäßig bewusst fünf Stunden Zeit, um „plan- und ziellos" Gespräche mit Mitarbeitern aus der Produktion zu führen („management by walking around"; vgl. auch Kap. „Aufbau einer Innovationskultur bei Expresso – Interview mit Dr. Alexander Bünz"). Die dadurch entstehende nicht-selektive Kommunikation ergänzt die organisatorisch vorgegebenen – und dadurch unvermeidlich auch anfälligen – selektiven Informationswege.

An diesem Punkt wird auch deutlich, warum „flache Hierarchien" die Gestaltungs- und Einflussmöglichkeiten von Geschäftsleitern keineswegs torpedieren (wie oftmals angenommen), sondern vielmehr fundamentieren (vgl. Scholl 2004, Kap. 9). Flache Hierarchien erlauben den hierarchieübergreifenden und wechselseitigen Austausch von Informationen in beide Richtungen: Geschäftsleiter können einerseits direkt an entscheidungsrelevante Informationen von Betroffenen gelangen. Andererseits können sie stichprobenhaft überprüfen, ob getroffene Entscheidungen im späteren Verlauf auch über Hierarchien hinweg bis auf die Ebene des einzelnen Mitarbeiters gelangen.

Eine weitere Möglichkeit, um Entscheidungen auf eine robustere Informationsbasis zu stellen, ist letztlich auch der mehr oder weniger regelmäßige Austausch mit externen Experten. „Betriebsblindheit" wird dabei nicht nur durch den Einbezug externer Berater und Prozessbeobachter reduziert. Die in der Interviewstudie befragten Geschäftsleiter nutzen insbesondere auch ihr persönliches oder berufliches Netzwerk, um Entscheidungssituationen zu diskutieren. Der Vorstandsvorsitzende eines öffentlichen Unternehmens organisiert etwa regelmäßige Treffen mit Vorstandskollegen aus anderen Organisationen, um vergleichbare Entscheidungssituationen zu sammeln und Best-Practices zu diskutieren. Ein Vorstand eines Sozialunternehmens mit 2000 Mitarbeitern sucht wiederum regelmäßig den Austausch vor allem mit Vorständen anderer Branchen und Erfahrungen aus dem Profit-Bereich, um aus strukturell vergleichbaren Entscheidungsprozessen in diesen anderen Branchen zu lernen.

2.2   Förderung der Koordinationsfähigkeit

Innovationen sind nicht die Leistung einzelner Protagonisten, sondern resultieren aus der gelungenen Zusammenarbeit mehrerer Personen, Gruppen und Abteilungen (vgl. Scholl 2004). Die Wissens- und Informationsintensität, die sich daraus ergibt, führt zu organisatorischen und organisationalen Herausforderungen: Wie kann Wissen aus verschiedenen Fachbereichen, das bei komplexen Fragestellungen relevant ist, transportiert, ausgetauscht und koordiniert werden?

Eine Lösung, die den Informationsfluss hin zur Geschäftsleitung verbessert, wurde bereits im letzten Abschnitt mit der Einrichtung von Steuerungsgruppen beschrieben. Darüber hinaus verlangen umfassende Innovationen aber auch den horizontalen und vertikalen Informationsaustausch zwischen Teams, Hierarchien und Abteilungen (vgl. Scholl 2007). Oftmals treffen im Zuge dessen Akteure aufeinander, die in der operativen Arbeit bisher wenige oder keine Berührungspunkte hatten. Deutlich wird dies auch am Beispiel des Produktinnovationsprozesses im eingangs skizzierten Unternehmen. Die Frage, wie Produkte letztendlich gebaut werden müssen, um am Markt erfolgreich zu sein, musste zwangsläufig divisions-übergreifend behandelt werden. Die Produktionstechnik musste die technologische Realisierbarkeit prüfen, das Marketing die Akzeptanz der Technologie auf dem Markt und – auch dies ein wichtiger Faktor bei Innovationen – die Rechtsabteilung die patentrechtliche Legitimität sicherstellen. Nicht nur mussten abteilungsspezifische Sprach- und Perspektivenunterschiede überwunden werden, auch gemeinsam nutzbare Kommunikations- und Dokumentationsplattformen mussten erst geschaffen werden, um in Austausch treten zu können.

Hier können Geschäftsleiter die Initialisierung und Verbesserung unternehmensinterner Kommunikationsprozesse durch eine Reihe von Maßnahmen fördern. Dies beginnt mit der Vergabe von Ressourcen zur Etablierung neuer oder zur Verbesserung bestehender Kommunikationskanäle. In einem Dienstleistungsunternehmen wurde die Intranet-Plattform dahin gehend erweitert, dass einzelne Arbeitsgruppen Wikis und Projektmanagementstrukturen nutzen konnten. Zudem wird das erneuerte Intranet nun dafür genutzt, auch Mitarbeiter, die nicht direkt in das Projekt involviert sind, über den aktuellen Stand der Innovationsaktivitäten zu informieren. Die Akzeptanz und aktive Nutzung des Intranets können Geschäftsleiter dabei vor allem durch Sichtbarkeit und eigene Aktivitäten im Medium steigern: In einen Unternehmen der Catering-Branche können Mitarbeiter ihre Impulse und Gedanken zu laufenden Innovationsprojekten daher direkt über das Intranet an die Geschäftsführung adressieren.

Insbesondere bei komplexen Fragestellungen lässt sich Wissen nur bedingt schriftlich und standardisiert transferieren; erst durch den wechselseitigen Austausch, durch Fragen, Antworten und Rückfragen wird Wissen verständlich und kann situativ genutzt werden (vgl. Scholl 2007). Je komplexer Sachverhalte sind, desto notwendiger werden folglich Möglichkeiten des diskursiven Austausches. Abteilungsübergreifende Kommunikation findet dann idealerweise durch direkten Austausch statt. Ob und in welchem Ausmaß dafür (zeitlicher) Raum besteht, ist nicht zuletzt eine Entscheidung, die auf Geschäftsleitungsebene getroffen wird. Großgruppenveranstaltungen, die den Informationsaustausch der gesamten Belegschaft fördern, werden oftmals erst durch den Impuls „von ganz oben" angenommen. Dieser Impuls wächst dabei nicht selten zu einer eigenen Folgeinnovation heran. Viele Unternehmen erkennen im Laufe von Innovationen Defizite in den bestehenden Kommunikations- und Koordinationsstrukturen und installieren neue Organisationsformen wie z. B. Projekt-Matrix-Strukturen, die je nach Aufgabenstellung Projektarbeiten in flexiblen und diversifizierten Teamkonstellationen und mit verteilter Führung ermöglichen. Auch dieser Wandel hin zu komplexen und äußerst anspruchsvollen Koordinationsstrukturen benötigt die Legitimation und Absicherung der Geschäftsleitung, um angenommen und nachhaltig umgesetzt zu werden.

Obwohl Kommunikation und Koordination durch vergleichbare Strukturierungsmaßnahmen gefördert werden können, finden Austauschprozesse auch außerhalb des formalen und formalisierten Rahmens statt. Nicht zuletzt da Innovationen Partikularinteressen betreffen, werden Umsetzungsvorhaben zu einem gewissen Grad immer auch in informellen Verbünden und Koalitionen realisiert (vgl. Scholl 2004, Kap. 6). Umso wichtiger sind daher gerade in diesen Phasen Innovationsmanager und Prozesspromotoren, die dafür sorgen, dass Innovationen nicht durch Entwicklungen unterhalb der „line of visibility" gefährdet sind und dass bei schwelenden Konflikten zwischen den Abteilungen vermittelt wird. Innovationsmanager und Prozesspromotoren benötigen hier die sichtbare Legitimation und Unterstützung durch die Geschäftsleitung. Dies geschieht, indem ihnen zeitliche Ressourcen zugestanden und weitestgehende Unabhängigkeit von Abteilungsinteressen eingeräumt werden. Organisational umsetzbar wird diese Form der sichtbaren Unterstützung dabei etwa durch die Etablierung einer eigenen Stabstelle unterhalb der Geschäftsleitung und/oder durch die Ausbildung eines Mitarbeiters zum Innovationspromotor (s. Kap. „Innovationspromotor: Idee, Rolle, Ausbildungskonzept und Umsetzung", „Möglichkeiten und Grenzen von Trainingsevaluation am Beispiel der Evaluation der Ausbildung zum Innovationspromotor", „Kompetenzen von Innovationspromotoren").

2.3   Etablierung einer Innovationskultur

Umfassende Innovationen verändern das (Selbst-)Bild von Unternehmen und Mitarbeitern bisweilen gravierend. Jeder Mitarbeiter ist mehr oder weniger direkt selbst betroffen von den Folgen des Wandels. Arbeitsabläufe, Arbeitsweisen, Arbeitsgegenstände verschieben sich und lösen fast immer Ängste, Befürchtungen und Reaktanz gegenüber weiteren Veränderungen aus (vgl. Bedenk et al. 2013; s. auch Kap. „Innovationsprojektgestaltung"). Tatsächlich konterkarieren Innovationen das menschliche Bedürfnis, den Status Quo so weit wie möglich zu erhalten. Vor diesem Hintergrund lassen sich Innovationen auch nicht als ausschließlich betriebswirtschaftlich planbare Projekte realisieren. Sie verlangen zunächst Antworten auf die Frage, wie mit den möglichen negativen Wahrnehmungen von Veränderungen auf der Ebene der einzelnen Mitarbeiter oder bestimmter Mitarbeitergruppen umgegangen werden kann. Erfolgsversprechende Ansätze setzen genau hier an, indem die tiefsitzende Wahrnehmung von „Veränderung" als etwas notwendigerweise Negativem aufgelöst oder zumindest relativiert wird (vgl. Frey und Schulz-Hardt 2000). Innovationsaffine Unternehmenskulturen zeichnen sich im Umkehrschluss gerade dadurch aus, dass Veränderungen als Chance für Neues, Besseres – und bisweilen sogar: Status-quo-Erhaltendes (z. B. des eigenen Arbeitsplatzes) – wahrgenommen werden. Zudem wird in innovationsorientierten Kulturen „Veränderung" nicht als einmalig, schlagartig und reaktiv, sondern als ein fortwährender, kontinuierlicher, aktiv gestaltbarer Prozess verstanden und erlebt.

Dieser fundamentale Paradigmenwandel findet notwendigerweise im Kopf jedes einzelnen Mitarbeiters statt und sollte folglich auch auf der Ebene des einzelnen Mitarbeiters unterstützt werden. Wie aber können Geschäftsleiter insbesondere in Unternehmen mit vielen Mitarbeitern diesen tief gehenden Veränderungsprozess individuell begleiten und fördern?

In erster Linie besitzen Geschäftsleiter allenfalls indirekte Möglichkeiten der Einflussnahme (Jansen et al. 2009), indem sie Veränderungsdynamiken in Gang setzen, die kaskadierend bis auf die Ebene jedes einzelnen Mitarbeiters wirken können. In einem Unternehmen wurde diese Veränderungsdynamik etwa durch eine vom Vorstand initiierte gemeinsame Führungskräftetagung der oberen und mittleren Führungskräfteebene eingeleitet. Veränderungsaffine Werte und Normen, die Relevanz von Partizipation und Handlungsspielräumen für (erfolgreiche) Veränderungen wurden formuliert, diskutiert und festgehalten. Darauf aufbauend wurden neue Führungsleitlinien entwickelt, die „Veränderungsorientierung" als Leitprinzip im gesamten Unternehmen etablierten. In einem Verlagshaus wurde im Zuge eines Veränderungsprozesses von der Geschäftsführung ein „Management-Campus" bewilligt. In einer umfassenden Schulungsreihe wurden hierzu über drei Jahre 350 Führungskräfte im adäquaten Management von Veränderungen geschult. Kernthemen waren dabei die Bereiche Change Management, Teamführung und Konflikthandhabung. Bis zu 15 Tage im Jahr konnte jede Führungskraft in Trainings und Weiterbildungen investieren – eine kostspielige, aber sehr erfolgreiche Maßnahme, um die Entwicklung einer Veränderungskultur im gesamten Unternehmen einzuleiten.

Diese und ähnliche Maßnahmenpakete illustrieren den relativen Einflussgrad der Geschäftsleitung auf die Innovationskultur: Zwar sind die direkten Einflussmöglichkeiten auf einzelne Mitarbeiter zwangsläufig begrenzt. Investieren Geschäftsleiter allerdings in eine gute Aus- und Weiterbildung ihrer Führungskräfte, initiieren sie Leitbildprozesse und Führungsleitlinien, so können sie dafür sorgen, dass veränderungsaffine Denk- und Handlungsweisen das Unternehmen durchlaufen, an deren Ende ein Großteil der Mitarbeiter/innen erreicht werden kann (vgl. Crossan und Apayadin 2010; vgl. auch Kap. „Aufbau einer Innovationskultur bei Expresso – Interview mit Dr. Alexander Bünz").

Dennoch soll auch an dieser Stelle weder vergessen noch verschwiegen werden, dass Innovationen nicht immer von allen Mitarbeitern angenommen werden (können). Viele der Mitarbeiter aus dem eingangs skizzierten Unternehmen mussten sich in einem langwierigen Prozess neue Kompetenzen anlernen – nicht alle wollten oder konnten diesen Weg zu Ende gehen und verließen das Unternehmen. Ebenso wie Innovationen Karrieren befördern können, können sie für Mitarbeiter, die ihren Arbeitsplatz verlieren oder aufgeben müssen, existenzielle Gefährdungen darstellen. Auch hier ist es als eine wichtige Aufgabe der Geschäftsleitung zu sehen, negative Folgewirkungen zu antizipieren und so weit wie möglich zu kompensieren oder wenigstens abzufedern. In einem Dienstleistungsunternehmen wurde etwa im Vorfeld einer Innovation von der Geschäftsführung zugesagt, dass kein Mitarbeiter aufgrund eines umfassenden Veränderungsvorhabens das Unternehmen verlassen müsste. In einem Logistik-Unternehmen sicherte die Geschäftsführung ausreichend finanzielle und zeitliche Ressourcen zu, um ein Weiterbildungskonzept für Mitarbeiter aufzustellen, um auf neue Anforderungen und Arbeitsplatzwechsel im Zuge eines Veränderungsvorhabens vorzubereiten. In einem Unternehmen der Facility-Management-Branche werden anstehende und geplante Veränderungen proaktiv mit dem Betriebsrat besprochen, sodass die Folgen von Innovationen auch aus der Sicht des einzelnen Mitarbeiters betrachtet werden und in Entscheidungen einfließen können (vgl. auch die Studie von Scholl et al. 2013).

2.4   Umgang mit Oppositionen und Partikularinteressen

Innovations- und Erneuerungsvorhaben gehen mit strukturellen Änderungen ebenso einher wie mit Änderungen der Einfluss- und Machtverhältnisse innerhalb eines Unternehmens. Während manche Abteilungen oder Projektteams durch Innovationen an Ressourcen und Stellung im Unternehmen gewinnen, büßen andere in ihrem Einfluss ein. Im eingangs skizzierten Unternehmen katapultierte der Systemwechsel einige Mitarbeiter zu gefragten Fachexperten, Kompetenzen altgedienter Führungskräfte wurden hingegen (scheinbar) schlagartig unbrauchbar.

Die adäquate und konstruktive Handhabung von Macht- und Einflusskonstellationen stellt einen erfolgskritischen Faktor bei Innovationsvorhaben dar. Nicht selten versuchen einzelne Personen und Gruppen ihre Interessen per offener oder verdeckter Machtausübung durchzudrücken ohne Rücksichtnahme auf andere, die dann ihrerseits in den Machtkampf einsteigen und so den Misserfolg wahrscheinlicher machen. Hingegen trägt eine offene Einflussnahme durch Argumentation und konstruktive Kontroversen dazu bei, die realen Probleme besser einzuschätzen und dann auch zu bewältigen (vgl. Scholl 2012). Durch ihre hohe Vernetztheit können insbesondere unternehmensumfassende Veränderungsprojekte, wie ERP-Einführungen oder Veränderungen der gesamten Produkt- oder Produktionstechnik nur durch die Bereitschaft zu konstruktiver Auseinandersetzung und den aktiven Beitrag aller Seiten, insbesondere aller Führungskräfte, wirklich erfolgreich realisiert werden. Versuchen Führungskräfte ihre Ansätze durchzudrücken, dann werden relevante Probleme oft nicht beachtet. Scheren einzelne Abteilungen aus und werden zu unbedingten Opponenten des Erneuerungsvorhabens, wird eine erfolgreiche Umsetzung oft ebenfalls unmöglich.

Geschäftsleiter stehen folglich auch vor der Aufgabe, Mitarbeiter zu motivieren und weiterführende Perspektiven für alle, die durch eine Innovation erst möglich werden, aufzuzeigen. Die Einbindung der gesamten Führungsebene in Entscheidungs- und Umsetzungsprozesse sowie die Darstellung gemeinsamer Ziele, des Nutzens oder der Notwendigkeit einer Innovation für das gesamte Unternehmen stellen auch vor diesem Hintergrund wichtige Elemente einer Innovationsstrategie dar (Clampitt und Williams 2007). In einem Industrieunternehmen mit über 3000 Mitarbeitern beschloss die Unternehmensführung daher, dass große strategische Projekte grundsätzlich nur „one voice" gestartet werden: nur wenn alle Führungskräfte ihr Commitment zu einer Entscheidung geäußert haben, wird diese auch umgesetzt.

Insbesondere in größeren Unternehmen können nicht immer alle Führungskräfteebenen in den gesamten Entscheidungsprozess eingebunden werden (Clampitt und Williams 2007). In dem bereits erwähnten Verlagshaus, in dem nicht alle Innovationsentscheidungen im gesamten Führungskreis beschlossen werden konnten, wurde daher ein „Change-Story-Prozess" entwickelt. Ein solcher Prozess startet mit einer offenen Erklärung des Geschäftsführers an alle Mitarbeiter, in dem ausgeführt wird, was das Veränderungsvorhaben für den Geschäftsführer selbst bedeutet, welche Schwierigkeiten und Ängste er selbst verspürt, welche (persönlichen) Entwicklungschancen er durch die Innovation dennoch für sich selbst sieht. Ziel ist es, die anstehende Veränderung in ihren (auch negativen) Facetten sichtbar, greifbar und menschlich zu machen. Im Anschluss daran wird die Frage „Was bedeutet die Innovation für jeden Einzelnen? Was kann es jedem Einzelnen bringen, wenn diese Innovation erfolgreich umgesetzt werden kann?" kaskadenhaft in die unteren Hierarchieebenen und Abteilungen getragen. Dort reflektieren nach ähnlichem Muster die jeweiligen Führungskräfte der nachfolgenden Hierarchieebenen, was die bevorstehende Veränderung für sie im Positiven wie Negativen bedeutet. Am Ende der persönlichen Change Story kann jede Führungskraft sichtbar und authentisch Bereitschaft signalisieren, zum Gelingen des Veränderungsprozesses beitragen zu wollen.

Auch die beiden letzten Maßnahmen verdeutlichen, dass individuelle Veränderungsmotivation eng an das Erkennen einer nachvollziehbaren Strategie gekoppelt ist, die die (Einzel-)Interessen (möglichst) aller Betroffenen einbezieht (s. a. Kap. „Innovationskultur, Innovationsprozesse und Innovationserfolge"). Diese Überzeugungs- und Begeisterungsarbeit (vgl. Müller 2004) kann nicht von Geschäftsleitern alleine geleistet werden, sondern besteht vielmehr im Anstoßen eines Prozesses, der dominosteinartig in das Unternehmen ausstrahlt (wie etwa der „Change-Story-Prozess"). Wiederum wird die Bedeutung von Strukturen, unternehmensinternen Institutionen und Personen deutlich, die dafür Sorge tragen, dass dieser Prozess nicht auf nachfolgenden Führungskräfteebenen versandet; Prozess- bzw. Innovationspromotoren sind dabei sehr hilfreich, weil sie Schwachstellen entdecken und beheben können (s. Kap. „Innovationspromotor: Idee, Rolle, Ausbildungskonzept und Umsetzung").

2.5   Repräsentation nach außen

Innovationen finden nicht ausschließlich unternehmensintern statt, vielmehr werden sie maßgeblich beeinflusst durch externe Einflüsse (Böhle 2011). Ökonomische Entwicklungen, gesellschaftliche Erwartungen, Einflüsse durch Investoren, Partnerunternehmen und Kunden können Innovationen gleichermaßen fördern, ermöglichen oder verhindern: Gesamtgesellschaftliche Entwicklungen können Innovationsaktivitäten erzwingen („need to innovate"; Baregheh et al. 2009, S. 1323; Rammert 1997, S. 397 f.). Beispiele sind Computerisierung, Digitalisierung, Globalisierung oder auch Wirtschaftskrisen, die unmittelbare Auswirkungen auf die Situation einzelner Unternehmen haben. Der Veränderungsprozess im eingangs skizzierten Unternehmen resultierte so auch nicht aus einer unternehmensinternen und proaktiven Innovationsidee, sondern wurde durch eine Weiterentwicklungswelle der gesamten Wirtschaftswelt („Digitalisierung") notwendig. Insbesondere in kleinen und mittelständischen Unternehmen (KMU) steht Innovativität daher oftmals weniger für einen Impuls, mit revolutionären Produkten oder Dienstleistungen einen neuen Markt zu erfinden, sondern für die schlichte Notwendigkeit, auf sich verändernde Anforderungen der Wirtschaftswelt reagieren zu können.

Ebenso ist der Einfluss von Investoren und Investorengruppen nicht zu unterschätzen, die Innovationen und Innovativität mal unterstützen und mal blockieren. (Komplexe) Innovationen benötigen oftmals das Know-how und die Kooperationsbereitschaft von Partnerunternehmen (vgl. Scholl 2007). Dies gilt bei Prozessinnovationen wie etwa bei ERP-Einführungen (s. a. Kap. „Komplexität und Komplexmanagement in Innovationsprozessen"), für die die nachhaltige Unterstützung von Anbietern notwendig ist, ebenso wie bei Produktinnovationen, wo neue Fabrikate fast ausschließlich in Kooperation oder nur unter der Beteiligung von Zulieferern produziert werden können. Die hohe technische und informationstechnologische Vernetztheit von Unternehmen bedingt im Umkehrschluss auch, dass Veränderungen in Partnerunternehmen auch Veränderungen in der eigenen Organisation notwendig machen können.

Nicht zuletzt beeinflussen Kunden maßgeblich die Innovationsaktivitäten von Unternehmen. Kunden bestimmen, welche Marktinnovationen (neue Produkte oder Dienstleistungen) überhaupt gefragt, gewünscht und letztendlich akzeptiert werden. Gleichzeitig sind Kundenreaktionen oft auch ein wichtiger Gradmesser dafür, ob Prozessinnovationen (neue IT-Systeme, Managementsysteme oder Produktionstechniken) unproblematisch, geräuschlos und damit erfolgreich verlaufen sind. Insbesondere in kleinen und mittelständischen Unternehmen sind die Geschäftsleiter zentrale Schnittstellen zu den wichtigsten externen Stakeholdergruppen. Sie sind erste Ansprechpartner für Investoren, Vertreter aus Partnerunternehmen und Key Accounts: Sie werben bei Investoren um Unterstützung und Absicherung für das Innovationsvorhaben. Die Herausforderung liegt dabei – wie im exemplarischen Fallbeispiel zu Beginn des Kapitels – oftmals darin, dass große Innovationen Gewinnminderungen oder sogar Defizite in den Folgejahren bedeuten können. Kooperationsprojekte zwischen Unternehmen verlangen wiederum den schwierigen Spagat zwischen Wissensaustausch (der gemeinsame Innovationen erst möglich macht) und begrenzter Informationsweitergabe (um die Exklusivität des eigenen Unternehmens-Know-hows zu sichern). Vertrauen in die Integrität im Umgang mit externem Firmenwissen wird im Sinne des „people business" dabei oftmals über persönlichen Beziehungen und Erfahrungen zwischen Geschäftsleitern geschenkt oder aber entzogen. Schlussendlich müssen auch Kunden und hier vor allem die Key-Accounts von einer Innovation überzeugt sein. Wie das Zitat zu Beginn des Unterkapitels zeigt, müssen Kunden auf etwaige Schwierigkeiten und Engpässe hingewiesen und gleichzeitig von künftigen Verbesserungen überzeugt werden.

Welchen Beitrag können nun Geschäftsleiter leisten, um diesen extern bedingten Herausforderungen zu begegnen? In der Interviewstudie betonten Geschäftsleiter die Bedeutung eines regelmäßigen persönlichen Austauschs mit anderen Geschäftsleitern und führenden Vertretern aus Gesellschaft und Wirtschaft. Wichtige Informationen über politische, soziale und gesellschaftliche Strömungen und Entwicklungen können so aus erster Hand aufgenommen werden. Insbesondere in Branchen, die durch gravierende staatliche und rechtliche Einflüsse (wie etwa im Gesundheitsbereich) oder hohe Marktdynamik geprägt sind, initiieren Geschäftsleiter nicht selten eigene Interessengruppen, fungieren als Lobbyisten und engagieren sich in Verbänden, um proaktiv Entwicklungen in politischen, rechtlichen und gesellschaftlichen Fragen mitgestalten zu können. Auch der Austausch mit Investoren muss proaktiv und nachhaltig von Geschäftsleitern gestaltet werden. Statt Investoren ausschließlich zu berichten, werden Investoren oft in Entscheidungsprozesse aktiv mit eingebunden. Im Falle des eingangs skizzierten Unternehmens wurde das Veränderungsvorhaben in enger Absprache mit der Investorengruppe entworfen, um externes Wissen bestmöglich zu integrieren, gleichzeitig die Bindung der Investoren an das Unternehmen zu intensivieren und nicht zuletzt ein gemeinsames Verantwortungsgefühl bei Richtungsentscheidungen entstehen zu lassen.

Aufgrund ihrer zumeist guten Kontakte und ihrer Funktion als Unternehmenssprecher sind Geschäftsleiter oftmals erste Ansprechpartner für entscheidungsrelevante Vertreter aus Partnerunternehmen sowie für Key Accounts. Potenziale und Schwierigkeiten, die durch Innovationen entstehen, sollten dabei weitestgehend transparent gemacht werden.

Der Geschäftsführer eines Industrieunternehmens mit über 3000 Mitarbeitern stellt wichtigen Stakeholdern dazu regelmäßig eine Innovationsbroschüre vor, in der nicht nur über anstehende Neuerungen informiert wird, sondern auch über vergangene Innovationen („past involvement"). Partner und Kunden erhalten so ein Gefühl, wie Innovationen im Unternehmen angegangen, realisiert und nachhaltig verfolgt werden – gleichzeitig liefert das Unternehmen auch Informationen über den Erfolgsgrad der Innovationen und welche Lehren (Lessons Learned) aus Misserfolgen gezogen wurden. Ein wichtiger Bestand dieses „past involvements" ist also Authentizität und Transparenz sowohl im Hinblick auf Erfolge als auch – ganz bewusst – Misserfolge in Innovationsaktivitäten. Die Unterstützung durch Partner und Kunden kann zudem durch den aktiven Einbezug der Stakeholdergruppen gesichert werden. In einem Industrieunternehmen informierte der Geschäftsführer Key Accounts nicht nur regelmäßig über den Projektfortschritt, vor allem wurde dafür gesorgt, dass die Innovation sprichwörtlich anfassbar und greifbar wurde. Vierteljährlich wurden dazu die wichtigsten Kunden eingeladen, die neuen Prototypen vor Ort zu testen. In anschließenden Workshops mit den Geschäftsführern und Führungskräften aus Technik und Marketing konnten die Kunden dann eigene Verbesserungsvorschläge einbringen (vgl. auch Kap. „Aufbau einer Innovationskultur bei Expresso – Interview mit Dr. Alexander Bünz").

Wie an diesem Beispiel deutlich wird, kann sich die Promotorenrolle von Geschäftsleitern im Innovationsprozess vor allem im Kontakt mit externen Stakeholdern durchaus wandeln. Statt als reine Machtpromotoren fungieren sie auch als Prozesspromotoren und Beziehungspromotoren (Walter und Gemünden 1999) und benötigen entsprechende Kompetenzen: Sie zeigen Notwendigkeiten, Ziele und Potenziale von Innovationen auf, werben für deren Unterstützung, weisen auf mögliche Probleme und Stolpersteine hin, sprechen Konflikte und unterschiedliche Interessen an und erörtern Lösungsmöglichkeiten. Dank ihrer guten Kontakte können sie zudem die Vernetzung zwischen externen Stakeholdern und internen Experten anregen und intensivieren.

3   Fazit

Damit Innovationen erfolgreich verlaufen können, bedarf es funktionierender Informations-, Kommunikations- und Koordinationsprozesse, die wiederum eingebettet sind in eine grundsätzlich innovations- und veränderungsorientierte Unternehmenskultur. Geschäftsleiter können zumeist weder die entscheidenden Ideengeber noch die entscheidenden Akteure bei der Umsetzung sein. Sie besitzen jedoch durch ihre hierarchische Position im Unternehmen das notwendige Einflusspotenzial, um anderen Akteuren auf den unteren Hierarchieebenen Freiräume zur Gestaltung von Innovationen zu ermöglichen. Dieses Potenzial beschränkt sich dabei nicht allein auf die Zuweisung notwendiger materieller und immaterieller Ressourcen. Vor allem können sie innovationsförderliche Strukturen, Organisationsformen und Denkweisen initiieren und fördern, die Innovativität nachhaltig ermöglichen, also die Fähigkeit eines Unternehmens, immer wieder innovativ werden zu können.

Literatur

Baregheh, A., Rowley, J., & Sambrook, S. (2009). Towards a multidisciplinary definition of innovation. *Management Decision, 47*(8), 1323–1339.

Bedenk, S., Kunert, S., & Scholl, W. (2013). Fähigkeit zur Veränderung fördern. *IO Management, 1*, 16–20.

Berglund, H. (2007). Risk conception and risk management in corporate innovation: Lessons from two Swedish cases. *International Journal of Innovation Management, 11*(4), 497–513.

Bergmann, B., Debitz, U., Hacker, W., Looks, P., Prescher, C., & Winkelmann, C. (2007). Unterstützung innovierenden Handelns als strategische Unternehmensaufgabe. In E. Barthel, J. Erpenbeck, J. Hasebrook, & O. Zawacki-Richter (Hrsg.), *Kompetenzkapital heute – Wege zum integrierten Kompetenzmanagement* (S. 31–78). Frankfurt a. M.: School Verlag.

Böhle, F. (2011). Management of uncertainty – A blind spot in the promotion of innovations. In S. Jeschke (Hrsg.), *Enabling innovation. Innovative capability – German and international views* (S. 17–30). Heidelberg: Springer.

Cavusgil, S., Calantone, R., & Zhao, Y. (2003). Tacit knowledge transfer and firm innovation capability. *Journal of Business & Industrial Marketing, 18*(1), 6–21.

Chira, I., Adams, A., & Thornton, B. (2008). Behavioral bias within the decision making process. *Journal of Business & Economics Research, 6*(8), 11–20.

Crossan, M. M., & Apaydin, M. (2010). A multi-dimensional framework of organizational innovation: A systematic review of the literature. *Journal of Management Studies, 47*(6), 1154–1191.

Clampitt, P., & Williams, M. (2007). Decision downloading. *Sloan Management Review, 48*, 77–82.

Drucker, P. F. (1955). *The practice of management*. London: William Heinemann Ltd.

Frey, D. (1986). Recent research on selective exposure to information. In L. Berkowitz (Hrsg.), *Advances in experimental social psychology* (Bd. 19, S. 41–80). New York: Academic Press.

Frey, D., & Schulz-Hardt, S. (2000). *Vom Vorschlagswesen zum Ideenmanagement. Zum Problem der Änderungen von Mentalitäten, Verhalten und Strukturen*. Göttingen: Verlag für angewandte Psychologie.

Haller, C. (2003). *Verhaltenstheoretischer Ansatz für ein Management von Innovationsprozessen*, Dissertation, Universität Stuttgart. http://elib.uni-stuttgart.de/opus/volltexte/2004/1580/pdf/Dissertation_Christine_Haller.pdf. Zugegriffen: 25. Jan. 2018.

Hauschildt, J., & Chakrabarti, A. (1988). Arbeitsteilung im Innovationsmanagement – Forschungsergebnisse, Kriterien und Modelle. *Zeitschrift für Organisation, 57*, 378–388.

Hauschildt, J., & Salomo, S. (2007). *Innovationsmanagement*. München: Vahlen.

Jansen, J., Vera, D., & Crossan, M. M. (2009). Strategic leadership for exploration and exploitation: The moderating role of environmental dynamism. *The Leadership Quarterly, Special Issue on Leadership and Organizational Learning, 20*, 5–18.

Kirchmann, E. M. W. (1994). *Innovationskooperation zwischen Herstellern und Anwendern*. Wiesbaden: DUV/Gabler.

Larrick, R. P. (2004). Debiasing. In D. J. Koehler & N. Harvey (Hrsg.), *Blackwell handbook of judgment and decision making* (S. 316–337). Oxford: Blackwell.

March, J. G., & Simon, H. A. (1958). *Organizations*. New York: Wiley.

Müller, A. (2004). *Zur Strukturgenese von und Kommunikation in Innovationsnetzwerken*. Dissertation an der Martin-Luther-Universität, Halle-Wittenberg.

Priem, R. L., Love, L. G., & Shaffer, M. A. (2002). Executives' perceptions of uncertainty sources: A numerical taxonomy and underlying dimensions. *Journal of Management, 28*, 725–746.

Rammert, W. (1997). Innovation im Netz. Neue Zeiten für technische Innovationen: Heterogen verteilt und interaktiv vernetzt. *Soziale Welt, 48*, 397–416.

Sayles, Leonard. (1979). *Leadership*. New York: McGraw-Hill.

Schäfer, V. (2011). Selektion von Innovationsideen, Dissertation, Kassel. http://www.uni-kassel.de/upress/online/frei/978-3-86219-124-6.volltext.frei.pdf. Zugegriffen: 25. Jan. 2018.

Scholl, W. (2004). *Innovation und Information. Wie in Unternehmen neues Wissen produziert wird*. Göttingen: Hogrefe.

Scholl, W. (2007). Innovationen – Wie Unternehmen neues Wissen produzieren und etablieren. In H. Hof & U. Wengenroth (Hrsg.), *Innovationsforschung – Ansätze, Methoden, Grenzen und Perspektiven* (S. 271–300). Münster: LIT.

Scholl, W. (2012). Bedingungen der Innovationsfähigkeit kleiner professioneller Dienstleistungsunternehmen. *Zeitschrift für Arbeit, 21,* 118–131.

Scholl, W., Breitling, K., Janetzke, H., & Shajek, A. (2013). *Innovationserfolg durch aktive Mitbestimmung. Die Auswirkungen von Betriebsratsbeteiligung, Vertrauen und Arbeitnehmerpartizipation auf Prozessinnovationen.* Berlin: Sigma.

Simon, H. A. (1960). *The new science of management decision.* New York: Harper & Row.

Walter, A., & Gemünden, H. G. (1999). Beziehungspromotoren als Förderer inter-organisationaler Austauschprozesse: Empirische Befunde. In J. Hauschildt & H. G. Gemünden (Hrsg.), *Promotoren: Champions der Innovation* (S. 133–158). Wiesbaden: Gabler.

Witte, E. (1973). *Organisation für Innovationsentscheidungen – Das Promotoren-Modell.* Schwartz: Göttingen.

Die Rolle von Vertrauen für den Erfolg der digitalen Transformation

Tom Sommerlatte

„Industrie 4.0", Kurzbezeichnung für „vierte industrielle Revolution" und Kernthema der digitalen Transformation, wurde im Zusammenwirken der Bundesregierung und der Wirtschaft, speziell der herstellenden Industrie, zum Thema einer gemeinsamen Innovationsinitiative erhoben (BMBF) (Kagermann et al. 2011). Mit ihr soll der Gefahr eines Zurückbleibens der deutschen Industrie hinter internationale und besonders amerikanische Konkurrenten begegnet werden, die im Begriff sind, durch immer umfassendere Digitalisierung völlig neue Fähigkeiten und Vorteile zu erwerben. Denn sie investieren zügig in Systeme der massiven Datenakquisition und -speicherung und der automatischen analytischen Nutzung großer Datenmengen sowie des „Internet der Dinge", wie es heute schon Internet-basierte Anbieter wie Amazon oder Produzenten von Smartphones, Fernsehgeräten und Autos tun, um die techno-ökonomischen Erfolgsfaktoren ganzer Branchen zu verändern.

„Vierte industrielle Revolution" weckt bei den Betroffenen in der Industrie jedoch zunehmende Sorgen und Fragen (IG Metall 2013; www.sueddeutsche.de/wirtschaft). Denn die erste und zweite industrielle Revolution, d. h. das Vordringen der Dampfmaschine, der Elektrifizierung, der Fließbandarbeit und Massenproduktion, waren von gewaltigen sozialen Umstürzen begleitet, die zu den Revolutionen und politischen Krisen des 19. und beginnenden 20. Jahrhunderts führten. Auch die dritte industrielle Revolution der prozessgesteuerten, zunehmend automatisierten Fertigung in der zweiten Hälfte des 20. Jahrhunderts, deren für viele Menschen schmerzliche Auswirkungen ja noch im gesellschaftlichen Bewusstsein leben, stellt eher ein besorgniserregendes Beispiel von massivem Wandel dar. Und das, obwohl Arbeitslosenversicherung und Sozialpolitik heutzutage das Schlimmste verhindern und über Qualifizierungsangebote neue

T. Sommerlatte (✉)
Arthur D. Little GmbH, Frankfurt am Main, Deutschland
E-Mail: sommerlatte.tom@adlittle.com

© Springer-Verlag GmbH Deutschland, ein Teil von Springer Nature 2019
W. Scholl (Hrsg.), *Mut zu Innovationen,* https://doi.org/10.1007/978-3-662-58390-6_5

Beschäftigungsmöglichkeiten speziell in höher qualifizierten Jobs erschlossen werden können (Klotz und Scholl 2012).

So wichtig Innovationsfähigkeit der Unternehmen für ihre erfolgreiche Entwicklung ist, so entscheidend ist es aber, aus den Fehlern der bisherigen industriellen Revolutionen zu lernen, um sie bei der digitalen Transformation nicht zu wiederholen. „Mut zu Innovationen" heißt bei der digitalen Transformation, wesentliche Fragen der Betroffenen zu beantworten, insbesondere

- Welche Ziele werden mit der digitalen Transformation verfolgt und welche anderen als technische Voraussetzungen müssen dafür erfüllt werden?
- Wie soll das Zusammenspiel der Systemtechnik mit den weiterhin erforderlichen Fähigkeiten, Erfahrungen und Initiativen der Mitarbeiter erfolgen?
- Welche Handlungs- und Entfaltungsspielräume der Menschen bleiben übrig oder eröffnen sich neu?
- Welche Risiken und Abhängigkeiten drohen zu entstehen, welche Chancen der Gestaltung des Wandels gibt es?
- Welchen Einfluss werden die Betroffenen auf die Gestaltung der Digitalisierungslösungen und den Transformationsprozess haben?
- Mit welchen Prozessstrategien kann die Komplexität dieser weltweiten technologischen, wirtschaftlichen, sozialen und auch politischen Veränderungen angegangen werden?

Diese Fragen werden von den bisher existierenden Beschreibungen, Szenarien und Visionen der digitalen Transformation, insbesondere von „Industrie 4.0", nicht beantwortet, denn sie stellen weitgehend Endzustände dar und behandeln nur andeutungsweise die Entwicklungspfade dorthin (Bendel, Gabler Wirtschaftslexikon).

Bei den von diesen Darstellungen mehr oder weniger direkt Betroffenen ruft diese Diskrepanz Verunsicherung und Misstrauen hervor, bisher oft noch unterschwellig, zunehmend aber auch artikuliert in Richtung Distanzierung oder gar Widerstand. Diese Tendenz wird durch eine Reihe von Veröffentlichungen verstärkt, die meinen, vorhersagen zu können, welche Arbeitsplätze bedroht sind, wie viele Jobs verloren gehen werden und wie autonom die digitalen Systeme dann agieren werden (Heise online 08/2017; www.manager-magazin.de 2017).

Zu den wesentlichen Voraussetzungen der Digitalisierung gehören aber neue, noch zu entwickelnde Formen der Interaktion Mensch-System und Mensch-System-Mensch, insbesondere auf den Gebieten der Wissensgewinnung und -nutzung, der Innovationsfähigkeit und der Nutzung von impliziter Erfahrung und Kreativität (Gorecky et al. 2014; Rossnagel et al. 2008). Daher können Lösungen digitaler Transformation nur unter partizipativer Einbeziehung der potenziell Betroffenen erfolgreich gestaltet werden und damit auf der Basis gegenseitigen Vertrauens (Porschen-Hueck 2016; Huchler und Sauer 2016).

Es geht also bei der digitalen Transformation nicht nur um systemtechnische, sondern um sozio-technische Innovationen, bei denen die betroffenen Menschen mitwirken müssen.

Diese Art von Innovation erfordert mehr Mut, als das übliche Risiko von Produkt-, Verfahrens- oder technischen Systeminnovationen einzugehen. Sie erfordert vielmehr auch den Mut, eine vertrauensbasierte Organisation zu entwickeln und daher den Mut zu vertrauensbasierter Führung.

1   Herausforderungen der Vertrauensbildung bei Transformationsprozessen

Mit seinen Arbeiten zur Rolle und Bedeutung von Vertrauen in zwischenmenschlichen Beziehungen und in Organisationen in den 1990er Jahren fand Niklas Luhmann große Resonanz für die Auseinandersetzung mit dem Phänomen Vertrauen (2000). Die wissenschaftliche Beschäftigung mit dem Phänomen Vertrauen geht zurück bis in die 1950er und 1960er Jahre, in denen insbesondere das Verhältnis von Vertrauen und Misstrauen untersucht wurde (Deutsch 1958; Boyle und Bonacich 1970) und Methoden zur Bestimmung interpersonalen Vertrauens entwickelt und empirisch angewandt wurden (Rotter 1967). Mayer et al. stellten 1995 ein integratives Modell organisationalen Vertrauens vor (1995), und Axelrod und Hamilton veröffentlichten 1981 ihre Untersuchungen über die Evolution von vertrauensbasierter Kooperation (1981).

Dass Vertrauen Voraussetzung ist, um die Komplexität von Entscheidungs- und Verhaltensalternativen zu reduzieren und handeln zu können, ist die Grunderkenntnis Luhmanns. So können Menschen interagieren, indem sie einander Anlass zu Vertrauen geben und Informationsvorteile nicht einseitig ausnutzen, weil sie den erlangten Vorteil durch einen Vertrauensbruch als ausreichend schädlich oder nachteilig für ihre andauernde Beziehung einschätzen.

Die Frage, welche Komponenten Vertrauen in interpersonalen und organisationalen Beziehungen ausmachen, wurde von einer Reihe von Autoren zu beantworten versucht, um Ansätze aufzuzeigen, wie Vertrauensbeziehungen positiv entwickelt werden können. In dem Modell von Mayer et al. stellen Kompetenz, Integrität und Wohlwollen die entscheidenden vertrauensbildenden Komponenten dar (1995). Scholl unterscheidet die Bedeutung dieser drei Komponenten in Situationen unterschiedlicher Unsicherheit und Risiken, wobei er der Integrität in Phasen starken Wandels die höchste Bedeutung beimisst. Er begründet diese Bedeutung damit, dass Kompetenz eigentlich nur vergangenheitsbezogen eingeschätzt wird und Wohlwollen sich in schwierigen Zeiten als zu anfällig erweisen kann (2012).

Im Kap. „Innovationskultur, Innovationsprozesse und Innovationserfolge" in diesem Buch behandelt W. Scholl die Zusammenhänge zwischen Innovationsleistung und Unternehmenskultur und stellt ein empirisch belegtes Kausalmodell vor, das die Qualität der Mitarbeiterorientierung und insbesondere der Vertrauensbeziehungen im Unternehmen als bestimmende Faktoren seiner Innovationsfähigkeit aufzeigt.

Das Trust Management Institut entwickelte einen integrierten Ansatz, um die Wechselbeziehung zwischen dem interpersonalen Vertrauen in Abhängigkeit vom Vertrauensprofil der interagierenden Akteure und dem Vertrauensklima einer Organisation zu untersuchen (Sommerlatte und Fallou 2012). Dazu werden beobachtbare Verhaltensweisen und der in der Organisation bestehende psychologische Vertrag zwischen der Führung und den Organisationsmitgliedern bewertet. Zur Bestimmung der Komponenten des individuellen Vertrauensprofils werden Indikatoren des Selbstvertrauens, der zwischenmenschlichen Beziehungen, der Beziehungen in Teams und der Führung in Entscheidungssituationen herangezogen. Zur Bewertung der Komponenten des Vertrauensklimas in Organisationen werden Merkmale der Kommunikation, der Verlässlichkeit von Spielregeln, der Identifikation der Menschen mit der Organisation, der Wertschätzung der Organisationsmitglieder durch die Führung, des Erlebens von Zugehörigkeit zu einer Gemeinschaft und der vermittelten Zukunftsperspektive der Organisation herangezogen.

In der Beziehung zwischen Menschen baut sich Vertrauen durch die zunehmende Erfahrung auf, dass der andere die in ihn gesetzten Erwartungen oder die von ihm gemachten Zusagen nicht enttäuscht. Dabei kann die Risikohöhe einer möglichen Enttäuschung bei zunehmend positiver Erfahrung gesteigert werden. In einer Führungssituation kann so der Umfang von Aufgabendelegation sukzessive in dem Maß erhöht werden, in dem die Geführten sich ihrer zunehmenden Verantwortung gewachsen erweisen (Dirks und Ferrin 2008). Was in diesem Prozess ihren Charakter verändern muss, ist die Nutzung von Kontrollinstrumenten. Während Kontrolle zu Beginn der Beziehung dadurch erfolgt, dass bei zunächst kleineren den Geführten anvertrauten Aufgaben die Aufgabenbearbeitung und -erfüllung kurzfristig überprüft und im Fall von Abweichungen korrigierend und beratend nachgebessert werden kann, steht bei umfassenderer Delegation die Selbstkontrolle und -steuerung durch die Geführten im Vordergrund.

In Organisationen entsteht über die einzelnen Vertrauensbeziehungen zwischen Führenden und Geführten hinaus ein Vertrauensklima, ein Systemvertrauen. Luhmann hat Systemvertrauen als eine durch Denk- und Verhaltensmuster der Angehörigen eines sozialen Systems konstituierte Erwartung charakterisiert, dass dieses soziale System Interaktionsmuster und Konventionen aufweist, die verlässlich sind. Systemvertrauen basiert auf dem Glauben an bestimmte Regeln und Prinzipien, die in der Organisation gelten und Erwartungssicherheit herstellen (2014). Dieses Vertrauen in bestimmte Regeln und Prinzipien wird beeinträchtigt oder gar zerstört, wenn Organisationswandel einseitig durch direktive Führung durchgesetzt wird. Der durch die einseitige Veränderung des psychologischen Vertrags entstehende Vertrauensverlust beeinträchtigt die Produktivität und Innovationsleistung der Organisation (Scholl 2018; Krause 2004). Das gilt in starkem Maß für die Vorgehensweise bei der digitalen Transformation.

Die organisationspsychologische und soziologische Vertrauensforschung hat die Wirkweise und Bestimmungsfaktoren individueller Vertrauensbeziehungen und des Systemvertrauens eingehend erforscht und ihre Bedeutung für das Funktionieren von Organisationen empirisch belegt (Gräser et al. 2016). Umso erstaunlicher ist, dass trotz des nachgewiesenen Vorteils vertrauensbasierter Führung und von Organisationen mit einer ausgeprägten Vertrauenskultur diese Erkenntnisse noch nicht in nennenswertem Maß in der unternehmerischen Praxis angewandt werden.

Nach Untersuchungen des Trust Management Instituts bei einer Stichprobe von 44 deutschen Unternehmen ist das Management von 70 % der Unternehmen überhaupt nicht über die Erkenntnisse der Vertrauensforschung informiert. Die Führungsspitze von 15 % der Unternehmen hält die Bedeutung von Vertrauen in ihren Unternehmen für sekundär, in 20 % der Unternehmen glaubt die Führung nicht, selber das Vertrauensklima gestalten zu können oder zu müssen. Daher ist es nicht verwunderlich, dass die Führung von drei Viertel der Unternehmen keine proaktiven Bemühungen unternimmt, die Vorteile hohen Vertrauens anzustreben. Nur 20 % der Unternehmen der Stichprobe besitzen ein durchdachtes Vorgehen zur Vertrauensbildung. Bei etwa einem Drittel der Unternehmen herrscht ein autoritäres und stark hierarchisch orientiertes Führungssystem vor (Trust Management Institut 2018).

Wir können daher davon ausgehen, dass in nahezu der Hälfte der Unternehmen – nicht inbegriffen sind KMU (kleine und mittlere Unternehmen), die nicht Bestandteil der Stichprobe waren – ein mittleres bis schlechtes Vertrauensklima herrscht, das spürbar oder unterschwellig nachteilige Auswirkungen auf Produktivität, Innovationsleistung und Flexibilität dieser Unternehmen bedingt. Rationalisierungsmaßnahmen würden in diesen Unternehmen an der Grundproblematik nichts ändern, sondern sie sogar noch verstärken.

Aber auch in den Unternehmen, in denen sich ein zufriedenstellendes Systemvertrauen etabliert hat, werden Veränderungen organisatorischer und/oder technischer Art, wie die digitale Transformation sie mit sich bringt, zu einer Beeinträchtigung des Vertrauensklimas führen, solange diese Veränderungen nicht von expliziten Bemühungen der Vertrauensbildung begleitet sind. Die Unternehmen können es sich heute nicht mehr leisten, auf ein vertrauensorientiertes Vorgehen zu verzichten, weil sonst die angestrebten Produktivitäts-, Innovations- und Flexibilitätsvorteile der digitalen Transformation durch Verluste an Vertrauen und Engagement der Mitarbeiter geschmälert würden.

2   Die Vertrauensbasis für die digitale Transformation schaffen

Wie kann die fortschreitende Digitalisierung mit einer aktiven Vertrauensorientierung in den Unternehmen verbunden werden?

Das Trust Management Institut hat hierfür drei entscheidende Ansatzpunkte erkannt:

- vertrauensbasierte Führung,
- partizipative Entwicklung von evolutiven Szenarien der digitalen Transformation,
- aktive vorausschauende Vorbereitung auf den Wandel.

2.1   Vertrauensbasierte Führung

Die Vertrauensforschung und die praktische Erfahrung in Transformationsprojekten haben aufgezeigt, dass zwei wesentliche Anforderungen an die Führung aus der fortschreitenden Digitalisierung entspringen: ein Rollenwandel der Führungskräfte und eine Veränderung ihres Vertrauensprofils.

Die konventionellen Vorstellungen von Management und Führung (Planen, Steuern, Regeln), die die Prinzipien technischer Systeme auf sozio-technische Organisationen zu übertragen versuchen, versagen heute in dem Maß, in dem Unternehmen zu Expertenorganisationen werden, in denen die Führungskräfte zwangsläufig zu Nicht-Experten werden. Denn ihr Wissen altert im Prozess der schnellen Wissenserzeugung so schnell, dass Expertenwissen nur noch auf der operativen Ebene à jour gehalten werden kann (Klotz 2016).

Führung muss sich in dieser Situation auf zwei Ebenen konzentrieren: die direkte personale Führung und die indirekte Führung.

Direkte personale Führung muss, da sie immer weniger auf Planung und Kontrolle beruhen kann, auf Vertrauensbeziehungen anstelle von Key Performance Indicators, Vorschriften und detaillierter Prozessorganisation aufbauen. Sie muss Vertrauen in die Mitarbeiter als Vorleistung einbringen.

Indirekte Führung ist als Einflussnahme auf das Systemvertrauen zu verstehen, wobei die Führungskräfte die Schnittstelle zwischen personalem Vertrauen und Systemvertrauen bilden.

Systemisches Vertrauen wird durch Reorganisationsprozesse und Führungswechsel beeinträchtigt. Innovationen, Entwicklung der Beschäftigungsfähigkeit der Mitarbeiter und Erschließung von Zukunftsmärkten sind transformationale Führungsaufgaben, die den Aufbau einer Bindung durch Vertrauen der Geführten erfordern. Führungskräfte müssen den Mitarbeitern Vertrauenswürdigkeit und Vertrauensbereitschaft am Ort der Wertschöpfung (Entwicklung, Shop-Floor, Vertrieb, Back Office) erkennen lassen und die Kommunikation mit den Mitarbeitern muss wertschätzend und erfahrungsbasiert sein. Dazu gehört, dass Möglichkeiten der Weiterbildung vom Unternehmen aktiv angeboten und informelle Leistungen adäquat berücksichtigt werden.

Es ist offensichtlich, dass dieser Art der Führung ein anderes Vertrauensprofil der Führungskräfte zugrunde liegt, als der direktiven Führung, die auf Machtausübung beruht.

2.2   Partizipative Entwicklung von evolutiven Szenarien der digitalen Transformation

Angewandt auf die digitale Transformation, die nicht nur eine technische, sondern eine umfassende sozio-technische Transformation darstellt, kann die Führung nicht direktiver Natur sein, sondern muss alle Merkmale einer transformationalen, auf personalem und Systemvertrauen basierenden Führung aufweisen, um die unentbehrliche Expertise, implizite Erfahrung und Kooperation der Mitarbeiter zu gewinnen.

Das Trust Management Institut hat dazu eine Vorgehensweise entwickelt, die in einer gegebenen Organisation zunächst die Faktoren ermittelt, die das Systemvertrauen der Mitarbeiter bestimmen. Diesem Ansatz liegt die Erkenntnis der Vertrauensforschung zugrunde, dass das Systemvertrauen auf der Einhaltung eines psychologischen Vertrags zwischen dem Unternehmen und seinen Mitarbeitern beruht (Sommerlatte und Fallou 2012; Raeder und Grote 2012). Als die kritischen Punkte dieses psychologischen Vertrags, deren Ausprägung durch Befragung einer Mitarbeiter-Stichprobe ermittelt wird, haben sich erwiesen:

- der Handlungsspielraum der Mitarbeiter,
- die Flexibilität der Aufgabenerfüllung,
- das Zugehörigkeitsgefühl,
- das Sinnempfinden der Tätigkeit,
- die Sicherheit des Jobs,
- die Würdigung der Person und der Leistung und
- das Prestige des Arbeitgebers.

Zu jedem dieser Vertragspunkte gibt es ausformulierte Fragen, durch deren Beantwortung die Mitarbeiter zu erkennen geben, wie wichtig ihnen der jeweilige Vertragspunkt ist und wie gut er im Unternehmen erfüllt wird. Wenn ihnen wichtig erscheinende Vertragspunkte unzureichend erfüllt werden oder die Erfüllung abgenommen hat oder abzunehmen droht, dann kann man auf ein eingeschränktes Systemvertrauen schließen.

Gleichzeitig stellen wir zusammen mit den System- und Organisationsverantwortlichen des betrachteten Unternehmens die relevanten Szenarien der digitalen Transformation zusammen, wie sie aus Veröffentlichungen und Diskussionsrunden im Umlauf sind. Für diese Szenarien veranschaulichen wir, wie das Unternehmen im Stadium fortgeschrittener Digitalisierung und Vernetzung funktionieren würde und welche Entwicklungspfade dahin vorstellbar wären.

Schließlich werden in Workshops mit Mitarbeitern, Führungskräften und den System- und Organisationsverantwortlichen des Unternehmens die Bestimmungsfaktoren des Systemvertrauens auf die verschiedenen Szenarien angewandt, um zu bewerten, welche der Szenarien und Entwicklungspfade sich als die erstrebenswertesten erweisen und welche Aspekte negativ abschneiden.

Ergebnis dieser Vorgehensweise ist eine Orientierung aller Beteiligten hin auf ein Evolutionsszenarium, aus dem die bevorstehenden Weiterbildungsziele abgeleitet werden können.

2.3   Aktive vorausschauende Vorbereitung auf den Wandel

Eine der schmerzlichen und vertrauenszerstörenden Erfahrungen der dritten industriellen Revolution in der zweiten Hälfte des vorigen Jahrhunderts bestand darin, dass viele Unternehmen den unvermeidlichen Wandel durch Prozesssteuerung und Automation so lange ignorierten, bis eine Umstellung für sie zu spät gekommen wäre und sie in kurzer Zeit Zigtausende von Mitarbeitern entlassen mussten. Ganze Berufsgruppen wurden plötzlich arbeitslos. Ehemals attraktive Ausbildungs- und Studienrichtungen schreckten die nachrückende Generation ab, sodass die sogenannten MINT-Berufe noch heute unter Nachwuchsmangel leiden.

Diesen Effekt des Abwartens bis zum Unvermeidlichen sollten die Unternehmen bei der digitalen Transformation nicht wiederholen. Die unter 2.2 beschriebene frühzeitige Auseinandersetzung mit den heute gehandelten Szenarien der digitalen Transformation und ihre kritische Bewertung nach den Bestimmungsfaktoren des Systemvertrauens müssen die Basis für eine proaktive vorausschauende Vorbereitung auf den sozio-technischen Wandel sein.

Denn auf dieser Basis kann unter Respektierung der Rolle von Vertrauen ein Pilotprojekt ausgewählt werden, das transparent und mit Einbeziehung aller Beteiligten geplant werden kann und einen vertrauensbasierten mutigen Schritt auf dem Weg der digitalen Transformation darstellt. Mutig, weil er innovativ ist und weil er den erforderlichen Wandel hin zu neuer, Vertrauen schaffender Führung beinhaltet.

Literatur

Axelrod, R., & Hamilton, W. D. (1981). The evolution of cooperation. *Science, 211*(4485), 1390–1396.

Bendel, O. (2015). *Die Industrie 4.0 aus ethischer Sicht, HMD Praxis der Wirtschaftsinformatik.* Heidelberg: Springer.

BMBF. Zukunftsprojekt Industrie 4.0. https://www.bmbf.de/de/zukunftsprojekt-industrie-4-0-848. html.

Boyle, R., & Bonacich, P. (1970), The development of trust and mistrust in mixed-motive games. *Journal of Sociometry, 33*, 123–139.

Deutsch, M. (1958). Trust and suspicion. *Journal of Conflict Resolution, 2*, 265–279

Dirks, K. T., & Ferrin, D. L. (2008). Trust in leadership, meta-analytic findings and implications for research and practice. *Journal of Applied Psychology, 87*, 611.

Gorecky, D., Schmitt, M., & Luskyll, M. (2014). Mensch-Maschine-Interaktion im Industrie 4.0-Zeitalter. In T. Bauernhanst, M. ten Hempel, & B. Vogel-Heuser (Hrsg.), *Industrie 4.0 in Produktion, Automatisierung und Logistik*. Wiesbaden: Springer Vieweg.

Gräser, P. (2016). Führen und Vertrauen. In F. Keuper & T. Sommerlatte (Hrsg.), *Vertrauensbasierte Führung – Devise und Forschung*. Heidelberg: Springer Gabler.

Heise online. (2017). Bund vernachlässigt drohende Jobverluste durch Digitalisierung. News Wirtschaft, 08/2017.

Huchler, N., & Sauer, S. (2016). Vertrauen in unsicheren Zeiten. Die Regulation des Informellen in Unternehmen. In F. Keuper & T. Sommerlatte (Hrsg.), *Vertrauensbasierte Führung – Devise und Forschung*. Berlin: Springer Gabler.

IG Metall. (2013). Kostet mich die Digitalisierung den Arbeitsplatz? https://www.igmetall.de/industrie-4.0-12783hfm.

Kagermann, H., Lukas, W.-D., & Wahlster, W. (2011). Industrie 4.0: Mit dem Internet der Dinge auf dem Weg zur 4. Industriellen Revolution. *VDI-Nachrichten*. https://www.igmetall.de/industrie-4-0-12783hfm.

Klotz, U. (2016). Enterprise 2.0. In T. Sommerlatte & F. Keuper (Hrsg.), *Vertrauensbasierte Führung – Credo und Praxis*. Berlin: Springer.

Klotz, U., & Scholl, W. (2012). Kein Licht ohne Schatten – Praxisbericht über Widerstände gegen das Neue als Element typischer Innovationsprozesse. In F. Schmelzer, J. Hüttner, S. Tirre, S. Kunert, S. Bedenk, & W. Scholl (Hrsg.), *Mut zu Innovationen: Impulse aus Forschung und Beratung*. Berlin: Springer Gabler.

Krause, D. B. (2004). *Macht und Vertrauen in Innovationsprozessen. Ein empirischer Beitrag zu einer Theorie der Führung*. Wiesbaden: Deutscher Universitätsverlag.

Luhmann, N. (2000). Familiarity, confidence, trust: Problems and alternatives. In D. Gambetta (Hrsg.), *Trust: Making and breaking cooperative relations*. Oxford: University of Oxford.

Luhmann, N. (2014). *Vertrauen: Ein Mechanismus der Reduktion sozialer Komplexität* (4. Aufl.). Stuttgart: Lucius & Lucius.

Mayer, R. C., Davis, J. H., Schooman, R. D. (1995). An integrated model of organizational trust. *Academy of Management Review, 29*(3), 709–734.

Porschen-Hueck, S., Neumer, J. (2016). Vertrauensbasiertes Shopfloor-Management. In F. Keuper & T. Sommerlatte (Hrsg.), *Vertrauensbasierte Führung – Devise und Forschung*. Berlin: Springer Gabler.

Raeder, S., & Grote, G. (2012). *Der psychologische Vertrag*. Göttingen: Hogrefe.

Rossnagel, A., Sommerlatte, T., & Winand, U. (Hrsg.). (2008). *Digitale Visionen, Zur Gestaltung allgegenwärtiger Informationstechnologien*. Heidelberg: Springer.

Rotter, J. B. (1967). A new scale for the measurement of interpersonal trust. *Journal of Personality, 35*(4), 651–665.

Scholl, W. (2012). Innovationskultur, Innovationsprozesse und Innovationserfolge. In F. Schmelzer, J. Hüttner, S. Tirre, S. Kunert, S. Bedenk, & W. Scholl (Hrsg.), *Mut zu Innovationen: Impulse aus Forschung und Beratung*. Berlin: Springer.

Scholl, W. (2018). Innovationskultur, Innovationsprozess und Innovationserfolge. In W. Scholl (Hrsg.), *Mut zu Innovationen: Impulse aus Forschung und Beratung, erweitert* (2. Aufl.). Berlin: Springer Gabler

Sommerlatte, T., & Fallou, J.-L. (2012). *Quintessenz der Vertrauensbildung*. Berlin: Springer.

Trust Management Institut. (2018). Was halten Spitzenführungskräfte von Vertrauen? Newsletter 1, Wiesbaden.

www.manager-magazin.de > Unternehmen > Digitalisierung, Digitalisierung lässt binnen 20 Jahre jeden zweiten Job verschwinden.

www.sueddeutsche.de/wirtschaft/leserdiskussion-wie-kann-die-gesellschaft-auf-drohende-massen-arbeitslosigkeit-durch-digitalisierung-reagieren-1.3300581 .

Teil II
Was Innovationsdaten verraten

Praxisvorwort: Wie kann GI:VE ein Unternehmen verändern?

Alexander Bünz

Unser Unternehmen, die Wissenschaftliche Gerätebau Dr. Ing. Herbert Knauer GmbH ist mit ihren 50 Jahren ein reifes, mittelständisches, deutsches Unternehmen in Berlin. Wir sind besonders durch Neugier und ungewöhnliche Ideen über viele Jahre mit Produkten und Dienstleistungen der Hochleistungsflüssigkeitschromatographie im Markt weltweit erfolgreich. Die Anfrage nach der Beteiligung am GI:VE-Projekt im Herbst 2010 reihte sich daher zunächst wie selbstverständlich in die Folge zahlreicher anderer Anfragen zum Thema Innovation ein, die wir als mehrfach für besondere Innovationsleistungen ausgezeichnetes Unternehmen immer wieder erhalten. Doch schon mit Beginn des Projektes wurde klar, dass GI:VE viel mehr war als nur eine Umfrage mit anschließender Auswertung und einer Reihe von Handlungsempfehlungen.

Der erste Unterschied ist bereits im Titel GI:VE (Grundlagen nachhaltiger Innovationsfähigkeit: Vertrauenskultur und Evolutionäre Wissensproduktion) enthalten. Hier geht es um nicht weniger als um die Fähigkeit eines Unternehmens nachhaltig innovationsfähig zu werden oder zu bleiben. Dabei spielen die Unternehmenskultur ebenso wie die Prozesse im Umgang mit Wissen, die Koordinationsfähigkeit und die Konflikthandhabung entscheidende Rollen. Aus meinem früheren Leben als Wissensmanager in einem deutschen Chemieunternehmen kenne ich die Bedeutung des Wissensmanagements für die Zukunftfähigkeit eines Unternehmens gut. Noch nie habe ich jedoch eine so klare und leicht verständliche Verknüpfung zwischen Kultur, Prozessen und Innovationsfähigkeit in einem Modell erklärt bekommen.

Geschäftsführender Direktor der Firma Wissenschaftliche Gerätebau Dr. Ing. Herbert Knauer GmbH

A. Bünz (✉)
EXPRESSO Deutschland GmbH, Kassel, Deutschland
E-Mail: abuenz@expresso.de

© Springer-Verlag GmbH Deutschland, ein Teil von Springer Nature 2019
W. Scholl (Hrsg.), *Mut zu Innovationen,* https://doi.org/10.1007/978-3-662-58390-6_6

55

Damit komme ich zum zweiten Merkmal dieses Projektes, mit dem sich GI:VE gegenüber anderen Projekten zum Thema Innovationsfähigkeit abhebt, nämlich durch Leidenschaft und Professionalität über den gesamten Projektverlauf. Es gab eine intensive Vorstellung und Vorbesprechung des Projektes durch den Projektpartner mit der Geschäftsführung von KNAUER. Zu diesem Zeitpunkt war bereits zu spüren, dass hier mit viel Erfahrung und Fingerspitzengefühl für die potenziellen Fallstricke im Projektverlauf gearbeitet wurde. Danach erfolgte eine Befragung im Unternehmen. Ziel war es, Handlungsfelder für Veränderungen auf dem Weg zur nachhaltigen Innovationsfähigkeit zu entdecken und allen Beteiligten verständlich zu machen. Dies geschah in zwei Strängen, zum einen in Form einer anonymen Befragung der Belegschaft und zum anderen in Form von Interviews mit ausgewählten Mitarbeitern. Die Beteiligung der Belegschaft lag weit über den bei Befragungen in unserem Unternehmen üblichen Wert. Die Interviews waren sehr strukturiert und wurden von einer Visualisierung an einer Metaplanwand von einem der zwei Interviewpartner begleitet. Alleine dadurch wurden in vielen Gesprächen schon Aha-Erlebnisse bei unseren Führungskräften ausgelöst, die im weiteren Verlauf des Projektes zu Ideen und Maßnahmen weiterentwickelt werden konnten.

Am meisten begeisterte mich jedoch der dritte Punkt in dem sich dieses Projekt von allen anderen Projekten abhob. Nach der Präsentation der Ergebnisse vor der Geschäftsführung und der Belegschaft konnten sehr schnell vier große Handlungsfelder identifiziert werden, in denen wir mit Arbeitsgruppen aktiv wurden. Das Besondere war nun, dass unsere Projektpartner in diesem Arbeitsgruppen selbst aktiv mitwirkten. In Meilensteinsitzungen und zur Abschlusspräsentation der Ergebnisse aus den Arbeitsgruppen waren sie dabei und gaben den Mitarbeitern aus den Arbeitsgruppen wertvolle Rückmeldungen. So gelang es, das Vertrauen der Belegschaft zu stärken, dass der Befragung und dem Einsetzen von Arbeitsgruppen auch sinnvolle Maßnahmen folgen würden.

Dieses Projekt hat unser Unternehmen in eine schöpferische Unruhe versetzt, die noch immer anhält. Wir haben als direkte Konsequenz aus dem Projekt unser Leitbild und unsere Werte zusammen mit unseren Mitarbeitern neu entwickelt, visualisiert und kommuniziert. Wir haben Vertrauensleute für die Vermittlung bei Konflikten ausgewählt. Unser Strategieprozess wurde erstmals zusammen mit unseren Führungskräften entwickelt. Dieser wird in Kürze umgesetzt. Auch unser Produktentwicklungsprozess, der bereits während des Projektes durch die vielen Ideen der Mitarbeiter und des Projektpartners verändert wurde, hat in einem Anschlussprojekt noch einmal eine positive Veränderung erfahren, die sicherstellen wird, dass wir sowohl große als auch kleine Entwicklungsprojekte nebeneinander, konfliktfrei und mit unterschiedlichen Geschwindigkeiten durchführen können. Im weiteren Zusammenhang zum GI:VE-Projekt ist schließlich auch die weitreichende Umstrukturierung in unserem Unternehmen in 2013 zu sehen. Wir haben die Zahl der Abteilungen deutlich reduziert, Kompetenzen der Fachabteilungen verstärkt und personell dort erweitert, wo unsere Kunden sich größere Unterstützung von KNAUER gewünscht haben.

So gehen wir dank der Zusammenarbeit mit den Partnern im GI:VE-Projekt mit neuen Strukturen, verbesserten Prozessen, neuen Erkenntnissen und hoher Motivation unseren

Weg weiter in Richtung nachhaltiger Innovationsfähigkeit. Die Perspektive für die kommenden Jahre ist daher ausgezeichnet und verheißt eine gesunde Steigerung der Profitabilität mit neuen Produkten in bestehenden und neuen Märkten.

Ich empfehle jedem Unternehmer, der sich für die Zukunftsfähigkeit seines Unternehmens einsetzt, sich jetzt mit dem Thema GI:VE intensiv zu beschäftigen. Die folgenden drei Kapitel sollen die Neugier dazu wecken. Sie beleuchten anschaulich das GI:VE-Projekt mit Beispielen aus der Praxis als auch das dahinter liegende Modell. Die Bedeutung der Ressource Wissen für die Innovationsfähigkeit am Beispiel einer Steuerberatungskanzlei ist Gegenstand im letzten Kapitel und rundet die Darstellung zu GI:VE ab.

Innovationsprojektgestaltung

Sebastian Kunert

Welchen Weg nimmt eine Idee in einer Organisation von der ersten Äußerung bis zu ihrer Vollendung als neues Produkt, innovative Dienstleistung oder effizientere Arbeitsweise? Wie kann man diesen Weg rekonstruieren? Lassen sich daraus Rückschlüsse für zukünftige Vorhaben ziehen? Und ist es gar möglich, Innovationsprojekte zu standardisieren? Antworten auf diese Fragen liefert das vorliegende Kapitel. Ausgangspunkt ist eine Interviewmethode zur Innovationsprojektanalyse, deren Daten sich auf verschiedenen Abstraktionsgraden auswerten lassen. Die so gewonnenen Erkenntnisse zur Innovationsprojektgestaltung werden im weiteren Verlauf des Kapitels berichtet.

1 Interview zur Innovationsprojektanalyse

Innovationsprojekte werden an dieser Stelle als organisierter Entstehungsprozess einer Innovation verstanden. Anfangs- und Endpunkt werden dabei organisationsseitig verschieden definiert. Dies kann im Maximalfall vom ersten Gedanken bis zum nachhaltigen Implementieren reichen. Ziel unserer Forschung zum Ablauf von Innovationsvorhaben war es einerseits, den Projektpartnern aufzuzeigen, wie leicht oder schwer es neue Ideen in ihren Organisationen haben und wo typische Stolpersteine ein Projekt ausbremsen. Zum anderen sollte eine große Bandbreite individueller Ablauf-Modelle erhoben werden, um daraus auf übergeordneter Ebene typische Verläufe und Eigenschaften erkennen zu können. Zu diesem Zweck wurde ein Interviewleitfaden entwickelt, der auf einer Erhebung einzelner Projektschritte beruht (weitere Angaben zur

S. Kunert (✉)
artop GmbH – Institut an der Humboldt-Universität zu Berlin, Berlin, Deutschland
E-Mail: kunert@artop.de

© Springer-Verlag GmbH Deutschland, ein Teil von Springer Nature 2019
W. Scholl (Hrsg.), *Mut zu Innovationen,* https://doi.org/10.1007/978-3-662-58390-6_7

Tab. 1 Ergänzende Fragen in der Innovationsprojektanalyse

Thema	Beispielfragen
Schnittstellenanalyse	War das Ergebnis des vorangegangenen Schrittes passend für Sie in Bezug auf Form, Zeit und Qualität? War das aktuelle Ergebnis für den nächsten Schritt passend bezüglich Form, Zeit und Qualität?
Reflexion 1. Ebene (dieses Innovationsprojekt)	Was lief an diesem Innovationsprojekt gut und was lief schlecht? Wie kann man sicherstellen, dass alles Bewahrenswerte auch in Zukunft erhalten bleibt? Was muss passieren, damit sich das Veränderungsbedürftige in Zukunft nicht wiederholt? Wen müsste man beteiligen? Was wären erste Schritte?
Reflexion 2. Ebene (andere Innovationsprojekte)	Inwieweit ist dieses Innovationsprojekt beispielhaft für andere Innovationsprojekte im Unternehmen? Was lief gut/schlecht? Wie kann man sicherstellen, dass alles Bewahrenswerte auch in Zukunft erhalten bleibt? Was muss passieren, damit sich das Veränderungsbedürftige in Zukunft nicht wiederholt? Wen müsste man beteiligen? Was wären erste Schritte?
Reflexion 3. Ebene (gesamte Organisation)	Inwiefern zeigen sich in diesem Innovationsprojekt Gegebenheiten der Organisation, die es einem erleichtern/erschweren, innovativ zu sein? Wie kann man sicherstellen, dass alles Bewahrenswerte auch in Zukunft erhalten bleibt? Was muss passieren, damit sich das Veränderungsbedürftige in Zukunft nicht wiederholt? Wen müsste man beteiligen? Was wären erste Schritte?

Methodik finden sich bei Hüttner und Träder 2013). Hierzu wurde ein Innovationsvorhaben in abgrenzbare Teile untergliedert und jeweils der Inhalt, das Ergebnis, die Dauer und die Zahl der Beteiligten erhoben. Das Ergebnis wurde mittels Metaplan-Technik auf einem Zeitstrahl visualisiert. Im Anschluss sollte für jeden Projektschritt angegeben werden, wie zufrieden der Befragte zu diesem Zeitpunkt mit dem Projekt war und wie groß er die Erfolgsaussichten der Idee einschätzte. Die Ergebnisse wurden in einem Datenerfassungsblatt festgehalten[1]. Im Anschluss folgten weitere Fragen zu den Schnittstellen im Prozess der Ideenrealisierung und zum allgemeinen Innovationsgeschehen auf verschiedenen Abstraktionsgraden (siehe Tab. 1). Insgesamt wurden 44 Interviews in fünf verschiedenen Unternehmen durchgeführt. Die Stichprobe war vertikal wie horizontal gemischt, d. h. die Gesprächspartner stammten aus allen Hierarchieebenen und Unternehmensteilen (genauere Angaben zur Studie finden sich bei Markusch 2011).

---

[1]Unter Verwendung der Vorlage *K-Folgestruktur 1.51* von http://www.knauthe.org.

2   Auswertung auf der Mikro-Ebene

Die im Rahmen der Innovationsprojektanalyse gewonnen Daten lassen sich zunächst auf der Ebene des einzelnen Projektes auswerten. Hier interessieren primär der Ablauf des Vorhabens, insbesondere die Stellen, an denen es zu Verzögerungen und Konflikten kam. Dies nützt, um sich anbahnenden Folgen entgegenwirken zu können. Häufen sich in anderen Interviews ähnliche Gründe, lassen sich Maßnahmen ergreifen, um in Zukunft solche Probleme erst gar nicht entstehen zu lassen. Darüber hinaus existieren in vielen Unternehmen bereits Leitlinien für die Abwicklung von Innovationsprojekten. Diese spielen aus wissenschaftlicher Perspektive für den Innovationserfolg nur eine untergeordnete Rolle (Markusch 2011, siehe auch die Meta-Analyse von Pattikawa et al. 2006). Zudem wird häufig in kleinerem oder größerem Ausmaß davon abgewichen. In diesen ‚Verletzungen' liegt ein hohes Erkenntnispotenzial, da sie zumeist intendiert eingegangen werden. Auch hier lassen sich bei Häufungen Rückschlüsse auf systematische Veränderungsbedarfe ziehen. Einem unserer Projektpartner fiel beispielsweise auf, dass die Vorhaben im Durchschnitt doppelt so lange dauern wie gewünscht. Eine Gegenüberstellung der Prozessleitlinie mit dem gemittelten Projektablauf ergab, dass aus Sicht der Mitarbeiter firmeninterne Innovationsvorhaben deutlich komplexer sind als von der Firmenleitung angenommen (siehe Abb. 1).

An diesem Beispiel zeigt sich eine typische Crux von Innovationsprojekten: Wie soll man das Unplanbare planen? Das Ziel eines Vorhabens wird zwar meist definiert (als Vision oder Auftrag), der Weg dorthin ist im Unternehmen jedoch von Natur aus unbekannt, da man es noch nie zuvor erreicht hatte, sonst wäre es keine Innovation. Erste Lösungsvorschläge für dieses Dilemma bietet das Projektmanagement, wo etablierte Erkenntnisse bezüglich Zielformulierung, Mitarbeiterqualifikation und Kommunikation (Engel et al. 2008) helfen können, dieser Managementfalle entgegenzuwirken. Hinzu kommen moderne Trends bezüglich einer flexibleren, auf Iteration basierenden Projektplanung (Sutherland und Schwaber 2011).

Als Ergänzung zu den objektiven Daten des Projektablaufs können die subjektiven Bewertungen herangezogen werden. Interessant ist hier sowohl die Beurteilung der einzelnen Projektschritte als auch das Durchschnittsniveau bzw. die Varianz über das gesamte Vorhaben hinweg. In beiden Fällen ließe sich hinterfragen, wieso die subjektiven Urteile so ausfielen und ob sich an dieser Stelle systematische Veränderungsbedarfe zu erkennen geben. Vergleicht man die Bewertungen über verschiedene Personen hinweg, zeigt sich früh ein sehr typischer Verlauf in Innovationsprojekten: der Badewanneneffekt. Nach einem euphorischen Start sackt das Niveau der eigenen Zufriedenheit bzw. der Erfolgsaussichten teils dramatisch ab, um sich – im besten Fall – zum Ende hin wieder zu. stabilisieren (siehe das Beispiel in Abb. 2).

Die Talsohle im Projektverlauf ist dabei von besonderer Bedeutung. Wenn es hier nicht gelingt, die Motivation der Mitarbeiter zu steigern und das Aktivitätsniveau aufrechtzuerhalten, droht das Vorhaben zu versanden oder vorzeitig zu scheitern. Ähnliche Erfahrungen sind aus dem Innovationsmanagement bekannt, wo eine Lösung

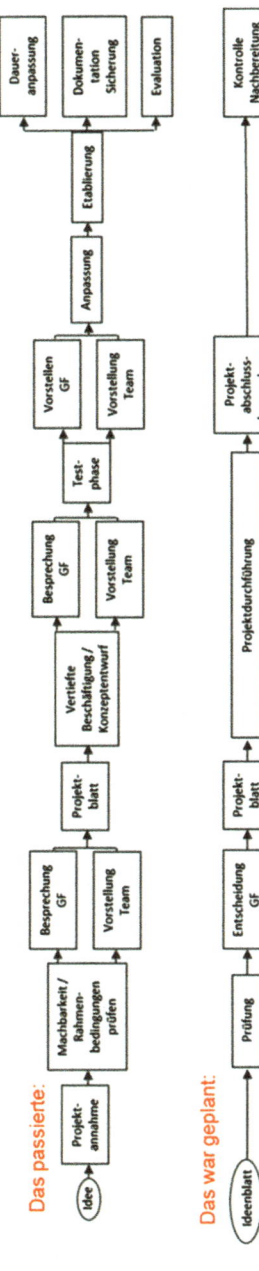

Abb. 1 Innovationsprojektverläufe im Vergleich von Planung zu Realisierung

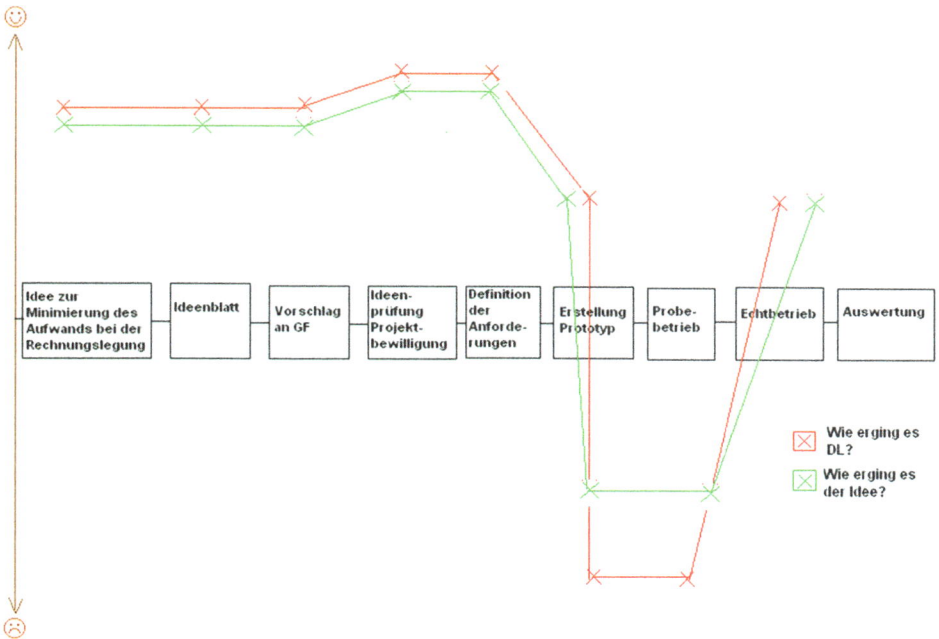

Abb. 2 Subjektive Bewertung eines Projektverlaufes in Bezug auf die eigene Motivation und die Erfolgsaussichten der Idee

mittels firmeninterner Unterstützer, sogenannter Promotoren (Witte 1973), favorisiert wird (Kunert et al. 2012; siehe auch das Kap. „Innovationspromotor: Idee, Rolle, Ausbildungskonzept und Umsetzung"). In ihrer Funktion bieten Sie den Projektbeteiligten Möglichkeiten zur Reflexion, moderieren Konfliktschlichtungen, helfen beim Zugang zu neuen Informationen und helfen beim Abbau von Widerständen. Im Change Management wird dieses Phänomen der Projekttalsohle unter dem Titel *Führen im Wandel* (Doppler und Lauterburg 2002) adressiert. Hier liegt der Fokus auf einem mitarbeiterorientierten, beratenden Führungsstil und einer Stärkung des Projektteams. Ersteres bestätigt sich auch in den Ergebnissen der GI:VE-Befragung (siehe Kap. „Making the difference: Benchmarks der Innovation in deutschen KMU").

3 Auswertung auf der Meso-Ebene

Die Daten der Innovationsprojektanalyse lassen sich über das einzelne Projekt hinaus auf der Ebene des gesamten Unternehmens auswerten. Neben Häufungen in Problemen bei der Projektabwicklung und der Bewertung (siehe Abschn. 2) sind an dieser Stelle die allgemeinen Bedingungen, unter denen solche Vorhaben realisiert werden, von Interesse. Über eine Vielzahl von Erfahrungsberichten hinweg kristallisieren sich typische Gegebenheiten zu Beginn eines Projektes, während seiner Umsetzung und zu seinem Ende heraus. In der Abb. 3 sind charakteristische Innovationsprojektmerkmale in einem Partnerunternehmen beispielhaft aufgeführt.

In dem Beispiel fällt auf, dass der Impuls für ein neues Projekt typischerweise vom Management oder aus der übergeordneten Organisation heraus kommt (links), während Ideen der Mitarbeiter, von Kunden oder von Kooperationspartnern sehr selten Ausgangspunkt solcher Vorhaben sind. Während der Umsetzung (Mitte des Bildes) sticht das hohe Engagement der Beteiligten ins Auge, das jedoch vonseiten der Geschäftsführung nicht mit gleicher Energie (von den Mitarbeitern als Wunsch nach mehr Monitoring formuliert) beantwortet wird. Das Ende von Innovationsprojekten (rechts im Bild) ist gekennzeichnet vom Start der nächsten Vorhaben, was zwar für eine kurze Nachbereitungsdauer sorgt, jedoch auch wenig Raum lässt für eine differenzierte Erfolgsbewertung, individuelle Reflexion, kollektiven Wissenstransfer und nicht zuletzt den emotionalen Abschluss. Die bewusste Nachbereitung eines Innovationsprojektes stellt jedoch die Brücke her für kommende Vorhaben und sollte nicht ausgelassen werden (Bordt 2001).

4   Auswertung auf der Makro-Ebene

Vergleicht man die Daten aus mehreren Unternehmen miteinander, liegt die Versuchung nahe, Gesetzmäßigkeiten in der erfolgreichen Projektabwicklung zu ergründen und sie in einem Modell zu bündeln. In der Vergangenheit wurde wiederholt versucht, Innovationsprojekte aus einer übergeordneten, firmenübergreifenden Perspektive heraus anhand vorgefertigter Schrittfolgen zu beschreiben. Das Ziel war stets, Projekte dieser Art weitestgehend zu standardisieren, um sie ressourcensparender und kontrollierbarer zu machen. Aus diesen Bemühungen resultierten die unterschiedlichsten Konzeptionen, bspw. aus dem Projektmanagement das Wasserfallmodell nach Royce (1970) oder das Spiralmodell nach Boehm (1988), aus der Informatik das V-Modell der Bundesregierung und aus den Kulturwissenschaften das narrative Format des Heldenprinzips® nach Schildhauer et al. (2011). Allen gemein ist die Annahme, jegliche Innovationsprojekte nach demselben Ablaufschema abbilden zu können. Dieses Vorgehen verspricht ein hohes Maß an Vergleichbarkeit, Kontrolle und nicht zuletzt Planungssicherheit.

Zwischen 1983 und 2000 haben Van de Ven und Kollegen an der University of Minnesota enorm große Anstrengungen unternommen, einen Idealprozess der Innovation zu identifizieren (Van de Ven et al. 2000). Dazu begleiteten sie in 18 Unternehmen verschiedenste Innovationsprojekte von den ersten Planungsschritten bis zum Projektabschluss. Ihr ernüchterndes Fazit lautete: *„No overarching process theory of innovation has yet emerged from the research program, nor are prospects bright in the near future."* (S. 4). Zum gleichen Ergebnis kam auch Pavitt (2006): „There is no widely accepted theory of firm-level processes of innovation" (S. 87). Unsere Analysen bestätigen diesen Befund. Dennoch deuten sich markante Unterschiede in den

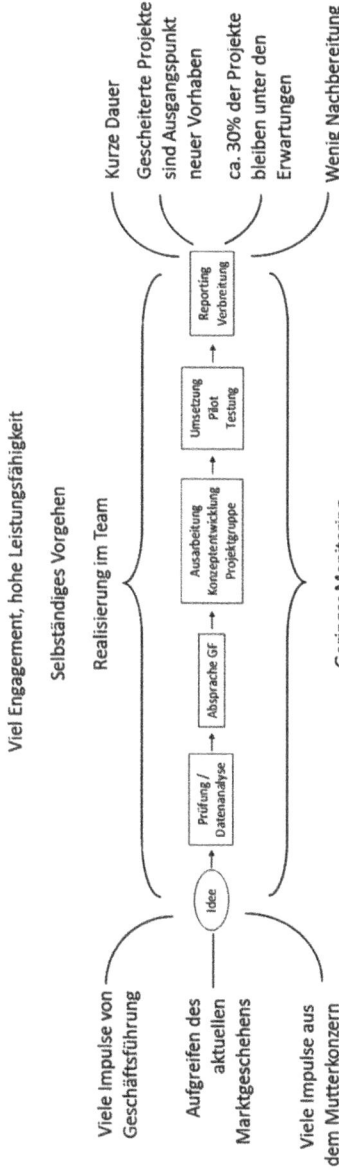

Abb. 3 Charakteristische Innovationsprojektmerkmale in einem Unternehmen zu Beginn (links im Bild), während (ober- und unterhalb des durch-schnittlichen Projektablaufs in der Mitte des Bildes) und am Ende (rechts im Bild) des Projektes

Charakteristika erfolgreicher versus gescheiterter Projekte an. So bargen Vorhaben mit langer Laufzeit ein größeres Risiko in sich, letztlich zu versanden oder als gescheitert erklärt zu werden (vgl. Kunert 2016). Gleiches galt für das Ausmaß unerwarteter Verzögerungen. Des Weiteren schien die Teilnahme des Ideengebers an der späteren Umsetzung von Vorteil zu sein, ebenso die Unterstützung der Führungskraft. Projekte, die im Team realisiert wurden, hatten ebenfalls größere Erfolgschancen. Um diesen Vermutungen näher auf den Grund zu gehen, integrierten wir die relevantesten Projektcharakteristika in eine groß angelegte Fragebogenstudie (vgl. Kannicht 2012). 355 Personen aus 28 verschiedenen Organisationen machten Angaben zum Ablauf und zum Erfolg des letzten großen Innovationsprojektes, an dem sie teilnahmen. Im Resultat erwiesen sich vier Faktoren als erfolgskritisch (siehe Tab. 2).

An erster Stelle entpuppte sich nicht nur die schiere Länge einer Vorhabenumsetzung als bedeutsam (siehe hierzu auch die Meta-Analysen von Henard und Szymanski 2001; Pattikawa et al. 2006), sondern das zeitliche Ausmaß ungeplanter Verzögerungen im Verhältnis zur Gesamtdauer. Ein unerwarteter Zeitbedarf kann sowohl das Resultat zu knapp kalkulierter Planung sein, aber auch Folge unvorhergesehener Komplikationen. In jedem Fall spiegelt sich in dem Fakt, dass sich ungeplante Verzögerungen mit der höchsten hier gemessenen Wahrscheinlichkeit negativ auf den Projekterfolg auswirken, die Inkompatibilität des von Linientätigkeiten geprägten Tagesgeschäfts mit dem Projektgeschäft wider. Innovationsvorhaben lassen sich ab einer gewissen Größe und Komplexität nicht mehr im Rahmen des normalen Geschäftsbetriebes realisieren (Bedenk et al. 2013). Für diesen Zweck werden sie in Projekte inklusive eigener Zeit-, Personal- und Budgetplanung überführt. Für die Linienorganisation sind Projekte jedoch ein Störfaktor, ziehen sie doch punktuell Ressourcen (vor allem Personal) ab und stellen

Tab. 2 Korrelationen der Charakteristiken von Innovationsprojekten mit dem Innovationserfolg

Charakteristikum	Korrelation mit Innovationserfolg
Projektdauer von der ersten Äußerung bis Projektabschluss	−0,284**
Dauer ungeplanter Verzögerungen im Verhältnis zur Projektdauer	−0,561**
Zahl der am Projekt beteiligten Personen	−0,281**
Ideengeber Mitarbeiter	0,209*
Ideengeber Führungskraft	−0,181*
Beteiligung des Ideengebers an der Umsetzung	0,132
Abstimmung mit der Geschäftsführung	0,031
Umsetzung des Vorhabens im Team	0,023
Abschließende Evaluation des Innovationsprojektes	0,359[b]

Anmerkungen: * = mit 5 %-Irrtumswahrscheinlichkeit signifikant. ** = mit 1 %-Irrtumswahrscheinlichkeit signifikant

mit ihren Ergebnissen den gewohnten Gang der Dinge infrage. Unternehmen behelfen sich an dieser Stelle mit Mitteln der Projektplanung und des Projektcontrollings, um ein Innovationsvorhaben möglichst störungsfrei in das Tagesgeschäft einzubinden. Wenn es nun zu unerwarteten Verzögerungen kommt, gerät das Projekt aus dem Takt des restlichen Unternehmens. Wie ein zu groß geratenes Puzzle-Teil passt es nicht mehr in die Ablauforganisation, bindet anderweitig benötigtes Geld und Personal.

Der Faktor mit dem zweithöchsten Gewicht ist die abschließende Evaluation des Projektes. Bei näherer Betrachtung handelt es sich hier eher um ein kulturelles Phänomen, da nach Abschluss eines Vorhabens kaum noch Möglichkeiten bestehen, korrigierend einzugreifen und ein Scheitern zu verhindern. Jedoch kann man davon ausgehen, dass die Vorgängerprojekte ebenfalls evaluiert wurden, was die Möglichkeit eröffnet, systematisch aus den Erfolgen und Fehlern vorangegangener Vorhaben zu lernen. Dies kommt den aktuellen bzw. zukünftigen Ideenumsetzungen zugute und erhöht ihre Aussicht auf Erfolg. Zudem kann das Scheitern eines Vorhabens der Ausgangspunkt für ein neues, besser geplantes und reibungsloser ablaufendes Projekt sein (vgl. Alexander et al. 2015).

Darüber hinaus war eine begrenzte Anzahl von Teammitgliedern von Vorteil. Dies deckt sich mit Befunden aus der Gruppenforschung, nach der mit zunehmender Teamgröße das Verhältnis von Koordinationsaufwand zu Leistung immer negativer wird (Ringelmann 1913). Zu bedenken ist an dieser Stelle, dass es sich hier um die Größe des unmittelbaren Projektteams handelt und nicht als Widerspruch zur Einbindung relevanter Anderer verstanden werden soll. Letzteres ist besonders im Lichte der Vermeidung von Widerständen innerhalb des Unternehmens (vgl. Doppler und Lauterburg 2002) sowie im Sinne einer Öffnung des Innovationsgeschehens für Nichtmitglieder der Organisation im Geiste eines Open Innovation Ansatzes (Huff et al. 2013) zu empfehlen. Nichtsdestotrotz braucht es ein schlagkräftiges, kleines Team, welches das Innovationsprojekt vorantreibt, alle Beteiligten koordiniert und den Prozess überwacht.

Kam die Idee von einem Mitarbeiter, war dies ebenfalls förderlich für den Projekterfolg, während Ideen einer Führungskraft mit höherer Wahrscheinlichkeit scheitern, was mit dem größeren Motivationspotenzial selbstgestellter Aufgaben und der größeren Nähe zu den Detailproblemen aufseiten der Ausführenden begründet werden kann.

5   Fazit

In der Rückbetrachtung lassen sich einzelne Punkte festhalten, die für eine erfolgreiche Projektgestaltung wichtig erscheinen:

- Im Sinne einer breiten Variation sollten verschiedenste Quellen als Ausgangspunkt für Innovationsprojekte genutzt werden, um die Chance auf eine vielversprechende Idee zu maximieren

- Während der Umsetzung brauchen Innovationsprojekte Unterstützung bei der Überwindung von motivationalen Talsohlen, konfliktbeladenen Schnittstellen und vielfältigen Widerständen.
- Am Ende eines Vorhabens empfiehlt sich eine systematische Evaluation des Erfolgs und des Erlebten.
- Projekte sollten mit genügend Zeit geplant werden, um ungeplante Verzögerungen zu vermeiden.

Die Innovationsprojektanalyse als Methode birgt eine Reihe von besonderen Potenzialen. Durch die detaillierte Erhebung von Projektabläufen gewinnt man einen tiefen Einblick in gegebene Entscheidungsprozesse, etablierte Kommunikationsstrukturen, offene Schnittstellenproblematiken, gelebte Führungsstile und nicht zuletzt in die alltäglichen Manifestationen der viel zitierten Unternehmenskultur. Sie ist ein praktikables Hilfsmittel für systematische Projektevaluationen zum Zwecke des Wissenstransfers und bietet sich als Vorlage für regelmäßige Mitarbeiterbefragungen an, wie sie beispielsweise von Innovationspromotoren (siehe die Kapitel in Teil IV dieses Buches und das Kap. „Aufbau einer Innovationskultur bei Expresso – Interview mit Dr. Alexander Bünz") umgesetzt werden könnten. Der größte Hemmschuh dieser Methode ist das Interviewformat. Es erfordert mindestens ein Stunde reine Gesprächszeit. Hinzu kommen die Aufwendungen für die Nachbereitung, Datenanalyse und Rückspiegelung. Im Vergleich mit anderen gängigen Methoden der Organisationsforschung bietet sich die Innovationsprojektanalyse als komplementäres Verfahren an, das den Fokus weniger auf die Breite (wie z. B. großzahlige Mitarbeiterbefragungen im Fragebogenformat wie im Kap. „Innovationskultur, Innovationsprozesse und Innovationserfolge") als vielmehr auf eine große Detailtiefe legt und bewusst statt des Ergebnisses (wie z. B. Benchmark-Analysen, siehe das Kapitel „Making the difference: Benchmarks der Innovation in deutschen KMU") den Prozess adressiert.

Literatur

Alexander, A., Berthod, O., Kunert, S., Salge, O. & Washington, A. (2015). *Failure-driven Innovation*. Berlin: artop. http://www.artop.de/ak-tuelles/new-publication-failure-driven-innovation.
Bedenk, S., Kunert, S., & Scholl, W. (2013). Komplexität in Innovations- und Veränderungsprozessen. *IO Management, 2013*(1), 21–25.
Boehm, B. W. (1988). A spiral model of software development and enhancement. *IEEE Computer, 21*(5), 61–72.
Bordt, A. (2001). Wissensmanagement in Projektorganisationen. Proceedings des Workshops „Geschäftsprozessorientiertes Wissensmanagement". https://www.informatik.rwth-aachen.de/Publications/CEUR-WS/Vol-37/Bordt.pdf.
Doppler, K., & Lauterburg, C. (2002). *Change Management: Den Unternehmenswandel gestalten*. Frankfurt a. M.: Campus.

Engel, C., Tamdjidi, A. & Quadejacob, N. (2008). Ergebnisse der Projektmanagement Studie 2008. www.gpm-ipma.de/fileadmin/user_upload/Know-How/Ergebnisse_Erfolg_und_Scheitern-Studie_2008.pdf.

Henard, D. H., & Szymanski, D. M. (2001). Why some new products are more successful than others. *Journal of Marketing Research, 38*(3), 362–375.

Huff, A. S., Möslein, K. M., & Reichwald, R. (2013). *Leading open innovation.* Cambridge: MIT Press.

Hüttner, J. & Träder, R. (2013). *Toolbox – Schrittmacher für Innovation.* Berlin: artop.

Kannicht, L. (2012). *Merkmale erfolgreicher Innovationsprozesse im Kontext der Organisationskultur – Eine Fragebogenstudie in kleinen und mittleren Unternehmen aus Deutschland..* UnveröffentlichteDiplomarbeit, Humboldt-Universität, Berlin.

Kunert, S. (2016). Scheitern in organisationalen Veränderungen. In S. Kunert (Hrsg.), *Failure Management: Ursachen und Folgen des Scheiterns* (S. 183–202). Heidelberg: Springer Gabler.

Kunert, S., Rudinger, G., Tirre, S., & Bedenk, S. (2012). Innovationspromotoren – Möglichkeiten und Grenzen einer individualisierten Förderung von Innovationsprozessen. *Ideenmanagement, 38*(4), 107–109.

Markusch, D. (2011). *Bestandteile guter Innovationsprozesse und subjektive Erfolgsfaktoren speziell für klein- und mittelständische Unternehmen.* Berlin: Humboldt- Universität zu Berlin. http://edoc.hu-berlin.de/master/markusch-dorothea-2011-02-02/PDF/markusch.pdf.

Pattikawa, L. H., Verwaal, E., & Commandeur, H. R. (2006). Understanding new product project performance. *European Journal of Marketing, 40*(11/12), 1178–1193.

Pavitt, K. (2006). Innovation processes. In J. Fagerberg, D. Mowery, & R. Nelson (Hrsg.), *The Oxford handbook of innovation* (S. 86–114). Oxford: Oxford University Press.

Ringelmann, M. (1913). Recherches sur les moteurs animés. Travail de l'homme. *Annales de l'Institut National Agronomique*, 2e série, tome XII, S. 1–40.

Royce, W. W. (1970). Managing the development of large software systems. *Proceedings of IEEE Wescon*, S. 1–9.

Schildhauer, T., Trobisch, N., & Busch, C. (Hrsg.). (2011). *Magie und Realität vom Heldenprinzip heute. Ein Arbeitsbuch für Wirtschaft, Wissenschaft und Weiterbildung.* Münster: Monsenstein und Vannerdat.

Sutherland, J. & Schwaber, K. (2011). The Scrum guide. http://www.scrum.org/Portals/0/Documents/Scrum%20Guides/Scrum%20Guide%20-%20DE.pdf.

Van de Ven, A. H., Angle, H., & Poole, M. S. (2000). *Research on the management of innovation: The Minnesota studies.* New York: Oxford University Press.

Witte, E. (1973). *Organisation für Innovationsentscheidungen – Das Promotoren-Modell.* Göttingen: Schwartz.

Making the difference: Benchmarks der Innovation in deutschen KMU

Wolfgang Scholl und Hannah Rauterberg

Innovationsfähigkeit ist *der* Erfolgsfaktor für die unternehmerische Wettbewerbs- und Zukunftsfähigkeit auf einem globalisierten und wissensintensiven Markt. Zunehmend gilt dies auch für klein- und mittelständische Unternehmen und für Organisationen im Non-Profit Bereich. Nicht mehr einzelne Prozessabläufe oder gelegentliche Produktentwicklungen gilt es zu optimieren, sondern innovatives Denken ist in allen Bereichen des Unternehmens gefragt, um sich immer flexibler den Umweltbedingungen anpassen zu können. Fast nie ist dabei eine erfolgreiche Innovation die Leistung einzelner heller Köpfe. Insbesondere in wissensintensiven Branchen ist es oft eine kollektive Leistung, die Dialog und Koordination erfordert. Klassische Managementmethoden greifen da nicht, weil Neues vor allem dort entsteht, wo Freiraum fürs Andersdenken, Ausprobieren und Experimentieren besteht. Umso spannender ist es, ob sich trotz der beschriebenen Komplexität (s. Kapitel „Komplexität und Komplexmanagement in Innovationsprozessen") allgemeine Erfolgsfaktoren für Innovationen in KMU ableiten lassen. D. h. konkret, *warum scheitert ein Innovationsprojekt und ein anderes verläuft erfolgreich? Wie kann man immer wieder erfolgreiche Innovationen durchführen und so die Innovationsfähigkeit steigern? Was macht ein KMU innovationsfähig?* Diesen Fragen sind wir im GI:VE-Projekt nachgegangen; wir wollen in diesem Kapitel zeigen,

W. Scholl (✉)
Institut für Psychologie, Humboldt-Universität und artop GmbH – Institut an der Humboldt-Universität zu Berlin, Berlin, Deutschland
E-Mail: schollwo@hu-berlin.de

H. Rauterberg
Senior Consultant bei HRpepper Management Consultants, Berlin, Deutschland
E-Mail: hannah.rauterberg@yahoo.de

© Springer-Verlag GmbH Deutschland, ein Teil von Springer Nature 2019
W. Scholl (Hrsg.), *Mut zu Innovationen,* https://doi.org/10.1007/978-3-662-58390-6_8

was die erfolgreichsten gegenüber den weniger erfolgreichen Unternehmen auszeichnet. Anhand einiger Beispiele wollen wir auch zeigen, welche Maßnahmen zur Innovations-förderung auf der Basis dieser Analysen ergriffen werden können.

1   Das GI:VE-Projekt

Das Forschungsprojekt **GI:VE** (**G**rundlagen nachhaltiger **I**nnovationsfähigkeit:**V**ertrau-enskultur und **E**volutionäre Wissensproduktion) hat auf der Basis früherer Forschungs-ergebnisse (Denison 1990; Scholl 2004) ein theoretisches Konzept entwickelt und dieses empirisch umgesetzt. Dazu wurden 45 deutsche kleine und mittlere Unternehmen ver-glichen in Bezug auf:

- den *Erfolg* ihrer Innovationen
- *spezifische Prozessmerkmale* dieser Innovationen und
- allgemeine *innovationsförderliche* Merkmale der *Unternehmenskultur*

Ausgangspunkt war dabei das GI:VE-Theoriemodell der Innovationsfähigkeit (s. Abb. 1). Wie erfolgreich Innovationen verlaufen, wird demzufolge von verschiedenen innovations-fördernden und innovationshemmenden Faktoren beeinflusst. Unmittelbare Erfolgs-faktoren sind bestimmte Prozessmerkmale (rechts in der Abbildung), die ihrerseits von verschiedenen Aspekten der Unternehmenskultur beeinflusst werden (linke Seite).

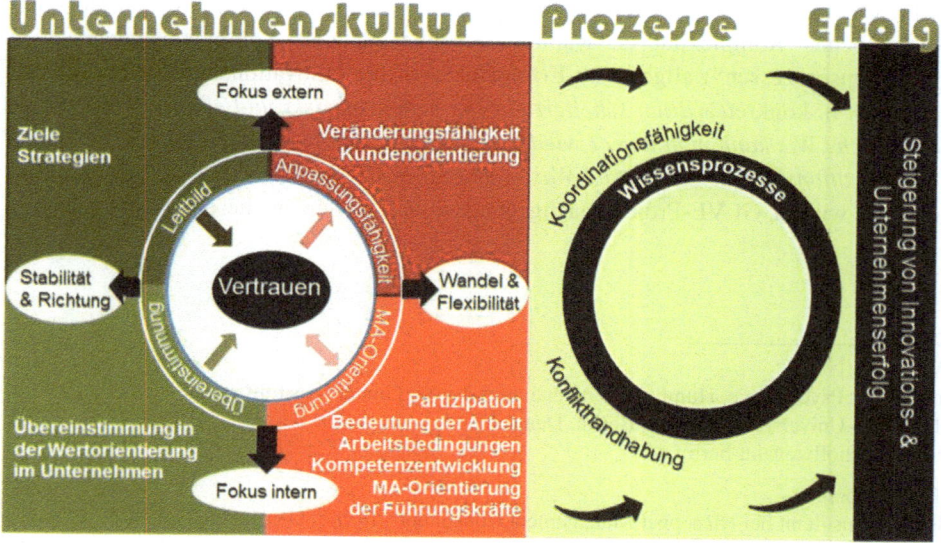

Abb. 1   Das GI:VE-Theoriemodell zu den Bedingungen erfolgreicher Innovationen

Wichtige spezifische Prozessmerkmale von Innovationsvorhaben sind insbesondere der Umgang mit Wissen im Unternehmen sowie die Fähigkeit zur Koordination und zur konstruktiven Konflikthandhabung (vgl. Scholl 2004, Kap. 7).

Auf der anderen Seite können *allgemeine Merkmale der Unternehmenskultur* eine unterstützende Basis für die konkreten Prozessmerkmale bilden. Das heißt konkret:

Eine durchgängige Mitarbeiterorientierung sowie hohe Anpassungsfähigkeit sind zentrale Bedingungen für Flexibilität auf der Stabilität sichernden Basis eines klaren, motivierenden Leitbilds und eine guter Übereinstimmung in Werten und Normen. Wechselseitiges Vertrauen ist einerseits Resultat dieser Kulturmerkmale und andererseits Stütze in problematischen Situationen: Vertrauen in die Organisation, in die Führungskräfte und die Kollegen gibt dort Zuversicht und Durchhaltevermögen, wo sich etwas im Wandel befindet.

Bildlich gesprochen: Die spezifischen Innovationsprozessmerkmale sorgen dafür, dass die Innovationspflanzen und Triebe wachsen, die Organisationskulturmerkmale bilden den Humus für Wachstum und Veränderung und sind somit die Voraussetzung dafür, dass die Innovationsprozesse zustande kommen.

2   Die Ermittlung der innovationsstärksten Unternehmen

Wie sieht die Innovationslandkarte deutscher KMU aus? Ein Ziel des Projekts war es dieses theoretische Modell in der Praxis zu prüfen und mit konkreten Unternehmensbeispielen zu unterfüttern. An der Befragung haben 639 Beschäftigte aus 45 KMUs teilgenommen und damit konnten die Erfolgsfaktoren der Innovationsfähigkeit gut ermittelt werden (mehr dazu im folgenden Kapitel „Innovationskultur, Innovationsprozesse und Innovationserfolge"). Durch die Betrachtung der innovationsstärksten Unternehmen können nun reale Richtwerte als Benchmarks für die Innovativität klein- und mittelständischer Unternehmen in Deutschland abgeleitet werden. Diese liefern einerseits Einblicke in die Innovationslandkarte deutscher KMU. Andererseits ermöglichen sie einen wissenschaftlich fundierten, praxisnahen Prozess- und Ergebnisvergleich der Werte innovationsinteressierter KMU mit den Benchmarks und können der Ableitung von Entwicklungsfeldern und Aktionen zur Steigerung der eigenen Innovationsfähigkeit dienen. Die im Folgenden dargestellten Benchmarks sind somit sowohl Analyseergebnis, als auch Ansatzpunkt für Interventionen.

Wie wurden die innovationsstärksten KMU ermittelt? Um präzisieren zu können, bei welchen Kriterien die besonders innovationsstarken Unternehmen hervorstechen, wurde eine Clusteranalyse durchgeführt. Clusteranalysen ermöglichen die Sortierung von großen Datenmengen in homogene Untergruppen (Cluster) anhand von zwei Zielen: Die *Ähnlichkeit* zwischen den Einheiten *innerhalb* eines Clusters und die *Unterschiede-zwischen* den Einheiten verschiedener Cluster möglichst groß zu machen. D. h. konkret: KMU, die einem Cluster angehören, ähneln sich in den erhobenen innovationsrelevanten Merkmalen und unterscheiden sich deutlich von denen anderer Cluster.

Bei der Analyse des im GI:VE-Projekt erhobenen Datensatzes resultierten drei Cluster, die eine maximale Differenzierung aufwiesen. Eines dieser Cluster, zu dem 19 der insgesamt 45 untersuchten Unternehmen gehören, weist signifikant höhere Werte bei der Innovationsfähigkeit auf. Diese 19 Unternehmen bilden somit die Datengrundlage für einen Best-Practice–Ansatz. Durch den Vergleich mit den anderen beiden Clustern lässt sich ableiten, welche der innovationsrelevanten Prozess- und Organisationskulturmerkmale den Unterschied in Bezug auf die Innovationsfähigkeit ausmachen. Berichtet werden im Folgenden jeweils die Mittelwerte (*M*) der Merkmale, bei denen sich ein signifikanter Unterschied zwischen den Ausprägungen der unterschiedlichen Cluster zeigte.

Was lässt sich tun? Eines von vielen Beispielen zur Verdeutlichung und Anregung

Zu zeigen, was die innovativsten Unternehmen von den weniger innovativen Unternehmen unterscheidet, ist sicher interessant. Aber dann möchte man auch wissen, was man tun kann, um zu den besten Unternehmen aufzuschließen, wenn man selber nicht dazugehört. Wo soll man ansetzen, was lässt sich wie verbessern? Anhand eines konkreten Falls wollen wir, begleitend zu den Analysen, beispielhaft zeigen, was man konkret tun kann. Ausgangspunkt in diesem Fall war die empirische Erhebung der Daten eines Unternehmens, die in den folgenden Ergebnissen enthalten sind. Diese Daten wurden nach der Erhebung im Rahmen der Survey-Feedback Methode erst ausführlich der Geschäftsleitung und dann, reduziert auf die wichtigsten Punkte, den Beschäftigten auf einer Betriebsversammlung zurückgemeldet (zur Methode s. Kapitel „TOOLBOX – Schrittmacher für Innovationen"). Mehr als die Hälfte der Belegschaft war gekommen und die Beschäftigten zeigten hohes Interesse; dabei waren auch etliche skeptische Stimmen im Hintergrund zu hören, dass nicht viel dabei herauskommen würde, aber die verstummten im Laufe der Zeit. Die Daten zeigten in einigen Punkten unterdurchschnittliche Werte und gaben damit konkrete Anhaltspunkte für einen Verbesserungsbedarf. Die Beschäftigten konnten dann auf der Betriebsversammlung die 8 Themen, bei denen eine Verbesserung besonders dringlich schien, durch die Vergabe von Punkten in einer Rangfolge der Dringlichkeit bringen. Zu den 4 dringlichsten Themen wurden dann Arbeitsgruppen gebildet, zu denen sich die Beschäftigten freiwillig meldeten. Zum Thema Koordinationsfähigkeit kamen nur wenige Leute zusammen, die sich dann auch über mangelnde Unterstützung von den Kollegen beklagten und ihre Arbeit zunächst einstellten; dabei war dieses Thema nicht das brisanteste, aber vielleicht das am schwierigsten zu bearbeitende Thema. Die anderen drei Arbeitsgruppen benötigten unterschiedlich lange Zeit, um ihre Ergebnisse der Steuerungsgruppe vorzulegen, aber alle drei erbrachten konkrete Resultate; an den entsprechenden Stellen der Datenberichte werden wir auf die Arbeit dieser Gruppen eingehen. Das Feedback der Ergebnisse und die Auswahl der 4 wichtigsten Themen dauerten nur 45 min.

3 Ergebnisse und Benchmarks: Welche Prozesse fördern die Innovationsfähigkeit?

Die Ergebnisse zu den innovationsstärksten und den weniger innovativen Unternehmen werden im Folgenden schrittweise in Fragen-Blöcken dargestellt. Dabei gehen wir im Sinne der Abb. 1 von der Innovationsfähigkeit (rechts) über die unmittelbaren Erfolgs-determinanten, die Prozessmerkmale (Mitte rechts), weiter zu den Merkmalen der Unternehmenskultur (links), die mittelbar die Innovationsfähigkeit fördern (Tab. 1).

Ein deutlicher Unterschied zeigt sich zunächst in der Innovationsfähigkeit, d. h. in der Fähigkeit, bei den durchgeführten Produkt- bzw. Dienstleistungsinnovationen ebenso wie bei den technischen und organisatorischen Prozessinnovationen überwiegend erfolgreich zu sein. Dabei wurden nicht nur die Erfolge insgesamt von den Beschäftigten beurteilt und zusammengefasst, sondern im Detail auch die Einhaltung von Budget- und Zeitrahmen, die gefundenen Problemlösungen, der Vergleich mit den vorherigen Erwartungen und den gesammelten Erfahrungen und die Konsequenzen für die Mitarbeiter/innen. Auf einer Skala von -3 ($=$ völlig misslungen) bis $+3$ ($=$ völlig gelungen) hatten die 19 innovations-fähigsten Unternehmen (Cluster 3) einen Mittelwert (M) von 1,33, lagen also im Durchschnitt ihrer Innovationen deutlich auf der gelungenen Seite, während die Unternehmen der anderen beiden Cluster (Cluster 1 und 2) durchschnittlich nur knapp über 0 lagen ($M = 0{,}80$ und 0,64) und damit nur knapp auf der Erfolgsseite. In der Innovationsfähigkeit unterscheiden sich die Unternehmen von Cluster 1 und 2 kaum, aber es gibt einige andere Unterschiede zwischen diesen beiden Clustern, wie im Folgenden gezeigt wird.

Nach diesem Ergebnis stellt sich die Frage: Welche Kultur- und Prozessmerkmale gehen mit dieser höheren Ausprägung der Innovationsfähigkeit in Cluster 3 einher? In den folgenden Tabellen sind jeweils die durchschnittlichen Einschätzungen der zentralen Merkmale für die drei Cluster wiedergegeben. Die Skalierung umfasst hier immer die Werte von 1 (trifft gar nicht zu) bis 5 (trifft völlig zu). Wir beginnen mit der Frage, wie das benötigte neue Wissen für den Innovationserfolg erzeugt werden kann.

3.1 Wissensmechanismen

Wissen wird auf unterschiedlichen Ebenen der Organisation und durch viele unterschiedliche Mechanismen erzeugt (Campbell 1974; Scholl 2010). Eine Grundform ist das Lernen durch Versuch und Irrtum; man muss erst mal etwas ausprobieren, um herauszufinden, was

Tab. 1 Clusterergebnisse zur Innovationsfähigkeit

	Cluster (Anzahl Unternehmen)		
	1 (19)	2 (7)	3 (19)
Innovationsfähigkeit**	0,80	0,64	1,33

Unterschied signifikant: ** $= p < 0{,}01$

wirklich gut funktioniert. Etwas schneller geht es durch Beobachtungslernen, weil man
hier sehen kann, wo andere Erfolg haben oder wo sie scheitern, so dass man nicht alle
Irrtümer selber machen muss. Bei beiden Mechanismen schneiden nicht die innovationsfähigsten Unternehmen (Cluster 3) am besten ab, sondern die aus Cluster 2 (s. Tab. 2). Bei
den nächsten Wissensmechanismen ist das schon anders: Beim kreativen Problemlösen,
für viele der Kern aller Innovationstätigkeit, schneiden die Unternehmen aus den Clustern
2 und 3 etwa gleich gut ab, während die aus Cluster 1 signifikant darunter liegen.

Auf der interaktiven Ebene geht es auf der praktischen Seite um abgestimmtes Handeln,
d. h. um die Etablierung effektiver Routinen bzw. um prozessuales Know-how. Auch hier
liegen die Unternehmen aus den Clustern 2 und 3 signifikant vor denen aus Cluster 1. Bei
der sprachlichen Konstruktion, wo durch veränderte Wortwahl und neue Begriffe plötzlich Dinge in einem neuen Licht erscheinen, werden die Mittelwertsunterschiede zwischen
allen drei Clustern schon größer. Ein Schlagwort wie „Just in time" z. B. kann die Sicht
auf die Logistik und das Kostengefüge völlig verändern. Das Neue, was durch Innovation
in ein Unternehmen kommt, gewinnt auch durch sprachliche Neuschöpfungen an Überzeugungskraft und damit an Erfolgsaussichten. Beim kommunikativen Lernen schließlich,
wo durch intensiven Meinungsaustausch neues Wissen entsteht und etabliert wird, fallen
die Unterschiede noch größer aus und hier erreichen die innovativsten Unternehmen aus
Cluster 3 einen besonders hohen Wert, den höchsten unter allen Wissensmechanismen.

Tab. 2 Wissensmechanismen

	Cluster (Anzahl Unternehmen)		
	1 (19)	2 (7)	3 (19)
Lernen durch Versuch und Irrtum*	3,13	**3,52**	3,35
Beobachtungslernen[†]	2,96	**3,22**	3,07
Kreatives Problemlösen**	2,82	**3,12**	**3,08**
Abgestimmtes Handeln**	2,87	**3,22**	**3,19**
Sprachliche Konstruktion[†]	2,62	**2,96**	**3,09**
Kommunikatives Lernen**	3,29	3,45	**3,85**
Lernen durch Führung**	3,05	**3,32**	**3,41**
Organisationales Lernen**	2,76	3,08	**3,31**
Organisationale Vernetzung	3,43	3,65	3,78
Weltweite virtuelle Vernetzung	3,30	3,31	3,46
Ideenreichtum	3,09	3,09	3,36
Entscheidungsgüte[†]	3,21	3,29	**3,50**
Umsetzungsqualität**	3,16	3,28	**3,47**

Unterschied signifikant: $** = p < 0,01$; $* = p < 0,05$; $^† = p < 0,10$; Signifikant höhere Werte sind
durch Fettdruck hervorgehoben

Auf der organisationalen Ebene geht es zunächst um Lernen durch Führung, wenn besonders kompetente und engagierte Mitarbeiter die Initiative ergreifen und durch ihr Fachwissen oder ihre prozessuale Kompetenz eine Innovation als Promotoren (Hauschildt und Gemünden 1999) erheblich voranbringen(s. a. Kapitel „Innovationspromotor: Idee, Rolle, Ausbildungskonzept und Umsetzung", „Möglichkeiten und Grenzen von Trainings-evaluation am Beispiel der Evaluation der Ausbildung zum Innovationspromotor" und „Kompetenzen von Innovationspromotoren"). Auch hier führen die Unternehmen des innovationsfähigsten Clusters 3, allerdings dicht gefolgt von denen aus Cluster 2. Beim entscheidenden organisationalen Lernen (s. Kapitel „Innovationskultur, Innovations-prozesse und Innovationserfolge"), wo es darauf ankommt das Lernen auf individueller und interaktiver Ebene zu guten Unternehmensentscheidungen zu bündeln, ergibt sich wieder ein eindeutiger Vorteil für Cluster 3, während die Unternehmen aus Cluster 1 wie bei allen bisherigen Mechanismen die schlechtesten Werte aufweisen. Bei den letzten bei-den Wissensmechanismen, beim Lernen von anderen Organisationen durch Vernetzung und beim Lernen durch virtuelle Vernetzung ergeben sich zwar ähnliche Abstufungen, aber die Unterschiede sind hier nicht signifikant.

Im untersten Teil der Tab. 2 finden sich drei Gesamtbeurteilungen der innovations-relevanten Wissensprozesse. Beim Ideenreichtum, d. h. bei der Menge der neuen Ideen bei all diesen Wissensprozessen insgesamt, ergeben sich keine signifikanten Unter-schiede; viele gute Ideen gibt es wohl überall. Bei der Auswahl der besten Ideen, bei der Entscheidungsgüte, gibt es schon einen tendenziell signifikanten Unterschied zu Gunsten der innovationsfähigsten Unternehmen von Cluster 3. Und bei der Umsetzung dieser Entscheidungen und der Integration in die anderen zu bearbeitenden Aufgaben ergibt sich ein sehr signifikanter Unterschied zu Gunsten dieser Unternehmen. Eine gute Auswahl der jeweils besten Ideen bei all den Wissensmechanismen und vor allem deren Umsetzung, verbunden mit einer sachgerechten Lösung der dabei anfallenden Folge-probleme ist offensichtlich deutlich schwieriger als die Produktion neuer Ideen; hieran beweist sich jedoch die Fähigkeit wiederholt erfolgreiche Innovationen hervorzubringen.

Beispiel

Unser Beispielunternehmen, wo wir den Innovationsfragebogen eingesetzt und die Ergebnisse zurückgemeldet hatten, gehört dem Cluster 2 an. In dieser Gruppe war die niedrigste Innovationsfähigkeit festgestellt worden und das Unternehmen lag dabei noch etwas unter dem Durchschnitt von Cluster 2. Betrachtet man die verschiedenen Wissensprozesse in diesem Unternehmen, dann ergibt sich ein gemischtes Bild. Es hat überdurchschnittliche Werte beim Lernen durch Versuch und Irrtum, beim krea-tiven Problemlösen und bei der sprachlichen Konstruktion. Demgegenüber hat es unterdurchschnittliche Werte beim wichtigsten Lernmechanismus, dem organisatio-nalen Lernen, und besonders niedrige Werte waren bei der Entscheidungsgüte und der Umsetzungsqualität festzustellen. So wurde schnell klar, dass etwas getan werden musste, um im internationalen Wettbewerb weiter zu bestehen. Doch wo sollte man ansetzen? Hier konnte auf weitere Prozessdeterminanten zurückgegriffen werden, die im Folgenden berichtet werden.

3.2   Koordinationsfähigkeit und Prozessmerkmale

Im GI:VE-Modell ist die Koordinationsfähigkeit eine weitere zentrale Determinante von Innovationserfolgen (s. Kapitel „Innovationskultur, Innovationsprozesse und Innovationserfolge", Abb. 3). Zur Koordinationsfähigkeit gehört zum einen die Fähigkeit, Probleme zu erkennen, sie zu bearbeiten und einen Lösungsvorschlag zu entscheiden; zum anderen gehört dazu die Fähigkeit, die getroffenen Entscheidungen auch sachgerecht umzusetzen und sie dabei an unvorhergesehene Umstände sinngemäß anzupassen. Im Cluster 3 der innovationsstarken KMU zeigt sich eine signifikant höhere Koordinationsfähigkeit; sie können Entscheidungen besser treffen und auch umsetzen, so dass anfänglich erfolgversprechende Innovationsprojekte nicht aufgrund von Entscheidung- und Umsetzungsproblemen scheitern. Die stärksten Zusammenhänge mit der Innovationsfähigkeit gab es bei Problemen mit der Entscheidungsfähigkeit: „Der Innovations- bzw. Änderungsprozess kam ins Stocken und drohte ergebnislos zu versanden" ($r = -0,49**$); „Mehrfach wurden Probleme von einzelnen erkannt, aber nicht thematisiert" ($r = -0,47**$) und „Die Diskussionen drehten sich oft ergebnislos im Kreis" ($r = -0,46**$). Aber auch Umsetzungsprobleme im Rahmen der Koordinationsfähigkeit hatten signifikante negative Zusammenhänge der Innovationsfähigkeit: „Die getroffenen Entscheidungen wurden z. T. fehlerhaft umgesetzt" ($r = -0,41**$) oder „Getroffene Beschlüsse wurden oft bei der Umsetzung nicht eingehalten, sondern willkürlich abgeändert" ($r = -,040**$). Die Probleme mit der Koordinationsfähigkeit zeigen sich auch in einer längeren durchschnittlichen Dauer der Innovationsprojekte, d. h. dem Zeitraum von der Äußerung einer Idee bis zur beendeten Umsetzung. Das Cluster 3 weist nicht nur die höchste Koordinationsfähigkeit auf, sondern auch die geringste Dauer der Innovationsprojekte, nämlich durchschnittlich etwa vier Monate ($M = 3,97$). Dabei ist hier die Zahl der Beteiligten an den Innovationsprojekten durchschnittlich am kleinsten mit knapp vier Personen ($M = 3,75$). Die großen Unterschiede in der Dauer der Innovationsprojekte und der Anzahl der Beteiligten dürften allerdings auch daran liegen, dass manche Firmen von vornehein komplexere Innovationsprojekte haben als andere, wie das z. B. oft bei Industrie- versus IT-Firmen der Fall ist (Tab. 3).

Einige Vorschläge zur Verbesserung der Koordinationsfähigkeit finden sich in Abschn. 2.2.3.

Tab. 3 Koordinationsfähigkeit und Prozessmerkmale

Koordinationsfähigkeit (Entscheidungs- & Umsetzungsfähigkeit)**	3,44	3,11	**3,86**
Dauer der Innovationsprojekte (in Monaten)**	6,11	16,31	**3,97**
Anzahl der Beteiligten an den Innovationsprojekten**	7,56	6,90	**3,75**

Unterschied signifikant: **$p < 0,01$*; signifikant günstigere Werte sind durch Fettdruck hervorgehoben

Beispiel

Unser Beispielunternehmen hatte eine geringe Koordinationsfähigkeit und eine lange Dauer der Innovationsprojekte, so wie auch die anderen Unternehmen in Cluster 2. Die Anzahl der Beteiligten überstieg mit durchschnittlich zehn Mitarbeitern pro Projekt deutlich die der meisten anderen Unternehmen. Da sich auch bei den Ergebnissen zu den Wissensprozessen gezeigt hatte, dass die Umsetzungsqualität besonders niedrig war, kristallisierte sich nach dem Survey-Feedback sehr schnell ein Konsens heraus, dass dies vor allem an der Vielzahl der Innovationsprojekte lag, die sich untereinander behinderten, weil es keine klaren Regeln gab, wann welche Ressourcen welchem Projekt vorbehalten bleiben. So kam es immer wieder vor, dass Anfragen an einzelne Spezialisten aus anderen Projekten die Abwicklung eines Projektes unterbrachen oder Teilarbeiten von einem anderen Projekt in Anspruch genommen wurden als ursprünglich vorgesehen. Daraufhin konstituierte sich eine Priorisierungsgruppe aus drei Personen, die einen Vorschlag erarbeiteten und mit Unterstützung durch zwei Berater mit der Geschäftsleitung abstimmten. Zum einen wurden klare Kriterien aufgestellt, welche Projekte vor anderen Vorrang haben und zum anderen Regelungen, die eine Störung der Abwicklung in den Priorisierungsprojekten verhindern sollen. Dieser Vorschlag fand große Zustimmung und dürfte die Dauer der Innovationsprojekte sowie z. T. auch die Zahl der Beteiligten deutlich verringern und die Koordinationsfähigkeit steigern.

3.3   Umgang mit Konflikten

Mangelnde Koordinationsfähigkeit und ein Durcheinander bei der Abwicklung von Innovationsprojekten führen oft zu Konflikten; dies ist aber nicht der einzige Grund für Konflikte, sondern es gibt auch unterschiedliche Meinungen über den besten Weg und unterschiedliche Interessen, die mit Innovationen und ihren Auswirkungen verbunden sind. In den innovationsstarken KMU treten nicht nur kürzere und weniger intensive Konflikte auf, sondern es wird auch anders mit Konflikten umgegangen: die empfohlene Form der Konflikthandhabung durch Zusammenarbeit, um die Interessen aller Beteiligten zu wahren und sich über unterschiedliche Meinungen zu einigen, kommt bei den Unternehmen von Cluster 3 signifikant häufiger vor. Dagegen werden die ungünstigen Konflikthandhabungsstile der Vermeidung, der offenen oder heimlichen Machtausübung und der Anpassung bei ihnen signifikant weniger ergriffen. Insgesamt weist das Konfliktgeschehen bei den innovationsfähigeren Unternehmen durchweg günstigere Ausprägungen auf (Tab. 4).

Tab. 4 Konflikte und Konflikthandhabung (Khh)

Konfliktintensität und – dauer**	2,97	3,45	**2,56**
Empfohlene Khh: Zusammenarbeit*	3,38	3,19	**3,68**
Ungünstige Khh: Vermeidung**	2,44	2,69	**2,08**
Ungünstige Khh: Machtausübung**	2,45	2,78	**1,99**
Ungünstige Khh: Heimlich, gegen Absprachen**	2,20	2,55	**1,77**
Ungünstige Khh: Bloße Anpassung**	2,38	2,45	**2,03**

Unterschied signifikant: **$p < 0,01$; *$p < 0,05$; signifikant günstigere Werte sind durch Fettdruck hervorgehoben

---

Beispiel

Bei unserem Beispielunternehmen ließ vor allem die Konflikthandhabung viel zu wünschen übrig. Zwar war das Konfliktniveau (Intensität und Dauer) eher durchschnittlich ausgeprägt mit 3,11, aber die Zusammenarbeit war sehr niedrig ausgeprägt, während offene und heimliche Machtausübung sowie bloße Anpassung weit überdurchschnittliche Werte aufwiesen. Beim Survey-Feedback mit der Belegschaft bekam das Konfliktthema über die von allen Anwesenden verteilten Punkte die höchste Dringlichkeitsstufe. Daher bildete sich hier eine relativ große Arbeitsgruppe von 6 Personen, in der – stärker als bei den anderen Arbeitsgruppen – gerade auch die hierarchisch unteren Bereiche gut vertreten waren. Diese Arbeitsgruppe traf sich in größeren Abständen und sammelte viele Konfliktpunkte und Lösungsvorschläge, die dann der Steuerungsgruppe, in der auch die Geschäftsleitung vertreten war, zur Entscheidung vorgelegt wurde. Die letztendlich kondensierte Liste der Konfliktpunkte umfasste mangelnde finanzielle Honorierung, fehlende Ressourcen, ungenügende Berücksichtigung von Mitarbeiterideen, mangelhafte Organisation, Vertrauensverlust unter Kollegen und gegenüber Vorgesetzten, mangelndes positives Feedback und zu geringe gemeinschaftliche Motivation sowie völlig unzureichende Konfliktklärung und dadurch Chronifizierung von Konflikten. Das war starker Tobak, aber die Geschäftsleitung und die Steuerungsgruppe bemühten sich Punkt für Punkt um hilfreiche und machbare Lösungen. Um das Generalproblem der Konfliktklärung anzugehen wurde auf Vorschlag der Arbeitsgruppe beschlossen, eine männliche und eine weibliche Vertrauensperson zu wählen, an die sich die Beteiligten wenden können, wenn sie selbst mit einem Konflikt nicht zurecht kommen, sei es weil sie sich nicht trauen oder weil sie nicht wissen, wie ein konstruktives Vorgehen aussehen würde. Fortschritte in der Konflikthandhabung sollen durch eine Folgeerhebung evaluiert werden.

4 Ergebnisse und Benchmarks: Welche Kulturmerkmale fördern die Innovationsfähigkeit?

Das GI:VE-Modell (s. Abb. 1) geht davon aus, dass die Prozesse, die letztlich über den Innovationserfolg und die Innovationsfähigkeit entscheiden, durch geeignete Merkmale der Unternehmenskultur (nach Denison 1990) befördert und gestützt werden können. Zu diesen Merkmalen gehören eine hohe Mitarbeiterorientierung, eine gute Anpassungs-fähigkeit an externe Anforderungen und Verhältnisse sowie ein klares und von möglichst vielen geteiltes Leitbild. Diese Merkmale sollen als erste überprüft werden, inwieweit die innovationsfähigsten Unternehmen hier besondere Ausprägungen aufweisen.

4.1 Mitarbeiterorientierung, Anpassungsfähigkeit und Leitbild

Bezüglich der Unternehmenskulturmerkmale zeigte sich: Innovationsfähigere KMU haben eine stärkere Mitarbeiterorientierung. Sie sind signifikant partizipativer, d. h. Mit-arbeiter werden frühzeitig informiert und in sie betreffende Entscheidungsprozesse ein-bezogen (Mittelwert von Cluster 3 = 3,91). Die Mitarbeiter nehmen ihre Arbeit als besonders bedeutsam für den Erfolg des Unternehmens wahr, wobei hier der Mittel-wert von Cluster 2 ähnlich hoch ist (4,22 versus 4,33), und sie schätzen die Arbeits-bedingungen besser ein als in den anderen beiden Clustern. Gleichzeitig heben sie sich besonders durch mitarbeiterorientierte Führungskräfte heraus, die als freundlich und jederzeit ansprechbar erlebt werden. Auf den hier verwendeten 5-stufigen Skalen von 1–5 sind Werte, die deutlich über 4 liegen, als sehr hoch zu betrachten, denn Maximalwerte in der Nähe von 5 sind in der Praxis kaum zu erwarten. In Bezug auf die Kompetenzent-wicklung bzw. die Qualifikationsförderung der Beschäftigten haben die Unternehmen von Cluster 3 zwar auch den höchsten Wert, aber die Unterschiede *zwischen* den Clustern sind hier nicht signifikant, dazu sind die Unterschiede *in* den Clustern jeweils zu groß (Tab 5).

Innovationsstarke Unternehmen zeigen auch eine signifikant höhere Kunden-orientierung als Teil ihrer externen Anpassungsfähigkeit; einer hohen Kundenzufrieden-heit wird ein zentraler Stellenwert beigemessen, an dem das Handeln ausgerichtet wird. Bei der Veränderungsfähigkeit als zweitem Aspekt der Anpassungsfähigkeit ergibt sich dagegen kein signifikanter Unterschied, obwohl auch hier die Unternehmen von Cluster 3 einen etwas höheren Mittelwert haben.

Beim Unternehmensleitbild geht es zum einen darum, klare Ziele zu haben, die den Mitarbeitern nicht nur bekannt sind, sondern von ihnen auch akzeptiert und zu eigen gemacht werden. Zum anderen geht es darum, dass auch die Strategie des Unternehmens den Mitarbeitern bekannt ist und von ihnen ebenfalls unterstützt wird. Während die innovationsfähigen Unternehmen sich in den klaren und akzeptierten Zielen sehr deut-lich von den Unternehmen in den anderen beiden Clustern abheben, ist der Unterschied bei der Strategie geringer und nur tendenziell signifikant; aber auch hier haben die Unternehmen von Cluster 3 den höchsten Wert.

Tab. 5 Mitarbeiterorientierung, Anpassungsfähigkeit und Leitbild

	Cluster (Anzahl Unternehmen)		
	1 (19)	2 (7)	**3 (19)**
Partizipation**	3,45	3,45	**3,91**
Bedeutung der Arbeit**	3,95	**4,22**	**4,33**
Arbeitsbedingungen**	3,43	3,27	**3,95**
Mitarbeiterorientierte Vorgesetzte**	3,78	3,66	**4,28**
Kompetenzentwicklung	3,27	3,05	3,51
Kundenorientierung**	3,12	3,47	**3,81**
Veränderungsbereitschaft	3,77	3,82	3,95
Klare akzeptierte Ziele**	3,61	3,56	**4,13**
Bekannte Strategie †	3,29	3,09	**3,61**

Unterschied signifikant: **$=p<0,01$;*$=p<0,05$; $^\dagger=p<0,10$; Signifikant höhere Werte sind durch Fettdruck hervorgehoben

---

Beispiel

In unserem Beispielunternehmen aus dem Cluster 2 gibt es zum Teil hohe Werte wie in Cluster 1 bei der Bedeutung der Arbeit mit 4,33, der Mitarbeiterorientierung der Vorgesetzten mit 4,13 und besonders der Strategiekenntnis und -akzeptanz mit 3,76, aber auch sehr niedrige Werte wie bei Partizipation mit 3,39. Andere Kulturmerkmale werden eher durchschnittlich beurteilt, wie zum Beispiel die Kundenorientierung. Für die Geschäftsleitung war es jedoch besonders wichtig, die Kundenorientierung weiter zu verbessern, um der weltweiten Konkurrenz in ihrem Gebiet auch besser gegenüberstehen zu können. Dies fand auch Unterstützung bei anderen Führungskräften und daher wurde eine Arbeitsgruppe zur Verbesserung der Kundenorientierung im Unternehmen gegründet. Dies ist ein Beispiel dafür, dass Daten des Survey-Feedback zwar das Nachdenken anregen, aber das dadurch angeregte Handeln keineswegs einschränken. Dabei gibt das im folgenden Kapitel „Innovationskultur, Innovationsprozesse und Innovationserfolge" dargestellte Kausalmodell der Innovationsfähigkeit der Geschäftsleitung – die das Modell noch nicht kannte – Recht: Die Kundenorientierung ist ein sehr wichtiger Einflussfaktor für das kreative Problemlösen und das organisationale Lernen und damit indirekt auch für die Innovationsfähigkeit.

4.2 Übereinstimmung in den Werten und Vertrauen im Unternehmen

Was Unternehmenskultur in besonderer Weise von Strukturmerkmalen und anderen gut registrierbaren Gegebenheiten unterscheidet, ist die subjektive Bedeutungswelt von Normen, Werten und Vertrauensbeziehungen. Für viele Organisationsforscher ist eine weit

Tab. 6 Übereinstimmung in den Werten und Vertrauen

Leistungsorientierung, Effizienz, Zielerreichung**	**8,43**	7,48	**8,48**
Information und Dokumentation, Kontrolle*	8,24	7,73	**8,76**
Gegenseitiges Verständnis und Hilfsbereitschaft**	7,90	6,58	**8,77**
Innovationsorientierung, schnelle Reaktion, Risikobereitschaft	7,99	7,76	8,28
Vertrauen in die Kollegen[†]	3,85	3,95	**4,08**
Vertrauen in den Vorgesetzten*	3,97	3,77	**4,21**
Vertrauen in die Organisation**	3,97	3,77	**4,22**

Unterschied signifikant: ** $=p<0,01$;* $=p<0,05$; $^{†}=p<0,10$; Signifikant höhere Werte sind durch Fettdruck hervorgehoben

gehende Übereinstimmung in den Normen und Werten unter den Beschäftigten einer Organisation geradezu ein Definitionsmerkmal einer starken Kultur (Scholl 2007). Auch in dem Kulturmodell von Denison (1990), das die Grundlage für das GI:VE-Modell bildet, ist eine hohe Übereinstimmung in Normen, Werten und Anschauungen ein zentraler Bestandteil, weil es die Konsensbildung und Koordination erleichtert. In Anlehnung an die vier Quadranten des Effektivitätsmodells von Quinn und Rohrbaugh (1983) und unser auf Denison (1990) zurückgehenden Kulturmodell wurden vier Gruppen von Werten im Innovationsfragebogen angeboten; die Mitarbeiter/innen der Unternehmen wurden gebeten einzuschätzen, wie wichtig bestimmte Wertorientierungen im Unternehmensalltag sind. In den folgenden Ergebniswerten von Tab. 6 spiegelt sich sowohl wider, wie wichtig diese Werte sind, als auch zusätzlich, wie übereinstimmend das von den Beschäftigten gesehen wir, so dass die Werte-Übereinstimmungs-Skalen Ausprägungen zwischen 4 und 11 annehmen können[1].

Auch hier hatten die Unternehmen von Cluster 3 generell die positivste Wertebeurteilung zusammen mit der höchsten Übereinstimmung: Bei den Werten *Leistungsorientierung, Effizienz und Zielerreichung*, die oft ganz oben in der Wertehierarchie von Unternehmen stehen und gegen externen Druck Stabilität verschaffen sollen, haben allerdings auch die Unternehmen von Cluster 1 sehr hohe Werte, während die von Cluster 2 deutlich abfallen. *Information und Dokumentation dienen der internen Kontrolle* und sichern Stabilität gerade auch in laufenden Veränderungsprozessen; hier haben die Unternehmen von Cluster 3 eindeutig die höchsten Werte, was offensichtlich ihrer Innovationsfähigkeit hilft. Bei *gegenseitigem Verständnis und Hilfsbereitschaft* haben die Unternehmen des Clusters 3 mit Abstand den höchsten Wert ($M = 8,77$); hiervon kann die Zusammenarbeit erheblich profitieren. Diese Werte sind ein Pendant bzw. Gegenstück zu der Mitarbeiterorientierung als Kulturmerkmal und sind die internen Mittel, um Flexibilität zu ermöglichen. Die Unternehmen von Cluster 2 fallen hier besonders

---

[1]Berechnungsdetails werden gerne auf Nachfrage zugeschickt.

deutlich ab ($M = 6{,}58$). Interessanterweise wird gerade der *Innovationsorientierung, Reaktionsfähigkeit und Risikobereitschaft* bei den besonders innovationsfähigen Unternehmen von Cluster 3 eine geringere Bedeutung beigemessen als den anderen Wertebündeln; bei Cluster 2 hat es dagegen mit den höchsten Wert unter den vier Werte-bündeln, was sich dann im Endergebnis aber nicht niederschlägt. Die Unterschiede zwischen den drei Clustern sind bei diesem Wertebündel nicht signifikant.

In der neueren Innovationsliteratur spielt Vertrauen eine besondere Rolle und es war auch in der Ausschreibung des BMBF besonders hervorgehoben worden (s. Becke et al. 2013). Vertrauen gilt als Schlüssel, um in schwierigen Situationen bei unklaren Informationen und komplexen Problemen den Zusammenhalt und die Zusammenarbeit im Unternehmen zu sichern und und so – ökonomisch gesprochen – die Transaktionskosten zu senken, die bei der Absicherung von Vereinbarungen entstehen. In unserem Modell haben wir das Vertrauen in die Mitte der Unternehmenskultur gesetzt in der Annahme, dass es positive Beziehungen zu allen vier Kulturmerkmalen gibt (mehr dazu im folgenden Kapitel „Innovationskultur, Innovationsprozesse und Innovationserfolge").

Typischerweise wird Vertrauen über die drei Komponenten des Wohlwollens, der Kompetenz und der Integrität gemessen und das haben wir ebenso gemacht. Im Wohl-wollen kommt die generelle positive Einstellung zum Anderen zum Ausdruck, die Kompetenzeinschätzung besagt, dass das Wohlwollen dann auch wirksam werden kann, und die Integrität ist wichtig, falls doch mal konfliktäre Interessen auftreten und Menschen dann doch eher an sich selbst denken als wohlwollend an den Anderen. Vertrauen kann man verschiedenen Personen und sozialen Systemen; wir haben das Vertrauen in die Kollegen einschätzen lassen, ebenso das Vertrauen in die unmittelbaren Vorgesetzten und schließlich in das Unternehmen insgesamt.

Die Ergebnisse sind im unteren Teil der Tab. 6 zu finden. Die innovationsfähigsten Unternehmen von Cluster 3 haben auch beim Vertrauen jeweils die höchsten Werte. Dies gilt schon für das Vertrauen in die Kollegen, wo die Unterschiede nur tendenziell signifikant sind. Höher und signifikant unterschiedlich sind die Werte zum Vertrauen in die Vorgesetzten und – mit nahezu denselben Werten – zum Vertrauen in das Unternehmen. Diese stärkeren Vertrauensbeziehungen in den innovationsfähigsten Unternehmen sind offensichtlich das Gegenstück zu den hohen und weitgehend geteilten Werten für gegenseitiges Verständnis und Hilfsbereitschaft im Unternehmen.

Beispiel

In unserem Beispielunternehmen haben wir nur die Werte-Einschätzungen selbst zurückgemeldet, ohne den Zusatz des Übereinstimmungsgrades. Da die Werte meistens durchschnittlich ausgeprägt waren, hatte sich hier kein besonderer Verbesserungsbedarf angezeigt. Spätere Analysen zeigten jedoch, dass die Übereinstimmung hier geringer war als bei vielen anderen Unternehmen, ähnlich wie das generell im Cluster 2 war. Eine Verbesserung in den Wertorientierungen zu erzielen, die im Alltag auch gelebt werden, ist besonders schwierig. Möglich wäre ein partizipativer Prozess der Erstellung eines Leitbildes, in dem die vorherrschenden Werte und etwaige Verbesserungen intensiv diskutiert werden, um dann die wichtigsten Leitwerte ins Leitbild aufzunehmen. Genau dies wurde in unserem Beispielunternehmen als nächster, über das Survey-Feedback hinaus gehender Schritt gemacht. Als entscheidender weiterer Schritt müssen dann Umsetzungsmaßnahmen diskutiert und getroffen werden, die die gewünschten Verbesserungen ermöglichen und absichern.

5   Förderung der Innovationsfähigkeit – ein Fazit

Die vergleichende Analyse der innovationsfähigsten Unternehmen (Cluster 3) hat gezeigt, dass sie sich fast in allen Merkmalen, die wir im Innovationsfragebogen abgefragt haben, signifikant von den anderen Unternehmen positiv abheben. Was lässt sich daher aus diesen Cluster-Ergebnissen von 45 kleinen und mittleren Unternehmen für die Förderung der Innovationsfähigkeit im unternehmerischen Alltag ableiten? Welche konkreten Schritte können unternommen werden, um erfolgreiche Prozesse und eine dementsprechende Kultur zu etablieren?

Ein erster Schritt könnte darin bestehen, den Innovationsfragebogen selbst anzuwenden. Es gibt ihn im Netz unter <www.vertrauenskultur-innovation.de> in zwei Versionen: Die ausführliche Version, die hier für das Kapitel verwendet wurde, ist für die Befragung in Unternehmen durch mehrere Mitarbeiter gedacht; in der Regel reichen da 10 % der Beschäftigten aus, um ein gutes Bild zu gewinnen. Die Befragung erfolgt online, absolut anonym und kostenlos; die Ergebnisse werden wenige Tage nach Abschluss der Befragung im Rahmen einer ausführlich kommentierten, grafisch gut aufbereiteten Darstellung per Mail zurückgemeldet; ein Muster kann unter der obigen Netzadresse eingesehen werden ebenso wie der Fragebogen selbst. Es handelt sich um eine Win-Win-Situation, denn das teilnehmende Unternehmen bekommt eine sorgfältige Analyse der eigenen Innovationsfähigkeit und die Forschung bekommt weitere Daten, um die Analysen zu verfeinern und zu präzisieren. Als zweiten Schritt nach der schriftlichen Rückmeldung können wir von artop auch als Berater ein richtiges Survey-Feedback durchführen und ggf. den anschließenden Verbesserungsprozess begleiten; hier fallen dann die normalen Berater-Honorare an.

Wer sich individuell für eine entsprechende Befragung und Rückmeldung interessiert, kann dies unter derselben Netzadresse mit einer Kurzversion tun; hier erfolgt die Rückmeldung automatisiert, ohne unser Zutun; sie ist ebenfalls kostenlos.

Natürlich können wir hier auch einige Empfehlungen aussprechen, die sich aus dem fast durchgängig bestätigten GI:VE-Modell ergeben und sich auch mit manchen anderen Empfehlungen aus der Innovationsliteratur decken. Einige passende Empfehlungen sind im Folgenden aufgeschrieben, auch wenn das notwendigerweise ziemlich abstrakt bleiben muss.

- *Leitbild*: Kommunizieren Sie realistische Ziele und Strategien, klar und eindeutig. Am nachhaltigsten wirken diese, wenn sie partizipativ, z. B. im Rahmen eines Leitbildworkshops erarbeitet wurden und im unternehmerischen Alltag gelebt werden.

- *Mitarbeiterorientierung*: Beteiligen Sie Ihre Mitarbeiter an Entscheidungen. Pflegen Sie einen auf Vertrauen und Kooperation basierenden Führungsstil. Richten Sie die Arbeitsbedingungen an den Bedürfnissen der Angestellten aus, die wissen meist sehr genau, was sie brauchen, und schneiden Sie die Arbeitsaufgaben so zu, dass jeweils die Bedeutung für das Ganze klar wird und Sinnerfüllung erlebt werden kann.
- *Werte*: Fördern Sie Unternehmenswerte wie Verständnis und Hilfsbereitschaft ebenso wie die oft betonte Leistungsorientierung, Zielerreichung und Effizienz. Für eine Innovationsorientierung ist es wichtig, dass Fehler gemacht werden dürfen und diese im Normalfall nicht zu einer Sanktionierung führen. Querdenken kann nur funktionieren, wenn das sichere Terrain der Routinen auch verlassen werden darf. Dabei ist eine stabile Basis wichtig: Genaue Information, Dokumentation und Kontrolle sind nötig, um erfolgreiche Prozessabläufe sicher zu stellen.
- *Vertrauen*: Stärken Sie das Vertrauen ins Unternehmen, indem Sie – neben der Beachtung der oberen drei Punkte – Handlungs- und Entscheidungsspielräume bewusst fördern und eine offene Informations- und Kommunikationspolitik leben. Betonen Sie wechselseitige Verantwortung statt hierarchischer Kontrollen.
- *Anpassungsfähigkeit*: Beziehen Sie explizit die Bedürfnisse Ihre Kunden bei der internen und externen Unternehmensausrichtung mit ein, z. B. durch regelmäßige Kundenbefragungen, und etablieren Sie Kundenorientierung als eine selbstverständliche Haltung. Fördern Sie Veränderungsbereitschaft, in dem Sie die mit Veränderungen einhergehenden Mühen und Ängste wertschätzen, aber die Vorteile immer wieder hervorheben und Nachteile für einzelne Betroffene nach Möglichkeit ausgleichen.
- *Konflikthandhabung*: Fördern Sie einen konstruktiven, offenen Umgang mit Konflikten, indem Sie eine faire Streitkultur etablieren. Meinungsvielfalt ist prinzipiell wichtig und gut. Es braucht Raum für Diskussionen und eine Wertschätzung von Offenheit und Kooperation statt Wettbewerb. Auch die Interessen sind oft unterschiedlich und da sind Konflikte in der Regel unvermeidlich, können aber zum Nutzen aller konstruktiv gehandhabt werden. Führungskräfte, die in einem konstruktiven Umgang mit Konflikten geschult sind und diesen vorleben sowie flache Hierarchien sind dafür prinzipiell förderlich.
- *Koordinationsfähigkeit*: Etablieren Sie für eine gute Koordinationsfähigkeit ein effizientes Projektmanagement als selbstverständliche Routine und installieren Sie einen transparenten, partizipativen Prozess der Priorisierung der verschiedenen Projekte und Aufgaben. Innovations- bzw. Prozesspromotoren (Kapitel „Innovationspromotor: Idee, Rolle, Ausbildungskonzept und Umsetzung", „Möglichkeiten und Grenzen von Trainingsevaluation am Beispiel der Evaluation der Ausbildung zum Innovationspromotor" und „Kompetenzen von Innovationspromotoren") oder Ombudsmänner können als Paten von Innovationsprojekten eingesetzt werden. Steuerungsteams oder moderierte Innovationsteamsitzungen bringen Entscheidungsprozesse voran. Allgemein gilt: Kommunikation, Transparenz und kurze Entscheidungswege sind Grundvoraussetzungen für den Umsetzungserfolg.

- *Wissensmechanismen*: Schauen Sie sich die Liste der verschiedenen Wissens-mechanismen von Tab. 2 sowie die vertiefte Diskussion in Abschnitte „Welche Wissensprozesse führen zum Innovationserfolg?" an und versuchen Sie, für jeden dieser Mechanismen in ihrem Arbeitsalltag Beispiele zu finden. Diese Sensibilisierung für die Vielfalt der Wissensmechanismen ist ein wichtiger Schritt hin zu einer bewussteren und verbesserten Nutzung dieser Mechanismen zum Zweck einer besseren Wissensproduktion sowie einer besseren Entscheidungsgüte und Umsetzungsqualität.

Schon wenn sie nur ein paar Maßnahmen zur Konkretisierung dieser Empfehlungen und zur Verbesserung der Ist-Situation in ihrem Unternehmen durchführen, können Sie mit einer Stärkung ihrer Innovationsfähigkeit rechnen.

Literatur

Becke, G., Funken, C., Klinke, S., Scholl, W., & Schweer, M. (Hrsg.). (2013). *Innovationsfähigkeit durch Vertrauensgestaltung? Befunde und Instrumente zur nachhaltigen Organisations- und Netzwerkentwicklung*. Frankfurt/M.: Lang.

Campbell, D. T. (1974). Evolutionary epistomology. In P. A. Schilpp (Hrsg), *The philosophy of Karl Popper* (pp. 413–463). La Salle, Ill.: Opencourt.

Denison, D. R. (1990). *Corporate culture and organizational effectiveness*. New York: Wiley.

Hauschildt, J., & Gemünden, H. G. (Hrsg.). (1999). *Promotoren: Champions der Innovation* (2., erw. Aufl.). Wiesbaden: Gabler.

Quinn, R. E., & Rohrbaugh, J. (1983). A spatial model of effectiveness criteria: Towards a competing values approach to organization analysis. *Management Science, 29*, 363–377.

Scholl, W. (2004). *Innovation und Information. Wie in Unternehmen neues Wissen produziert wird* (Unter Mitarbeit von L. Hoffmann und H.-C. Gierschner). Göttingen: Hogrefe.

Scholl, W. (2007). Grundkonzepte der Organisation. In H. Schuler (Hrsg.), *Lehrbuch der Organisationspsychologie* (4., aktual. Aufl., S. 515–556). Bern: Huber.

Scholl, W. (2010). Innovationen – Wie Unternehmen neues Wissen produzieren und etablieren. In H. Hof & U. Wengenroth (Hrsg.), *Innovationsforschung – Ansätze, Methoden, Grenzen und Perspektiven* (2. Aufl., S. 271–300). Münster: LIT.

Innovationskultur, Innovationsprozesse und Innovationserfolge

Wolfgang Scholl

Innovationen stehen im Fokus der wirtschaftlichen, politischen und wissenschaftlichen Aufmerksamkeit. Da der wirtschaftliche Wettbewerb in vielen Branchen immer mehr ein Innovationswettbewerb geworden ist, reicht es nicht mehr aus, irgendwann einmal eine erfolgreiche Innovation zu haben. Vielmehr geht es darum, sich auf immer neue Technologien, Arbeitsanforderungen, organisatorische Gestaltungsmöglichkeiten, politische Rahmenbedingungen in verschiedenen Ländern, Kundenbedürfnisse und Wettbewerbsentwicklungen einzustellen und darauf mit eigenen Innovationsaktivitäten zu reagieren. Über den einzelnen Innovationserfolg hinaus ist eine generelle Innovationsfähigkeit gefragt, die aus einem kontinuierlichen Strom überwiegend erfolgreicher Innovationen besteht. Dabei geht es nicht nur um Produkt- und/oder Dienstleistungsinnovationen, sondern auch um technische und organisatorische Verfahrensinnovationen, eventuell ergänzt um soziale Innovationen. In allen Varianten haben wir dabei mit Aregger (1976, S. 118) unter einer Innovation Folgendes verstanden: „Eine *signifikante Änderung* im Status quo eines sozialen Systems, die eine direkte und/oder indirekte *Verbesserung* innerhalb und/oder außerhalb des Systems bewirkt und auf neuem Wissen, Materialien, Maschinen und sozialen Prozessen beruht" (kursiv im Original). Da schon eine einzelne Innovation nicht mehr im Alleingang von einer Person ausgedacht und abgeschlossen werden kann, muss eine generelle Innovationsfähigkeit auf spezifischen Prozessen der Zusammenarbeit vieler qualifizierter Menschen im Unternehmen beruhen.

W. Scholl (✉)
Institut für Psychologie, Humboldt-Universität und artop GmbH – Institut an der
Humboldt-Universität zu Berlin, Berlin, Deutschland
E-Mail: schollwo@hu-berlin.de

© Springer-Verlag GmbH Deutschland, ein Teil von Springer Nature 2019
W. Scholl (Hrsg.), *Mut zu Innovationen,* https://doi.org/10.1007/978-3-662-58390-6_9

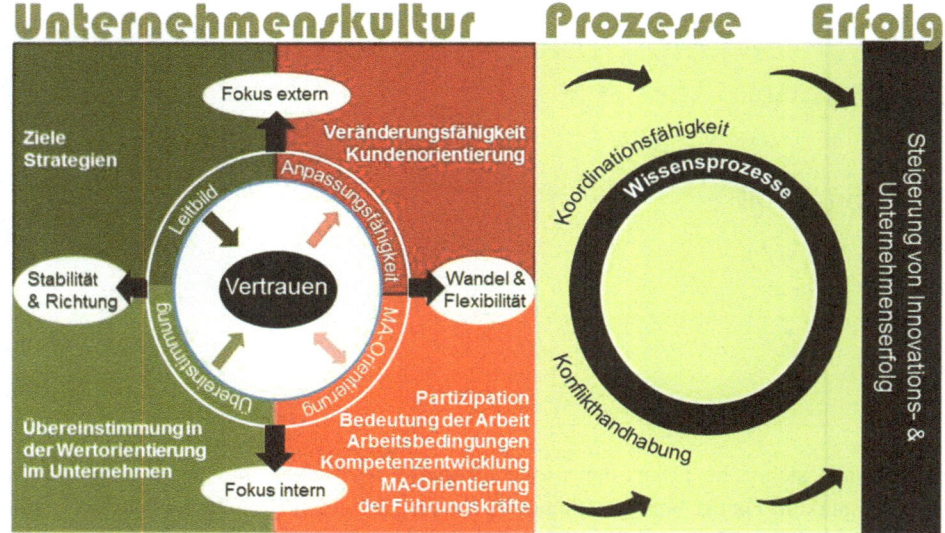

Abb. 1 Theoriemodell des GI:VE-Projekts

1   Das GI:VE[1]-Modell, unser theoretischer Ansatz

Wie könnten solche Prozesse aussehen? Die empirische Forschung hat gezeigt, dass Innovationsprozesse häufig irregulär, ungeplant und unvorhersehbar ablaufen (Scholl 2004, Kap. 1). Und in einem Überblicksartikel fassen Bledow und Kollegen (2009) die vorhandene Literatur so zusammen, dass Innovation aus widersprüchlichen organisatorischen Strukturen und Kulturen hervorgeht, dass es nicht den einen besten Weg zu Innovationen gibt und dass daher eine dialektische Perspektive von immer neuen Thesen, Antithesen und Synthesen notwendig sei. Lässt sich also nichts Genaues darüber sagen, welche Art von Prozessen Erfolg versprechender ist und welche nicht? In unserem GI:VE-Modell (siehe Abb. 1) haben wir sehr konkrete Annahmen getroffen, welche Art von Prozessen geeignet ist, erfolgreiche Innovationen hervorzubringen und so eine relativ hohe Innovationsfähigkeit zu erreichen.

   Im Modell sind die Prozesse und ihre Auswirkung auf den Erfolg in der rechten Hälfte skizziert. Im Anschluss an frühere Forschungen (Scholl 2004, 2009) wird davon ausgegangen, dass für Innovationen vor allem neues Wissen benötigt wird und zwar nicht nur für die eigentliche Innovationsidee und ihre Realisierbarkeit, sondern auch für die vielen mit der Umsetzung verbundenen Änderungen, die sich oft nicht auf das

---

[1]*GI:VE* steht für „*G*rundlagen nachhaltiger *I*nnovationsfähigkeit: *V*ertrauenskultur und *E*volutionäre Wissensproduktion", ein vom BMBF und ESF gefördertes Forschungsprojekt.

vorhandene Wissen stützen können. In der Innovationsliteratur wird bei der schwierigen Frage, wie man zu neuem, besserem Wissen kommen kann, meist auf individuelle Kreativität und ihre mögliche Förderung verwiesen. Hier werden wir auf sehr viel mehr Prozesse eingehen, mit denen neues Wissen einzeln, in der Zusammenarbeit mit anderen und schließlich auf organisationaler Ebene erzeugt werden kann bzw. müsste.

Diese Wissensprozesse sind nicht nur sehr vielgestaltig, sondern oft auch ungewohnt und sogar irregulär, sodass ihre Koordination ganz neue Herausforderungen mit sich bringt. Wie später ausführlicher gezeigt wird, ist daher auch eine gute Koordinationsfähigkeit wichtig, die Entscheidungs- und Implementierungsfähigkeit beinhaltet. Eine besondere Schwierigkeit ist dabei, dass das Neue oft nicht nur ungewohnt, sondern auch eventuell bedrohlich für die eigenen Interessen erscheint, und dass man über die zu ergreifenden Maßnahmen und die daraus folgenden Konsequenzen sehr unterschiedlicher Meinung sein kann. Daher sind Konflikte in Innovationsprozessen fast unvermeidlich und ihre Handhabung und Bewältigung ist eine zusätzliche Herausforderung an die Koordinationsfähigkeit. Damit all diese Prozessanforderungen von möglichst allen Organisationsmitgliedern in der Regel erfüllt werden können, ist eine effektive und innovationsstützende Unternehmenskultur nötig.

2   Die empirische Untersuchung

Im Folgenden wird zunächst unsere Untersuchung kurz dargestellt, mit der das im GI:VE-Forschungsantrag vorgestellte Modell getestet wurde. Im Anschluss daran werden dann die Ergebnisse zu den Wissensprozessen, zur Koordinationsfähigkeit und zu der Konflikthandhabung nacheinander dargestellt. Schließlich wird auf die Unterstützung dieser Prozesse durch eine geeignete Unternehmenskultur, hier auf der linken Seite abgebildet, ausführlich eingegangen.

2.1   Die Unternehmensstichprobe

Um die angenommenen theoretischen Beziehungen im GI:VE-Modell zu testen, mussten deutlich mehr Unternehmen befragt werden als nur unsere acht Partnerunternehmen. Und da einzelne Beschäftigte und/oder Geschäftsführende eines Unternehmens jeweils nur einen Teilausschnitt der vielgestaltigen Realität mitbekommen können (s. a. Kap. „Herausforderungen und Möglichkeiten der Innovationsförderung durch Geschäftsleiter"), wurden jeweils mehrere Personen befragt, damit ein ausgewogeneres, relativ realitätsgerechtes Bild entsteht. Zu diesem Zweck wurde ein online-Fragebogen entwickelt, in dem alle Konzepte des theoretischen Modells durch mehrere Fragen abgedeckt wurden. Dieser Fragebogen steht weiterhin auf Anfrage allen Unternehmen kostenlos zur Verfügung (scholl@artop.de) und sie bekommen jeweils eine ausführliche Rückmeldung ihrer Daten mit einem Vergleich zum Durchschnitt aller anderen Unternehmen. Damit geben wir der Praxis wertvolle Anhaltspunkte und können zugleich die Forschungsergebnisse weiter präzisieren. Ein Überblick über diese Ergebnisse zu den einzelnen Konzepten des Fragebogens und zu den Benchmarks einer Best-Practice-Gruppe findet sich im vorangehenden Kap. „Making the difference: Benchmarks der Innovation in deutschen KMU".

Den folgenden Auswertungen liegen Daten von 639 Beschäftigten aus 45 Unternehmen zugrunde. Im Durchschnitt haben ca. 14 Mitarbeiter/innen pro Unternehmen geantwortet, im Minimum 10 % der Beschäftigten; in 3 Kleinstunternehmen waren es allerdings nur 3 Mitarbeiter/innen. Es handelt sich durchweg um kleine und mittlere Unternehmen aus ganz unterschiedlichen Branchen. Diese Vielfalt ist wichtig, damit die Ergebnisse nicht von untypischen Besonderheiten geprägt werden. Natürlich ist diese Stichprobe nicht repräsentativ, aber darauf kommt es auch weniger an, weil es nicht darum geht, einen Ist-Zustand zu einem bestimmten Zeitpunkt zu erheben. Eine größere Stichprobe mit einer noch größeren Vielfalt von Unternehmen wäre natürlich vorteilhaft und deswegen bleibt der Fragebogen auch für neue Unternehmen erhältlich, um die Zahl der Beteiligten weiter zu erhöhen für spätere Auswertungen. Zu einer früheren Auswertung mit den Daten aus 40 Unternehmen (Scholl 2013) ergeben sich nur leichte Veränderungen, aber es ist nun noch besser vertretbar, komplexere statistische Auswertungsverfahren einzusetzen, mit denen das theoretische Modell angemessen geprüft werden kann.

2.2 Die Messung von Innovationserfolg und Innovationsfähigkeit

Ziel der Untersuchung war es, den relativen Erfolg einzelner Innovationen und darüber hinaus die generelle Innovationsfähigkeit pro Unternehmen zu ergründen und zu erklären. Daher ist es besonders wichtig, den Erfolg einzelner Innovationen so gut wie möglich zu bestimmen, um ihn dann anschließend über mehrere Innovationen zu aggregieren zu einem Maß der Innovationsfähigkeit. In der volkswirtschaftlichen Literatur werden meist wenig aussagefähige Hilfsgrößen verwendet wie z. B. die Anzahl der Patente oder die Ausgaben für Forschung und Entwicklung. In der betriebswirtschaftlichen Literatur wird sehr häufig der Umsatz mit neuen Produkten oder Dienstleistungen aus den letzten drei Jahren als Maß der Innovationsfähigkeit verwendet; auch dies ist ein indirektes Maß, denn der Umsatz sagt weder etwas über den erzielten Gewinn aus noch über die Folgen der Innovation für die Beschäftigten. Außerdem werden in all diesen Ansätzen Verfahrensinnovationen und soziale Innovationen nicht berücksichtigt und sie sind mit diesen Maßen auch nicht zu erfassen. Der Nestor der deutschen Innovationsforschung Jürgen Hauschildt hatte 1991 in einem Aufsatz dargelegt, dass es fast unmöglich sei den Innovationserfolg über verschiedene Innovationen hinweg adäquat zu messen.

Aber es gibt doch einen recht brauchbaren Weg: Basierend auf den früheren Forschungen (Scholl 2004, Kap. 1) wurde der Innovationserfolg über die subjektiven Einschätzungen mehrerer Beteiligter oder Betroffener zu verschiedenen Erfolgsaspekten gemessen. Die Beschäftigten wurden im Fragebogen gebeten an eine konkrete erlebte Innovation zu denken: „Erinnern Sie sich bitte an die letzte größere abgeschlossene Innovation oder betriebliche Änderung in Ihrer Unternehmung oder ihrer Abteilung und beantworten Sie bitte einige Fragen … Wenn Sie mit Ihrem Wissen über die Innovation oder betriebliche Änderung heute ein Fazit ziehen: Wie erfolgreich verlief Ihrer Meinung nach die Innovation bzw. Änderung insgesamt?" Die dazu vorgelegte Skala reichte von $-3 =$ ganz erfolglos über 0 bis $+3 =$ äußerst erfolgreich. Im Anschluss wurden mehrere Detailaspekte erfragt: „Wie beurteilen Sie die Innovation bzw. Änderung in Bezug auf … die Einhaltung der Zeitvorgabe? … die Einhaltung des Budgetrahmens? …die gesammelten Erfahrungen? … die vorherigen Erwartungen? … die gefundenen Problemlösungen? … die betroffenen Mitarbeiter/innen?" Die Antworten konnten jeweils auf einer Skala von $-3 =$ völlig misslungen über 0 bis $+3 =$ völlig gelungen gegeben werden. Aus den sieben Antworten wurde ein individueller Durchschnitt errechnet, der den Innovationserfolg recht gut und differenziert angibt, wie die frühere Studie (Scholl 2004) anhand verschiedener Zusatzkriterien und Vergleiche gezeigt hat. Im Anschluss daran wurde ein Durchschnitt über die individuellen Erfolgseinschätzungen aller Befragten eines Unternehmens errechnet; da die Befragten sich auf verschiedene Innovationen bezogen haben, ist damit ein relativ gutes Maß für die Innovationsfähigkeit des Unternehmens gegeben ($\alpha = 0{,}88$)[2]. In der bisherigen Literatur wird die Innovationsfähigkeit nur selten als kumulierter Erfolg mehrerer Innovationen betrachtet und dann meist weniger detailliert.

3   Welche Wissensprozesse führen zum Innovationserfolg?

Das Neue und Bessere, wodurch Innovationen definiert sind, erfordert neues und besseres Wissen. Das können technische Erfindungen bei Produkten sein, intelligentere Materialien, verbesserte und vereinfachte Herstellungsprozesse, eine verkürzte Logistik-Kette, neue Anwendungsgebiete, ein ansprechenderes Marketing, eine günstigere Finanzierung und meistens sind auch organisatorische Veränderungen in den Ablaufprozessen oder der Struktur notwendig. Um von einer guten Idee zu einer erfolgreichen Innovation zu kommen, ist an vielen Stellen und bei immer neuen Problemen im Innovationsprozess neues und besseres Wissen notwendig.

---

[2]α ist ein Maß für die Zuverlässigkeit bzw. Reliabilität der Messung. Der Wert kann zwischen $0 =$ völlig unzuverlässig und $1 =$ vollkommen zuverlässig variieren. Mindestwerte für sinnvolle weitere Analysen von Stichproben liegen bei $>0{,}50$, Werte $>0{,}70$ sind befriedigend, gut $>0{,}80$, sehr gut $>0{,}90$.

3.1   Evolutionäre Wissensproduktion

Campbell (1974) hat ein evolutionäres Modell der Wissenserzeugung entwickelt, das
sich besonders gut auf Innovationsprozesse anwenden lässt und für diesen Zweck noch
ausgebaut wurde (Scholl 2010). Neues kann nicht einfach aus dem Bekannten abgeleitet
werden, sondern man muss etwas neu probieren, anders machen bzw. das Alte variieren,
um dann in einem Selektionsprozess das vermutlich Beste unter den Varianten und das
Bessere gegenüber dem Alten auszuwählen; um dieses neue Wissen zu sichern, muss es
schließlich in das bisherige Wissen integriert und so beibehalten werden. Dieser Prozess
von Variation, Selektion und Retention geschieht auf verschiedenen Ebenen bei einer
ganzen Reihe von speziellen Wissensmechanismen; sie sind in Tab. 1 dargestellt. Die
einzelnen Wissensmechanismen sind in der Forschung meist gut etabliert, aber die Konkretisierung, Gesamtzusammenstellung und Anwendung auf Innovationen ist selbst eine
Neuerung. Bei der Vorstellung der Ergebnisse werden sie kurz erläutert; eine ausführliche Diskussion würde hier den Rahmen sprengen, vgl. dazu Scholl (2006, 2010). Im
Fragebogen wurde die Nutzung der verschiedenen Wissensmechanismen mit je 6 Fragen
erhoben, die eine gute Reliabilität aufwiesen.

Dabei soll zunächst geklärt werden, welche individuellen, interaktiven und organisationalen Wissensmechanismen stärker und welche geringer mit Innovationsfähigkeit
zusammenhängen; die Ergebnisse finden sich in Tab. 2 (die gesellschaftlichen Mechanismen lassen sich auf Unternehmensebene nicht untersuchen).

3.2   Die Wissensmechanismen – Empirische Zusammenhänge

Wie erwartet, weisen alle Wissensmechanismen einen signifikanten Zusammenhang mit
der Innovationsfähigkeit auf. Den höchsten Zusammenhang gibt es beim organisationalen Lernen, denn hier auf der Ebene des Gesamtunternehmens kulminieren – wenn es
gut geht – alle Wissensprozesse der unteren Ebenen in Entscheidungen, aber hier können auch die Erkenntnisse und Erfahrungen aus individueller und interaktiver Arbeit
durch geringen Überblick, durch eigene Vorlieben der Führung oder durch politische
Störmanöver anderer Führungskräfte zunichte gemacht werden (siehe die Fallbeispiele
in Scholl 2004). Fast ebenso hoch ist der Zusammenhang beim Lernen durch Führung,
mit dem das spontane Engagement von Promotoren (Hauschildt und Gemünden 1999)
erfasst wird, die sich ggf. auch unabhängig von bestimmten Zuständigkeiten und hierarchischen Positionen für ein Innovationsvorhaben einsetzen. Promotoren haben einen
entscheidenden Anteil am organisationalen Lernen, was sich auch an der höchsten Korrelation mit organisationalem Lernen unter allen Wissensmechanismen von $+0,76***$
zeigt. Dabei nehmen sie Kontakt auf mit anderen Beteiligten, fördern so auch das Lernen
durch Kommunikation (korreliert mit $+0,63***$) und vermitteln darüber auch die individuellen Lerngewinne (ausführlich zu den Promotoren in den Kapiteln von Teil IV). Bei
diesen beiden Mechanismen handelt es sich um starke Effekte ($\geq 0,50$).

Tab. 1 Mechanismen evolutionärer Wissensproduktion. (Nach Scholl 2010)

EBENE	Mechanismus	Variation	Selektion	Retention
Individuum	Lernen am Erfolg (durch Versuch und Irrtum)	Neugierverhalten, Fehler, Ausprobieren,	Belohnung/Verbesserungen	Gewohnheit, Gewohnheits- hierarchie
	Beobachtungslernen	Beobachtung anderer Personen/ sozialer Systeme	Stellvertretende Belohnung/Erfolge	Gedächtnis, Identifikation, Diffusion
	Kreatives Problemlösen	Verschiedenste Assoziationen	Gedankliche Prüfung	Speicherung im Gedächtnis, in Notizen
Interaktion	Abgestimmtes Handeln	Handeln nach eigenem Gutdünken	(An)Passung statt Friktionen im Miteinander	Routinen, kollektives Know-how
	Sprachliche Konstruktion	Unterschiedliche Begriffe, Realitätskonzepte	Sinn, Konsistenz, Zustimmung,	Schematisierung, Verbreitung
	Kommunikatives Lernen	Verschiedene Meinungen und Bewertungen	Beurteilung nach Kriterien und/oder nach Mehrheit	Verteiltes Gedächtnis, Protokolle
Organisation	Lernen durch Führung	Verschiedene Initiativen, Führungsversuche	Vertrauen, Bewährung, Abhängigkeit	Vertrauenskredit, Beförderung
	Organisationales Lernen	Verschiedene Projektvorschläge und Ziele	Politisches Durchsetzungsvermögen	Organisatorische Gestaltung
	Organisations-vernetzung	Angebot und Nachfrage von Kernkompetenzen	Passung, Vertrauen, Abhängigkeit	Allianzen, Joint Ventures, Netzwerke
Gesellschaft	Wirtschaftlicher Wettbewerb	Konkurrierende und/oder innovative Angebote	Selektive Nachfrage, Marktmacht	Verbreitung organisatorischer Kompetenzen
	Politischer Wettbewerb	Konkurrierende Ideen, Gruppen, Parteien	Abstimmungen, Medien, Lobbys, Pressure Groups	Politische Fakten, Struktur, Kultur
	Wissenschaftlicher Fortschritt	Konzepte, Hypothesen, Paradigmen,	Theoriediskussionen, Tests, Entdeckungen	Veröffentlichungen, Lehre, Vorträge
	Kulturelles Lernen	Vielfältige Meinungen, Werte, Rechte	Interessen, Bildung, Machtverteilung	Sozialisation, Tradition, Artefakte
	Globale Entwicklung	Diverse Weltbilder, Gestaltungsversuche	Attraktivität, mili-tärische und ökonomische Macht	Globale und sektorale Entwicklung

Tab. 2 Wissensmechanismen und Innovationsfähigkeit

Wissensmechanismen	Reliabilität α	Korrelation mit Innovationsfähigkeit
Lernen am Erfolg	0,90	0,34*
Beobachtungslernen	0,73	0,27*
Kreatives Problemlösen	0,80	0,38**
Abgestimmtes Handeln	0,70	0,41**
Sprachliche Konstruktion	0,90	0,25+
Kommunikatives Lernen	0,83	0,38**
Lernen durch Führung	0,73	0,50***
Organisationales Lernen	0,78	0,52***
Organisationsvernetzung	0,86	0,37**

*** $p < 0,001$; ** $p < 0,01$; * $p < 0,05$; + $p < 0,10$

Die individuellen Lernmechanismen, das Lernen am Erfolg, das Beobachtungslernen und das kreative Problemlösen weisen nur mittlere Zusammenhänge um 0,30
mit der Innovationsfähigkeit auf, was der Tatsache entspricht, dass einzelne Personen nur begrenzten Einfluss auf Entscheidungen für das gesamte Unternehmen haben.
Untereinander korrelieren sie stärker, vor allem Kreativität und das Lernen am Erfolg
(+0,56***), denn die kreativste Idee gewinnt erst dann an Glaubwürdigkeit, wenn
sie sich beim Ausprobieren bewährt. Bei den interaktiven Lernmechanismen haben
abgestimmtes Handeln, was zu gut funktionierenden Routinen führt, und kommunikatives Lernen mit dem expliziten Austausch von Informationen und Ideen etwas höhere
Korrelationen mit der Innovationsfähigkeit um 0,40. Das verweist nachdrücklich darauf,
dass das Wissen eines Unternehmens nicht nur aus kommunizierbaren und diskutier-
baren Erkenntnissen besteht, sondern auch aus kollektiven Erfahrungen, aus Know-how.
Diese beiden interaktiven Formen erreichen jedoch nicht die Höhe der wichtigsten organisationalen Wissensmechanismen um 0,50.

3.3 Bewährung des Modells der evolutionären Wissensproduktion

Insgesamt passen die Korrelationsdaten sehr gut zu dem Modell der evolutionären
Wissensproduktion. Eine Grundidee von Campbell (1974) besteht darin, dass jeder
einzelne Wissensmechanismus nur eine begrenzte Lernkapazität hat, weil man nicht
allzu viel variieren kann, ohne dass auch bewährtes Wissen wieder verloren gehen
würde. Dagegen ist es vorteilhafter, die augenscheinlichen Verbesserungen, die sich
aus einer begrenzten Variation ergeben, durch geeignete Selektion herauszufiltern und
im Prozess der Retention in das vorhandene Wissen zu integrieren, um schrittweise
Wissensfortschritte zu erreichen. Diese Grenze der einzelnen Wissensmechanismen wird

vielmehr dadurch erweitert, dass höhere Wissensmechanismen sich entwickeln und die niedrigeren integrieren. So ist das Lernen am Erfolg zwar vermutlich der grundlegendste Wissensmechanismus für Menschen, aber es bringt auch große Vorteile, wenn man durch Beobachtung sieht, wo andere schon Erfolg (oder Misserfolg) hatten, sodass man nicht selbst alles ausprobieren muss, sondern aus Beobachtung lernen und durch Imitation manche Fehlversuche vermeiden kann. Und was man selbst ausprobiert oder bei anderen sieht, kann neue kreative Gedanken anregen, die erst einmal im Kopf durchgespielt werden und mental auf ihre Brauchbarkeit getestet werden, bevor sie ausprobiert werden. Dabei ist es natürlich sehr günstig, wenn man vorher und nachher mit anderen kommunizieren kann und von Ihnen Tipps und Hinweise und neue Ideen bekommt sowie handelnde Unterstützung bei einer Reihe von Tätigkeiten, die andere aus Erfahrung schon beherrschen. In einer Konstellation von verschiedenen Personen mit ihren Meinungen und Erfahrungen haben nun meist einzelne unter ihnen einen besseren Durchblick und Überblick als andere und können die verschiedenen Erkenntnisse und Erfahrungen zu einem aussichtsreichen Bild zusammenfügen. Günstig ist es, wenn sie daraufhin spontan Führungsaktivitäten ergreifen als Fach- und/oder Prozesspromotoren (s. Teil IV), falls nötig auch ohne hierarchische Anweisung, und Maßnahmen in die Wege leiten, die für die sich herauskristallisierende Innovation Erfolg versprechend sind.

Das gesamte Unternehmen kann bzw. muss also von den vielen einzelnen und ihrer Zusammenarbeit und von hervorragenden, besonders engagierten, Ideen integrierenden Personen profitieren, um so zu einer hohen Innovationsfähigkeit kommen. Voraussetzung ist allerdings dabei, dass das organisationale Lernen darüber, wo nun tatsächlich die besten Aussichten sind und wie die verschiedenen Anforderungen und Projekte abzuwägen sind, möglichst ungestört von politischen Manövern verläuft und in gute Entscheidungen mündet. Dabei können die Entscheider an der Spitze des Unternehmens sich nicht mehr in die Detailauseinandersetzung um die verschiedenen Meinungen, Ideen und Erfahrungen begeben, weil ihnen dazu sowohl die Zeit als auch das Detailwissen fehlen, das andere sich langwierig erarbeiten mussten. Sie müssen also dafür sorgen und dann darauf vertrauen, dass die fälligen Auseinandersetzungen um Meinungen und Interessen offen und fair geführt werden, damit die besseren Ideen und Vorentscheidungen eine gute Chance haben, zusammengefasst der Geschäftsführung zur Entscheidung vorgelegt zu werden. Die Priorisierung durch die Geschäftsführung erfolgt dann primär nach zusätzlichen Gesichtspunkten wie strategische Passung, Finanzierungsmöglichkeiten, Involvierung möglicher Partner usw. (vgl. das Kap. „Herausforderungen und Möglichkeiten der Innovationsförderung durch Geschäftsleiter").

Organisationen sind eine kulturelle Erfindung (Kieser 1989), durch die eine viel größere Menge an Erkenntnissen und Erfahrungen zusammen gebracht und integriert werden kann, als das den früher dominierenden Einzelpersonen und den durch Befehl und Gehorsam gesteuerten Arbeiter- oder Soldatenheeren möglich war. Da aber auch Organisationen letztlich in ihrer Kapazität zur Wissensproduktion begrenzt sind, entwickelt sich in jüngerer Zeit eine immer stärkere Vernetzung von Organisationen, bei der sich jede einzelne auf die Dinge konzentriert, die sie besonders gut kann, die sogenannten Kernkompetenzen. Auch in unseren Daten spiegelt sich diese Vernetzung, die ebenfalls in mittlerer Höhe mit der Innovationsfähigkeit korreliert.

4   Die Koordination von Innovationsprozessen

Die Koordination der vielen Teilaktivitäten der Mitglieder einer Organisation ist eine zwingende Notwendigkeit. Organisationen können Ziele verfolgen und als „korporative Akteure" tätig werden, indem sie die Ressourcen verschiedener Mitglieder zusammenlegen und einheitlich disponieren (Vanberg 1982). Dies erfordert eine Koordination der verschiedenen Teilaktivitäten, sei es durch Anweisungen von oben, durch Programme und Pläne oder durch Selbstabstimmung der jeweils Aktiven (Scholl 2007). Innovationsprozesse sind eine Herausforderung für die Koordination, denn sie lassen sich aufgrund ihres Neuigkeitsgrades nur in begrenztem Maße vorab planen und programmieren (s. Kap. „Innovationsprojektgestaltung"), sie lösen häufig Konflikte aus und die Weisung von oben hilft dann auch nicht viel weiter. Die Geschäftsleitung kann zunächst nur die Bereiche markieren, in denen Innovationen stattfinden sollen und dann Vorschläge von unten aufgreifen und bei tief greifenden Konflikten vermitteln. Gefragt ist also eine stärkere Selbstabstimmung innerhalb eines generellen Rahmens, der nicht nur den Verlauf von Innovationsprozessen regelt (z. B. durch „Meilensteine"), sondern auch die Verschränkung mit den Alltagsaktivitäten (z. B. das Auslösen einer Teilebeschaffung).

4.1   Messung und empirische Bedeutung der Koordinationsfähigkeit

Diese Vermischung von ungeregelten und geregelten Abläufen bringt bei Innovationsprozessen eine stärkere Gefährdung der Koordinationsfähigkeit mit sich und zwar sowohl in Bezug auf die Fähigkeit zu klaren Entscheidungen zu kommen, als auch darauf, diese Entscheidungen dann wirklich umzusetzen. Bei der Messung der Koordinationsfähigkeit in unserem online-Fragebogen haben wir solche typischen Probleme aufgegriffen. Die Unternehmensmitglieder wurden zur Entscheidungsfähigkeit gefragt, inwieweit Folgendes zutrifft: „Die Diskussionen drehten sich oft ergebnislos im Kreis." „Mehrfach wurden Probleme von einzelnen erkannt, aber nicht thematisiert." Zur Implementierungsfähigkeit wurden sie u. a. gefragt: „Die getroffenen Entscheidungen wurden z. T. fehlerhaft umgesetzt" oder „Entscheidungen wurden mehrfach wieder umgestoßen." Auf einer Skala von $1 =$ „trifft gar nicht zu" bis $5 =$ „trifft völlig zu" war die Entscheidungsfähigkeit im Mittel mit 2.61 etwas stärker gefährdet als die Umsetzungsfähigkeit mit 2.34; die meisten Einschätzungen solcher Koordinationsprobleme bewegten sich also zwischen „trifft wenig zu" bis „trifft teilweise zu". Auch diese anscheinend nicht so gravierende Gefährdung der Koordinationsfähigkeit spielt eine nicht zu unterschätzende Rolle für die Innovationsfähigkeit.

Tab. 3 Koordinations- und Innovationsfähigkeit

Koordinationsaspekte	Reliabilität α	Korrelation mit Innovationsfähigkeit
Entscheidungsfähigkeit	0,90	0,49***
Umsetzungsfähigkeit	0,92	0,40**
Koordinationsfähigkeit	0,93	0,46***

*** $p < 0,001$; ** $p < 0,01$

In der Tab. 3 finden sich die Korrelationen der Innovationsfähigkeit mit den – positiv umgepolten – Werten für die Koordinationsfähigkeit und ihre beiden Teilaspekte. Sowohl die Einzelaspekte als auch die Koordinationsfähigkeit insgesamt weisen starke Zusammenhänge mit der Innovationsfähigkeit auf; sie sind offensichtlich sehr wichtig, was die früheren Ergebnisse bestätigt (s. Scholl 2004, Kap. 7). Es wäre also gut, wenn es in der Praxis weniger Entscheidungs- und Umsetzungsmängel gäbe, doch wie lässt sich das erreichen? Einige konkrete Vorschläge zur Verbesserung der Koordinationsfähigkeit finden sich im Kap. „Herausforderungen und Möglichkeiten der Innovationsförderung durch Geschäftsleiter". In unserem Theorie-Modell hat dazu die Art der Konflikthandhabung eine zentrale Bedeutung; sie soll daher als Nächstes betrachtet werden.

4.2   Konflikte und Konflikthandhabung bei Innovationen

Bereits eingangs wurde darauf hingewiesen, dass bei Innovationsprozessen Konflikte nahezu unvermeidlich sind. Innovationen führen an verschiedenen Punkten auf unbekanntes „Gelände" und die Beteiligten und erst recht die Betroffenen wissen nicht im Voraus, inwieweit mit der Innovation eher günstige oder ungünstige Änderungen für sie verbunden sind, und über den besten Weg zu einem positiven Ergebnis gibt es meist unterschiedliche Meinungen, bedingt durch das begrenzte Vorwissen. Es ist daher kein Wunder, dass viele Innovationsprozesse politischen Charakter annehmen, geprägt von Interessenkonflikten bis hin zu verdeckten Aktionen (Scholl 2004, Kap. 6). Typische Konfliktanlässe sind Mehrfachbelastung und Zeitdruck sowie mangelhafte Organisation und unzureichende Ressourcen. Des Weiteren spielen fachliche und persönliche Differenzen eine wichtige Rolle sowie Karrierebestrebungen, Führungs- und Qualifikationsmängel (Scholl 2009). Dabei sind Meinungskonflikte über den besten Weg oft weniger gravierend als Interessenkonflikte und rein aufgabenorientierte Konflikte sind meist weniger problematisch als persönliche Konflikte; allerdings gehen diese unterschiedlichen Konflikttypen häufig ineinander über, sodass deren Effekte in der Forschung bisher kaum zu trennen waren (De Dreu et al. 1999).

Auch wenn das Ausmaß der Konflikte für den Verlauf der Innovationsprozesse wichtig ist, die Art der Konflikthandhabung ist noch wichtiger. In der Forschung werden üblicherweise vier Konflikthandhabungsstile unterschieden: Sie unterscheiden sich danach, wie stark versucht wird, die eigenen Interessen durchzusetzen, und inwieweit die Interessen der Anderen berücksichtigt werden; kombiniert man geringe und hohe Ausprägungen auf diesen zwei Dimensionen, dann ergeben sich die folgenden vier Konflikthandhabungsstile in der Mitte (siehe Abb. 2).

Als besonders günstig wird „Zusammenarbeit" betrachtet, weil dadurch gemeinsam bessere Alternativen gesucht und gefunden werden können, die den Konflikt entschärfen und die zukünftige Kooperationsbereitschaft und damit die Koordinationsfähigkeit unterstützen. Wichtig ist dabei auch der Umstand, dass die offene Diskussion einen Wissenszuwachs erbringt und so die Chancen auf einen Innovationserfolg erhöht (Scholl 2004, Kap. 3, 2009). Besonders ungünstig ist – vor allem auf Dauer – „Machtausübung", weil eine Konflikteskalation droht und der oder die letztlich Unterlegene eher auf Rache sinnt und kaum noch kooperationsbereit sein wird. Ähnlich ungünstig ist „Vermeidung", weil die mit dem Konflikt verbundenen Sachprobleme nicht oder nicht richtig angegangen werden. „Anpassung" kann mal nützlich sein als wechselseitige Anpassung, die in Richtung eines Kompromisses tendiert, aber vielfach werden auch hier die Sachprobleme zu wenig analysiert und bearbeitet. Ein fünfter Stil wurde in unserer Untersuchung hinzugefügt, nämlich „verdeckte Aktion", eine Form der Machtausübung, bei dem eine Seite anscheinend einlenkt, um dann heimlich doch das zu machen, was im eigenen Interesse ist; sehr oft geschieht das mit einer Taktik der vollendeten Tatsachen, wobei in etlichen Fällen die andere Seite, vor allem die höheren Stellen, gar nichts davon merken.

Abb. 2 Konflikthandhabungsstile. (Nach Thomas 1976; Pruitt und Kim 2004, verdeckte Aktion ergänzt)

4.3 Die empirische Bedeutung der Konflikthandhabungsarten

Die Unternehmensmitglieder wurden in Bezug auf die ihnen am besten bekannte Innovation gefragt, inwieweit dabei die Diskussion und der Entscheidungsprozess von jedem dieser fünf Arten der Konflikthandhabung mehr oder minder stark geprägt war. Die einzelnen Konflikthandhabungsarten konnten mit je 3 Items gut, d. h. mit konvergenter und diskriminanter Validität gemessen werden. Ihre Reliabilitäten waren zufriedenstellend bis sehr gut ($\alpha = 0{,}75$–$0{,}91$). Außerdem wurde zuvor gefragt, wie oft es zu Meinungsverschiedenheiten und Konflikten kam und wie intensiv und nachwirkend diese waren, was in der Zusammenfassung ein Maß für die Konfliktbelastung der Innovationsprozesse ($\alpha = 0{,}89$) ergibt. Aufgrund der oben zitierten Literatur wurde erwartet, dass nur die Zusammenarbeit positiv mit dem Wissenserwerb, der Koordinationsfähigkeit und dem Innovationserfolg zusammenhängt. In der Tab. 4 sind die empirischen Ergebnisse dargestellt; bei den Wissensmechanismen wurden die drei ausgewählt, bei denen sich die stärksten Zusammenhänge zeigten.

Die Ergebnisse entsprechen im Wesentlichen den Erwartungen: Häufige und intensive Konflikte (hohe Konfliktbelastung) sind negativ mit der Innovationsfähigkeit, dem Lernen durch Kommunikation und vor allem der Koordinationsfähigkeit verbunden. Es spricht alles dafür, im Ausmaß der Konflikte und dann auch in den Formen der Konflikthandhabung die Ursache zu sehen für die Folgen im Wissen, der Koordination und der Innovationsfähigkeit. Zusammenarbeit als Form der Konflikthandhabung hat durchweg sehr positive Konsequenzen, sowohl für die drei Wissensmechanismen, als auch die Koordinationsfähigkeit und die Innovationsfähigkeit. Negativ sind spiegelbildlich dazu alle anderen Arten der Konflikthandhabung, am ungünstigsten sind Machtausübung und – oft

Tab. 4 Zusammenhänge mit Konfliktbelastung und Konflikthandhabung

Korrelation zwischen	Lernen durch Kommunikation	Lernen durch Führung	Organisationales Lernen	Koordinationsfähigkeit	Innovationsfähigkeit
Konfliktbelastung	−0,40**			−0,58***	−0,30*
Zusammenarbeit	+0,45**	+0,51***	+0,42**	+0,44**	+0,45***
Anpassung	−0,45**	−0,26+		−0,69***	−0,42**
Vermeidung	−0,60***	−0,50***	−0,45**	−0,64***	−0,53***
Machtausübung	−0,52***			−0,83***	−0,50***
Verdeckte Aktion	−0,43**	−0,30+		−0,76***	−0,46***

***p<0,001; **p<0,01; *p<0,05; + p<0,10; leere Felder zeigen an, dass die entsprechende Korrelation nicht signifikant war

als ihr Pendant – Konfliktvermeidung, denn hier sind die negativen Korrelationen besonders hoch. Während sich die unangemessenen Formen der Konflikthandhabung offensichtlich alle negativ auf die Kommunikation, die Koordinationsfähigkeit und die Innovationsfähigkeit auswirken, gilt dies bei den organisationalen Wissensmechanismen des Lernens durch Führung und des organisationalen Lernens nur für Vermeidung in hohem und signifikantem Maße. Auch wenn Konflikte sehr schnell negative Gefühle auslösen, Konfliktvermeidung ist durchgängig eine sehr schlechte Strategie. Die Strategie der verdeckten Aktion ähnelt im Korrelationsmuster der Machtausübung, was bestätigt, dass sie eine spezielle Form der Machtausübung ist.

5   Unternehmenskultur und Innovationsfähigkeit

Dem theoretischen Modell des GI:VE-Projekts (siehe Abb. 1) liegt die Annahme zu Grunde, dass die Unternehmenskultur einen wichtigen Einfluss auf die Art und Weise der ablaufenden Innovationsprozesse hat. Eine Unternehmenskultur ist eigentlich so vielfältig, dass sie nur schwer empirisch zu erfassen ist; man wird wohl einige zentralen Aspekte messen können, aber viele Details und Eigentümlichkeiten kann man vermutlich nur über langwierige teilnehmende Beobachtung, verbunden mit vielen Interviews erfassen. Dieser Weg ist wegen des hohen Zeitaufwandes nur bei ganz wenigen Unternehmen möglich, nicht dagegen bei 45 Unternehmen.

Wir haben uns daher dem Vorgehen und dem Grundkonzept von Denison (1990) angeschlossen, der ein 4-Felder-Konzept der Organisationskultur entworfen hat und diese vier Merkmale mit einem Fragebogen bei einer Reihe von Unternehmen gemessen hat. Da der Fragebogen selbst nur kommerziell erhältlich ist, haben wir dieses Konzept sinngemäß und passend zu unserer Untersuchung nachgebildet (siehe linke Hälfte von Abb. 1). Ergänzt wurde Denisons Konzept um Vertrauen in Kollegen, die Vorgesetzten und die Unternehmung insgesamt, weil wir bei hohem Vertrauen eine bessere Vereinbarkeit dieser vier einander gegenüberstehenden Merkmale der Unternehmenskultur erwartet haben (Scholl und Kunert 2009). Die in Abb. 1 dargestellten Merkmale der Unternehmenskultur werden im Folgenden gleich anhand der wichtigsten empirischen Ergebnisse erläutert, siehe die Tab. 5 und 6.

5.1   Mitarbeiterorientierung und Innovationsfähigkeit

Da die Beschäftigten die Träger der Unternehmenskultur sind, dürfte die Mitarbeiterorientierung eines Unternehmens besonders wichtig sein. Teilaspekte der Mitarbeiterorientierung sind das Ausmaß der Partizipation der Beschäftigten an den Entscheidungen des Unternehmens ($\alpha = 0{,}67$), die Bedeutung der Arbeit für die Beschäftigten selbst sowie ihre Kollegen und das Unternehmen insgesamt ($\alpha = 0{,}67$), die konkreten Arbeitsbedingungen ($\alpha = 0{,}76$) und schließlich die Rücksichtnahme der Vorgesetzten auf die

Tab. 5 Zusammenhänge von Innovationsprozessen mit Unternehmenskultur

Korrelation zwischen	Kreativ. Problemlösen	Lernen durch Führung	Organisation. Lernen	Koordinations-fähigkeit	Innovations-fähigkeit
Partizipation	0,30*	0,58***	0,65***	0,46**	0,35**
Bedeutung d. Arbeit	0,54***	0,52***	0,53***		0,31*
Arbeits-bedingungen		0,47**	0,51***	0,45**	0,57***
Rücksicht d. Vorges.		0,47***	0,45**	0,49***	0,50***
Kunden-orientierung	0,48***	0,45**	0,60***		0,37**
Veränderungs-bereit	0,28+	0,45**	0,49***	0,41**	0,42**
Ziele klar + akzep-tiert		0,42**	0,52***	0,51***	0,52***
Strategie bekannt		0,37*	0,47**	0,39**	0,34*

*** p<0,01; ** p<0,01; * p<0,05; + p<0,10; leere Felder zeigen an, dass die entsprechende Korrelation nicht signifikant war

Tab. 6 Zusammenhänge von Innovationsprozessen mit Werten und Vertrauen

Korrelation zwischen	Kreativ. Problemlösen	Lernen durch Führung	Organisa. Lernen	Koordinations-fähigkeit	Innovations-fähigkeit
Interne Flexibilität		0,28+	0,32*	0,45**	0,34*
Externe Flexibilität		0,35*	0,50***	0,23	0,34**
Externe Kontrolle				0,30*	0,26*
Interne Kontrolle			0,36*		0,36**
Vertrauen in Kollegen	0,26+	0,40**	0,44**	0,46**	0,35**
Vertrauen in Vorges.				0,37*	0,31*
Vertrauen in Untern.	0,29+	0,46**	0,51***	0,66***	0,57***

***p<0,001; **p<0,01; *p<0,05; + p<0,10; leere Felder zeigen an, dass die entsprechende Korrelation nicht signifikant war

Bedürfnisse ihrer Mitarbeiter/innen ($\alpha = 0,88$). In der oberen Hälfte der Tab. 5 sind die Korrelationen dieser Kulturvariablen mit den wichtigsten Wissensmechanismen für das Gesamtmodell sowie mit der Koordinationsfähigkeit und der Innovationsfähigkeit aufgeführt. Es haben sich fast durchweg hohe signifikante Korrelationen ergeben und auch untereinander sind diese vier Merkmale der Mitarbeiterorientierung hoch korreliert (hier nicht dargestellt), was ihre Zusammengehörigkeit belegt. Interessant ist besonders die hohe Korrelation zwischen Partizipation und organisationalem Lernen von +0,65, d. h. ein hoher Wissensstand in einem Unternehmen ist vor allem durch breite Partizipation zu erreichen. Auffällig ist auch, dass die Bedeutung der Arbeit hoch mit allen drei hier aufgenommenen Wissensmechanismen korreliert, aber nicht mit der Koordinationsfähigkeit. Das war so nicht erwartet worden, zeigt aber vermutlich an, dass die Bedeutung der Arbeit für andere auch Schwierigkeiten der Koordination beinhaltet. Alle vier Aspekte der Mitarbeiterorientierung hängen nicht nur mit den organisationalen Wissensmechanismen, sondern auch mit der Innovationsfähigkeit mittel bis stark zusammen.

5.2   Anpassungsfähigkeit und Leitbild

Die Mitarbeiterorientierung ist ein nach innen gerichtetes Merkmal der Unternehmenskultur, das Wandel und Flexibilität ermöglicht: Die Mitarbeiter/innen werden dadurch sowohl motiviert als auch in die Lage versetzt, den Wandel zu gestalten, weil sie dabei auch auf die Berücksichtigung ihrer eigenen Interessen rechnen können. Der Wandel selbst ist meist marktgetrieben, denn Unternehmen in einer Marktwirtschaft sind von ihren Kunden, deren wechselnden Wünschen und dem Wettbewerb abhängig; daher sollte eine Kultur mit externer Ausrichtung auf eine hohe Kundenorientierung ($\alpha = 0{,}59$) vorteilhaft sein. Und da sich die Marktbedingungen oft ändern, ist auch eine generelle Veränderungsfähigkeit ($\alpha = 0{,}60$) nötig. Diese beiden Teilaspekte stehen für das Kulturmerkmal der Anpassungsfähigkeit und auch hier ergeben sich fast durchweg signifikante Korrelationen mit den Innovationsprozessvariablen und der Innovationsfähigkeit. Der höchste Zusammenhang findet sich mit +0,60 zwischen der Kundenorientierung und dem organisationalen Lernen, das sich in den unternehmerischen Entscheidungen widerspiegelt. Offensichtlich ist der Fokus der Kundenorientierung besonders hilfreich, um die Erarbeitung des benötigten neuen und besseren Wissens anzuleiten und es zu integrieren.

Ebenfalls auf die externe Situation ausgerichtet ist das Kulturmerkmal eines klaren und akzeptierten Leitbilds ($\alpha = 0{,}91$), das sich in die Teilaspekte der Ziele ($\alpha = 0{,}87$) und Strategien ($\alpha = 0{,}79$) untergliedern lässt, die beide über die jetzige Situation hinaus weisen. Während die Anpassungsfähigkeit Wandel und Flexibilität ermöglicht, kann durch ein klares Leitbild Stabilität und Richtung gewahrt werden. Ziele, die bekannt und akzeptiert sind, geben eine gute Orientierung, sodass die verschiedenen Beteiligten und Betroffenen sinnvoll, flexibel und ohne großen Abstimmungsaufwand handeln können. Strategien präzisieren das, können allerdings auch manchmal hinderlich für ungewöhnlichere Ideen sein. Vielleicht ist das der Grund, warum besonders die Korrelationen mit der Koordinations- und der Innovationsfähigkeit bei den Strategien deutlich geringer ausfallen als bei den Zielen.

5.3   Wertorientierungen und Innovationsfähigkeit

Das vierte Kulturmerkmal ist die Übereinstimmung in der Wertorientierung im Unternehmen, die – nach innen gerichtet – ebenfalls Stabilität und Richtung gibt, weil man sich dann leichter über etwas verständigen kann. Die 10 gemessenen Wertorientierungen entsprechen der Effektivitätskonzeption von Quinn und Rohrbaugh (1983), die auch die Grundlage für das Konzept von Denison (1990) bildet. Quinn und Rohrbaugh hatten die häufigsten Effektivitätskriterien der Organisationsforschung auf den gleichen zwei Dimensionen von internem versus externem Fokus einerseits und Flexibilität versus Kontrollierbarkeit andererseits lokalisieren können (s. a. Scholl 2007). Diesen Effektivitätskriterien wurden dann in unserer Befragung Wertorientierungen zugeordnet. Bei der statistischen Analyse wurde so verfahren, dass hohe Ausprägungen sowohl eine hohe Übereinstimmung als auch eine positive Wertschätzung zum Ausdruck bringen. Die Korrelationen mit den Variablen zu Innovationsprozessen und Innovationsfähigkeit finden sich in Tab. 6. Flexibilität intern wird durch gegenseitiges Verständnis und Hilfsbereitschaft ($\alpha = 0,86$) gemessen bzw. praktisch ermöglicht, eine Parallele zur Mitarbeiterorientierung; positiv hängt das vor allem mit der Koordinationsfähigkeit (0,45) zusammen. Flexibilität extern wird durch eine hohe Innovationsorientierung, Risikobereitschaft und schnelle Reaktionen auf neue Entwicklungen ($\alpha = 0,66$) erreicht, eine Parallele zur Anpassungsfähigkeit. Hier findet sich die höchste Korrelation mit dem organisationalen Lernen (0,50). Kontrolle über die externen Bedingungen eines Unternehmens erfordern hohe Leistungsorientierung, Zielerreichung und Effizienz ($\alpha = 0,72$); diese Werte finden sich oft auch konkretisiert in Leitbildern. Sie zeigen interessanterweise keinen signifikanten Zusammenhang mit den drei Wissensmechanismen von Tab. 6 und nur relativ geringe Zusammenhänge mit der Koordinations- und der Innovationsfähigkeit. Auch die Werte der internen Kontrolle, Information, Dokumentation und Kontrolle ($\alpha = 0,65$) zeigen eher geringe Zusammenhänge mit organisationalem Lernen und Innovationsfähigkeit. Gemessen an den gesamten Korrelationshöhen ist allerdings die Übereinstimmung in den Wertorientierungen nicht so bedeutsam, wie das in der Literatur zur Unternehmenskultur oft angenommen wird (s. Scholl 2007).

5.4   Vertrauen ins Unternehmen als Kulturmerkmal

Unter Vertrauen haben wir mit Mayer et al. (1995) die Verbindung von Wohlwollen, Kompetenz und Integrität verstanden und entsprechend gemessen. Wohlwollen als Komponente des Vertrauens speist sich aus der Wahrnehmung, dass der oder die Andere einem gut gesinnt ist. Kompetenz lässt erwarten, dass die andere Person in der Lage ist, das gut Gemeinte auch zu erreichen. Und Integrität bezeichnet die vertrauensvolle Erwartung, dass die andere Person sich nach akzeptablen Prinzipien verhält, die auch bei auseinander gehenden Interessen nicht verletzt werden. Gerade bei Innovationen mit ihren unvermeidbaren Interessenkonflikten dürfte Integrität besonders wichtig sein.

Insgesamt steigt das Vertrauen in dem Maße, wie hoch die Ausprägung aller drei Merkmale bei der anderen Seite vermutet wird.

In unserem Theoriemodell hatten wir dem Vertrauen eine besondere Rolle als Förderung hoher Ausprägungen der bisher besprochenen Kulturmerkmale zugedacht im Anschluss an mehrere wissenschaftliche und praxisbezogene Veröffentlichungen (z. B. Sommerlatte und Fallou 2012; Young-Ybarra und Wiersema 1999); daher steht sie in Abb. 1 in deren Mitte. Die Korrelationsanalysen zeigen, dass das Vertrauen in die eigene Führungskraft ($\alpha = 0{,}81$) und das Vertrauen in die Unternehmung ($\alpha = 0{,}88$) insgesamt hoch mit den meisten Kulturvariablen korrelieren, am meisten mit denen der Mitarbeiterorientierung, am geringsten mit denen der Übereinstimmung. Am höchsten korreliert das Vertrauen in die Unternehmung mit Partizipation (+0,80***), mit guten Arbeitsbedingungen (+0,75***) und der Rücksichtnahme durch Vorgesetzte (+0,67***). Zusammenhänge mit den Variablen von Innovationsprozessen und der Innovationsfähigkeit sind in Tab. 6 unten abgebildet. Auch hier ergeben sich die höchsten Korrelationen mit dem Vertrauen in das Unternehmen, besonders bei der Koordinationsfähigkeit (+0,66***) und der Innovationsfähigkeit (+0,57***). Das Vertrauen in die eigenen Vorgesetzten spielt für die drei Wissensmechanismen in der Tabelle keine Rolle, während das Vertrauen in die Kollegen ($\alpha = 0{,}82$) hier ähnliche Korrelationen aufweist wie das Vertrauen in die Unternehmung. Insgesamt spricht dies für den erwarteten Zusammenhang von Vertrauen in das Unternehmen mit den anderen Kulturmerkmalen.

Welche kausale Rolle Vertrauen und den anderen Variablen entsprechend unserem Theoriemodell von Abb. 1.1 zukommt, ist damit natürlich noch nicht geklärt.

6   Ein Kausalmodell der Innovationsfähigkeit

Die Annahmen des GI:VE-Theoriemodells wurden bisher nur durch Korrelationen bzw. Analysen der statistischen Zusammenhänge untersucht. Bei Korrelationen ist jedoch immer unklar, warum diese Zusammenhänge bestehen. An einem Beispiel soll dies kurz erläutert werden: Zwischen dem Lernen durch Führung (LF) und dem organisationalen Lernen (OL) besteht die sehr hohe Korrelation von +0,76***; worauf ist dies zurückzuführen? Ein Grund könnte sein, dass spontane Führungsaktivitäten von Promotoren besonders wichtig sind für das organisationale Lernen, dass also Lernen durch Führung das organisationale Lernen stark fördert, LF → OL. Aber kann es nicht auch sein, dass ein Klima offener Diskussionen, durch das sich organisationales Lernen auszeichnet, erst ein Lernen durch spontane Führungsaktivitäten ermöglicht, OL → LF? Oder wäre die sinnvollste Interpretation, dass sich beide wechselseitig beeinflussen, z. B. OL → LF → OL? Eine Korrelation könnte jedoch auch dadurch zustande kommen, dass eine dritte Variable für den Zusammenhang ganz oder teilweise verantwortlich ist. Denkbar wäre zum Beispiel die Handhabung von Konflikten durch Zusammenarbeit als verbreitete Praxis bzw. als Merkmal der Unternehmenskultur; hier beträgt die Korrelation mit Lernen durch Führung +0,51 und mit organisationalen Lernen +0,42. Wenn die

Handhabung von Konflikten durch Zusammenarbeit tatsächlich diese beiden Wissens-mechanismen beeinflusst, dann würde dies auch eine Korrelation zwischen dem Lernen durch Führung und dem organisationalen Lernen hervorrufen. Und natürlich könnten auch alle drei Wirkungen gleichzeitig bestehen, was angesichts der hohen Korrelation von +0,76 naheliegend wäre.

6.1 Pfadanalytischer Test der zentralen Kausalannahmen

Mit dem statistischen Verfahren der Pfadanalyse besteht nun die Möglichkeit, ein Modell kausaler Einflüsse anhand der Passung zu dem Gesamtmuster aller Korrelationen unter den aufgeführten Variablen zu testen. Damit lässt sich zwar keine Sicherheit über die kausale Anordnung erreichen, aber es werden doch viele denkbare Möglichkeiten aus-geschlossen, weil sie den Daten nicht standhalten. Mit einer solchen Pfadanalyse, die die wichtigsten Aspekte unseres Theorie-Modells abdeckt und erfolgreich prüft, wird die Datenauswertung im Folgenden abgeschlossen. Dazu ist jedoch noch eine weitere Vorbemerkung nötig: In unserem Fragebogen gibt es viele Variablen, die hoch korre-liert sind, weil sie denselben Sachverhalt aus verschiedenen Perspektiven beleuchten. Das gilt z. B. für die verschiedenen Aspekte der Mitarbeiterorientierung, für die beiden Leitbildaspekte oder für die Stile der Konflikthandhabung. Aufgrund der hohen Kor-relationen untereinander kann dann meistens nur einer der Aspekte in eine Pfadana-lyse aufgenommen werden, weil die anderen Aspekte des Sachverhalts nichts Neues mehr erklären können. In ähnlicher Weise gilt das auch für untereinander verschränkte Sachverhalte, die zu hohen Korrelationen führen, wie das bei den Wissensmechanis-men der Fall ist. Aus diesen Gründen enthält das folgende Pfadmodell sehr viel weniger Variablen als die bisher besprochenen. Es kommen nur die Aspekte aus der jeweiligen Variablengruppe zum Zug, die die beste Erklärung liefern und/oder sich am besten in der Erklärung ergänzen. Daraus folgt nicht, dass die anderen Aspekte der Betrachtung, die in der Pfadanalyse nicht auftauchen, unwichtig sind; es bleibt weiterhin interessant, die jeweiligen Korrelationen zu betrachten und zu interpretieren, wie das oben geschehen ist. Eine integrierte Betrachtung von Kulturvariablen, Innovationsprozessen und der Innovationsfähigkeit als Ziel der Erklärung ist jedoch nur mit einem sparsameren pfad-analytischen Modell möglich.

Die folgende Abb. 3 gibt das beste Pfadmodell unter mehreren ähnlichen Varian-ten wider. Die statistischen Kennwerte sind sehr gut (vgl. Weiber und Mühlhaus 2010, Abschn. 9.1): Chi^2 hat eine ähnliche Höhe wie die Freiheitsgrade (df), die Daten wei-chen nicht signifikant vom Theoriemodell ab, $p = 0,49$ (gefordert ist $p>0,05$), der Prüfwert RMSEA $= 0,00$ ist ideal (gefordert $p<0,08$), der Prüfwert SRMR $= 0,05$ gut (gefordert $p<0,10$) und auch die Fitness Indices sind sehr gut, CFI $= 1$ ist ideal, GFI $= 0,95$ ist sehr gut. Alle Pfadkoeffizienten im Modell, die den direkten Einfluss einer Variable auf eine andere unabhängig von den anderen Einflüssen zum Ausdruck bringen, sind signifikant.

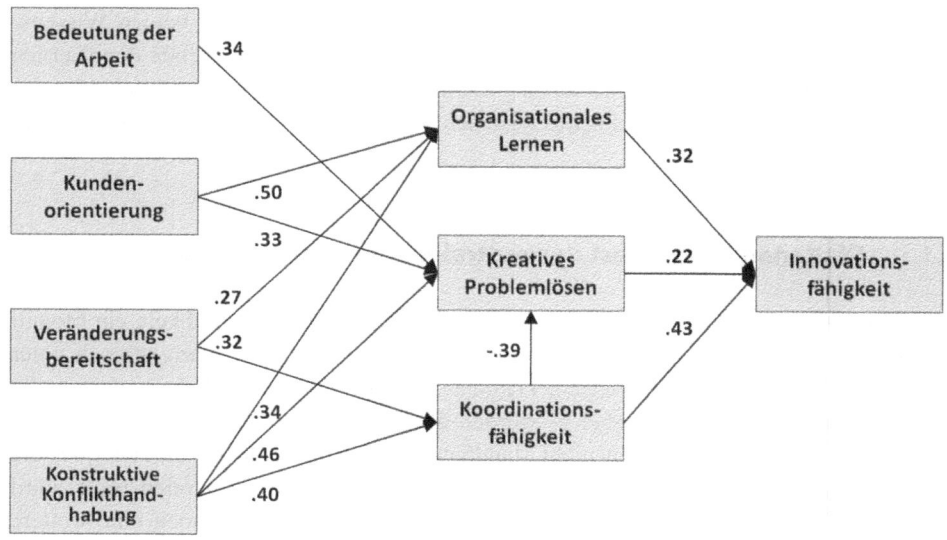

Abb. 3 Pfadmodell der Innovationsfähigkeit

6.2 Interpretation des Pfadmodells

Inhaltlich lässt sich das Ergebnis so interpretieren: Die Koordinationsfähigkeit hat mit einem Pfadkoeffizienten von +0,43 den höchsten Einzeleffekt auf die Innovationsfähigkeit, aber die Wissensmechanismen des kreativen Problemlösen mit +0,22 und des organisationalen Lernens mit +0,32 haben zusammen auch einen ähnlich hohen Effekt. Dass unter den verfügbaren Wissensmechanismen das organisationalen Lernens sich am besten bewährt hat, ist nahe liegend, weil es hier um das Wissen im Unternehmen geht, das in den bindenden Entscheidungen integriert werden konnte. Eine mögliche Alternative, das Lernen durch Führung, hat geringfügig schlechtere Prüfwerte und kommt hier nicht zum Zug. Die beste Ergänzung zum organisationalen Lernen unter den Wissensmechanismen ist das kreative Problemlösen, mit dem die an der Innovation arbeitenden Personen und die von ihr Betroffenen die vielen auftretenden Detailprobleme angehen.

Etwas unerwartet ist der Befund, dass die Koordinationsfähigkeit einen negativen Effekt (−0,39) auf das kreative Problemlösen und indirekt damit auch auf die Innovationsfähigkeit hat (allerdings deutlich geringer: −0,39 x +0,22 = −0,9). Anscheinend kann die Koordinationsfähigkeit durch zu starke Regelungen und Normen das kreative Problemlösen teilweise auch behindern. Die möglichen Alternativen, dass zu viel Kreativität die Koordinationsfähigkeit beeinträchtigt oder dass es wechselseitige negative Einflüsse gibt, haben sich in entsprechenden Alternativmodellen nicht bewährt.

Im Modell können nun diese drei direkten Determinanten der Innovationsfähigkeit durch verschiedene Variablen der Unternehmenskultur erklärt werden. Den stärksten Effekt hat dabei der Konflikthandhabungsstil der konstruktiven Zusammenarbeit, der durch die Aggregation aus den einzelnen Innovationsprozessen hier auch zu einem Kulturmerkmal geworden ist. Eine offene, kooperative Zusammenarbeit trotz konfliktärer Probleme ist sowohl günstig für die beiden Wissensmechanismen des kreativen Problemlösen (+0,46) und des organisationalen Lernens (+0,34), als auch für die Koordinationsfähigkeit (+0,40). Dieses Ergebnis entspricht sowohl der theoretischen Vorhersage als auch den Ergebnissen früherer Studien (Scholl 2004, 2009, 2013a) und es ist vermutlich der wichtigste Hinweis für praktische Verbesserungen der Innovationsfähigkeit.

Unter den weiteren Kulturvariablen sind es die Aspekte der Kundenorientierung und der Veränderungsbereitschaft, d. h. die flexible Anpassungsfähigkeit an externe Veränderungen, die für die Innovationsfähigkeit besonders wichtig sind. Die Kundenorientierung fördert besonders stark das organisationalen Lernen (+0,50) sowie – etwas weniger stark – das kreative Problemlösen (+0,33). Eine hohe Kundenorientierung fördert offensichtlich den Gesamtprozess der Wissensgewinnung im Unternehmen und gibt eine klare Fokussierung auf die wichtigsten anstehenden Probleme. Die Veränderungsbereitschaft erhöht ebenfalls das organisationale Lernen (+0,27) und erleichtert gleichzeitig die Koordinationsfähigkeit (+0,32).

Von den verschiedenen Aspekten der Mitarbeiterorientierung hatte die Bedeutsamkeit der Arbeit die beste Modellanpassung, obwohl sowohl die Partizipation als auch die Arbeitsbedingungen z. T. deutlich höhere Korrelationen mit dem organisationalen Lernen, der Koordinationsfähigkeit und der Innovationsfähigkeit haben. Nur beim kreativen Problemlösen gab es den höchsten Zusammenhang zur Bedeutsamkeit der Arbeit und nur hier gab es offensichtlich noch eine signifikante ergänzende Erklärung (+0,34). Wenn die Beschäftigten ihre Arbeit als bedeutsam für sich und für andere im Unternehmen erleben, fördert das ihre kreativen Problemlösungsbemühungen. In unserem Kulturmodell steht die Bedeutsamkeit der Arbeit und generell die Mitarbeiterorientierung genauso für Flexibilität wie die Kundenorientierung und die Veränderungsbereitschaft, die beiden Aspekte der Anpassungsfähigkeit. Und da schließt sich der Kreis, denn dass Innovationsfähigkeit mit hoher Flexibilität in der Unternehmenskultur zusammenhängt, ist mehr als nahe liegend. Es wird von den meisten Autoren angenommen, aber kaum bisher nachgewiesen.

Das vorgelegte pfadanalytische Kausalmodell liefert insgesamt sehr gute statistische Erklärungen. Bei der Innovationsfähigkeit werden 46 % der Varianz unter den 45 Unternehmen erklärt und wenn man berücksichtigt, dass angesichts unvermeidlicher Messfehler nie 100 % erklärbar sind, sondern vermutlich kaum viel mehr als 80 %, dann wird hier mehr als die Hälfte der Unterschiede in der Innovationsfähigkeit durch diese Innovationsprozesse als direkte Determinanten der Innovationsprozesse erklärt. Nach Cohen (1988) ist eine erklärte Varianz ab 2 % ein kleiner Effekt, ab 13 % ein mittlerer und ab 26 % ein großer Effekt. Hier handelt es sich mit 46 % also um einen äußerst großen Effekt. Durch die Variablen der Unternehmenskultur werden auch diese direkten Determinanten relativ gut erklärt, am besten das organisationale Lernen mit 58 % der Varianz, ähnlich auch das kreative Problemlösen mit 53 % der Varianz und schließlich nicht ganz so gut die Koordinationsfähigkeit mit 32 % der Varianz. Besonders hier wäre es lohnend, nach weiteren Variablen zu forschen, die die Erklärung der Koordinationsfähigkeit weiter verbessern.

6.3   Erweitertes Pfadmodell

Interessant ist der Befund, dass Vertrauen in diesem Modell keine Rolle spielt, obwohl es mit so vielen anderen Variablen hoch korreliert ist. In unserem Theoriemodell ist es der Kundenorientierung, der Veränderungsbereitschaft und der Konflikthandhabung vorgelagert und steht in Wechselwirkung mit der Mitarbeiterorientierung (siehe Abb. 1). Das soll nun in einem erweiterten Pfadmodell geprüft werden. Es bewährt sich auch weitgehend, wie die folgende Abb. 4 zeigt.

Die statistischen Kennwerte sind allerdings nicht mehr so gut wie im vorigen, sparsameren Modell: Die Daten weichen zwar auch hier nicht signifikant vom Modell ab, p = 0,15, aber dieser Wert ist doch näher an der Abweichungsgrenze von p > 0,05 als im vorigen Modell. Dies gilt auch für alle anderen Werte: RMSEA = 0,086 ist grenzwertig, SRMR = 0,091 gerade noch akzeptabel und CFI = 0,98 und GFI = 0,89 sind auch nicht so gut wie im vorigen Modell. Zentral für die Annahme des erweiterten Modells ist natürlich, dass auch hier alle Pfadkoeffizienten signifikant sind. Vielleicht würden detailliertere Messungen der Kulturvariablen mit mehr Items zu besseren Akzeptanzkriterien führen, aber das müsste in Folgeuntersuchungen erst geprüft werden.

Am bedeutsamsten in dem erweiterten Modell ist die Modellbestätigung, dass das Gesamtvertrauen in Kollegen, Vorgesetzte und das Unternehmen jeweils einen deutlichen Effekt auf die Kundenorientierung (+0,31) und die Veränderungsbereitschaft (+0,41) hat; hinzu kommt der noch etwas höhere Effekt auf die konstruktive Konflikthandhabung (+0,45). Die Bedeutung der Arbeit als Indikator der Mitarbeiterorientierung bewährt sich als korrelierte Variable zum Gesamtvertrauen entsprechend der angenommenen

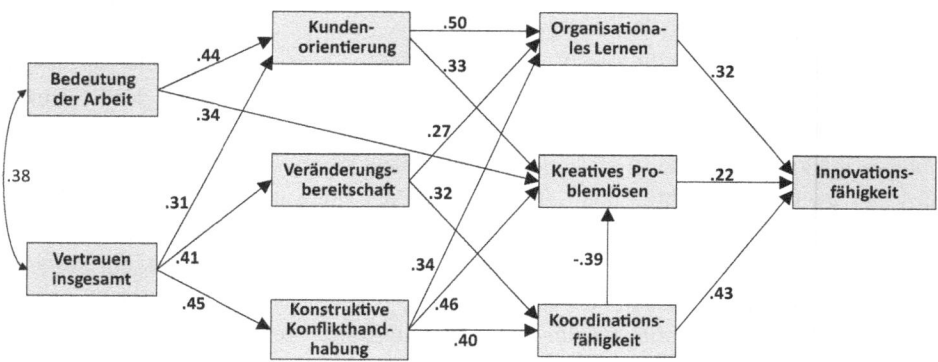

Abb. 4   Erweitertes Pfadmodell der Innovationsfähigkeit

Wechselwirkung und sie fördert offensichtlich auch direkt die Kundenorientierung, was im vorigen Modell zwar in der Korrelation enthalten war, aber noch nicht als kausaler Pfad sichtbar werden konnte. In dem nun erweiterten Modell wird die Kundenorientierung zu 39 % erklärt, die Veränderungsbereitschaft zu 17 % und die Konstruktive Konflikthandhabung zu 20 %. Vor allem für die Erklärung der beiden letzteren Variablen, die (nur) einem mittleren Effekt entsprechen (siehe oben), wäre eine Erweiterung des Modells wünschenswert. Die weiteren sehr starken Effekte, die schon im vorigen Modell enthalten sind, die Erklärungen der beiden Wissensmechanismen und der Koordinationsfähigkeit und schließlich der Theorie und Praxis besonders interessierenden Innovationsfähigkeit, bleiben im neuen Modell genauso bestehen.

Insgesamt bestätigt das erweiterte Modell, dass Vertrauen als Merkmal der Unternehmenskultur für die Innovationsfähigkeit und die damit verbundenen Bedingungen und Prozesse besonders wichtig ist. In dem neuen Kapitel für diese Zweitauflage, „Die Rolle von Vertrauen für den Erfolg der digitalen Transformation", wird dieser Bedeutung des Vertrauens Rechnung getragen.

7 Ausblick

Die hier vorgelegten empirischen Analysen der Daten von 45 Unternehmen aus unserer online-Befragung sind für die Forschung wichtig und bringen interessante neue Erkenntnisse ins Spiel. Darüber hinaus sind sie aber auch von großem praktischen Wert, weil sie gute Hinweise geben, worauf bei Verbesserungen in der Praxis geachtet werden sollte. Das sind zum einen die Vielfalt der Wissensprozesse und ihre wechselseitige Verflechtung, auf die sich das Augenmerk von Praktikern und Beratern richten sollten. Ein besonderer Fokus liegt dabei auf der Unternehmensführung, die durch ihre Entscheidungspraktiken das organisationale Lernen am meisten fördern, aber auch am meisten behindern oder im Laissez-faire-Stil dem internen Strudel überlassen kann; konkrete Anschauung dazu bieten die Fallbeispiele von gelungenen und misslungenen Innovationen im Kap. „Komplexität und Komplexitätsmanagement in Innovationsprozessen", im Kap. „Herausforderungen und Möglichkeiten der Innovationsförderung durch Geschäftsleiter" sowie in Scholl (2004). Leider sind vielfach die deutschen Unternehmen und andere Organisationen noch zu hierarchisch und bürokratisch, d. h. vom Besserwissen höherer Stellen und von tayloristischen Reminiszenzen der Trennung von Hand- und Kopfarbeit geprägt (s. a. Klotz 2009).

Ein weiterer Fokus wäre auf die Praxis der Konflikthandhabung zu richten, bei der im Durchschnitt Zusammenarbeit zwar am häufigsten praktiziert wird, aber es gibt vielfach noch offene und verdeckte Machtausübung sowie – als Gegenstück dazu – viel Konfliktvermeidung. Auch hier ist vor allem die Unternehmensführung gefragt, den Stil der Zusammenarbeit einzuüben und durch eigenes Vorbild zum Regelfall zu machen; es gibt dazu hervorragende Trainings (siehe z. B. www.artop.de).

Besonders wichtig ist eine kontinuierliche und konsistente Förderung einer vertrauensvollen Unternehmenskultur, die nicht nur eine konstruktive Konflikthandhabung
fördert, sondern auch eine zielgenaue Flexibilität durch Kundenorientierung und Veränderungsbereitschaft der Belegschaft. Eine hohe Kundenorientierung ist nach unserem Ergebnis besonders wichtig; wissenschaftlich gestützte Hinweise, wie sie gefördert
werden kann, geben Benning-Rohnke und Greif (2010). Eine vertrauensvolle Unternehmenskultur schließt das Vertrauen in allen Beziehungen zwischen Personen und
Abteilungen ein. Aktuelle praktische Ausführungen zur Vertrauensbildung finden sich
im Kap. „Die Rolle von Vertrauen für den Erfolg der digitalen Transformation". Über
den aktuellen Stand seiner Unternehmenskultur kann sich ein Unternehmen am besten
durch regelmäßige Mitarbeiterbefragungen Rechenschaft geben (siehe das Beispiel im
Kap. „Making the difference: Benchmarks der Innovation in deutschen KMU"), um dann
in Prozessen der Organisationsentwicklung weitere Verbesserungen zu beraten und zu
erproben (siehe auch die Kap. „Innovative Innovationsberatung" und „(Wie) Lässt sich
Organisationsberatung wissenschaftlich unterstützen?").

Literatur

Aregger, K. (1976). *Innovationen in sozialen Systemen 1. Einführung in die Innovationstheorie der
    Organisation*. Bern: Haupt.
Benning-Rohnke, E., & Greif, S. (2010). Kundenorientierung – Warum sie oft scheitert und wie
    sie besser machbar ist. In G. Greve & E. Benning-Rohnke (Hrsg.), *Kundenorientierte Unter-
    nehmensführung. Konzept und Anwendung des Net Promoter® Score in der Praxis* (S. 117–
    156). Stuttgart: Gabler.
Bledow, R., Frese, M., Anderson, N., Erez, M., & Farr, J. (2009). A dialectic perspective on inno-
    vation: Conflicting demands, multiple pathways, and ambidexterity. *Industrial and Organiza-
    tional Psychology, 2*, 305–337.
Campbell, D. T. (1974). Evolutionary epistomology. In P. A. Schilpp (Hrsg.), *The philosophy of
    Karl Popper* (S. 413–463). La Salle: Opencourt.
Cohen, J. (1988). *Statistical power analysis for the behavioral sciences*. New York: Erlbaum.
De Dreu, C. K. W., Harinck, F., & Van Vianen, A. E. M. (1999). Conflict and performance in
    groups and organizations. In C. L. Cooper & I. T. Robertson (Hrsg.), *International of industrial
    and organizational psychology* (Bd. 14, S. 369–414). Chichester: American Ethnological Press.
Denison, D. R. (1990). *Corporate culture and organizational effectiveness*. New York: Wiley.
Hauschildt, J. (1991). Zur Messung des Innovationserfolgs. *Zeitschrift für Betriebswirtschaft, 61*,
    451–476.
Hauschildt, J., & Gemünden, H. G. (Hrsg.). (1999). *Promotoren: Champions der Innovation*
    (2. Aufl.). Wiesbaden: Gabler.
Kieser, A. (1989). Organizational, institutional, and societal evolution: Medieval craft guilds and
    the genesis of formal organizations. *Administrative Science Quarterly, 34*, 540–564.
Klotz, U. (2009). Innovationsprozesse als Handlungsfeld von Gewerkschaften beim Übergang
    von der Industrie- zur Wissensgesellschft. In H.-J. Bullinger, D. Spath, H.-J. Warnecke, & E.
    Westkämper (Hrsg.), *Handbuch Unternehmensorganisation. Strategien, Planung, Umsetzung*
    (3. Aufl., S. 71–86). Heidelberg: Springer.

Mayer, R. C., Davis, J. J., & Schoorman, F. D. (1995). An integrative model of organizational trust. *Academy of Management Review, 20,* 709–734.

Pruitt, D. G., & Kim, S. H. (2004). *Social conflict. Escalation, stalemate, and settlement* (3. Aufl.). McGraw-Hill: New York.

Quinn, R. E., & Rohrbaugh, J. (1983). A spatial model of effectiveness criteria: Towards a competing values approach to organization analysis. *Management Science, 29,* 363–377.

Scholl, W. (2004). *Innovation und Information. Wie in Unternehmen neues Wissen produziert wird (Unter Mitarbeit von L. Hoffmann und H.-C. Gierschner).* Göttingen: Hogrefe.

Scholl, W. (2006). Evolutionäres Ideenmanagement. In T. Sommerlatte & G. Beyer (Hrsg.), *Innovationskultur und Ideenmanagement* (S. 163–193). Düsseldorf: Symposion.

Scholl, W. (2007). Grundkonzepte der Organisation. In H. Schuler (Hrsg.), *Lehrbuch der Organisationspsychologie* (4. Aufl., S. 515–556). Bern: Huber.

Scholl, W. (2009). Konflikte und Konflikthandhabung bei Innovationen. In E. Witte & C. Kahl (Hrsg.), *Sozialpsychologie der Kreativität und Innovation* (S. 67–86). Lengerich: Pabst.

Scholl, W. (2010). Innovationen – Wie Unternehmen neues Wissen produzieren und etablieren. In H. Hof & U. Wengenroth (Hrsg.), *Innovationsforschung – Ansätze, Methoden, Grenzen und Perspektiven* (2. Aufl., S. 271–300). Münster: LIT.

Scholl, W. (2013a). Vertrauenskultur und Innovationsfähigkeit. In G. Becke, C. Funken, S. Klinke, W. Scholl, & M. Schweer (Hrsg.), *Innovationsfähigkeit durch Vertrauensgestaltung? Befunde und Instrumente zur nachhaltigen Organisations- und Netzwerkentwicklung.* Frankfurt a. M.: Lang.

Scholl, W. (2013b). Zusammenfassung und Diskussion der Hauptergebnisse. In W. Scholl, H. Breitling, & A. Shajek (Hrsg.), *Innovationserfolg durch aktive Mitbestimmung. Die Auswirkungen von Betriebsratsbeteiligung, Vertrauen und Arbeitnehmerpartizipation auf Prozessinnovationen* (S. 231–247). Berlin: Sigma.

Scholl, W., & Kunert, S. (2009). *Projektskizze GI:VE – Grundlagen nachhaltiger Innovationsfähigkeit: Vertrauenskultur und Evolutionäre Wissensproduktion.* Unveröffentlichter BMBF-Antrag: Humboldt-Universität zu Berlin.

Sommerlatte, T., & Fallou, J.-L. (2012). *Quintessenz der Vertrauensbildung. Was Sie tun müssen, um das Vertrauensklima für Innovation und Produktivität zu stärken.* Heidelberg: Springer Gabler.

Thomas, K. W. (1976). Conflict and conflict management. In M. D. Dunette (Hrsg.), *Handbook of industrial and organizational psychology* (S. 889–935). Chicago: Rand McNally.

Vanberg, V. (1982). *Markt und Organisation.* Tübingen: Mohr-Siebeck.

Weiber, R., & Mühlhaus, D. (2010). *Strukturgleichungsmodellierung: Eine anwendungsorientierte Einführung in die Kausalanalyse mit Hilfe von AMOS, SmartPLS und SPSS.* Heidelberg: Springer.

Young-Ybarra, C., & Wiersema, M. (1999). Strategic flexibility in information technology alliances: The influence of transaction cost economics and social exchange theory. *Organization Science, 10,* 439–459.

Vom Umgang mit der Ressource Wissen – Auswirkungen auf die Innovationsfähigkeit am Beispiel von Steuerberatungskanzleien

Ulf Hausmann und Wolfgang Scholl

1   Einführung

Eine Geschichte wie die folgende könnte in vielen Abwandlungen in jedem beliebigen Unternehmen passieren: Die Leiterin einer Steuerkanzlei bittet die Mitarbeiter/innen in einer Besprechung, künftig bei Mandanten nach Informationen Ausschau zu halten, die auf mehr Beratungsbedarf hinweisen, damit diese besser betreut werden können und mehr Umsatz gemacht wird. Am folgenden Tag hat die Kanzleichefin in ihrer Postmappe von einer Mitarbeiterin mit der Bitte um Rücksprache einen Bewirtungsbeleg einer Mandantin – und denkt spontan: Muss ich ihr jetzt noch erklären, wie man die bucht? Die Mitarbeiterin erklärt dann aber, die Chefin solle bitte den Anlass der Bewirtung der Mandantin, einer Ärztin, ansehen: „Praxiskauf". Ein klarer Fall von mehr Beratungsbedarf – daraufhin konnte der Mandantin bei Praxissuche und Kauf der neuen Praxis geholfen werden.

Ein anderes Beispiel: In einer Kanzlei mit 11 Mitarbeitern/innen gab es interne Kommunikationsprobleme, weil häufig die Mitarbeiter nicht wussten, „wo der Chef heute steckt", ob er überhaupt ins Büro kommt bzw. welche Termine er wahrnimmt. Es meldeten sich auch Mandanten mit wichtigen kurzfristigen Anfragen und die Sekretärin wusste über bestimmte Vorgänge immer wieder nicht Bescheid. Als in der Kanzlei der Fragebogen zu Informationspathologien zur Anwendung kommt, werden diese und

U. Hausmann
Ulf Hausmann Consulting, Berlin, Deutschland
E-Mail: uh@ulfhausmann.de

W. Scholl (✉)
Institut für Psychologie, Humboldt-Universität und artop GmbH – Institut an der Humboldt-Universität zu Berlin, Berlin, Deutschland
E-Mail: schollwo@hu-berlin.de

© Springer-Verlag GmbH Deutschland, ein Teil von Springer Nature 2019   115
W. Scholl (Hrsg.), *Mut zu Innovationen*, https://doi.org/10.1007/978-3-662-58390-6_10

andere verbesserungswürdige Probleme deutlich. Der Chef bespricht sich mit den Mitarbeiter/innen und es werden viele Verbesserungsideen entwickelt. Von den Mitarbeitern kommt der Vorschlag, jede Woche eine interne News-Email zu verfassen, damit alle Mitarbeiter über Termine des Chefs, Urlaub von Kolleginnen und Kollegen und Zu- und Abgängen von Mandanten informiert sind. Die Themen und wichtigsten Infos gibt der Chef der Sekretärin am Freitagnachmittag (da hat sie meist Zeit); in der textlichen Gestaltung hat die Sekretärin freie Hand, so dass die Email freundlich salopp und locker und dabei informativ daherkommt; sie wird am Montag früh an alle für den Wochenstart in der Kanzlei verschickt. Mit diesem Instrument, das bei allen gut ankommt, sind auch Mitarbeiter, die im Urlaub waren, im Nachhinein über Veränderungen in der Mandantenstruktur oder andere wichtige Dinge effektiv informiert.

Es gäbe noch viel mehr und ganz andere Beispiele von Mängeln und Fehlern im Umgang mit Informationen und ihrer Verarbeitung in das jeweils benötigte Wissen. Daher reicht die Beschreibung von Beispielen nicht aus. Eine systematische Untersuchung typischer Mängel im Umgang mit Wissen, so genannter Informationspathologien, und die Ermittlung ihrer Ursachen ist da sehr viel hilfreicher: Denn dann lassen sie sich zuverlässig vermeiden oder zumindest verringern (Abb. 1).

Im Folgenden wird eine solche Untersuchung berichtet, die in Steuerberatungskanzleien, einem Prototyp wissensintensiver Dienstleistungsunternehmen durchgeführt wurde. Mitarbeiter/innen und Vorgesetzte aus 51 Steuerberatungskanzleien wurden online zu typischen Informationspathologien und deren vermutlichen Ursachen befragt. Insgesamt haben 570 Mitarbeiter/innen und Vorgesetzte von 1.500 (bei einer Nacherhebung zum Leitbild und zur Innovationsfähigkeit: 270 von 1.500) geantwortet, durchschnittlich ca. 38 % (Leitbild: 18 %) pro Unternehmen. Ihre Antworten wurden zu Durchschnittswerten zusammengefasst, um so ein relativ objektives Bild der Verhältnisse in den Kanzleien zu gewinnen.

Dienstleistungen von Steuerberatungskanzleien zeichnen sich durch besonders hohe Kontaktzeiten mit Kunden, hohe Kundenanpassung der Dienstleistung, hohen Ermessensspielraum der Belegschaft und starke Personenorientierung aus. Aufgrund ihrer Erfahrung und ihres Wissens können Steuerberatungskanzleien Rechnungswesen- und Steuerangelegenheiten von Unternehmen effizienter und professioneller abwickeln als es die Unternehmen üblicherweise selber könnten (Maister 2003, S. 26).

Die Wissensintensität der Dienstleistung Steuerberatung macht Kanzleien als Untersuchungsobjekt auch für andere Unternehmen interessant, wenn es um die Fragestellung geht, wie effektiv mit Wissen – besonders als Ressource für Innovationen – umgegangen wird. Denn für wissensintensive Dienstleistungsunternehmen ist eine im Vergleich zu Kunden und Wettbewerbern herausragende Wissensbasis im jeweiligen Dienstleistungsbereich Voraussetzung für nachhaltigen Erfolg (Ringlstetter et al. 2004, S. 13). Zudem wird eine

Abb. 1 Untersuchungsmodell

besonders intensive Zusammenarbeit mit den Kunden vorausgesetzt, da Kanzleien nur so über die interne und externe Situation ihrer Kunden eine „kundenspezifische Urteilskraft" gewinnen und eine entsprechende Problemlösung anbieten können (ebenda). Dabei spielt der Aspekt des Lernens vom Kunden eine wichtige Rolle – das Kontaktpersonal erhält durch den intensiven Kundenkontakt für die Leistungserstellung unabdingbare Informationen, aber auch Wissen über deren Zufriedenheit, Bedürfnisse und Markttrends (vgl. Bürger 2005, S. 80). Diese Wissensbezogenheit der unternehmerischen Arbeit, die Zunahme unternehmensexterner Kontakte und die Relevanz für Wettbewerbsvorteile sind nicht nur typisch für Dienstleistungsunternehmen, sondern gelten zunehmend für alle Unternehmen (vgl. Barney 1991). Reputation, Beziehungskompetenz und Wissen sind die strategisch relevanten Ressourcen von Steuerberatungskanzleien (Schulze-Borges 2011); die Fähigkeit mit Wissen umzugehen und es sachgerecht zu nutzen ist deshalb für deren Erfolg besonders wichtig (Greenwood et al. 2005).

2   Die Ressource „Wissen"

Wissen ist als Ressource vor allem deswegen so wichtig, weil es schwer aufzubauen und auf neuestem Stand zu halten ist; das macht Wissen zur knappen und damit besonders wertvollen Ressource. Und darin unterscheidet sie sich ganz entscheidend von Informationen, die in Zeiten des Internet meist leicht und massenhaft verfügbar sind. Information ist jedoch (noch) kein Wissen und im Internet liegen oft sogar nicht einmal Informationen vor, sondern eine riesige Zeichen- und Datenflut, mit der nur die etwas anfangen können, die entsprechendes Vorwissen haben. Damit aus Zeichenfolgen eine Information wird, müssen sie mit anderen verbunden werden, damit man sie verstehen kann. In einem Text lesen Sie z. B. „das ist ein Oxymoron" oder „Gruppen besitzen transaktives Wissen". Entweder reicht nun das eigene Vorwissen, um diese Sätze zu verstehen oder es müssen bereits bekannte Informationen hinzukommen, um „Oxymoron" oder „transaktives Wissen" als Information auffassen zu können. Immerhin helfen hier oft Wikipedia oder andere Internetseiten bei der Gewinnung so einer Information weiter. Wissen wird jedoch daraus erst, wenn man so eine Information zielgerichtet einsetzen kann: Wie erkenne ich, dass ein Oxymoron vorliegt (oder dass es doch keines ist)? Wie kann ich die transaktive Qualität von Wissen besser nutzen? Wissen beinhaltet also verknüpfte Informationen und Erfahrungen, ist eine mehr oder minder bewährte Repräsentation des jeweiligen Gegenstandsbereichs und Anwendungskontexts. Pragmatisch kann man es so definieren: Wissen ist die Gesamtheit der Kenntnisse *und* Fähigkeiten zur Bearbeitung einer bestimmten Klasse von Problemen.

2.1 Die Erarbeitung und Nutzung unternehmensspezifischen Wissens

Die Gewinnung individuellen Wissens von den Mitgliedern von Unternehmen ist ein lebenslanger Prozess, beginnend in der Familie als primärer Sozialisation, weitergeführt in der Schule als sekundärer Sozialisation und fit gemacht für die berufliche Arbeit in Ausbildung und/oder Hochschule als tertiärem Bildungssystem. Es schließt sich der Erwerb neuen Wissens durch die Arbeit selbst, den Austausch mit anderen und gezielte Fort- und Weiterbildungen an. Die Gewinnung kollektiven Wissens für das Funktionieren eines Unternehmens ist ein damit eng verschränkter, aber doch eigenständiger Prozess. Die Vorteile der Arbeitsteilung bestehen darin, dass jeder Einzelne nur einen kleinen Teil des gesamten Wissens erwerben muss, um seine Arbeit ausführen zu können, und das ist schwer genug. Wie kann aber aus dem begrenzten Überblick der einzelnen Mitarbeiter/innen und Führungskräfte eine realistische Gesamtsicht und Voraussicht für das Unternehmen werden? Breite Information, intensiver Austausch und partizipative Entscheidungsfindung sind da die prinzipiellen Wege, aber man steckt im Dilemma zwischen zu wenig und zu viel: Im Wechselspiel von individuellem und kollektivem Lernen kann leicht zu wenig passieren, etwa wenn jemand wichtige Erkenntnisse und Erfahrungen von anderen nicht mitgeteilt bekommt oder nicht versteht oder wenn das Unternehmen nichts aus individuellen Erkenntnissen und Erfahrungen lernt, weil Projekte nicht evaluiert werden. Zu viel kann geschehen, weil z. B. in langen Sitzungen und Abstimmungsprozessen Zeit verschwendet wird, weil klare und kluge Regelungen fehlen, so dass unnötige Diskussionen entstehen, oder weil Personen – oft aus Statusgründen – über mehr reden als sie überblicken.

In diesem Wechselspiel zwischen individuellem und kollektivem Wissen entstehen die meisten Informationspathologien; ihre Vermeidung oder Beseitigung ist bzw. wäre von großem Vorteil für jede Organisation (Scholl 1999, 2004). In unserer Studie haben wir eine ganze Reihe typischer Informationspathologien und ihr Vorkommen untersucht, die im Folgenden dargestellt werden.

Beispiel

Informationspathologien sind vermeidbare Fehler und Unzulänglichkeiten im Umgang mit Wissen und Informationen im Arbeitsalltag. Eine Informationspathologie (auch Wissensbarriere genannt, Hopf 2009) liegt vor, wenn relevante Informationen nicht produziert, nicht beschafft, nicht gespeichert, nicht (korrekt) übermittelt oder nicht (korrekt) verarbeitet werden, obwohl dies eigentlich möglich wäre (Scholl 1999, 2004, Kap. 2 und 3).

2.2   Häufigkeit und Intensität von Informationspathologien

Zur Ermittlung der Informationspathologien wurde der Fragebogen von Hopf (2009) mit einigen Anpassungen an die Bedingungen von Steuerberatungskanzleien verwendet. Dieser Fragebogen war im Anschluss an die erste systematische Befragung zu Informationspathologien von Gierschner (1991; siehe auch Scholl 2004, Kap. 3) weiterentwickelt und auch inhaltlich erweitert worden. Die ursprünglich 14 Skalen konnten nicht voll repliziert werden, so dass am Ende 12 verschiedene Typen von Informationspathologien identifiziert und mit jeweils mehreren Fragen zuverlässig gemessen werden konnten. Durch Faktorenanalysen konnte die konvergente und divergente Validität der Skalen abgesichert werden. (genauere Angaben dazu bei Hausmann in Vorb.). Die Kanzleimitglieder wurden entweder um Einschätzungen gebeten, wie häufig bestimmte Probleme und Mängel vorkamen, von 1 = sehr selten bis 5 = sehr häufig, oder wie sehr bestimmte Aspekte zutrafen, von 1 = trifft gar nicht zu bis 5 = trifft völlig zu.

Die folgende Abb. 2 zeigt in einem Gesamtüberblick, wie stark die Informationspathologien in den untersuchten 51 Steuerberatungskanzleien vom Personal im Durchschnitt eingeschätzt werden (grauer Querbalken). Die dünnen schwarzen Linien zeigen, in welchem Spektrum alle Antworten minimal bzw. maximal lagen, und der helle Kasten zeigt an, in welchem Bereich 50 % der Antworten lagen.

Die Informationspathologien werden nun im Einzelnen erläutert. Sie lassen sich in drei Gruppen einteilen, in Probleme der Wissenskultur, in individuelle Defizite bei der Wissensverarbeitung und in organisationale Defizite (s. Tab. 1).

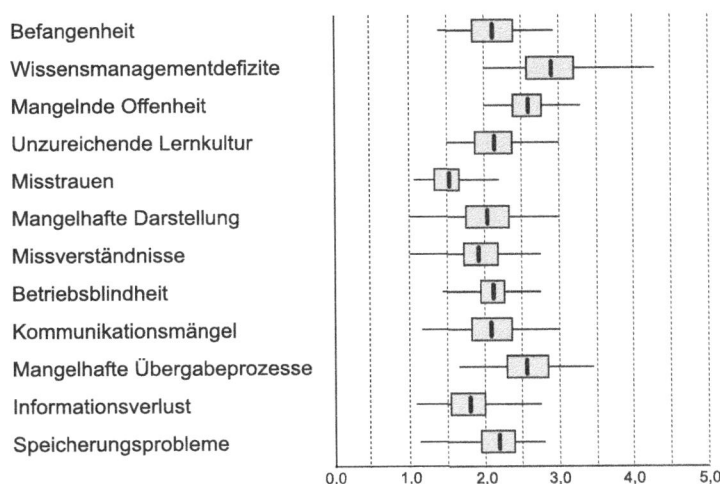

Abb. 2 Informationspathologien im Vergleich

Tab. 1 Einteilung der ermittelten Informationspathologien

Probleme der Wissenskultur	Individuelle Defizite bei der Wissensverarbeitung	Organisationale Defizite
Befangenheit	Mangelhafte Darstellungen	Kommunikationsmängel
Wissensmanagementdefizite	Missverständnisse	Mangelhafte Übergabeprozesse
Mangelnde Offenheit	Betriebsblindheit	Informationsverlust
Unzureichende Lernkultur		Speicherungsprobleme
Misstrauen		

2.3   Probleme der Wissenskultur

Die Wissenskultur ist ein – sehr wichtiger – Teilaspekt der Organisationskultur. „Unter Organisationskultur versteht man die von den Mitgliedern geteilten Grundannahmen, Werte und Normen in der Organisation, von denen angenommen wird, dass sie die Gestaltung und Wahrnehmung von Prozeduren, Strategien und Strukturen beeinflussen." (Scholl 2007, S. 538). Die Wissenskultur bezieht sich also auf den typischen Umgang mit Information, Kommunikation und dem daraus entstehenden Wissen. Sie schlägt sich in entsprechenden Haltungen und Gewohnheiten nieder.

Befangenheit *(Reliabilität[1]: $\alpha = 0,75$; 4 Items)*
Wenn es in einer Organisation schwierig ist zuzugeben, dass man etwas nicht weiß, oder auch mal gegenüber Kolleg/inn/en, Vorgesetzten oder Kund/inn/en eine abweichende Meinung zu äußern, dann zeigen sich darin für den effektiven Umgang mit Wissen negative Normen und Gewohnheiten der Wissenskultur. Derartiger Konformitätsdruck wird durch die Informationspathologie Befangenheit abgebildet und ist insbesondere bei „Angriffen von außen" oder Druck innerhalb einer Gruppe zu beobachten. Personen neigen dann eher dazu uniforme Einstellungen anzunehmen. Der normative soziale Einfluss – d. h. den Erwartungen anderer Personen zu entsprechen – ist bei Mitgliedern einer Gruppe wirksamer als bei einer Ansammlung von Einzelpersonen und wird von hierarchisch übergeordneten Personen oft zusätzlich verstärkt (Scholl 2004, S. 59 ff.). Diese Befangenheit wurde von den Befragten im Vergleich zu den anderen Informationspathologien im oberen Mittelfeld eingeschätzt, lediglich vier andere Informationspathologien waren stärker ausgeprägt (s. Abb. 2).

---

[1]Reliabilität bezeichnet die Zuverlässigkeit der Messung; der Wert kann zwischen $0 =$ völlig unzuverlässig und $1 =$ vollkommen zuverlässig variieren. Mindestwerte für sinnvolle weitere Analysen von Stichproben liegen bei $>0,50, >0,70$ ist befriedigend, gut $>0,80$, sehr gut $>0,90$. Durch mehrere Fragen (Items), die den zu erfassenden Sachverhalt von verschiedenen Seiten angehen, kann die Zuverlässigkeit geprüft und gesteigert werden.

Defizite im Wissensmanagement *(Reliabilität:* α = *0,85; 5 Items)*
Eine offizielle Wissensmanagement-Strategie ist ein expliziter Aspekt der Wissenskultur und die Befragten konnten angeben, ob es eine solche gibt und wie sie mit den Unternehmenszielen verbunden ist. Wissens- und informationsbezogene Ziele sind ein wesentlicher Bestandteil eines vollständigen Wissenszyklus in einer Organisation (Probst et al. 2010). Defizite im Wissensmanagement zeigen sich, wenn beides nicht der Fall ist, aber auch wenn Fragen wie „Mein Chef geht beim Wissensmanagement mit gutem Beispiel voran und lebt es uns vor" und „Bei uns wird man dafür belohnt, sich in Sachen Wissensmanagement zu engagieren" als nicht oder wenig zutreffend angekreuzt werden. In Abb. 2 sind die Antworten so umgepolt, dass hohe Werte hier wie überall starke Informationspathologien anzeigen. Ein Vergleich mit den anderen Informationspathologien zeigt, dass beim Wissensmanagement die Defizite im Durchschnitt aller Unternehmen am höchsten ausgeprägt sind und dass wirklich gute Werte zwischen 1 und 2 bzw. geringe Defizite von keinem Unternehmen erreicht werden. Hier gibt es anscheinend noch viel Nachholbedarf.

Mangelnde Offenheit für Neues *(Reliabilität:* α = *0,64; 4 Items)*
Innovative Organisationen ermutigen ihre Belegschaft auch mal Risiken einzugehen und Fehler begehen zu können ohne abgestraft zu werden. Wird die Frage „Wie häufig fühlen Sie sich bei der Arbeit ermutigt, neue Ideen zu erproben und auch ungewöhnliche Problemlösungen auszuprobieren?" mit „besonders häufig" beantwortet, und wird durch diese Einstellung auch Neues ausprobiert und werden so gewonnene Informationen aktiv an andere weitergegeben, kommt es für erfolgreiche Innovativität noch darauf an, dass die so weitergegebenen Ideen und Vorschläge von anderen Mitarbeiter/innen aufgenommen werden. Wenn das alles nicht oder wenig der Fall ist, zeigt sich die Informationspathologie „mangelnde Offenheit" besonders ausgeprägt. Wie bei den Wissensmanagementdefiziten werden hier ebenfalls keine guten Werte zwischen 1 und 2 in der Befragung erreicht. Dabei ist allerdings zu bedenken, dass die Stichprobe aus Steuerberatungskanzleien besteht, d. h. einer eher konservativen und weniger innovativen Branche.

Unzureichende Lernkultur *(Reliabilität:* α = *0,69; 2 Items)*
Wenn die Fragen „Lernen und Weiterbildung werden bei uns in der Kanzlei groß geschrieben" und „Die Kanzleileitung ist bereit, Ideen/Vorschläge der Mitarbeiter zu berücksichtigen" als überwiegend zutreffend angesehen werden, kann man von einer positiven Lernkultur sprechen, die fachliche Fort- und Weiterbildung, aber auch Erfahrungslernen aus dem Arbeitsalltag unterstützt. Wie Abb. 2 zeigt, rangiert die Informationspathologie „unzureichende Lernkultur" (umgepolt) ebenfalls im oberen Mittelfeld, es gibt auch hier viel Verbesserungspotential in den befragten Unternehmen.

Misstrauen *(Reliabilität: α = 0,76; 3 Items)*
Die Informationspathologie „Misstrauen" zeigt negativ besetzte Normen, Gewohnheiten und Werte: Ignoranz von Lösungen anderer Abteilungen oder Externer, keine Weitergabe eigener Ideen aus Angst vor Machtverlust oder wegen eines ausgeprägten Ressortegoismus. Fragen wie „Aus Angst vor Nachahmern gibt es Bedenken, selbst erarbeitete Materialien innerhalb der Kanzlei bekannt zu machen" oder „Die Bereitschaft zum Austausch war nicht so hoch, weil jeder es lieber erst einmal auf eigene Faust probierte" wurden meist als relativ unzutreffend eingestuft. Entsprechend zeigt sich die Informationspathologie Misstrauen mit Werten fast ausschließlich zwischen 1 und 2 als unproblematischste von allen (vgl. Abb. 2).

2.4   Individuelle Defizite bei der Wissensverarbeitung

Wahrnehmungen und Einstellungen von Personen sind maßgeblich für ihre Handlungen und für die Dinge, die sie unterlassen. Betreffen diese (unterlassenen) Handlungen die Verarbeitung, Verteilung und Nutzung von Informationen und Wissen, handelt es sich um Informationspathologien, die im Zusammenspiel zwischen Personen und der Organisation bzw. den Arbeitsprozessen bestehen wie z. B. Missverständnisse oder das Nichterkennen von Problemen.

Mangelhafte Darstellungen *(Reliabilität: α = 0,79; 2 Items)*
Häufig steht den Mitarbeitern eine Fülle von Daten und Informationen zur Verfügung, sei es im laufenden Prozess von Kunden und Kollegen oder bei der Recherche nach neuen Lösungen aus anderen externen Quellen wie Fachmedien, dem Internet, von Branchenkolleg/inn/en oder Expert/inn/en aus der Wissenschaft. Problematisch ist es, wenn die Informationen zwar zur weiteren Verwendung zur Verfügung stehen, aber als unverständlich wahrgenommen werden – man „nicht daraus schlau wird" – oder wenn der Anpassungsaufwand für die Weiterverwendung als zu hoch angesehen wird; diese Aspekte werden von der Informationspathologie „Mangelhafte Darstellungen" erfasst; sie sind für die befragten Kanzleien im Vergleich zu den anderen erfassten Informationspathologien im Mittelfeld einzuordnen.

Missverständnisse *(Reliabilität: α = 0,76; 2 Items)*
Ein Standardproblem in der Kommunikation ist es, wenn es zu Verständigungsproblemen kommt, beispielsweise bei unterschiedlicher Verwendung von Begriffen innerhalb eines Projektteams. Oder Personen, die zusammen arbeiten (sollten), haben von Anfang an ein unterschiedliches Verständnis von Zielen oder Arbeitsaufgaben (vgl. Scholl 2004, S. 33). Die Fragen „Wir haben uns missverstanden, da wir dieselben Begriffe unterschiedlich benutzten" sowie „Wir hatten ein unterschiedliches Verständnis (von der Arbeitsaufgabe/ dem Ziel/dem angemessenem Vorgehen etc.)" wurden überwiegend als eher selten (2) und damit im Mittelfeld der gestellten Fragen zu Informationspathologien eingestuft.

Betriebsblindheit *(Reliabilität: α = 0,71; 3 Items)*
Wenn vorwiegend routinemäßig und ohne Notwendigkeiten zur Veränderung gearbeitet wird, kann sich in Unternehmen ein Zustand etablieren, in dem Selbstkritik nicht notwendig erscheint und keine Veränderungsmöglichkeit gesehen wird. Es wird dann beispielsweise versäumt in notwendige Fortbildungsmaßnahmen zu investieren, Projektleiter oder Teamverantwortliche haben keine Einsicht, wie groß die eigene Unkenntnis ist oder es fehlt wegen anderweitiger Belastungen die nötige Aufmerksamkeit für das anstehende Problem (Scholl 2004, S. 31 f.). Die Fragen „Wie häufig kommt es vor, dass ein Problem anfangs gar nicht als Problem erkannt wird?" oder „Wie häufig kommt es vor, dass Risiken und Probleme heruntergespielt werden?" zeigen diese Informationspathologie an; sie wurden ebenfalls mit Werten um 2 im Mittelfeld bewertet (s. Abb. 2).

2.5   Organisationale Defizite

Neben den beteiligten Personen sind funktionale Prozesse sowie die Organisations- und IT-Infrastruktur besonders wichtig für den adäquaten Umgang mit Informationen im Arbeitsalltag. Die Informationspathologien „Kommunikationsmängel", „Mangelhafte Übergabeprozesse", „Informationsverlust" und „Speicherungsprobleme" eint der organisationale Bezug zum fehlerhaftem Umgang mit Informationen oder deren Verlust.

Kommunikationsmängel *(Reliabilität: α = 0,88; 4 Items)*
Diese Informationspathologie beinhaltet, inwieweit der Informationsfluss bzw. die Kommunikation ge- oder misslungen waren, d. h. ob Informationen rechtzeitig und direkt zum Empfänger gelangen oder ob das erst verspätet, unvollständig oder auch gar nicht der Fall war. Bei einer Trennung von Informationsverarbeitung und Entscheidung, der Behinderung der Informationsgewinnung, bei Ressortegoismen, aber auch durch zu lange Informationswege können Informationen zu spät oder auch gar nicht an die Stelle gelangen, wo sie benötigt werden (Scholl 2004, S. 54 f.). Mit einer leichten Tendenz oberhalb von 2 (selten) wurden Kommunikationsmängel durchschnittlich von den Befragten bewertet (s. Abb. 2)

Mangelhafte Übergabeprozesse *(Reliabilität: α = 0,80; 4 Items)*
Je komplexer und vielfältiger Arbeitsaufgaben werden, umso mehr müssen mehrere Personen mit verschiedenen Kompetenzen zusammenarbeiten. Dann ist es entscheidend, dass die Übergabe von Arbeitsinhalten planvoll und systematisch verläuft, übergebene Informationen dokumentiert werden und ganz generell geregelt ist, wer bei einer Teamarbeit welchen Input bekommt und welche Ergebnisse zu liefern hat. Fehler bei diesen Dingen machen diese Informationspathologie aus; sie wurde mit Fragen wie „Wie häufig ist das Wissen, das übergeben wird, dokumentiert?" und „Wie häufig erlaubt die Übergabe eine problemlose Fortführung der Arbeit?" erfasst. Nach den Wissensmanagementdefiziten ist diese Informationspathologie diejenige mit den höchsten Werten, die von den befragten Kanzleien angegeben wurde.

Informationsverlust *(Reliabilität:* $\alpha = 0,75$; *5 Items)*
Die Informationspathologie Informationsverlust erfasst verschiedene Ursachen, warum
Informationen verloren gehen können:

- aufgrund technischer Mängel (Soft- oder Hardware),
- wegen Arbeitsüberlastung,
- weil Personen mit Wissen das Team bzw. die Organisation verlassen haben,
- weil Wissen nicht für die weitere Nutzung abgelegt wurde,
- weil sie nicht auffindbar sind – aus welchen Gründen auch immer.

Die Befragten haben die Häufigkeit des Auftretens im unteren mittleren Bereich ein-
geordnet (s. Abb. 2), im Vergleich zu den anderen Informationspathologien stellt
Informationsverlust offenbar ein nicht so großes Problem dar.

Speicherungsprobleme *(Reliabilität:* $\alpha = 0,82$; *6 Items)*
Diese Informationspathologie deckt die Aspekte einfache Bedienbarkeit und schnelle
Auffindbarkeit der Inhalte sowie die Relevanz und Aktualität der Speicherinhalte und
die Nutzungsakzeptanz des Speichersystems ab. Ist diese Informationspathologie hoch
ausgeprägt, liegt die Ursache auf der technischen Ebene beim IT-System oder dessen mangelhafter Implementierung (vgl. Hopf 2009, S. 106). Die Fragen wie „Unser
Speichersystem ist leicht zu bedienen", „Unser Speichersystem beinhaltet die Informationen und Dokumente, die wir benötigen" und „Die Inhalte in unserem Speichersystem
sind schnell zu finden" wurden durchschnittlich eingeschätzt und für die Weiterver-
arbeitung umgepolt (s. Abb. 2).

Im Vergleich aller ermittelten Informationspathologien zeigt sich ein differenziertes Bild: Deutlich über dem Durchschnittswert aller Informationspathologien
von 2,2 liegen Wissensmanagementdefizite (2,9), mangelnde Offenheit für Neues
(2,6) und mangelhafte Übergabeprozesse (2,6). Die Werte für Misstrauen (1,5),
Informationsverlust (1,8) und Missverständnisse (1,9) liegen unter dem Durchschnitt, die der sonstigen Informationspathologien reihen sich dicht rund um den
Durchschnittswert ein. Insgesamt erscheinen die Werte verhältnismäßig niedrig;
ins Auge fallen noch die großen Maximalwerte für Wissensmanagementdefizite
(4,3), für mangelhafte Übergabeprozesse (3,5) und für mangelnde Offenheit für
Neues (3,3), während bei allen anderen Informationspathologien selbst die höchsten Ausprägungen die Mitte der Skala von 3 (gelegentlich bzw. teils – teils) nicht
überschreiten; man möchte hinzufügen: zum Glück, denn alles andere wäre höchst
problematisch. Die spannende Frage ist nun, wie sich Unterschiede bei den auftretenden Informationspathologien auf die Innovationsfähigkeit auswirken.

3 Informationspathologien und Innovationsfähigkeit

Gibt es einen Zusammenhang zwischen Informationspathologien und dem Erfolg von Innovationen? Dafür spricht sehr viel: Wie bereits oben beschrieben, wird für Innovationen neues Wissen gebraucht, wobei es extern neu beschafft oder intern entwickelt werden kann, um es dann mit vorhandenem Wissen zu verknüpfen, was nötig ist, um innovative Arbeits- oder Dienstleistungsprozesse neu im Unternehmen zu integrieren (s. a. Kapitel „Innovationskultur, Innovationsprozesse und Innovationserfolge"). Informationspathologien behindern diesen Prozess der Wissensgewinnung, so dass ein Innovationserfolg umso weniger zu erwarten ist, je mehr und/oder stärkere Informationspathologien sich ereignen. Dementsprechend hatte Scholl (2004) in einer Untersuchung von 42 Innovationfällen bei gelungenen Innovationen im Durchschnitt weniger Informationspathologien gefunden als bei misslungenen Innovationen (2,2 gegenüber 4,8). Aber auch bei den gelungenen Innovationen traten Informationspathologien auf, ganz ist das offensichtlich kaum vermeidbar.

Als Maß für die Innovationsfähigkeit wurde mit Blick auf das letzte erlebte Innovationsprojekt nach dem generellen Erfolg dieser Innovation gefragt sowie nach einzelnen Aspekten wie der Einhaltung des Budget- und Zeitrahmens, der Erledigung von Aufgaben, den gefundenen Problemlösungen, den gesammelte Erfahrungen, den Verbesserungen der ablaufenden Prozesse sowie den Konsequenzen für die Mitarbeiter/innen. Die bewerteten Änderungs- oder Innovationsprozesse waren mit einem Durchschnittswert von 0,9 (auf einer Skala von -3 bis $+3$) als tendenziell positiv und erfolgreich eingeschätzt; darin spiegelt sich die Erfahrung, dass oft auch aus gescheiterten oder unbefriedigend verlaufenen Innovationen noch etwas gelernt werden kann. Diese Bewertungen der Kriterien für die jeweilige Innovation wurden über alle Befragten und den von ihnen betrachteten Innovationen zusammengefasst, und stellen somit – über einzelne Innovationen hinaus – ein allgemeines Maß für die Innovationsfähigkeit dar (eine Faktoranalyse bestätigt das Maß als einheitliche Dimension, Reliabilität $\alpha = 0,96$; ausführlicher dazu in Abschnitt „Die Messung von Innovationserfolg und Innovationsfähigkeit" im Kap. 9).

Fasst man das Ausmaß aller Informationspathologien pro Kanzlei zusammen, dann zeigt sich ein deutlicher Zusammenhang von Informationspathologien mit der Innovationsfähigkeit der Kanzleien: Die negative Korrelation zwischen Informationspathologien und Innovationsfähigkeit von $r = -0,46$ ist verhältnismäßig hoch und entsprechend hoch signifikant ($p < 0,001$), fast schon ein starker Effekt (ab 0,50 nach Cohen 1988). Dabei ist zu bedenken, dass Innovationsfähigkeit natürlich noch von etlichen weiteren Faktoren als nur den Informationspathologien abhängt, vor allem von der Koordinationsfähigkeit (s. Kapitel „Innovationskultur, Innovationsprozesse und Innovationserfolge"), die bei der Untersuchung hier nicht im Zentrum des Interesses standen. Im Anschluss an die frühere Untersuchung von Scholl (2004) kann man hier von einem klaren Ursache-Wirkungs-Verhältnis ausgehen: Informationspathologien senken die Fähigkeit eines Unternehmens erfolgreiche Innovationen hervorzubringen.

Welche Rolle spielen bei diesem Ergebnis die einzelnen Informationspathologien? Betrachtet man die einzelnen signifikanten Zusammenhänge mit der Innovationsfähigkeit (s. Abb. 3), dann zeigt sich, dass drei Informationspathologien aus dem Bereich Wissenskultur (Befangenheit, Wissensmanagementdefizite, mangelnde Offenheit) und mangelhafte Übergabeprozesse hohe mittelstarke negative Korrelationen mit der Innovationsfähigkeit aufweisen (je $r < -0{,}4$); sie hatten jeweils auch überdurchschnittlich hohe Ausprägungen (s. Abb. 2). Den höchsten Zusammenhang mit der Innovationsfähigkeit weisen Wissensmanagementdefizite mit $-0{,}50$ auf, ein starker Effekt. Mit Zusammenhängen von über 0,30 mit der Innovationsfähigkeit weisen Betriebsblindheit, Missverständnisse, Kommunikationsmängel und Speicherungsprobleme immer noch mittelstarke Effekte auf, sind also für erfolgreiche Innovationen ebenfalls recht hinderlich. Keine signifikanten Zusammenhänge gab es mit den Informationspathologien Misstrauen, mangelhafte Darstellungen und Informationsverlust.

Im Vergleich zu den absoluten Werten (s. Abb. 2) stehen in Bezug auf die Innovationfähigkeit jene Informationspathologien im Vordergrund, die Unternehmenskultur, Organisation und Prozesse betreffen. Individuelle Wissensverarbeitungsdefizite spielen keine durchschlagende Rolle.

Mit einer multiplen Regressionsanalyse lassen sich unter den signifikanten Informationspathologien noch mal die erklärungskräftigsten herausfiltern, die gemeinsam einen noch stärkeren Effekt auf die Innovationsfähigkeit haben als die einfache Zusammenfassung aller Informationspathologien, die oben berichtet wurde. In dieser Analyse wird die *Innovationsfähigkeit* durch die Informationspathologie *mangelnde Offenheit für Neues* ($\beta = -0{,}39$, $p = 0{,}01$) vermindert und weiter durch *Betriebsblindheit* ($\beta = -0{,}25$, $p = 0{,}05$) und *mangelhafte Übergabeprozesse* ($\beta = -0{,}25$, $p = 0{,}05$); damit erhöht sich

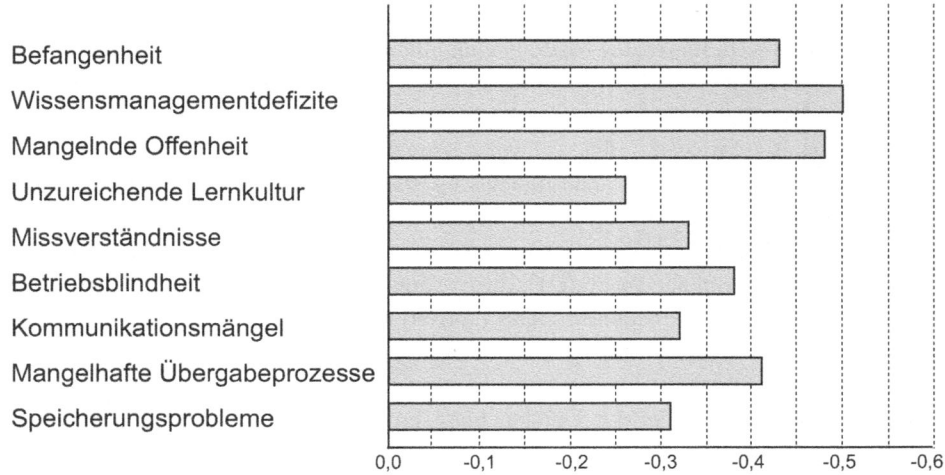

Abb. 3 Signifikant negative Korrelationskoeffizienten zwischen Innovationsfähigkeit und einzelnen

die Varianzaufklärung von 25 % auf 34 %. Der Gesamteffekt ist nach Cohen (1988) als groß einzustufen[2]. Interessant ist hier, dass Wissensmanagementdefizite zwar den größten einzelnen Zusammenhang mit der Innovationsfähigkeit aufweisen, dass aber die Kombination etwas kleinerer Zusammenhänge, nämlich von mangelnder Offenheit für Neues, Betriebsblindheit und mangelhafte Übergabeprozesse eine noch bessere Erklärung ergibt. Bemerkenswert ist daran, dass hier alle drei Bereiche von Informationspathologien – Wissenskultur, individuelle und organisationale Defizite – mit diesen drei Informationspathologien vertreten sind und sich so offensichtlich besser ergänzen. Der deutlich stärkste Teileffekt kommt dabei aus dem Bereich Wissenskultur mit der Informationspathologie mangelnde Offenheit für Neues, was inhaltlich auch naheliegt.

4   Vermutete Ursachen von Informationspathologien

Die Feststellung solcher Informationspathologien nützt nicht viel, wenn nicht auch die Ursachen ergründet werden, damit dann nachhaltige Verbesserungen erzielt werden können. Die Ursachen für Informationspathologien bzw. Mängel im Umgang mit Wissen sind vielfältig: Bei Beteiligten an Innovationsprojekten wurden in der früheren Studie mangelndes Problembewusstsein, Wunschdenken, Verständigungsprobleme, Machtausübung sowie unangemessene Vorstellungen von „Wissen" als zentrale Ursachen ermittelt (Scholl 2004). Da die Mitarbeiter/innen von Steuerberatungskanzleien (und anderen wissensintensiven Dienstleistungsfirmen, die Standarddienstleistungen erbringen) überwiegend nicht in Projekten arbeiten, sondern alleine im Kontakt mit den Kunden ihre Leistungen erbringen, rücken andere Ursachen in den Vordergrund. Um diese herauszufinden ist es nötig, sich genauer mit der Leistungserstellung in professionellen Dienstleistungsunternehmen bzw. in Steuerberatungskanzleien zu befassen.

Die typische Konstellation der Dienstleistungserstellung sieht hier so aus: Komplexes Wissen wird von hochqualifiziertem Personal in direkter Interaktion mit Kunden zu kundenindividuellen immateriellen Dienstleistungen verarbeitet. Dabei sind einerseits die Klienten vom Wissen und den Problemlösungsfähigkeiten der Kanzlei abhängig (Greenwood et al. 2005) und andererseits ist die Kanzlei auf das Engagement und die Fähigkeiten ihrer relativ selbstständig arbeitenden Beschäftigten angewiesen (Boxall und Purcell 2000). Sie sind Träger des (z. T. impliziten) Wissens, verarbeiten komplexe Informationen in mandantenindividuelle Dienstleistungen, halten die für das Dienstleistungsverhältnis und das Marketing der Kanzlei wichtigen persönlichen Beziehungen zu den Mandanten (Greenwood et al. 2005) und prägen durch ihr Auftreten und ihre Arbeitsleistung das Image der Kanzlei mit. Neben dem Personal spielen andere denkbare, z. B. materielle Faktoren für die professionellen Dienstleistungsunternehmen kaum

---

[2]Nach Cohen (1988) ist – umgerechnet – eine erklärte Varianz von 0,02 ein kleiner Effekt, ab 0,13 ein mittlerer Effekt und ab 0,26 ein großer Effekt.

eine Rolle. Kanzleien sind also in besonderer Weise von der Qualität und der Leistungs-
bereitschaft ihrer Mitarbeiter/innen abhängig: „Our asset are our people" (Maister 2003,
S 15.). Für Kanzleien ist deshalb ihre Fähigkeit, qualifizierte Mitarbeiter/innen anzu-
werben, zu halten und zu motivieren überlebenswichtig (Greenwood et al. 2005). Drei
potentielle Ursachen und Vermeidungsmöglichkeiten von Informationspathologien
ergeben sich aus dieser Konstellation, die in unserer Untersuchung erfasst wurden: Das
Unternehmensleitbild, die zwei Seiten des Psychologischen Vertrags und die Qualität der
Kommunikation der Führungskräfte.

4.1   Führungskräftekommunikationsqualität

Hohe Führungskräftekommunikationsqualität zeichnet sich durch klare Anweisungen
und Informationen seitens der Führungskraft, sowie Rückmeldungen zu Arbeitsergeb-
nissen und ein „offenes Ohr für Mitarbeiter/innen" aus. Es geht darum, wie zweck-
dienlich die Interaktion zwischen Führungskräften und Mitarbeiter/innen für die
Aufgaben wahrgenommen wird und wie angenehm sie seitens der Belegschaft erlebt
wird. Die Besonderheit der Skala zur Führungskräftekommunikationsqualität ist, dass
sie den interaktiven Aspekt von Kommunikation erfasst, wozu auch der wahrgenommene
Umgang der Führungskraft mit Beiträgen der Mitarbeiter/innen gehört. Die Skala
Führungskräftekommunikationsqualität erfasst mit Fragen wie „Mein/e Vorgesetzte/r…
gibt mir genaue Rückmeldungen zu meiner Arbeit", „… formuliert schwierige Sach-
verhalte verständlich", „… informiert mich bei wichtigen Sachen ausführlich", „… gibt
mir klare und verständliche Anweisungen" und … lässt Mitarbeiter/innen ausreden" die
Sicht der Mitarbeiter/innen auf das Verhalten der Führungskräfte; die Skala zeigte in
Studien zu Führungsverhalten gute Validität (Mohr und Wolfram 2008), eine explorative
Faktorenanalyse rechtfertigt auch mit vorliegenden Daten die Verwendung als einen
Faktor, die Reliabilität ist mit einem $\alpha = 0{,}89$ gut. Führungskräftekommunikationsquali-
tät hängt positiv mit Bindung an das Unternehmen und Arbeitszufriedenheit zusammen.
Maister (2003) geht im Umfeld von Wissensarbeitern so weit, dass er die Aufgabe von
Führungskräften als die des Coaches sieht – eine Rolle, die sicher weitreichendere
Kommunikationsfähigkeiten erfordert als bei Führungskräften in weniger wissens-
intensiven Branchen. Die Qualität der Führungskommunikation sollte deshalb gerade bei
Steuerberatungskanzleien besonders ausschlaggebend für den Umgang mit Wissen und
die Vermeidung von Informationspathologien sein.

4.2   Der Psychologische Vertrag zwischen einem Unternehmen
und seinen Beschäftigten

Psychologischen Verträge sind wahrgenommene gegenseitige Versprechen und Verpflichtungen von Mitarbeiter/innen sowie deren Organisationen (Schalk et al. 2010, S. 90).

	Beiträge der Beschäftigten	Beiträge der Organisation
Tab. 2 Abwägungen im Rahmen des Psychologischen Vertrages. (Quelle: eigene Darstellung [nach Conway und Briner 2005, S. 69, 70])	Ausbildung	Anerkennung
	Erfahrung	Aufstiegsmöglichkeiten
	Zeit	Bezahlung
	Aufmerksamkeit	Aus- und Weiterbildung
	Fähigkeiten	Zusatzleistungen
	Engagement	Unterstützendes Klima
		Arbeitsmittel und -bedingungen

Sie sind mit einer ganzen Reihe von Folgen für Organisation und Belegschaft verbunden und deshalb hoch relevant für Personalmanagement- und Führungsfragen. Sie sind ein wichtiger Aspekt für die Gestaltung von Arbeitsbeziehungen, um Mitarbeiter/innen zu motivieren, ihre Leistungsfähigkeit zu erhalten und um Loyalität sowie Verbundenheit mit der Organisation und deren Zielen zu erreichen. Beschäftigte erwidern die Art, wie sie behandelt werden, auf Basis ihrer Bewertung des Status des Psychologischen Vertrages – also ob er aus Ihrer Sicht erfüllt oder gebrochen bzw. verletzt wurde (Tab. 2).

Im Arbeitsverhältnis werden die wahrgenommene Inputs (seitens der Belegschaft Ausbildung, Erfahrung, Zeit, Aufmerksamkeit, Fähigkeiten und Engagement) den wahrgenommenen Beiträgen seitens der Organisation (Status, Anerkennung, Aufstiegsmöglichkeiten, Bezahlung und Zusatzleistungen, unterstützendes Klima) gegenübergestellt. Wenn beteiligte Personen Ungleichheit im Beziehungsaustausch wahrnehmen, fühlen sie sich gedrängt Gleichheit wieder herzustellen, die verwendete Skala zur Messung der Erfüllung Psychologischer Verträge zeigt eine befriedigende Reliabilität $\alpha = 0{,}78$, die explorative Faktoranalyse rechtfertigt die Verwendung als ein Faktor. Intakte Psychologische Verträge werden u. a. als Voraussetzung für den Wissensaustausch innerhalb von Organisationen (z. B. Hislop 2003) oder die Bereitschaft von Mitarbeiter/innen angesehen, das Unternehmen mit Ideen und Vorschlägen zu unterstützen (als valide Skala ermittelt von Ramamoorthy et al. 2005); das wird mit Aussagen wie: ich fühle mich verpflichtet „… mein Unternehmen mit einzigartigem Wissen und Input zu unterstützen" oder „… mein Unternehmen mit innovativen Vorschlägen zu unterstützen" erfasst (Selbstverpflichtung der Mitarbeiter/innen zu Innovation). Eine explorative Faktorenanalyse rechtfertigt mit vorliegenden Daten die Verwendung als einen Faktor, die Reliabilität ist mit einem $\alpha = 0{,}63$ noch ausreichend.

4.3 Die positive Funktion von Leitbildern

Die notwendige Selbstständigkeit der Beschäftigten beim Kontakt mit den Mandanten (samt Vor- und Nachbereitung) macht persönliche Koordination schwierig und Software und Qualitätsmanagement können nur die Standardprobleme regeln. Hilfreich als

Mittel indirekter und flexibler Koordination in Unternehmen ist da ein Leitbild, das den Beschäftigten gut bekannt ist und von ihnen akzeptiert wird (vgl. auch Mintzberg 1983, S. 191[3]). Bei neuen Problemen ohne Standardlösungen hilft ein Leitbild die Wege zu finden, die mit den Wegen der anderen vereinbar sind und zum gleichen Ziel führen. Ein funktionierendes Leitbild umfasst daher nicht nur das Verständnis, sondern auch die Identifikation der Mitarbeiter/innen mit den Zielen der Kanzlei, sowie deren Eindruck, dass die Führungskräfte klare Vorstellungen über die Unternehmensstrategie kommunizieren und langfristige Entscheidungen treffen. Eine explorarative Faktoranalyse mit vorliegenden Daten erwies für Leitbild einen Faktor, ($\alpha = 0{,}89$); für den Teilaspekt Ziele beträgt die Reliabilität $\alpha = 0{,}84$ und für den Teilaspekt Strategien $\alpha = 0{,}86$. Eine klare Formulierung darüber, wie das Unternehmen in der Zukunft „aussehen soll", ist die Orientierungshilfe, die Mitarbeiter/innen bei eigenen kurzfristigen Entscheidungen ohne gegebene Standardprozeduren unterstützt. Ein Leitbild gibt somit nicht nur die Richtung vor, sondern legt über die Ziele auch Leistungserwartungen für aktuelle Aufgaben nahe und ermöglicht das Priorisieren der aktuell anfallenden Arbeit. Damit entfaltet es trotz – oder gerade wegen – seiner langfristigen Perspektive im Hier und Jetzt einen Rahmen, der effektiveres Arbeiten ermöglicht, das gleichzeitig langfristig zu mehr Erfolg und zu besserer Innovationsfähigkeit führt.

> Das Zusammenspiel vom Führungskräfteverhalten in der täglichen Mitarbeiterkommunikation und dem Verständnis und der Identifikation der Mitarbeiter mit Unternehmenszielen und -strategien (Leitbild) und ihrer Bewertung des Austauschs mit dem Unternehmen (Psychologischer Vertrag) ist in einem wissensintensiven Arbeitsumfeld so komplex wie erfolgsrelevant. Da ein Großteil der Kontrolle über die Arbeitsvorgänge, und die Arbeitserfahrung in den Köpfen und Herzen der Mitarbeiter/innen steckt, werden sich die drei vermuteten Ursachen auch auf Informationspathologien auswirken. Diese zu erfassen ist ein erster wichtiger Schritt für Verbesserungen in der Praxis. Denn der Weg zu einem besseren Umgang mit Wissen ist in jedem Unternehmen anders oder erfordert andere Prioritäten, weil die Unternehmenssituationen verschieden sind, aber auch weil

---

[3]Mintzberg (1983) führt als Koordinationsmechanismus einer Organisation für Wissensarbeiter in erster Linie die Qualifikation und professionelle Ausbildung an, die es ermöglichen, dass die Arbeit auf die richtige Art und Weise und entsprechend den Berufsstandards erfolgt. Das ermöglicht effektives Arbeiten durch verhältnismäßig hohe Autonomie, birgt aber potentielle Schwierigkeiten wie beispielsweise mangelhafte Koordination. Ein funktionierendes Leitbild stellt einen Teil der nötigen Koordination her. In der Praxis wird hoch qualifiziertem Personal häufig auch für eine Ziel- oder Aufgabenerreichung ein bestimmtes (Zeit-)Budget zur Verfügung gestellt, in dessen Rahmen Kontrollfreiheit herrscht. Dieser Rahmen wirkt aber gleichzeitig beschränkend (Bürger 2005, S. 71).

ein fehlerfreier Umgang mit Wissen und Informationen (vgl. Abb. 2) unrealistisch erscheint. Deshalb sollte im jeweiligen Rahmen jeder einzelnen Organisation schrittweise nach spezifischen Ansatzpunkten für Verbesserungen im Umgang mit Wissen gesucht werden. Denn das ist im Zweifel für jede Organisation im Detail ein anderer. Die Erfassung von Informationspathologien und deren Zusammenhänge mit möglichen Ursachen ist ein entscheidender Schritt, um die wichtigsten Verbesserungspotentiale sichtbar zu machen.

5 Empirisch ermittelte Ursachen von Informationspathologien

Die Zusammenhänge von Informationspathologien mit den vermuteten Ursachen, wie sie sich aus den Daten der quantitativen Online-Fragebogenstudie ergeben, werden hier dargestellt. Zur Bestimmung der Relevanz der Ursachen für die Informationspathologien wurden Regressionsanalysen gerechnet, mit denen jede Informationspathologie auf die vermuteten Ursachen-Variablen unter Berücksichtigung weiterer Kontrollvariablen zurückgeführt wird. So kann ermittelt werden, welche Prädiktoren bzw. vermutete Ursachen besonders für eine Vorhersage geeignet sind, was statistisch in der Höhe des Beta-Gewichts zum Ausdruck kommt; dabei schöpfen oft wenige Prädiktoren den erklärbaren Anteil der jeweiligen Informationspathologie aus, auch wenn es noch weitere Zusammenhänge mit signifikanten Korrelationen geben kann.

In den Abbildungen Abb. 4, 5 und 6 werden die Beta-Gewichte der Prädiktorvariablen mit den Informationspathologien dargestellt. Der Psychologische Vertrag wird dabei durch zwei Variablen repräsentiert, nämlich die wahrgenommene Erfüllung des Psychologischen Vertrages von Seiten des Unternehmens und die Selbstverpflichtung der Mitarbeiter/innen zur Innovation. Der besseren Übersichtlichkeit wegen bezieht sich Abb. 4 nur auf Informationspathologien aus dem Bereich „Wissenskultur", 5 und 6 entsprechend auf Informationspathologien aus den Bereichen „Individuelle Defizite in der Wissensverarbeitung" bzw. „Organisationale Defizite".

5.1 (Wie) Lassen sich Informationspathologien der Wissenskultur vermeiden?

Haben die vermuteten Ursachen (Prädiktorvariablen) nun statistisch nachweisbare Zusammenhänge mit den fünf Informationspathologien aus der Bereich „Wissenskultur"? Dann könnte man dieses Wissen nutzen, um gezielte Maßnahmen zur Vermeidung solcher Informationspathologien zu entwerfen und durchzuführen. Tatsächlich ergeben sich

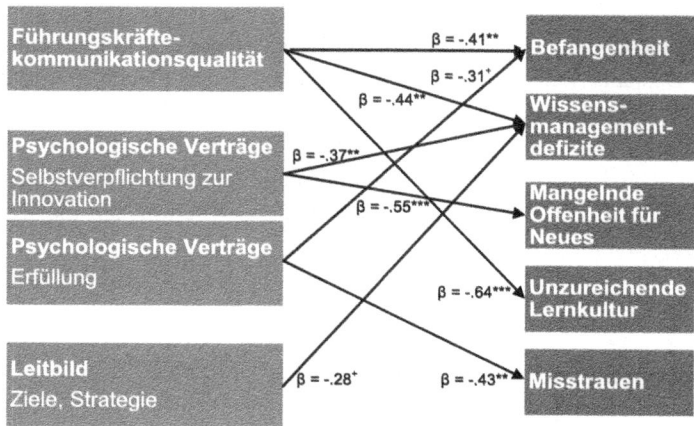

Abb. 4 Regressionen zu Ursachen (Prädiktorvariablen) und Informationspathologien aus dem Bereich „Wissenskultur". (Quelle: eigene Darstellung)

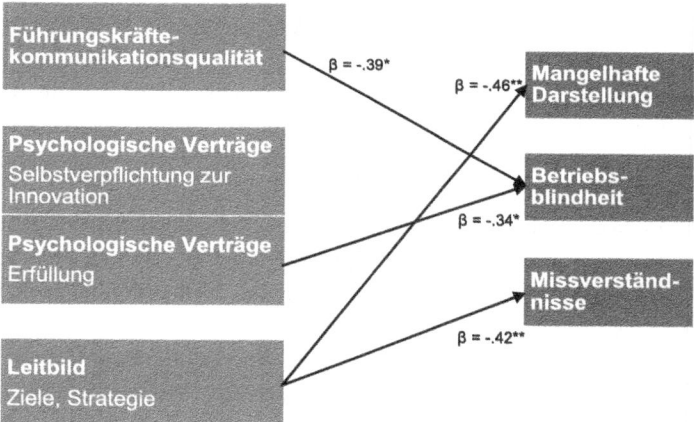

Abb. 5 Regressionen Ursachen (Prädiktorvariablen) und Informationspathologien „Individuelle Defizite bei der Wissensverarbeitung". (Quelle: eigene Darstellung)

sehr signifikante Zusammenhänge, wie Abb. 4 zeigt. (Alle in den folgenden Abbildungen Abb. 4, 5 und 6 gezeigten Zusammenhänge sind negativ, d. h. eine Verbesserung in Erklärungsvariablen auf der linken Seite vermindert die Informationspathologien auf der rechten Seite.)

So hängt **Befangenheit** in Regressionsanalysen tendenziell signifikant negativ mit der Erfüllung des Psychologischen Vertrages ($\beta = -0,31$, $p = 0,06$) und noch stärker mit der Qualität der Führungskräftekommunikation ($\beta = -0,42$, $p = 0,01$) zusammen. Die beiden

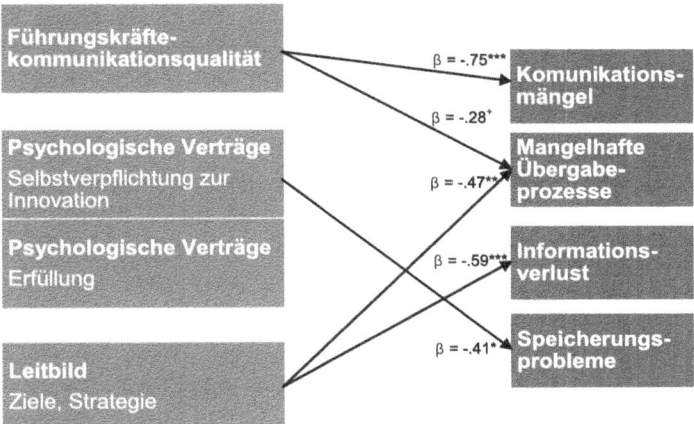

Abb. 6 Regressionen Ursachen (Prädiktorvariablen) und Informationspathologien „Organisationale Defizite". (Quelle: eigene Darstellung)

Prädiktoren klären dabei 37 % der Varianz auf[4]; ein starker Erklärungseffekt. Durch die Art ihrer Kommunikation können Führungskräfte also eine eventuelle Befangenheit abbauen und so die Wissensqualität verbessern. Eine Erfüllung des psychologischen Vertrags kann ebenfalls Befangenheit verringern, womit stärker die Unternehmensebene angesprochen ist.

Die Informationspathologie **Wissensmanagementdefizite** zeigt signifikant negative Zusammenhänge mit dem Leitbild ($\beta = -0{,}28$, $p = 0{,}05$), der Führungskräftekommunikationsqualität ($\beta = -0{,}44$, $p = 0{,}00$) und darüber hinaus auch mit der Selbstverpflichtung der Mitarbeiter/innen zur Innovation ($\beta = -0{,}37$, $p = 0{,}00$). Die hier genannten Determinanten klären damit 62 % der Varianz für diese Informationspathologie auf, ein überaus starker Erklärungseffekt. Wie schon bei der Befangenheit ist die Führungskräftekommunikationsqualität der stärkste der drei Prädiktoren. Zusätzlich kommt die andere Seite des psychologischen Vertrags, die Selbstverpflichtung zur Innovation, ins Spiel, die durch eine generell innovationsfreundliche Kultur gestärkt werden kann; ein klares, akzeptiertes Leitbild kann Wissenmanagementdefizite weiter verringern.

Einen signifikant negativen Zusammenhang des Faktors **Mangelnde Offenheit für Neues** gibt es mit der Selbstverpflichtung der Mitarbeiter zur Innovation ($\beta = -0{,}55$, $p = 0{,}04$), es werden 29 % der Varianz aufgeklärt, auch dies eine sehr starke Erklärung; der Einzeleffekt ist bereits so groß, dass die anderen Prädiktoren nichts mehr zusätzlich zur Erklärung beitragen können. Der Zusammenhang liegt nahe, denn eine verbreitete

---

[4]Berichtet wird im Folgenden jeweils die adjustierte erklärte Varianz R^2_{adj}.

Selbstverpflichtung zur Innovation im Unternehmen schafft ein Klima, in dem man Neuem offener begegnet und Fehler nicht gleich verurteilt werden.

Eine **unzureichende Lernkultur** hat einen signifikant negativen Zusammenhang mit der Führungskräftekommunikationsqualität ($\beta = -0{,}64$, $p = 0{,}00$) bei einer Varianzaufklärung von 40 %. Hier ist der Einzeleffekt noch stärker als bei der vorigen Informationspathologie, so dass andere Prädiktoren keine zusätzliche Aufklärung bringen. Es hängt eben in besonderer Weise an den Führungskräften und ihrer Gesprächsbereitschaft, ob Vorschläge der Mitarbeiter/innen willkommen sind und Fortbildungen selbstverständlich dazu gehören.

Die Informationspathologie **Misstrauen** kann mit einer Varianzaufklärung von 16 % auf eine mangelnde Erfüllung des Psychologischen Vertrages zurückgeführt werden ($\beta = -0{,}43$, $p = 0{,}01$). Offensichtlich schaffen mangelnde materielle und/oder immaterielle Anerkennung beim Psychologischen Vertrag auch eine gewisse Konkurrenz unter den Beschäftigten und schüren so untereinander Misstrauen. Allerdings ist der Zusammenhang hier geringer als bei den bisherigen Analysen, es ergibt sich nur ein mittelstarker Effekt.

5.2 (Wie) Lassen sich Informationspathologien bei der individuellen Wissensverarbeitung vermeiden?

Welche Zusammenhänge zwischen den vermuteten drei Ursachen und den Informationspathologien im Bereich „Individuelle Defizite bei der Wissensverarbeitung" sich empirisch ermitteln ließen, zeigt Abb. 5.

Die Informationspathologie **Mangelhafte Darstellungen** ließe sich offensichtlich weitgehend durch ein klares und akzeptierte Leitbild vermeiden, wie der signifikante negative Zusammenhang ($\beta = -0{,}46$, $p = 0{,}01$) anzeigt, wobei 18 % der Varianz aufgeklärt werden. Die Informationspathologie **Missverständnisse** hängt ebenfalls signifikant negativ mit einem adäquaten Leitbild ($\beta = -0{,}42$, $p = 0{,}00$) zusammen, wobei 43 % der Varianz aufgeklärt werden. In beiden Fällen hilft ein gutes Leitbild bei der Klärung der situationalen Erfordernisse, so dass die verfügbaren Informationen auch „informativ" aufbereitet und Missverständnisse verringert werden. Erneut handelt es sich hier jeweils um einen mittelstarken Effekt.

Betriebsblindheit lässt sich statistisch wesentlich stärker aufklären und damit wohl auch besser vermeiden: Eine bessere Erfüllung des Psychologischen Vertrages ($\beta = -0{,}34$, $p = 0{,}04$) und höhere Qualität der Führungskräftekommunikation ($\beta = -0{,}39$, $p = 0{,}02$) verringern die Betriebsblindheit deutlich mit einer Varianzaufklärung von 37 %. Dass umgekehrt bei mäßiger Kommunikation der Führungskräfte mit ihren Mitarbeitern Probleme u. U. nicht oder zu spät erkannt werden, liegt nahe und dass bei geringerer Erfüllung des Psychologischen Vertrags Risiken eher herunter gespielt oder ignoriert werden, ist auch nicht verwunderlich, denn da wird als Reaktion Mitdenken und Engagement zurückgenommen.

5.3 (Wie) Lassen sich Informationspathologien im Bereich organisationaler Defizite vermeiden?

Die empirisch ermittelten Zusammenhänge der vermuteten Ursachen mit den Informationspathologien im Bereich „Organisationale Defizite" sind in Abb. 6 dargestellt.

Dass **Kommunikationsmängel** mit Führungskräftekommunikationsqualität einen signifikant negativen Zusammenhang ($\beta = -0{,}75$, $p = 0{,}00$) mit hoher Varianzaufklärung von 55 % aufweisen, war zu erwarten, ist zwar fast trivial, bestätigt aber die Qualität der beiden Messkonzepte. Führungskräftekommunikationsqualität ist gekennzeichnet durch intensive wechselseitige Kommunikation und da sind fehlende, unvollständige oder verzerrte Informationen weniger wahrscheinlich oder eventuelle Mängel können schnell aufgedeckt werden.

Die Informationspathologie **Mangelhafte Übergabeprozesse** kann signifikant durch ein klares und akzeptiertes Leitbild reduziert werden ($\beta = -0{,}47$, $p = .01$) und auch tendeziell durch eine hohe Qualität der Führungskräftekommunikation ($\beta = -0{,}28$, $p = 0{,}09$) bei einer Varianzaufklärung von insgesamt 42 %; auch dies ist schon ein sehr starker Effekt. Ein akzeptiertes Leitbild erweist sich vermutlich nicht nur richtungsweisend, sondern auch motivierend, und gute Führungskräftekommunikation erweist sich fast schon als Allheilmittel bzw. hat ein sehr breites Wirkungsspektrum.

Die Informationspathologie **Informationsverlust** lässt sich ebenfalls durch ein akzeptiertes Leitbild verringern, wie eine schrittweise Regressionsanalyse[5] zeigt ($\beta = -0{,}59$, $p = 0{,}00$) bei einer Varianzaufklärung von 33 %. Auch wenn Informationsverlust quantitativ im Vergleich zu den anderen Informationspathologien ein nicht so großes Problem darstellt (s. o. 1.2.5), in Einzelfällen kann viel daran hängen und das ließe sich noch stärker vermeiden.

Die Informationspathologie **Speicherungsprobleme** schließlich ließe sich durch eine stärkere Selbstverpflichtung der Mitarbeiter/innen zur Innovation oft verringern ($\beta = -0{,}41$, $p = 0{,}01$). Diese Seite des Psychologischen Vertrags führt offensichtlich zu einem sorgfältigeren Umgang mit der Speicherung von Informationen, so dass der Nutzen für die Verwender deutlich höher wird. Die Varianzaufklärung ist hier mit 14 % zwar geringer als bei den anderen organisationalen Defiziten, aber es ist immerhin ein mittelstarker Effekt, also durchaus beachtenswert.

Insgesamt zeigt sich, dass alle drei vermuteten Ursachenvariablen in allen drei Bereichen der Informationspathologien signifikante negative Zusammenhänge mit einzelnen Informationspathologien haben. Es fällt auf, dass in den beiden Bereichen „Individuelle" und „Organisationale Wissensverarbeitungsdefizite"

---

[5]Sonst wurde standardmäßig die Regression mit der Methode rückwärts gerechnet, bei der auch kleinere Beiträge und damit mehr Prädiktoren zur Erklärung beitragen können.

Psychologische Verträge im Vergleich zu den anderen beiden Determinanten unterrepräsentiert sind – Erfüllung und Selbstverpflichtung zu Innovation haben hier jeweils nur zu einer Informationspathologie einen signifikant negativen Zusammenhang. Auf Ebene der einzelnen Informationspathologien gibt es nur in 4 von 12 Fällen Mehrfachzusammenhänge mit den Determinanten, nämlich bei Befangenheit, Wissensmanagementdefiziten, Betriebsblindheit und mangelnde Übergabeprozesse.

6   Diskussion und Interpretation

Was kann aus den empirisch ermittelten Zusammenhängen der Ursachen und Konsequenzen von Informationspathologien gelernt werden? Zunächst ist noch einmal festzuhalten, dass Informationspathologien die Innovationsfähigkeit der Organisation behindern; je mehr und stärkere Informationspathologien es gibt, umso geringer ist die Innovationsfähigkeit; dieser Gesamteffekt ist sehr stark (s. Abb. 3). Wie bereits erörtert, lassen sich Informationspathologien sicher nicht völlig vermeiden, denn einige treten auch bei erfolgreichen Innovationsprojekten auf, wenn auch deutlich weniger als bei eher erfolglosen Innovationen. Doch was besagen die Ergebnisse im Einzelnen?

6.1   Diskussion der empirischen Ergebnisse

Die vorgestellten Ergebnisse zu Informationspathologien, ihren Konsequenzen für die Innovationsfähigkeit und ihren Ursachen bei Mängeln in der Führungskräftekommunikationsqualität, den zwei betrachteten Aspekten des Psychologischen Vertrags und dem Unternehmensleitbild können für den Abbau oder die Verminderung von Informationspathologien genutzt werden. Die erfolgreiche Suche nach Ursachen einzelner Informationspathologien eröffnet die Möglichkeit, konkrete Ansätze zur Verbesserung der Aufgabenbewältigung und der Innovationsfähigkeit zu finden.

Die gefundenen Zusammenhänge bestätigen das Bild, dass der Umgang mit Wissen und den damit leider teilweise verbundenen Fehlern – repräsentiert durch Informationspathologien – komplex und vielfältig ist. Für alle Bereiche der Informationspathologien – Kultur, Individuum und Organisation – waren jeweils alle drei Determinanten Führungskräftekommunikationsqualität, Psychologischer Vertrag und Leitbild relevant. Für einen besseren Umgang mit Wissen durch Vermeidung von Informationspathologien sind somit ganz unterschiedliche Voraussetzungen zu gewährleisten: Vor dem eingangs beschriebenen Hintergrund wissensintensiver Arbeit ist die wichtige Rolle intakter Psychologischer Verträge als Grundlage für den freiwilligen, zum Nutzen der Organisation ausgerichteten Umgang mit Wissen verständlich; Mitarbeiter/innen müssen von sich aus zum Engagement bereit sein. Es ist seitens der Organisation bei der Belegschaft für die Klarheit über und die Identifikation mit den Zielen und Strategien, d. h. dem Leitbild zu sorgen. Das kann beispielsweise durch Bezugnahme auf den psychologischen Vertrag im Sinne wechselseitiger Respektierung, Fürsorge und Förderung geschehen und besonders durch partizipative Führung (Empowerment) gewährleistet werden, indem die Mitarbeiter/innen an der Zielfindung und Strategieausarbeitung beteiligt werden, wobei der Unternehmensleitung natürlich das Recht und die Pflicht zur Autorisierung vorbehalten bleibt. Die Kommunikationsfähigkeit der Führungskräfte, die klare Informationen zur Arbeit, Verständlichkeit der Arbeitsanweisungen, gute Feedback- und Kommunikationsprozesse mit den Mitarbeitern beinhaltet, erweist sich zudem als wichtigster Faktor zur Vermeidung von Informationspathologien.

Die Determinanten halten sich auch die Waage in der Relevanz für die Informationspathologien: Psychologischer Vertrag und Führungskräftekommunikationsqualität haben jeweils mit sechs Informationspathologien negative Zusammenhänge, Leitbild mit fünf. Von den neun Informationspathologien, die wie Abb. 3 zeigt, mit Innovationsfähigkeit korrelieren, weisen in der Regressionsanalyse die Informationspathologien Mangelnde Offenheit für Neues, unzureichende Übergabeprozesse und Betriebsblindheit Zusammenhänge mit Innovationsfähigkeit auf. Diese drei repräsentieren auch alle drei Bereiche der Informationspathologien (Kultur, individuelle und organisationale Wissensverarbeitungsdefizite). Die klare Verbindung von allen drei Determinanten über die Informationspathologien zur Innovationsfähigkeit zeigt, dass es nicht das eine Mittel zum Abbau von Informationspathologien sowie zur Verbesserung der Innovationsfähigkeit gibt. Es muss auf verschiedenen Ebenen angesetzt werden.

Sowohl Führungskräftekommunikationsqualität als auch beide Psychologische Vertrags-Variablen (Erfüllung und Selbstverpflichtung zu Innovation) haben überwiegend Zusammenhänge mit den Informationspathologien im Bereich „Wissenskultur": Werte, Normen und Gewohnheiten in Bezug auf Umgang mit Wissen werden also überwiegend durch die Führungskräfte geprägt und zeigen sich in der Wahrnehmung der Belegschaft hinsichtlich der gegenseitigen Verpflichtungen und Versprechen in ihrer Arbeitsbeziehung.

Im Gegensatz dazu zeigen sich vier der fünf negativen Zusammenhänge von Informationspathologien mit dem Leitbild in den Bereichen individuelle und organisationale Wissensverarbeitungsdefizite. Das zeigt, dass ein Leitbild – mehr als die anderen beiden Ursachen – im Arbeitsalltag eine wichtige Orientierung gibt, die Missverständnissen vorbeugt und einen effektiveren Informationsaustausch ermöglicht: Informationen kommen dort an, wo sie gebraucht werden, und die Übergabe von nötigen Inputs und Ergebnissen der Arbeit funktioniert besser, wenn die Zielrichtung klar ist und den Mitarbeiter/innen bewusst ist, wofür sie sich einsetzen sollen.

Dass die Psychologische Vertragskomponente „Selbstverpflichtung der Mitarbeiter/innen zur Innovation" für die die Informationspathologien „Wissensmanagementdefizite", „Mangelnde Offenheit" und „Speicherungsprobleme" maßgeblich ist, unterstreicht die Bedeutung des „richtigen Personals" für effektive Wissensarbeit und Innovationen.

Richtiges Personal zu haben ist aber keine Einbahnstraße: Ein Unternehmen mit einer attraktiven Innovationskultur und Entwicklungsmöglichkeiten, das individuelle Leistung fördert und Engagement honoriert, zieht auch entsprechendes Personal an. Dieses wird beispielsweise von besonderen Erfahrungen beim internen Wissens- und Erfahrungs- austausch im Team angeregt, eigene Ideen aktiver einzubringen und mit anderen zu dis- kutieren, um damit die gemeinsame Arbeit voranzubringen. Auffällig ist der negative Zusammenhang zu Speicherungsproblemen – die ja ganz unterschiedliche Ursachen haben können: Es gibt unzureichende Software oder sie ist schlecht zu bedienen, es gibt keine oder unzureichende Regeln für den Umgang damit oder man nutzt sie aus persön- lichen Vorlieben nicht – „Ich greife lieber zum Telefon, wenn ich was wissen will". Mitarbeiter/innen mit ausgeprägtem Innovationsengagement haben in diesem Bereich weniger Probleme und nehmen sich der Gegebenheiten, wie sie vorhanden sind, offenbar besser an, als Mitarbeiter/innen, die an weniger eigenen kreativen Ideen als Input in die Arbeitsbeziehung interessiert sind.

6.2   Praktische Handlungsempfehlungen auf Basis der Ergebnisse

Welche praktischen Maßnahmen wirken nun zur Verbesserung und positiven Ent- wicklung? Aufgrund der Ergebnisse ist es besonders angezeigt, der Bedeutung der Quali- tät der Führungskommunikation Rechnung zu tragen. Hier bescheinigen allgemeine Umfragen deutschen Führungskräften im internationalen Vergleich nicht gerade Best- noten (z. B. FAZ.net 12.12.2012). Auch deshalb sollten Führungskräfte ihre eigene Kom- munikations- und Führungskompetenz kritisch reflektieren und regelmäßig entwickeln (z. B. in Trainings, Workshops und Coachings). Über Mitarbeiterfeedbacks – auch schriftlich und anonym – können sie sich regelmäßig (z. B. jährlich) vom Team ein- schätzen lassen, um so keine blinden Flecken entstehen zu lassen.

Für regelmäßigen kontinuierlichen Informationsaustausch im ganzen Team bzw. der ganzen Kanzlei können wöchentliche Teamsitzungen sowie regelmäßige schriftliche interne Informationen sorgen, z. B. in Form der eingangs beschriebenen Montags-Email. Krisen und Probleme sollten offen angesprochen werden können und nicht unter den Teppich gekehrt oder ignoriert werden.

Mitarbeiter sollten möglichst viel Verantwortung haben und übernehmen können, um auf eigene Ideen zu kommen und akute Probleme zu lösen; das motiviert und macht Arbeitsprozesse effektiv. Sie sollten auch bei Fortbildungen und den Arbeitsbedingungen Mitspracherechte haben, so dass ihre Ideen und Vorschläge berücksichtigt werden; sie wissen meist am besten, was sie brauchen. Regelmäßige Mitarbeitergespräche (jährlich, halbjährlich, s. a. Kapitel „TOOLBOX – Schrittmacher für Innovationen"), die den Mit- arbeitern nicht nur ein Feedback zu ihrer Arbeit geben, sondern auch Raum für ihre Vor- stellungen und Ideen zum Arbeitsverhältnis und zur Entwicklung der Kanzlei geben, sind dafür ein passender, kontinuierlicher Rahmen Information und Kommunikation zwischen Mitarbeiter- und Führungsebene unter vier Augen zu ermöglichen.

Eine förderliche Wissenskultur wird u. a. dadurch geschaffen, dass Leitbilder oder Vorgehensweisen zur Verbesserung der Arbeit im Unternehmen gemeinsam von Führungskräften und dem gesamten Team entwickelt werden. Jährliche Mitarbeiter-Workshops sind dazu ein passender Rahmen, um zu diskutieren, welche Ziele und Projekte für die erfolgreiche langfristige Entwicklung des Unternehmens relevant sind. Werden Ideen zur Verbesserung in den Arbeitsprozessen der Mitarbeiter/innen in Entscheidungsprozessen berücksichtigt, können für diese klarere Ziele kommuniziert werden, die zugleich motivierend und herausfordernd sind; eine Beteiligung an Ziel- und Strategieprozessen durch Mitarbeiter/innen sichert auch deren Engagement in der Umsetzung. Vor allem aber sollte in der laufenden täglichen Führungskommunikation Bezug auf diese Strategien, Ziele und das Leitbild genommen werden – das ist noch wichtiger, als diese einmalig in einem Workshop zu entwickeln. Ein regelmäßiges Arbeitstreffen in diesem Rahmen erleichtert die Aufgabe der laufenden Führungskommunikation.

Die vorhandenen Mitarbeiter/innen können auch aktiv in die Rekrutierung neuer Mitarbeiter/innen einbezogen werden – sei es dass sie die eigenen Kontakte/Netzwerke für die Mitarbeitersuche einbringen, oder sei es, dass sie bei der Personalauswahl mitbestimmen können. Denn innovative und engagierte Mitarbeiter/innen ziehen ebensolche an.

Insgesamt gilt: Informationspathologien wirken sich – wie vermutet – sehr negativ aus, aber sie sind kein naturgegebenes und hinzunehmendes Übel.

Literatur

Barney, J. (1991). Firm resources and sustained competitive advantage. *Journal of Management, 17,* 99–120.

Boxall, P., & Purcell, J. (2000). Strategic human resource management. Where have we come from and where should we be going? *International Journal of Management Reviews, 61*(1), 12–21.

Bürger, B. (2005). *Aspekte der Führung und der strategischen Entwicklung von Professional Service Firms.* Wiesbaden: Deutscher Universitätsverlag.

Cohen, J. (1988). *Statistical power analysis for the behavioral sciences.* New York: Erlbaum.

Conway, N., & Briner, R. B. (2005). *Understanding psychological contracts at work: A critical evaluation of theory and research.* New York: Oxford University Press.

FAZ.net. (12.12.2012). Führungskräfte: „In Deutschland führen die Falschen".

Gierschner, H.-C. (1991). *Information und Zusammenarbeit bei Innovationsprozessen.* Frankfurt a. M.: Lang.

Greenwood, R., Li, S. X., Prakash, R., & Deephause, D. L. (2005). Reputation, diversification, and or-ganizational explanations of performance in professional service firms. *Organization Science, 16*(6), 661–673.

Hausmann, U. (in Vorbereitung). *Determinanten von Wissensbarrieren in Steuerberatungskanzleien.*

Hislop, D. (2003). Linking human resource management and knowledge management via commitment (A review and research agenda). *Employee Relations, 25*(2), 182–202.

Hopf, S. (2009). *Entwicklung eines Fragebogens zur Messung von Wissensbarrieren.* Dissertation an der Humboldt Universität zu Berlin, Lehrstuhl für Sozial- und Organisationspsychologie.

Maister, D. (2003). *Managing the professional service firm.* New York: Free Press.

Mintzberg, H. (1983). *Structure in fives: Designing effective organizations.* Upper Saddle River: Prentice Hall.

Mohr, G., & Wolfram, H.-J. (2008). Leadership and effectiveness in the context of gender: The role of leaders' verbal behaviour. *British Journal of Management, 19,* 4–16.

Probst, G., Raub, S., & Romhardt, K. (2010). *Wissen managen. Wie Unternehmen ihre wertvollste Res-source optimal nutzen* (6. überarbeitete Aufl.). Wiesbaden: Gabler.

Ramamoorthy, N., Flood, P. C., Slattery, T., & Sardessai, R. (2005). Determinants of innovative work behaviour: Development and test of an integrated model. *Creativity and Innovations Management, 14*(2), 142–150.

Ringlstetter, M., Bürger, B., & Kaiser, S. (2004). *Strategien und Management für Professional Service Firms.* Weinheim: Wiley-VCH.

Schalk, R., de Jong, J., Mohr, G., Rigotti, T., Peiro, J. M., & Caballer, A. (2010). The psychological contracts of temporary and permanent workers. In D. Guest, K. Isaksson, & H. De Witte (Hrsg.), *Employment contracts, psychological contracts, and employee well-being: An international study* (S. 89–120). Oxford: Oxford University Press.

Scholl, W. (1999). Restrictive control and information pathologies in organizations. *Journal of Social Issues, 55,* 101–118.

Scholl, W. (2004). *Innovation und Information. Wie in Unternehmen neues Wissen produziert wird (Unter Mitarbeit von Lutz Hoffmann und Hans-Christof Gierschner).* Göttingen: Hogrefe.

Scholl, W. (2007). Grundkonzepte der Organisation. In H. Schuler (Hrsg.), *Lehrbuch der Organisationspsychologie* (4., aktual. Aufl., S. 515–556). Bern: Huber.

Schulze-Borges, A. 2011. *Performance management in professional service firms.* Wiesbaden.

Wilensky, H. L. (1967). *Organizational intelligence.* New York: Basic Books.

Teil III

Beratung von Innovationen

Praxisvorwort: Innovationen in einer konservativen Branche

Tom Streicher

Manchmal bedarf es des Anstoßes von außen, damit auch in einem konservativen Arbeitsumfeld innovative Entwicklungen vorankommen. In der eher konservativen Steuerberatungs- und Wirtschaftsprüfungsbranche ist es der Anspruch von Ecovis, zum Nutzen seiner unternehmerischen Mandanten innovativer zu sein als andere Anbieter. In unserem Arbeitsumfeld werden technisch automatisierte und digitalisierte Arbeitsprozesse zunehmend wichtiger. So entsteht ein extern getriebener Veränderungsdruck und Mitarbeiter/innen müssen sich auf neue Arbeitsweisen einstellen. Die Änderungen kommen nun nicht mehr nur aus dem fachlichen steuerlichen Bereich, sondern auch den technischen Möglichkeiten. Zugleich erwarten Mandanten verstärkte Dienstleistungsorientierung und entsprechend professionelles Kommunikations- und Informationsverhalten von ihrer Steuerkanzlei.

Mit dieser Ausgangssituation sind wir Partner des GI:VE-Projektes geworden, weil wir nach neuen Wegen gesucht haben, wertvolles Erfahrungswissen, das an den 130 Standorten von Ecovis täglich von Mitarbeiter/innen erweitert wird, besser zu teilen und so Möglichkeiten zu schaffen, ein innovativerer Dienstleister zu werden. Die Auswertungen der beiden Online-Befragungen, an der sich mehr als ein Drittel der Belegschaft beteiligt hatten, brachten schon schnell umsetzbare Verbesserungsvorschläge wie beispielsweise zum firmeneigenen Intranet, zum Schulungsangebot und zur Personalentwicklung.

Vorstand ECOVIS Wirtschaftsprüfer · Steuerberater · Rechtsanwälte.

T. Streicher (✉)
ECOVIS Europe AG und ECOVIS Grieger Mallison Management AG, Berlin, Deutschland
E-Mail: tom.streicher@ecovis.com

© Springer-Verlag GmbH Deutschland, ein Teil von Springer Nature 2019
W. Scholl (Hrsg.), *Mut zu Innovationen,* https://doi.org/10.1007/978-3-662-58390-6_11

Ein wichtiger Schwerpunkt für uns im Projekt war es, einen Paradigmenwechsel in der Entwicklung des Wissens und der Kompetenzen bei uns im Unternehmen herbeizuführen. Bislang wurde das Fortbildungsprogramm überwiegend Top-down beschlossen und der Belegschaft die Möglichkeit gegeben, aus einem Programm an Seminarthemen zu wählen, wobei einige Fortbildungstermine jährlich Pflicht sind. Mit GI:VE haben wir erstmals auch bei der Themenauswahl für Fortbildungen die Belegschaft einbezogen und dabei gleichzeitig das Spektrum auf nicht-steuerliche Themen stärker ausgeweitet. Als neue Veranstaltungsform der Mitarbeiterentwicklung haben wir den „Mitarbeiter-Kompetenztag" eingeführt, dessen Programm aus 20 verschiedenen Workshopthemen überwiegend von den Mitarbeitern/innen bestimmt wurde. Zwischenzeitlich hat sich der jährlich stattfindende Kompetenztag mit über 400 Teilnehmern zu einem festen Bestandteil der Fortbildung und somit der Unternehmenskultur etabliert.

Um die Wissensteilung und den Erfahrungsaustausch über einzelne Standorte zu forcieren, haben wir die Mitarbeiter/innen angeregt, so genannte „Mitarbeiter-Kompetenzkreise" aufzubauen. Bisher sind fünf dieser standortübergreifenden Arbeitskreise entstanden und wir freuen uns über das Engagement der Teilnehmer/innen.

Auch wenn es in anderen Branchen vielleicht stärker üblich ist, war in unserer Unternehmenskultur ein Umdenken nötig, um diese Entwicklung einzuleiten. Wir sind stolz darauf, dass unsere Anstrengungen durch das GI:VE-Projekt positive Impulse in unserem Unternehmen gesetzt hat, besonders weil wir die Ergebnisse der gewonnenen Erfahrungen unmittelbar erleben, so wurde Ecovis seit 2015 durchgehend als TOP-Arbeitgeber ausgezeichnet. Ich empfehle allen Praktikern und Beratern die folgenden Überlegungen zur Innovationsberatung und zu den vielfältigen Interventionsmöglichkeiten zur aufmerksamen Lektüre.

Innovative Innovationsberatung

Frank Schmelzer

Im Grunde erscheint der Begriff „Innovationsberatung" tautologisch, da die Beratung von Personen oder Organisationen immer auch auf Neues, neues Denken und neues Handeln zielt. Das folgende Kapitel nähert sich dem Feld, in dem es zuerst den Zielhorizont der Innovationsberatung ausleuchtet, um dann ausführlich allgemeine Beratungsfragen wie Zielsetzung und Funktionsmodell zu diskutieren. Der Schwerpunkt liegt dabei auf der dialektischen Hinterfragung der beratenden Haltung an Hand beratender Tugenden. Es wird die These diskutiert, dass nur der ko-kreative Prozess, das wechselseitige Anregen in der Beratungsbeziehung innovativ ist und damit Innovationspotenziale bei den Beratungsklienten fördert.

1 Zielhorizont Innovationsberatung

Unter Innovationsberatung verstehen wir die Beratung von Organisationen und Personen zur Förderung von Innovationsprojekten und/oder zur Steigerung ihrer Innovationsfähigkeit. Das sind zwei verschiedene Schuhe.

Die Förderung von Innovationsprojekten durch die Beratung ist oft notwendig, da diese Projekte außerhalb der Funktionen und Hierarchien etabliert sind und damit neue Arten der Kommunikation und Abstimmung bedürfen. Innovationsprojekte zielen auf neue Ideen und. Sie sind deswegen schwer vorhersehbar und nur in Ansätzen planbar (Scholl 2004, Kap. 1). Als Herausforderung kommt oft hinzu, dass die beteiligten Personen zum einen aus verschiedenen Berufen mit unterschiedlichen Sprachen und Erklärungsmodellen kommen und zum anderen aus verschiedenen Funktionen der Organisation stammen, was

F. Schmelzer (✉)
artop GmbH – Institut an der Humboldt-Universität zu Berlin, Berlin, Deutschland
E-Mail: schmelzer@artop.de

© Springer-Verlag GmbH Deutschland, ein Teil von Springer Nature 2019
W. Scholl (Hrsg.), *Mut zu Innovationen,* https://doi.org/10.1007/978-3-662-58390-6_12

wiederum verschiedene Interessen impliziert. Hauptaufgabe für die Steuerung dieser Projekte ist die Wahrung der Balance zwischen der Differenzierung in die benötigten neuen Wissensbereiche und der Integration der (Teil-)Ergebnisse durch ein abgestimmtes Vorgehen, geleitet von einer geteilten Zielrichtung. Innovationsprojekte unterscheiden sich von normalen Aufgaben von Organisationen durch eine gezielte Heterogenität, damit Differenzierung und Variation möglich wird, die neuartige Ideen und Lösungen hervorbringen kann. Das stellt die Steuerung vor die große Herausforderung, durch ein geeignetes Projektmanagement Differenzierung bis zu scheinbaren Abwegen zuzulassen und gleichzeitig integrativ zu wirken, damit am Ende ein sinnvolles Ergebnis entstehen kann.

Unsere Beratung wirkt hier an mehreren sensiblen Stellen. Wir sorgen einerseits für kreative Denk- und Gesprächsräume, die der Unterschiedlichkeit, aber auch der Zusammenarbeit Rechnung tragen, damit Inspiration und Austausch gedeihen können. Wir sorgen andererseits für einen flexiblen und trotzdem auch ergebnisorientierten Prozess, der für alle Beteiligten Orientierung und Verbindlichkeit ermöglicht, ohne ein zu enges Korsett zu sein. Innovationen sind nicht ohne Überraschungen zu haben. Das gilt nicht nur für die beteiligten Vertreter des Unternehmens, sondern ebenso für uns Berater. Innovationen sind auch nicht ohne Konflikte zu haben (s. Kapitel „Innovationskultur, Innovationsprozesse und Innovationserfolge"). Diese entstehen innerhalb der Projektstruktur sowie zwischen dem Neuen, das in dem Projekt geschaffen wurde und dem Bisherigen, welches durch die Organisation repräsentiert wird. Viele interessante Ideen und Innovationsprojekte scheitern erst am Ende bei der Integration in die Organisation. Deswegen ist in der Projektarchitektur die Kommunikation mit der beauftragenden Mutterorganisation von besonderer Bedeutung (Glasl 2008, Kap. 10).

Der andere Schuh – Steigerung der Innovationsfähigkeit von Organisationen – ist deutlich komplexer, da hier alle organisationalen Rahmenbedingungen wie z. B. Strukturen, Programme, Kultur und die Motive und Kompetenzen der Mitglieder thematisiert werden. Die Hauptfragestellung hierbei ist, ob die stabilisierenden Rahmenbedingungen des Unternehmens genug Sensibilität und Durchlässigkeit für aktuelle Veränderungen ermöglichen. Strukturen und Programme dienen dazu, das Verhalten der Mitglieder verbindlich zu gestalten und somit vorhersehbar zu machen (Kühl 2011, Kap. 3). Innovationen wiederum benötigen abweichende Ideen und Handlungsweisen, die von Mitgliedern gegen bestehende Regeln gezeigt werden. Innovationen benötigen formale und informale Regelwerke, die sich ernst nehmen und trotzdem in Frage stellen lassen. In der Beratung zur Steigerung der Innovationsfähigkeit richten wir unser Augenmerk auf die Balance von Stabilität vs. Flexibilität (GI:VE-Modell, s. Kapitel „Innovationskultur, Innovationsprozesse und Innovationserfolge") bzw. auf Verbindlichkeit vs. Improvisation oder auch auf Regeleinhaltung vs. Regelhinterfragung/Regelbruch. Die Innovationsfähigkeit wird nicht einfach durch die Schwerpunktverlagerung zu Gunsten der Flexibilität gesteigert, sondern durch eine sensible Steigerung beider Zielpole, da Innovationen auch auf verbindlichen Strukturen beruhen. Erfolgversprechend sind adaptive Prozesse, die heterogene Meinungen und Interessen integrieren (Scholl 2004, Kap. 7). Eine im Chaos versinkende Unternehmung kann keine innovativen Produkte am Markt etablieren.

Natürlich haben beide Zielkorridore der Innovationsberatung, die Innovationsprojekte wie auch die Innovationfähigkeit, Überschneidungsflächen. Innovationsprojekte haben größere Erfolgsaussichten, wenn sie in einer innovationsfreundlichen Unternehmenskultur stattfinden. Die Innovationsfähigkeit wiederum wird letztendlich daran gemessen, ob das Unternehmen immer neu Innovationsprojekte initiieren, durchführen und integrieren kann.

Eine kleine Geschichte: Eine Software-Firma berät und entwickelt neue Dienstleistungen und Produkte und lebt nur von seiner fortwährenden Innovationsfähigkeit. Die Strategie zielt auf Innovationen, es gibt einen definierten Innovationsprozess, es gibt Gesprächsräume zum Austausch von Erfahrungen mit Innovationen und es gibt sogar eine Innovationspromotorin (s. a. Kapitel „Innovationspromotor: Idee, Rolle, Ausbildungskonzept und Umsetzung", „Möglichkeiten und Grenzen von Trainingsevaluation am Beispiel der Evaluation der Ausbildung zum Innovationspromotor", „Kompetenzen von Innovationspromotoren"), die intern Innovationsprojekte unterstützt. Mitarbeiter werden immer wieder angeregt, Ideen zu formulieren und damit Innovationsprojekte zu initiieren. Dabei fungieren die Geschäftsführer als Sponsoren/Auftraggeber, mit denen die Aussichten, das Budget und der Fortschritt des Projektes abgestimmt werden. Ein Mitarbeiter hatte nun eine Idee und ging mit seinem Ideenblatt zu seinem Geschäftsführer, der sich die Idee wohlwollend anhörte, aber viele Bedenken hatte und deswegen kein Projekt gestattete. Der Mitarbeiter war von seiner Idee wiederum derart überzeugt, dass er in den darauf folgenden Tagen jede freie Minute an seiner Idee weiter feilte. Mit der ausgefeilten Idee meldete er sich noch einmal bei seinem Geschäftsführer, den er in zähem Ringen von der Idee überzeugen konnte. Sie verabredeten ein Projektbudget mit engmaschigen Meilensteinen, um einschätzen zu können, inwieweit das Projekt voranschreitet. Das Projekt wurde ein großer Erfolg. Viele Stammkunden interessieren sich für das neue Produkt. Zusätzlich stieg damit das Ansehen des Unternehmens. Unsere beraterische Hypothese geht davon aus, dass hier die Balance aus Stabilität und Flexibilität gewahrt wurde, da einerseits verbindliche Unterstützungsstrukturen für Innovationen etabliert sind und gleichzeitig das Engagement und der Mut zum Regelbruch bei den Mitarbeitern akzeptiert und sogar gefördert werden.

2   Unser Beratungsmodell

Beratung ist ein ko-kreativer Reflexions- und Kommunikationsprozess zwischen Klienten und Beratern mit dem Ziel, dem Klienten Lernerfahrungen zu ermöglichen und ihn zu neuen Handlungsweisen zu ermutigen. Aber auch die Berater kommen nicht ungeschoren davon. Ko-kreativ meint, dass die Abfolge an Beratungsgesprächen keine Einbahnstraße ist, sondern ein wechselseitiges und kreatives Erkunden der Ausgangssituation und Erwägen bzw. Gestalten der Zielvorstellung (s. a. Kapitel „(Wie) Lässt sich Organisationsberatung wissenschaftlich unterstützen?"). Der Beratungsprozess zielt dabei auf die 4 Ebenen: Beschreiben, Erklären, Bewerten und Handeln (Abb. 1).

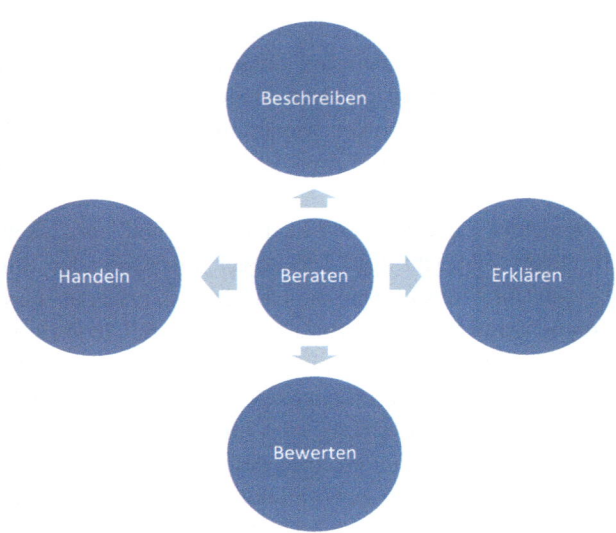

Abb. 1 Modelldarstellung zu den Ansatzpunkten des Beratens

Klienten kommen zu uns in die Beratung, weil sie Handlungen oder Handlungs-
abfolgen (Prozesse) überdenken und verändern wollen. Ihre aktuellen Handlungen stabilisieren sich einerseits durch ihre gegenseitige Abhängigkeit und andererseits durch
den bewussten und unbewussten Reflexionsprozess. Nach dem systemischen Dreisprung
(Simon 2011a, b) besteht dieser interne Reflexionsprozess des Klienten aus den Schritten
Beschreiben, Erklären und Bewerten.

Die Beschreibungsebene beinhaltet alle verfügbaren Informationen/Daten/Wahr-
nehmungen unseres Klienten zu seiner aktuellen Situation. Diese Informationen sind
sehr vielseitig, jedoch niemals umfassend. Jeder Klient, ob Person oder Organisation,
sortiert selektiv Informationen nach ihrer Relevanz. Diese Sortierung ist hoch spezifisch
und damit einmalig. Jeder Klient hat seinen eigenen Informationsfilter (Berater sprechen
hier gern von Brille), der durch seine zurückliegenden Erfahrungen stabilisiert wurde.
Dieser Informationsfilter ermöglicht eine adäquate Informationsverarbeitung, da er die
relevanten von den nicht relevanten Informationen trennt. Ein Fahrkartenkontrolleur
fragt nicht nach dem Befinden der Fahrgäste. Für ihn ist nur bedeutsam, ob eine Fahrkarte vorhanden ist oder nicht. Seine Aufmerksamkeit ist nur auf das Ja/Nein der Fahrkarte fokussiert. Ein Berater hingegen interessiert sich nicht für die Fahrkarte seines
Klienten, sein Befinden hat jedoch einen großen Einfluss auf die gemeinsame Arbeit und
ist deswegen eine relevante bzw. wertvolle Information für ihn.

Trotz der einschränkenden Informationsfilter bleiben komplexe Informationsmengen
übrig, die nach Strukturierung verlangen. Hier helfen wir uns mit Erklärungen, der nächsten Ebene im Reflexionsprozess. Erklärungen sind Zusammenfassungen und Wenn-Dann-
Verknüpfungen. Wir merken uns nicht immer das konkrete Verhalten anderer Personen,
sondern wie geben ihnen zusammenfassende Erklärungen wie z. B. Personeneigenschaften.

Jemand ist dann z. B. schüchtern. Damit haben wir eine unaufwendige Situationserklärung, die das Gedächtnis entlastet und die auch den Informationsfilter strukturiert. So müssen wir nicht jede Situation neu analysieren und erklären, sondern haben schon arbeitsfähige Erklärungsmuster, z. B. gegenüber Personen, die äußerst stabil sind, wenn sie mehrfach bestätigt wurden. Apropos Bestätigung. Der Reflexionsprozess behilft sich hier eines interessanten Mechanismus, in dem er Informationen, die das Erklärungsmuster bestätigen, einfacher aufnimmt (nicht ausfiltert) als Informationen, die das Erklärungsmuster in Frage stellen. Diese Informationen werden meistens ausgefiltert oder so verändert, dass sie doch ins Muster passen (selbstwertdienliche Wahrnehmung). Wenn eine von uns als schüchtern erklärte Person ein selbstbewusstes Verhalten zeigt, ist es sehr unwahrscheinlich, dass wir das wahrnehmen. Wenn wir es wahr nehmen, haben wir immer noch die Wahl, es als Ausnahme zu deuten oder sehr überraschende Umstände als Begründung zu bemühen.

Die dritte Ebene des Reflexionsprozesses umfasst alle Formen des Bewertens. Viele Beschreibungen und Erklärungen sind mit unseren bewussten und unbewussten Werten verbunden. Sie sind wertvoll oder wertlos, sie sind gut oder schlecht und sie rufen Gefühle hervor. Die Erklärung schüchtern ruft bei manchen ablehnende und bei anderen anziehende Gefühle aus, da sie positiv oder negativ konnotiert ist, je nach Vorerfahrungen mit dieser Erklärungskategorie.

Diese drei Reflexionsebenen stehen in keinem linearen oder kausalen Zusammenhang nach dem Motto, dass immer die gleiche Beschreibung zur gleichen Erklärung und Bewertung führt. Diese drei Ebenen sind locker gekoppelt und sie sind auch nicht immer bewusst präsent. Eine Geste des Zurückweichens kann die Erklärung Schüchternheit, Ablehnung oder Nachdenklichkeit nach sich ziehen, welche dann auch wieder unterschiedlich bewertet werden können.

Ein Beispiel: Zwei Geschäftsführer nehmen wahr, dass die Mitarbeiter ihres Unternehmens eine geringe Zahl an Ideen in der vorhandenen Ideenbörse anbieten. Die Erklärung des einen ist, dass die Mitarbeiter nicht kompetent genug sind. Ihnen fehlen die Fertigkeiten zum kreativen Denken und zum Wahrnehmen von Kundenbedürfnissen. Der andere Geschäftsführer deutet die Situation dahingehend, dass die Mitarbeiter zu wenig Motivation haben, dass sie gar keinen Sinn in der Ideenfindung sehen. Beide streiten sich nun um ihre Deutungen und welche Handlungskonsequenzen das nun nach sich tragen sollte. Der eine Beratungsauftrag lautet, mach meine Mitarbeiter kompetenter. Der andere Beratungsauftrag zielt auf die Motivationssteigerung. Einig sind sie sich wieder in der Bewertung der Situation, es muss sich etwas ändern!

Hier kommt die Beratung ins Spiel.

3 Der Beratungsprozess

Unsere Art der Beratung ist keine Ingenieurswissenschaft, die nach dem Mangel sucht. Unser Hauptaugenmerk ist auf die Beziehungsgestaltung zwischen Klient und Berater gerichtet. Wir gehen davon aus, dass unser Klient, ob Person oder Organisation, seine

Sache im Wesentlichen gut macht. Alle Handlungen des Klientensystems machen vor einem entsprechenden Kontext Sinn. Wir vertrauen auf seine bis dato gelungene Auseinandersetzung mit einer komplexen Umwelt und spiegeln das durch unser bestätigendes Interesse an seiner Fragestellung. Wir bieten unseren Klienten ehrliches Interesse und eine Bestätigung seiner bisherigen Reise.

Das allein reicht natürlich nicht. Unsere Klienten wollen meistens noch mehr. Sie kommen in unsere Beratung, weil sie einen Klärungsbedarf haben, der oft mit einem Veränderungsbedarf verknüpft ist. Sie wollen einerseits Bestätigung für ihre Reflexionen und ihr Handeln und andererseits wollen sie es in einer vertrauensvollen Atmosphäre hinterfragen und Alternativen erwägen.

Unsere Klienten entwerfen in der Beratung ein facettenreiches Gemälde aus Beschreibungen, Erklärungen und Bewertungen ihrer konkreten Handlungen. Sie bieten uns zumeist kritische Bewertungen einer Situation an, für die sie auch eingeübte Erklärungsmuster haben. In der ersten Phase der Beratung – in der *Erkundungsphase* – hinterfragen wir die Bewertungen und Erklärungen, indem wir auf die Beschreibungsebene wechseln: Was sehen Sie konkret in der Situation? Wer macht was? Wie lange ist das schon? Ist es immer da? Was denken die Anderen? Wie würde ein Handwerker, ein Betriebsrat, ein Arzt usw. die Situation beschreiben? Dieses konkrete Hinterfragen der Beschreibungsebene sorgt für eine enorme Informationserweiterung bzw. Wahrnehmungserweiterung, die dazu führt, dass der Klient einerseits merkt, wie viel Sinn in seinen so kritischen Handlungsbeschreibungen steckt. Dadurch erfährt er Bestätigung. Andererseits regen die neuen Sichtweisen an, neue Erklärungen und Bewertungen für die Situation zu erzeugen. Unsere Beraterhypothese dahinter ist, dass neue Handlungsoptionen nur möglich sind, wenn das der bisherigen Handlung innewohnende Erklärungsmuster geändert wird und alternative Beschreibungen und Erklärungen erzeugt werden, die wiederum alternative Handlungsimpulse erzeugen.

Der nächste Schritt im ko-kreativen Beratungsprozess (Abb. 2) ist die *Deutungsphase* zur gegenseitigen Anregung zu neuen Erklärungen. Wir hinterfragen neue Erklärungen durch Hypothesenfragen: Wie kann man sich das Verhalten von Herrn X. noch erklären? Was denkt Ihr Kollege Z. dazu? Wie gefällt Ihnen die Hypothese, dass Herr Z…? Neue Erklärungen ermutigen. Sie haben Einfluss auf die Bewertung der Situation. Feste Bewertungsmuster werden aufgeweicht, Schwarz-Weiß-Denken bekommt Facetten und Zwischentöne oder wird gar bunt. Wir hinterfragen die Werte unserer Klienten: Haben Sie die Situation schon immer so kritisch gesehen? Gibt es was Gutes im Schlechten? Hat das Problemverhalten auch nützliche Aspekte? Wie bewertet Kollege Z. die Situation? Gibt es Tage, an denen Sie die Situation anders bewerten? Welcher Wert lässt sie so urteilen? Welche Werte sind hier im Widerspruch?

Manche Klienten legen an sich eine hohe Messlatte an. Sie wollen in vielen Belangen Spitzenplätze einnehmen. Sie wollen viele Ziele maximieren. Hier hinterfragen wir in dem Beratungsprozess die Bedeutung der Ziele, erarbeiten ihre widersprüchliche Kopplung und verändern so auch die Sollvorgaben der Klienten. Es gibt immer wieder Beratungsprozesse, in denen sich letztlich nicht viel auf der Handlungsebene getan hat, sondern die Informationserweiterung zu einem Bewertungswechsel geführt hat, da nicht

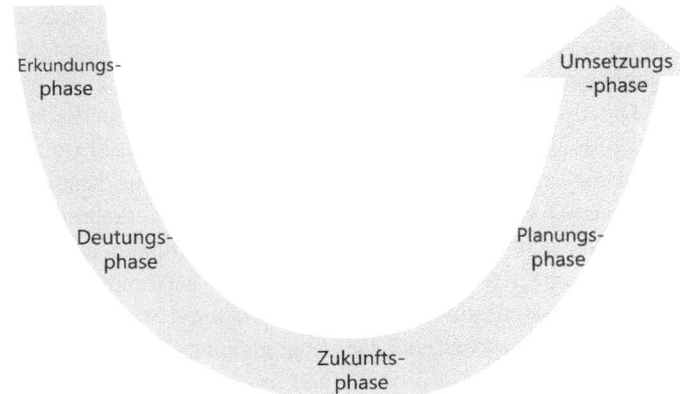

Abb. 2 Der Beratungsprozess

das Ist dem Soll angeglichen wurde, sondern entgegengesetzt das Soll ins rechte Maß gerückt wurde. *Das rechte Maß entscheidet immer der Klient.*

Auch wenn mancher Beratungsprozess „nur" den Reflexionsprozess beeinflusst, so sind die meisten Beratungsaufträge auf Handlungserweiterung bezogen. Zu diesem Zwecke folgt eine *Phase der Zukunftserfindung.* Neues Verhalten soll vor dem Hintergrund neuer Erklärungen und Bewertungen ermöglicht werden. Hierfür erarbeiten wir mit unseren Klienten konkrete Zukunftsbilder, in dem wir fragen, was sie sehen, wenn ihre Ziele erreicht sind (s. einige typische Beraterfragen im Kasten). Wir entwerfen damit neue Sollvorstellungen.

Lösungsorientierte Beratungsfragen

- Auf einer Skala von 1 bis 10, wenn 10 bedeutet, Sie haben Ihr Ziel erreicht, wo stehen Sie momentan?
- Wie könnten Sie einen Punkt höher klettern?
- Was könnten Sie selbst dafür tun?
- Wobei genau brauchen Sie Unterstützung?
- Von wem können Sie diese bekommen?
- Welche nächsten Schritte möchten Sie nun gehen?
- Welche Hindernisse werden sie treffen?
- Was steckt hinter diesen Hindernissen?
- Was davon lässt sich integrieren?

Diese Phase geht über in die konkrete *Planungsphase.* Hier soll der Weg zum Zielzustand hinterfragt und formuliert werden. Welche Wahrscheinlichkeit gibt es, dass das Ziel über diesen Weg erreicht wird? Welche Wege gibt es noch? Wer unterstützt sie? Welche Hindernisse könnten auftreten? Welche Schritte wollen sie bis wann erreicht haben?

Bedeutsam erscheint uns, dass der Planungs- und Umsetzungsprozess Teil der Beratung ist, da durch die Stabilität der Reflexions- und Handlungsmuster in Personen und

Organisationen Veränderung schwierig ist und mit Erfahrungen des Scheiterns gerechnet werden darf. Wir ermutigen unsere Klienten zu zügigen Handlungsänderungen und werten mit ihnen ihre Erfahrungen aus. Was war leicht? Was hat nicht geklappt? Wie kann man sich das erklären? Die Umsetzungsphase ist eine Balance aus gesteuerter Improvisation, da die häufigste Lernform die des Versuch-Irrtums-Lernens ist, in dem Irrtümer keine Fehler, sondern auswertbare Erfahrungen sind, welche wiederum neue Konsequenzen nach sich ziehen. Die Gestaltung bzw. Umsetzung ist somit eine wiederkehrende Schleife aus Reflexion – Planung – Versuch – Reflexion. Manche Reflexion führen zur Bestätigung und manche zur nächsten Planung. Abstrakter gesprochen ist es das Grundmuster jeder Gewinnung neuen und besseren Wissens durch Reflexion – Variation – Selektion und ggf. wiederum Reflexion – Variation – Selektion, bis dann eine genuine Retention möglich wird (s. Kapitel „Innovationskultur, Innovationsprozesse und Innovationserfolge"). Die Phasen des Beratungsprozesses sind in Abb. 2 im Kap. 9 noch einmal zusammengefasst.

4 Beratende Balancen (Tugenden)

Neben der Darstellung der Beratung als Prozessdesign legen wir sehr viel Wert auf die beratende Haltung. Die Gestaltung der Beratungsbeziehung und das Erkunden des Auftrages sollten der Komplexität der Fragestellung des Klienten, ob Person oder Organisation, gerecht werden. Komplexität heißt eben nicht nur Zirkularität, sondern auch Widersprüchlichkeit. Viele der Faktoren, die Persönlichkeit oder Organisation bestimmen, stehen in einem Spannungsverhältnis. Die Gestaltung der Beratungsbeziehung wird aus diesem Grunde von den Beratenden Tugenden gestützt s. Kasten. Die Beratenden Tugenden sind keine isolierten Werte (Aristoteles), sondern Wertepaare, die in einem Spannungsverhältnis stehen und balanciert werden wollen (Stahl 2007). Auf eine Auswahl möchten wir hier eingehen.

Übersicht der Beratenden Tugenden

- Kritische Bestätigung (Auftrag)
- Überzeugte Bescheidenheit (Legitimation)
- Aktive Zurückhaltung (inhaltliche Verantwortung)
- Verbindliche Improvisation (Rahmen)
- Zugewandte Autonomie (Beziehung)
- Zumutbare Ehrlichkeit (Echtheit)
- Fröhliche Ernsthaftigkeit (Gefühl)
- Visionäre Erinnerung (Zeit)
- Fokussierte Vielfalt (Navigieren im Chaos)
- Seriöse Buntheit (Methodik)
- Fehlerfroher Siegeswille (Erfolg)

4.1   Kritische Bestätigung (Auftrag)

Die Tugend der Kritischen Bestätigung ist eine Balance aus wertschätzender Anerkennung und Bestätigung der Klientenreflexionen einerseits (Rogers 2001, Kap. 5) und der kritischen Konfrontation andererseits (Block 1997, Kap. 2). Wie bereits oben ausgeführt, kommt ein Klient mit arbeits- bzw. lebensfähiger Ausstattung in die Beratung. In unseren Erkundungen, unserem Staunen über die erbrachten Leistungen überträgt sich automatisch ein Gefühl des Angenommenseins und des Stolzes. Der Klient wird sich seiner Fähigkeiten und Erfolge bewusst. Selten hat er im Alltag so viel Muße, von seinen Stärken zu berichten bzw. sie selbst zu spüren. Der überwiegende Beratungsauftrag besteht somit in der Ermutigung des Klienten, indem er sich selbst als wirksam erlebt.

Andererseits gibt es gerade ein Anliegen, welches der Klient kritisch bewertet. Dementsprechend ist auch die Kritikfunktion in den Beratungsauftrag eingewebt. Das klingt so kritisch und geschieht oft beiläufig. Durch die beratenden Techniken des Fragens, Paraphrasierens und Hypothetisierens (Schlippe und Schweitzer 2000, Kap. 6) entstehen automatisch neue Informationen, die das Erklärungsmodell des Klienten anregen und es nach neuen, alternativen Erklärungen forschen lassen. Alternative Erklärungen wiederum schaffen Raum für neue Lösungsideen bzw. alternative Handlungsoptionen. Selten müssen wir in der Beratung stärkere konfrontative Techniken wie Paradoxe Intervention, Kritischer Kommentar oder Verschreibung (wie beim Arzt: Kleben Sie sich doch bitte ein Pflaster aufs Holzbein) anwenden, um den Klienten in seinen Erklärungsmodellen zu verunsichern. Es bleibt allerdings beratender Auftrag für kritische Reflexionen zu sorgen, damit der Klient aus seiner eigenen Reflexionsschleife hinausfindet und neue Schleifen zu neuen Erkenntnissen drehen kann. In fast jedem Beratungsauftrag ändert sich das Anliegen des Klienten, da sein Ursprungsanliegen auf der Basis seines Erklärungsmodells entstand. Hierfür ist die Unabhängigkeit des Beraters von enormer Bedeutung, die nur gewährleistet ist, wenn er nicht dem Klienten um den Bart gehen muss, weil der Auftrag wirtschaftlich relevant ist, und wenn er nicht in zu symbiotischer Beziehung zum Klienten steht und Teil von dessen Reflexionsschleife geworden ist.

4.2   Überzeugte Bescheidenheit (Legitimation)

Die Tugend der Überzeugten Bescheidenheit spannt ihre Flügel vom Pol der tiefen Überzeugung über die Sinnhaftigkeit des eigenen Denkens und Handeln hin zur glaubwürdigen Bescheidenheit des weisen Philosophen, der immer weiß, dass es auch anders sein kann. Berater sind Wissensarbeiter. Sie sind durch wissenschaftliche Theorien (Systemtheorie, Symbolischer Interaktionismus, Organisationsforschung, …) geprägt und sie haben im Laufe ihres Berufsalltags viele Erfahrungen gemacht, diese reflektiert und supervidiert. Ihre Fragen, Erklärungen und Lösungsideen sind evaluierte und elaborierte Landkarten, die für den Klienten einen wichtigen Orientierungsrahmen abgeben, da er seine Landkarten darin spiegeln und strukturieren kann. Aus diesem Grunde sind die beratenden

Interventionen aus der Haltung der inneren Überzeugung, der Verbindlichkeit und Glaubwürdigkeit gestaltet.

Die Bescheidenheit ist letztlich der Einmaligkeit der Situation, die durch keine wissenschaftliche oder praktische Erkenntnis voll erfassbar ist (s. a. Abschnitt „Grundlagen von Verständigung und Zusammenarbeit" im Kap. 13), und dem begrenzten Einfluss des Klienten wie des Beraters auf das komplexe beratene System geschuldet. Da Situationen ein Aufeinandertreffen von Personen in sozialen Systemen kennzeichnen, die keine Wiederholungsschleifen (und täglich grüßt das Murmeltier) kennen, ist es unredlich, Standardlösungen zu verschreiben. Auch was zehnmal funktionierte, könnte beim elften Mal schief laufen. Die Tugend der Bescheidenheit speist sich hier aus den Reflexionen des Beraters, der schon viele Versuche erlebte, deren Ergebnis dann Irrtum genannt wurde.

Außerdem gilt es, der modernen Hypothese von der Omnipotenz des Individuums bescheiden entgegen zu treten, dass jeder alles schaffen kann, was es sich nur vorstellt. Zwei Gründe sprechen zu deutlich dagegen. Erstens ist das Individuum schon nicht Herr im eigenen Haus (Földenyi 2012); zu viel ist im eigenen Inneren verborgen. Begriffe wie Unbewusstes und Intuition verweisen auf die mangelnde Kenntnis und Steuerungsmöglichkeiten des eigenen Kopfkinos.

Zweitens sind wir in fast allen Lebenssituationen Mitglieder sozialer Systeme und damit abhängig von den Handlungen der jeweiligen anderen Mitglieder und weiterer Rahmenbedingungen (Luhmann 1987). Kurt Lewin (2012) hat es auf die vermeintlich einfache Formel gebracht: Verhalten ist eine Funktion von Person und Umwelt. Beides ist komplex, damit nicht durchschaubar, die Interaktion zwischen beiden verkomplexiert die Komplexität. Martin Seel drückt die gebotene Bescheidenheit in seiner Formel aus: Wer so leben will, wie er leben möchte, darf nicht so leben wollen, wie er sich es vorgestellt hat (Seel 2013).

Die Bescheidenheit sollte jedoch nicht zu einer Beliebigkeit führen, so nach dem Motto: Wenn wir ihn schon nicht durchschauen und determinieren können, so probieren wir wahllos unseren Klienten zu irritieren.

4.3 Aktive Zurückhaltung (inhaltliche Verantwortung)

Die Dimension Aktiv-Passiv spielt in der Beratungsbeziehung eine große Rolle. Der Berater ist verantwortlich für die aktive Gestaltung des Beratungsprozesses. Aktiv baut er die Vertrauensbeziehung auf, sorgt für Orientierung und Struktur. Außerdem strahlt er Präsenz und aktive Neugier aus. Eine der Haupttechnologien der Beratung ist die des Aktiven Zuhörens, in der durch Paraphrasieren und Zusammenfassen die Reflexionen des Klienten Anerkennung und Anregung erfahren. Auch wenn der Berater schweigt, hält er aktiv den Gesprächsfaden in der Hand, in dem er das Gesagte mit dem Anliegen und dem Beratungsziel verknüpft und darauf achtet, dass der Klient einen Fortschritt erfährt.

Die Zurückhaltung ist darauf bedacht, dass der Klient die ganze Zeit mit seinem Anliegen verbunden bleibt und selbst die Verantwortung für seine Reflexionen und

Handlungen übernimmt. Zu häufig stehlen sich Klienten in die Passivrolle davon und helfen dem Berater ihr Problem über (natürlich unter aktiver Unterstützung des Beraters). Diese Passivrolle widerspricht dem Wissen, dass nur der Klient in seinem Heimatsystem das Problem angehen kann. Entscheidend ist also, dass er lernt und dass er zu neuen Handlungen ermutigt wird. Die beratende Zurückhaltung zielt auf das aktive Lernen des Klienten. Die Erklärungen und Lösungen, die der Klient aktiv unter Infragestellung des Beraters konstruiert, haben höhere Erfolgsaussichten, da sie eher vereinbar mit seinen Motiven und mit dem Bedarf der konkreten Situation sind.

Die Tugend der Aktiven Zurückhaltung erfährt häufig noch eine andere Dynamik, die auch als Helfersyndrom bekannt ist. Berater und Klient konstruieren gemeinsam ein Dramadreieck, in dem der Berater der Helfer ist, der Klient das Opfer und der große Abwesende ist der Täter. Der Klient kann sich in dieser Konstellation wunderbar durch die glaubhafte Unterstützung des Beraters verstanden fühlen. Aktiv kann der Berater Ideen generieren, die das Problem aus der Welt schaffen könnten. Der Klient als Opfer, als passiver Rollenspieler findet jedoch keine Ermutigung, sein Verhalten zu ändern, da er die Lösungsverantwortung wahlweise dem Helfer oder dem Täter zuschreibt. Die Aufgabe des Beraters ist immer die Vermeidung der Retter-Rolle und die Konfrontation des Klienten mit seiner passiven Opferrolle. Hier hilft immer die Implikation aus der Systemtheorie, dass jedes Verhalten einer Person vor dem Kontext seiner konkreten Situation Sinn macht und nur aus dem Kontext heraus verstehbar ist.

Exkurs Fußballstadion: Stellen Sie sich vor, Sie kommen vom Mars und wohnen einem hiesigen Fußballspiel bei. Allerdings gibt es nun eine Veränderung: alle Fußballspieler und der Ball haben Tarnkappen auf und sind somit unsichtbar. Das Einzige, das Sie wahrnehmen, ist dieser merkwürdige Mann im schwarzen Dress, der hin und her läuft, wild gestikuliert, manchmal pfeift und dann noch gelbe und rote Karten in die Luft hält. Klar, der ist verrückt. Aber halt, das ist ja ein Spiel und hat wie jede Organisation seine Regeln. Und vor diesen Regeln und dem Verhalten der anderen Rollenträger ist auch das merkwürdige Verhalten erklärbar.

Gern erklären wir bestimmte Rollenträger in Organisationen für verrückt oder nennen ihr Verhalten bösartig, weil wir die Regeln und das verbundene Rollenspiel mit den anderen Rollenträgern nicht kennen oder durchschauen.

4.4 Verbindliche Improvisation (Rahmen: Navigieren und Driften)

Die Verbindliche Improvisation ist ein Lieblingsstreitobjekt unter Beratern. Die eine Seite fordert Standardisierung, Planbarkeit und Qualitätskriterien. Die andere Seite kämpft für maximalen Handlungsspielraum, um der Einmaligkeit der konkreten Fragestellung einer konkreten Person/Organisation in einer konkreten Situation gerecht zu werden (Schmidt-Lellek 2006). Natürlich haben beide Recht, ohne dass wir die jeweiligen Maximalforderungen erfüllen dürfen. Wir beraten mit verbindlichen Zusagen zur Prozessgestaltung und reflektieren mit unseren Klienten regelmäßig den aktuellen Fortschritt in der konkreten Fragestellung. Wir sorgen hier für einen Rahmen, der uns wie dem Klienten Orientierung und Sicherheit gibt. Dieser Rahmen besteht in verabredeten Arbeitsschritten entlang des Beratungszyklus (s. o.). Zusätzlich arbeiten wir beständig an unserer beratenden Haltung, schärfen unsere Grundsätze, um den sensiblen Anforderungen des Beratungsgesprächs gerecht zu werden. Manche Beratungsfirmen stellen gern einen Katalog an Werten auf, um sich selbst und ihren Klienten zu versichern, dass sie verantwortungsvoll und redlich arbeiten. Wir dürfen hier jedoch nicht Moral mit Ethik verwechseln. Moralische Standards befinden immer über eine Richtigkeit und sind interessengeleitet. Ethik wiederum stellt die beständige Auseinandersetzung mit dem beratenden Tun dar (Krainz 2006) und thematisiert die Widersprüchlichkeiten auf der Werteebene. Insofern ist dieser Prozess der Darstellung beratenden Tuns an Hand von Widerspruchspaaren eine ethische bzw. eine sensibilisierende Auseinandersetzung mit der beratenen Materie und ihren moralischen Standards.

So wichtig die Orientierung ist, so bedeutsam ist andererseits die Spontaneität, das Aufgreifen des Aktuellen und Driften mit den Themen des Klienten. Der beratende Erfolg ist sehr stark davon abhängig, inwiefern der Klient lernt. Dafür ist es sehr wichtig, dass wir Berater uns auf die Erlebnisse unseres Gegenübers einlassen, dass wir uns aufmerksam und neugierig vom Strom des Erzählflusses tragen lassen. Der innere Kompass des Beraters ist die eigene Neugier, das Interesse an einem interessanten Fortgang der Geschichte, die wiederum nur der Klient gestaltet. Der innere Kompass hat eine flexible, anregbare Nadel und ist nicht auf bestimmte Modelle oder Techniken fixiert. Die beratenden Impulse werden aus dem Sein beim Anderen heraus gesetzt. Sie sollten anschlussfähig an die Geschichte des Klienten sein. Sie sind auf die Weitererzählung gerichtet, sie sind spontan, nah dran und werden spürbar aufgegriffen.

Das Gegenteil davon beschreibt Edgar Schein (Schein 2010) schön mit dem Spruch: wer nur mit dem Hammer umgehen kann, der findet lauter Nägel. Hier gibt es zu viel Festlegung, methodisch wie inhaltlich bei mangelnder Sensibilität und Flexibilität für die konkrete Fragestellung des Klienten. Berater, die zu sehr navigieren (Simon und Weber 2006), verpassen die individuelle Strömung. Berater, die zu stark driften, werden beliebig irgendwohin getragen. Meist werden sie schon vorher von ihren Klienten verlassen, da sie kein Vertrauen aufbauen können in die Qualität und Sicherheit des beratenden Gefäßes. Oder um es mit der Mintzbergschen Strategiesafari (Mintzberg et al. 2002) zu paraphrasieren: Wer den Prozess einhundert prozentig nach Plan durchlaufen ist, hat nicht gelernt. Wer sich gar nicht an den Plan gehalten hat, war nur chaotisch unterwegs.

4.5 Zugewandte Autonomie (Beziehung, Kontakt)

Der Grundwiderspruch jeder Zweierbeziehung und somit auch der professionellen Beratungsbeziehung ist die Spannung zwischen dem jeweiligen Bei-sich-Sein, der persönlichen Autonomie und dem Sein-beim-Anderen, der Kooperation bzw. gegenseitigen Unterordnung unter etwas Gemeinsames. Wir brauchen die Autonomie sowohl auf der Klienten-, als auch auf der Beraterseite. Ein Klient, der nicht bei sich ist und nicht an seine Geschichte glaubt, gibt die Verantwortung zu stark an die Beziehung ab. Ein Berater, der nicht bei sich ist, nicht auf seine inneren Regungen vertraut, gibt die Prozessgestaltung an den Klienten ab und wird damit unnötig.

Gleichzeitig braucht die erfolgreiche Beratung eine gegenseitige Zuwendung. Der Berater braucht eine Sensibilität für die Situation des Klienten, er sollte sich von der erzählten Geschichte berühren lassen, sie sollte etwas in ihm zum Klingen bringen. Der Klient braucht Vertrauen in die Beratungsbeziehung, damit er ein Risiko eingeht und sich traut seine Geschichte in einen nicht planbaren, nicht vorhersehbaren gemeinsamen Denk- prozess zu überantworten, der wenig Kontrolle und dafür einige Überraschungen parat hält.

Allerdings ist auch hier von der zu starken Zuwendung abzuraten. Macht sich der Berater eins mit dem Anliegen seines Klienten, verliert er recht schnell den Abstand und damit die eigene Perspektive. Er kann nicht mehr konfrontieren, nur noch bestätigen. Überantwortet sich der Klient den Geschicken des Beraters, wird er zum unmündigen Patienten, der die Lösungsexpertise abgibt, um das Scheitern ggf. selbstwertdienlich dem ungeschickten Anderen zuschreiben zu können.

Die Gestaltpsychologie bietet für dieses Dilemma die Begrifflichkeit des Kontaktes (Gestalt). Bei zu starker Zuwendung, zu viel Nähe bei wenig Distanz, verschwimmen die Grenzen der beiden autonomen Selbste, sie können sich nicht mehr anregen, da sie schon zu automatisiert aufeinander reagieren. Bei starker Autonomie und wenig Zuwendung ent- stehen gar kein Kontakt, keine Berührung und keine Arbeit an den eigenen Lerngrenzen. Die Akteure lassen sich nicht aufeinander ein, jeder scheut das Risiko einer Begegnung. Eine häufige Kontaktvermeidung ist die intellektuelle Debatte im Beratungsgespräch.

4.6   Zumutbare Ehrlichkeit (Echtheit)

Berater müssen authentisch sein, heißt es überall. Vorsicht, denn Berater sollen auch ermutigen. Beides möchte wohl balanciert werden.

Eine der wichtigsten Beratungsfunktionen ist das Äußern von ehrlichen Meinungen und Feedbacks, da unsere Klienten in ihrer Alltagskommunikation fast nur taktisches oder politisches Manövrieren kennen. Je nach Machtposition werden sie abgeschnitten von den ehrlichen Bewertungen ihrer Kollegen bzw. der Mitglieder ihrer Organisation. Je höher sie klettern, umso politischer wird die Luft, was auch den Bedarf an Coaching erklärt. Der Klient ist also sehr an der ehrlichen und unhintergehbaren Meinung des Beraters interessiert und sollte so viel wie möglich davon erfahren. Er sollte es jedoch in den passenden Portionen und passenden Momenten erhalten.

Wir haben schon gesehen, dass Lernen damit zu tun hat, dass wir neue Informatio- nen aufnehmen, die unsere bisherigen Erklärungen über Funktionsweisen in Frage stel- len. Viele dieser Erklärungen sind äußerst selbstwertdienlich, das heißt, sie betreffen die Bewertung der eigenen Kompetenz und Richtigkeit. Zu viele neue Informationen sorgen für Verunsicherung und Selbstinfragestellung, was beides oft notwendig ist, aber nicht übertrieben werden darf, weil es die Hoffnung auf Veränderung und den Glaube an sich selbst belastet.

Für die zumutbare Ehrlichkeit ist die Anwendung der modernen Systemtheorie (Luhmann 1987) hilfreich, die ja an dem Funktionieren des Systems ansetzt und nicht das Nichtfunktionieren erklärt, wie die meisten anderen Theorien. Sie ist eine bestätigende Theorie und hat somit großen Einfluss auf die bestätigende Haltung des Beraters. Zusätzlich verweist sie auf die nötige Selektivität von Informationen und die daraus resultierenden Blinden Flecken jedes Wahrnehmungssystems. Das mutige und sensible Abtasten der Blinden Flecken ist wiederum unser Beratungsauftrag.

Neben dem zu schonungsvollen oder überfordernden Umgang mit den Klienten gibt es noch die Frage nach der Schaufensterfunktion. Viele Berater agieren in Kontexten, in denen sie etwas „her" machen müssen. Das hat viel mit Konkurrenz und dem Honorar zu tun. Vor allem dient es aber der vorauseilenden Bestätigung der Kompetenzzuschreibung durch die Klienten. Diese Fassade bzw. der beraterische Auftritt schwächen die beratende Sensibilität und Achtsamkeit darauf zu schauen, was wichtig und bedeutsam ist; sie verleiten zum Aussenden von doppeldeutigen Botschaften, da die Schaufensterfunktion häufig zur eigenen Intuition quer liegt. Klienten merken das oft ohne es genau benennen zu können und lösen die Beziehung.

Wir Berater sind gut beraten, mit unseren eigenen Wahrnehmungen zu arbeiten. Nur dann kann eine echte Begegnung entstehen, in der der Klient sich an schwierige Informationen heran traut, die wir ihm dann professionell vermitteln können. Kleiner Tipp: Berater sollten sich selbst Feedback von ihren Klienten geben lassen. Austeilen ist leichter.

4.7   Fröhliche Ernsthaftigkeit (Gefühl)

Beratung findet auf allen Ebenen der menschlichen Informationsverarbeitung ab. Gefühle sind wichtige Informationen über die Bedeutsamkeit des Beratungsgegenstandes. Jener Bedeutsamkeit werden wir mit großem Respekt und der gebotenen Ernsthaftigkeit begegnen, damit der Klient sich auch ernst genommen fühlen kann und somit Bestätigung für seine Fragestellung erfährt. Außerdem ermöglicht eine ernste und vertrauensvolle Beratungsbeziehung die Integration von verhüllten und leidvollen Themen, die für die Fragestellung relevant sind. Gerade hinter den Verhüllungen schlummert bedeutendes Lernmaterial. Die ernsthafte und akzeptierende Haltung gibt dem Klienten die Sicherheit, einen vorsichtigen Blick hinter den selbst gewebten Vorhang zu wagen und den teachable moment (Looss 2002) zu nutzen.

Beratungsprozesse brauchen andererseits genauso die Lebensfreude, das Schmunzeln über die eigenen Grenzen und das schallende Lachen über die Widersprüchlichkeit des Lebens oder über ermutigende, eigene Ideen. Die beratenden Techniken des „Reframing" oder der „Paradoxen Intervention" haben oft erheiternde Wirkung, da sie dem Klienten respektvoll die Kontextgebundenheit seiner Erklärungen zeigen, ohne sie zu entwerten.

Die Widersprüchlichkeit des Lebens lässt sich nur durch die Ambivalenz aushalten, Leid mit Lachen zu kombinieren.

Ausdrücklich sei hier darauf verwiesen, dass nicht jede Ironie und schon gar nicht der viel gepflegte Galgenhumor mit Fröhlichkeit oder Lebensfreude verwechselt werden sollte, da hinter jenen Fassaden eher die Resignation und ihre Kompensation im Zynismus durchschimmert.

4.8   Visionäre Erinnerung (Zeit)

Der Beratungsprozess findet im Hier und Jetzt statt und integriert die Erklärungen über Vergangenes (Erinnerungen) und die Erklärungen über die Zukunft (Visionen). Die Thematisierung der Vergangenheit wird der Idee der Autopoiese von Systemen gerecht (Maturana und Varela 2010), nach der alle Kommunikationen und Handlungen an das bisherige Kommunikationsmuster anschlussfähig sein müssen. Um neue Ideen und Handlungen zu erzeugen, brauchen wir Berater einen soliden Einblick in die Entstehungsgeschichte unserer Klientensysteme. Die Thematisierung der Zukunft verbindet den Klienten dann mit seinen Ziel- und Wunschvorstellungen und zugleich wird dadurch der Möglichkeitsraum vermessen. Die Arbeit an der Zukunft balanciert noch einen Teilaspekt, nämlich den Raum zwischen Phantasie und realistischer Einschätzung relevanter Umwelten und ihrer Entwicklungstrends. Wer keine Phantasie hat, gestaltet nicht seinen Möglichkeitsraum. Wer kein Gefühl für die relevanten Umwelten hat, wird oft enttäuscht.

Bedeutsam ist die Arbeit im Hier und Jetzt. Das Aufgreifen der Erfahrungen und Erfinden der Zukunft dient der Gestaltung von aktuellen Handlungen. Die Beratung zielt auf aktuelles Lernen, nicht auf nachträgliches Lernen oder Lernen für später. Entscheidend ist, was den Klienten jetzt ermutigt, etwas Anderes zu tun. Das Plädoyer zielt auf die komplette Beachtung des Zeitrahmens, durch die keine der Phasen vernachlässigt wird und keine übertrieben wird. Nur in ihrer balancierten Bezogenheit können die verschiedenen Zeitperspektiven sich gegenseitig stimulieren.

Noch eins sei zurzeit erwähnt. Beratung hat mit Innehalten, Nach-Sinnen, Tiefe zu tun. Das braucht seine Zeit.

Genauso bedeutsam ist der Rhythmus im Beratungsprozess. Es gibt Phasen der Ent- und Beschleunigung. Oft findet am Anfang eine Entschleunigung statt. Beratung darf aber auch nicht zu langsam sein, weswegen Umsetzungen oft beschleunigt werden. Außerdem spiegeln wir den Rhythmus unserer Klienten. Wir kommen nur in einem ähnlichen Takt in Kontakt. Wenn der gesichert ist, konterkarieren wir oft den Rhythmus. Hektische Klienten versuchen wir zu entschleunigen und langsame Klienten mit zähen Prozessen versuchen wir zu verflüssigen.

4.9   Fokussierte Vielfalt (Evolution)

Reflektieren und Lernen findet auf der Dimension des Öffnens und Schließens statt. Neue Informationen sorgen für eine Lockerung des bisherigen Erklärungsgefüges und machen Platz für neue Erklärungen, die wiederum neue Informationen ermöglichen. Diesen Prozess nennen wir gern Kreativität im Denken und meinen eine positive Rückkopplung im Denken. Es entsteht eine große Vielfalt bei hoher Tiefenschärfe. In der Evolutionstheorie sprechen wir von Variation.

Dieser Facettenreichtum braucht gleichzeitig Struktur bzw. Verarbeitung. Vielfalt braucht Sortierung und Gewichtung. Die Aufmerksamkeit braucht eine Fokussierung, um bestimmte Ideen weiter entwickeln und umsetzen zu können. Nach der Evolutionstheorie sprechen wir hier von Selektion und Retention (s. a. Kapitel „Innovationskultur, Innovationsprozesse und Innovationserfolge").

Variation auf der einen und Selektion und Retention auf der anderen Seite stehen in einem Spannungsverhältnis. Ein System braucht Variation, um sich weiter zu entwickeln. Je größer die Variation ist, umso anspruchsvoller sind Selektion und Retention. Anders formuliert: Wer gleichzeitig mit zu vielen Ideen im Kopf arbeitet, hat es schwer, sich auf einige zu fokussieren und sie umzusetzen. Deswegen ist die Balance aus Vielfalt und Fokussierung so bedeutsam. Wir dürfen im Beratungsprozess nicht zu früh schließen, um genug Anregung zu ermöglichen und dürfen nicht zu lange öffnen, da unser Klient damit im Chaos der unendlichen Möglichkeiten versinkt und der Beratungserfolg in der Verwirrung besteht. Wir verfolgen deswegen im Beratungsprozess die Strategie der kleinen Schleifen aus Öffnung und Schließung, die jeweils die Phasen des Anregens, Sortierens, Schlussfolgerns, Ableitens von Handlungen und Probehandeln integrieren. Diese kleinen Schleifen werden dann zu der großen Schleife Beratungsprozess, der ebenso aus der balancierten Öffnung und Schließung besteht.

4.10   Seriöse Buntheit (Methodik)

Damit im Beratungsprozess Neues und Überraschendes produziert werden kann, legen wir sehr viel Wert auf die Gestaltung der Formate. Die Formate in der Beratung unterscheiden sich zumeist von den Formaten des Arbeitsalltags der Klienten. Auf der einen Seite variieren wir das Setting: Wo treffen wir uns? Wer arbeitet miteinander? Neue Orte und neue Personenkonstellationen sind oft schon die entscheidenden Interventionen. Auf der anderen Seite variieren wir unsere Methoden, so dass wir unsere Klienten mit neuen, alternativen Methoden des Denkens und Kommunizierens konfrontieren. Da die heutige Arbeitswelt sehr stark auf rationale Argumente und elektronische Kommunikationsmedien fokussiert ist, integrieren wir in den Beratungsprozess oft Techniken wie z. B. Moderation, Innehalten, Selbstreflexion. Außerdem wählen wir Methoden, die andere Informationsverarbeitungskanäle anregen wie z. B. Darstellendes Spiel, Zeichnen, Mindmapping und Szenariotechnik (Weiteres in Kapitel „TOOLBOX – Schrittmacher für Innovationen" sowie Hüttner und Träder 2013). Unsere Klienten reagieren nach anfänglicher Skepsis mit

Verständnis und Arbeitsfreude auf diese Methoden. Einige dieser Formate und Methoden übernehmen sie dann für ihren Arbeitsalltag. Entscheidend an der Wahl der Methode ist, dass sie zum aktuellen Arbeitsziel und zu den anwendenden Personen passt. Hier kommt die Seriosität ins Spiel. Unsere Methoden sind kein Selbstzweck und sie dürfen nicht in einen Methodenfetischismus münden. Seriös bedeutet, dass sie mit Bedacht ausgewählt werden, um Wirkungen zu erzielen. Seriös bedeutet auch, dass sie die Klienten nicht bloßstellen, sondern ihren Wünschen und ihrer Würde gerecht werden.

4.11   Fehlerfroher Siegeswille (Erfolg)

Klienten versuchen durch Beratung ihre Erfolgsaussichten zu steigern. Auch Berater streben aus persönlichen und aus Gründen der Reputation nach erfolgreichen Abschlüssen von Beratungsprojekten. Wir können also davon ausgehen, dass Beratung auf Erfolge zielt, in dem wir neues Wissen und Ermutigung zu neuen Handlungen schaffen.

Gleichzeitig erleben wir in Beratungsprojekten häufig Situationen, die als Rückschritte, Fehler oder Scheitern bewertet werden. Wir haben uns dem ausgerufenen Zielzustand nicht nur nicht genähert, sondern sogar entfernt, ist dann das Grundgefühl der Klienten.

Hier ist es die Aufgabe für uns Berater, dass wir unsere Klienten darauf vorbereiten, dass komplexe Konstellationen nicht steuerbar sind und gut inszenierte Impulse immer auch kritische Wirkungen erzielen können (es gibt keinen Vorteil ohne Nachteil). Das Versuch-Irrtums-Lernen nimmt das sprachlich schon vorweg. Wer nichts versucht, der kann nicht irren. Er kann aber auch nicht lernen. Denken wir doch an das beharrliche Versuchen des Kleinkindes eine Form in einer andere zu bringen. Irgendwann klappt es.

Gerade in Innovationsprojekten, in denen oft echtes Neuland betreten wird, läuft man immer wieder in Sackgassen und die Scheiterfreude oder Fehlerfröhlichkeit ist Teil der Haltung von Entwicklern und Innovatoren, da die meisten Innovationen direkt neben der Scheitererfahrung stecken (Wehner und Mehl 2005). Innovieren ist wie den richtigen Weg in einem Irrgarten finden, wer da nicht probiert, kommt nie heraus.

Natürlich geht es hier nicht um Beliebigkeit und um eine falsch verstandene Scheitereuphorie. Das zügige Prototyping (U-Theorie, Scharmer 2009) und die gut getakteten Feedbackschleifen ermöglichen kurzfristige Entwicklungshinweise und entsprechendes Reagieren darauf. Sackgassen werden dadurch schnell als solche definiert und neue Handlungswege beschritten. Das geht sicher nicht ohne Enttäuschung, macht aber den Erfolg umso wertvoller.

Die besprochenen Tugenden sind nicht trennscharf, sie überlappen sich. Sie sollen auch gar nichts trennen, sondern einen ganzheitlichen und schwer durchschaubaren Prozess aus verschiedenen Perspektiven her abwägen. Außerdem sind diese Tugenden und ihre Balancen keine normativen Festlegungen. Wir interpretieren sie dynamisch je nach Auftrag, Klient und Situation. Es kann durchaus angezeigt sein, eine Seite der Balance zu bevorzugen. Entscheidend hierbei ist nur, dies sehenden Auges zu tun. Es kann z. B. sehr sinnvoll sein, in aktuellen Krisensituationen sehr bestätigend zu sein und das kritische Auge zuzukneifen.

Oder in festgefahrenen Situationen kann eine bunte und fröhliche Kritik eher das Eis brechen. Nur kann das nicht entlang des gesamten Beratungsprozesses geschehen. Es würde etwas fehlen. Wir empfehlen also eine dynamische Balancierung der Tugenden.

5   Lieblingsbaustellen der Innovationsberatung

Im Eingangskapitel sprachen wir davon, dass in der Innovationsberatung der Fokus auf der Balance zwischen Stabilität vs. Flexibilität bzw. auf Verbindlichkeit vs. Improvisation oder auch auf Regeleinhaltung vs. Regelhinterfragung liegt. Nach unseren Erfahrungen gibt es zur Balancierung im Unternehmensalltag besondere Herausforderungen, die sehr unterschiedlich im Einzelfall behandelt werden. Wir möchten hier zwei Themen herausgreifen.

5.1   Freiräume

Viele Unternehmen haben eine starke formale Organisation. Die Strukturen und Prozesse sind über Hierarchie, Organigramm und Stellen- oder Funktionsbeschreibungen fest definiert. Damit ist die Organisation recht unabhängig von der Persönlichkeit der Stelleninhaber. Die Kopplung der Person an die Organisation wird stark von der Organisation bestimmt und neue Ideen sind per se recht unwahrscheinlich, da sie Regelbrüche darstellen. Solche Organisationen haben meistens eine lange, oft bürokratische Geschichte.

Ansatzpunkt der Innovationsberatung wäre hier, die Freiräume für die Personen zu erhöhen. Zum einen besteht die Möglichkeit, die Personen zu involvieren ihre Rollen selbst zu definieren bzw. den Definitionsrahmen weiter zu fassen. Die besten Ideen entstehen oft weit unten in der Organisation oder bei Personen, die eigentlich nicht zuständig sind (Klotz 2009, s. a. Kapitel „Kein Licht ohne Schatten – Praxisbericht über Widerstände gegen das Neue als Element typischer Innovationsprozesse"). Zum anderen sind die Kommunikationswege und Zuständigkeiten zu hinterfragen. Innovationen werden beflügelt durch Verantwortung und gegenseitigen Austausch, d. h. dass die Innovationsfähigkeit hier durch Partizipation an und Delegation von Entscheidungen sowie durch die Einführung von horizontaler und lateraler Kommunikation unterstützt werden kann (s. a. Kapitel „Innovationskultur, Innovationsprozesse und Innovationserfolge").

Organisational können die Strukturen durch die Integration von Projektarbeit erweitert werden, welche zeitlich fixiert Verantwortung und Kommunikationswege neu definiert, um interdisziplinäre Kooperation zu ermöglichen.

5.2   Verbindlichkeit

Es gibt auch Organisationen mit starker informaler Strukturierung, in denen abgestimmte und geplante Veränderungsvorhaben kaum eine Umsetzungschance haben, da sie in den informalen Strukturen keinen Anschluss finden. Der Vorteil der informalen Organisation ist ihre Improvisationsfähigkeit. Der Nachteil ist die große Unverbindlichkeit, weil man im Einzelfall dann doch nicht verantwortlich ist. Auch hier arbeiten wir in der Innovationsberatung wieder an der Balance von Verbindlichkeit und Improvisation, nur mit verändertem Vorzeichen. Eine wirkungsvolle Improvisation braucht die Verbindlichkeit, denn sie braucht im konkreten Fall die Verlässlichkeit, dass eine Person die Verantwortung übernimmt. Wir empfehlen solchen Organisationen, regelmäßig Zweckprogramme (Einführung von Strategiearbeit, Simon 2011) zu initiieren, um für mehr Orientierung und Austausch zu sorgen. Eine weitere Möglichkeit besteht in der Einführung eines definierten Innovationsprozesses mit den entsprechenden Kommunikationsforen, verbindlichen Terminen und Anreizstrukturen. Die Etablierung von definierten Rollen wie den Innovationspromotor kann diesen Prozess weiter unterstützen (s. Kapitel „Innovationspromotor: Idee, Rolle, Ausbildungskonzept und Umsetzung", „Möglichkeiten und Grenzen von Trainingsevaluation am Beispiel der Evaluation der Ausbildung zum Innovationspromotor", „Kompetenzen von Innovationspromotoren").

Die Innovationsberatung hat potenziell unendliche Ansatzpunkte für die Hinterfragung der Innovationsfähigkeit. Ausgewählte Faktoren wie z. B. die Beziehung zum Kunden, die Mitarbeiterorientierung wie auch die Veränderungsfähigkeit stimulieren die Innovationsfähigkeit (s. Kapitel „Innovationskultur, Innovationsprozesse und Innovationserfolge").

6   Innovativ beraten (statt einer Zusammenfassung)

Innovationsberatung ist aus unserer Sicht dadurch gekennzeichnet, dass sie Vorbild ist und im Beratungsprozess mit gutem Beispiel vorangeht. Innovationsberatung sollte innovative Beratung sein.

Innovative Beratung liegt nicht automatisch dann vor, wenn wir Berater neue Methoden und Designs ausprobieren und dadurch neues Wissen erzeugt wird. Innovative Beratung zielt auf den ko-kreativen Lernprozess von Klienten und Beratern. Nur wenn auch wir Berater wirklich Überraschungen und Unsicherheiten erleben, diese reflektieren und dann neue Erklärungen und neue Handlungsideen erfinden, dann sind wir innovativ.

Gleichzeitig unterstützen wir unsere Klienten darin, dass sie die neuen Erkenntnisse auch in neuartige Handlungen in ihrem Arbeitskontext übersetzen. Das Ziel der Innovationsberatung ist die Innovation des Klienten. Die Innovation in der Beratung ist dafür notwendig, jedoch nicht hinreichend. Deswegen zielt die Beratung auch auf das, was außerhalb der Beratung passiert, auf den Transfer in den Alltag. Viele vermeintlich gelungene Beratungsprozesse erzeugen keine Veränderungen, weil sie den Transfer unterschätzen (s. a. Kapitel „(Wie) Lässt sich Organisationsberatung wissenschaftlich unterstützen?"). Es soll aber auch nicht verheimlicht werden, dass viele Innovationsprojekte nicht den gewünschten Erfolg erzielen, weil Innovationen wesentlich doch Nebenprodukt sind (Ortmann 2011). Innovationen sind wie Glück, Humor oder Schlaf Zustände, die sich nicht erzwingen lassen, auch nicht von der innovativsten Innovationsberatung. Sie geschehen unter günstigen Rahmenbedingungen, am besten in einer innovationsförderlichen Unternehmenskultur (s. Kapitel „Innovationskultur, Innovationsprozesse und Innovationserfolge").

Literatur

Block, P. (1997). *Erfolgreiches Consulting. Das Beraterhandbuch*. Frankfurt a. M.: Campus.

Földenyi, L. F. (2012). *Dostojewski liest Hegel in Sibirien und bricht in Tränen aus* (2. Aufl.). Berlin: Matthes & Seitz.

Glasl, F. (2008). *Professionelle Prozessberatung* (2.; überarbeitete und ergänzte Aufl.). Bern: Haupt.

Hüttner, J., & Träder, R. (2013). *Toolbox. Schrittmacher für Innovation*. Berlin: artop.

Klotz, U. (2009). Innovationsprozesse als Handlungsfeld von Gewerkschaften beim Übergang von der Industrie- zur Wissensgesellschft. In H.-J. Bullinger, D. Spath, H.-J. Warnecke, & E. Westkämper (Hrsg.), *Handbuch Unternehmensorganisation. Strategien, Planung, Umsetzung* (3., neu bearb. Aufl., S. 71–86). Berlin: Springer.

Krainz, E. E. (2006). Versuch über die Ethik in der Organisationsberatung. In P. Heintel, L. Krainer, & M. Ukowitz (Hrsg.), *Beratung und Ethik*. Berlin: Leutner.

Kühl, S. (2011). *Organisationen. Eine sehr kurze Einführung*. Wiesbaden: VS.

Lewin, K. (2012). *Feldtheorie in den Sozialwissenschaften*. Bern: Huber.

Luhmann, N. (1987). *Soziale Systeme: Grundriss einer allgemeinen Theorie* (15. Aufl.). Frankfurt a. M.: Suhrkamp.

Looss, W. (2002). *Unter vier Augen. Coaching für Manager*. München: Redline.

Maturana, H. R., & Varela, F. J. (2010). *Der Baum der Erkenntnis* (3. Aufl.). Frankfurt a. M.: Fischer Taschenbuch.

Mintzberg, H., Ahlstrand, B., & Lampel, J. (2002). *Strategy Safari. Eine Reise durch die Wildnis des strategischen Managements*. Berlin: Ueberreuter.

Ortmann, G. (2011). *Kunst des Entscheidens*. Weilerswist: Velbrück Wissenschaft.

Rogers, R. R. (2001). *Die nicht-direktive Beratung*. Frankfurt a. M.: Fischer.

Scharmer, C. O. (2009). *Theorie U. Von der Zukunft her führen*. Heidelberg: Carl-Auer.

Schein, E. H. (2010). *Prozessberatung für die Organisation der Zukunft: Der Aufbau einer helfenden Beziehung* (3. Aufl.). Bergisch Gladbach: Andreas Kohlhage.

Schlippe, A., & Schweitzer, J. (2000). *Lehrbuch der systemischen Therapie und Beratung* (7. Aufl.). Göttingen: Vandenhoeck & Ruprecht.

Schmidt-Lellek, C. J. (2006). *Ressourcen der helfenden Beziehung*. Bergisch Gladbach: Andreas Kohlhage. (EHP).

Scholl, W. (2004). *Innovation und Information. Wie in Unternehmen neues Wissen produziert wird (Unter Mitarbeit von L. Hoffmann und H.-C. Gierschner)*. Göttingen: Hogrefe.

Seel, M. (2013). *Was ist ein freier Mensch*. In Die Zeit Nr. 25/68. Jahrgang.

Simon, F., & Weber, G. (2006). *Vom Navigieren beim Driften*. Heidelberg: Carl-Auer.

Simon, F. B. (2011a). *Einführung in die Systemtheorie und Konstruktivismus* (2. Aufl.). Heidelberg: Carl-Auer.

Simon, F. B. (2011b). *Einführung in die systemische Organisationstheorie* (3. Aufl.). Heidelberg: Carl-Auer.

Stahl, E. (2007). *Dynamik in Gruppen* (2.; vollständig überarbeitete und erweiterte Aufl.). Weinheim: Beltz.

Wehner, T., & Mehl, K. (2005). Gut gefehlt heißt was gewonnen? In Profile Nr. 9. *Störungen in Organisationen*. Köln: EHP.

(Wie) Lässt sich Organisationsberatung wissenschaftlich unterstützen?

Wolfgang Scholl

Beratung ist ein Markt, der bedeutend schneller wächst als die Gesamtwirtschaft. Dem Bundesverband Deutscher Unternehmensberater (BDU) zufolge stieg der Gesamtumsatz der Branche in Deutschland im Jahr innerhalb von 5 Jahren von 22,3 Mrd. € im Jahr 2012 um 41 % auf 31,5 Mrd. € im Jahr 2017. In Deutschland sind aktuell etwa 19.000 Beratungsunternehmen mit rund 143.000 Mitarbeitern (davon ca. 119.000 Beratern) tätig (BDU 2018). Das überproportionale Wachstum des Beratermarkts ist wohl primär der wachsenden Komplexität der wirtschaftlichen Bedingungen und Verflechtungen (s. a. Kapitel „Komplexität und Komplexmanagement in Innovationsprozessen") geschuldet, so dass sich Unternehmen immer häufiger vor Sondersituationen und Sonderprobleme gestellt sehen, für die sie selbst keine ausreichenden Kompetenzen vorhalten können und stattdessen Beratung suchen. Die wachsende Komplexität ist wiederum eine Folge des exponentiellen und spezialisierteren Wissenszuwachses auf der Welt, mit dem immer schneller neue Möglichkeiten technisch und sozial realisiert werden können, die dann allerdings immer wieder neue Probleme aufwerfen. Der wachsende Beratermarkt ist ein typischer Ausdruck des Wandels von der Industrie- zur Wissensgesellschaft, denn Berater erwerben und vermarkten Kenntnisse und Erfahrungen, die ihre Kunden benötigen, aber nicht so leicht und nicht so schnell selbst erwerben können.

W. Scholl (✉)
Institut für Psychologie, Humboldt-Universität und artop GmbH – Institut an der Humboldt-Universität zu Berlin, Berlin, Deutschland
E-Mail: schollwo@hu-berlin.de

Gleichzeitig ist der Beruf von Berater(inne)n nicht geschützt und es gibt keine Mindestqualifikation, auch wenn meist ein Hochschulstudium als Basis vorhanden ist. Gerade dann stellt sich jedoch erst recht die Frage, wie und inwieweit wissenschaftliche Erkenntnisse bei den konkreten Beratungsaktivitäten genutzt werden (können). Bei den vom Bundesministerium für Bildung und Forschung (BMBF) geförderten Projekten, also auch bei GI:VE[1], wird relativ unproblematisch davon ausgegangen, dass ausreichende wissenschaftliche Erkenntnisse vorhanden sind, z. B. zu Innovationen, und dass diese Erkenntnisse sich auch durch Beratung in konkrete Praxis, z. B. in modellhafte Pilotanwendungen umsetzen lassen.

Unsere Erfahrungen als Team aus Wissenschaftlern und Beratern in diesem Projekt haben dazu geführt, dass wir grundsätzlicher über die Möglichkeiten und Grenzen wissenschaftlich gestützter Organisationsberatung nachgedacht und zwei Expertentage zum Thema organisiert haben[2]. Im Folgenden werden zunächst einmal unterschiedliche Grundauffassungen dargelegt, die in den Stellungnahmen zum ersten Expertentag aufschienen. Das Verhältnis zwischen Wissenschaft, Praxis und vermittelnder Beratung wird dann aus der Perspektive des Autors näher erläutert und an einem Beispiel eines Beratungsvorgehens konkretisiert. Danach werden in mehreren Schritten einige zentrale wissenschaftliche Inhalte expliziert, die Organisationsberatung ermöglichen und in sinnvoller Weise anleiten. Wie man besseres Wissen in der Praxis und für die Praxis gewinnen kann, wird abschließend in einigen Kernpunkten gezeigt. Eine konkrete Darstellung der Beratung zur Förderung der Innovationsfähigkeit, einem Kernstück des GI:VE-Projekts, wurde in dem vorangehenden Kapitel „Innovative Innovationsberatung" von Frank Schmelzer vorgenommen; daran wird hier zum Teil angeknüpft, aber eine Lektüre wird nicht vorausgesetzt; man kann diese beiden Kapitel auch gut in umgekehrter Reihenfolge lesen.

1   Ist eine wissenschaftliche Stützung von Organisationsberatung möglich?

Wenden wir uns zunächst der Frage zu, ob eine wissenschaftliche Stützung von Beratung überhaupt möglich ist. Diese Frage mag verwundern, weil die meisten vermutlich sagen würden: ja, natürlich. Aber ganz so einfach ist das nicht zu erledigen, wie wir sehen werden, denn es gibt dazu sehr unterschiedliche Meinungen.

---

[1]BMBF-Projekt: „**G**rundlagen nachhaltiger **I**nnovationsfähigkeit:**V**ertrauenskultur und **E**volutionäre Wissensproduktion (GI:VE)".
[2]Siehe die Berichte zum ersten Expertentag (Scholl 2012) und zum zweiten Expertentag (Kunert et al. 2015).

1.1 Grundauffassungen zu wissenschaftlich gestützter Organisationsberatung

Im Rahmen einer Expertendiskussion zu wissenschaftlich gestützter Organisationsberatung konnten fünf verschiedene Grundauffassungen (Paradigmen) unterschieden werden (s. a. Scholl 2012):

1. Bei der so genannten „Fachberatung" oder „Expertenberatung" geht man davon aus, dass wissenschaftlich geschulte Berater schon wissen, wie sie wissenschaftliche Erkenntnisse in die Praxis umsetzen können. Das Verhältnis von Wissenschaft zu Beratung und zur Praxis wird wenig problematisiert; die Nutzung neuester wissenschaftlicher Erkenntnisse wird vielmehr im Berater-Marketing herausgestellt.
2. Bei einer zweiten Auffassung stehen wissenschaftliche Erkenntnisse und praktische Erfahrungen im Prinzip gleichberechtigt nebeneinander, so dass Beratung dialog- und prozessorientiert vorgehen muss. Diese Auffassung geht davon aus, dass Wissenschaft nur partielle Ergebnisse für die komplexen Verhältnisse in Organisationen liefern kann, so dass bei konkreten Planungen und Handlungen die wissenschaftlichen Erkenntnisse und die praktischen Erfahrungen der Beratenen und der Berater/innen irgendwie kombiniert werden müssen. Kunert et al. (2015) beschreiben das näher als Kombination von evidenzbasierter Beratung und fallorientierter Prozessberatung.
3. Nach einer dritten Auffassung wird Beratung selbst nach wissenschaftlichen Standards angelegt. Dazu gehören dann eine kritische Grundhaltung, der Einsatz wissenschaftlich geprüfter Analysemethoden, Pilotversuche sowie die fortlaufende Evaluation des Vorgehens und der Ergebnisse. Der Beratungsprozess wird hier zu einer Art Aktionsforschung, wobei die Aktion, das erfahrungsgeleitete Beratungshandeln Priorität vor der Forschung hat; situationsbezogene Forschung dient der Beratung.
4. Bei einer vierten Auffassung werden Beratung bzw. deren Prinzipien und Vorgehensweisen mit Hilfe wissenschaftlicher Erkenntnisse optimiert. Bei diesem Verständnis geht es nicht um die wissenschaftliche Unterstützung der einzelnen Beratungsprozesse; es geht vielmehr um Beratung als wissenschaftlich basierte Interventionsmethode. Letzteres wird z. B. von Beratungen in Anspruch genommen, die sich als „systemisch" oder „evolutionär" oder „Neurolinguistische Programmierung (NLP)"[3] etikettieren, wobei dann unter demselben Etikett oft sehr unterschiedliche Dinge passieren. In der Beratungsforschung wird dann ermittelt, welche Beratungsmerkmale und Interventionstechniken positive Konsequenzen haben in der Praxis und welche weniger positive; Wissenschaft nützt hier indirekt der Beratung.
5. Eine letzte Variante geht davon aus, dass die Wissenschaft der Praxis gar keine Handlungsempfehlungen geben kann bzw. dass das nichts nützt, weil die Logiken

---

[3]Bei Wikipedia <http://en.wikipedia.org/wiki/Neuro-linguistic_programming> werden sehr viele Belege angeführt, die NLP als pseudowissenschaftlich ausweisen.

von Wissenschaft und Beratung unvereinbar sind. Das Vorgehen der Wissenschaft, um allgemeine Erkenntnisse zu finden, ist danach unvereinbar mit dem Vorgehen der Praxis, die hier und jetzt existierende Probleme bewältigen muss. Immerhin wird konzediert, dass Wissenschaft konzeptionelles Wissen liefern und dadurch zur „Erfindung" von Praxismaßnahmen anregen kann. Es bleibt jedoch dabei, dass das Etikett „Wissenschaft" zur Legitimierung der Berater dienen soll, ohne dass dieses Versprechen wirklich eingelöst werden kann.

Die Auffassungen 1 und 5 sind die Extrempositionen, die wir im Projekt nicht teilen. Die Auffassung 1 erscheint nicht haltbar, weil die Organisationsforschung bisher nur Teilaspekte erklären und die Komplexität von Organisationen in keiner Weise erfassen kann und das wird wohl auch immer so bleiben. Selbst bei besser geprüften Teilerkenntnissen, zum Beispiel im Bereich der Interaktion, Kommunikation und Konflikthandhabung, können wissenschaftliche Erkenntnisse nur einen Teil der Situationsvielfalt (technisch gesprochen: der Varianz) erklären; alles gilt nur unter typischen Randbedingungen (ceteris paribus) und nur mit mehr oder minder großer Wahrscheinlichkeit. Im Einzelfall kann alles anders sein, so dass eine rein wissenschaftliche Experten-Organisationsberatung nicht möglich ist; wird es trotzdem versucht, dann geht das nur durch Suggestion sicheren Wissens. Wissenschaftlich gestützte Beratung kann demgegenüber am meisten beisteuern, wenn sie den beratenen Praktiker/innen Diskurse anbietet, in die Erkenntnisse der Wissenschaftler/innen ebenso einfließen wie Erfahrungen aus der Praxis. Dies entspricht der Auffassung 2, die auch mit der Auffassung 3 gut vereinbar ist und sich bei der Anwendung wissenschaftlich geprüfter Analyseverfahren sogar mit ihr überschneidet. Zu beiden Auffassungen gehört auch der Grundsatz, dass Berater keine Managementposition mit einer Quasi-Befugnis übernehmen wie teilweise bei Auffassung 1, sondern der beratenen Praxis helfen, ihre Lagebeurteilung und die dazu passenden Maßnahmen klarer herauszuarbeiten und zu verbessern. Des Weiteren ist bei diesen beiden Auffassungen die Wissensvermittlung keine Einbahnstraße, sondern auch die Wissenschaft kann durch die Anwendung und Prüfung ihrer Methoden, die Gewinnung neuer Daten, die Entdeckung unbekannter Phänomene und das Ernstnehmen und Erforschen praktischer Erfahrungen eine Menge lernen. Bei der Auffassung 4 geht es nicht um einzelne Beratungen, sie ist vielmehr eine Aufforderung an die Wissenschaft, die Praxis von unterschiedlichen Beratungsansätzen und von möglichst vielen spezifischen Interventionstechniken zu erforschen. Das dürfte sehr hilfreich für die Verbesserung der Beratungspraxis sein und ist eine wichtige Ergänzung zu den Auffassungen 2 und 3. Die Psychotherapieforschung ist hier einerseits ein gutes Beispiel, aus der etliches für die Beratung gelernt werden kann und bereits gelernt wurde. Andererseits sind ihre Ergebnisse ernüchternd, weil man trotz vieler Forschung (viel mehr als zur Beratung) immer noch zu wenig über die tatsächliche Wirksamkeit verschiedener Ansätze und Techniken weiß (Seligman 1995; Wampold 2010). Die Auffassung 5 ist zu skeptisch; so unterschiedlich und unvereinbar in ihren Logiken sind Wissenschaft und Praxis nicht. Dies bedarf einer etwas ausführlicheren Erläuterung, mit der zugleich das Verhältnis von Wissenschaft und Praxis im Folgenden präziser geklärt werden kann.

1.2 Zum Verhältnis von Wissenschaft und Praxis

Wissenschaftler wie Praktiker müssen sich ein Bild von der relevanten Realität machen, müssen sie beobachten und beschreiben und jede Beschreibung beinhaltet implizit für wahr gehaltene bzw. mehr oder minder bewährte theoretische Annahmen (Popper 1969). Während Praktiker solche Annahmen nur anhand ihrer Erfahrung und der Gespräche mit Kollegen einem Plausibilitätscheck unterwerfen können und dabei meist unter Situationsdruck stehen, versuchen Wissenschaftler/innen – befreit von solchen spezifischen Situationsanforderungen – die Annahmen zu präzisieren, empirisch zu testen und sukzessive zu verbessern; die so entwickelten Beschreibungskategorien und -methoden können dann auch von Beratern und Praktikern verwendet werden. Solche Beschreibungsmethoden fußen auf expliziteren Annahmen und Theorien, so dass wirklich verbesserte Beobachtung, Beschreibung und Erklärung vor allem von vielfältigen wissenschaftlichen Überprüfungen und Fortschritten in der Theoriebildung erwartet werden kann. In Abb. 1 sind diese Zusammenhänge in der linken Hälfte abgebildet.

Die zentralen Unterschiede zwischen Wissenschaft und Praxis liegen in den Rand- bzw. Kontextbedingungen. In der Wissenschaft können immer nur wenige, besonders wichtige Randbedingungen in einer neuen Studie explizit mituntersucht werden, während die meisten Randbedingungen konstant gehalten werden müssen, um die zentralen Hypothesen eindeutiger zu klären; dies geschieht entweder experimentell durch Konstanthalten aller Randbedingungen oder in der Feldforschung durch große Stichproben, mit denen die Besonderheiten unterschiedlicher Randbedingungen herausgemittelt werden können. In jede Theorieprüfung gehen trotzdem bestimmte

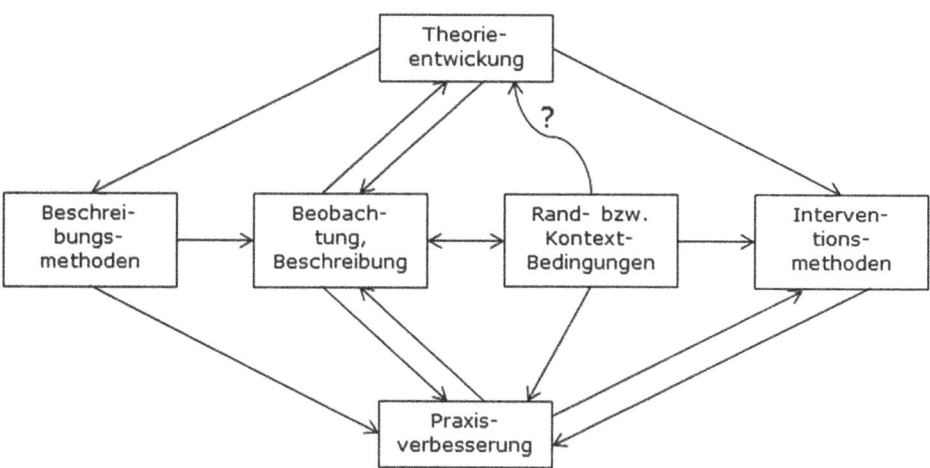

Abb. 1 Beziehung zwischen wissenschaftlicher Theorieentwicklung und praktischer Verbesserung. (aus Scholl 2012, S. 8)

Randbedingungen ein ohne selbst geprüft zu werden (Gawronski 2000; in Abb. 1 ist dies durch eine gekrümmte Linie mit einem Fragezeichen abgebildet). In der Praxis sind es demgegenüber genau diese spezifischen Rand- bzw. Kontextbedingungen, die bei jedem Versuch der Praxisverbesserung durch Praktiker/innen und Berater/innen in besonderer Weise zu beachten sind. Zu der aktuellen Konstellation der jeweiligen Kontextbedingungen gibt es keine Theorie bzw. keine geordnete Zusammenstellung von Theorien, die eine Ableitung konkreter Maßnahmen mit einer präzisen Vorhersage ihrer Konsequenzen erlauben würde.

Zur Komplizierung dieses Sachverhalts trägt weiter bei, dass die Menschen in der Organisation sich nicht wie Automaten verhalten, sondern sich selber Gedanken über die Situation machen und selber Theorien, Erklärungsmuster und Verbesserungsvorschläge im Kopf haben. Diese müssten in das Theoriegebäude einbezogen sein, wenn man präzise Vorhersagen ableiten will; schon die Erhebung dieser vielfältigen Vorstellungen scheitert an der begrenzten Zeit und dem begrenzten Budget in der Praxis, ganz zu schweigen von der Komplexität der dazu notwendigen Theorie. Demgegenüber können diese Praxistheorien im Beratungsprozess diskursiv expliziert und mit wissenschaftlich gestützten Nachfragen und Stellungnahmen von Beratern geklärt und ggf. gemeinsam mit den Beratenen verbessert werden.

Beispiel

Allerdings muss selbst die Anwendung besserer Theorien nicht zu einer entsprechenden Verbesserung in der Praxis führen, wie das folgende Beispiel nahelegt. Manche Praktiker glaub(t)en, dass man aus der Handschrift von Bewerbern ihre Charakterzüge ablesen kann, weswegen Bewerbungen handschriftlich abgefasst werden mussten und Graphologen als Experten damit Geld verdien(t)en. Wissenschaftlich ist es jedoch durch viele Untersuchungen belegt, dass man aus der Handschrift nicht die Persönlichkeit erkennen kann (leicht zu finden unter < http://de.wikipedia. org/wiki/Graphologie>). Möglicherweise führt die graphologische Auswahl durch den zukünftigen Chef oder einen sensitiven Graphologen allerdings dazu, dass der eine oder andere irgendwie spürt, ob „die Chemie stimmt" und so eine passende Auswahl für die spätere Zusammenarbeit trifft. Demgegenüber führt die wissenschaftlich optimierte Auswahl entlang der geforderten Qualifikationen unter Umständen zu einem neuen Mitarbeiter, mit dem „die Chemie" nicht stimmt – der Chef kommt in der „wissenschaftlichen" Auswahl meist nicht vor – und die Zusammenarbeit funktioniert nicht.

Lässt man sich jedoch noch die weitere Frage durch den Kopf gehen, ob nicht ein Anderer bzw. „Andersdenkender" vielleicht wichtiger wäre, um auch andere Meinungen aufnehmen und andere Bedürfnisse spüren zu können, dann könnte die Frage der Personalauswahl wieder in einem ganz anderen Licht erscheinen: gibt es eine Unternehmenskultur, in der „Anders Sein und anders Denken" als Chance begriffen wird und ließe sich eine entsprechende Zusammenarbeit fördern?

Eine Besonderheit im Verhältnis von Wissenschaft und Praxis ist schließlich die Stellung der Interventions- und Gestaltungsmethoden wie zum Beispiel Survey-Feedback, konstruktive Konflikthandhabung, systemische Fragen, Assessment Center, Open Space, teilautonome Gruppen oder Mitarbeitergespräche (s. a. Kapitel „TOOLBOX – Schrittmacher für Innovationen": *Interventionstoolbox*). Sie werden meist von der Praxis und teilweise auch von der Wissenschaft entwickelt und dann von der Wissenschaft weiter erforscht und von der Praxis weiter verbessert. Bei diesen angewandten Methoden handelt es sich jeweils um Maßnahmenkombinationen, die in verschiedenen Varianten vorkommen und in verschiedenen Kontexten mit unterschiedlichem Verständnis angewendet werden. Erforscht werden dann nicht die Einzelteile, sondern die Kombinationen als ganze, so dass Aussagen über ihre Bewährung nicht vergleichbar sind mit einer strengen Prüfung gesetzesartiger Hypothesen. Hier hängt der Erfolg immer wieder davon ab, mit welchem Verständnis sie eingeführt werden, inwieweit es gelingt, die Klienten zum Mitmachen zu bewegen, dass sie nicht widrigen Umständen bis hin zu Verhinderungsaktivitäten ausgesetzt sind und inwieweit ggf. zusätzliche Maßnahmen ergriffen werden, um den Erfolg zu sichern. In der Psychotherapieforschung hat sich gezeigt, dass eine gelingende Allianz zwischen Klient/in und Therapeut/in der wichtigste Erfolgsfaktor ist, während die spezifischen Methoden nur einen kleinen Teil erklären können, vor allem, weil sie mit großer Sensitivität in die Allianz einbezogen werden müssen und von den Therapeut/inn/en unterschiedlich (gut) beherrscht werden (Wampold 2010). Diese Spezifik der Methodenanwendung ist auch detailliert im Abschnitt „Beratende Balancen (Tugenden)" dargelegt worden.

Zu berücksichtigen ist also, dass alle Verhältnisse und Maßnahmen in den beratenen Organisationen immer schon durch eigene und fremde Verbesserungsideen ihre jetzige Form erhalten haben, mit spezifischen Gestaltungsideen und Grundannahmen aktuell gehandhabt werden und dabei durch die Tatsache der Existenz der Organisation schon eine gewisse Bewährung und Funktionalität aufweisen. Jegliche Interventionsabsicht von Führungskräften ebenso wie von Beratern stößt auf diesem Kontext und muss entweder auf Verständigung mit den praktisch Tätigen in einer Arbeitsallianz setzen, was meist zu einer mehr oder minder großen Veränderung der Interventionsempfehlungen führt, oder mit Macht durchgesetzt werden, was meist schief geht oder zumindest unerwartete und unangenehme Nebenfolgen hat (s. Scholl 2004 und Kapitel „Innovationskultur, Innovationsprozesse und Innovationserfolge"). Was dann in dem Maßnahmenbündel wie gewirkt hat, ist im Detail schwer bestimmbar. Wissenschaftlich feststellbar ist primär die generelle Tendenz, ob die jeweilige Interventionsmethode in der gegebenen Situation oder Stichprobe von Situationen eher erfolgreich oder eher erfolglos war, ohne dass man genau weiß, was wie gewirkt hat, und ohne dass eine direkte Übertragung in einen anderen Kontext möglich wäre. Auf der Basis (bisher) bewährten theoretischen Grundlagenwissens ergeben sich immerhin aussichtsreiche Schlussfolgerungen und Übertragungen. Berater/innen und Praktiker/innen ohne kritisch geprüfte wissenschaftliche Grundlagen haben allerdings noch viel mehr das Problem ungewisser Übertragbarkeit ihrer Erfahrungen, wobei die Berater/innen immerhin auf breitere Erfahrungen zurückgreifen können.

Die Problematik der Übertragung von Erfahrungen kann z. B. an dem immer wieder auftretenden Phänomen verdeutlicht werden, dass besonders erfolgreiche Manager beim Wechsel in andere Unternehmen weniger reüssieren oder sogar versagen. Siemens z. B. hatte seit den 1970er Jahren wirtschaftliche Probleme in den Schwachstrombereichen (ehemals Siemens & Halske) bei Telefon, Telegrafie, Computern und Chip-Produktion. Daher wurden nach und nach immer neue Vorstandsmitglieder aus den erfolgreicheren Starkstrombereichen (ehemals Siemens-Schuckert) in die Schwachstrombereiche geholt; „Halske" wurden „verschuckert" wie es bei den Mitarbeitern hieß. Doch das nützte alles nichts, alle diese Bereiche kamen nie dauerhaft in die Gewinnzone und wurden nach und nach eingestellt oder verkauft. Unbekannt ist, welche Rolle Beratungen dabei gespielt haben und wieviel Geld dafür ausgegeben wurde.

Eine Erhebung der Probleme, mit denen sich die Mitarbeiter/innen täglich herumschlagen, hätte vermutlich ergeben, dass der Schwachstrombereich überhierarchisiert und überbürokratisiert war, so dass sie mit den raschen Innovationszyklen in den neuen, Software-geprägten Bereichen nicht mehr mitkamen. Neue Spitzenleute und deren Beratungen änderten daran wenig. Die Starkstrombereiche hatten dagegen seit dem Zusammengehen von Siemens und Schuckert 1903 von Anfang an eine Art Projekt-Matrix-Organisation, die weniger hierarchisiert war, und die Innovationszyklen verliefen hier wohl langsamer und weniger radikal.

Diese Überlegungen führen zu einem generellen Problem der Erforschung von Organisationen (und anderer sozialer Gebilde). Organisationen als ganze und alle damit verbundenen sozialen Phänomene können nur oberflächlich durch objektivierte Merkmale wie Rechtsform, Umsatz, Mitarbeiterzahl, Organigramm, Zahl der Hierarchieebenen etc. beschrieben werden, denn sie werden geformt von den unbewussten und bewussten Gedanken der Menschen, die sie (er)leben, sie sind Interventionsresultate und unterliegen fortwährenden weiteren kleineren und größeren Interventionen. Das so genannte Thomas-Theorem besagt, „wenn die Menschen Situationen als real definieren, so sind auch ihre Folgen real" (Thomas und Thomas 1965, S. 144). Diese Erfahrung wurde besonders in der Erforschung von Organisationsstrukturen gemacht, die gezeigt hat, dass die gleichen Strukturmerkmale je nach Interpretation etwas anderes bedeuten und andere Konsequenzen haben (Kieser und Walgenbach 2003). Um diese Interpretationen zu erforschen, muss man mit den Beteiligten in Beziehung treten, sich an ihre Gedankenwelt ankoppeln und wird so Teil des Untersuchungsfeldes. Bestimmte Forschungskonzepte können ihrerseits von der Praxis aufgenommen werden, sich mit den eigenen Erfahrungen und Reflexionen verbinden zu so genannten sozialen Repräsentationen (Flick 1995) und Managementmoden, die in wissenschaftlich schwer nachvollziehbarer Form die untersuchten Subjekte und ihre soziale Welt verändern. Wissenschaftliche Ergebnisse und ihre partielle Nutzbarkeit und Adaptation in der Praxis sind daher für die Beratung kein fester Brückenkopf in eine bessere Praxis, sondern eher Hinweistafeln auf Chancen und Risiken für den gemeinsamen Weg in fruchtbarere Gelände. Diese Überlegungen entsprechen der 2. Auffassung über das Verhältnis von Wissenschaft und Praxis, die m. E. sowohl die besten Argumente für sich hat, als auch am fruchtbarsten in der Umsetzung ist.

Da diese Überlegungen zu den fünf Grundauffassungen sehr abstrakt sind, soll im folgenden Abschnitt an einem Beispiel für die 2.-4. Auffassung verdeutlicht werden, wie und wo wissenschaftliche Erkenntnisse und Methoden Eingang in eine wissenschaftlich gestützte Organisationsberatung finden können.

1.3   Survey Feedback als Beispiel eines wissenschaftlich gestützten Vorgehens

Nehmen wir an, dass im Rahmen eines Gesprächs zur Auftragsklärung zwischen Geschäftsleitung und Beratung zu einem wichtigen Unternehmensaspekt ein Survey-Feedback vorgeschlagen wird, um genauere Auskünfte über einzelne Stärken und Schwächen und deren Ursachen zu erhalten; die Leitung und ggf. der Betriebsrat stimmen dem Berater-Vorschlag – eventuell mit Modifikationen – zu. Beim Survey-Feedback werden die betroffenen Organisationsmitglieder und ggf. relevante Externe mit einem wissenschaftlich erarbeiteten Diagnoseinstrument, z. B. einem Fragebogen zur Innovationsfähigkeit (Kapitel „Making the difference: Benchmarks der Innovation in deutschen KMU" und „Innovationskultur, Innovationsprozesse und Innovationserfolge") zu den verschiedenen Aspekten befragt, am besten ergänzt durch Interviews (s. Kapitel „Innovationsprojektgestaltung"). Die Befragungsergebnisse werden an die Beteiligten zurückgemeldet und mit ihnen besprochen. In diesen Diskussionen werden die gefundenen Stärken gewürdigt und die anscheinenden Schwächen qualifiziert; in Abstimmungsverfahren unter den Beteiligten wird entschieden, welche Probleme vorrangig angegangen werden sollen. Zu den einzelnen Problembereichen werden dann fachkundige Arbeitsgruppen gebildet, die je nach Bedarf von Berater/innen begleitet werden. Zusätzlich wird eine Steuerungsgruppe gebildet, die die Arbeit der einzelnen Arbeitsgruppen und deren Ergebnisse berät und integriert. In der Steuerungsgruppe sind typischerweise die Leiter/innen der einzelnen Arbeitsgruppen, die Geschäftsführung, der Betriebsrat (falls vorhanden) und ein oder zwei Berater/innen vertreten. Als Abschluss des Beratungsprozesses finden Evaluationsgespräche statt und vielleicht auch eine Evaluationsbefragung, die zum Teil eine Wiederholungsmessung ist, um Veränderungen genauer festzustellen, und zum Teil Meinungen über den Prozess und das Ergebnis abfragt (mehr zum Survey-Feedback in Kapitel „TOOLBOX – Schrittmacher für Innovationen" und als beispielhafte Anwendung in Kapitel „Making the difference: Benchmarks der Innovation in deutschen KMU").

Inwiefern wird nun mit einem wissenschaftlich gestützten Survey-Feedback neues, besseres Wissen für die Organisation produziert, das ihr bei dem Wunsch nach Steigerung der Innovationsfähigkeit hilft? Und welche Rolle spielt dabei die Wissenschaft? Die Methode ist zunächst ein Beispiel für die 4. Auffassung: sie ist aus der Wissenschaft heraus entstanden (Lewin 1953) und dort auch mehrfach geprüft und weiterentwickelt worden (Jöns 2001). Sie ist auch ein Beispiel für die 3. Auffassung, weil ihre korrekte Durchführung der Aktionsforschung entspricht. Und sie ist ein Beispiel für die 2. Auffassung, weil in ihrem Verlauf wissenschaftliches Wissen, Praktikerwissen und Beratungswissen zusammenkommen; das soll kurz weiter ausgeführt werden.

In der Befragung und ihrem Ergebnis steckt zum einen das Beraterwissen, welches der verfügbaren Diagnoseinstrumente nach einer aus den ersten Beratungsgesprächen gewonnenen vorläufigen Problemsicht am besten auszuwählen oder ggf. weiter zu entwickeln ist. Des Weiteren steckt darin – bei guter Auswahl – das Wissen aus der Organisationsforschung, das für die Konstruktion und Validierung des Diagnoseinstruments erarbeitet wurde (s. Abb. 1, Beschreibungsmethoden). Leider werden gerade auch von den großen Beratungen öfters sehr einfache handgestrickte Meinungsumfragen verwandt, die nicht geprüft sind und aufgrund ihrer einfachen Machart (Messung eines Aspekts mit nur einer Frage) auch nicht zuverlässig und gültig sein können.[4] Und schließlich steckt im Ergebnis das Wissen der Befragten, die ihre vielfältigen Erfahrungen strukturiert wiedergeben können, was zu einem fokussierten, selbst erstellten Spiegelbild der Organisation führt, das aufgrund der anonymen Erhebung und breiten Beteiligung auch kaum geschönt ist. Je besser die wissenschaftliche Entwicklung und Prüfung des Diagnoseinstruments ist, umso besser werden die tatsächlich im Alltag wirksamen Meinungen (Kognitionen) und Empfindungen (Emotionen) erfasst.

Dieses Spiegelbild wird durch die Rückmeldung der Wahrnehmungserweiterung, Interpretation und Gewichtung zugänglich, so dass die Bereitschaft zur Veränderung der eigenen, zum Teil eingefahrenen Sichtweise bei den Beteiligten wächst und damit auch die Bereitschaft gezielt Verbesserungen in Angriff zu nehmen. Die Interpretationen sind dabei je nach Position, Interesse und zugänglichen Informationen durchaus verschieden, wobei sowohl verschiedene Sichtweisen einzelner Personen als auch kollektiv geteilte Einschätzungen in einer neuen Perspektive erscheinen, zum Teil in Frage gestellt werden und zur Auseinandersetzung und Neujustierung anregen; nach Lewin (1953) wird das als „Auftauen" (unfreezing) bezeichnet. Gleichzeitig wächst die Einsicht, dass eine möglichst unvoreingenommene Verständigung über die neuen Eindrücke und Einschätzungen vorteilhaft ist und es entsteht eine kollektive Bereitschaft zur Veränderung (Lewin: changing). Die vorrangige Aufgabe der Berater/innen in dieser Phase ist es, die Beteiligung und die wechselseitige Einflussnahme aller bei der kollektiven Interpretation

---

[4]Man kann sie allerdings als Projektionsinstrumente begreifen und nutzen, weil die Auftraggeber und/oder die Berater ihre Sichtweisen leichter hineinprojizieren können.

zu ermöglichen und dabei Differenzierungen anstelle von Vereinfachungen zu fördern. Die offizielle Interpretation am Ende dieses Prozesses spiegelt trotz allem z. T. die jeweiligen Machtverhältnisse wider, was nachteilig sein kann, wenn relevante Meinungen nicht gehört oder ignoriert wurden, was aber auch den Vorteil haben kann, dass für den weiteren Prozess auf eingespielte Verhältnisse zurückgegriffen werden kann.

Die relevanten Machtverhältnisse zeigen sich dann noch etwas deutlicher in der Bildung der Arbeitsgruppen und der Steuerungsgruppe: Wer beteiligt sich, wer wird beteiligt, wer wird die jeweilige Gruppe leiten? Um die Chancen auf weitere Ausarbeitung und Umsetzung der Arbeitsergebnisse zu fördern, ist auch hier die Einbeziehung (Partizipation) der Betroffenen vorteilhaft, wie unsere und andere Untersuchungen immer wieder zeigen, denn dann können sie ihre Interessen vertreten und ihr Wissen einbringen, was die Koordinationsfähigkeit stärkt und den Wissenszuwachs fördert (Scholl 2004, 2009; s. a. Kapitel „Innovationskultur, Innovationsprozesse und Innovationserfolge"). Unabhängig von der realisierten Machtverteilung in den verschiedenen Gruppen können Berater durch gute Moderation die Chance intensiver wechselseitiger Einflussnahme erhöhen und die Gefahren der Machtausübung für einseitige Interessendurchsetzung verringern (s. u. Abschn. 3.3). Wechselseitige Einflussnahme und Kooperation helfen dann auch bei der Realisierung der getroffenen Entscheidungen im Rahmen einer Organisationsentwicklung (Gebert 2007); das beste Wissen in der Organisation nützt ja nichts, wenn es nicht mit der vollendeten Umsetzung zur Organisationsrealität wird. Wissenschaftliche Erkenntnisse zu Partizipation und Organisationsentwicklung gehen hier Hand in Hand mit dem Prozess-Know-How von Beratern, das seinerseits durch Interventionsforschung (s. Abb. 1 rechts) schrittweise verbessert wird.

Dieses Beispiel der Survey-Feedback-Methode stellt auf einfache Weise dar, wie wissenschaftliche Erkenntnisse für die Organisationsberatung genutzt werden können. Allerdings sind die tatsächlichen Verhältnisse nicht so einfach, was sich am besten daran erkennen lässt, dass es für Partizipation (s. Wagner et al. 1997) wie für Organisationsentwicklung (s. Gebert 2007) sehr viele sehr unterschiedliche Forschungsergebnisse gibt. Sie zeigen zwar in zusammenfassenden Meta-Analysen die dargestellten positiven Wirkungen, aber die Effekte sind im Durchschnitt bestenfalls mittelstark (Korrelationen um 0.30) und im Einzelfall ist es von vielen anderen Bedingungen abhängig, ob überhaupt ein positiver Effekt eintritt und wie stark er ist. Die Erkenntnisse über zusätzliche Bedingungsfaktoren und Situationserfordernisse werden zwar in der Wissenschaft ständig weiter entwickelt, aber erstens ist da alles im Fluss und zweitens können selbst unter den Wissenschaftlern nur die Spezialisten diese Forschung überblicken; für Berater und erst recht für Praktiker ist das unmöglich. Praktiker müssen daher, ggf. unterstützt durch Berater, selbst einschätzen und entscheiden, ob und in welcher Form Partizipation und Organisationsentwicklung jeweils angebracht sind. Hilfreich dabei dürfte es sein, wenn sie die gemeinsamen Grundlagen dieser und vieler anderer Konzepte und Praktiken kennen; mit diesen Grundlagen im Kopf können sie leichter ad hoc auf die jeweils spezifische Situation zielführend reagieren. Daher sollen im Folgenden die wissenschaftlichen Grundlagen von Verständigung und Zusammenarbeit – so wie sie sich derzeit darstellen – aufgezeigt werden. Der Fokus liegt dabei einerseits auf Interventionskonzepten wie Partizipation und Organisationsentwicklung und andererseits auf der Beziehung von Berater/innen und Organisationen.

2   Grundlagen von Verständigung und Zusammenarbeit

Menschen sind einzigartige soziale Tiere, die durch sprachliche Verständigung und Zusammenarbeit bei schwierigeren Aufgaben profitieren können, im persönlichen Bereich und vor allem bei der Erstellung gemeinschaftlicher Güter und kultureller Errungenschaften. In der Evolution haben sich Anlagen für die Verständigung und Zusammenarbeit herausgebildet, die deren potentiellen Vorteile absichern. Zusammenarbeit und die dazu nötige Verständigung beinhalten wechselseitige Abhängigkeiten (Interdependenzen) zwischen Menschen, deren grundsätzliche Logik und das damit verbundene Erleben und Handeln als Basis für die folgenden Überlegungen kurz skizziert werden sollen.

2.1   Interdependenzlogik und die universellen Dimensionen des Erlebens und Handelns

Menschen verfolgen bei Ihrem Handeln immer bestimmte Interessen, sei es gezielt und bewusst oder eher beiläufig und/oder unbewusst. In dem Augenblick, in dem sie dabei auf andere Menschen treffen, entstehen Abhängigkeiten, die sich verstärken, wenn sie im gleichen Bereich tätig werden wollen. Die grundsätzliche Interdependenzstruktur von Menschen und Kollektiven in solchen sozialen Situationen wurde und wird von der mathematischen Spieltheorie (Neumann und Morgenstern 1961) und deren empirischen Untersuchungen in der Verhaltensökonomie (Gintis 2009), der soziologischen Austauschtheorie (Cook und Rice 2006) und der psychologischen Interdependenztheorie (Kelley 1979; Kelley et al. 2003) in tausenden von Untersuchungen analysiert. Je nach Situation sieht eine solche Interdependenzstruktur anders aus und kann sich im Laufe der Zeit auch entsprechend verändern. Die Variationsmöglichkeiten in dieser Interdependenzstruktur[5] lassen sich auf drei Dimensionen beschreiben: 1) Je besser die Interessen übereinstimmen, umso eher wird die Gemeinschaft mit der anderen Seite gesucht und umso positiver wird sie empfunden; man kann die beiderseitigen Interessen gut vereinbaren. Je weniger sie übereinstimmen, umso eher wird man sich entweder aus dem Weg gehen oder, wenn das nicht möglich ist, entsteht Feindschaft. Dies ist besonders bei so genannten Nullsummen-Spielen der Fall, wo eine Seite so viel verliert, wie die andere

---

[5]Die Interdependenzstruktur wird meist in Auszahlungs- oder Ergebnismatrizen dargestellt. Die bekannteste Grundstruktur ist das so genannte „Gefangenendilemma".

Seite gewinnt. 2) Je ungleicher bzw. asymmetrischer die Ergebnisse ausfallen können, umso mehr Machtunterschiede sind gegeben, weil dann die eine Seite in ihren Ergebnissen von der anderen Seite abhängiger ist als umgekehrt. Das sagt noch nicht, wie die Macht genutzt wird, allerdings sind Mächtigere tendenziell weniger kooperativ und nutzen die Schwächeren eher aus (Molm 1990; Beckenkamp et al. 2006). 3) Je größer die Unterschiede in den möglichen Ergebnissen für die einzelnen Beteiligten ausfallen, umso wichtiger wird es für sie, die ungünstigeren Ergebnisse zu vermeiden und die besseren zu erreichen, was zu einer stärkeren Aufmerksamkeit und Aktivierung der jeweils relevanten Ressourcen führt.

Diese dreidimensionale Logik menschlicher Beziehungen bzw. Interdependenzen spiegelt sich in der Wahrnehmung aller sozialen Aspekte (vgl. zum Folgenden Scholl 2013). Auch hier wurden in den verschiedensten Forschungsbereichen genau diese drei Dimensionen gefunden, in der Wahrnehmung der Gefühle (Scherer 2005), der nonverbalen Kommunikation (Mehrabian 1972), der verbalen Kommunikation (Osgood et al. 1975) ebenso wie bei der menschlichen Wahrnehmung von Verhaltensweisen (Bales 1985) und Persönlichkeiten (Mehrabian 1996):

1. Die erste Dimension beschreibt, wie positiv oder negativ ein zu bewertender Sachverhalt wahrgenommen wird; bei sozialen Sachverhalten geht es darum, wie freundlich und sympathisch oder feindlich und unangenehm Personen, Ideen und soziale Systeme empfunden werden; es geht um mögliche Gemeinschaft (Affiliation bzw. Freundlichkeit – Feindseligkeit).
2. Die zweite Dimension beschreibt, wie stark und dominant oder wie schwach und unterlegen andere Personen, Gruppen oder größere soziale Systeme relativ zur selbst empfundenen Stärke wahrgenommen werden; es geht um Stärke bzw. Macht (Dominanz – Submission).
3. Die dritte Dimension beschreibt, wie aktiv und erregt oder passiv und ruhig die beteiligten Personen, sozialen Ereignisse oder Systeme wahrgenommen werden; es geht um den Grad der Aktivierung (Erregung – Ruhe).

Diese drei Dimensionen sind für die Menschen wichtige Wegweiser: Mit wem geht es mir gut, so dass ich dessen Gemeinschaft suchen will? Wer hat das Sagen in dieser Beziehung, wer hat wie viel Macht, wovor muss ich mich in Acht nehmen? Wie wichtig ist es, dass ich sofort aktiv werde, wie aktiviert ist der Andere, wie dringlich ist es, dass ich sofort alle meine Ressourcen aktiviere und mich für eine schnelle Reaktion vorbereite oder hat das alles noch Zeit oder ist sogar von untergeordneter Bedeutung? Die drei Dimensionen haben eine emotionale und soziale Qualität: Sie sind emotional begründet, weil in allen Bereichen die Gefühle als Einschätzungsbasis zentral sind für die Wahrnehmung von nonverbalen Signalen in Mimik, Gestik, Tonfall und Körperhaltung, für das Verstehen der Bedeutung der verbalen Äußerungen sowie für die Beurteilung des Verhaltens anderer und deren Persönlichkeit. Die Parallelität der drei Dimensionen bei den Gefühlen, dem nonverbalem Ausdruck und den verbalen

Äußerungen ermöglicht einerseits, sich in andere Menschen einzufühlen und sie besser zu verstehen, und andererseits, ihre verbalen Äußerungen anhand der nonverbalen Signale auf Echtheit und Ehrlichkeit zu überprüfen. Die drei Dimensionen haben auch eine soziale Qualität, weil sie genau den drei Dimensionen der Interdependenzstruktur entsprechen. Während die mathematischen Spieltheorie und die dazu durchgeführten empirischen Untersuchungen die Interessenstruktur losgelöst von Zeit und Raum mit einfachen Zahlen abstrahiert wiedergeben, spiegeln sie sich im konkreten Umgang der Menschen miteinander in der Wahrnehmung der Gefühle, dem gefühlsmäßigen Ausdruck und den gesprochenen Worten und letztlich in der Wahrnehmung von Verhalten und der Einschätzung der Persönlichkeit und bestimmen so das Handeln und die Interaktion der Beteiligten.

Diese drei sozio-emotionalen Dimensionen wurden in allen untersuchten Kulturen gefunden und können insofern universelle Gültigkeit beanspruchen; sie gelten damit auch für die Zusammenarbeit in Organisationen und für die Zusammenarbeit zwischen Beratern und Beratenen. Sie sind offensichtlich evolutionär entstanden und über die Gefühle biologisch-neurologisch verankert. Damit wird die menschliche Koordination erleichtert und die prinzipiellen Vorteile der Zusammenarbeit lassen sich damit eher realisieren, obwohl sonst die Suche des eigenen Vorteils und deren Weitergabe an die eigenen Nachkommen das Hauptprinzip der Evolution ist. Die dreidimensionale Logik von Interdependenzen und und die entsprechende universelle Ausstattung mit drei Gefühlsdimensionen und deren Konsequenzen für die Wahrnehmung aller sozialen Sachverhalte besagt jedoch keineswegs, dass die jeweiligen Einschätzungen und Interpretationen einer bestimmten Interdependenzstruktur überall gleich sind. Ähnlich wie Menschen universell über Sprachvermögen verfügen und sich doch ganz unterschiedliche Sprachen und Kulturen entwickelt haben, so zeigt die empirische Forschung zu vorgegebenen Interdependenzstrukturen, dass die sich anschließenden Handlungen von der jeweiligen Interpretation der Interessenkonstellation abhängen; wird eine Interdependenzstruktur z. B. als Wallstreet Game eingeführt, dann wird viel mehr konkurriert und versucht den anderen auszunutzen als wenn es als Community Game betrachtet wird (Liberman et al. 2004). Darüber hinaus sind diese Interpretationen stark kulturabhängig: Während in vielen Gesellschaften eine kooperative Tendenz besteht zu teilen, aber dabei mehr für sich zu behalten, gibt es auch Kulturen, wo der anderen Seite mehr zugeteilt wird als sich selbst und unter diesen Gesellschaften gibt es welche, wo das angenommen wird, aber auch solche, wo das meist abgelehnt wird (Henrich et al. 2001).

Innerhalb einer Kultur (oder besonders einer Subkultur) werden solche Interpretationen in der Sprache verankert und (mit)geteilt. Jedes für eine Situationsbeschreibung bzw. Interpretation verwendete Wort und jede Wortkombination in einer Aussage haben in einer Sprache nicht nur eine bestimmte denotative Bedeutung (was damit bezeichnet wird), sondern auch eine konnotative Bedeutung (wie sich das auf den drei Gefühlsdimensionen anfühlt, s. Osgood et al. 1975). Welche Rolle solche gefühlsmäßigen Bedeutungen spielen, wie sie entstehen und wie sie geteilt werden, lässt sich mit den Grundprämissen des symbolischen Interaktionismus (Blumer 1973, S. 81) prägnant zusammenfassen:

1. „Die erste Prämisse besagt, dass Menschen ‚Dingen'[6] gegenüber auf der Grundlage der Bedeutung handeln, die diese Dinge für Sie besitzen. [Oder in den Worten des bereits erwähnten Thomas-Theorems formuliert: Wenn die Menschen Situationen als real definieren, so sind auch ihre Folgen real.]
2. Die zweite Prämisse besagt, dass die Bedeutung solcher Dinge aus der sozialen Inter-aktion, die man mit seinen Mitmenschen eingeht, abgeleitet ist oder aus ihr entsteht. [Ergänze: Gemeinschaftliche und gesellschaftliche Interaktionen normieren im Laufe der Zeit weitgehend die Bedeutung der Dinge innerhalb einer Kultur (Heise 2010; Stryker 1983).]
3. Die dritte Prämisse besagt, dass diese Bedeutungen in einem interpretativen Prozess von den Personen in ihrer Auseinandersetzung mit den ihnen begegnenden Dingen benutzt, gehandhabt und abgeändert werden. [So werden z. B. das Wort „Frau" und andere weibliche Begriffe im Laufe der Emanzipation als stärker bzw. weniger macht-los empfunden.]

Die Konsequenzen dieser Bedeutungen für die Interpretation von sozialen Ereignissen und für das daraus folgende Handeln lassen sich im Rahmen der Affect Control Theory (ACT; Heise 1979, 2007, 2010) genauer erklären und mathematisch berechnen, wobei die konnotative Bedeutung (wie sich das anfühlt) entscheidend ist. So kann ein kultur-spezifisches ACT-Modell mit einer recht guten Trefferquote erklären und vorhersagen, wie jemand mit einer bestimmten sozialen Position und Identität in einer Kultur sich gegenüber einer anderen Person bzw. Rollenidentität verbal (Schröder und Scholl 2009) und nonverbal (Schröder et al. 2013) ausdrückt und handelt. Diese Vorhersage ist mög-lich, weil die Menschen im Einklang mit ihrer Sprache und den gelernten kulturel-len Interpretationen bleiben wollen bzw. bleiben müssen, um die soziale Orientierung nicht zu verlieren. ACT formalisiert einen Konsistenzmechanismus, der Menschen dazu bewegt, alle sozialen Wahrnehmungen möglichst im Einklang mit den gelernten kultu-rellen Interpretationen zu beschreiben und zu denken. Wenn Ereignisse geschehen, die anscheinend nicht zu diesem kulturell gelernten Rahmen passen, dann versuchen Men-schen entweder, durch eigene Handlungen diese Ereignisse zu korrigieren, oder, wenn das nicht möglich ist, sie so zu interpretieren, dass sie sozial verständlich werden.

Beispiel

Um es an einem Beispiel zu verdeutlichen: Eine Mutter, die ihr Kind lobt, befindet sich im Einklang mit der sozio-kulturellen Identität einer „Mutter"; man erwartet das im heutigen deutschen Sprachraum von einer „Mutter". Eine Mutter, die ihr Kind schlägt, befindet sich nicht im Einklang mit dieser sozio-kulturellen Identität; nimmt sie das selbst wahr, dann kann sie das auf verschiedene Weise wieder gut machen,

---

[6]„Dinge" können alles sein, Gegenstände, Menschen, Ideen; durch Wahrnehmung und Überlegung werden sie zu „Objekten".

z. B. indem sie das Kind tröstet und um Nachsicht für diesen „Ausrutscher" bittet. Nehmen Fremde das wahr, dann werden sie eher nach einer passenden Interpretation suchen und statt einfach von einer „Mutter" lieber von einer „zornigen Mutter" sprechen oder einer „autoritären Mutter", also die Rollenidentität spezifizieren und modifizieren. Gibt man einen dieser beiden adjektivisch veränderten Interpretationen einer Mutter in das deutsche ACT-Modell (http://tschroeder.eu/computersimulation/interact. html) ein, dann passt auch die sprachliche Bedeutung von „schlagen" gut dazu. Dass eine autoritäre Mutter ihr Kind schlägt, ist zwar nicht schön, aber stimmig, das würde einen bei einer autoritären Mutter nicht wundern. Aber einfach zu denken oder zu sagen „die Mutter schlägt ihr Kind" ist sozio-emotional nicht stimmig; das verlangt nach einer Erklärung, die zu einer veränderten Beschreibung führen muss, damit wir das Gefühl haben, wir verstehen die Welt um uns herum. Vor hundert Jahren hätte man vielleicht eine andere Modifikation gewählt und „gesehen", dass eine Mutter ihr „ungezogenes Kind" schlägt.

Für unsere Überlegungen hier lassen sich aus den Ergebnissen dieses Abschnitts zwei Aspekte ableiten, die für die Organisationsberatung zentral sind. Zum einen betrifft es die Grundlagen des Verstehens und der Verständigung in Organisationen sowie zwischen Beratern und beratenen Menschen in den Organisationen, die mit den drei verbalen und nonverbalen Bedeutungsdimensionen gegeben sind; dies wird im nächsten Abschnitt noch weiter ausgeführt. Zum anderen betrifft es die Formen konstruktiver oder destruktiver Zusammenarbeit, die mit spezifischen Ausprägungen auf den ersten beiden Dimensionen eng zusammenhängen; dies wird im übernächsten Abschnitt behandelt.

2.2 Verstehen und Verständigung als Grundlage der Beratung und Zusammenarbeit

Der kurze Überblick über die Forschungen zu den drei Dimensionen macht deutlich, dass wir in einer – in Wort und Tat – sozial konstruierten Welt leben (s. a. Berger und Luckmann 1969), die wir in der Sozialisation mental nachkonstruieren und stückchenweise durch viele Interaktionen und Kommunikationen weiter entwickeln. Die Evolution hat über die genannten Mechanismen Verstehen und Verständigung ermöglicht, so dass Menschen als sozial abhängige Lebewesen in besonderer Weise die Vorteile der Zusammenarbeit und des gemeinsamen Lernens für ihr (Über)Leben nutzen können. Die drei universellen sozio-emotionalen Dimensionen und die darauf aufbauenden kulturspezifischen Bedeutungen erleichtern es den Menschen ganz erheblich, miteinander zu kommunizieren und sich zu verstehen. Diese scheinbare Selbstverständlichkeit muss betont und begründet werden, weil einflussreiche konstruktivistische Denker die Möglichkeit des Fremd-Verstehens oft ganz in Zweifel ziehen oder nur mit großen Vorbehalten als möglich ansehen (z. B. Glasersfeld 2003; Hejl 1985).

Verstehen geht dabei immer in einem gewissen Ausmaß mit Verständigung einher, denn Verstehen ist eine Ko-Konstruktion der Bedeutungen, wobei die Beteiligten versuchen, das jeweils vom Anderen Gesagte auf der Basis der gelernten kulturspezifischen Bedeutungen, der momentanen Situation und des nonverbalen Ausdrucks zu rekonstruieren. Als grundlegende Konversationsregel gilt, dass Sprecher und Hörer versuchen miteinander zu kooperieren (Grice 1975), d. h. auf der ersten Dimension wird bei einem Versuch der Verständigung Gemeinschaft gesucht. Zu diesem Zweck gehen Menschen bei ihren Äußerungen auf das vermutete Wissen, die Einstellungen und die Absichten des Anderen ein, was als „Tuning in" bezeichnet wird (Higgins 1981). Bei diesem sich Einstellen auf den Anderen werden dessen vermutete Wissensbestände und Einstellungen im Sprechenden aktiviert, so dass er sich dem Hörenden im Denken und Fühlen annähert; im einfühlenden Sprechen verändern Menschen ihre eigene Sicht der Dinge in Richtung auf den Interaktionspartner, der so genannte „Saying-is-believing"-Effekt (Higgins 1981). Aufgrund der Wechselseitigkeit von Sprechen und Hören in der Konversation führt das beiderseitige Saying-is-believing zu einer geteilten Realitätswahrnehmung, zu „Shared reality" (Higgins und Pittman 2008). Diese Mechanismen präzisieren die dritte Prämisse von Blumer (1973), dass die „Bedeutungen in einem interpretativen Prozess von den Personen in ihrer Auseinandersetzung mit den ihnen begegnenden Dingen benutzt, gehandhabt und abgeändert werden". Eine Kooperationsabsicht ist dazu allerdings notwendig, denn Voraussetzung für das Gelingen der Verständigung sind ausreichende Wertschätzung, Ko-Orientierung, ständige Überprüfung des Gelingens und eben die Absicht zu einem geteilten Verständnis zu kommen. Wenn die Absicht zur Verständigung fehlt, kommt es zwar auch zu „tuning in", aber nicht zu „believing" und damit nicht zu einer tieferen Verständigung im Sinne einer geteilten Realitätswahrnehmung und Bedeutung (Higgins und Pittman 2008). Die im Abschnitt „Zumutbare Ehrlichkeit (Echtheit)" angeführte Tugend findet hier ihre tiefere Begründung. Die Verständigung auf eine „geteilte Realitätswahrnehmung" besagt damit auch, dass die eigene Meinung eines Beraters auch die Beratenen beeinflusst, selbst wenn der Berater sich zurückhalten will (s. die Tugend im Abschnitt „Aktive Zurückhaltung (inhaltliche Verantwortung)") und das Gleiche gilt auch umgekehrt in der Annäherung der Beratermeinung an die des Beratenen. Eine besondere Technik, die sich die Verständigung auf eine geteilte Realitätswahrnehmung zunutze macht, ist das so genannte „reframing" (s. Schlippe und Schweitzer 2009, S. 76 ff.). Dabei führt die Beraterin zu einem bestimmten Thema eine neue Perspektive ein, bringt ein Ereignis in einen anderen Zusammenhang, stellt einen anderen Rahmen her, so wie es eine dritte Person sehen könnte, und der Beratene exploriert dann im Gespräch mit der Beraterin als Stellvertreterin dieser imaginären dritten Person, ob und inwieweit diese neue Sichtweise weiterführend ist.

Mit Hilfe der drei sozio-emotionalen Dimensionen können wir genauer bestimmen, wie und warum Verständigung und Kooperation funktionieren, aber auch warum sie scheitern können, nämlich vor allem dann, wenn die Kooperationsbereitschaft abnimmt und/oder das Vertrauen in die Kooperationsabsicht der anderen Seite verloren geht, was dann meist zu Misstrauensspiralen führt; in beiden Fällen wird die Bedeutung des Wahrgenommenen negativer bzw. unfreundlicher und führt zu Vermeidungsreaktionen oder zu Gegenmaßnahmen. Verstehen und Verständigung sind sowohl für die Zusammenarbeit in Organisationen sehr wichtig als auch für die Zusammenarbeit zwischen Beratern und Beratenen. Beratung lässt sich daher in ihren Grundlagen als wechselseitiger Verstehens- und Verständigungsprozess charakterisieren und dementsprechend ausgestalten (mehr dazu in Kapitel „Innovative Innovationsberatung"). Auch die Technik des Aktiven Zuhörens (s. Abschnitt „Aktive Zurückhaltung (inhaltliche Verantwortung)") beruht auf so einem (Re)Konstruktionsprozess: Durch paraphrasierende Wiederholung des vom Klienten Gesagten wird der zuhörenden Beraterin die weitgehend authentische Nachkonstruktion der Problemsicht des Klienten ermöglicht und ihr und dem Beratenen die Vergewisserung, ob und inwieweit er verstanden wurde.

Dass trotzdem Missverständnisse möglich sind und dass manchmal sogar dabei die Beteiligten glauben sich verstanden zu haben, weiß jeder, und es lässt sich auch formal sehr gut zeigen (Laing et al. 1971). Missverständnisse liegen zum einen häufig dann vor, wenn die Gesprächspartner sich im Wissen über das jeweilige Thema stark unterscheiden; für Berater/innen ist daher Feldkenntnis und generelle Organisationserfahrung sehr wichtig. Zum anderen sind Missverständnisse vorprogrammiert, wenn sich einer oder beide Gesprächspartner ein stereotypes Bild von der Rolle oder Persönlichkeit des Anderen gemacht haben oder wenn sie Erfahrungen mit Dritten auf den aktuellen Gesprächspartner übertragen (Chen und Andersen 1999) und dazu nicht passende Äußerungen uminterpretieren. Während Berater/innen im neuen Kontakt weniger der Gefahr der Stereotypisierung unterliegen und die Techniken des aktiven Zuhörens und der Übertragungsregulation gelernt haben (sollten), ergeben sich in Organisationen viel häufiger solche Probleme des stereotypen Missverstehens, führen zu Konflikten und sind von Berater/inne/n besonders zu beachten. Eine ausführliche Behandlung der Ursachen und Folgen innerbetrieblicher Informations- und Kommunikationsprobleme findet sich im Kapitel „Vom Umgang mit der Ressource Wissen – Auswirkungen auf die Innovationsfähigkeit am Beispiel von Steuerberatungskanzleien".

2.3   Grundlagen erfolgreicher Zusammenarbeit

Um möglichst erfolgreich zu sein, muss Zusammenarbeit zwei Probleme lösen, die eng mit den ersten beiden sozio-emotionalen Dimensionen, d. h. mit den vier möglichen Kombinationen von Gemeinschaft und Macht verknüpft sind (vgl. zum Folgenden Scholl 2005). Kooperation bezeichnet ein Verhalten, das Gemeinschaft anstrebt und sich somit auf der rechten Seite der vier Kreissektoren von Gemeinschaft und Macht abspielt (s. Abb. 2). In Bezug auf die Gefühle ist Kooperation mit Sympathie korreliert, die ebenfalls rechts im Kreis zu lokalisieren ist. Und auch das Denken ist mit kooperativem Verhalten und Sympathie korreliert, denn wir mögen diejenigen, die

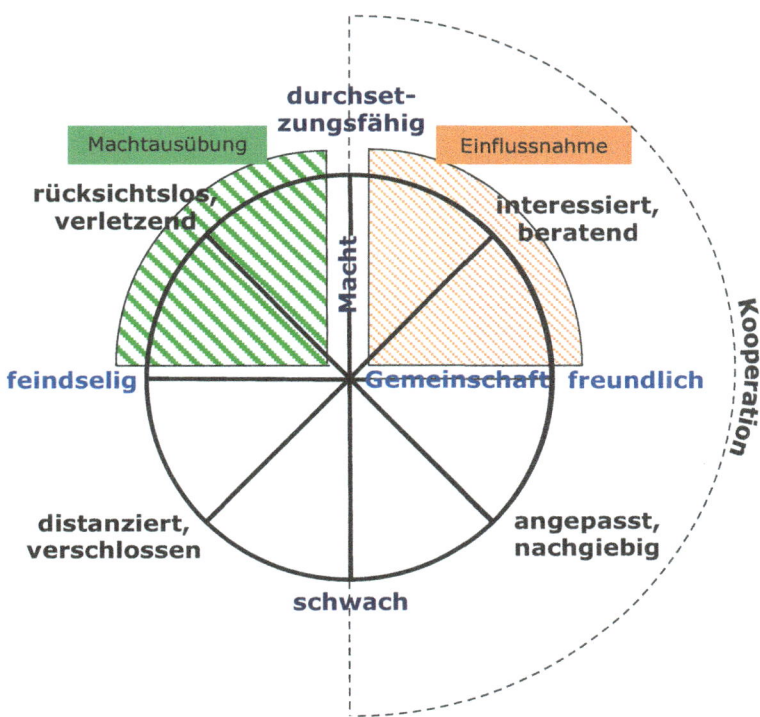

Abb. 2 Kombinationen von Gemeinschaft und Macht als Kreissektoren

ähnlich denken wie wir und Konsens löst im Unterschied zu Dissens Sympathie und Kooperation aus (dies ist der Kern der Balance-Theorie von Heider 1958, und auch in der oben dargestellten affect control theory von Heise 2007, enthalten).

Das erste Problem besteht nun darin, dass unterschiedliche Meinungen (Dissens) einerseits vorteilhaft sind, weil Menschen voneinander lernen können, wenn sie unterschiedliches Wissen, unterschiedliche Ausbildung und Erfahrungen haben oder verschiedenes Geschlecht, Alter und soziale Herkunft, die wiederum mit unterschiedlichen Erfahrungen verbunden sind (Diversität). Andererseits führen Dissens und Diversität oft dazu, dass die Beteiligten sich missverstehen, Meinungsverschiedenheiten sich vertiefen, in persönliche Konflikte umschlagen, die kooperative Motivation und die wechselseitige Sympathie untergraben, so dass letztlich nicht viel gelernt wird und kaum neues nützliches Wissen entsteht (Jehn und Mannix 2001). Am günstigsten für die gemeinsame und verteilte Produktion neuen und besseren Wissens ist daher ein mittlerer Dissens (Meyer und Scholl 2009), verbunden mit hoher Sympathie und vor allem hoher Kooperationsbereitschaft. Viele spezielle Untersuchungen zur sozialen Informationsverarbeitung und zur Zusammenarbeit lassen sich unter dieser generellen Erkenntnis subsumieren (vgl. Scholl 2005). Der Dichter Ernst Jandl hat das Problem und seine Lösung unter dem Stichwort Demokratie prägnant zusammengefasst (1995):

Unsere Meinungen
gehen als Freunde
auseinander.

Eine Möglichkeit, dieses Problem einigermaßen gut zu handhaben, ist ein Training in freundlicher kontroverser Diskussion (Johnson et al. 2000) und konstruktiver Konflikt-handhabung (Fisher et al. 2009); eine wichtige Unterstützung ist dafür Moderation auf Gruppenebene und eine kooperative Kultur auf Unternehmensebene. Für Berater/innen heißt das, dass sie nicht nur die Kooperation der unmittelbaren Auftraggeber benötigen, sondern dass sie die zur Diskussion stehenden Maßnahmen auch immer daraufhin beurteilen und beraten sollten, ob sie die Bereitschaft zur Kooperation und zugleich zu kritischer Auseinandersetzung in der Organisation fördern.

Das zweite Problem der Zusammenarbeit besteht in der oberen Hälfte, der Macht-hälfte des Verhaltenskreises (s. Abb. 2). Die Nutzung eines Machtpotenzials in freund-licher, respektvoller, gemeinschaftlicher Weise, hier als Einflussnahme (oder „promotive control", Scholl 1999) bezeichnet, hat völlig andere Folgen für alle Beteiligten als eine Nutzung in rücksichtsloser, ignoranter, die Interessen der Anderen verletzender Weise, hier als Machtausübung (bzw. „restrictive control", ebenda) bezeichnet. Wer Macht ausübt, d. h. sich mit seiner Meinung und seinen Interessen gegen andere durchsetzen will, der lernt nichts mehr oder nur noch sehr wenig von den anderen, falls er sie nicht schon von vornherein von jeglicher Diskussion ausschließt. Wer Macht ausübt, unter-gräbt auch die Kooperationsbereitschaft der Anderen, denn sie werden entweder ver-suchen sich direkt oder indirekt zu wehren und zu rächen oder sie ziehen sich zurück, verlieren das Interesse und tragen nichts mehr aktiv bei (innere Kündigung). Macht-ausübung beinhaltet und erzeugt also bei allen Beteiligten Verhaltensweisen, die das Lernen behindern und wenig neues und besseres Wissen schaffen. Darüber hinaus unter-graben sie aber auch die Koordinationsfähigkeit, weil die Kooperationsbereitschaft beim Machtausübenden nur gering ausgeprägt ist und bei den Betroffenen untergraben wird (ausführlicher zum Thema Macht s. Scholl und Riedel 2010, Scholl 2012a).

Beispiel

Da Machtausübung bei den Betroffenen starke Ressentiments auslöst, werden Beratungen auch gerne dann herangezogen, wenn ein Personalabbau ansteht bzw. gewünscht wird. Dann richtet sich zumindest ein Teil der Frustration und des Ärgers auf die Beratung und nicht so stark auf die Geschäftsführung. Ein gutes Beispiel für ausgelagerte Machtausübung ist die sogenannte Gemeinkostenwertanalyse (Overhead Value Analysis), die von McKinsey mit großem Erfolg für die Beratung an viele Unter-nehmen verkauft wurde. Für die Unternehmen selbst war es jedoch eher ein Schein-erfolg: Erstens war das Vorgehen wissenschaftlich betrachtet einseitig, denn die

Gemeinkostenwertanalyse versucht die einzelnen Abteilungen dazu anzuhalten möglichst weitgehende Kosteneinsparungen durch Personalabbau zu erzielen, während die andere Seite rationellerer Organisation, mit dem vorhandenen Personal mehr Wert zu erzeugen, nicht beachtet wird. Zweitens sind die Folgeprobleme der Machtausübung nicht zu vermeiden; auch wenn die Machtausübung nicht so offenkundig ist, können sich die Abteilungsleiter dem Einsparungsdruck nicht entziehen. In eine Reihe von Fällen wandten sie dann als verdeckte Gegenmaßnahme verschiedene Tricks und Kniffe an, um doch noch einigermaßen über die Runden zu kommen. So wurden z. T. Tätigkeiten ausgelagert und deren Kosten nicht in die Gesamtrechnung übernommen, Leistungen für andere Abteilungen wurden besonders gekürzt, weniger qualifizierte Personen, die vorwiegend Hilfstätigkeiten leisteten, wurden abgebaut, um die Qualifizierteren halten zu können, mit der Folge, dass diese dann die Hilfstätigkeiten übernehmen mussten und ihre Qualifikation dem Unternehmen nicht voll zur Verfügung stand usw. Aus vielen betroffenen Unternehmen hörte man, dass hinterher in einem längeren Prozess die Brüche gekittet und die Scherben wieder eingesammelt werden mussten.

Im Grunde sind diese Zusammenhänge zum Umgang mit Macht jedem aus der eigenen Erfahrung bekannt, so dass es eigentlich verwunderlich ist, warum in Organisationen immer wieder Machtausübung und Machtkämpfe vorkommen, auch wenn sie – als sozial unerwünscht – oft verdeckt geschehen. Doch dafür gibt es mehrere Gründe: Zum einen geschieht dies vor allem da, wo es um wichtige Interessen geht und die Positionen weiter auseinander liegen, so dass mindestens eine Seite befürchtet, mit ihren Interessen zu unterliegen und daher nach kurzer Zeit von Kooperation auf einseitige Interessendurchsetzung und Kampf umschaltet (Scholl 2009). Zum Zweiten hängt es an der Einschätzung, ob es überhaupt Alternativen geben könnte, mit denen beide Seiten ihre Interessen einigermaßen wahren könnten; natürlich gibt es Fälle, wo es tatsächlich kaum bessere Alternativen gibt; tatsächlich wird jedoch die Möglichkeiten für bessere Alternativen oft unterschätzt, weil man sich gar nicht ausführlich auf die Suche begibt. Zum Dritten gibt es auch entsprechende Persönlichkeitsstrukturen im Kreissektor von hoher Macht und Feindseligkeit, die mit Eigenschaften wie zynisch, provokativ, verletzend, egoistisch, angriffslustig, rechthaberisch, frech und konkurrierend beschrieben werden können (Jacobs und Scholl 2005). Dieses zweite Problem der Vermeidung von Machtausübung und der konstruktiven Nutzung von Macht als Einflussnahme lässt sich immerhin durch Trainings in Konflikthandhabung (Fisher et al. 2009), eine konstruktive Unternehmenskultur (s. a. Kapitel „Innovationskultur, Innovationsprozesse und Innovationserfolge") und eine achtsame Personalauswahl einigermaßen bewältigen.

Interessant ist, dass viele empfohlene Managementkonzepte als Vorschläge zur Bewältigung dieser beiden Grundprobleme aufgefasst werden können. Das gilt z. B. für verschiedene Führungskonzepte wie *mitarbeiterorientiertes und strukturierendes Führen* (consideration and initiating structure), bei dem die Mitarbeiterorientierung die Gemeinschaftsdimension betrifft und die Strukturierung teilweise die Machtdimension; bewährt hat sich und empfohlen wird die Kombination von hoher Strukturierung und hoher

Mitarbeiterorientierung (Judge et al. 2004); im Sinne von Abb. 2 ist das der obere rechte Sektor, wo sich Macht und Kooperation überschneiden und als wechselseitige Einflussnahme realisieren. Die Mitarbeiter werden hier in ihren Interessen berücksichtigt und bei Entscheidungen, die sie betreffen, einbezogen und nach ihrer Meinung gefragt, obwohl bzw. gerade weil sie aus ihrer Betroffenenperspektive vermutlich andere Meinungen haben. Das darin steckende *Partizipation*skonzept hat sich auch sonst bewährt (Black und Gregersen 1997) und wird besonders für organisatorische Änderungen empfohlen, z. T. als *Organisationsentwicklung*, bei IT-Einführungen auch als *Nutzerbeteiligung* bezeichnet (Scholl 2004, Kap. 6). Eine andere Form mit der gleichen Ausrichtung stellt „*Empowerment*" dar; dabei geht es darum, den Mitarbeitern größere Autonomie zu gewähren und sie gleichzeitig durch Beratung und Fortbildung zu dieser größeren Eigenständigkeit und Verantwortung zu befähigen (Blanchard et al. 1999; Spreitzer 2007; Maynard et al. 2013). In all diesen Fällen wird die hierarchische Macht der Vorgesetzten in freundlicher, gemeinschaftsorientierter Weise genutzt als Einflussnahme, es wird Kooperationsbereitschaft gefordert und gefördert und die Meinungen und das Wissen der Mitarbeiter werden ernst genommen und berücksichtigt. Auch das *Harvard-Konzept des sachgerechten Verhandelns* (Fisher et al. 2009) und das Konzept der *konstruktiven Kontroverse* (Johnson et al. 2000) bestehen aus Verhaltensweisen, die Macht mit Kooperation kombinieren (angesiedelt im oberen rechten Sektor von Abb. 2) sowie auf ausführliche und kritische Diskussion setzen. Schließlich haben sich auch strukturelle Maßnahmen bewährt, die z. B. *relativ autonome Gruppenarbeit* entweder für temporäre oder auch dauerhafte Aufgaben einsetzen (Cooney 2004; Moldaschl und Weber 1998) und so Kooperation bei wechselseitiger Einflussnahme strukturell verankern, wobei gleichzeitig die in der hierarchischen Position und im traditionellen Führungsverständnis angelegte Tendenz zur Machtausübung durch Vorgesetzte gegenstandslos wird. Empfohlen werden auch *flachere Hierarchien* bzw. eine *geringere Betonung der Hierarchie* und der damit verbundenen Weisungsbefugnis, damit weniger Machtausübung und mehr Einflussnahme praktiziert werden. Pfeffer (1996) listet eine ganze Reihe solcher Empfehlungen auf und fragt dann, warum clevere Organisationen diese hinlänglich bekannten und wissenschaftlich gut gestützten Maßnahmen so wenig realisieren; seine Liste und seine Begründungen sind sehr lesenswert und stehen im Einklang mit der hier gegebenen grundlegenderen Analyse und Empfehlung.

Natürlich konnten hier nur einige zentrale Aspekte produktiven Verhaltens in Organisationen angesprochen werden. Viele hier nicht besprochene Maßnahmen und Ergebnisse lassen sich jedoch unter diese Grundregeln der Zusammenarbeit einordnen. Wichtig ist festzuhalten, dass die wissenschaftlichen Ergebnisse den Organisationen kooperative Arrangements und einflussnehmende Verhaltensweisen zur besseren Bewältigung der vielfachen Organisationsprobleme ebenso wie zur Integration und Verbesserung der arbeitsteiligen Erkenntnisse und Erfahrungen nahelegen und dass Berater/innen solche Ansätze und Erkenntnisse in den beratenen Organisationen mit guten wissenschaftlichen Argumenten fördern können. Dies entspricht auch den beraterischen Tugenden, die im vorigen Kapitel dargelegt wurden, geht aber mit der inhaltlichen Orientierung über sie hinaus.

Die vorangehenden Ausführungen sollten komprimiert zeigen, dass es eine Reihe grundlegender wissenschaftlicher Erkenntnisse zu sozialen Interdependenzen und ihrer gefühlsbedingten Wahrnehmung im Erleben und Handeln gibt, mit denen kommunikative Verständigung und produktive Zusammenarbeit besser verstanden werden können. Wie dies zum Verständnis organisationaler Prozesse und für die wissenschaftlich gestützte Organisationsberatung genutzt werden kann, wird im Folgenden näher untersucht.

3   Wissensgewinnung in der Praxis und für die Praxis

Verstehen und Verständigung ist nicht nur in der Beratungsbeziehung notwendig, sondern auch in den Zusammenarbeitsprozessen in der beratenen Organisation selbst. Wissenschaftlich gestützte Beiträge in der Beratung können sich an der Leitidee der Stärkung der Verständigung und Kooperationsbereitschaft aller Organisationsmitglieder orientieren, weil das Organisationen voranbringt, wie das im Kern bereits im vorigen Abschnitt gezeigt wurde. Da Organisationsberatung je nachdem, wie Organisationen aufgefasst werden, anders gehandhabt wird, soll zuerst ein Grundverständnis von Organisationen dargestellt werden, das verschiedene Theorietraditionen integriert, um dann einige ausgewählte Überlegungen zur wissenschaftlich gestützten Organisationsberatung daran anzuschließen.

3.1   Organisationen als Interdependenzsysteme

Nach einem weitgehend geteilten Verständnis ist „eine Organisation ... ein soziales Gebilde, das bestimmte Ziele verfolgt und formale Regelungen aufweist, mit deren Hilfe die unter die Mitgliedschaftsbedingungen fallenden Aktivitäten der Mitglieder auf diese Ziele ausgerichtet werden sollen" (Scholl 2007, S. 516); als Organisationen werden Unternehmen, Behörden, Vereine, Krankenhäuser usw. bezeichnet. Menschen sind soziale Lebewesen, die biologisch auf Zusammenarbeit in Familien und kleinen Gruppen ausgerichtet sind, weil durch Arbeitsteilung und Zusammenarbeit die Überlebenschancen und die Wohlfahrt für die Mitglieder steigen. Organisationen sind demgegenüber eine kulturelle Erfindung, um auch dort die Vorteile der Arbeitsteilung und der Zusammenarbeit zu ermöglichen, wo die beteiligten Menschen nicht durch spezifische Bindungen wie Verwandtschaft oder längere persönliche Beziehung zur Kooperation motiviert sind; dies gilt u. a. allein schon deswegen, weil es zumindest in größeren Organisationen so viele sind, dass nicht mehr jeder mit jedem von Angesicht zu Angesicht kommunizieren kann[7]. Moderne Organisationen sind durch das Prinzip der Partialinklusion gekennzeichnet: die Mitglieder werden nur teilweise in ihrem Handeln, d. h. nur in den unter

---

[7]Das ist die viel zitierte Abgrenzung einer Kleingruppe nach Homans (1950, S. 1).

die Mitgliedschaftsbedingungen fallenden Aktivitäten (s. die Definition) koordiniert, und sie sind auch nur teilweise durch Rechte und Pflichten bzw. Anreize und Belastungen betroffen; sie können außerhalb ein ganz anderes Leben führen. Moderne Organisationen unterscheiden sich darin z. B. von mittelalterlichen Zünften, die auch das nicht-berufliche Leben umfassend geregelt haben (Kieser 1989) oder von antiken Arbeitermassen und Sklavenarbeitern sowie von früheren Soldatenheeren, für die es im Prinzip kein eigenständiges Leben gab.

In den meisten modernen Organisationen wird die partielle Einbindung der Mitglieder durch den Austausch von Nutzen bzw. Belohnungen erreicht, vor allem in der klassischen Form der Entlohnung für Arbeit, was besonders für utilitaristische Organisationen (Etzioni 1975) wie Unternehmen und öffentliche Institutionen gilt. Darüber hinaus gibt es weitere Menschen und soziale Systeme, die als Kunden, als Lieferanten, als Kontrollinstanzen, als Geld- und/oder Kreditgeber, als lokale Behörden und/ oder als gesellschaftliche Systeme mit den Organisationen in Austausch treten; sie werden – unter Einschluss der Mitglieder – zusammenfassend als Teilnehmer von Organisationen bzw. als Stakeholder bezeichnet; anders als bei den Mitgliedern hat die Organisationsspitze bei den sonstigen Teilnehmern kein Weisungsrecht und sie sind in der Regel weniger, oft sogar nur marginal in die organisationalen Prozesse eingebunden und meist auch weniger von ihnen betroffen. Auch Berater/innen sind solche externen Teilnehmer. Die Partialinklusion der Mitglieder und Teilnehmer macht Organisationen wesentlich flexibler, weil sie an bestimmte Personen und Gruppen nur vertraglich gebunden sind, diese Verträge aber nicht eingehen müssen und im Prinzip auch wieder lösen können; bei unzufriedenstellenden Ergebnissen können die Teilnehmer ebenso wie die Organisationen meist viel leichter wieder wechseln als wenn die Zusammenarbeit auf gemeinsamer Ideologie, Verwandtschaft oder persönlichen Beziehungen beruhen würde. In utilitaristischen Organisationen wie Unternehmen sind daher die eingegangenen Beziehungen vorwiegend kalkulativ (Etzioni 1975), was zu Interdependenzsituationen führt, die durch einen Motivmix von Kooperation und eigener Vorteilssuche gekennzeichnet sind. In solchen Situationen können die Organisation als Institution und ihre Mitglieder von wechselseitigem kooperativem Verhalten bzw. von der Einhaltung der psychologischen Verträge (der subjektiven Wahrnehmung der Interdependenzbeziehungen, s. Kapitel „Vom Umgang mit der Ressource Wissen – Auswirkungen auf die Innovationsfähigkeit am Beispiel von Steuerberatungskanzleien") profitieren, müssen aber zusätzlich auf die Möglichkeit der Ausnutzung durch die andere Seite achten und sich entweder absichern und/oder bei eigener Tendenz zur Ausnutzung der anderen zumindest überlegen, ob eventuelle Gegenmaßnahmen der anderen nicht einen größeren Schaden für sie selbst bringen. Solche Situationen werden daher auch als soziale Dilemmata[8] bezeichnet (Sally 1995), weil ein für beide Seiten eigentlich vorteilhafter Verzicht auf Ausnutzung der anderen Seite, die Gutmütigkeit sozusagen, von der jeweils anderen Seite ausgenützt

---

[8]Berühmt geworden als Beispiel ist das in Anmerkung 4 bereits genannte Gefangenendilemma.

werden könnte. Verschärft wird dieses generelle Interdependenzproblem dadurch, dass nicht nur aktuelle Möglichkeiten der Ausnutzung bestehen, sondern dass die Beteiligten oft versuchen, die eigene Abhängigkeit zu verringern und die der anderen Seite zu vergrößern, um so die Tauschrelationen zum eigenen Vorteil und meist auch zum Nachteil des Anderen zu verändern. Ein anschauliches Beispiel bei den externen Interdependenzbeziehungen sind die Strategien der großen Internetkonzerne wie Google, Amazon, Microsoft und Apple. Ein Beispiel bei den internen Beziehungen zu den Beschäftigten sind die verstärkte Leiharbeit und die Ausgliederung von Mitarbeitergruppen in Tochtergesellschaften mit niedrigeren Löhnen und auf der anderen Seite die Organisation von schwer ersetzbaren Mitarbeitern in Spezialistengewerkschaften (Fluglotsen, Lokführer usw.). Organisationen können also generell als Interdependenzsysteme betrachtet werden, die sich mit verschiedenen anderen Personen und sozialen Systemen durch Austauschbeziehungen verkoppeln und z. T. von öffentlichen Institutionen verkoppelt werden. Da oben gezeigt wurde, dass jede Interdependenzstruktur die drei sozio-emotionalen Dimensionen beinhaltet, haben diese Dilemmata auch für die Wahrnehmung, die Kommunikation und das Handeln in und mit den Organisationen eine zentrale Bedeutung.

Organisationen unterscheiden sich von Märkten und den dort stattfindenden Austauschbeziehungen darin, dass hier die Mitglieder ihre Ressourcen nicht von Mal zu Mal frei tauschen, sondern sie und ihre Ressourcen einer einheitlichen Disposition unterstellen. Dadurch werden Organisationen zu kollektivem Handeln fähig als „korporative Akteure" (Vanberg 1982). Gegenüber dem freien Austausch auf Märkten ergeben sich in Organisationen aus der vorteilhaften einheitlichen Disposition der Austauschbeziehungen neue Probleme: 1) Die Ressourcenzusammenlegung ermöglicht neue Formen der Arbeitsteilung, Spezialisierung und Koordination, die in den Arbeitsverträgen noch nicht detailliert spezifiziert werden müssen und aufgrund der vielfältigen Veränderungen in allen Bereichen immer neu zu optimieren sind; dadurch ergeben sich aber fortlaufend *Entscheidungsprobleme* für ein ganzes soziales System oder deren Teilsysteme, die weit über die eigenen Interessen, Erkenntnisse und Erfahrungen hinausreichen. Zur Bewältigung dieser organisatorischen Entscheidungsprobleme erscheinen Entscheidungshierarchien als besonders geeignet und sind ein typisches Merkmal von Organisationen. 2) Die einheitliche Disposition erfordert auch die Verbindlichkeit der Entscheidungen darüber, was gemacht werden soll und was nicht, wie die Arbeit aufgeteilt und die Koordination erfolgen soll. Damit wird das Entscheidungsproblem über die verbindliche Disposition zu einem *Herrschaftsproblem*. Das gilt im Prinzip unabhängig davon, wer entscheidungs- und weisungsbefugt ist, sei es ein einzelner Eigentümer oder die gesamte Belegschaft; in jedem Fall müssen sich alle weitestgehend an getroffene Entscheidungen halten, damit das rechtlich erforderliche Auftreten der Organisation als korporativer Akteur gesichert ist, weil die Konsequenzen des Handelns der Einzelnen von der Organisation insgesamt und das heißt mehr oder minder von allen Mitgliedern getragen werden müssen. Entscheidungshierarchien führen so zu Herrschaftshierarchien. 3) Wo Personen und Ressourcen kollektiv disponiert werden, gibt es immer auch ein *Verteilungsproblem*: Wie sollen die Rechte und Pflichten sowie die Anreize und Belastungen auf die einzelnen Personen verteilt werden? An den gemeinsam erbrachten Ergebnissen lässt sich nicht mehr genau ablesen, was wer beigetragen hat und wie wichtig das im Positiven wie ggf. im Negativen war. Über das Angebot und die Nachfrage auf Arbeitsmärkten kann nicht der Wert der einzelnen Leistungen der Organisationsmitglieder ermittelt werden, sondern nur eine grob einschätzbare Leistungsfähigkeit. Einheitliche Disposition beinhaltet daher auch einen immer neuen Wertevergleich: Wie wichtig sind die Beiträge der einzelnen Mitglieder für die Zielerreichung der Organisation? Wie schwierig ist es, diese Leistungen zu erbringen? Wie könnte man sie steigern? Wie leicht könnte man sie durch andere Beiträge ersetzen? Wie sollte man sie daher entlohnen? Welche sonstigen Vergünstigungen oder Beiträge könnte oder sollte man damit verbinden? Auch über diese Verteilungsprobleme wird dann in den Organisationen vorwiegend durch Herrschaftshierarchien entschieden, auch wenn externe Bedingungen wie Gesetze und vereinbarte Tarife ebenso wie interne Bedingungen, z. B. die Mitbestimmung oder die Streikmöglichkeit, beachtet werden müssen.

Die Entscheidungs-, Herrschafts- und Verteilungsprobleme werden dadurch weiter verkompliziert, dass die Mitglieder einer Organisation – anders als die übrigen Teilnehmer – in einem *doppelten Austauschverhältnis* in Bezug auf die jeweilige Organisation stehen, was zu ganz spezifischen Regelungsproblemen führt. Zum einen sind sie Vertreter der Organisation und schaffen die Anreize und Bedingungen für die potentiellen externen Teilnehmer, mit denen die Organisation in Austausch treten will. Zum anderen stehen sie als eine besondere Teilnehmergruppe selbst im Austausch mit der Organisation und wollen entsprechende Anreize von ihr haben. Bei ihrer Arbeit können Sie nun im Prinzip jederzeit die Perspektive wechseln und mal auf ihre relevante externe Teilnehmergruppe schauen und mal auf sich selbst als Teilnehmer und ihre mit der Stelle verbundenen organisationalen Bedingungen. Und diese beiden Blickwinkel vermischen sich auch immer wieder, z. B. wenn Organisationsmitglieder die Nützlichkeit und die Nebenfolgen einer organisatorischen Änderung für die Organisation beurteilen, wobei die Bewertung der Alternativen bewusst oder unbewusst dann auch davon geprägt wird, inwiefern mit der Änderung persönliche Vorteile oder Nachteile für sie selbst vermutet werden. Genau dieses Problem stellt sich besonders bei Innovationen und zwar umso mehr, je größer die vermuteten und tatsächlichen Änderungen ausfallen. Dieses Problem verschärft sich, je größer eine Organisation ist, weil sie dann in immer mehr Abteilungen und Unterorganisationen untergliedert wird. Das führt zusätzlich dazu, dass die Organisationsmitglieder aus den anderen Organisationseinheiten mal als Partner bei der internen Zusammenarbeit angesehen werden mit der Möglichkeit der gemeinsamen Perspektive „wir sind die Organisation" oder auch „wir alle wollen etwas von der Organisation" und mal als Gegenspieler, mit denen um Leistung („die müssen doch…") und Gegenleistung („was wollen die denn schon wieder…") gerungen wird.

Diese Möglichkeit, die eigene Aufgabe und Arbeit nicht nur zum Wohle der Organisation insgesamt, sondern auch oder sogar vorwiegend zum eigenen Wohl auszugestalten und dann meist auch zum Nachteil anderer Organisationsmitglieder, ist die wichtigste

und folgenschwerste Art organisationaler Dilemmata; sie führt leicht zu Interessenkonflikten in den organisationalen Prozessen und damit zur so genannten Mikropolitik
(Neuberger 1995; Scholl 1992), bei der oft kaum durchschaubar ist, wo die Vermischung
von persönlichen und organisationalen Interessen anfängt und wo sie aufhört, zumal die
organisationalen Interessen selbst immer wieder durch die zu treffenden Entscheidungen
neu definiert werden können. Solche politischen Aspekte spielen eine zentrale Rolle
bei Organisationsentscheidungen (Küpper und Ortmann 1988; Mintzberg 1985; Pfeffer
1992); in der Untersuchung von Innovationsprozessen von Scholl (2004, Kap. 7) wurden dementsprechend die meisten als politische Prozesse klassifiziert. Politik wird
in der Regel als negativ gesehen, weil sie mit Konflikten verknüpft ist und diese Konflikte oft mit weniger feinen Mitteln ausgetragen werden; dementsprechend zeigte die
letztgenannte Untersuchung in solchen Fällen vorwiegend Misserfolge. In derselben
Untersuchung zeigte sich jedoch auch, dass es konstruktive Politik und Konflikthandhabung gibt, die zusammen mit beharrlichen, adaptiven Problemlöseprozessen sehr hohe
Erfolgschancen selbst bei schwer abzuschätzenden Innovationen hat. Die im zweiten
Teil dieses Buches dargestellten Untersuchungen bestätigen diese Ergebnisse, indem
sie die positiven Folgen konstruktiver Konflikthandhabung erneut belegen (s. Kapitel
„Innovationskultur, Innovationsprozesse und Innovationserfolge") ebenso wie die positiven Folgen der Einhaltung der psychologischen Verträge (s. Kapitel „Vom Umgang
mit der Ressource Wissen – Auswirkungen auf die Innovationsfähigkeit am Beispiel von
Steuerberatungskanzleien").

Externe Organisationsberater stehen in einem besonderen Interdependenz-Ver-
hältnis zur beratenen Organisation; sie bekommen einen besonders tiefen Einblick in
organisationale Zusammenhänge, wie ihn andere vertraglich verbundene externe Organisationen und selbst viele internen Mitglieder nicht erhalten. Damit Organisationen
sich so weit öffnen, ist allerdings ein besonderes Vertrauen in die Berater/innen nötig.
Dabei sind die Entscheidungs-, Herrschafts- und Verteilungsprobleme in einer Organisation und die damit zusammenhängenden mikropolitischen Verwicklungen für die
Berater/innen zunächst meist intransparent und schwer zu durchschauen. Durch die
oben beschriebenen Mechanismen des Verstehens und der Verständigung mit möglichst
vielen relevanten Mitgliedern kann es den Berater/inne/n gelingen, das Aufeinandertreffen einzelner isolierter, teilweise inkompatibler organisatorischer Initiativen zu
überschauen, die in einem Unternehmen um die Aufmerksamkeit der Entscheider und
die knappen Ressourcen der Mitarbeiter konkurrieren und die von unterschiedlichen
Akteuren oft unabgestimmt oder sogar in Konkurrenz zueinander vorangetrieben werden. Dem politischen Kräftespiel können sich Berater/innen dabei nicht ganz entziehen,
denn einerseits müss(t)en sie sich die Unterstützung der Geschäftsleitung erhalten und
andererseits auch die Kooperationsbereitschaft anderer wichtiger „Mitspieler" sichern.
Manche Beratungen stellen sich da von vorneherein auf die mächtigste Seite, auf die der
Geschäftsleitung. Andere versuchen stärker eine neutrale Position zu wahren, was nur
gelingt, wenn die unterschiedlichen Interessenten erkannt und ihre Interessen verstanden
werden und dann eine Verständigung zwischen Ihnen herbeigeführt werden kann.

3.2 Die Integration anderer Sichtweisen (Metaphern) von Organisationen

Die vorgenommene Betrachtung von Organisationen als Interdependenzsysteme kann verschiedene Perspektiven bzw. Metaphern der Organisationsforschung (Morgan 1997; Scholl 2007) integrieren. Diese Metaphern leuchten unterschiedliche Aspekte organisationaler Realität genauer aus, so dass eine integrierende Sichtweise reichhaltiger und vermutlich realistischer ist. Für Berater/innen ist es besonders wichtig, die verschiedenen, auch in der Praxis meist unbewusst verwendeten Metaphern zu kennen, weil das bessere Verstehensmöglichkeiten sowie Ansätze für differenzierende Anregungen und Sichtweisen in der Beratung eröffnet. Verbindungen zwischen solchen Metaphern ziehen zu können, ist daher besonders nützlich. Auf der Basis der Interdependenzanalyse wurde bereits die *Politikmetapher* abgeleitet. Mit dem Konzept der Teilnehmer/innen und Mitglieder von Organisationen wird auch die *Bedürfnismetapher* angesprochen, weil sie vor allem dann die von der Organisation gewünschten Beiträge leisten, wenn ihre Bedürfnisse entsprechend berücksichtigt werden. Die Forschungen zur Bedürfnismetapher bestätigen die oben genannten Grundlagen produktiver Zusammenarbeit mit vielen Details und modifizierenden Bedingungen und zeigen in der Summe auf, wie wichtig diese Prinzipien für den Erfolg von Organisationen sind (z. B. Schuster 1986; Hansen und Wernerfelt 1989; Pfeffer 1994, 1998). Die Bedürfnismetapher hat die lange favorisierte *Maschinenmetapher* schrittweise als ungeeignet abgelöst; die Behandlung von Menschen als Rädchen in einem Getriebe kann in schlechten Zeiten einigermaßen funktionieren, aber die erwartete technische Optimierung ist mit Menschen, die ganz anders erleben und handeln, nicht zu machen. Hier passt eher die *Ausbeutungsmetapher* als Gegenstück zur Bedürfnismetapher, die sich über die Analyse der Alternativen ebenfalls direkt mit Interdependenzanalysen verbinden lässt: Ausbeutung beruht darauf, dass den Betroffenen keine oder nur schlechte Alternativen offen stehen und/oder der Weg zu besseren Alternativen versperrt wird. Wichtig ist auch die *Organismusmetapher*, die Organisationen als soziale Systeme konzipiert, die eine Reihe von Gemeinsamkeiten mit anderen lebenden Systemen aufweisen. Akteure und ihre Interdependenzen können auch als verkoppelte Elemente eines Systems begriffen werden, wobei die Vielfalt der Verkoppelungen intern und extern systemischen Charakter annimmt, weil sie (unter Einschluss der verwendeten Technologien) die für organisationale Systeme typische Komplexität, Dynamik und relative Undurchschaubarkeit aufweisen. Die *Netzwerkmetapher* schließt sich nahtlos an die Vielfalt der Interdependenzen und Koppelungen an. Zu den systemischen Aspekten der Rückkopplung und Selbstorganisation ebenso wie der Dynamik und Beharrung gibt es auch Parallelen in komplexeren Interdependenzanalysen, mit denen allerdings selten konkrete Probleme analysiert werden, weil dazu für beide Betrachtungen viele empirische Daten und eventuell höhere Mathematik benötigt werden. Daher wird in der Beratung meist auch nur Bezug auf mögliche systemische Phänomene genommen, mit denen man sich im Denken von linearen Ursache-Wirkungs-Konzepten lösen kann, wie sie sowohl in der Praxis als auch in der experimentellen Forschung vorherrschen. Zur Organismusmetapher passt auch sehr gut die *Kulturmetapher*, weil die systemischen Verkoppelungen – ebenso wie die verschachtelten Interdependenzen – Gebräuche, Regeln, Normen und Werte als emergente Phänomene hervorbringen, die die zentralen Merkmale einer Kultur sind. Oben, in Abschnitt „Einleitung" wurde bereits gezeigt, dass kulturelle Interpretationen eine notwendige Ergänzung zu Interdependenzanalysen sind, die mithilfe der Affect Control Theory (Heise 2007) auf der gemeinsamen Basis der drei sozio-emotionalen Dimensionen geleistet werden können. Die *Kostenmetapher*, bei der die Absicherung von Transaktionen und deren Kosten im Mittelpunkt steht, basiert auf spieltheoretischen Grundgedanken bzw. auf Interdependenz-Analysen und stellt die Absicherung vor opportunistischer Ausnutzung in den Mittelpunkt der Betrachtung. Die geringsten Bezüge gibt es zur *Problemlösungsmetapher*, weil hier die zentrale Frage behandelt wird, wie eine Organisation zu ausreichend neuem und besserem Wissen kommen kann, mit dem die neu auftauchenden Probleme gelöst werden können. „Wissen" kommt als Kategorie in Interdependenzanalysen nicht vor und wird üblicherweise auch nicht damit verbunden. Diesem so wichtigen Aspekt – nicht nur für Innovationen – soll im folgenden Abschnitt daher besondere Aufmerksamkeit geschenkt werden.

3.3 Arbeitsteilung und Koordination als Problem der Wissensgewinnung

Organisationen sind für ihren Erfolg primär auf Zusammenarbeit und Kooperation angelegt und angewiesen; anders als auf Märkten wird die bestmögliche interne Leistung nicht über einen Konkurrenzmechanismus erreicht, sondern über möglichst einsichtsvolle Disposition, kooperative Abstimmung und Verbesserungsversuche. Um Ziele und Strategien für die Organisation zu entwickeln, um diese in Pläne und Aufgaben umzusetzen und um die dabei immer wieder neu auftretenden Probleme zu lösen, ist vielfältiges Wissen von Personen mit unterschiedlicher Ausbildung und Erfahrung notwendig. Dabei entsteht für die einheitliche Disposition das immer größer werdende Problem einer diskontinuierlichen Aufgabenstruktur (Offe 1970). Während im klassischen Handwerksbetrieb der Meister dem Gesellen und erst recht dem Lehrling alles vormachen und die Fähigkeiten und Leistungen seiner Mitarbeiter kompetent beurteilen konnte, gilt das in modernen Organisationen immer weniger. Die Aufgaben, die Mitarbeiter und Vorgesetzte zu erfüllen haben, unterscheiden sich immer stärker und ändern sich immer schneller, so dass neben Aus- und Fortbildung das fortlaufende Lernen durch Tun und die begleitende Informationssuche und Verarbeitung immer wichtiger werden. Eine Folge divergierender Aufgabenprofile ist, dass Vorgesetzte nicht mehr genaue Anweisungen geben können für ihre Mitarbeiter, weil ihnen das entsprechende Lernen durch selber Tun fehlt; so können sie auch nicht deren Leistung genau beurteilen. In der modernen Wissensgesellschaft werden immer mehr Menschen zu Wissensarbeitern, die nach einer Definition von Drucker (2007, S. 16) diejenigen sind, die mehr über ihren Job wissen als ihr Vorgesetzter und als sonst jemand in der Organisation.

Damit spitzt sich die Frage zu, wie eine einheitliche Disposition in Organisationen mit einem wachsenden Anteil an Wissensarbeitern noch möglich wird. Auf jeden Fall kann sie nicht allein bei der Spitze des Unternehmens bleiben, gegebenenfalls unterstützt von einem Stab oder vom oberen Management; sie muss mehr und mehr das ganze Unternehmen erfassen. Dabei können alle Beteiligten natürlich nur einen kleinen Beitrag leisten und niemand hat die volle Übersicht. Und niemand kann die volle Übersicht erreichen, denn die Komplexität der Sachverhalte übersteigt die Lernmöglichkeiten jedes Individuums. Die Betonung der begrenzten Rationalität des Menschen ist der Kern der Problemlösungsmetapher (Simon 1983) und durch vielfältige Forschungen ist bestens belegt, dass unsere Informationsverarbeitung bgrenzt und alles andere als rational oder objektiv ist (z. B. Jonas et al. 2007). Es müssen Möglichkeiten gefunden werden, wie die Einheitlichkeit der Disposition, die Bildung von Zielen und Strategien sowie deren Umsetzung in für Einzelne handhabbare Arbeitspakete erreicht werden kann. Unter den organisationalen Koordinationsinstrumenten verliert die *Weisungsbefugnis* wegen der zunehmenden diskontinuierlichen Aufgabenstruktur an Bedeutung, Partizipation bzw. *wechselseitige Abstimmungen* werden immer wichtiger. Im Rahmen der *Planung* ergibt sich ebenfalls eine Verschiebung von der Ausarbeitung durch Spezialisten und anschließender Zielsetzung und Anweisung hin zu wechselseitigen Abstimmungen in Zielvereinbarungsprozessen. Die Bedeutung der *Programmierung* verliert wegen häufigerer Wechsel in den jeweiligen Produkten oder Dienstleistungen an Bedeutung, in vielen Bereichen ist sie nur als Vereinbarung von Rahmenbedingungen möglich. Aufgrund der wachsenden Menge an relevantem Wissen und der begrenzten Rationalität und Lernmöglichkeiten des Einzelnen geschieht kollektives Lernen und Entscheiden durch immer neue Akte der Zusammenarbeit zwischen wechselnden Personen, Gruppen und deren Vernetzungen. Wie oben in Abschn. 2.3 gezeigt wurde, kann Zusammenarbeit dann besonders gut neues, besseres Wissen produzieren, wenn sie kooperativ angegangen wird, Dissens wegen unterschiedlicher Meinungen und/oder unterschiedlicher Interessen als normal akzeptiert wird und wenn dabei wechselseitige Einflussnahme anstelle von einseitiger oder gegenseitiger Machtausübung praktiziert wird.

Diese Überlegungen liefern aber noch keine vollständige Lösung für das Problem der einheitlichen Disposition in Organisationen. Ob die vielfältigen wechselseitigen Abstimmungsprozesse in Teams, in und zwischen Abteilungen und zwischen hierarchischen Ebenen sich zu einem sinnvollen Ganzen zusammenfügen, bleibt offen. Erneut ist zu betonen, dass niemand die volle Übersicht haben kann; das heißt auch, dass an der Spitze einer Organisation, wo die wichtigsten Informationen und Entscheidungen im günstigen Fall zusammenlaufen, nicht automatisch ein solcher Überblick unter Weglassung der weniger wichtigen Details entsteht. Denn was dort zusammenläuft, sind die partiellen Sichtweisen, die aus begrenzt rationalen und mehr oder minder eigennützigen Prozessen sich bilden und wegen besserer Verständlichkeit und dem Wunsch nach Akzeptanz geglättet oder sogar geschönt werden; diese partiellen, interessengefärbten Sichtweisen ergeben in der Regel kein klares und einheitliches Bild, so dass die oberen

Ebenen und die Unternehmensspitze als Empfänger daraus erst Sinn machen und ein eigenes Bild entwerfen müssen und dadurch wieder auf die eigenen Begrenzungen zurückgeworfen werden (zur Problematik s. a. Kapitel „Komplexität und Komplexmanagement in Innovationsprozessen" und „Herausforderungen und Möglichkeiten der Innovationsförderung durch die Geschäftsleitung"). Die beste Chance für relativ realistische Sichtweisen und Entscheidungen besteht dann, wenn die partiellen Informations- und Entscheidungsprozesse auf den unteren Ebenen politisch konstruktiv verlaufen, d. h. dass Meinungs- und Interessenkonflikte weder vermieden, noch durch Machtausübung entschieden werden und dass immer wieder am Ende ein tragbarer Konsens gesucht wird. Dann kann man davon ausgehen, dass mit der endgültigen Entscheidung die wichtigsten Interessen berücksichtigt werden und daher die Umsetzung und weitere Kooperationsbereitschaft gesichert wird und dass gleichzeitig alle Beteiligten auch nur dann zustimmen, wenn sie das aus ihrer Wissensperspektive für realistisch halten. Auch wenn dann niemand den Gesamtüberblick hat, können so gute und einigermaßen realistische Entscheidungen entstehen. Die fairen Regeln und Formen der vielfältigen Abstimmungsprozesse werden dafür besonders wichtig.

Damit möglichst viele zu einander passende, sich sinnvoll ergänzende Aktivitäten ablaufen, ist auch ein Unternehmensleitbild hilfreich, das partizipativ erstellt wurde und dadurch weithin bekannt und akzeptiert ist, so dass die meisten Organisationsmitglieder ihre Bemühungen und Auseinandersetzungen an diesem Leitbild orientieren (s. auch Kapitel „Vom Umgang mit der Ressource Wissen – Auswirkungen auf die Innovationsfähigkeit am Beispiel von Steuerberatungskanzleien"). Solche Arten der indirekten Selbstkoordination sind besonders nützlich für wissensintensive Unternehmen; sie können allerdings nur mit genereller Kooperationsbereitschaft und mittlerem bis hohem Vertrauen funktionieren, denn in den vielfältigen Interdependenzbeziehungen schmälert die mögliche Ausnutzung in der Regel den Erfolg und vermindert zugleich die Kooperationsbereitschaft der anderen. Während ein Mindestmaß an Kooperation auch durch Bestrafung unkooperativen Verhaltens bzw. durch „Wie du mir, so ich dir" (Tit-for-tat) zu erreichen ist, lässt sich vorausschauende Kooperation primär durch eine kooperative Motivation sichern (Kuhlmann und Marshello 1975). Und eine solche kooperative Motivation wird am ehesten erreicht durch eine Identifikation mit der Organisation und einer Internalisierung der Organisationsziele bzw. des Unternehmensleitbildes (Katz und Kahn 1978). Damit lässt sich ein guter Rahmen für die Zusammenarbeit in Organisationen schaffen und das ist vermutlich das Wichtigste, was Organisationen als Prinzip des Organisierens anstreben sollten. Berater/innen können sie gut dabei unterstützen und zwar basierend auf wissenschaftlichen Erkenntnissen sowie auf ihren praktischen Fähigkeiten, geschult in einer Beraterausbildung und verfeinert durch die Erfahrungen aus Beratungsprozessen (vgl. Kapitel „Innovative Innovationsberatung" als Reflexion solcher Erfahrungen). Einige ausgewählte Überlegungen und Tipps dazu sollen abschließend angeführt werden.

3.4   Wie kann wissenschaftliches Wissen nun praktisch für den Beratungsprozess genutzt werden?

Bei der Einbeziehung gut geprüften wissenschaftlichen Wissens in der Beratung ist zunächst eine Unterscheidung der Systemebenen notwendig: Das Vorgehen bei der Beratung kann im Prinzip sowohl von Erkenntnissen zur Verständigung mit einzelnen Personen, z. B. dem Auftraggeber, dem internen Projektleiter oder einem Betroffenen profitieren, als auch von Erkenntnissen über Gruppen und ihre Zusammenarbeit und schließlich auch von Erkenntnissen zum organisationalen Wandel. Für alle drei System-ebenen gibt es spezifische Interventionsansätze, die – wissenschaftlich gestützt – aus-gewählt, verfeinert und erweitert werden können. Diese drei Systemebenen werden sich in der Praxis verbinden, sollten aber gedanklich in Praxis und Wissenschaft erst einmal unterschieden werden.

Die wichtigste Grundlage für die personelle Organisationsberatung sind die oben angeführten wissenschaftlichen Erkenntnisse zu Verstehen und Verständigung. Auch wenn es äußerst schwierig ist, eine andere Person genau in ihren Überlegungen und Empfindungen zu verstehen, so haben die biologische Grundausstattung und die kultu-relle Sozialisation die Menschen mit ausreichenden Verständigungsmöglichkeiten ent-lang der drei sozio-emotionalen Dimensionen versehen (s. o. Abschn. 2.2). Dies ist mancher skeptischen und radikal-konstruktivistischen Sichtweise entgegenzuhalten (so auch Kriz 1999), nach der man als Externer und damit auch als Berater/in eine Orga-nisation nicht verstehen, sondern durch Fragen und Anstöße nur zum Nachdenken über sich selbst bringen kann; tatsächlich wird das in der Beratungspraxis auch nicht durch-gehalten (Tirre 2011). Welche prozessualen Empfehlungen lassen sich dann aus wissen-schaftlicher Sicht geben?

- Für Berater/innen ist es in der Interaktion und Kommunikation mit ihren Klienten aus Organisationen extrem wichtig, sich so gut wie möglich zu bemühen, ihre Klienten zu verstehen und sich über dieses Verstehen und die gemeinsame Arbeit mit ihnen zu verständigen. Die Methoden der non-direktiven Gesprächsführung sind hier ein guter Ansatzpunkt (Motschnig und Nykl 2009); Klienten werden dadurch ernst genommen und sie spüren auch, dass man sie ernst nimmt. Gleichzeitig werden sie dadurch ermutigt, weiter nachzudenken, tiefer zu explorieren, Punkte zu thematisieren, an die sie sich bisher nicht herangetraut haben, gute Lösungsideen selbst zu entwickeln und so auch mehr Kompetenz, Selbstwirksamkeit und Ermutigung zu erleben.
- Zur non-direktiven Gesprächsführung gehören auch Perspektivenübernahme, d. h. sich in eine andere Person gedanklich hinein zu versetzen (Laing et al. 1971), und Empathie, d. h. sich einzufühlen, die beide biologisch angelegt sind (Semin und Cacioppo 2008), aber zusätzlich auch trainiert werden sollten. Berater/innen ist es möglich, durch das eigene Modellverhalten und durch geeignete Fragen die Klien-ten stärker zur Perspektivenübernahme und ggf. zur Empathie anzuregen, weil sie dann die Vorgänge in ihrer Organisation besser verstehen und zu konstruktiveren

Handlungsweisen fähig werden. Sehr nützlich sind dabei die systemischen Fragetechniken und Interventionen, um das Nachdenken aus neuen Perspektiven anzuregen
(z. B. von Schlippe und Schweitzer 2009; Kindl-Beilfuß 2013).

- Wichtig dabei ist, dass nicht nur alternative Sichtweisen generiert und auf ihre Passung hin geprüft werden, sondern dass auch möglichst zwei bis drei Handlungs-
alternativen entworfen werden, um komparative Vor- und Nachteile zu explorieren,
wodurch Entscheidungen effizienter werden (Hauschildt 1983).
- Wichtig sind natürlich organisatorische und unternehmerische Fachkenntnisse, z. B.
zu Innovationsprozessen, zur Zielbildung, zu generischen Strategien usw. (z. B. Hauschildt und Salomo 2007) sowie Organisationserfahrung, um gute, die Sachverhalte
aufschließende Fragen stellen zu können und um genauer zu begreifen, wovon die
Klienten eigentlich reden und vor welchen Problemen sie stehen.
- Eine umstrittene Frage ist, wann Berater selbst alternative Denkmodelle und Handlungskonzepte einbringen sollten. Manche Berater/innen lehnen das ganz ab, andere
kommen damit sofort auf die erste Nachfrage hin. Sinnvoller scheint es, erst die
eigenen Ideen und Fähigkeiten der Klienten so weit wie möglich zu fördern und als
Ergänzung zur Erweiterung der Optionen das inhaltliche Beraterwissen einzubringen
und auch nur dann, wenn sich der Klient dafür offen zeigt[9]. Im Allgemeinen ist das,
was die Klienten selbst entwickeln, kognitiv und affektiv besser verankert und kann
so auch eher handlungswirksam werden. Daher ist es wichtig, dass Berater und Klient
sich im Gespräch vergewissern, wie gut die neuen Ideen und Handlungskonzepte im
Klienten verankert und mit anderen Sichtweisen verwoben sind.
- Berater sind nie völlig neutral, selbst wenn einige das versuchen; ihre nonverbale
Kommunikation bringt ggf. unbewusst zum Ausdruck, was sie für gut oder weniger
gut halten, was dann auch in den Verstehens- und Verständigungsprozess eingeht.
Daher ist es nötig, dass sie diese eigenen, eher unbewussten Beurteilungen erspüren,
sie regulieren und erst mal so gut wie möglich zurückhalten, um dem Klienten mehr
eigenen Raum zu geben (s. a. Abschnitt „Aktive Zurückhaltung (inhaltliche Verantwortung)"). An geeigneter Stelle können sie aber auch ihre Sichtweisen als auf
Informationen und wissenschaftliche Erkenntnisse gestützte Fragen und Hinweise
für den Klienten einbringen, wenn der Eindruck entsteht, dass dieser wichtige Folgen
übersieht oder einfach keine anderen Alternativen sieht.
- Aus dem Organisationswissen kann man vor allem die wissenschaftlichen Ergebnisse zu kooperativer Zusammenarbeit mit in die Diskussion bringen und zwar
jeweils dann, wenn sich geeignete Anknüpfungspunkte ergeben, die das Verständnis erleichtern im Prozess der Ko-Konstruktion. Dabei ist darauf zu achten, dass es
dabei nicht um Ratschläge geht, wie die Beratenen das machen sollen, sondern um

---

[9]Das ähnelt dem Konzept der Komplementärberatung (Königswieser et al. 2006), verzichtet aber
auf die prinzipielle Separierung von Prozessunterstützung und Inhaltsberatung, die eher komple-
mentär nebeneinander verlaufen.

die kompetente Teilnahme an einem Diskurs, der das verfügbare Wissen des Klienten erweitert, vertieft, zu neuen Sichtweisen, besserem Wissen und damit aussichtsreicherem Handeln anregt.

Die Kooperationsbereitschaft in allen Bereichen der Organisation ist vermutlich der wichtigste Faktor für die Produktion neuen Wissens ebenso wie für die Koordination der entsprechenden Aktivitäten in den vielfachen Dilemmasituationen. Daher ist es für die Beratung wichtig, dass sie nicht auf Gespräche mit einzelnen Führungspersonen beschränkt bleibt, das wäre eher Coaching als Organisationsberatung. Vielmehr sollte sie Initialzündung, Begleitung und Integration von Problemlösebemühungen in allen relevanten Teilen der Organisation sein. Dazu gibt es viele Interventionstechniken, die auf die Mobilisierung von Motivation und Wissen durch Einbeziehung relevanter Mitarbeiter/innen abzielen und die neben den individuellen auch gruppenbezogene und organisationale Ansätze beinhalten (z. B. Hüttner und Träder 2013; s. a. Kapitel „TOOLBOX – Schrittmacher für Innovationen"). Vorteilhaft ist es dabei, wenn unternehmensbezogene Interventionstechniken schon im Rahmen der Auftragsklärung angesprochen werden.

- Gruppentechniken gibt es in vielen Variationen und sie sind zur gemeinsamen Verständigung und Konsensbildung von Angesicht zu Angesicht in vielen Fragen unverzichtbar. Bereits Lewin hatte in den 40er Jahren gezeigt, wie viel besser persönliche Veränderungen über Meinungsaustausch und Konsensbildung in der Gruppe zu erzielen sind (Lewin 1953). Verständigung als Ko-Konstruktion wird in der Gruppe nicht nur mehrfach stabilisiert, sondern das Wissen, dass die anderen von der eigenen Zustimmung wissen, führt auch viel sicherer zur Umsetzung des Besprochenen. Es ist die Kunst der Berater, die jeweils geeignetsten Gruppentechniken vorzuschlagen, wobei die Beachtung mikropolitischer Zusammenhänge und Verwerfungen (s. o. Abschn. 3.1) besonders wichtig ist, denn davon hängt ab, wer dabei sein sollte und wie man ihn oder sie gewinnen kann. Berater sind dabei vor allem am Entwurf der Agenda und des methodischen Ablaufs beteiligt, den sie dann in der Regel moderieren.
- Ebenfalls in den interpersonellen Bereich gehören die Entdeckung und Aufschließung verdeckter Konflikte und die Bearbeitung offener Konflikte, die gerade bei Innovationen nahezu unvermeidlich sind. Hier sind es vor allem die bewährten Techniken der konstruktiven Kontroverse und Konflikthandhabung (s. o. Abschn. 2.3), die Berater heranziehen können, um die bei Konflikten üblichen Nachteile, Verhärtungen, Blockaden, Motivations- und Vertrauensverluste zu vermeiden und die Vorteile verschiedener Sichtweisen und Interessen für die präzisere Begutachtung der Situation zu nutzen (Pruitt und Kim 2004; Scholl 2004, 2009). Ein/e ausgebildete/r Mediator/in kann hier ggf. herangezogen werden.
- Das eingangs dargestellte Beispiel des Survey-Feedback ist eine Methode, die auf die ganze Organisation zielt und prinzipiell alle Mitglieder einschließt, wobei auch Externe, vor allem Kund/inn/en, einbezogen werden können. Auf Organisationsebene gibt es viele weitere Interventionstechniken, oft unter dem Stichwort Change Management zusammengefasst (z. B. Greif et al. 2004), die von betriebsweiten

Informationsveranstaltungen und medialen Informationen bis hin zu partizipativer Organisationsentwicklung (Gebert 2007; s. a. das Musterbeipiel in Scholl 2004, Kap. 6) und zu kollektiver Selbstabstimmung in Wiki-ähnlichen Intranet-Lösungen (s. Knoblach und Roebers 2012) reichen. Die wissenschaftliche Grundidee dahinter ist jeweils die Einbeziehung aller Betroffenen, um einerseits die Wertschätzung auszudrücken und andererseits ihre Kooperationsbereitschaft und ihr Wissen zu mobilisieren. Dieses im Organisationsalltag gewonnene Wissen ist in aller Regel besser begründet als die generellen Vorstellungen von Beratern über typische Organisationsmerkmale. Auch wenn Berater/innen durchaus neue Organisationskonzepte einbringen können und so einer Organisation helfen, von wissenschaftlichen Erkenntnissen und den Erfahrungen anderer Organisationen zu lernen, der Abgleich dieser Vorstellungen mit dem lokalen Wissen der Betroffenen und deren Integration ist unabdingbar, wenn das neue Konzept funktionieren soll.

Eingangs wurden der exponentielle Wissenszuwachs auf der Welt und die daraus sich ergebende wachsende Komplexität als Grund für das Wachstum des Beratermarktes angeführt. Das Spezialwissen der Berater/innen reicht aber wohl ebenso wenig wie das der Wissenschaft aus, um die spezifischen Fähigkeiten und Probleme einer Organisation alleine zu diagnostizieren und darauf gegründet gute Ratschläge und Empfehlungen zu geben. Die Hauptaufgabe von Berater/innen sollte vielmehr die Mobilisierung und Entwicklungsförderung des in der Organisation vorhandenen Wissens durch geeignete Interventionen sein, wozu einerseits entsprechendes Prozess- und Interventionswissen gehört und andererseits das eigene Fachwissen, egal ob wissenschaftlich gestützt oder nicht, das eine gemeinsam vorgenommene Überprüfungs- bzw. Monitoring- und Ergänzungsfunktion hat.

3.5 Und was kann Wissenschaft aus Beratungsprozessen lernen?

Im Sinne der in Abschn. 1.1 beschriebenen 4. Auffassung können Wissenschaftler zunächst einmal aus der Beforschung von Beratungsprozessen und Interventionstechniken auf die übliche Art und Weise lernen, d. h. Wissenschaft wendet sich dem Objekt Beratung zu, indem die Vielfalt von Beratungen und Interventionen beschrieben und kategorisiert wird, um dann zu versuchen ihre Gestaltung und ihre Konsequenzen zu erklären. Vermutlich kommen dabei neue Phänomene ans Licht und neue theoretische Konzepte müssen zur weiteren Klärung entwickelt werden. Viele wissenschaftlichen Theorien beschäftigen sich mit einzelnen Facetten menschlichen Verhaltens, während Theorien zum bewusst nach mentalen Modellen trainiertem und mehr oder minder bewusst mental gesteuertem Handeln, wie es Berater/innen ausführen, komplexer angelegt werden müssen. Einflüsse der Beratungsmodelle werden nachweisbar sein, aber wie sie mit anderen Einflüssen auf das menschliche Handeln interagieren, ist noch weitgehend unerforscht.

Im Sinne der 3. Auffassung kann Beratung selbst als Aktionsforschung gestaltet werden. Idealerweise sind dann Wissenschaftler/innen und Berater/innen in Beratungs-gemeinschaften integriert, beraten und beforschen die Praxis im Beratungsprozess und damit auch sich selbst. Methodisch gesehen handelt es sich dabei um Fallstudien mit teil-nehmender Beobachtung, wobei weitere Methoden hinzugezogen werden können. Aus solchen Fallstudien lassen sich spezifische Hypothesen generieren, die aufgrund der teil-nehmenden Beobachtung sehr genau auf bestimmte Phänomene fokussiert sind. Kommt man im Laufe der Zeit zu einer Serie von Fallstudien, dann lassen sich diese Hypothesen dann auch kritisch überprüfen.

Im Sinne der 2. Auffassung können Wissenschaftler/innen beim Austausch mit Berater/inne/n und Praktiker/inne/n im Beratungsprozess sehr viel mehr Details sehen, auf nie bedachte Einflussfaktoren stoßen und besser die Komplexität der Geschehnisse im Vergleich zur Begrenztheit der wissenschaftlichen Erkenntnisse begreifen. Sie wer-den dabei mehr über die Prozesse von Organisationen lernen, als das üblicherweise aus der Beschäftigung mit den Produkten anderer Wissenschaftler/innen möglich ist. Und sie können lernen, wie man Erkenntnisse aus der Sprache der Wissenschaft in die Sprache der Praxis übersetzt und umgekehrt. Und sie werden schließlich besser verstehen, dass gutes praktisches Handeln in komplexen Situationen Kunst ist und nie durch Wissen-schaft ersetzt werden kann.

4   Ausblick

Insgesamt verbindet sich mit solchen, von Berater/inne/n klug gehandhabten Vorgehens-weisen die Chance auf weiterführende Lernprozesse, indem die Mitglieder der beratenen Organisation sowohl konkrete neue Arbeitsformen als auch die generellen Vorteile von Kooperation und Einflussnahme erfahren und in die organisatorischen Routinen integrie-ren. Die unabweisbare Verteiltheit der Disposition bzw. der Entscheidungen führt dabei zu neuen organisatorischen Mustern, mit denen bei hoher Arbeitsteiligkeit, die auch immer mehr Arbeitspakete jenseits der Organisationsgrenzen einschließt, die notwendige Inte-gration der Teilleistungen und damit die Einheitlichkeit der Disposition gesichert werden kann. Ideen dazu finden sich u. a. bei Lawler (1992); Pfeffer (1994, 1998); Miles und Snow (1995); Picot et al. (1998); Schwarz (2001); Hamel und Breen (2007); Dubs et al. (2009); Kirsch et al. (2009) und vielen anderen; an Ideen mangelt es nicht, aber die jeweils passende Realisierung fällt schwer. Interessante Realisierungen alternativer Organisations-formen finden sich z. B. bei den Firmen Gore Associates (www.gore.com/de_de/), Oticon (Gründler 2006) oder Synaxon (Knoblach und Roebers 2012). Jede Organisation kann und muss die Art und Weise, wie Kooperation und wechselseitige Einflussnahme am besten realisiert werden, in Abhängigkeit von ihrem Leitbild, ihrem jeweiligen Status Quo und den zu beachtenden externen Bedingungen selbst bestimmen, es gibt ein breites Spektrum an Gestaltungsalternativen. Berater/innen können neben wissenschaftlichen Einsichten in die grundlegenden Bedingungen von Zusammenarbeit ihre Erfahrungen aus anderen

Organisationen mit anderen Arbeits- und Organisationsgestaltungen einbringen, wobei die Vorgehensweisen der Beratung von den gleichen kooperativen Grundsätzen geleitet sein sollten wie die Inhalte; dadurch erhalten sie Glaubwürdigkeit und Vorbildcharakter (s. das vorige Kapitel „Innovative Innovationsberatung").

Literatur

Bales, R. F. (1985). The new field theory in social psychology. *International Journal of Small Group Research, 1,* 1–18.

Beckenkamp, M., Hennig-Schmidt, H., & Maier-Rigaud, F. P. (2006). Cooperation in Symmetric and Asymmetric Prisoner's Dilemma Games. *Preprints of the Max Planck Institute for Research on Collective Goods, 25.* Bonn: MPI.

Berger, P. L., & Luckmann, T. (1969). *Die gesellschaftliche Konstruktion der Wirklichkeit.* Frankfurt a. M.: Fischer.

Black, J. S., & Gregersen, H. B. (1997). Participative decision-making: An integration of multiple dimensions. *Human Relations, 50,* 859–878.

Blanchard, K., Carlos, J. P., Randolph, A., & Enright, R. (1999). *Management durch Empowerment – Das neue Führungskonzept: Mitarbeiter bringen mehr, wenn sie mehr dürfen.* Reinbek: Rowohlt.

Blumer, H. (1973). Der methodologische Standort des symbolischen Interaktionismus. In Arbeitsgruppe Bielefelder Soziologen (Hrsg.), *Alltagswissen, Interaktion und gesellschaftliche Wirklichkeit, Bd. 1: Symbolischer Interaktionismus und Ethnomethodologie* (S. 80–146). Reinbek: Rowohlt.

Bundesverband Deutscher Unternehmensberater BDU e. V. (2018). BDU_Branchenstudie_2018. pdf. Bonn: BDU.

Chen, S., & Andersen, S. M. (1999). Relationships from the past in the present: Significant-other representations and transference in interpersonal life. In M. P. Zanna (Hrsg.), *Advances in experimental social psychology* (Bd. 31, S. 123–190). San Diego: Academic.

Cook, K. S., & Rice, E. R. W. (2006). Social exchange theory. In J. DeLamater (Hrsg.), *Handbook of social psychology* (S. 53–76). New York: Springer.

Cooney, R. (2004). Empowered self-management and the design of work teams. *Personnel Review, 33,* 677–692.

Drucker, P. F. (2007). *Management challenges for the 21st century.* Amsterdam: Elsevier.

Dubs, R., Euler, D., Rüegg-Stürm, J., & Wyss, C. E. (Hrsg.). (2009). *Einführung in die Managementlehre* (2., korr. Aufl.). Bern: Haupt.

Etzioni, A. (1975). *A comparative analysis of complex organizations* (2. Aufl. revised and enlarged edition.). Glencoe: The Free Press.

Fisher, R., Ury, W., & Patton, B. M. (2009). *Das Harvard-Konzept. Sachgerecht verhandeln – erfolgreich verhandeln* (23. Aufl.). Frankfurt a. M.: Campus.

Flick, U. (Hrsg.). (1995). *Psychologie des Sozialen. Repräsentationen in Wissen und Sprache.* Reinbek: Rowohlt.

Gawronski, B. (2000). Falsifikationismus und Holismus in der experimentellen Psychologie: Logische Grundlagen und methodologische Konsequenzen. *Zeitschrift für Sozialpsychologie, 31,* 3–17.

Gebert, D. (2007). Organisationsentwicklung. In H. Schuler (Hrsg.), *Lehrbuch der Organisationspsychologie* (4., aktual. Aufl., S. 601–616). Göttingen: Hogrefe.

Gintis, H. (2009). *The bounds of reason: Game theory and the unification of the behavioral sciences*. Princeton: Princeton University Press.

von Glasersfeld, E. (2003). The constructivist view of communication. In A. Müller & K. H. Müller (Hrsg.), *An unfinished revolution* (S. 351–360). Vienna: Edition Echoraum.

Greif, S., Runde, B., & Seeberg, I. (2004). *Erfolge und Misserfolge beim Change Management*. Göttingen: Hogrefe.

Grice, H. P. (1975). Logic and conversation. In P. Cole & J. L. Morgan (Hrsg.), *Syntax and semantics, vol. 3: Speech acts* (S. 41–58). New York: Academic.

Gründler, E. (2006). Baumeister der Zukunft. *McKinsey Wissen, 15,* 20–27.

Hamel, G., & Breen, B. (2007). *The future of management*. Boston: Harvard Business School Press.

Hansen, G. S., & Wernerfelt, B. (1989). Determinants of firm performance: The relative importance of economic and organizational factors. *Strategic Management Journal, 10,* 399–411.

Hauschildt, J. (1983). Alternativenzahl und Effizienz von Entscheidungen. *Zeitschrift für betriebswirtschaftliche Forschung, 35,* 94–112.

Hauschildt, J., & Salomo, S. (2007). *Innovationsmanagement* (4. Aufl.). München: Vahlen.

Heider, F. (1958). *The psychology of interpersonal relations*. New York: Wiley.

Heise, D. R. (1979). *Understanding events: Affect and the construction of social action*. New York: Cambridge University Press.

Heise, D. R. (2007). *Expressive order. Confirming sentiments in social actions*. Berlin: Springer.

Heise, D. R. (2010). *Surveying cultures. Discovering shared conceptions and sentiments*. Hoboken: Wiley.

Hejl, P. B. (1985). Konstruktion der sozialen Konstruktion: Grundlinien einer konstruktivistischen Sozialtheorie. In H. Gumin & A. Mohler (Hrsg.), *Einführung in den Konstruktivismus* (S. 85–115). München: Oldenbourg.

Henrich, J., Boyd, R., Bowles, S., Camerer, C., Fehr, E., Gintis, H., & McElreath, R. (2001). Cooperation, reciprocity and punishment in fifteen small scale societies. *American Economic Review, 91,* 73–78.

Higgins, E. T. (1981). The „communication game": Implications for social cognition and persuasion. In E. T. Higgins, C. Herman, & M. Zanna (Hrsg.), *Social cognition: The Ontario symposium* (Bd. I, S. 343–392). Hillsdale: Erlbaum.

Higgins, E. T., & Pittman, T. (2008). Motives of the human animal: Comprehending, managing, and sharing inner states. *Annual Review of Psychology, 59,* 361–385.

Homans, G. C. (1950). *The human group*. New York: Harcourt, Brace.

Hüttner, J., & Träder, R. (2013). *Toolbox. Schrittmacher für Innovation*. Berlin: artop.

Jacobs, I., & Scholl, W. (2005). Interpersonale Adjektivliste (IAL): Die empirische Umsetzung theoretischer Circumplex-Eigenschaften für die Messung interpersonaler Stile. *Diagnostica, 51,* 145–155.

Jandl, E. (1995). *lechts und rinks. gedichte statements peppermints*. München: Luchterhand Literaturverlag.

Jehn, K. A., & Mannix, E. A. (2001). The dynamic nature of conflict: A longitudinal study of intragroup conflict and group performance. *Academy of Management Journal, 44,* 238–251.

Johnson, D. W., Johnson, R. T., & Tjosvold, D. (2000). Constructive controversy: The value of intellectual opposition. In M. Deutsch & P. T. Coleman (Hrsg.), *The handbook of conflict resolution: Theory and practice* (S. 65–85). San Francisco: Jossey-Bass.

Jonas, K., Stroebe, W., & Hewstone, M. (Hrsg.). (2007). *Sozialpsychologie: Eine Einführung* (5. Aufl.). Berlin: Springer.

Jöns, I. (2001). *Organisationales Lernen in selbstmoderierten Survey-Feedback-Prozessen: Untersuchungen zur Prozeß- und Ergebniseffizienz von Befragungsprojekten in Unternehmen.* Lengerich: Pabst.

Judge, T. A., Piccolo, R. F., & Ilies, R. (2004). The forgotten ones? The validity of consideration and initiating structure in leadership research. *Journal of Applied Psychology, 89,* 36–51.

Katz, D., & Kahn, R. L. (1978). *The social psychology of organizations* (2. Aufl.). New York: Wiley.

Kelley, H. H. (1979). *Personal relationships: Their structures and processes.* Hillsdale: Erlbaum.

Kelley, H. H., Holmes, J. G., Kerr, N. L., Reis, H. T., Rusbult, C. L., & Van Lange, P. A. M. (2003). *An atlas of interpersonal situations.* Cambridge: Cambridge University Press.

Kieser, A. (1989). Organizational, institutional, and societal evolution: Medieval craft guilds and the genesis of formal organizations. *Administrative Science Quarterly, 34,* 540–564.

Kieser, A., & Walgenbach, P. (2003). *Organisation* (4. Aufl.). Stuttgart: Schäffer-Poeschel.

Kindl-Beilfuß, C. (2013). *Fragen können wie Küsse schmecken: Systemische Fragetechniken für Anfänger und Fortgeschrittene* (4. Aufl.). Heidelberg: Carl-Auer.

Kirsch, W., Seidl, D., & van Aaken, D. (2009). *Unternehmensführung. Eine evolutionäre Perspektive.* Stuttgart: Schäffer-Poeschel.

Knoblach, J., & Roebers, F. (17. Oktober 2012). Kreative Köpfe führt man nicht wie eine Spargelstecherkolonne. Interview mit Frank Roebers, Synaxon AG. *Frankfurter Rundschau,* 16–17.

Königswieser, R., Sonuç, E., & Gebhardt, J. (Hrsg.). (2006). *Komplementärberatung. Das Zusammenspiel von Fach- und Prozess-Know-how.* Stuttgart: Klett-Cotta.

Kriz, J. (1999). *Systemtheorie für Psychotherapeuten, Psychologen und Mediziner* (3. Aufl.). Wien: UTB.

Kuhlmann, D. M., & Marshello, A. (1975). Individual differences in game motivation as moderators of preprogrammed strategic effects in prisoner's dilemma. *Journal of Personality and Social Psychology, 32,* 922–931.

Kunert, S., Ernst, I., Bedenk, S., & Tirre, S. (2015). Wissenschaftlich gestützte Organisationsberatung. *Wirtschaftspsychologie 2015* (2), 84–90.

Küpper, W., & Ortmann, G. (Hrsg.). (1988). *Mikropolitik. Rationalität, Macht und Spiele in Organisationen.* Opladen: Westdeutscher Verlag.

Laing, R. D., Phillipson, H., & Lee, A. R. (1971). *Interpersonelle Wahrnehmung.* Frankfurt a. M.: Suhrkamp.

Lawler, E. E. III (1992). *The ultimate advantage. Creating the high involvement organization.* San Francisco: Jossey-Bass.

Lewin, K. (1953). *Die Lösung sozialer Konflikte.* Bad Nauheim: Christian.

Liberman, V., Samuels, S. M., & Ross, L. (2004). The name of the game: Predictive power of reputations versus situational labels in determining prisoner's dilemma game moves. *Personality and Social Psychology Bulletin, 30,* 1175–1185.

Maynard, M. T., Mathieu, J. E., Gilson, L. L., O'Boyle, E. H., & Cigularov, K. P. (2013). Drivers and outcomes of team psychological empowerment: A meta-analytic review and model test. *Organizational Psychology Review, 3,* 101–137.

Mehrabian, A. (1972). *Nonverbal communication.* Chicago: Aldine-Atherton.

Mehrabian, A. (1996). Pleasure-arousal-dominance: A general framework for describing and measuring individual differences in temperament. *Current Psychology: Developmental, Learning, Personality, Social, 14,* 261–292.

Meyer, B., & Scholl, W. (2009). Complex problem solving after unstructured discussion: Effects of information distribution and experience. *Group Processes and Intergroup Relations, 12,* 495–515.

Miles, R. E., & Snow, C. C. (1995). The new network firm: A spherical structure built on a human investment philosophy. *Organizational Dynamics, 23,* 5–18.

Mintzberg, H. (1985). The organization as political arena. *Jounal of Management Studies, 22,* 133–154.

Moldaschl, M., & Weber, W. G. (1998). The „Three Waves" of industrial group work: Historical reflections on current research on group work. *Human Relations, 51,* 347–388.

Molm, L. D. (1990). Structure, action and outcomes: The dynamics of power in exchange relations. *American Sociological Review, 55,* 427–447.

Morgan, G. (1997). *Images of organization* (2. Aufl.). Beverly Hills: Sage.

Motschnig, R., & Nykl, L. (2009). *Kommunikation: Sich und andere verstehen durch personenzentrierte Interaktion.* Stuttgart: Klett-Cotta.

Neuberger, O. (1995). *Mikropolitik. Der alltägliche Aufbau und Einsatz von Macht in Organisationen.* Stuttgart: Enke.

Neumann, J., & Morgenstern, O. (1961). *Spieltheorie und wirtschaftliches Verhalten.* Würzburg: Physica.

Offe, C. (1970). *Leistungsprinzip und industrielle Arbeit. Mechanismen der Statusverteilung in Arbeitsorganisationen der industriellen „Leistungsgesellschaft".* Frankfurt a. M.; Suhrkamp.

Osgood, C. E., May, W. H., & Miron, M. S. (1975). *Cross-cultural universals of affective meaning.* Urbana: University of Illinois Press.

Pfeffer, J. (1992). *Managing with power: Politics and influence in organizations.* Boston: Harvard Business School Press.

Pfeffer, J. (1994). *Competitive advantage through people. Unleashing the power of the workforce.* Boston: Harvard Business School Press.

Pfeffer, J. (1996). When it comes to „best practices" – why do smart organizations occasionally do dumb things? *Organizational Dynamics, 25*(1), 33–44.

Pfeffer, J. (1998). *The human equation: Building profits by putting people first.* Boston: Harvard Business School Press.

Picot, A., Reichwald, R., & Wigand, R. T. (1998). *Die grenzenlose Unternehmung. Information, organisation und management* (3. Aufl.). Wiesbaden: Gabler.

Popper, K. R. (1969). *Logik der Forschung* (3., vermehrte Aufl.). Tübingen: Mohr-Siebeck. (1. Aufl. 1934).

Pruitt, D. G., & Kim, S. H. (2004). *Social conflict. Escalation, stalemate, and settlement* (3. Aufl.). New York: McGraw-Hill.

Sally, D. (1995). Conversation and cooperation in social dilemmas. *Rationality and Society, 7*(1), 58–92.

Scherer, K. R. (2005). What are emotions? And how can they be measured? *Social Science Information, 44,* 695–729.

Schlippe, A., & Schweitzer, J. (2009). *Systemische Interventionen* (2. Aufl.). Göttingen: Vandenhoeck & Ruprecht.

Scholl, W. (1992). Politische Prozesse in Organisationen. In E. Frese (Hrsg.), *Handwörterbuch der Organisation* (3. Aufl., Sp. 1993–2004). Stuttgart: Poeschel.

Scholl, W. (1999). Restrictive control and information pathologies in organizations. *Journal of Social Issues, 55,* 101–118.

Scholl, W. (2004). *Innovation und Information. Wie in Unternehmen neues Wissen produziert wird.* (Unter Mitarbeit von L. Hoffmann und H.-C. Gierschner) Göttingen: Hogrefe.

Scholl, W. (2005). Grundprobleme der Teamarbeit und ihre Bewältigung – Ein Kausalmodell. In M. Högl & H. G. Gemünden (Hrsg.), *Management von Teams. Theoretische Konzepte und empirische Befunde* (3. Aufl., S. 33–66). Wiesbaden: Gabler.

Scholl, W. (2007). Grundkonzepte der Organisation. In H. Schuler (Hrsg.), *Lehrbuch der Organisationspsychologie* (4., aktual. Aufl., S. 515–556). Bern: Huber.

Scholl, W. (2009). Konflikte und Konflikthandhabung bei Innovationen. In E. Witte & C. Kahl (Hrsg.), *Sozialpsychologie der Kreativität und Innovation* (S. 67–86). Lengerich: Pabst.

Scholl, W. (2012). Möglichkeiten, Probleme und Grenzen wissenschaftlich gestützter Organisationsberatung. Ein Werkstattbericht. *Wirtschaftspsychologie, 2012*(4), 5–11.

Scholl, W. (2012a). Machtausübung oder Einflussnahme: Die zwei Gesichter der Machtnutzung. In B. Knoblach, T. Oltmanns, I. Hajnal, & D. Fink (Hrsg.), *Macht in Unternehmen – Der vergessene Faktor* (S. 203–221). Wiesbaden: Gabler.

Scholl, W. (2013). The socio-emotional basis of human interaction and communication. How we construct our social world. *Social Science Information, 52,* 3–33.

Scholl, W., & Riedel, E. (2010). Using high or low power as promotive or restrictive control – differential effects on learning and performance. *Social Influence, 5,* 40–58.

Schröder, T., & Scholl, W. (2009). Affective dynamics of leadership: An experimental test of affect control theory. *Social Psychology Quarterly, 72,* 180–197.

Schröder, T., Netzel, J., Schermuly, C. C., & Scholl, W. (2013). Culture-constrained affective consistency of interpersonal behavior – A test of affect control theory with nonverbal expressions. *Social Psychology, 44,* 47–58.

Schuster, F. E. (1986). *The Schuster report. The proven connection between people and profits.* New York: Wiley.

Schwarz, P. (2001). *Management-Brevier für Nonprofit-Organisationen* (2., vollst. überarb. und erw. Aufl.). Bern: Haupt.

Seligman, M. E. P. (1995). The effectiveness of psychotherapy. *American Psychologist, 50,* 965–974.

Semin, G. R., & Cacioppo, J. T. (2008). Grounding social cognition: Synchronization, coordination, and co-regulation. In G. R. Semin & E. R. Smith (Hrsg.), *Embodied grounding. Social, cognitive, and neuroscientific approaches.* (S. 119–147). New York: Cambridge University Press.

Simon, H. A. (1983). *Reason in human affairs.* Oxford: Basil Blackwell.

Spreitzer, G. M. (2007). Taking stock: A review of more than twenty years of research on empowerment at work. In C. Cooper & J. Barling (Hrsg.), *The handbook of organizational behavior* (S. 57–72). Thousand Oaks: Sage.

Stryker, S. (1983). Social psychology from the standpoint of a structural symbolic interactionism: Toward an interdisciplinary social psychology. In L. Berkowitz (Hrsg.), *Advances in experimental social psychology* (Bd. 16, S. 181–218). New York: Academic.

Thomas, W. I., & Thomas, D. S. (1965). Die Definition der Situation. In W. I. Thomas (Hrsg.), *Person und Sozialverhalten.* Neuwied: Luchterhand.

Tirre, S. (2011). *Systemische Organisationsberatung zwischen systemtheoretischen Anspruch und Wirklichkeit in der Beratungspraxis.* Unveröffentlichte Seminararbeit, Freie Universität Berlin.

Vanberg, V. (1982). *Markt und organisation.* Tübingen: Mohr.

Wagner, J. A. III, Leana, C. R., Locke, E. A., & Schweiger, D. M. (1997). Cognitive and motivational frameworks in U.S. research on participation: A meta-analysis of primary effects. *Journal of Organizational Behavior, 18,* 49–65.

Wampold, B. E. (2010). *The basics of psychotherapy: An introduction to theory and practice.* Washington, DC: American Psychological Association.

Open innovation im Ideenmanagement

Sebastian Kunert

1 Bedeutung des Ideenmanagements

Sich als Organisation beständig zu erneuern, ist seit je her von großer Bedeutung. Bereits in den frühen Anfängen der Organisationsforschung wurde versucht, die unternehmerische Innovationsfähigkeit zu erforschen (z. B. Schumpeter 1912). Ungeachtet hoher Scheiterquoten (vgl. Kunert 2016) existieren seit einigen Jahren statistische Überblicksstudien (Meta-Analysen), die zeigen, dass Innovationsaktivität in einem äußerst robusten Zusammenhang mit unternehmerischen und finanziellem Erfolg stehen (Rubera und Kirca 2012), der umso höher ausfällt, desto jünger und größer die Unternehmen sind (Bausch und Rosenbusch 2006). Parallel dazu steigt die gesellschaftliche Bedeutung von nicht-staatlichen Organisationen für die Innovationskraft eines Landes. Nach den Berechnungen des… entstammen XXX % der Investitionen in … (XXX, XXX).

Um das eigene Innovationspotenzial für sich nutzbar zu machen, wurden eine Vielzahl von Managementlösungen erarbeitet. Sie reichen von traditionellen Briefkästen bis hin zu integrierten Features im firmeneigenen Intranet. Hinzu kommen diverse materielle Unterstützungsangebote, befristete Zeitfenster oder singuläre Aktionen mit Event-Charakter. Die gängigsten Maßnahmen lassen sich auf zwei Dimensionen anordnen: 1) ob sie primär ein konkretes Ergebnis zum Ziel haben oder eher der generellen Gestaltung des Kontextes dienen sowie 2) ob sie singulären Charakter haben oder kontinuierlich wirken sollen. Die vier resultierenden Typen von Methoden und einige Beispiele sind in Abb. 1 dargestellt.

Um das Ideenmanagement attraktiv für die Mitarbeiter zu machen, werden vielfache Bemühungen unternommen. Den Kern bildet zumeist ein Vergütungssystem, wo

S. Kunert (✉)
artop GmbH – Institut an der Humboldt-Universität zu Berlin, Berlin, Deutschland
E-Mail: kunert@artop.de

© Springer-Verlag GmbH Deutschland, ein Teil von Springer Nature 2019
W. Scholl (Hrsg.), *Mut zu Innovationen*, https://doi.org/10.1007/978-3-662-58390-6_14

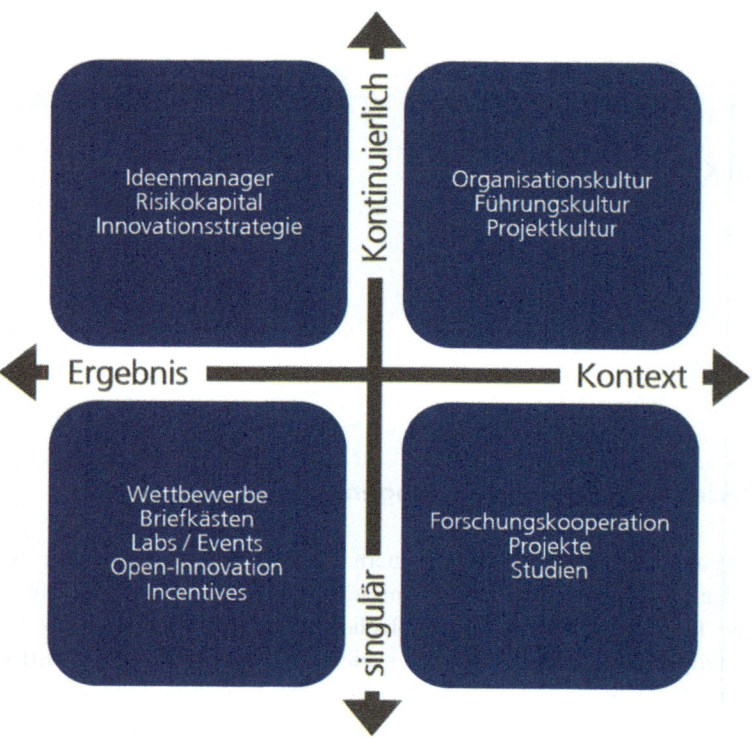

Abb. 1 Methoden des Innovationsmanagements

festgelegt ist, in welcher Art bzw. in welcher finanziellen Höhe Mitarbeiter/innen für ihre Einsendung belohnt werden. Das Ziel ist immer eine möglichst breite und qualitativ hochwertige (d. h. vor allem wirtschaftlich verwertbare) Sammlung an Verbesserungs- bzw. Änderungsvorschlägen zu erhalten.

Allen Ansätzen des modernen Ideenmanagements in Organisationen ist gleich, dass sie das Ziel verfolgen, die Einfälle und Veränderungsvorschläge der eigenen Mitglieder systematisch einzusammeln, zu sortieren, zu bewerten und in die Verwertung zu über- führen. Sie basieren auf zwei zentralen Grundannahmen:

1. *In einer Organisation mangelt es nicht an Ideen.* Die eigenen Mitarbeiter kennen das Geschäft oft am besten, wissen um die Schwachstellen der internen Prozesse und haben zumeist ein sehr gutes Auge für die (teils noch unbewussten) Bedürfnisse der Kunden.
2. *Unter Innovation wird eine Veränderung verstanden, die substanziell neuartig für die betroffenen Personen ist.* Diese Definition hat sich in der Organisations- forschung bewährt (Crossan und Apaydin 2010; Damanpour 1996; McAdam 2005; OECD & Eurostat 2005), da sie der Tatsache Rechnung trägt, dass Innovationen

kontextabhängig und folglich nie vollständig übertragbar sind. Zudem bedeuten sie immer *„eine signifikante Änderung im Status quo eines sozialen Systems"* (Aregger 1976, S. 118).

Firmeninterne Ideenmanagementsysteme sind weit verbreitet. Laut einer IHK-Studie aus dem Jahr 2011 bestätigen 43 % aller befragten Unternehmen, solch eine Form der Innovationsförderung zu betreiben. Über die Hälfte von ihnen wurden erst nach dem Jahr 2000 eingeführt. Auffällig ist, dass ihr Einsatz mit zunehmender Unternehmensgröße ansteigt sowie in Produktionsbetrieben deutlich häufiger anzutreffen ist als in Dienstleistungsunternehmen. Bei 58 % der Studienteilnehmer ist das Ideenmanagement unterlegt mit einer Betriebsvereinbarung. In der konkreten Ausgestaltung dominieren ein systematisches Prämienmodell (51 %) inklusive eines Bewertungsausschusses (49 %). Deutlich seltener finden alternative Gestaltungsoptionen Anwendung wie bspw. Gruppenaktivitäten (31 %) oder Ideenkoordinatoren (ehrenamtlich 28 %, hauptamtlich 22 %, siehe auch das Kap. Innovative Innovationsberatung in diesem Buch). Laut den Autoren der Studie ist hier seit 1988 ein Trend zugunsten der dezentralen Organisation des Ideenmanagements zu beobachten.

In vielen Organisationen kehrt kurz nach einem euphorischen Start Ernüchterung ein, da sowohl die Masse als auch die Qualität der Vorschläge schnell nachlassen – eine Erfahrung, die ein Drittel der IHK-befragten Unternehmen bereits machen musste. Die Beteiligungsquote (mind. ein Vorschlag pro Jahr) pendelt sich zumeist auf einem Niveau von durchschnittlich 25 % ein (IHK 2011). Trotz verschiedenster Maßnahmen (vor allem des internen Marketings) ist der Strom an Ideen oft nur schwer ‚am Laufen zu halten' und viele Vorschläge sind für die Organisation kaum brauchbar. Hinzu kommen Abgrenzungsschwierigkeiten in Bezug auf die (expliziten) Inhalte von Stellenbeschreibungen bzw. die (impliziten) Rollenerwartungen an einzelne Mitarbeitergruppen. So ist es bspw. oft unklar, ob sich Führungskräfte oder Mitglieder der Forschungsabteilung als Ideengeber beteiligen dürfen, da Innovationsaktivitäten als inhärenter Teil ihres Jobprofils und folglich als automatisch vergütet betrachtet werden. Für all diese Punkte bieten die Prinzipien und Methoden des open innovation-Ansatzes neue Möglichkeiten.

2   Grundsätze des open innovation-Ansatzes

Der Begriff *open innovation* hat sich 2003 durch Chesbrough etabliert. Er kontrastiert das traditionelle Bild einer firmeninternen Forschungs- und Entwicklungsabteilung, in der einige begabte Mitarbeiter unter Ausschluss der Umwelt Innovationen planen und umsetzen *(closed innovation)*. Nur so können Neuerungen wirkungsvoll vor Imitation geschützt werden, wodurch sich der Marktvorsprung maximiert. Im Gegensatz dazu öffnet bereits der Ansatz des betrieblichen Vorschlagswesens den Prozess der Ideengenerierung (und teilweise der -bewertung und -umsetzung) für Menschen außerhalb dieses elitären Kreises, aber noch in den Grenzen der Organisation. Das open innovation-Paradigma geht diesen Weg konsequent zu Ende und propagiert die systematische Einbindung von Personen außerhalb des Unternehmens, um das Maximum an kollektiver Kreativität, Intelligenz und Arbeitszeit für sich zu erschließen. Diese Herangehensweise fußt auf vier Prinzipien:

1. *Öffnung der Organisation für externe Personen,* um die Kreativität und die Ressourcen einer möglichst großen Gruppe von Menschen zum Zwecke der eigenen Weiterentwicklung zu nutzen. Dies impliziert jedoch, dass ein Unternehmen von der traditionellen Haltungen abrückt. Hierzu gehören unter anderem eine fragende statt wissende sowie eine kooperierende statt kompetitive Grundeinstellung. Um den eingangs angesprochenen Nachteilen des firmeninternen Ideenmanagements zu begegnen, braucht es nicht zwangsläufig einer völligen Öffnung der Organisation. Ziel ist es zunächst, die eigene Belegschaft mit den Idealen und Methoden des open innovation-Ansatzes als Zielgruppe zu adressieren.
2. *Problemfokussierung,* die sich im Einsatz konkreter Fragen ausdrückt. Diese sollten bedeutsam und komplex genug sein, dass es für den Mitarbeiter reizvoll erscheint, sich damit zu beschäftigen. Darüber hinaus müssen sie so präzise wie möglich formuliert sein, damit die Teilnehmer/innen wissen, was gewünscht wird, die eingehenden Lösungen möglichst gut passen und die Bewertungsmaßstäbe nachvollziehbar sind.
3. *Freiwilligkeit,* die impliziert, dass alle Beteiligten sich aus einem inhaltlichen Interesse am Ideenmanagement beteiligen. Es gibt weder formale Einschränkungen noch die Erwartung der Teilnahme. Wenn eine Person die Motivation besitzt, ihr Wissen und ihre Fähigkeiten zum Zwecke einer Innovation einzusetzen, findet sie hier die Möglichkeiten, dies zu tun.
4. *Soziale Einbettung,* sei es als Gemeinschaftsaufgabe, die jeden einzelnen zur Zielerreichung benötigt, oder als Wettbewerb, in dem man gegeneinander in einem Kampf um die beste Idee antritt. Die Einbindung der Mitarbeiter kann unterschiedlich weit im Prozess des Ideenmanagements erfolgen. In seiner einfachsten Art vergibt die Organisation nur die Ideengenerierung an die Zielgruppe und behält die Bewertung der eingehenden Vorschläge, ihre Ausformulierung und die Konzeptumsetzung in den eigenen Händen. Im anderen Extrem überlässt man der Gemeinschaft den Gesamtprozess. Aufgabe der Organisation ist es dann, den Ablauf technisch zu ermöglichen und inhaltlich zu moderieren (vgl. Füller et al. 2013). Welchen Weg das Ideenmanagement einschlägt, ist vor allem von der Komplexität der Aufgabe sowie der Anzahl der Vorschläge abhängig. Zudem ist diese Festlegung nicht zwangsläufig fix, sondern kann von Fall zu Fall neu entschieden werden.

Für die Organisation ergeben sich aus dem open innovation-Paradigma einige Vorteile. An erster Stelle steht die Möglichkeit, mit den Nutzern der eigenen Produkte bzw. Dienstleistungen in Kontakt zu treten. Dies dient der Überwindung einer elementaren Informationsasymmetrie: Während die Nutzer naturgegeben über Wissen bzgl. ihrer

Bedürfnisse sowie ihrer Verwendungskontexte verfügen *(Lastenheftinformationen)*, besitzen die Unternehmen Kompetenzen bzgl. potenzieller Lösungsmöglichkeiten *(Pflichtenheftinformationen)* (vgl. von Hippel 1994). Darüber hinaus verspricht man sich von der Einbindung Externer eine deutliche Effizienzsteigerung durch verkürzte Entwicklungszeiten und geringerer Kosten. Zudem besteht die Hoffnung auf eine signifikante Qualitätsverbesserung bei den eingehenden Verbesserungsvorschlägen. Zu guter Letzt erwartet man einen gewissen Kompetenzzuwachs, „da die Vernetzung der eigenen F&E-Mitarbeiter mit Experten außerhalb des Unternehmens Betriebsblindheit vorbeugt und den Zugang zu gut ausgebildetem Personal begünstigt sowie hilft, das Not-invented-here-Syndrom zu überwinden" (Braun 2012, S. 10). Zugleich birgt die Öffnung der Organisation naturgegeben die Gefahr des ungewollten Wissensabflusses in sich. Hinzu kommt, dass es in vielen Betrieben kaum Erfahrungen gibt mit den notwendigen Kommunikations- und Koordinationsprozessen, wodurch sich die Komplexität des Innovationsprozesses spürbar erhöht (Braun 2012). Zudem wird oftmals die geringe Kontrollierbarkeit des Prozesses unterschätzt, was vor allem bei der Selektion großer Mengen teils irrelevanter Vorschläge zu massiven Problemen führt. Zugleich ist ein Ideenaufruf von sozialen Prozessen geprägt, die für die Organisation in ihrer Eigendynamik nur schwer zu verstehen und noch weniger zu lenken sind (Huff et al. 2013).

Für Unternehmen könnte eine Lösung dieses Dilemmas darin liegen, das Ideenmanagement weiterhin auf die eigene Belegschaft zu beschränken, um besonders den Gefahren des Wissensabflusses und einer zu hohen Komplexität in der Umsetzung zu begegnen. Zugleich versprechen die Methoden des open innovation-Ansatzes selbst bei einer Fokussierung auf die eigenen Mitarbeiter neue Impulse, da diese Zielgruppe oft in engem Kontakt zum Kunden steht bzw. die internen Prozesse mitsamt ihren Verbesserungspotenzialen am besten kennt.

3   Open innovation im firmeneigenen Ideenmanagement

Zunächst gestaltet sich aus organisationaler Sicht der Einsatz von open innovation diametral konträr zum traditionell konzipierten, wertschöpfenden Tagesgeschäft. Die Anreicherung des Ideenmanagements mit Elementen des open innovation-Ansatzes stellt in gewisser Weise eine Mischform zwischen diesen beiden Arten der Arbeitsgestaltung dar (siehe Tab. 1).

In dieser Gegenüberstellung zeigt sich, dass es nur relativ wenige Charakteristika sind, die sich durch die Maßgaben des open innovation-Ansatzes im Ideenmanagement gegenüber dem traditionellen betrieblichen Vorschlagswesen ändern. So ist die Teilnahme nun nicht mehr geprägt durch das formale Einreichen eines selbst formulierten, singulären Vorschlags, sondern kann zur kontinuierlichen Bearbeitung einer konkreten Aufgabenstellung werden.

Zudem stellt sich die Frage, was die Teilnehmer des Ideenmanagements motiviert, sich einem Problem zu widmen, Zeit zu investieren und eigene Ressourcen zu aktivieren.

Tab. 1 Vergleich der organisatorischen Charakteristika von Tagesgeschäft, traditionellem betrieblichen Vorschlagswesen, open innovation-Projekten und einem Ideenmanagement nach dem open innovation-Ansatz. (Angelehnt an Villarroel 2013)

Charakteristika	Tagesgeschäft	Traditionelles Vorschlagswesen	Open innovation Projekte	Internes Ideenmanagement nach dem OI-Ansatz
Teilnehmer	Angestellte des Unternehmens	Angestellte des Unternehmens	Selbst ernannte Teilnehmer von außerhalb der Organisation	Angestellte des Unternehmens
Umfang der Teilnahme	Auf Abteilungen/ Standorte begrenzt, vordefiniert	Auf das Gesamtunternehmen begrenzt, vordefiniert	Unbegrenzt, undefiniert	Variabel, je nach Zielstellung
Geistiges Eigentum	Knapp, exklusiv	Knapp, exklusiv	Frei, vielfach verfügbar	Knapp, exklusiv
Art der Arbeitsbeziehung	Formale Arbeitsverträge	Informelle, unverbindliche Beziehungen	Informelle, unverbindliche Beziehungen	Informelle, unverbindliche Beziehungen
Geografische Verortung	Eingegrenzt, lokal	Nicht eingegrenzt	Nicht eingegrenzt	Nicht eingegrenzt
Arbeitsumgebung	Physisch	Virtuell	Virtuell	Physisch oder virtuell
Interaktion	Persönlich & synchron	Unpersönlich, asynchron	Unpersönlich, asynchron	Persönlich oder unpersönlich, synchron oder asynchron
Anreiz	Primär monetär	Gemischt	Primär hedonistisch	Primär hedonistisch

Hier kehrt sich die klassische Aufteilung von materiellen Basisanreizen und ideellen Zusatzanreizen (vgl. Herzberg et al. 1959) geradezu um. Primäre Motivatoren in einem Ideenmanagement nach open innovation-Maßstäben sind hedonistischer Natur. Hierzu gehören vor allem (vgl. Lakhani 2013):

- *Sichtbarkeit.* Das Ideenmanagement kann für den Einzelnen als Bühne genutzt werden, um eigene Kompetenzen, Fähigkeiten, Kreativität und Engagement vor Anderen darzustellen. Dies kann realisiert werden, indem man eine Bewertung der Lösungsvorschläge durch die Gruppe ermöglicht sowie die Aktivität im Ideenmanagement protokolliert.
- *Wissenszuwachs.* Oftmals sind die organisationsseitig gestellten Fragen nicht das Kerngebiet der Teilnehmer/innen bzw. ein intensives Einarbeiten ist nötig, um

Lösungen zu generieren, die den Bewertungsmaßstäben genügen. Zudem eröffnen gut konzipierte Ideenmanagementsysteme die Möglichkeit in Kontakt zu anderen Experten zu treten, das eigene Wissen zu teilen und sich neue Erkenntnisse anzueignen.

- *Spaß*. Für viele Teilnehmer verspricht das Lösen eines Problems, das nicht der eigenen unmittelbaren Lebenswelt entspringt, eine willkommene Abwechslung. Dies bietet den Anlass, sich mit unbekannten Themen zu beschäftigen und zugleich einen Mehrwert zu generieren.

In diesem Zusammenhang ist ein Vergleich zwischen den Zielen der Teilnehmenden und der Organisation von besonderem Interesse. Im optimalen Fall ergibt sich eine Win-win-Situation, in der eine Lösung generiert wird, die durch das Unternehmen gut verwertet werden kann, während der Mitarbeiter im Verlauf der Lösungsfindung das erwartete Maß an Sichtbarkeit, Wissenszuwachs und Spaß erfährt. Zugleich spiegeln sich an dieser Stelle widersprüchliche Definitionen von Erfolg.

Aufseiten des Unternehmens dominiert zum einen die Anzahl der verwertbaren Ideen. Zugleich wird eine höhere Identifikation mit dem Unternehmen angestrebt (IHK 2011). Wurden die Problemstellungen für das Ideenmanagement direkt aus der Unternehmensstrategie abgeleitet, stellt dies zugleich eine willkommene Art der Mitarbeiterbeteiligung dar. Darüber hinaus lässt sich auf diese Weise ein Gemeinschaftsgefühl erzeugen, das über die Grenzen von Abteilungen und Standorten hinausgeht. Für die Teilnehmenden sind dies nur nachgeordnete Erfolgsindikatoren. Zwar ist die Realisierung des eigenen Vorschlags ein zentraler Motivator (IHK 2011), jedoch zählen darüber hinaus soziale Kriterien wie Anerkennung durch und Vernetzung mit anderen sowie Umfang der Beteiligung (bspw. als Aktivitätsbarometer im Intranet) mit in die Bewertung hinein. Hinzu kommen hedonistische Beweggründe wie Kompetenzsteigerung und Spaß an der Problemlösung.

4   Gestaltung des Ideenmanagements mit Elementen des open innovation-Ansatzes

Grundsätzlich sind zwei Wege der Umsetzung möglich, um für ein unternehmerisches Problem eine möglichst gute Lösung mithilfe der eigenen Mitarbeiter zu finden. Im Fall des *Gemeinschaftsansatzes* müssen die Mitglieder der Organisation zusammen eine Lösung erarbeiten. Dies erfordert von jedem Teilnehmer, sich in die Gruppe einzubinden und kooperativ zu agieren. Allerdings lässt sich häufig beobachten, dass die tatsächliche Produktivität droht, hinter der potenziellen zurückzufallen (vgl. Steiner 1976). Dies lässt sich u. a. mit Koordinations- und Motivationsverlusten erklären. Erstere ergeben sich aus der notwendigen Koordination der Einzelbeiträge, welche desto aufwendiger und fehleranfällig wird, je größer die Gruppe der Mitwirkenden bzw. die Anzahl der Beiträge ist. Motivationsschwierigkeiten ergeben sich aus der Tatsache, dass die Leistung des Einzelnen in der Masse schwer zu erkennen ist und mit zunehmender Gruppengröße geradezu

„unwahrnehmbar" wird, wodurch sich die Bereitschaft zur Teilnahme immer mehr ins Ideelle verschiebt. Der Gemeinschaftsansatz ist in seinem Prozess wie auch seinem Erfolg nur schwer regulierbar durch die Organisation, erfordert viel Zeit und gegebenenfalls eine dauerhafte Moderation. Er eignet sich vor allem bei diffusen, langwierigen Problemen (Schmitt 1981), die erst durch eine gemeinschaftliche Anstrengung gelöst werden können (vergleichbar mit wikipedia.org).

Alternativ dazu ist ein *Wettbewerb* denkbar. Hier wird der Lösungsraum unternehmensseitig eingegrenzt, eine Frist festgelegt und ein Preis ausgelobt. Ziel ist es, die beste Lösung für das im Vorfeld formulierte Problem zu finden. Bei solchen disjunktiven Aufgaben genügt im Prinzip eine beste Lösung, die grundsätzlich unabhängig von den Aktivitäten anderer Teilnehmer ist. Die Aufgabe ist optimierend, d. h. aus Sicht der Organisation gibt es einen Vorschlag, der den Erfordernissen am besten entspricht bzw. sie sogar überbietet. Die potenzielle wie die tatsächliche Leistung liegt bei der Maximalleistung des besten Teilnehmers (Steiner 1976). Diese Form des Ideenmanagements ist im Gegensatz zur Gemeinschaftsaufgabe gut regulierbar durch das Management, in dem der Lösungsraum klar definiert wird und die Möglichkeiten der Teilnahme stark reguliert sind (wie bspw. bei einem Architekturwettbewerb). Er erfordert singuläre, gut eingrenzbare Problemstellungen (Schmitt 1981), wo eine möglichst große Zahl unterschiedlicher Lösungen anvisiert wird (eine Übersicht zu hunderten veröffentlichter Wettbewerbe findet sich bei innovationresearch.de).

In der Gegenüberstellung der beiden Formen gibt es wissenschaftliche Hinweise darauf, dass ein kooperativer Weg zu qualitativ besseren Ergebnissen führt als ein kompetitiver. Die Güte der Beiträge des einzelnen Mitarbeiters im Rahmen des Gemeinschaftsansatzes ist denen eines Wettbewerbs überlegen. In einer breit angelegten Meta-Analyse von Qin et al. (1995), in die 46 experimentelle Studien aus den Jahren 1929 bis 1993 einflossen, hat sich dies sowohl bei simplen wie auch komplexen Problemlagen nachweisen lassen. Die Autoren erklären sich diesen Effekt dadurch, dass sich die Teilnehmer während der Zusammenarbeit gegenseitig inspirieren können, eine geteilte Vorstellung des Problem- sowie des potenziellen Lösungsraumes entwickeln, auf eine größere Menge an Kompetenz bzw. Fachwissen zurückgreifen können und zugleich durch das Feedback der anderen Fehler eher vermeiden.

In der Phase der Verwertung können die beiden Formen der Umsetzung auch ineinander überführt werden. So ist denkbar, dass man mehrere Teams in Form einer jeweils gemeinschaftlichen Aufgabe an einem Problem arbeiten lässt und wählt am Ende des Prozesses die optimale Lösung aus. Umgekehrt können am Ende eines Wettbewerbes auch die Einzelvorschläge verschiedener Teilnehmer mit ineinander integriert werden, um so deren Stärken zu nutzen und ihre jeweiligen schwächen auszugleichen. In beiden Fällen liegt ein bedeutender Teil der schöpferischen Arbeit dann jedoch wieder aufseiten des Managements.

Es existieren zahlreiche Beispiele für die Wirksamkeit des open innovation-Ansatzes aus den Bereichen Wissensgenerierung (wikipedia.org), Produktentwicklung (quirky.com), Softwareentwicklung (topcoder.com), Forschung (innocentive.com) und Finanzierung (kickstarter.com). Die Anwendung der Prinzipien dieses Paradigmas auf das firmeninterne Ideenmanagement ist bislang kaum veröffentlicht. Der *Innovation Jam* von IBM im Jahr 2006 war einer ersten öffentlich bekannt gewordenen Versuche dieser Art. Weitere Beispiele sind das *Liquid*-Programm von IBM, die *Virtual Innovation Agency* von BMW oder das *CoCreate*-Programm der Universität Kassel (cocreate-unikassel.de). Mit dem Projekt *massive ideation* (clicresearch.org/ peter-pribilla-stiftung/?page_id=122), ein von der Pribilla Stiftung mitfinanziertes Forschungsvorhaben, wurde eine praxistaugliche Umsetzung erprobt, das Ideenmanagement auf Basis bereits bestehender open innovation-Software zu gestalten. Die Firma Synaxon nutzt die Software Liquid Feedback, um sowohl die Ideengenerierung als auch die -bewertung in die Hände der Mitarbeiter zu legen (Ramge 2012). Eine Literaturübersicht zu den förderlichen und hinderlichen Faktoren bei der Implementation von open innovation-Elementen findet sich bei Schroll und Mild (2011). Weitere praktische Hinweise sind in Hüttner und Träder (2013) gesammelt dargestellt.

Insgesamt birgt der Ansatz des open innovation ein großes Potenzial, um nachhaltig an Ideen und Vorschläge zu gelangen, die auf herkömmlichem Wege nur bedingt von den Mitarbeitern zu bekommen sind. Allerdings ist die notwendige Voraussetzung eine Öffnung des Unternehmens gegenüber seinen eigenen Mitarbeitern in Form einer fragenden Grundhaltung. Ist diese vorhanden, verspricht sie in Form vieler und hochwertiger Ideen beantwortet zu werden.

Literatur

Aregger, K. (1976). *Innovationen in sozialen Systemen 1. Einführung in die Innovationstheorie der Organisation*. Bern: Haupt.

Bausch, A., & Rosenbusch, N. (2006). Innovation und Unternehmenserfolg. Eine meta-analytische Untersuchung. *Die Unternehmung, 60*(2), 125–140.

Braun, A. (2012). Open innovation – Einführung in ein Forschungsparadigma. In A. Braun, et al. (Hrsg.), *Open innovation in life sciences*. Wiesbaden: Gabler.

Chesbrough, H. W. (2003). *Open innovation. The new imperative for creating and profiting from technology*. Boston: Harvard Business School Press.

Crossan, M. M., & Apaydin, M. (2010). A multi-dimensional framework of organizational innovation: A systematic review of the literature. *Journal of Management Studies, 47*(6), 1154–1191.

Damanpour, F. (1996). Organizational complexity and innovation: Developing and testing multiple contingency models. *Management Science, 42*(5), 693–716.

Füller, J., Hutter, K., & Hautz, J. (2013). The future of crowdsourcing: From idea contest to MASSive ideation. In A. S. Huff, K. M. Möslein, & R. Reichwald (Hrsg.), *Leading open innovation* (S. 241–261). Cambridge: MIT Press.

Herzberg, F., Bernard Mausner, B., & Snyderman, B. B. (1959). *The motivation to work*. New York: Wiley.

Huff, A. S., Möslein, K. M., & Reichwald, R. (2013). Introduction to open innovation. In A. S. Huff, K. M. Möslein, & R. Reichwald (Hrsg.), *Leading open innovation* (S. 3–18). Cambridge: MIT Press.

Hüttner, J., & Träder, R. (2013). *Toolbox Schrittmacher für Innovation*. Berlin: Artop.

IHK. (2011). Wissen und Ideen der Mitarbeiter Ergebnisse von Unternehmensbefragungen der Industrie- und Handelskammer zu Dortmund und der Südwestfälischen Industrie- und Handelskammer zu Hagen, in Kooperation mit Scientific Consulting Dr. Schulte-Hillen GmbH, Bonn. http://www.scientificconsulting.de/download/Wissen_und_Ideen_der_Mitarbeiter_web.pdf.

Kunert, S. (2016). Scheitern in organisationalen Veränderungen. In S. Kunert (Hrsg.), *Failure Management: Ursachen und Folgen des Scheiterns* (S. 183–202). Heidelberg: Springer Gabler.

Lakhani, K. R. (2013). Contributions by developers. In A. S. Huff, K. M. Möslein, & R. Reichwald (Hrsg.), *Leading open innovation* (S. 155–169). Cambridge: MIT Press.

McAdam, R. (2005). A multi-level theory of innovation implementation: Normative evaluation, legitimisation and conflict. *European Journal of Innovation Management, 8*(3), 373–388.

OECD & Eurostat (2005). *Oslo manual: Guidelines for collecting and interpreting innovation data* (3. Aufl.). Paris: OECD.

Qin, Z., Johnson, D. W., & Johnson, R. T. (1995). Cooperative versus competitive efforts and problem solving. *Review of Educational Research, 65*(2), 129–143.

Ramge, T. (2012). Revolution von oben. *Brandeins, 6*(12), 62–67.

Rubera, G., & Kirca, A. H. (2012). Firm Innovativeness and Its Performance Outcomes: A Meta-Analytic Review and Theoretical Integration. *Journal of Marketing, 76*(3), 130–147.

Schmitt, D. R. (1981). Performance under cooperation or competition. *American Behavioral Scientist, 24*(5), 649–679.

Schroll, A., & Mild, A. (2011). A critical review of empirical research on open innovation adoption. *Betriebswirtschaft, 62,* 85–118.

Schumpeter, J. (1912). *Theorie der wirtschaftlichen Entwicklung*. Berlin: Duncker & Humblot.

Steiner, I. D. (1976). Task-performing groups. In J. W. Thibaut, J. T. Spence, & R. C. Carson (Hrsg.), *Contemporary topics in social psychology* (S. 393–422). Morristown: General Learning Press.

Villaroel, J. A. (2013). Strategic crowdsourcing. In A. S. Huff, K. M. Möslein, & R. Reichwald (Hrsg.), *Leading open innovation* (S. 171–200). Cambridge: MIT Press.

von Hippel, E. (1994). Sticky information and the locus of problem solving: Implications for innovation. *Management Science, 40*(4), 429–439.

TOOLBOX – Schrittmacher für Innovationen

Jens Hüttner und René Träder

1 Einleitung

In verschiedenen Projekten mit unseren Partnerunternehmen haben wir bei GI:VE verschiedene Methoden erfolgreich eingesetzt, mit denen die Erarbeitung wichtiger Themen, die Bearbeitung spezifischer Probleme und die dabei hilfreiche oder gar notwendige Zusammenarbeit strukturiert und flüssig gemacht wurden. Einige davon wurden für unsere Partner und in anderen Beratungen entwickelt bzw. weiterentwickelt. Viele dieser Methoden und Techniken sind bereits anderswo ähnlich verwendet und beschrieben worden; andere Kollegen sind auf ähnliche Ideen gekommen (z. B. Dornaus et al. 2015). Unsere Toolbox verstehen wir nicht nur als Anregung zum Handeln, sondern auch Aufforderung zur kreativen Weiterentwicklung. Tools für die Beratung sind nicht in Stein gemeißelt, sondern verändern sich stetig durch die Anpassung an die aktuellen Bedürfnisse und Bedingungen beim Kunden. Die beschriebenen Methoden sind in der Originalveröffentlichung sortiert nach Schwierigkeitsgrad und primären Adressaten. Hier sind beispielhaft fünf Interventionen aufgeführt.

Die Toolbox soll interessierten Personen bei der Suche nach geeigneten Unterstützungsmaßnahmen helfen. Je nach Phase innerhalb eines Innovationsprozesses finden Sie in der Toolbox „Werkzeuge", die das Brainstorming optimieren, das Wissensmanagement in Ihrem Unternehmen verbessern, Beschäftigte stärker vernetzen und die

J. Hüttner (✉)
artop GmbH – Institut an der Humboldt-Universität zu Berlin, Berlin, Deutschland
E-Mail: huettner@artop.de

R. Träder
Berlin, Deutschland
E-Mail: rene.traeder@gmx.de

Unternehmenskultur verbessern sowie strategische Maßnahmen, die regelmäßig eingesetzt werden können, um sich bestmöglich auf dem Markt zu positionieren.

Ziel der Toolbox ist, verschiedenen Akteuren Lust darauf zu machen, einige dieser Interventionen selbst durchzuführen und ihnen die Möglichkeit zu geben, sich ein genaueres Bild von Maßnahmen zu machen, die von externen Beratern betreut werden könnten. Neben einer kurzen Beschreibung des „Werkzeugs", erfahren Sie unter anderem, aus welchen Schritten es besteht, welche Besonderheiten es gibt und welche Materialien benötigt werden.

Wir wünschen unseren Lesern viel Freude und Erfolg beim Heben und Umsetzen von neuen Ideen!

Weitere Informationen finden Sie in Hüttner, J., & Träder, R. (Hrsg.) (2014). TOOLBOX – Schrittmacher für Innovationen. Berlin: artop. Die vollständige Toolbox kann direkt bei artop bestellt werden, per Telefon: +49 (0)30 44 012 99-0 oder E-Mail: kontakt@artop.de.

2   Hospitation

Hospitationen ermöglichen das praktische Kennenlernen und die Optimierung von Arbeitsprozessen, da sich Mitarbeiter aus vor- und nachgelagerten Bereichen gegenseitig am Arbeitsplatz besuchen und dadurch Tätigkeiten und Prozesse direkt beobachtet werden. Zudem wirken sich diese Vernetzungen positiv auf die Unternehmenskultur aus, denn die Kommunikation über Abteilungsgrenzen hinaus führt zu mehr Verständnis für Abläufe und Probleme anderer.

2.1   Kurzbeschreibung

Häufig wissen Mitarbeiter nur wenig über die Aufgaben und Arbeitsbedingungen ihrer Kollegen, was zu Reibungsverlusten bei den Abläufen und unnötigen Konflikten führen kann.

Die Bezeichnung Hospitation stammt vom lateinischen „hospes" ab, was mit Gast übersetzt werden kann und hier bedeutet, dass sich Beschäftigte an ihrem Arbeitsplatz gegenseitig besuchen. Dadurch gewinnen sie wertvolle Einblicke in den Arbeitsbereich und die spezifischen Anforderungen ihrer Kollegen und lernen diese besser kennen. Sinnvoll ist das vor allem für vor- und nachgelagerte Bereiche, wenn Arbeitsschritte ineinandergreifen und einen möglichst flüssigen Ablauf erfordern, aber auch für den Erfahrungsaustausch von Mitarbeitern mit ähnlichen Aufgaben an unterschiedlichen Standorten. Hospitationen sind in verschiedenen Branchen (z. B. Handwerk, Industrie,

Dienstleistung, etc.) einsetzbar und haben auf mehreren Ebenen positive Effekte für die Organisation:

- Mitarbeiter entwickeln ein größeres Verständnis für das Gesamtprodukt bzw. den -prozess, die Organisation und für ihre Kollegen
- sie können sich gut funktionierende Strategien „abgucken" und lernen voneinander
- Prozesse können gemeinsam optimiert werden
- Probleme werden leichter oder sogar direkt gelöst
- die Kommunikation über Abteilungsgrenzen hinweg wird flüssiger

2.2   Ablauf

Vorbereitung Zu Beginn wird eine verantwortliche Person ermittelt, die sich um die Hospitationen kümmert. Zu ihren Aufgaben gehört es, in den Abteilungen den Nutzen der neuen Maßnahme und das weitere Vorgehen zu kommunizieren, einen Plan zu erstellen, welche Mitarbeiter sich wann und wo treffen, diese zusammenzuführen und – wenn möglich in größeren Gruppen – den Austausch anzuregen. Idealerweise verfügt der Verantwortliche über Kenntnisse in Moderationstechniken oder wird darin geschult, um die Treffen optimal zu gestalten. Stehen die einzelnen Termine fest, können sie über das Intranet oder am Schwarzen Brett veröffentlicht werden. Eine Woche vor der Hospitation erinnert die Person die Beteiligten per Mail (erneut mit Namen, Zeit und Ort) an das Treffen, wobei zur besseren Vorbereitung auch schon erste Informationen über die Abteilung bzw. das Aufgabengebiet mitgeliefert werden können.

Durchführung Der Verantwortliche führt die beiden Beteiligten zusammen, stellt sie vor, bespricht noch einmal kurz den weiteren Ablauf und vereinbart einen zeitlichen Rahmen. Bevor er die Mitarbeiter allein lässt, können sie eine Vertraulichkeitsvereinbarung unterzeichnen, um Angst vor einer negativen Beurteilung oder dem „Weitererzählen" von Details in Flurgesprächen entgegenzuwirken.

Die hospitierte Mitarbeiterin erklärt dem anderen den Arbeitsplatz und die Abläufe. Jederzeit sind Nachfragen möglich und im Anschluss haben beide noch Zeit, um sich über Erfahrungen und Probleme auszutauschen.

Nachbereitung Die verantwortliche Person kommt zur vereinbarten Endzeit hinzu und moderiert ein gemeinsames Ergebnisgespräch, bei dem Erkenntnisse und Ideen von beiden Mitarbeitern in ihrem individuellen Erinnerungsprotokoll festgehalten werden. Schwerpunkte können hier Lösungsvorschläge für gemeinsame Schwierigkeiten und die nächsten Schritte sein, aber auch der allgemeine Eindruck über die Tätigkeit oder Dinge, die man nützlich findet und am eigenen Arbeitsplatz integrieren kann.

2.3   Rahmenbedingungen

Zeitaufwand
- Durchführung: ca. 1½ Stunden bis 1 Tag
- Vor- und Nachbereitung: ca. 1 Stunde pro Hospitation (Verantwortlicher)

Setting
- Arbeitsplätze der beteiligten Mitarbeiter

Material
- Vertraulichkeitsvereinbarung
- Formblätter zum Festhalten der Ergebnisse (Erinnerungsprotokoll)
- E-Mail-Kommunikation/Intranet (oder alternativ Schwarzes Brett)

Kosten
- Personalkosten (Verantwortlicher)
- Ausfall der regulären Arbeitszeit bei den Hospitierenden und Verlangsamung der Arbeit bei den Besuchten

Häufigkeit
- variabel wählbar
- eventuell 2–3 Hospitationen pro Mitarbeiter, viertel- bis halbjährlich durchgeführt

2.4   Kommentar und Erfahrungen

Hospitationen eigenen sich nicht nur für verschiedene Unternehmensbereiche, sondern können auch den Austausch zwischen verschiedenen Hierarchieebenen unterstützen. Sie müssen keinem festgelegten Plan folgen, sondern können von den Mitarbeitern selbst initiiert werden, indem sie Besuchswünsche äußern. So können sie sagen, in welche Abteilungen sie gerne wollen und welche Abteilungen ihren Arbeitsplatz besuchen sollten.

Da Beteiligte u. U. Angst vor einer Beurteilung und negativen Konsequenzen für sich bekommen und daher nur oberflächlich ihre Aufgaben vorstellen könnten, sollte im Vorfeld, wenn die Maßnahme den Mitarbeitern vorgestellt wird, ein besonderes Augenmerk auf Transparenz gelegt werden. Hierbei ist es wichtig, den Sinn und Zweck von Hospitationen darzulegen und zu erklären, was mit den gewonnenen Erkenntnissen geschehen soll. Außerdem sollte bei der Zusammenführung der Mitarbeiter und der anschließenden Auswertung auf eine konstruktive Atmosphäre geachtet und der Prozess strukturiert moderiert werden. Eventuell ist im Vorfeld das Einverständnis des Betriebsrates nötig.

3   Mitarbeiterkompetenz-Tag

Alle Mitarbeiter verfügen auf Grund ihres Lebenslaufes, beruflichen Werdegangs und Erfahrungen über spezielle Kompetenzen und Wissen. Mitarbeiterkompetenz-Tage bieten die Chance, dass Mitarbeiter sich dessen bewusst werden und gegenseitig voneinander lernen, so dass das Unternehmen diese Ressourcen besser nutzen kann und durch eine Vernetzung der Ausbau (Arbeitsqualität, Effektivität und Effizienz) unterstützt wird.

3.1   Kurzbeschreibung

Der Mitarbeiterkompetenz-Tag ist eine zentrale Veranstaltung für das ganze Unternehmen, an dem – nach Möglichkeit – alle Mitarbeiter teilnehmen. An diesem Tag werden außerhalb der Organisation (z. B. in einem Hotel) mehrere Workshops mit unterschiedlichen Schwerpunkten angeboten, wobei im Mittelpunkt die Erfahrungen, Kompetenzen und das Wissen der Beschäftigten stehen. Die Idee ist, dass Lösungen, Abläufe, Projekte, etc. aus unterschiedlichen Abteilungen bzw. Standorten sichtbar und somit für andere nutzbar werden. Oder anders formuliert: Das Rad muss nicht immer wieder neu erfunden werden, denn Ideen und Wissen aus anderen Abteilungen können oftmals (leicht verändert) übernommen werden. Auch besteht die Möglichkeit, neue Anstöße für alte Fragestellungen zu bekommen und Themen vertiefend zu bearbeiten. Ziel ist, dass der Austausch auch über den bekannten Kollegenkreis hinweg möglich wird, dass die Mitarbeiter sich ihrer Kompetenzen bewusst werden, voneinander lernen und Ansprechpartner bekannt werden, so dass sich Mitarbeiterkompetenz- Kreise (s. Hüttner und Träder 2014) bilden, die das Wissen aufbereiten, für alle zur Verfügung stellen und kontinuierlich daran arbeiten.

Da Mitarbeiter in ihrem Arbeitsgebiet Experten in eigener Sache sind, also bereits über sehr spezifisches Wissen und bestimmte Kompetenzen verfügen, werden keine externen Referenten benötigt, obgleich es möglich ist, zu bestimmten Themen auch Experten von außen dazu zu holen.

Grundsätzlich sind ganz verschiedene Themen denkbar, beispielsweise:

- spezifische Fachthemen: „Tricks und Tipps im Umgang mit der neuen Maschine XY"
- allgemeine Fachthemen: „Leichter mit Outlook arbeiten"
- Themen der Kommunikation: „Konflikte lösen und vorbeugen"
- arbeitsbezogene Themen: „Besser abschalten durch Pausen-Yoga" etc.

3.2   Ablauf

Vorbereitung Um die Bedürfnislage der Mitarbeiter in Erfahrung zu bringen, wird im Vorfeld eine Sammlung von Themen veranstaltet, was über das Intranet, das Schwarze

Brett oder per Mail erfolgen kann. Gleiche oder sehr ähnliche Vorschläge werden zusammengefasst und den Mitarbeitern strukturiert zurück gemeldet, so dass sich jeder entscheiden kann, an welchen Workshops er teilnehmen möchte. Die Organisatoren des Mitarbeiterkompetenz-Tages gestalten daraus eine Tagesplanung, so dass häufig gewünschte Themen mehrmals bzw. parallel und selten gewünschte dementsprechend in geringer Anzahl angeboten werden. Ziel sollte hier sein, dass möglichst viele Mitarbeiter an den Workshops ihres Erstwunsches teilnehmen können.

Im nächsten Schritt wird dafür gesorgt, dass jeder Workshop von einem Mitarbeiter geleitet wird. Diese können sich freiwillig melden oder auch angesprochen werden. Wenn sich zu einigen Wunschthemen niemand in den eigenen Reihen finden lässt, ist auch denkbar, Workshops mit externen Referenten oder Moderatoren zu besetzen.

Die Mitarbeiter werden schließlich rechtzeitig darüber informiert, wo und wie lange die Veranstaltung stattfindet. Wenige Tage zuvor kann an alle Teilnehmenden eine Erinnerungsmail geschickt werden, der ein konkreter Tagesplan angehängt ist.

Durchführung Zu Beginn des Workshops werden die Teilnehmenden begrüßt und in den Ablauf des Tages eingeführt, wobei vor allem beim ersten Mal die „Spielregeln" ausführlich erläutert werden können. Dazu gehört z. B., dass jeder an zwei (von drei) Workshops teilnimmt, sich aber nach dem ersten entscheiden kann, ob er als zweiten Workshop ein anderes Thema besuchen oder das erste Thema vertiefend bzw. mit einer anderen Gruppe aus einer anderen Blickrichtung diskutieren möchte.

Jeder Workshop dauert 90 min. Dazwischen gibt es eine längere (Mittags-) Pause, die ebenfalls für Diskussionen genutzt werden soll.

Nachbereitung Am Ende jedes Workshops kann ein kurzes Protokoll entstehen, das entweder von den Teilnehmenden, dem Leiter oder einer Gruppe von Interessierten erstellt wird, die das Thema weiter verfolgen wollen (Mitarbeiterkompetenz-Kreise). Dieses Protokoll wird später allen Mitarbeitern zur Verfügung gestellt, so dass jeder die Ergebnisse, Erkenntnisse, Tipps, Ideen, etc., die entstanden sind, nutzen und sich entscheiden kann, sie vertiefend zu bearbeiten bzw. im nächsten Jahr zu besuchen oder selbst anzubieten. Förderlich ist hierbei, wenn interne Strukturen entstehen, die den Austausch weiterhin ermöglichen.

3.3   Rahmenbedingungen

Zeitaufwand
- Vorbereitung der Veranstaltung: abhängig von der Unternehmensgröße
- Veranstaltung: 1 Tag
- Workshops: je 90 Minuten

Setting

- externe (Tagungs-) Räumlichkeiten; eventuell Hotel oder anderer Ort, so dass der Tag zu einem gemeinsamen Erlebnis in einer attraktiven Umgebung wird (wichtig ist, dass es viel Platz für parallele Workshops gibt)
- maximal 20 Teilnehmende pro Workshop
- jeweils ein Leiter

Material

- Papier, Stifte

Kosten

- Räumlichkeiten
- Ausfall der regulären Arbeitszeit
- Mittagessen
- eventuell externe Referenten oder Moderatoren

Häufigkeit

- einmal pro Jahr

Kommentar und Erfahrungen Je größer eine Organisation ist, desto sinnvoller sind Mitarbeiterkompetenz-Tage, da der Austausch im Alltagsgeschäft zunehmend schwieriger wird; vor allem wenn es verschiedene Standorte gibt (s. auch Praxisvorwort: Innovationen in einer konservativen Branche). Zudem bietet sich diese Maßnahme als Startimpuls für neue Unternehmensaktivitäten an.

Wichtig ist, dass die Mitarbeiter interessengesteuert bei den Themen und der Wahl der Workshops vorgehen können, so dass der Tag zu einem positiven Erlebnis wird. Im Gegensatz zu einer konkreten Weiterbildung sollen hier nicht am Ende des Tages alle das Gleiche gelernt haben, sondern das Ziel ist, dass jede Person einen Zuwachs an Wissen im gewünschten Themenfeld hat.

4   Innovationsprojekt-Analyse IPA

Durch eine strategische Evaluation werden Erfolgsmerkmale bisheriger Innovations-projekte ermittelt, so dass sie auf andere und künftige Projekte übertragen werden können. Schwächen können außerdem erkannt und abgestellt werden, wodurch das gesamte Unternehmen innovativer arbeiten kann. Ziel ist es, langfristig erfolgsversprechende Innovationsprojekte zu gestalten.

4.1   Kurzbeschreibung

Der Umgang mit (neuen) Ideen stellt einen maßgeblichen Faktor für den Erfolg von Unternehmen dar. Vor allem auf sich schnell entwickelnden Märkten müssen diese anschlussfähig, am besten aber tonangebend sein. Innovationen stellen dafür den Schlüssel dar, so dass es sich für Unternehmen lohnt, den Meta-Blick einzunehmen und genau zu schauen, wie leicht oder schwer es neue Ideen in der eigenen Organisation haben und wo typische Stolpersteine den Prozess ausbremsen.

Die Innovationsprojekt-Analyse stellt eine diagnostische Methode dar, um einerseits Prozesse von bisherigen Innovationen genauer zu beleuchten und diese Prozesse zusätzlich für künftige Projekte zu optimieren. Andererseits werden aber auch grundlegende Dynamiken in Abteilungen bzw. dem Unternehmen sichtbar, so dass "Baustellen" konkret werden und über gezielte Maßnahmen nachgedacht werden kann.

Mit Hilfe eines Interview-Leitfadens werden im Einzelgespräch mit mehreren Mitarbeitern verschiedene Innovationsprojekte durchgegangen, die typisch für das Unternehmen sind und noch nicht zu lange zurückliegen. Zur besseren Veranschaulichung wird jeder Schritt mit Hilfe einer Karteikarte visualisiert. Alle Schritte bzw. Karteikarten werden auf einem Zeitstrahl angeordnet und stellen so dar, wie auf dem Weg der Innovation von der ersten Idee bis hin zum Ergebnis und der dazu gehörenden Evaluation die einzelnen Schritte abliefen (s. Kapitel „Innovationsprojektgestaltung").

Ein typischer Verlauf besteht aus folgenden Schritten:
 1. Idee
 2. Bildung eines Projektteams
 3. Prüfung von Rahmenbedingungen und Machbarkeit
 4. Besprechung mit der Geschäftsführung
 5. Detailklärung und Konzeptentwurf im Team
 6. Vorstellung für Geschäftsführung und gegebenenfalls Einarbeiten von Änderungen
 7. Ausarbeitung im Team
 8. Testphase
 9. Ergebnisse dem Team & der Geschäftsführung vorstellen und auswerten
10. Anpassung
11. Etablierung im Markt bzw. in der Organisation
12. Daueranpassung, Dokumentation und Sicherung

Wegen auftauchender Probleme müssen dabei oft frühere Schritte noch einmal neu oder anders angegangen werden. Von Unternehmen zu Unternehmen, aber auch innerhalb von Abteilungen oder konkreten Projekten kann es noch zusätzliche Schritte geben oder einige können wegfallen. Die Darstellung bietet nun die Möglichkeit, auch über Schnittstellen zu sprechen. Dadurch wird klarer, welche Schritte oder Ergebnisse für einen bestimmten Prozess – im Sinne eines Quality Gate's – Voraussetzung sind, beziehungsweise für welchen weiteren Schritt der aktuelle wichtig ist. Zudem können Phasen besser als solche erkannt und abschließend bearbeitet werden.

4.2   Ablauf

Vorbereitung: Im Vorfeld wird die konkrete Fragestellung ermittelt. Wichtig ist zu klären, was mit der Innovationsprojekt-Analyse ermittelt werden soll.

Projekt-Perspektive Im Fokus der Analyse steht ein konkretes Innovationsprojekt. Das kann der Fall sein, weil es abschließend evaluiert werden soll, aber auch, wenn es besonders gut oder besonders schlecht lief, um daraus für künftige Projekte zu lernen.

Innovations-Perspektive Hier werden alle Innovationsprojekte der letzten Zeit querschnittlich betrachtet, um festzustellen, wie sie grundsätzlich verliefen. Daraus lässt sich ableiten, welche hilfreichen Aspekte auch weiterhin berücksichtigt werden sollen und was noch verbessert werden kann.

Organisations-Perspektive Im Mittelpunkt stehen die Fragen, wie leicht es im Unternehmen ist, innovativ zu sein und wie Mitarbeiter dabei unterstützt werden können.

Es ist möglich und sinnvoll, alle drei Bereiche abzudecken. Je nach Fragestellung wird ein Interview-Leitfaden erarbeitet, der dabei hilft, alle relevanten Sachverhalte zu erfragen.

Schließlich werden die beteiligten Mitarbeiter rechtzeitig über das Vorhaben informiert und nacheinander eingeladen. Die Anzahl der Befragten richtet sich dabei nach der Perspektive, die eingenommen werden soll. Befragt werden sollten rund 10 % der interessierten Gruppe (also eines Projektes oder aller Projekte oder des Unternehmens); mindestens aber fünf Personen, damit Berechnungen auch wirklich möglich sind und die verschiedenen Erfahrungen und Perspektiven abgeglichen werden können.

4.3   Durchführung

Mit Hilfe des Interview-Leitfadens werden mehrere Mitarbeiter zu einer Innovation befragt, an der sie beteiligt bzw. von der sie betroffen waren und die noch nicht zu lange zurück liegt. Jeder Schritt eines Projekts wird dabei auf einer Kartei- bzw. Metaplankarte dargestellt. Wichtige Fragen sind hierbei: *Woraus bestand dieser Schritt? Wer war beteiligt und wie lange dauerte der Schritt?*

Wenn alle Informationen aus dieser konkreten Ebene genannt sind, der Zeitstrahl also gefüllt ist, wird der Meta-Blick eingenommen. Dabei geht es darum, die Schritte aus der Rolle eines Beobachters zu betrachten. Leitfragen können sein: *Was ist hier typisch oder untypisch für das Unternehmen bzw. die Abteilung gewesen? Was hat richtig gut geklappt? Was könnte besser laufen?*

Abschließend erfolgt der große Blick auf das gesamte Unternehmen. Dabei wird über Stärken und Schwächen der Organisation nachgedacht. Eine interessante Frage ist hierbei: *Wie viele gute Ideen werden nicht und wie viele schlechte Ideen werden (erst einmal) umgesetzt?*

Ein Interview kann dabei folgendermaßen strukturiert werden (Tab. 1):

Tab. 1 Strukturierung eines Interviewleitfadens

Handlungsschritt	Was wird gesagt	Was wird gemacht
Einstieg	*Ziel dieses Gespräches soll sein, Ich werde Sie im Folgenden bitten,…*	Dem/der Mitarbeiter/in wird erklärt, wozu dieses Interview durchgeführt wird und wie es abläuft. Er/sie bekommt die Möglichkeit, Fragen zu stellen.
Innovationsprozesse	*Bitte erinnern Sie sich an den letzten abgeschlossenen Innovationsprozess. Nennen Sie mir bitte die einzelnen Prozessschritte. Wer war daran beteiligt? Wie lange dauerten diese Schritte?*	Für jeden Prozessschritt wird eine Karteikarte gut sichtbar auf den Tisch gelegt oder angepinnt
zusätzliche Schnittstellenanalyse	*Was war das Ergebnis des vorangegangenen Schrittes? War dieses Ergebnis passend für Sie in Bezug auf Form, Zeit und Qualität? Was war das Ergebnis Ihres Prozessschrittes? War es für den nächsten Schritt passend bezüglich Form, Zeit und Qualität?*	Zusätzliche Karten werden zwischen den jeweiligen Prozessschritten angeordnet
Reflexion 1. Ebene (dieser Innovationsprozess)	*Was lief an diesem Innovationsprozess gut und was lief schlecht? (bewahrenswert vs.veränderungsbedürftig)*	Grüne Karte bzw. grüner Stift symbolisiert positive Aspekte. Die Farbe Rot steht für Verbesserungswertes
Reflexion 2. Ebene (andere Innovationsprozesse)	*Inwieweit ist dieser Innovationsprozess beispielhaft für andere Innovationsprozesse im Unternehmen? Was lief gut/schlecht?*	Grüne Karte bzw. grüner Stift symbolisiert positive Aspekte. Die Farbe Rot steht für Verbesserungswertes
Reflexion 3. Ebene (gesamte Organisation)	*Inwiefern zeigen sich in diesem Innovationsprozess Gegebenheiten der Organisation, die es einem erleichtern/erschweren, innovativ zu sein?*	Grüne Karte bzw. grüner Stift symbolisiert positive Aspekte. Die Farbe Rot steht für Verbesserungswertes
Handlungsanregungen für positive Punkte	*Wie kann man sicherstellen, dass alle grünen Karten auch in Zukunft erhalten bleiben?*	Anregungen werden auf zusätzlichen Karten notiert und den grünen Karten zugeordnet.
Handlungsanregungen für negative Punkte	*Was muss passieren, dass die roten Karten grün werden? Wen müsste man beteiligen? Was wären erste Schritte?*	Anregungen werden auf zusätzliche Karten notiert und den roten Karten zugeordnet
Fazit	*Wie schätzen Sie im Rückblick das Gesamtergebnis ein? Wo liegt der dringendste Handlungsbedarf? Was werden Sie jetzt tun bzw. künftig anders machen?*	Mitarbeiter/in kann sich Notizen machen und diese auch als Gedankenstütze und zur Motivation mitnehmen

Nachbereitung Die gewonnenen Informationen werden ausgewertet und mit Hilfe von Grafiken zur besseren Veranschaulichung dargestellt, so dass aus den Daten ein Ist-Zustand abzulesen ist. Den Beteiligten kann damit später das Ergebnis zurückgemeldet werden, so dass (gemeinsam) ein Soll-Zustand formuliert werden kann, aus dem sich Bewahrenswertes (Stärken) und konkrete Maßnahmen für Veränderungen (Arbeit an den Schwächen) ableiten lassen. Wichtig sind in dieser Phase einerseits Transparenz und andererseits, dass sich tatsächlich etwas verändert, so dass die Beschäftigten leichter und schneller Ideen vorbringen und umsetzen können und auch künftig motiviert sind, sich an Evaluationen zu beteiligen.

4.4   Rahmenbedingungen

Zeitaufwand
- pro Interview 1–2 Stunden
- den zeitlich größeren Teil nimmt die Auswertung der Daten in Anspruch

Setting
- direkte Befragung von Innovationsbeteiligten und ausgewählten Betroffenen

Material
- Interview-Leitfaden, Visualisierungsmaterial

Kosten
- Arbeitszeit, gegebenenfalls externe Berater

Häufigkeit
- alle zwei Jahre oder als strukturierte Projektevaluation am Ende von Innovationsprojekten

4.5   Kommentar und Erfahrungen

Obwohl im Zentrum der Befragung konkrete Innovationsprojekte stehen, werden meistens tiefer liegende „Baustellen" der Organisation deutlich, die in den Bereich Arbeits- und Organisationsgestaltung beziehungsweise Führungskräfteverhalten und Teamzustand gehören. Ähnlich wie in der Medizin kann man hier von Symptomen und Ursachen sprechen, wodurch klarer werden kann, weshalb Innovationen nur schleppend anlaufen oder versanden. Um nicht nur an den Symptomen zu kurieren, sollten diese tiefer liegenden Themen zusätzlich bearbeitet werden. Die Innovationsprojekt-Analyse eignet sich daher auch, um Mitarbeiter zu motivieren über konkrete Sachverhalte zu sprechen, so dass die Ergebnisse ein Feedback für die Organisation darstellen und Handlungsimpulse liefern.

Weiterführende Informationen Markusch, D. (2011). *Bestandteile guter Innovationsprozesse und subjektive Erfolgsfaktoren speziell für klein- und mittelständische Unternehmen.* Diplomarbeit, Humboldt-Universität zu Berlin. <urn:nbn:de:kobv:11-100199611>

5   Survey-Feedback- Rückmeldungsprozess einer Mitarbeiterbefragung

Survey-Feedback stellt einen Ausgangspunkt für Organisationsentwicklung dar: Nach einer Mitarbeiterbefragung und der Rückmeldung ihrer Ergebnisse an die Befragten werden Veränderungen von den Mitarbeitern selbst gewünscht, vorgeschlagen oder zumindest stärker akzeptiert und besser umgesetzt, da die Gründe transparent gemacht und die Maßnahmen mitgestaltet werden können.

5.1   Kurzbeschreibung

Die Methode geht auf den Gestaltpsychologen und Begründer der experimentellen Sozialpsychologie Kurt Lewin zurück. Er hatte dafür gesorgt, dass Mitarbeiter nach Unternehmensbefragungen (Survey) die Ergebnisse zurückgemeldet bekommen (Feedback). Gemeinsam wurden danach konkrete „Baustellen" identifiziert, an denen die Beschäftigten arbeiten wollten. Der Anstoß für Veränderungen ging also direkt von den Mitarbeitern selbst aus und wurde nicht von einem Expertenteam (Externe, Berater etc.) diktiert, das aus den Ergebnissen seine Schlüsse zieht (Jöns 2001, s. auch Kapitel „(Wie) Lässt sich Organisationsberatung wissenschaftlich unterstützen?").

Die Vorgehensweise besteht darin, dass die Beschäftigten durch das Survey-Feedback erfahren, wie alle befragten Mitarbeiter über bestimmte Themen denken und wie das Unternehmen – in Bezug auf diese Themen – im Vergleich zu anderen Unternehmen aufgestellt ist. Durch unkomplizierte Abstimmungsverfahren wird gemeinsam beschlossen, welche Bereiche bearbeitet werden. Am Ende der Veranstaltung gibt es somit eine Auswahl der wichtigsten bzw. dringendsten Themen, die dann jeweils von einer Gruppe aus engagierten Mitarbeitern in langfristig angelegten Arbeitsgruppen vorangebracht werden können.

5.2   Ablauf

Vorbereitung Die Geschäftsführung oder auch Vertreter der Belegschaft sehen Probleme, die behoben werden sollen. Dabei geht es zum Beispiel um hohen Krankenstand, hohe Mitarbeiterfluktuation, häufige Streitigkeiten (in oder zwischen Abteilungen), Verlangsamung der Produktion etc. Nur selten lassen sich einfache Rückschlüsse auf die Ursachen ziehen, so dass es sinnvoll ist, diese besser zu kennen, bevor (Verbesserungs-)

Maßnahmen eingeleitet werden. Da der Aufwand einer Befragung jedes Einzelnen hoch ist (vor allem je größer die Organisation ist), lohnt sich der Einsatz eines Fragebogens, der von der Personalabteilung, externen Beratern oder auch einem Innovationspromotor (s. Kapitel „Innovationspromotor: Idee, Rolle, Ausbildungskonzept und Umsetzung", „Möglichkeiten und Grenzen von Trainingsevaluation am Beispiel der Evaluation der Ausbildung zum Innovationspromotor" und „Kompetenzen von Innovationspromotoren") erstellt wird. Wichtig hierbei ist:

- der Fragebogen sollte von jemandem erarbeitet werden, der sich methodisch damit auskennt
- im ersten Schritt erfolgen exemplarisch ein paar Gespräche (Geschäftsführung, Betriebsrat, Abteilungsleiter, Mitarbeiter), um die Probleme besser eingrenzen und den Fragebogen justieren zu können
- der Fragebogen muss anonym sein, damit ehrlich geantwortet wird
- das Ausfüllen darf nicht zu lange dauern (maximal 30 min), muss während der Arbeit erfolgen dürfen und freiwillig sein.

Die Fragebögen werden schließlich ausgewertet und die wichtigsten Ergebnisse in verständlicher Form grafisch aufbereitet. Bevor die Ergebnisse den Beschäftigten präsentiert werden, können sie schon der Führungsspitze vorgelegt werden, damit diese sich besser darauf einstellen kann. Die Mitarbeiter werden rechtzeitig zur allgemeinen Präsentation eingeladen.

Durchführung In verständlicher und knapper Form werden die Ergebnisse den Mitarbeitern vorgestellt. Dafür sollten rund 20 bis 30 min reichen. Idealerweise schließt sich daran eine Diskussion an, in der die Inhalte besprochen werden. Sinnvoll ist das vor allem, um Reaktionen oder Deutungen von Seiten der Beschäftigten zu bekommen, denn diese kennen die Schwierigkeiten am besten. Dabei werden Themen herausgearbeitet, bei denen eine Verbesserung besonders gewünscht wird.

Im zweiten Teil der Veranstaltung steht die Abstimmung über die zu bearbeitenden Themen im Mittelpunkt. Einerseits ist es (zeitlich) unmöglich, alle Bereiche zu bearbeiten, andererseits kann es auch sein, dass Themen, die laut Fragebogen weniger problematisch schienen, eine größere Bedeutung haben oder umgekehrt. Je nach Anzahl der Anwesenden stehen im Raum verteilt mehrere Pinnwände, auf denen alle relevanten Themen notiert sind. Jeder Mitarbeiter hat z. B. drei Klebepunkte und kann damit die Themen, die ihm besonders am Herzen liegen, auswählen. Er kann also alle drei Punkte einem Thema geben oder auch drei verschiedene markieren. Am Ende der Auszählung können damit die drei bis fünf wichtigsten Themen von der Belegschaft identifiziert werden.

Im letzten Schritt gründen sich Arbeitsgruppen, die die priorisierten Fragestellungen in den nächsten Monaten bearbeiten werden (s. Hüttner und Träder 2014: Begleitung von Arbeitsgruppen). Idealerweise können diese Arbeitsgruppen schon vor Ort erste Ideen austauschen, in jedem Fall einigen sie sich auf einen Termin für ein erstes Treffen.

Nachbereitung Die konkrete Bearbeitung der Themen erfolgt in den Arbeitsgruppen. Da die Mitglieder der Arbeitsgruppen vor allem ihren regulären Tätigkeiten nachgehen müssen, sollte jede Gruppe nur eine Fragestellung bearbeiten. Zudem brauchen die Mitarbeiter die Unterstützung von „oben", was bedeutet, dass sie Materialien, vor allem aber zeitliche Freistellungen für ihre Treffen bekommen.

Nach frühestens einem Jahr kann mit Hilfe einer weiteren Befragung überprüft werden, wie erste Maßnahmen gewirkt haben und welche Probleme nun/noch aktuell sind.

5.3   Rahmenbedingungen

Zeitaufwand
- Ausfüllen des Fragebogens: maximal 30 min pro Mitarbeiter (mindestens 10 % der Beschäftigten sollten den Fragebogen ausfüllen, bei kleineren Firmen wären bis zu 50 % optimal)
- Mitarbeiter-Veranstaltung: 2 Stunden bis halber Tag
- 1 bis 5 Tage für Vorgespräche mit internen oder externen Beratern, 1 Tag Anpassung eines bewährten Fragebogens und 3 Tage für die Auswertung

Setting
- freiwillige, anonyme Befragung aller Beschäftigten einer Firma (oder eines Standortes bzw. eines großen Bereiches)
- Vorstellung der Ergebnisse in einem großen Saal

Material
- Fragebogen
- Raum, Beamer, Pinnwand, Klebepunkte

Kosten
- Arbeitszeit der Beschäftigten für Ausfüllen des Fragebogens und während der Rückmeldung
- Materialkosten
- ggf. Beraterhonorar

Häufigkeit
- einmalig, wenn notwendig
- alle zwei Jahre (zur Evaluation)

5.4   Kommentar und Erfahrungen

Unser GI:VE-Fragebogen kann von Firmen kostenlos für die Durchführung oder als Basis für spezifische Fragestellungen genutzt werden <www.vertrauenskultur-innovation. de/de/Onlinebefragung >. Betrachtet werden können sowohl die Außen- als auch die Innenbeziehungen. Zum ersten Punkt gehören beispielsweise Kunden, Lieferanen, Tochterunternehmen, öffentliche Stellen und Kreditgeber. Geht es um die Innenperspektive sind folgende Punkte üblicherweise lohnenswert abzufragen (s. a. Kapitel „Making the difference: Benchmarks der Innovation in deutschen KMU"):

- Umgang mit Konflikten (Eher Vermeidung? Machtausübung? Oder konstruktiv?)
- Koordinationsfähigkeit (werden Probleme entdeckt, aufgegriffen und bearbeitet?)
- Leitbild (sind Ziele, Strategien, Werte, Normen, Regeln transparent und akzeptiert?)
- Mitarbeiterorientierung (bspw. Partizipation, Rücksichtnahme der Vorgesetzten, Entwicklungsmöglichkeiten)
- Kundenorientierung und Veränderungsbereitschaft
- Vertrauen in Kollegen, Führungskräfte, ins Unternehmen insgesamt.

Die Daten, die durch den Fragebogen gewonnen werden, spiegeln die Meinung beziehungsweise Stimmung im Unternehmen umso besser wider, je mehr Mitarbeiter sich an der Befragung beteiligt haben, also je repräsentativer sie ist. Stellt man fest, dass sehr viele den Fragebogen nicht ausgefüllt haben, ist das allerdings auch eine wichtige Information, die Diagnosewert besitzt. Das deutet möglicherweise auf wenig Vertrauen hin (Unsicherheit, ob die Befragung wirklich anonym ist und es negative Konsequenzen haben kann, seine Meinung zu sagen) oder wenig Zuversicht, dass sich wirklich etwas – zum Positiven – ändern wird. Diese „Informationen" sollten konstruktiv aufgegriffen und in Form von vertrauensfördernden Maßnahmen (siehe weitere Interventionen der Toolbox: Hüttner und Träder 2014) bearbeitet werden.

Weiterführende Informationen: Die Anwendung von http://www.vertrauenskultur-innovation.de/de/Onlinebefragung in Kapitel „Making the difference: Benchmarks der Innovation in deutschen KMU".

6   Cockpit

Die Cockpit-Methode ist ein Analyse-Tool für Mitarbeiter oder auch Teams bzw. (kleine) Organisationen, um Klarheit bei wichtigen Entscheidungen und dem täglichen Handeln zu bekommen. Vor allem bei Tätigkeiten mit Handlungsspielraum wird dadurch deutlicher, auf welche Informationen zurückgegriffen werden kann/muss und welche Möglichkeiten sich daraus ergeben.

6.1   Kurzbeschreibung

Piloten fliegen heutzutage weite Strecken nicht mehr „auf Sicht". Auch in dunkler Nacht kommen sie an und die Scheiben könnten sie auch tagsüber abkleben. Die Piloten nutzen eine Reihe von Instrumenten im Cockpit, die ihnen verschiedene Daten übermitteln; beispielsweise die Flughöhe und die Geschwindigkeit.

In vielen Berufen gibt es Parallelen zu der Situation der Piloten. Unternehmen sind komplex und abstrakt: Die Entscheidungen, die getroffen werden, stützen sich nicht nur auf Dinge, die mit den eigenen Sinnen wahrgenommen werden, sondern oftmals auf zusätzliche Daten von außen; beispielsweise Marktanalysen, Kundenumfragen, Umsatzzahlen, Krankheitstage der Mitarbeiter, etc. Auf der einen Seite stehen vor allem Entscheidern eine Unmenge von Kennzahlen zur Verfügung, auf der anderen Seite muss definiert werden, welche Daten berücksichtigt werden sollen und welche konkreten Handlungen sich aus bestimmten Entwicklungen ergeben.

Die Cockpit-Methode hilft dabei, den Blick für wichtige Informationsquellen zu schärfen und diese zu gewichten. Außerdem bereitet sie darauf vor, die Informationen zielgerichtet interpretieren zu können, um schließlich Maßnahmen einzuleiten oder Entscheidungen zu treffen. Dadurch hilft sie den Personen bzw. dem Team mehr Handlungssicherheit innerhalb von komplexen Rollen zu bekommen und der Organisation bei innovativen Prozessen und damit der Entwicklung und Etablierung auf dem Markt. Um ein Unternehmen erfolgreich zu steuern, sind viele Faktoren wichtig. Dazu kann die Mitarbeiterzufriedenheit gehören. Diese könnte damit eine Lampe im Cockpit darstellen. Denkbar wären beispielsweise auch Personalentwicklung, Kundenzufriedenheit und Umsatz. Ziel könnte sein, diese Indikatoren stärker zu überwachen, also besser über den momentanen Stand informiert zu sein, um bessere Entscheidungen zu treffen und optimaler handeln zu können.

Im Flugzeug reicht es nicht aus, nur eine Anzeige mit der Beschriftung „Höhenmessung" zu haben, es braucht auch eine Verbindung zu einem Messgerät; dem Höhenmesser. In einem zweiten Schritt muss daher überlegt werden, auf welche Quellen zugegriffen werden kann, um an die Informationen zu kommen bzw. welche neuen Quellen erschlossen werden müssen. Vielleicht gibt es schon regelmäßige Befragungen von Kunden und Kundinnen, die eine bestimmte Abteilung durchführt, vielleicht müssen solche Befragungen aber auch erst initiiert werden. Im nächsten Schritt müssen Zielwerte definiert werden. So wie es beim Flugzeug kritische Höhen gibt, bei denen die Gefahr abzustürzen oder mit anderen Flugzeugen zusammenzustoßen höher ist, braucht es ein Bewertungsschema. Ist alles im „grünen Bereich" oder besteht Gefahr? Im letzten Schritt stehen die Reaktionen darauf im Mittelpunkt. Vor allem bei unerwünschten Entwicklungen muss geklärt werden, welche Möglichkeiten des Eingreifens es gibt. Der Pilot würde bei zu geringer Höhe das Steuer nach oben ziehen. Nicht immer sind die Handlungen so direkt und vor allem selbst durchführbar. Zum Bereich der Reaktionen kann unter anderem gehören, dass man selbst etwas macht, eine Entscheidung trifft oder auch Entscheidungsträger informiert. Und schließlich kann man sich auch fragen, ob Reaktionen sinnvoll sind, wenn alles im „grünen Bereich" ist. So wie es für den Piloten bei einer guten Landung Applaus gibt, kann natürlich trotzdem etwas für die Mitarbeiter oder Kundenzufriedenheit getan werden; auch wenn es gerade gut läuft.

6.2   Ablauf

Vorbereitung Einige Tage vor dem Cockpit-Workshop können die Teilnehmenden schon eine oder mehrere Grundfragen (siehe Durchführung) bearbeiten. Die Antworten darauf stellen die Basis für den Workshop dar, so dass gleich vertiefend in die Materie eingestiegen werden kann. Alternativ können alle Fragen aber auch erst am eigentlichen Tag thematisiert werden.

Durchführung Die Grundfragen lauten:
- Welche Indikatoren (Lampen) brauche ich in meinem Cockpit?
- Wie/woher bekomme ich die Informationen (Messdaten) für meine Indikatoren?
- Welche Kriterien (z. B. Stufe Grün, Gelb, Rot) gibt es jeweils?
- Welche Schlussfolgerungen (Handlungen, Entscheidungen) sind mit diesen Kriterien jeweils verknüpft?

Schritt 1: Die Teilnehmenden bearbeiten die Grundfragen für sich selbst bzw. vertiefen und ergänzen ihre Notizen, die sie mitgebracht haben. Auf einem großen Stück Papier visualisieren sie ihr Cockpit. Ziel dieser Phase ist, die Beschäftigten für das Thema zu sensibilisieren und eine breite Sammlung zu erzeugen. Sortiert werden könnte beispielsweise nach den Aspekten „Mensch", „Prozesse", „Zahlen" oder nach einer „Innen-" (Mitarbeiter, Kollegen, Produkte,...) und „Außenperspektive" (Kunden, Partner, Wettbewerber,...).

Schritt 2: Die Sammlung wird nun erweitert, dadurch, dass die Flipcharts im Raum verteilt werden und sich jeder die Cockpits der anderen anschaut. In dieser Phase steht die Frage im Mittelpunkt: *Was kann ich von den anderen lernen bzw. was sehen die anderen Piloten, was ich (noch) nicht sehe?*

Schritt 3: Die eigenen Cockpits können überarbeitet werden.

Schritt 4: Nun geht es darum, welche Instrumente (Informationsquellen) gebraucht werden, um die Indikatoren nutzen zu können. Geklärt werden sollte dabei auch, wie und durch wen im Unternehmen man an die Informationen kommt.

Schritt 5: Definition eines kritischen Wertes („Alarmstufe Rot") für jeden Indikator.

Schritt 6: Welche konkreten Handlungen leiten sich aus den unterschiedlichen Zuständen ab? Was wird bei Stufe „grün" getan, was bei „gelb" und „rot"?

Nachbereitung Das Cockpit muss gepflegt werden. So wie Piloten nicht nur einmal nach dem Start auf ihre Instrumente schauen, müssen auch die Daten, die durch die Cockpit-Methode zur Verfügung stehen, immer wieder aktualisiert und in regelmäßigen Abständen überprüft werden. Dabei sollte sich auch gefragt werden, wie gut die Indikatoren und Instrumente bisher funktioniert haben und ob man künftig:

- auf bestimmte Indikatoren verzichtet
- weitere bzw. andere Instrumente für bestimmte Indikatoren nutzt
- neue Indikatoren hinzunimmt

6.3   Rahmenbedingungen

Zeitaufwand
- 1½ Stunden bis 1 Tag

Setting
- Coaching (unter vier Augen) oder Workshop (Gruppe)

Material Papier und Stifte

Kosten
- Arbeitszeit während des Erstellen des eigenen Cockpits und für die kontinuierliche Pflege
- ggf. Coach, Trainer, Berater

Häufigkeit
- einmaliges Erstellen des Cockpits und regelmäßige Pflege (abhängig unter anderem von den Indikatoren)
- Dauerinstrument (immer im Einsatz) oder regelmäßiges Benutzen. Wichtig ist, dass es nicht das perfekte Cockpit gibt, sondern dass jede Person an einem eigenen Cockpit arbeiten sollte, das zu ihr, ihrer Position und Rolle innerhalb der Organisation passt.

6.4   Kommentar und Erfahrungen

Wird für ein Team ein gemeinsames Cockpit erarbeitet, kann im Workshop stärker auf die Diskussion eingegangen werden, die vermutlich entsteht. Verschiedene Teammitglieder haben in der Regel eine unterschiedliche Sicht auf die gleiche Sache. Das kann positiv genutzt werden, um die Aufgaben, Funktionen und Ziele des Teams transparent zu definieren und neuen Aspekten Raum zu bieten. Unterschiedlichkeiten sollten dabei allerdings ausgehalten werden. Zudem wird es immer Aspekte (Informationen) geben, die sich nur schwer erfassen lassen; außerdem sollte es Offenheit für Neues und Unerwartetes geben. In der Pilotenmetapher wäre das vielleicht ein Vogel, der sich auf die Maschine zubewegt: Auch wenn es dafür kein Instrument am Flugzeug gibt, sollten die Piloten darauf reagieren. Gefährlich wäre eine „Cockpit-Gläubigkeit", denn Informationen können falsch sein oder falsch interpretiert werden oder einmal festgelegte Kriterien erweisen sich als nicht mehr passend.

Literatur

Dornaus, C., Staples, R., Wendelken, A., & Wolf, D. (2015). *INNOVATIONSPOTENZIALE Entdecken! Wertschätzen! Nutzen!* Erlangen: FAU University Press.

Hüttner, J., & Träder, R. (Hrsg.). (2014). *TOOLBOX - Schrittmacher für Innovationen*. Berlin: artop.

Jöns, I. (2001). *Organisationales Lernen in selbstmoderierten Survey-Feedback-Prozessen: Untersuchungen zur Prozeß- und Ergebniseffizienz von Befragungsprojekten in Unternehmen*. Lengerich: Pabst.

Markusch, D. (2011). *Bestandteile guter Innovationsprozesse und subjektive Erfolgsfaktoren speziell für klein- und mittelständische Unternehmen*. Diplomarbeit, Humboldt-Universität zu Berlin. <urn:nbn:de:kobv:11-100199611>

Praxisvorwort: Innovation ist ein stetiger Prozess, für den man einen langen Atem braucht

Mathias Quetz

Als es darum ging, 2010 das Konzept für die Einführung eines Innovationsmanagements zu entwickeln, gab es am Anfang bei mir ehrlicherweise nur ein vages Verständnis, wie ein erfolgreiches Innovationsmanagement in unserem Unternehmen aufgestellt sein muss und wie Innovationsprozesse in Zukunft eigentlich ablaufen sollen. Ich komme aus einer Dienstleistungsbranche, in der man oft die Frage gestellt bekommt: „Gastronomie, Catering und Innovationen – passt das überhaupt zusammen? Und wenn ja, wie funktioniert das Ganze eigentlich?" Welche Faktoren spielen eine wichtige Rolle in Bezug auf die Arbeit als Innovationspromotor und wie können Innovationen richtig gemanagt werden?

Heute weiß ich durch die Ausbildung bei artop, dass es für ein erfolgreiches Innovationsmanagement wichtige Rahmenbedingungen gibt, die den Erfolg entscheidend beeinflussen. Dazu zählen unter anderem die Unternehmenskultur, Methodenkompetenzen und Multiplikatoren, die Innovationen unterstützen. Das Vorantreiben und Promoten von Innovationen im Unternehmen übernimmt dann der Innovationspromotor. Das benötigte Netzwerk dazu baut er parallel auf.

Der Fokus auf die Unternehmenskultur während der Ausbildung hat auch maßgeblich dazu beigetragen, ein umfangreiches Verständnis dafür bei PACE, dem Unternehmen in dem ich arbeite, zu entwickeln und die Kultur aktiv und nachhaltig im gesamten Unternehmen zu gestalten. Das hat bereits nach zwei Jahren dazu geführt, dass wir bei unserem Mutternkonzern die Axel Springer SE als Vorreiter und Leuchtturmprojekt im gesamten

---

Teamleiter Innovationsmanagement bei PACE Paparazzi Catering & Event GmbH.

M. Quetz (✉)
bis Mai 2017 Innovationsmanagement, PACE Paparazzi Catering & Event GmbH, seit Juni 2017 Digitale Projekte und Innovationen, Berliner Verkehrsbetriebe (BVG), Holzmarktstraße 15–17, 10179 Berlin, Deutschland
E-Mail: mathias.quetz@bvg.de

© Springer-Verlag GmbH Deutschland, ein Teil von Springer Nature 2019
W. Scholl (Hrsg.), *Mut zu Innovationen*, https://doi.org/10.1007/978-3-662-58390-6_16

Unternehmen gelten. Unsere Rolle im Konzern hat sich diesbezüglich maßgeblich verändert.

Am Anfang der Ausbildung zum Innovationspromotor wurde in einem Workshop einmal eine wichtige Eigenschaft definiert, die ein Innovationspromotor haben sollte: einen langen Atem. Dem kann ich durch meine eigenen Erfahrungen und durch die Reflexion der letzten zwei Jahre nur zustimmen. Eines meiner ersten Projekte, das bereits während der Ausbildung zum Innovationspromotor besprochen wurde, war die Idee einer Menü-Tüte, die sich unsere Kunden z. B. in einem Onlineshop bestellen oder spontan mitnehmen können und in der sich alle Zutaten und ein Rezept für ein tolles Essen befinden. Bis diese Idee dann wirklich umgesetzt werden konnte, hat es trotzdem fast zwei Jahre gedauert.

Andere Ideen hingegen brauchen nur wenige Tage, um realisiert zu werden. So ist aus einem Innovationszirkel auf die Frage, was wir auf unseren Beamern an der Kaffee-Bar noch abbilden können, die mittlerweile bei uns etablierte Twitter-Wall entstanden: ein interner Nachrichtenkanal mit allen Aktivitäten unseres Mutterkonzerns auf Twitter.

Beobachten, verstehen, lernen, vernetzen und verändern – die unterschiedlichen Module während der Ausbildung haben mich auf viele neue Situationen perfekt vorbereitet und mir geholfen, die Rolle als Innovationspromotor in meinem Unternehmen zu entwickeln, zu definieren und Innovationsmanagement fest im Unternehmen zu verankern.

Die für mich wichtigste Erfahrung in den Modulen ist die Effektivität und die Innovationskraft, die bei der Zusammenarbeit von interdisziplinären Teams entsteht. Es spielt keine Rolle, aus welchen Unternehmen und Hierarchieebenen die beteiligten Teammitglieder eigentlich kommen. Diese Art der Zusammenarbeit haben wir sehr schnell in unsere eigene Organisation integriert und interne und externe Innovationszirkel gegründet, die mittlerweile als Vorbild für Zusammenarbeit 2.0 bei unserem Mutterkonzern gelten.

Der bereichsübergreifende Transfer von Wissen ist inzwischen enorm schnell und nicht mehr wegzudenken. Seit der Ausbildung liegen zwischen der Entwicklung und der schnellen Umsetzung von initiierten Projekten und Pilotphasen oft nur wenige Tage oder Wochen, bei umfangreicheren Projekten einige Monate.

Innovation ist bei uns durch die Ausbildung sehr schnell im Unternehmen angekommen und fester Teil unserer Kultur geworden.

1   Nachtrag 10. Juli 2013

Liebes artop- Team!

Seit Freitag dürfen wir uns TOP 100 Innovator 2013 nennen. Für ein Dienstleistungsunternehmen aus der Gastronomie- und Cateringbranche ist das sehr ungewöhnlich.

Unser Fokus, Innovationen aus einer Unternehmenskultur mit Freiräumen, Vertrauen, Mut für Fehler und Neugier heraus zu generieren, hat sich als einzig richtiger Weg herausgestellt. Und das in gerade einmal zwei Jahren.

Das wäre ohne euch – *alle einzelnen Akteure, die GI:VE Unternehmensstudie, eure Veranstaltungen, die Ausbildung zum Innovations-Promotor und die Fähigkeit zur Rollenreflexion* – niemals so erfolgreich geworden!

Dafür ein großes DANKESCHÖN! Es ist toll mit euch zusammenzuarbeiten.

Mit den besten Grüßen

Mathias

2 Nachtrag 1. März 2018

Hallo artop!

Seit unserer ersten Begegnung sind jetzt schon 6 Jahre vergangen. Dazwischen liegen eine weitere Auszeichnung als TOP 100 Innovator, viele spannende Projekte und ein Jobwechsel. Als Intrapreneur und Innovationsmanager helfe ich weiterhin Unternehmen dabei, die richtigen Strategien und Konzepte für die Herausforderungen und Veränderungen der digitalen Geschäftswelt zu finden und umzusetzen. Die Schwerpunkte aus der Ausbildung helfen mir auch heute noch dabei auf die richtige Mischung an Innovationsprojekten, Methodenkompetenz und Rahmenbedingungen für Innovationen zu achten.

Beste Grüße,

Mathias

Innovationspromotor: Idee, Rolle, Ausbildungskonzept und Umsetzung

Jens Hüttner und Julia Pullen

1 Einleitung

Bei Innovationen geht es um das Neue und Bessere. Sie können sich daher nur teil-weise auf bekanntes Wissen stützen, haben mit Überraschungen, unerwarteten Proble-men, Konflikten, Hängepartien sowie gelegentlichen Glücksfällen zu tun, wobei man nie vorher weiß, wann diese auftreten. Innovationen sind nicht wirklich planbar, trotz aller Versuche, Ratschläge und Checklisten (s. Scholl 2004, Kap. 1). Sie bedürfen daher für ihren Erfolg engagierter Personen, die je nach Situation immer wieder neue Ideen, andere Vorschläge und tatkräftige Unterstützung suchen und selber geben und so mit den unerwarteten Ereignissen besser fertig werden. In der Innovationsforschung wer-den solche engagierte Personen „Promotoren" genannt und ihr Zusammenspiel wurde immer wieder als förderlich für den Erfolg von Innovationsvorhaben hervorgehoben (Gemünden et al. 2007; Howell et al. 2005; Griffin et al. 2009). Doch wie solche Pro-motoren aktiv gefördert werden können und wie sie in ein Innovationsmanagement inte-griert werden können, dazu gibt die Forschung der Praxis bisher wenig Anregung. Im GI:VE-Projekt haben wir mit der Ausbildung zum Innovationspromotor die schwierigste dieser Promotorenrollen in Angriff genommen.

Im Folgenden wird zunächst das wissenschaftliche Grundkonzept, das Promotoren-Modell, kurz dargestellt und dann wird die Möglichkeit einer gezielten Ausbildung für die kritischste Promotorenrolle erörtert. Darauf aufbauend wird das entwickelte und erprobte

J. Hüttner (✉) · J. Pullen (✉)
artop GmbH – Institut an der Humboldt-Universität zu Berlin, Berlin, Deutschland
E-Mail: huettner@artop.de

J. Pullen
E-Mail: pullen@artop-netz.de

© Springer-Verlag GmbH Deutschland, ein Teil von Springer Nature 2019
W. Scholl (Hrsg.), *Mut zu Innovationen*, https://doi.org/10.1007/978-3-662-58390-6_17

Ausbildungsmodell im Einzelnen dargestellt und anschließend deren Bedeutung für die Teilnehmenden reflektiert. Eine detaillierte Evaluation unserer ersten Ausbildungsrunde erfolgt dann im anschließenden Kapitel Möglichkeiten und Grenzen von Trainingsevaluation am Beispiel der Evaluation der Ausbildung zum Innovationspromotor.

1.1   Das Promotorenmodell als theoretischer Rahmen

Innovationen sind Veränderungen, sie bringen etwas Neues in die Welt bzw. in die Organisation. Dabei werden oft etablierte Prozesse und Denkmuster infrage gestellt und die bestehenden Interessen gefährdet. Wer in alten Denkmustern und Ideengebäuden denkt, sich im Status Quo eingerichtet hat, wird Innovationen erst einmal skeptisch bis ablehnend gegenüberstehen. Innovationen stoßen damit fast immer auf Widerstand. Schon vor über 100 Jahre wurde auf solche Widerstände aufmerksam gemacht sowie auf die Möglichkeit ihnen wirksam zu begegnen. Bereits 1912 wies Schumpeter (Schumpeter 1952) darauf hin, dass Innovationen mit Zerstörung des Bestehenden verbunden sind und dass herausragende Persönlichkeiten den Erfolg eines solchen Vorhabens maßgeblich beeinflussen. Andere Autoren verfeinerten später seinen Ansatz zu einem umfassenden Promotorenmodell (Hauschildt und Salomo 2007), das drei typische Arten von Rollen im Unternehmen unterscheidet:

Der **Fachpromotor** hilft mit seinem umfassenden Fachwissen und seinen technischen Fähigkeiten Barrieren zu überwinden, die mit mangelnden objektbezogenen Kenntnissen bzw. ungenügenden Verfahrensweisen, d. h. mit den Sachproblemen zu tun haben.

Der **Machtpromotor** behebt mittels seiner hierarchischen Position dagegen eher politische, bisweilen sogar ideologisch geprägte Probleme, stellt Ressourcen zur Verfügung und sichert die Einbettung des Projekts in die sonstigen Unternehmensprozesse.

Als Bindeglied fungiert ein **Prozesspromotor**, welcher – teilweise hinter den Kulissen – den Projektfortschritt überwacht, Betroffene mit ins Boot holt und organisatorische Hürden überwinden hilft. Ihre Stärke bezieht diese Person weniger aus klassischem Managementwissen als vielmehr aus ihrer sozialen Einbettung, ihren kommunikativen Fähigkeiten und den spezifischen Kenntnissen über die Charakteristika von (Innovations) Prozessen. Bisher existierten allerdings kein klares Rollenbild und keine klare Aufgabenbeschreibung für einen Prozesspromotor in einer Organisation und daher auch keine systematische Ausbildung; das Auftauchen eines Prozesspromotors bleibt dem Zufall bzw. den situativen Umständen überlassen.

Das Zusammenspiel der drei Promotorenrollen als Unterstützer (s. Abb. 1) ist überaus bedeutend für den Projekterfolg und in seiner Wirksamkeit mehrfach nachgewiesen (Hauschildt und Chakrabarti 1988; Hauschildt und Kirchmann 1999).

Was können Unternehmen tun, um eine wirksames Promotorenmodell zu etablieren? Fachpromotoren gewinnt man am ehesten durch eine qualitätsbewusste Personalauswahl und -entwicklung. Wie Sie mit Ihrem Fachwissen wirksam und durch eine Innovationskultur unterstützt werden können, wird im Kapitel „Innovationskultur, Innovationsprozesse

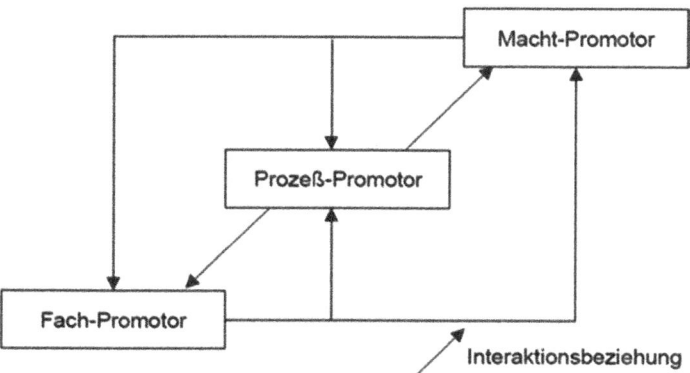

Abb. 1 Promotorenrollen – Modell

und Innovationserfolge" detailliert dargestellt. Als Machtpromotoren kommen grundsätzlich die Mitglieder der Geschäftsleitung infrage, aber wie sie ihre Möglichkeiten sinnvoll nutzen können anstatt „aufs falsche Pferd zu setzen" (vgl. das Beispiel in Scholl 2004, Kap. 4) oder sich selbst überteuerte Innovationsdenkmäler zu setzen, ist in der Literatur kaum systematisch erörtert worden. Unsere Überlegungen dazu finden sich im Kapitel „Komplexität und Komplexitätsmanagement in Innovationsprozessen" und „Herausforderungen und Möglichkeiten der Innovationsförderung durch die Geschäftsleitung". Am schwierigsten zu identifizieren sind Prozesspromotoren, denn sie sind weder durch ihr besonderes Fachwissen in der Organisation zu verorten wie die Fachpromotoren noch durch den hierarchischen Rang wie ein Machtpromotor.

Prozesspromotor/inn/en können aus ganz unterschiedlichen betrieblichen Bereichen kommen und ganz verschiedene Ausbildungen haben. Zu ihren Kompetenzen (ausführlicher dazu Kapitel „Kompetenzen von Innovationspromotoren") gehören laut Hauschildt und Chakrabarti (Hauschildt und Chakrabarti 1988):

- Kommunikative Fähigkeiten (Gesprächstechniken, Verhandlung, Präsentation), um zwischen den verschiedensten Interessengruppen vermitteln zu können und einen umfassenden Informationsfluss zu gewährleisten;
- Techniken der Prozesssteuerung (Kreativitätstechniken, Selektionsmechanismen, Projektmanagement), welche helfen, die Umsetzung einer Idee von ihrer ersten Äußerung bis zur unternehmensweiten Integration zu unterstützen;
- Methoden der Konfliktlösung (Konfliktmanagement, Moderation), um Widerstände in konstruktive Bahnen zu lenken und auf diese Weise nutzbar zu machen;
- Innovationsspezifisches Wissen (Innovationszyklus, Change Management, Organisationsgestaltung usw.), das es ihnen erlaubt, die neuralgischen Punkte eines einzelnen Innovationsprojekts und der unternehmensweiten Innovationsbedingungen zu beobachten und proaktiv zu gestalten.

Selten verfügen Personen, die eine Innovation voranbringen wollen, neben ihrem üblichen Fachwissen über solch eine Kombination von Kompetenzen und daher kann man auch nicht einfach darauf setzen, dass ein wirksamer Prozesspromotor schon auftauchen wird. Andererseits gibt es wohl meistens Personen in einem Unternehmen, die für diese Rolle ganz gute Voraussetzungen mitbringen. Das kann ein Produktmanager sein oder eine Organisationsentwicklerin, eine Marketingspezialistin oder ein offizieller Innovationsbeauftragter. Wir haben daher die Rollenanforderungen und benötigten Kompetenzen von Prozesspromotoren weiter konkretisiert in einer Ausbildung zum Innovationspromotor, für die alle diese Personengruppen infrage kommen. Als Innovationspromotor/in kann eine ausgebildete Person dann je nach Situation ganz unterschiedliche Rollen einnehmen, bspw. die eines Coaches, eines Wegbereiters, eines Türöffners, eines Anwalts, eines Schlichters, einer Hebamme u. v. m. Anders als bspw. ein Projektmanager fungiert sie primär als Ansprechpartner/in, die eher Hilfestellung bei der Ideenumsetzung und Prozessbewältigung gibt anstatt selbst ein Vorhaben zu leiten. Die notwendigen Kompetenzen für das Ausfüllen dieser Rolle im Unternehmen können dabei durch Training erlernt und verbessert werden (s. Kapitel „Möglichkeiten und Grenzen von Trainingsevaluation am Beispiel der Evaluation der Ausbildung zum Innovationspromotor").

2   Ausbildungsidee – Wie kann man solche breiten Kompetenzen wirksam vermitteln?

Ausgehend von den oben genannten Erkenntnissen der Innovationsforschung wurde im Projekt GI:VE ein professionelles Rollenbild für Promotoren der Innovation (Innovationspromotoren) entworfen. Die Ausbildung zum Innovationspromotor wurde im Rahmen von GI:VE entwickelt, um interessierte und engagierte Personen in Unternehmen zu befähigen, Innovationsprojekte systematisch zu unterstützen und voranzutreiben. Damit tragen Personen in ihrer Rolle als Innovationspromotoren im Unternehmen nachhaltig dazu bei, die Erfolgsaussichten von Innovationsideen und Prozessen deutlich zu steigern. Für den Erfolg des Konzepts in der Praxis ist es wichtig, diese Rollenkompetenzen interessierten Personen zu vermitteln und ihre neue Rolle im Unternehmen zu verankern.

Eine professionelle Rolle im Unternehmen wird durch die damit verbundenen Aufgaben und Erwartungen der Umwelt (der Organisation) bestimmt, wobei die Person (Rollenträger) die Anforderungen reinterpretiert und die gewünschte Rolle mit ihren Kompetenzen und eigenen Vorstellungen (Erfahrungen, Wissen, Fähigkeiten, Bedürfnissen, Werte und Einstellungen, Kosten-Nutzen-Rechnung…) ausfüllt.

Diese Beziehung zwischen Unternehmen/Organisation, Rolle und Person kann gut in Form eines Dreiecks dargestellt werden, s. Abb. 2.

Für die drei Ecken des Dreiecks haben sich inzwischen bewährte Interventions- und Beratungsformate herausgebildet, die jeweils einen anderen Fokus setzen: Auf

Abb. 2 Beziehungsdreieck
Organisation, Rolle und Person

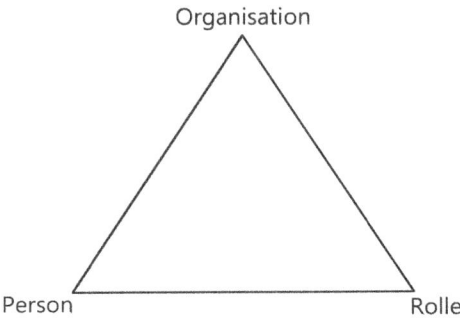

Organisationsebene die Organisationsberatung, auf Personenebene das Coaching und im Hinblick auf eine Rolle das Training, s. Abb. 3. Bachmann beschreibt die drei Formate wie folgt (2012):

„**Coaching** *setzt an der Person an und thematisiert mit ihr das Verhältnis zur Organisation (Identifikation, Karriere, Position etc.) und die Ausgestaltung der Rollenerwartungen (Führungskraft, Projektleiter, Vertriebsmitarbeiter etc.). Im Coaching haben Personen damit die Möglichkeit, ihre Beziehung zu ihrer Organisation und zu den Rollenanforderungen in ihrer Position reflexiv und vertraulich zu bearbeiten und Möglichkeiten der Adaptation bzw. der Veränderung zu erarbeiten.*

Training *setzt an der Rolle an und erarbeitet und übt Kommunikation und Verhalten (Mitarbeitergespräche führen, Moderation von Meetings, Präsentation etc.), welches den Rollenerwartungen der Organisation entspricht und die persönlichen Ressourcen aktiviert und diese durch Einstellungslernen und Verhaltensübungen entwickelt. Das im Anglo-amerikanischen verbreitete Wort "Skill-Training" ist hier sehr treffend. Wichtigste Lernquelle im Training ist die Gruppe. Über soziales Lernen, nämlich durch Feedback, Modelllernen und Reflexion, können Personen Rollenverhalten von anderen übernehmen, selbst Sicherheit gewinnen bzw. das Gelernte kognitiv mit den anderen zusammen durcharbeiten.*

Abb. 3 Beratungsformate
im Beziehungsdreieck von
Organisation, Rolle und Person

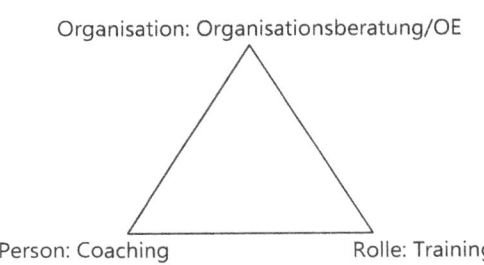

Beratung *(Organisationsberatung, Organisationsentwicklung) setzt an der Organi-*
sation an und bearbeitet Ziele, Strategien, Strukturen, Prozesse und Kultur und somit
mehr oder weniger auch das Verhältnis der Organisation zu den Personen und die
Erwartungen an die Rollen, vermittelt über die Aufgaben und Positionen. "

Die Ausbildung zum Innovationspromotor nutzt alle oben beschriebenen Perspektiven: Die Ausbildung ist im Kern als Verbindung von Fachtraining und Verhaltenstraining
für die Rolle entwickelt bzw. umgesetzt worden. Ein Peer-Coaching der Teilnehmenden
untereinander unterstützt die Auseinandersetzung mit der neuen Rolle auf Personenebene. Im Rahmen ihres begleitenden Praxisprojekts erproben die Teilnehmer/innen
die trainierten Methoden, sozialen und persönlichen Kompetenzen, um als interne
Berater, Unterstützer und Helfer im Rahmen eines Innovationsprozesses wirksam zu
werden und bekommen dazu fortlaufend beratendes Feedback. Bei den Praxispartnern
des GI:VE-Projekts haben wir die parallel laufende Organisationsberatung darauf
abgestimmt.

3 Ausbildung von Innovationspromotoren

Im Folgenden werden zunächst die konzeptionellen Grundgedanken für die Ausbildung
dargelegt und anschließend die Grundzüge der Umsetzung.

3.1 Konzept

Worauf sollte bei der Konzeption geachtet werden? In ihren Grundzügen ist die Rolle
des Innovationspromotors der eines internen Beraters sehr ähnlich, da beide neue
Impulse ins Alltagsgeschehen des Unternehmens bringen. Die Ausbildung von Beraterrollen, zu denen bspw. Trainer, Coaches und Prozessberater gezählt werden können, zielt
stärker als andere Weiterbildungsformate auf die Ausbildung einer professionellen Rolle
(Bachmann et al. 2010). Dazu ist weniger die Vermittlung deklarativer Wissensbestände
(oft als Fachwissen bezeichnet) als vielmehr der Erwerb des entsprechenden methodischen Rüstzeugs als Weiterentwicklung einer professionellen Kompetenz relevant.

Dieses Rüstzeug kann in Kommunikations- und Verhaltenstrainings erlernt werden.
Fachtrainings fokussieren stärker auf die Schulung fachlicher Inhalte und Verfahren,
die auf ein daran orientiertes anwendungsbezogenes Wissen bezogen sind. In Kommu-
nikations- und Verhaltenstrainings steht die Vermittlung überfachlicher Qualifikationen
und Kompetenzen im Vordergrund, wobei die Erweiterung und Festigung der professionellen Kompetenz das übergeordnete Trainingsziel ist. Als professionelle Kompetenz
bezeichnen Hochholdinger et al. (2008) eine Kombination aus verschiedenen Personen-
merkmalen. Hier führen sie sowohl Wissen und Verhalten, als auch emotionale und
Persönlichkeitseigenschaften an, die für eine adäquate Umsetzung der beruflichen
Anforderungen in der Rolle notwendig sind. Eine Besonderheit dieses Kompetenzbegriffs

ist die dynamische Komponente, die als eigenständige und selbstorganisierte Weiterentwicklung von Wissen und Fähigkeiten verstanden wird (Bergmann 1999). Die gezielte und aktive Auseinandersetzung mit der eigenen professionellen Rolle entspricht damit dem wesentlichen Lernprozess.

Daraus ergeben sich Konsequenzen für die Gestaltung des Lehr-/Lernarrangements im Rahmen von Trainings. Zum einen erfolgt sinnvollerweise eine gezielte Vermittlung von Wissen und zum anderen wird durch eine möglichst handlungs- und teilnehmerorientierte Gestaltung der Aufbau und/oder die Verbesserung längerfristig verfügbarer Verhaltensdispositionen im Sinne von Fertigkeiten, Fähigkeiten und Einstellungen sicher gestellt (Hager und Hasselhorn 2000). Besonders zentral ist hierbei, dass es den Teilnehmer/innen ermöglicht werden soll, die erworbenen Fertigkeiten, Fähigkeiten und Einstellungen über die im Training bearbeiteten Aufgaben- oder Problemtypen hinaus in ihre Alltagszusammenhänge zu übertragen.

Das wiederholte Ausführen und Üben von Tätigkeiten stellt einen wichtigen Lernmechanismus in verhaltensorientierten Trainings dar und ist besonders relevant für den Erwerb eines Verhaltenspotenzials, das es ermöglicht, ein breites Spektrum von Anforderungen besser zu bewältigen (ebd.). Hierzu bringen die Teilnehmenden erlebte Episoden aus ihrer Praxis bzw. ihrem Unternehmenskontext ein oder Praxis- bzw. Weltausschnitte werden aufbereitet als Übung oder Spiel für bestimmte Zwecke vorgegeben (Malmendier 2003). Die Teilnehmenden erleben auf diese Weise Widerspiegelungen von Praxisausschnitten des Alltags, die somit zur Reflexion zur Verfügung stehen, oder sie haben die Möglichkeit in diesem Rahmen neue Verhaltensmuster für bekannte Praxissituationen einzuüben. Im Anschluss an die Übungsphasen finden in der Regel Phasen der Nachbetrachtung statt, in denen relevante Aspekte vertiefend diskutiert und weiterentwickelt werden können (ebd.). Die Ausbildungsgruppe selbst wird darüber hinaus zum zentralen Lernfeld, wobei ein Wechsel zwischen Großgruppenformaten und der Arbeit in Kleingruppen eine optimale Nutzung dieser Ressource sicher stellt. Dabei entstehen gruppendynamische Prozesse, die soziales Lernen ermöglichen sollen (ebd.).

Ein weiteres zentrales Lerninstrument im Rahmen der Ausbildung von Beraterrollen ist das Lernen durch Feedback. Feedback ist vielleicht der wichtigste Lernimpuls – Feedback ist ein Geschenk für die individuelle Entwicklung. Die Rückmeldung der anderen Teilnehmer/innen und der Ausbilder/innen eröffnet den Teilnehmenden zusätzliche Perspektiven auf das eigene Verhalten und die Außenwirkung, was Impulse zur Veränderung der Selbstwahrnehmung und Erweiterung des eigenen Verhaltensspektrums eröffnet (Kauffeld und Grote 2005, Fengler 2009).

Lernen am Modell gilt als ein weiteres zentrales Lernprinzip für die Ausbildung von Beratern (Bandura 1979). Die Teilnehmenden lernen in Rollenspielen und Gesprächssimulationen, die als Inszenierungen und Reinszenierungen von Praxisausschnitten verstanden werden können, unter anderem durch ihre Beobachtungen des Verhaltens Anderer. Als wichtige Rollenmodelle stehen auch die Ausbilder/innen zur Verfügung. Damit die Übernahme neuer Verhaltensweisen ermöglicht wird, ist die Arbeit an Werten und Einstellungen im Rahmen der Ausbildung von Beraterrollen von besonderer

Bedeutung. Hierbei geht es zunächst um eine Bewusstmachung eigener Einstellungen und Werte und im weiteren Verlauf um eine kritische Prüfung und ggf. Veränderung derselben.

Bei differenzierterer Betrachtung von Lern- und Entwicklungsfeldern im Rahmen der Ausbildung von Beraterrollen können fünf Kernkompetenzen unterschieden werden, die im vorliegenden Konzept auch für den Innovationspromotor relevant sind:

- *Organisationskompetenz* umschreibt das generelle Wissen, das für ein Verstehen und Begreifen organisationaler Zusammenhänge und Prozesse relevant ist. Hierbei kommen Modelle, Theorien, Ansätze und Fakten aus den Disziplinen der Psychologie, der Betriebswirtschaft und der Organisationssoziologie zur Anwendung (Bachmann et al. 2010; Scholl 2007).
- Häufig wird die sogenannte *Feldkompetenz* in der Literatur der Fachkompetenz zugeordnet (Heyse und Erpenbeck 2004). Im Fall von Beratern, die als Externe für Organisationen arbeiten, ist es sinnvoll die Feldkompetenz im Sinne eines spezifischen Wissens über Herkunft und Branche des Klientensystems zu verstehen und separat zu betrachten (ebd.).
- Besonders eine umfassende *Methodenkompetenz* ist für Berater zentral. Diese kann verstanden werden als die Kenntnis verschiedener Methoden und vor allem die Fähigkeit, diese auch zielgruppen- und situationsadäquat anwenden zu können (ebd.; siehe auch Kapitel „Toolbox - Schrittmacher für Innovationen").
- Die *Sozialkompetenz* wird vor allem verstanden als Klarheit über die eigene Rolle und das Vermögen diese bewusst auszufüllen. Weiterhin werden folgende Phänomene typischerweise unter sozialer Kompetenz subsummiert: Perspektivübernahme, Kommunikationskompetenz, Beziehungsmanagement u. a. (ebd.; Scholl et al. 2016).
- Die *persönliche Kompetenz* beinhaltet schließlich individuelle Fähigkeiten und Persönlichkeitseigenschaften, die für die Ausübung der jeweiligen Rolle notwendig sind. Hier sind u. a. intellektuelle Fähigkeiten, Selbstbewusstsein und die Fähigkeit zur Selbstreflexion und zum Selbstmanagement zu nennen. Die Haltung in der Beratung bestimmt das Vorgehen und damit auch die Auswahl der Methoden (ebd.).

3.2   Umsetzung

Die hohe Komplexität der zu vermittelnden Kompetenzen für eine beratende Rolle erfordert modular aufgebaute Trainingsprogramme, die sich über einen längeren Zeitraum erstrecken und die schrittweise Erarbeitung komplexer Themenfelder ermöglichen.

Das Ausbildungskonzept für die Qualifizierung zum Innovationspromotor ist von artop in Zusammenarbeit mit Arbeits- und Organisationspsychologen der Humboldt-Universität zu Berlin entwickelt worden. Dabei ergaben die jahrelangen Erfahrungen der artop-Ausbildungen zum systemischen Coach, Trainer, Mediator, Moderator und systemischen Berater zusammen mit den Erfahrungen aus der angewandten Forschung (u. a.

bei GI:VE) ein auf Innovationsförderung ausgerichtetes Qualifizierungskonzept. Die Teilnehmer/innen werden schrittweise an die Entwicklung einer professionellen Rolle – die des Innovationspromotors – herangeführt.

Das Curriculum der Ausbildung zum Innovationspromotor umfasste 160 Ausbildungsstunden (10 Module) über den Zeitraum von zehn Monaten. Die Module wurden immer von zwei Ausbildern im Trainertandem durchgeführt. Die Ausbildung wurde als Verbindung von Fachtrainings und Kommunikations- und Verhaltenstrainings gestaltet und lässt sich ihrer inhaltlichen Ausrichtung in eine erste und zweite Ausbildungshälfte gliedern.

In der ersten Hälfte der Ausbildung stand die Förderung der Fachkompetenz der Teilnehmer klar im Fokus. Gleichzeitig wurden immer auch Methoden mit erarbeitet, die in diesem Kontext relevant erscheinen. Dabei spielen eher solche Methoden eine Rolle, die zur Analyse und Klärung dienen können.

Die Förderung methodischer Kompetenzen bei der Begleitung der Innovationsprojekte im Sinne der Intervention und Promotion stand in der zweiten Hälfte der Ausbildung stärker im Fokus. Unter den Schlagworten Moderation und Gesprächsführung, Konfliktmanagement und Projektmanagement wurde das relevante Handwerkszeug und methodische Know-How zur gezielten Förderung von Innovationsprozessen erarbeitet.

Die Module 1 und 10 nahmen eine Sonderstellung ein und dienten als „Rahmen" vor allem der Reflexion, Rollenklärung und -festigung. Darüber hinaus wurden im ersten Modul durch ausführliche Beschäftigung mit der Teambildung die Voraussetzungen für eine gelungene Lernatmosphäre in der Gruppe geschaffen.

Einer stringenten Umsetzung der Theorie wurde insofern Folge geleistet, als dass die Lehr- und Lernmethoden im Rahmen der Ausbildung zum Innovationspromotor denen entsprechen, die vorab für die Ausbildung von Beraterrollen bzw. für Kommunikations- und Verhaltenstrainings beschrieben wurden. In Rollenspielen, Gruppendiskussionen, Fallstudien und Übungen zur Selbstreflexion wurden die erlernten Inhalte erlebbar gemacht. Im Rahmen der Ausbildung wurden die beschriebenen sozialen und affektiven Lernmechanismen – Lernen durch Probehandeln, Lernen durch Feedback und Reflexion sowie das Lernen am Modell – wirksam. Ebenso fand intensiv die Arbeit an Werten und Einstellungen statt.

Um die Ausbildung einer professionellen Rolle als Zielstellung der Ausbildung in besonderer Weise zu fördern, war in jedem Modul Zeit, verschiedene Instrumente zur Reflexion und Klärung der eigenen Rolle als Innovationspromotor zu nutzen. Insbesondere der Austausch in kleinen Gruppen bot den Raum, sich im Sinne eines kollegialen Austauschs oder Peercoachings gegenseitig zu beraten und unterstützen und auch anhand der begleitenden Praxisprojekte das eigene Rollenbild und Wirken in der Rolle immer wieder zu hinterfragen. Mit dem Praxisprojekt konnten die Teilnehmer parallel zur Ausbildung ein Innovationsprojekt aus ihrem Unternehmen in ihrer Rolle als Innovationspromotor systematisch begleiten und sich in den Modulen immer wieder Raum für Feedback, Reflexion und Verortung nehmen.

Inhalte der Qualifikation
1. **Start: Positionsbestimmung und Rollenklärung**
   Folgende Fragen werden gemeinsam beantwortet:
   - Was ist ein Innovationspromotor?
   - Wie können wir zusammen lernen?
   - Welche persönlichen Zielsetzungen und Entwicklungsvorhaben für die eigene Qualifizierung haben die einzelnen Teilnehmer/innen?
   - Welche Tools und Methoden sind hilfreich zur Selbstreflexion?
   - Welche persönliche Haltung ermöglicht mir eine sinnvolle Unterstützung von Innovationsprozessen?
   - Was sind die Besonderheiten der einzelnen Unternehmen und Branchen in Bezug auf innovationsrelevante Kriterien?

2. **Ideenmanagement – wie geht das?**

   - Was sind Innovationen und was unterscheidet sie vom Alltagsgeschäft?
   - Welche Arten von Innovationen gibt es und wo liegen relevante Unterschiede?
   - Wie kommt überhaupt Neues bzw. neues Wissen in die Welt und wie kann es sich etablieren?
   - Welche theoretischen Konzepte gibt es, die im Rahmen von Innovationen eine Rolle spielen?
   - Wie kann ein (verbessertes) Ideenmanagement aussehen für mein Unternehmen?

3. **Innovationsprozesse und ihre Analyse**

   - Welche analytischen Fragenstellungen helfen mir die Innovationsfähigkeit meines Unternehmens näher zu betrachten?
   - Welche Faktoren sind für Innovationen erfolgskritisch und wie lassen sich diese gestalten?
   - Wo liegen Potenziale?
   - Wo liegen Stolperfallen bei der Datenerhebung im Rahmen einer Analyse?

4. **Rahmenbedingungen für Innovationen und Veränderungen**

   - Wie können die für Innovationen notwendigen Veränderungen gelingen?
   - Was sind typische Probleme und Reaktionen in Veränderungsprozessen?
   - Wie kann man überhaupt gezielt in laufende soziale Systeme eingreifen?
   - Wie „tickt" mein Unternehmen?
   - Welchen Beitrag kann eine innovationsförderliche Unternehmenskultur leisten und welche Rolle spielt dabei Vertrauen als Katalysator in Innovationsprozessen?

5. **Interventionen zur Förderung von Innovationen**

   - Wie kann eine Balance aus „Driften" und „Navigieren" gelingen?
   - Wie lässt sich die Beobachtungsfähigkeit von Unternehmen erhöhen?
   - Wie kann eine flexible Reaktionsfähigkeit erreicht werden?
   - Welche Maßnahmen zur Gestaltung und Veränderung bisheriger Abläufe und Strukturen sind ggf. notwendig, um die Innovationsfähigkeit nachhaltig zu erhöhen?

6. Gesprächsführung und Moderation

- Welche Grundlagen und Konzepte der Kommunikation und Moderation sind zur Begleitung und Unterstützung von Innovationen notwendig?
- Wie gestalte ich Gespräche nach Kriterien der professionellen Gesprächsführung?
- Wie trage ich durch strukturiertes Vorgehen im Sinne der Moderation zum Gelingen von Gruppensituationen bei?
- Wie kann ich meine bestehenden Fähigkeiten sinnvoll erweitern?

7. Projektmanagement

- Was ist ein Projekt und welche Phasen gilt es zu beachten?
- Welche Probleme und typische Schwierigkeiten treten in den einzelnen Phasen auf?
- Welche Methoden und Instrumente stehen mir zur Verfügung, um Projektleiter und Ideenumsetzer im Unternehmen zu unterstützen?

8. Konflikte in Innovationsprozessen

- Was ist ein Konflikt und was sind typische Quellen?
- Welche Arten und Verlaufsmodelle lassen sich diskutieren und auf die Praxis übertragen?
- Wie sieht ein konstruktiver Umgang mit Konflikten aus?
- Welche Methoden der Analyse von Konflikten sowie meines eigenen Konfliktverhaltens kann ich in der Praxis anwenden?
- Welche Schritte einer professionellen Bearbeitung von Konflikten stehen mir zur Verfügung?

9. Verankerung im Unternehmen und Projektevaluation

- Welche Projektideen haben die Teilnehmer/innen im Rahmen der Ausbildung umgesetzt?
- Wo traten im Verlauf Schwierigkeiten auf und wie wurden sie gemeistert?
- Was war erfolgreich?
- Welche Erfahrungen lassen sich im Sinne eines gemeinsamen Lernprozesses zusammentragen?
- Wie kann die nachhaltige Verankerung realisierter Innovationen im Unternehmen gelingen?

10. Weiterbildungsabschluss

- Wie sieht eine persönliche Bilanz aus?
- Was hat sich verändert, wo liegen die relevanten Eckpunkte und Stolpersteine?
- Welchen besonderen Nutzen hatte die Qualifizierung für eigene Projekte?
- Wie ist die individuelle Entwicklung verlaufen?
- Wie können sich die Teilnehmenden vernetzen und sich auch über die Ausbildungszeit hinaus gegenseitig unterstützen?

4   Bedeutung der Ausbildung für die Teilnehmer/innen der ersten Ausbildungsrunde

Warum entscheiden sich Beschäftigte für eine Ausbildung zum Innovationspromotor? Die Gründe für die Teilnahme an der Ausbildung (2011–2012) waren vielfältig und haben, wie zu erwarten, in den überwiegenden Fällen mit dem Wunsch nach höherer Innovationsfähigkeit der Herkunftsunternehmen zu tun. So wollten viele Teilnehmer/ innen insgesamt mehr Wissen über Innovationen und notwendige bzw. unterstützende Rahmenbedingungen erlangen. Folgende Fragen waren hier besonders relevant: Wo haben Innovationen ihren Ursprung? Wie kann ich sie gezielt entwickeln und fördern? Welche Methoden oder Hilfsangebote führen zur schnelleren Umsetzung von der Idee zum Endprodukt? Wie kann ich bei Mitarbeiter/innen das kreative Potenzial fördern und Arbeitsteams zu mehr Innovativität anregen? Wie kann ich bei Mitarbeiter/innen durch mehr Einbindung in relevante Prozesse eine Erhöhung der Zufriedenheit erreichen? Wie gehen andere Unternehmen mit diesen Fragen um? Neben den inhaltlichen Frage-stellungen stand die Neugier auf Einblicke in andere Unternehmensrealitäten stark im Vordergrund, daher wurde auch innerhalb der Module genügend Raum für Austausch und gegenseitiges Feedback eingeräumt.

Rückblickend betrachtet zeigen nicht nur die Ergebnisse der Ausbildungsevaluation sehr hohe Zufriedenheitswerte (vgl. das folgende Kapitel „Möglichkeiten und Grenzen von Trainingsevaluation am Beispiel der Evaluation der Ausbildung zum Innovations-promotor"), sondern auch konkrete Rückmeldungen der Teilnehmenden spiegeln dies deutlich wider:

> Mir war klar, dass meine Erwartungen hoch waren, jedoch sind sie wesentlich umfang-reicher erfüllt worden, als ich es je vermutet hätte. (Zitat Ausbildungsteilnehmer)

Vielfach wurde gesagt, dass hilfreiche Erkenntnisse im Zuge der Ausbildung gesammelt wurden. So bestätigte eine Geschäftsführerin bspw., dass Mitarbeiter zu motivieren, ihr kreatives Potenzial der Einrichtung zur Verfügung zu stellen, nur funktioniere, wenn die Führung in der Lage sei klar, strukturiert und partizipativ Teams zu leiten. Weiter-hin müssten Führungskräfte für die Nutzung des betrieblichen Vorschlagswesens und die nachhaltige Verbesserung desselben Sorge tragen, um der Realität von Innovationen im Unternehmen noch gerechter zu werden.

Die Veränderungen für die Teilnehmenden in Ihrem Unternehmensalltag im Anschluss an die Ausbildung waren recht unterschiedlich. Manche waren schon vor der Ausbildung als sog. Innovationsmanager tätig und konnten daher gezielt neu erworbenes Wissen und Kompetenzen in ihre Funktion integrieren. Andere wurden zwar für das Thema Innovation häufiger angesprochen, jedoch ohne klare Rollenbeschreibung oder zusätzliche Ressourcen, was eine gezielte Verankerung des Themas im Unternehmen erschwerte. Wieder andere waren aufgrund ihrer Position als Teil der Geschäftsführung auch ohne neue Rollenbezeichnung stark involviert in das Thema und haben die neuen

Erkenntnisse in ihre bisherige Führungstätigkeit integrieren können. Einige sind tatsächlich erst durch die Teilnahme an der Ausbildung mit dem Thema Innovation assoziiert worden, haben sowohl Ressourcen als auch eine neu angepasste Stellen- bzw. Aufgabenbeschreibung erhalten. Sie wurden offiziell im Unternehmen zu Innovationspromotoren (oder ähnlicher Bezeichnung) ernannt und somit zukünftige Ansprechpartner/innen für das Thema.

Zusätzliche Aufgaben im Unternehmenskontext waren unter anderen die Durchführung von Workshops wie Ideenwerkstätten, die Strukturierung und Anleitung von kollegialen Beratungssituationen (sog. Intervisionsrunden) sowie die Konzeption und Implementierung eines an den Bedarf angepassten Ideenmanagementsystems. In einigen Unternehmen wurden Kommunikationsplattformen im Intranet zum Austausch über Verbesserungsvorschläge, Problemstellungen ohne Lösungsansatz, Wünsche und Visionen eingerichtet. Ein Teilnehmer berichtete von freiwilliger Trendforschung der leitenden Angestellten mit anschließendem Bericht über relevante Erkenntnisse in den stattfindenden Teamrunden. Weiterhin wird nun in vielen Unternehmen regelmäßig über die Fortschritte von Innovationsprojekten berichtet (z. B. im Rahmen von Teammeetings), die Ideen von Mitarbeiter/innen werden schneller bewertet und Ressourcen zur Umsetzung eingeräumt, was insgesamt zu einer höheren Motivation und Zufriedenheit geführt hat und das Thema Innovation im Unternehmen stärker verankert und unterstützt.

Auf der persönlichen Ebene wurde vor allem höhere Sicherheit im Umgang mit Schwierigkeiten in Innovationsprozessen als positive Folge der Teilnahme genannt. So konnten die Absolventen genauer abschätzen, welche Widerstände und Risiken zu erwarten sind und welche Möglichkeiten sich bieten auf diese zu reagieren. Dazu gehörte auch, auftretende Probleme und Konflikte früher zu erkennen und ggf. zu moderieren und generell sensibel für die Auswirkungen von Innovationen auf die Personen im Unternehmen zu sein.

Als erfolgssichernde Maßnahmen auf organisationaler Seite wurden vor allem die Unterstützung durch die Geschäftsführung oder die nächste Führungsebene genannt. So wurde in unterschiedlichem Maße Zeit eingeräumt, um konkrete Maßnahmen durchführen zu können. Als besonders hilfreich wurde Vertrauen und „immer ein offenes Ohr der Geschäftsführung" erlebt.

Auch negative Erfahrungen waren erkenntnisreich. So beschreibt eine Geschäftsführerin, dass die wichtigste Erfahrung für sie war, dass nur dort, wo die Leitung hinter einer Einführung von Neuerungen steht, die damit verbundenen Ziele erreicht werden können. Dies unterstreicht die Relevanz der Haltung von Führung zu dem gesamten Thema Innovation sehr deutlich.

Als ein zentrales Unterstützungselement wurde von allen Teilnehmer/innen das Thema Zeit identifiziert, das häufig nicht ausreichend zur Verfügung gestellt wurde. Die größte Herausforderung ist bei den meisten, die nicht ausschließlich mit dem Thema Innovation beschäftigt sind, die Bewältigung der ursprünglichen und der neuen innovationsbezogenen Aufgaben im Rahmen ihrer regulären Arbeitszeit. Teilweise wurden auch noch fehlende Entscheidungskompetenzen als hinderlich für den Erfolg betrachtet.

Die Wahrnehmung des Themas Innovation hatte sich in fast allen Unternehmen durch die Entsendung eines/r Mitarbeiters/in positiv verändert. So wurden günstige Entwicklungen in der Einschätzung und Bewertung von Veränderungen im Allgemeinen bemerkt, die Bereitschaft „über den eigenen Tellerrand zu schauen" ist gestiegen und die Steuerung von relevanten Prozessen als professioneller beschrieben worden.

Resümierend kann festgehalten werden, dass sich ausschließlich positive Veränderungen in unterschiedlicher Ausprägung an die Teilnahme der Ausbildung knüpfen, so lange Unterstützung in Form von Zeit, sonstigen Ressourcen, Anerkennung durch Vorgesetzte und der klare Umsetzungswunsch durch die Geschäftsführung im Sinne eines strategischen Unternehmensziels erfolgt.

Literatur

Bachmann T. (2012). Coaching? Training? Organisationsentwicklung? *Wirtschaft & Weiterbildung, 3,* 38–40.

Bachmann, T., Runkel, R., & Scholl, W. (2010). Ausbildung von Beraterrollen. In V. Rosenstiel (Hrsg.), *Psychologie jenseits des Elfenbeinturms: Psychologie als nützliche Wissenschaft* (S. 211–222). Göttingen: Vandenhoeck & Ruprecht.

Bandura, A. (1979). *Sozial-kognitive Lerntheorie.* Stuttgart: Klett-Cotta.

Bergmann, B. (1999). *Training für den Arbeitsprozess: Entwicklung und Evaluation aufgaben- und zielgruppenspezifischer Trainingsprogramme.* Zürich: vdf Hochschulverlag.

Fengler, J. (2009). *Feedback geben.* Weinheim: Beltz.

Gemünden, H. G., Salomo, S., & Hölzle, K. (2007). Role models for radical innovations in times of open innovation. *Creativity and Innovation Management, 16*(4), 408–421.

Griffin, A., Price, R., Maloney, M., Vojak, B., & Sim, E. (2009). Voices from the field: How exceptional electronic industrial innovators innovate. *Journal of Product Innovation Management, 26,* 222–240.

Hager, W., & Hasselhorn, M. (2000). Psychologische Interventionsmaßnahmen: Was sollen sie bewirken können? In W. Hager, J. L. Patry, & H. Brezing (Hrsg.), *Evaluation psychologischer Interventionsmaßnahmen. Standards und Kriterien: Ein Handbuch* (S. 19–40). Bern: Huber.

Hauschildt, J., & Chakrabarti, A. K. (1988). Arbeitsteilung im Innovationsmanagement: Forschungsergebnisse, Kriterien und Modelle. *Zeitschrift Führung und Organisation, 57,* 378–388.

Hauschildt, J., & Chakrabarti, A. K. (1999). Arbeitsteilung im Innovationsmanagement. In J. Hauschildt & H. G. Gemünden (Hrsg.), *Promotoren – Champions der Innovation* (S. 67–87). Wiesbaden: Gabler.

Hauschildt, J., & Kirchmann, E. (1999). Zur Existenz und Effizienz von Prozesspromotoren. In J. Hauschildt & H. G. Gemünden (Hrsg.) *Promotoren – Champions der Innovation* (S. 89–107). Wiesbaden: Gabler.

Hauschildt, H., & Salomo, S. (2007). *Innovationsmanagement.* München: Verlag Vahlen.

Heyse, V., & Erpenbeck, J. (2004). *Kompetenztraining.* Stuttgart: Schäffer-Poeschel.

Howell, J. M., Shea, C. M., & Higgins, C. A. (2005). Champions of product innovations: Defining, developing, and validating a measure of champion behavior. *Journal of Business Venturing, 20*, 641–661.

Hüttner, J., & Scholl, W. (2011). Interne Innovationspromotoren als Garanten nachhaltiger Innovationsfähigkeit. In S. Jeschke (Hrsg.), *Innovation im Dienste der Gesellschaft – Beiträge des 3. Zukunftsforums Innovationsfähigkeit des BMBF* (S. 73–85). Frankfurt a. M.: Campus.

Kauffeld, S., & Grote, S. (2005). Teamfeedback mit dem Fragebogen zur Arbeit im Team. *Zeitschrift für Organisationsentwicklung, 24*(4), 72–77.

Kunert, S., Rudinger, G., Tirre, S., & Bedenk, S. (2012). Innovationspromotoren – Möglichkeiten und Grenzen einer individualisierten Förderung von Innovationsprozessen. *Ideenmanagement, 38*(4), 107–109.

Malmendier, M. (2003). *Kommunikations- und Verhaltenstrainings in Organisationen: Zur Interventionspraxis in der Personalentwicklung*. Frankfurt a. M.: Campus.

Scholl, W. (2004). *Innovation und Information. Wie in Unternehmen neues Wissen produziert wird* (Unter Mitarbeit von L. Hoffmann und H.-C. Gierschner). Göttingen: Hogrefe.

Scholl, W. (2007). Grundkonzepte der Organisation. In H. Schuler (Hrsg.), Lehrbuch der Organisationspsychologie (4., aktual. Aufl., S. 515-556). Bern: Huber.

Scholl, W. Lackner, K. & Grieger, K. (2016). Kommunikation als Methode und als Thema im Coaching (online first). In S. Greif, H. Möller & W. Scholl (Hrsg.), *Handbuch Schlüsselkonzepte im Coaching*. Berlin, Heidelberg: Springer.

Schumpeter, J. A. (1952). *Theorie der wirtschaftlichen Entwicklung* (5. Aufl.). Berlin: Duncker & Humblot. (1. Aufl. 1912).

Möglichkeiten und Grenzen von Trainingsevaluation am Beispiel der Evaluation der Ausbildung zum Innovationspromotor

Sandra Tirre

1 Einführung

Um den tatsächlichen – nicht nur angestrebten – Nutzen der Ausbildung zum Innovationspromotor nachzuweisen, wurde die Ausbildung begleitend zur Pilotdurchführung von April 2011 bis Januar 2012 evaluiert. Bei der Ausbildung zum Innovationspromotor handelt es sich um eine umfassende Qualifizierungsmaßnahme, die interessierte Personen in Unternehmen befähigen soll, Innovationsprojekte systematisch zu unterstützen und voranzutreiben (für eine ausführliche Beschreibung der Ausbildungsinhalte und -konzeption s. Kap. „Innovationspromotor: Idee, Rolle, Ausbildungskonzept und Umsetzung"). Im Rahmen von zehn Modulen jeweils im Umfang von zwei Tagen werden die Teilnehmenden einerseits zu Expertinnen und Experten für Innovationen in ihrer Organisation ausgebildet. Auf der anderen Seite erwerben Sie notwendige methodische, soziale und persönliche Kompetenzen, um als interne Berater und Unterstützer Innovationsprozesse in ihren Organisationen vorantreiben zu können (Hüttner und Scholl 2011). Der enorme Umfang und die komplexe Zielstellung der Trainingsmaßnahme machen ihre systematische Evaluation zu einer besonderen Herausforderung[1].

Unter einer wissenschaftlichen Evaluation versteht man den Prozess der systematischen Bewertung und Beurteilung des Wertes einer Sache bzw. von Produkten, Programmen oder Prozessen. Unter Anwendung sozialwissenschaftlicher Forschungsmethoden steht je nach Zielsetzung der Evaluation die Bewertung der Konzeption, der

---

[1]Der erste Teil der Ausbildung wurde von Grit Rudinger evaluiert (s. Rudinger 2012).

S. Tirre (✉)
artop - Institut an der Humboldt-Universität zu Berlin, Berlin, Deutschland
E-Mail: tirre@artop.de

© Springer-Verlag GmbH Deutschland, ein Teil von Springer Nature 2019
W. Scholl (Hrsg.), *Mut zu Innovationen,* https://doi.org/10.1007/978-3-662-58390-6_18

Ausgestaltung, der Umsetzung oder des Nutzens des Evaluationsgegenstandes im Vordergrund (Gollwitzer und Jäger 2009; Wottowa und Thierau 2003). Die systematische Evaluation von Trainingsprogrammen, die auf die Förderung verschiedener Kompetenzen und Qualifikationen insbesondere auch im überfachlichen Bereich abzielt[2] , eröffnet vielfältige Herausforderungen: Wie lassen sich die vielschichtigen Wirkungen des Trainings präzise operationalisieren? Welche Methoden eignen sich zur Erhebung möglicher Erfolgskriterien? Welche Evaluationsdesigns lassen eine eindeutige Interpretation der Ergebnisse zu? Daneben ist in der Regel ein systematischer Umgang mit den weiteren spezifischen Bedingungen so einer Feldstudie wie bspw. kleine Stichproben, Ängste und Widerstände bei Teilnehmerinnen und Teilnehmern, begrenzte Möglichkeiten zur Kontrolle äußerer und forschungsmethodischer Störeinflüsse gefordert. Die Evaluation von Trainings bewegt sich also immer in einem Spannungsfeld zwischen wissenschaftlichem Anspruch einerseits und den spezifischen Bedingungen im Feld und der Forderung nach praktikablen Lösungen andererseits. Standardisierte Modelle und Konzepte der Evaluationsforschung – die sich in den letzten Jahren verstärkt bemüht hat, das wissenschaftliche Niveau von Trainingsevaluationen zu heben – lassen sich nur bedingt auf den jeweiligen Evaluationsfall übertragen. Der Umgang mit diesem Spielraum der methodischen Ausgestaltung von Evaluationsvorhaben stellt eine große Herausforderung der Trainingsevaluation dar. Das ist sicher einer der Hauptgründe, warum fundierte Trainingsevaluationen nach wie vor eher rar sind.

Im Rahmen dieses Kapitels wird am Beispiel der Evaluation der Ausbildung zum Innovationspromotor ein mögliches Vorgehen der Trainingsevaluation aufgezeigt, welches mit den Unwägbarkeiten und spezifischen Bedingungen in der Trainingspraxis umgeht und gleichzeitig wissenschaftlichen Anforderungen genügt. Es dient damit nicht nur Praktikern und Anwendungsforschern als Orientierung für die Umsetzung von Evaluationsvorhaben, sondern reagiert gleichsam auf den großen Bedarf der Unternehmenspraxis nach validen Konzepten der Trainingsevaluation. So investierten deutsche Unternehmen laut der aktuellen Weiterbildungserhebung des Institutes der deutschen Wirtschaft 33,5 Mrd. € in Weiterbildungsmaßnahmen im Jahr 2013 (Seyda und Werner 2014) und seitdem dürften die Ausgaben weiter gestiegen sein. Dabei wird meist nicht belegt, inwieweit der Nutzen der Maßnahmen die immensen Kosten auch tatsächlich rechtfertigt (Kauffeld 2010).

2   Evaluationsansatz

Das Ziel der Evaluation der Ausbildung zum Innovationspromotor war es, die Wirksamkeit und damit den Erfolg und Nutzen der Maßnahme zu belegen. Dafür wurde ein summatives Vorgehen gewählt, d. h. die Wirksamkeit der Ausbildung wurde ausschließlich

---

[2]Eine ausführliche Auseinandersetzung mit den Merkmalen von Kommunikation- und Verhaltenstrainings findet sich in Tirre (2012).

im Anschluss an die Durchführungsphase bewertet (Scriven 1967). Die sorgfältige und systematische Anwendung von Messinstrumenten und Methoden stand damit im Vordergrund. Mithilfe von quantitativen Verfahren sollte die Überprüfung von Hypothesen zum Lern- und Transfererfolg möglich werden (Solga 2011). Auf Grundlage der Ergebnisse sollten zudem mögliche Ansatzpunkte zur Weiterentwicklung der Maßnahme generiert werden.

Das Evaluationsmodell wurde in Anlehnung an das Vier-Ebenen-Modell von Kirkpatrick (1959, 1967) entwickelt. Er unterscheidet darin die vier Ebenen *Reaktion, Lernen, Verhalten, Resultate*, auf denen die Wirksamkeitsbelege erbracht werden sollen (die ausführliche Beschreibung der Ebenen erfolgt im nachfolgenden Abschn. 3). Das Modell überzeugt vor allem durch die klare und verständliche Struktur und einfache Systematik, die einen praktikablen und ökonomischen Einsatz ermöglichen. Die Herausforderung besteht darin, für jede der Ebenen geeignete Evaluationskriterien festzulegen und Erhebungsinstrumente zu entwickeln, die eine präzise Erfassung ermöglichen. Nur durch die Einhaltung einer strengen Systematik und unter Beachtung wissenschaftlicher Standards genügt das Modell wissenschaftlichen Anforderungen. Die Evaluationskriterien und Erhebungsverfahren sollten einerseits hinreichend standardisiert sein, um die Gültigkeit der Ergebnisse zu gewährleisten. Anderseits erfordern spezifische Zielsetzungen und Bedingungen im Feld oftmals maßgeschneiderte Methoden. Die Betrachtung aktueller Studien (Saborowski und Muellerbuchhof 2010; Weissweiler 2008; Merzenich-Hieker 1996) zeigt, dass ein Königsweg hier noch nicht gefunden ist und sich die Lösungswege insbesondere zwischen den Ebenen unterscheiden.

3 Die vier Evaluationsebenen und ihre Erhebung

Nachfolgend werden die Ebenen kurz skizziert, um anschließend die konkrete Umsetzung der Erhebung auf den Ebenen darzustellen.

3.1 Ebene Reaktion

Auf der Ebene Reaktion wurde erfasst, wie die Teilnehmerinnen und Teilnehmer auf das Training *reagieren*. Kirkpatrick und Kirkpatrick (2006) selbst schlagen vor, die Effekte auf dieser Ebene als Zufriedenheit der Teilnehmenden mit dem Training zu übersetzen. Als Erhebungsinstrument für die Ebene Reaktion empfehlen sie den Einsatz eines standardisierten Fragebogens, der eine Quantifizierung der Reaktionen ermöglicht und darüber hinaus Raum für offene Kommentare lässt.

In der Evaluation der Ausbildung zum Innovationspromotor wurde ein standardisierter Fragebogen angepasst und eingesetzt (Rudinger 2012), der bereits in der artop GmbH existierte. Das Verfahren wurde jahrelang erfolgreich als Feedbackinstrument in verschiedenen Ausbildungsgängen eingesetzt und hat sich zur Überprüfung der *Reaktion* bewährt. So bot der Fragebogen eine Untergliederung in die Zufriedenheit mit dem Trainer (8 Items), den Inhalten (4 Items) und der Didaktik (5 Items). Eine fünfstufige Likert-Skala, auf der die Teilnehmenden von 1 *stimmt ganz und gar nicht* bis 5 *stimmt voll und ganz* Zutreffendes auswählen können, ermöglichte eine Quantifizierung der Ergebnisse. Zudem konnten sie am Ende des Fragebogens offene Kommentare zu positiven und negativen Aspekten abgeben, um so weitere Verbesserungsmöglichkeiten anzuregen.

3.2   Ebene Lernen

Auf der Ebene Lernen geht es um Aussagen zur Aufnahme, Verarbeitung und Bewältigung der Lerninhalte und -prinzipien durch die Teilnehmenden (Weissweiler 2008). Dabei lassen sich nicht die Lernprozesse selbst erfassen. Vielmehr werden über den Zuwachs an Wissen und Kompetenzen oder über Änderungen von Einstellungen Schlüsse über den Lernerfolg gezogen. Während einige Trainer erst dann von *Lernen* ausgehen, wenn sich Verhaltensänderungen zeigen, legen Kirkpatrick und Kirkpatrick (2006) folgendes Verständnis von Lernen zugrunde:

> In the four levels [...], learning has taken place when one or more oft he following occurs: Attitudes are changed. Knowledge is increased. Skill is improved (S. 22).

Je nach Ansatz und Ausrichtung eines Trainings kann unter *Lernerfolg* also etwas sehr Unterschiedliches verstanden werden. Umso wichtiger ist es, im Rahmen einer Trainingsevaluation konkret festzulegen, welche Lernziele mit dem Training primär verbunden sind und wie diese überprüft werden können.

Anders als in den „klassischen" Kommunikations- und Verhaltenstrainings, die auf die Entwicklung eines konkreten Kompetenzbereiches abzielen, geht es in der Innovationspromotor-Ausbildung um die Entwicklung einer professionellen Rolle. Dafür sind ganz unterschiedliche Wissensinhalte und Kompetenzbereiche relevant, die in den unterschiedlichen Modulen behandelt wurden (s. Kap. „Innovationspromotor: Idee, Rolle, Ausbildungskonzept und Umsetzung"). Um diese adäquat zu erfassen, boten sich weder publizierte Verfahren noch klassische Wissenstests an. Stattdessen wurde ein maßgeschneidertes Verfahren benötigt, welches auf der einen Seite die abstrakten und umfassenden Zielstellungen je Modul hinreichend konkretisiert, ohne auf der anderen Seite zulasten des Informationsgehaltes zu gehen. So wurden die globalen Lernziele je Modul als Grundlage genommen und daraus in einem intuitiv-rationalen Vorgehen (Tränkle 1983) Items für einen standardisierten Fragebogen entwickelt (s. Rudinger 2012). Unter Einbeziehung der im Rahmen des GI:VE-Fragebogens erhobenen Konstrukte wurden für jedes Modul zunächst Lernziele festgelegt. In Absprache mit den Ausbildern wurden schließlich 4–5 Items je Modul formuliert, die die Lerninhalte am besten repräsentieren konnten. Die Items bezogen sich je nach Modul auf Inhalte aus dem Themenfeld Innovation („aktive Unterstützung von Innovationsprozessen", „innovationsförderliche Arbeitsplatzgestaltung") oder repräsentierten Methoden und Verhaltensweisen („Moderation", „zweckvolle Konflikthandhabung", „unternehmerisches Handeln"). Die Formulierungen wurden dabei bewusst global und knapp gehalten. So stellten die Items zum Teil lediglich einzelne Begriffe wie „Mitarbeiterorientierung" und „Gesprächsführung" dar. Oftmals wurden die Begriffe um ein erläuterndes Adjektiv ergänzt („nachhaltige Konfliktbewältigung") oder kurze Aussagesätze als Items formuliert („angemessener Umgang mit Widerständen", „Lernen in und mit der Organisation"). Der Gesamtfragebogen umfasste schließlich 36 Items. Um die Erfolgskriterien auf der Lernebene differenziert zu erfassen, sollte die Verarbeitung der Lerninhalte im Hinblick auf zwei Perspektiven eingeschätzt werden: Zum einen wurde erfasst, inwieweit die Teilnehmer mit der Bedeutung der Items vertraut sind, also über *deklaratives Wissen* im Sinne von Faktenwissen verfügen. Zum anderen interessierte die Frage, inwieweit die Teilnehmer mit der Umsetzung der Bereiche vertraut sind, also über *prozedurales Wissen* im Sinne von Handlungswissen verfügen. Die Teilnehmenden wurden gebeten für jedes Item anzugeben, inwieweit sie das Konstrukt *kennen* und inwieweit sie es praktisch *umsetzen*. Das Antwortformat entsprach einer fünfstufigen Ratingskala mit Abstufungen von *trifft überhaupt nicht zu* bis *trifft absolut zu*. Zu jedem Messzeitpunkt waren die Teilnehmerinnen und Teilnehmer angehalten, alle Items zu bewerten, unabhängig davon, ob diese bereits trainiert worden waren. Die Festlegung der Item-Reihenfolge erfolgte durch Randomisierung, sodass auch nicht auf den ersten Blick ersichtlich war, welches Item welches Modul repräsentiert.

## 3.3	Ebene Verhalten

Was passiert, wenn die Teilnehmerinnen und Teilnehmer das Lernfeld verlassen und zurück in den Arbeitsalltag und damit das Anwendungsfeld kehren? fragen Kirkpatrick und Kirkpatrick (2006) einführend zur Erläuterung der Ebene Verhalten. Im Bereich verhaltensorientierter Trainings kann mit der Anwendung des Gelernten im beruflichen Alltag ein wesentlicher Nachweis für die Wirksamkeit einer Weiterbildungsmaßnahme erbracht werden (Weissweiler 2008). Der *Transfer* des Gelernten wird somit zur erfolgskritischen Größe von Trainingsmaßnahmen. In seinem Ausmaß bemisst sich für das Unternehmen der Erfolg einer Weiterbildungsmaßnahme (Kauffeld et al. 2008).

> Generell bedeutet Lerntransfer, dass Kenntnisse und Fertigkeiten, die in einer bestimmten Lernumgebung (Lernfeld) erworben wurden, auf Anwendungskontexte (Funktionsfelder) übertragen werden, deren Merkmale sich von denen der Lernumgebung mehr oder weniger stark unterscheiden (Solga 2011, S. 342).

Im Modell von Kirkpatrick (1967) liegt der Fokus wie gewohnt auf dem Output und damit auf der Frage, ob ein Lerntransfer stattgefunden hat. Veränderungen im Arbeitsverhalten sollen als Kriterium zur Wirksamkeitsüberprüfung auf dieser Ebene dienen.

Kirkpatrick und Kirkpatrick (2006) räumen ein, dass sich die Überprüfung von Effekten auf dieser Ebene im Vergleich zu den beiden vorhergegangenen Ebenen noch einmal deutlich komplexer und schwieriger gestaltet. Die Betrachtung aktueller Trainingsevaluationen zeigt, dass auf der Verhaltensebene statt standardisierter Testverfahren üblicherweise spezifische Methoden entwickelt werden, die Aussagen über Verhaltensänderungen ermöglichen sollen, wie z. B. *Rollenspiele, Simulationsverfahren, Videoanalysen etc.* (Weissweiler 2008; Merzenich-Hieker 1996). Die beschriebenen Verfahren sind vor allem im Hinblick auf die Prämisse der Praktikabilität zu problematisieren. Sowohl bei der Entwicklung als auch bei der Durchführung und Auswertung derartiger Verfahren ist der zeitliche und auch personelle Aufwand (z. B. Beobachter) immens. Unabhängig davon ist es unter inhaltlichen Gesichtspunkten wünschenswert, die Instrumente der Lern- und Verhaltensebene stärker aufeinander zu beziehen und keine voneinander losgelösten Verfahren einzusetzen.

Der Ansatzpunkt für die Erhebung der Verhaltensebene im Rahmen der Evaluation der Ausbildung zum Innovationspromotor wurde daher zunächst über die Lernebene gewählt. Aus den abstrakt gehaltenen Items zur Beschreibung der Lerninhalte wurden konkrete Verhaltensaussagen formuliert, welche dann im Rahmen eines Fragebogens eingeschätzt werden sollten. Die finale Version des Fragebogens umfasste schließlich 34 Items. Es sollte – wie in der Literatur empfohlen – auf Fremdurteile gesetzt werden. Als geeignete Personen aus dem Funktionsfeld wurden Kolleginnen und Kollegen für die Befragung herangezogen. So kann grundsätzlich davon ausgegangen werden, dass deutliche Veränderungen im Verhalten der Teilnehmer für die Kollegen in der täglichen Zusammenarbeit erfahrbar sind und be(ob)achtet werden. Zudem ist diese Personengruppe noch vergleichsweise einfach zu erreichen. Da es aus organisatorischen Gründen nicht möglich war, die Kollegen bereits vor der Ausbildung zu befragen, sollte die Verhaltensänderung retrospektiv eingeschätzt werden. Für jedes Item wurden die Kollegen um ihre Einschätzung zu dem *gegenwärtigen Verhalten* und zu dem *Verhalten vor einem Jahr* gebeten. Das Antwortformat entsprach auch hier einer fünfstufigen Ratingskala mit Abstufungen von *trifft überhaupt nicht zu* bis *trifft absolut* zu.

Die vierte Erhebungsebene Resultate, auf der erhoben werden soll, inwieweit sich das geänderte Verhalten am Arbeitsplatz positiv auf die organisationale Leistung auswirkt, konnte im Rahmen der Evaluation aus Aufwandsgründen nicht berücksichtigt werden. Über die Betrachtung der Wirkungen auf den Ebenen Reaktion, Lernen und Verhalten können aber auch schon fundierte Erkenntnisse über die Wirksamkeit der Maßnahme generiert werden.

3.4   Evaluationsdesign

Neben der Entwicklung der Erhebungsinstrumente bestand eine zentrale Herausforderung der Evaluation in der Konstruktion eines adäquaten Evaluationsdesigns. Es sollte einerseits dazu dienen, die Anzahl plausibler Alternativerklärungen für die Ergebnisse zu minimieren. Anderseits sollte eine hohe Natürlichkeit der Untersuchungsbedingungen sichergestellt werden. Die Bildung einer zur Trainingsgruppe weitgehend äquivalenten Kontrollgruppe war in der vorliegenden Untersuchung nicht möglich. Zwar werden in vielen aktuellen Studien der Trainingsevaluation Kontrollgruppen eingesetzt (Saborowski und Muellerbuchhof 2010; Lang und Otto 2010; Merzenich-Hieker 1996). Es bleibt aber fraglich, inwieweit es für so ein kommunikations- und verhaltensorientiertes Training überhaupt möglich ist, eine Vergleichsgruppe zur Trainingsgruppe zu bilden, die bis auf die Trainingsmaßnahme über vergleichbare Bedingungen und Merkmale verfügt. Zu vielen der AusbildungsteilnehmerInnen gab es keine adäquate Vergleichsperson, die Mitglied einer Kontrollgruppe hätte sein können.

Stattdessen wurde in der vorliegenden Studie die Messung zu mehreren Messzeitpunkten favorisiert. Es wurde ein Einzel-Gruppen-Design konstruiert, das für die Kontrolle von Störfaktoren stärker als experimentelle Designs auf mehrere Messungen angewiesen ist und daher als Längsschnittuntersuchung angelegt wurde. Statt der Differenz zwischen Trainings- und Kontrollgruppe rückte damit die Differenz zwischen den Messzeitpunkten in den Mittelpunkt der Betrachtung. Diese wird auf die Wirkung der Intervention zurückgeführt. Die Betrachtung aktueller Studien der Trainingsevaluation zeigt (Saborowski und Muellerbuchhof 2010; Lang und Otto 2010), dass Längsschnittdesigns eher rar sind, was nicht zuletzt den Ausschlag für die vorliegende Untersuchung gab, sich diesem Forschungsdesiderat anzunehmen. Einschränkend muss darauf verwiesen werden, dass das Design keine Möglichkeit zur eindeutigen Interpretation der Ergebnisse bietet. So kann der Einfluss von Störfaktoren nur sehr bedingt kontrolliert werden. (Eine ausführliche Darstellung zu typischen Störfaktoren und deren Kontrollmöglichkeiten in Untersuchungen findet sich in Tirre 2012).

Aus inhaltlichen Gesichtspunkten, aber auch aus Gründen der Umsetzbarkeit, unterscheidet sich die Anzahl der Messungen auf den vier Ebenen: Auf der *Ebene Reaktion* erfolgte eine Messung nach jedem Modul (10 Messzeitpunkte), um ein differenziertes Bild über die Zufriedenheit mit der Ausbildung zu erhalten. Der Fragebogen wurde dazu als Papier-und-Bleistift-Version am Ende jedes Moduls ausgeteilt. Die Bearbeitungszeit betrug zwischen 5 und 10 min.

Auf der *Ebene Lernen* ging es anders als auf der Ebene Reaktion explizit darum, einen Zuwachs an deklarativem und prozeduralem Wissen im Verlauf der Ausbildung festzustellen. Der Abgleich einer Prä- und Posttestung war damit zentral. In einer Prätest-Posttest-Untersuchung werden Messungen zu genau zwei Zeitpunkten, einmal vor und einmal nach dem Training vorgenommen. Die Differenz zwischen den Messzeitpunkten wird dann auf die Wirkung der Intervention zurückgeführt. Neben einer Prätestung zur Erhebung des Ausgangsniveaus erfolgte hier eine Zwischenerhebung nach dem fünften und eine weitere Messung nach dem zehnten Modul. Die Erhebung wurde mittels einer online-gestützten Version des Fragebogens realisiert. Die Bearbeitungszeit nahm etwa 20 min in Anspruch.

Die Kollegenbefragung auf der *Ebene Verhalten* fand eine Woche nach Abschluss der Ausbildung statt. Auch hierfür wurde eine Online-Version des Fragebogens auf der

Plattform Unipark erstellt. Auch für diese Erhebung wäre die Umsetzung eines Prä-/Post-test-Designs wünschenswert gewesen. Dieses ließ sich aber aus Aufwandsgründen nicht umsetzen. Stattdessen wurde ein retrospektives Vorher-Nachher-Design gewählt, das die Ausgangssituation über Fragen zur Veränderung ermittelt. Zur Erfassung der zeitlichen Stabilität von Transfereffekten kann es sinnvoll sein, mehrere Messungen in unterschied-lichen Zeitabständen nach der Intervention vorzunehmen. Die Ausbildung war aufgrund ihres enormen Umfangs jedoch ein Sonderfall. Es konnte davon ausgegangen werden, dass die Teilnehmenden, anders als bei einem punktuellen Training, nicht erst nach Abschluss der Maßnahme Änderungen im Verhalten zeigen, sondern schon im Laufe der sich über 9 Monate erstreckenden Ausbildung. Der Messzeitpunkt für die Ebene Ver-halten kurz nach dem Abschluss der Ausbildung wurde daher als geeignet für die Trans-fermessung befunden. Kirkpatricks und Kirkpatricks (2006) Empfehlung „Allow time for behaviour change to take place" (S. 53) wurde erfüllt. Darüber hinaus wäre es natür-lich wünschenswert gewesen, weitere Nachher-Messungen einige Zeit nach der Aus-bildung umzusetzen. Dies konnte aus Aufwandsgründen aber nicht realisiert werden. Die nachfolgende Tab. 1 ermöglicht einen Überblick über alle Kriterien, Instrumente und Erhebungszeitpunkte für jede Ebene.

3.5   Stichproben der Untersuchung

Die Haupt-Stichprobe für die Untersuchung umfasste die 15 Ausbildungsteil-nehmerinnen und -teilnehmer. Die Teilnahme an der Ausbildung war freiwillig. Die Geschlechterverteilung kann mit 8 Frauen (53 %) und 7 Männern als ausgeglichen bezeichnet werden. Die Altersspanne der Teilnehmerinnen und Teilnehmer reichte von 25 bis 51 Jahren. Der Altersdurchschnitt der Ausbildungsgruppe lag bei 38 Jahren. Bezüglich der Berufserfahrung und Funktionen sowie der Branchen und Unternehmens-größen der Herkunftsunternehmen kann eine große Heterogenität konstatiert werden. So lag die durchschnittliche Berufserfahrung der Teilnehmer bei 12,7 Jahren, wobei 1 Jahr Erfahrung das Minimum und 30 Jahre das Maximum an Berufserfahrung ausmachten.

Tab. 1 Erhebungsplan

Kriterium/ Einflussvariable	Instrument	Quelle	Messzeitpunkt
Reaktion	Zufriedenheitsfragebogen	Teilnehmende	nach jedem Modul
Lernen	Fragebogen „deklaratives & prozedurales Wissen"	Teilnehmende	Prä- und Posttest + Zwischen-evaluation nach dem 5. Modul
Verhalten	Fragebogen „Verhalten"	Kolleginnen und Kollegen	Posttest

Auf der Ebene Verhalten wurden zusätzlich die Kolleginnen und Kollegen der Trainingsteilnehmerinnen und -teilnehmer befragt. Die Teilnehmenden der Ausbildung wurden gebeten, selbst auszuwählen, welche Person in ihrem Unternehmen für die Einschätzung ihres Arbeitsverhaltens infrage kommt. Je Teilnehmende sollte mindestens eine Person aus dem Kollegenkreis an der Befragung teilnehmen. Für die Stichprobe konnten letztlich – nur bzw. immerhin −7 Fälle berücksichtigt werden. Es liegen keine weiteren Daten zu den befragten Personen vor, da aus Gründen des Datenschutzes und der Gewährleistung der Anonymität darauf verzichtet wurde.

4　Evaluationsergebnisse[3]

4.1　Zufriedenheit

Auf der *Ebene Reaktion* konnte die hohe Zufriedenheit der Teilnehmerinnen und Teilnehmer mit der Ausbildung belegt werden. Der Mittelwert für die Gesamtzufriedenheit über alle Module hinweg lag bei 4,4 (*Skala 1–5*). Besonders positive Bewertungen erhielten Modul 4 mit dem Thema *Rahmenbedingungen für Innovationen und Veränderungen* (MW = 4,6), Modul 6 zu den Themen *Gesprächsführung und Moderation* (MW = 4,8), Modul 7 mit dem Titel *Projektmanagement* (MW = 4,6) und Modul 8, in dem das Thema *Konflikte in Innovationsprozessen* behandelt wurde (MW = 4,6). Die Module 3 *Innovationsprozesse und ihre Analyse* (MW = 4,0), 5 *Interventionen zur Förderung von Innovationen* (3,9) und 9 *Projektevaluation* (4,0) wurden im Vergleich etwas schlechter bewertet (Abb. 1).

Die gefundenen Mittelwertsunterschiede konnten auch als statistisch bedeutsam eingestuft werden, die 54 % der Varianz in der Zufriedenheit mit der Ausbildung erklärten, also zur Hälfte auf Unterschiede zwischen den Modulen zurückgeführt werden konnten; die restlichen Prozente spiegelten individuelle Unterschiede in der Zufriedenheit wider. Bei Einzelvergleichen zeigte sich, dass die schlechter bewerteten Module 3, 5 und 9 sich von den anderen Modulen signifikant unterscheiden, außer von den Modulen, die ebenfalls schlechter bewertet wurden. Die Ergebnisse der quantitativen Analysen konnten dabei gestützt werden von qualitativen Ergebnissen. Die offenen Kommentare zu positiven und negativen Aspekten der Ausbildung wurden dahin gehend ausgewertet, welche Aspekte der Ausbildung in den besonders gut bewerteten Modulen (4, 6, 7 und 8) positiv hervorgehoben und welche Aspekte in den schwächer bewerten Modulen (3, 5 und 9) explizit als negativ genannt wurden. In Tab. 2 sind die wichtigsten Ergebnisse der qualitativen Analyse gegenübergestellt.

---

[3]Die im Abschn. 13.3 beschriebenen Ereignisse und dargestellten Tabellen sind im Detail im Original einzusehen in Tirre (2012).

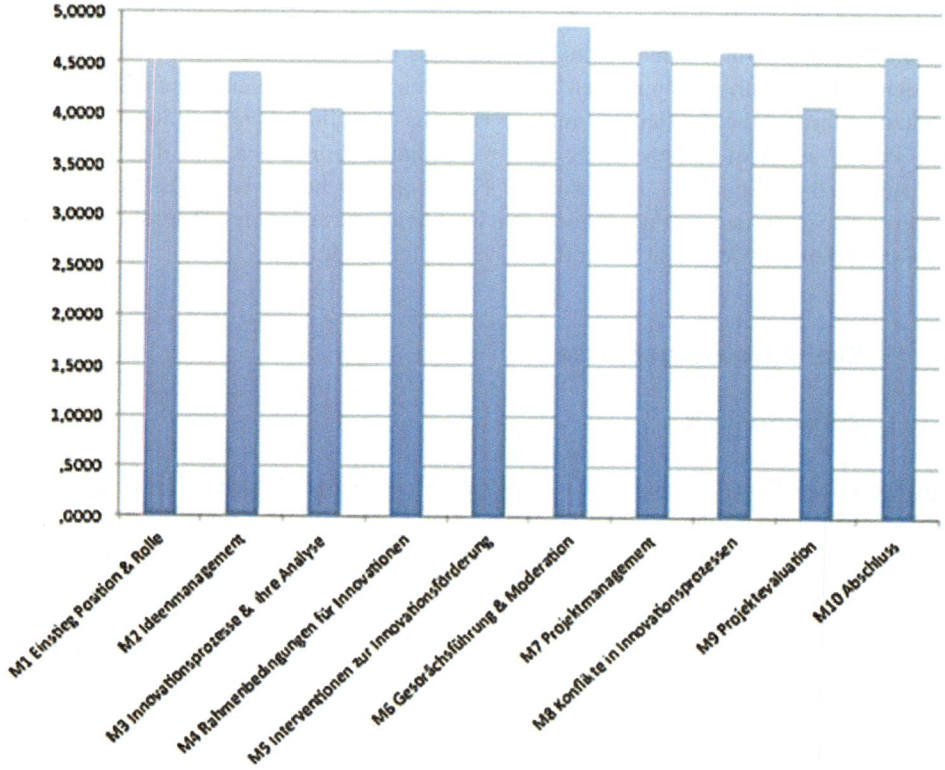

Abb. 1 Mittelwerte der Gesamtzufriedenheit Module 1–10

Es fiel auf, dass für die besonders positiv bewerteten Module insbesondere das ausgewogene Verhältnis von Theorieinhalten und praktischen Übungen hervorgehoben wurde. So lobten die Teilnehmer einerseits die anschauliche Aufbereitung der Themen. Andererseits wurden praktische Übungen wie Rollenspiele und Projektarbeit als besonders hilfreich für den Transfer der Inhalte in die Praxis erlebt. Überdies wurde der Austausch in der Gruppe positiv hervorgehoben. Betrachtet man demgegenüber die negativen Aspekte für die schlechter bewerteten Module, sind es überwiegend genau diese Aspekte, die in den Modulen zu kurz kamen. Dessen ungeachtet fiel selbst in diesen drei Modulen die Gesamtzufriedenheit mit ca. 4,0 immer noch relativ hoch aus.

4.2 Wissenszuwachs

Auf der *Ebene Lernen* wurde überprüft, inwieweit die Ausbildung zur Innovationspromotorin einen Zuwachs an deklarativen und prozeduralem Wissen bewirkt. Sowohl

Tab. 2 Ergebnisse der qualitativen Analyse der offenen Kommentare des Zufriedenheitsfragebogens

Positive Kommentare (Module, 4, 6, 7, 8)	Negative Kommentare (Module 3, 5, 9)
Modul 4: Rahmenbedingungen für Innovationen	*Modul 3:* Analyse von Innovationsprozessen
Verbindung von Theorie & Praxis	Inhalte schw er greifbar
Rollenspiel + Präsentation	Theoretische Untermauerung fehlte
Struktur der Themen, Inhalte und Übertragung auf Praxisbeispiele	Unklare Aufgabenstellungen
Modelle: Inhalt sehr gut greifbar	Zu wenig Hilfestellung bei den Übungen
Möglichkeit der einfachen Übertragung in das eigene Unternehmen	Methode „Cockpit" unklar
Projekt- und Fallarbeit	Auswertung der Übung zu umfangreich
Diskussion	
Modul 6: Gesprächsführung & Moderation	*Modul 5:* Interventionen zur Innovationsförderung
Rollenspiele (4 Nennungen	Zu viel Theorie (8 Nennungen)
Wechsel Kleingruppen – Großgruppe (5 Nennungen)	Zu „trockener" Lernstoff
Visualisierung	Zu wenig praktische Übungen
Praktische Übungen	Verhältnis Theorie/ Praxis unausgewogen
Diskussion und Auswertung der Übungen/ Rollenspiele in der Gruppe	Zusammenhang zwischen den Theorie-Inhalten unklar
Lernen im Austausch mit der Gruppe	
Modul 7: Projektmanagement	*Modul 9:* Projektevaluation
Gutes Handwerkszeug	„echte" Beispiele aus der Praxis fehlten
Verknüpfung mit dem eigenen Projekt	Theoretische Inhalte hätten vertieft werden müssen, waren in der Form nicht greifbar (6 Nennungen)
Reflexion Projektmanagement	Zu wenig neue Impulse
Inhalte gut in die eigene Arbeit übertragbar	Praktische Übungen fehlten
Arbeit im Tandem	Diskussion in der Gruppe kam zu kurz
Kompaktes Handout/ Arbeitsblätter	Einbettung der Themen hat gefehlt
Modul 8: Konflikte in Innovationsprozessen	Zu wenig Interaktion mit der Gruppe, keine gemeinsame Erarbeitung der Theorieinhalte 3
Rollenspiele, gemeinsame Reflexion	
Hilfreiche Praxisbeispiele & Modelle	
Theorie und Praxis ausgewogen	
Themen strukturiert und greifbar aufbereitet	
Gelungene Verknüpfung zur Praxis	

das deklarative Faktenwissen als auch das prozedurale Handlungswissen zeigten einen starken Lernerfolg an, wobei der Wissenszuwachs 48 % bzw. 49 % der Ergebnisunterschiede erklärte.

Im Rahmen der Einzelvergleiche zeigte sich für das *deklarative Wissen* (Faktenwissen) ein sehr signifikanter Zuwachs nach Abschluss der Ausbildung (t3) im Vergleich zum Zeitpunkt zu Beginn der Ausbildung (t1) und in der Mitte der Ausbildung (t2) ($p = 0{,}036$; $p = 0{,}000$). Dieses Ergebnis wurde als Lernerfolg interpretiert. Allerdings ging der Wert für das deklarative Wissen von t1 zu t2 erst einmal leicht zurück. Für diesen Befund waren verschiedene Erklärungen denkbar. So war das Ausgangsniveau für das deklarative Wissen schon sehr hoch (3,7). Die Teilnehmenden gaben vor der Ausbildung an, bereits viel über die Inhalte der Ausbildung zu wissen. Im Rahmen der ersten fünf Module lag der Schwerpunkt dann insbesondere auf der Erarbeitung theoretischen Wissens zu dem Themenfeld der Innovation. In der vertieften Auseinandersetzung mit den Inhalten wurden die Teilnehmer für die Komplexität der Themenfelder sensibilisiert. Der zurückgehende Wert zu t2 könnte ein Indikator dafür sein, dass die Teilnehmenden nach dieser vertieften Auseinandersetzung mit den Themen den Eindruck gewonnen haben, in einzelnen Wissensbereichen doch weniger zu kennen als gedacht (*Erkenntnis des Nicht-Wissens*).

Für das *prozedurale Wissen* (Handlungswissen) konnte ein sehr signifikanter Zuwachs von Beginn der Ausbildung (t1) zur Mitte der Ausbildung (t2) empirisch belegt werden ($p = 0{,}005$). Am Ende der Ausbildung (t3) ging der Wert aber wieder signifikant zurück ($p = 0{,}044$) und lag zudem auch nur noch tendenziell signifikant über dem Ausgangsniveau ($p = 0{,}063$). Für das prozedurale Wissen, was auch als Selbsteinschätzung auf der Verhaltensebene betrachtet werden kann, schien sich damit das *Transferproblem* abzubilden. Der sich zunächst abzeichnende positive Lerntransfer nach den ersten fünf Modulen wurde nicht aufrechterhalten. Erst wenn die Aufrechterhaltung der Transferleistung gelingt, wird aber per Definition von Lerntransfer ausgegangen. Dennoch zeigte sich auch von t1 zu t3 ein Zuwachs an prozeduralem Wissen, sodass nicht von einem Nulltransfer ausgegangen werden kann. Der Differenzwert lag bei 0,4 und wurde nur tendenziell signifikant. Möglicherweise fand während der zweiten Hälfte der Ausbildung ein ähnlicher Prozess statt wie beim Faktenwissen, indem das vorwiegend in der zweiten Hälfte vermittelte Handlungswissen zunehmend einen neuen, kritischeren Maßstab für die entsprechenden Veränderungen hervorrief. So kann abschließend festgehalten werden, dass die Ausbildung auch für das Handlungswissen einen Zuwachs bewirkt hat. Lediglich die Nachhaltigkeit dieses Zuwachses steht infrage. Akzeptiert man jedoch die beiden Erklärungsversuche für die jeweiligen periodischen Rückgänge, dann kann man eine zunehmende Sensibilisierung für die Thematik und damit einen zusätzlichen, aber anders gearteten Lernerfolg annehmen.

4.3   Verhaltensänderung

Auf der *Ebene Verhalten* sollte geprüft werden, ob die Teilnahme an der Ausbildung eine Verhaltensänderung im Arbeitsverhalten der Teilnehmerinnen und Teilnehmer bewirkt hat. Betrachtet man die Verhaltenseinschätzung durch die Kolleginnen und Kollegen zunächst nur bezogen auf das gegenwärtige Verhalten, ließen sich über die Verhaltensbereiche aller Module hinweg hohe Werte konstatieren. Der Mittelwert lag bei 3,8. Bei der Betrachtung der Mittelwerte im Vergleich fiel auf, dass der Wert für das gegenwärtige Verhalten deutlich höher ausfiel als der Wert für das Verhalten vor einem Jahr. Der Wert vor einem Jahr lag auf einem mittleren Niveau (3,2), während der Wert für das gegenwärtige Verhalten im oberen Bereich der Skala lag (3,8). Dieser Mittelwertsunterschied wurde auch signifikant ($p = 0,005$) und konnte als praktisch bedeutsam eingestuft werden; er entspricht einem starken Effekt. Die Ergebnisse auf der Verhaltensebene deuten darauf hin, dass die Teilnahme an der Ausbildung eine Veränderung im Arbeitsverhalten der Teilnehmerinnen und Teilnehmer bewirkt hat. So bemerkten die Kolleginnen und Kollegen einen signifikanten Zuwachs in der Umsetzung der Ausbildungsinhalte im Vergleich zu dem Verhalten vor einem Jahr.

4.4   Resultate: Ein Nachtrag[4]

Die Ausbildung der 15 Personen zu Innovationspromotoren liegt bei Abfassung dieser Zweitauflage gut fünf Jahre zurück. Da liegt es nahe nachzufragen, wie es diesen Teilnehmern ergangen ist und was sie vielleicht mithilfe der Ausbildung bewirken konnten. Das kann natürlich keine Evaluation im engeren Sinn sein, weil die zusätzlichen Einflussfaktoren nicht zu kontrollieren sind und wahrscheinlich insgesamt deutlich größeren Einfluss haben als die Nachwirkungen der Ausbildung. Einen guten Einblick in die Unmöglichkeit, den Ausbildungseinfluss herauszutrennen, bietet das letzte Kapitel „Aufbau einer Innovationskultur bei Expresso – Interview mit Dr. Alexander Bünz", einem der Teilnehmer. Da klingen viele Themen der Ausbildung an, aber ob und wie stark sie den Innovationspromotor beeinflusst haben und inwieweit das dann für die berichteten Resultate verantwortlich sein mag, muss offen bleiben. Trotzdem kann man sich des Eindrucks kaum erwehren, dass Ausbildungseffekte da sind und die Ergebnisse beeinflussen, besonders wenn solche Effekte vom Teilnehmer selbst angesprochen werden. Auch bei einigen anderen Teilnehmenden werden solche Wirkungen sichtbar oder sind zumindest zu vermuten. Daher sollen im Folgenden einige Beispiele genannt werden. Besonders interessant dürfte dabei die Erkenntnis sein, dass die Wirkungen der Ausbildung z. T. sehr viel breiter sind als nur die explizite Innovationsförderung.

---

[4]Verfasst von Wolfgang Scholl.

Wir haben die Teilnehmenden per Mail gefragt: „Vor über 5 Jahren hast Du die Ausbildung zum/r Innovationspromotor/in abgeschlossen und inzwischen viele Erfahrungen
und berufliche Fortschritte gemacht. Wir vom GI:VE-Team würden gerne wissen, was
Dich davon beeinflusst und Dir genützt hat und worin sich das ggf. zeigt."

Dr. Alexander Bünz antwortete mir auf diese Anfrage (vor dem Interview im letzten
Kapitel) Folgendes:

> Seit meiner Ausbildung zum Innovationspromotor habe ich viele Aspekte in meiner Tätig-
> keit als CEO bei verschiedenen Firmen vertiefen können. Besonders klar scheint mir der
> Zusammenhang zwischen der Vertrauenskultur und dem Innovationserfolg einer Firma. Bei
> Expresso sind wir seit zwei Jahren auf dem Weg, dadurch langfristig erfolgreicher zu wer-
> den. Zunächst haben wir einen strukturierten und einfachen Innovationsprozess entwickelt,
> diesen allen MA vorgestellt und seitdem mit vielen in diesem Prozess gearbeitet. Ein wei-
> terer wichtiger Schritt ist das Trial-and-Error-Vorgehen, andere sagen Design Thinking, das
> es uns erlaubt, schnell Ergebnisse zu erzielen, schnell zu scheitern und dann schnell einen
> neuen Versuch zu wagen. Darin liegt auch ein positiver Effekt für die Vertrauenskultur, denn
> die MA begreifen und spüren, dass Scheitern nicht nur erlaubt, sondern erforderlich ist. Für
> mich war die Ausbildung ein Wendepunkt in meiner Karriere, denn ich fokussiere mich seit-
> dem auf Organisationsentwicklung, um mit Innovationen auf den Markt zu kommen, die das
> Unternehmen erfolgreich macht.

Sehr viel mehr dazu findet sich in dem Interview-Kapitel „Aufbau einer Innovationskultur bei Expresso". Zu berichten ist noch, dass die Firma Expresso unter Dr. Bünz als
‚Innovationsführer des deutschen Mittelstands' mit dem TOP 100-Siegel geehrt wurde.

Eine jüngere Fachkraft schrieb: „Die Themen aus der Innovationspromotor-
Ausbildung wende ich weniger innerhalb der eigenen Organisation an, sondern bringe
sie bei der Beratung anderer Unternehmen ein. Wie Du weißt, arbeite ich bei einer
Berufsgenossenschaft. Der Schwerpunkt meiner Arbeit besteht darin, Mitgliedsunter-
nehmen bei der Prävention arbeitsbedingter psychischer Belastung zu beraten und zu
unterstützen. ... Man könnte ... die Einführung der Gefährdungsbeurteilung psychischer Belastung nach dem Arbeitsschutzgesetz als Prozessinnovation für das jeweilige
Unternehmen bezeichnen. Das Neue resultiert maßgeblich daraus, dass Prävention psychischer Belastung eine andere Herangehensweise als beim klassischen Arbeitsschutz
erfordert. Bei letzterem können festgestellte Gefährdungen meist durch eng umgrenzte,
einmalige Maßnahmen beseitigt werden (z. B. Anbringen von Schutzvorrichtungen,
Beseitigung von Gefahrstellen, Anbringen von Warnhinweisen etc.). Arbeitsschutz ist
von daher bis dato eine eher technische Expertenangelegenheit gewesen ... Bei psychi-
schen Belastungen stellen einfache Lösungen der o. g. Art hingegen die Ausnahme dar.
Der Grund dafür liegt darin, dass viele psychische Belastungen (wie z. B. Zeitdruck,
Störungen/Unterbrechungen, unklare Verantwortlichkeiten, schlechtes Führungsverhalten etc.) aus ungünstigen Organisations- und Entscheidungsstrukturen resultieren. Die
Veränderung bzw. Verbesserung des Belastungsgeschehens in diesem Bereich erfordert
daher eine ganzheitliche Betrachtung und hinsichtlich der Maßnahmen einen wesentlich tieferen Eingriff ins Unternehmen. Wenn es überhaupt eine Chance geben soll,

dass derartige Interventionen initiiert werden, ist die Beteiligung und Unterstützung der obersten Leitung Grundvoraussetzung. ... Als Mitarbeiter der Berufsgenossenschaft wird einem als Ansprechpartner ... üblicherweise die sog. Fachkraft für Arbeitssicherheit zur Seite gestellt. ... Fachkräfte für Arbeitssicherheit haben so gut wie keine hierarchische Macht bzw. Entscheidungsbefugnisse. Dies stellt für das Thema psychische Belastung aus o. g. Gründen ein Problem dar, da dies meist eben nicht geräuschlos über die Bühne geht, sondern die volle Aufmerksamkeit und Unterstützung der Leitung und Führungskräfte erfordert. ... Zentraler Referenzpunkt der Ausbildung für meine Arbeit ist das Konzept des Machtpromotors [sc. die oberste Leitung]. Hierbei muss ich im Beratungsprozess meist als ersten Schritt die Erwartungen der Unternehmen in Bezug auf meine Beratungsleistung zurechtrücken. Erwartet wird, dass vor allem Fachwissen benötigt wird und ich demzufolge in erster Linie Methodenberatung (Erhebungsinstrumente, Auswertung, Dateninterpretation etc.), d. h. externe Fachpromotion leiste. Dies ist zweifellos auch ein wichtiger Bestandteil der Beratung. Für mich ist dies jedoch immer erst der zweite Schritt. Als ersten Schritt muss ich den Unternehmen klarmachen, dass die Prävention psychischer Belastung mit gewisser Wahrscheinlichkeit die Veränderung von Prozessen und Strukturen notwendig macht, was eben in aller Regel nicht mit punktuellen, einmaligen (technischen) Aktionen zu bewältigen ist, sondern viel eher klassische Organisationsentwicklung bedeutet. ... Zu Anfang des Beratungsprozesses bin ich meist nur Fachpromotor, später dann eher Prozesspromotor, wobei die Rolle des Prozesspromotors mal sehr ausgeprägt oder auch nur marginal sein kann, je nachdem, inwiefern das Unternehmen Bedarf an einer begleitenden Unterstützung hat oder „nur" fachlichen Input von mir haben möchte. Es kommt auch vor, dass meine Arbeit eher in Richtung Beziehungspromotion geht. Der Umgang mit arbeitsbedingter psychischer Belastung ist zwischen Betriebsrat und Geschäftsleitung mitunter strittig. Daher werde ich manchmal gebeten, bestimmte Sachverhalte, insbesondere hinsichtlich gesetzlicher Pflichten, aus der Position des neutralen Dritten darzustellen, da man der anderen Seite und ihren Positionen nicht traut ... In Einzelfällen kommt es sogar vor, dass ich zu Einigungsstellen eingeladen werde und dort für mehr Klarheit sorgen soll."

Ein junger Mitarbeiter einer Wohnungsbaugenossenschaft hatte in seinem Praxisprojekt während der Ausbildung ein Tablet-basiertes System der Wohnungsabgabe und Übernahme mit einer vorgefertigten Maske eingeführt, das den bürokratischen Aufwand erheblich verminderte und alle Angaben sofort für alle verfügbar machte, die auf ganz unterschiedliche Weise damit zu tun hatten. Er wurde nach wenigen Jahren zum kaufmännischen Vorstand ernannt und schrieb Folgendes auf die Anfrage:

Eines der wesentlichsten Dinge ist, dass ich durch die Ausbildung die Kernkompetenzen von artop kennenlernen durfte, insbesondere im Hinblick auf die Unterstützung von Veränderungsprozessen und des persönlichen Coachings, welches ich in den vergangenen Jahren auch in Anspruch genommen habe. Dies u. a. in Bezug auf den Wechsel in den Vorstand der Genossenschaft. Die Ausbildung hat weiterhin den Blick sehr stark in Richtung Mitarbeiter und deren Einbeziehung geöffnet. Sei es im Rahmen der Ideenfindung als Beginn von Innovationen, als auch bei den Themen der organisatorischen Entwicklung der

[Genossenschaft]. Denn ein wesentlicher Bestandteil des Erfolges bei Innovationen und bei Veränderungen ist die Einbeziehung der Betroffenen und insbesondere der Entscheidungsträger der 2. Leitungsebene. Der Schlüssel ist die Motivation, besser die Begeisterung der Mitarbeiter für eine (neue) Sache. Das merken wir derzeit sowohl im Rahmen einer organisationalen Strukturanpassung als auch bei der Durchführung von Projekten, welche z. B. Arbeitsprozesse digitalisieren. Wichtig ist natürlich in diesem Zusammenhang die Kommunikation bzw. das Feedback und das Lernen aus den Veränderungsprozessen; besser auch das konsequente Delegieren der Projekte in die Fachbereiche und damit die Schaffung einer wesentlichen Einbeziehung in den Erfolg bei der Umsetzung.

Entscheidend für die Entfaltungsmöglichkeiten von Innovationspromotoren ist natürlich die wirtschaftliche Situation der Firma, wie die folgenden Beispiele zeigen.

Eine Betriebsratsvorsitzende, die an der Ausbildung teilgenommen hat, befindet sich in einer völlig anderen Situation. Sie kämpft zusammen mit ihrer Gewerkschaft gegen die beabsichtigte Werksschließung seit vielen Jahren mit einigen Teilerfolgen an, indem sie die Mitarbeiter/innen zu neuen Ideen motiviert und inspiriert. Es gibt immer wieder gute, zukunftsweisende Ideen, die ausgearbeitet und umgesetzt werden könnten. Und es wurde schließlich vereinbart, dass die Belegschaft, der Betriebsrat und das Management gemeinsam neue Zukunftskonzepte erarbeiten.

Eine junge Teilnehmerin, die von ihrer Recyclingfirma in die Ausbildung geschickt wurde, um danach Innovationen voranzubringen, ist jetzt Vertriebsleiterin. Sie antwortete Folgendes:

„Hinsichtlich des Innovationspromotors ist hier … leider nicht so viel übrig geblieben. Allerdings hat GI:VE sehr geholfen, die Augen für Schwierigkeiten zu schärfen und entsprechend gegensteuern zu können. Wir haben hier, nachdem wir einige Mitarbeiter verloren haben, einige Strukturprobleme, die wir nun mit einem zweitägigen Workshop gemeinsam mit Mitarbeitern aus allen Abteilungen lösen werden. Dafür hat Euer Seminar wichtige Werkzeuge aufgezeigt. Des Weiteren hat es mir geholfen, mich und mein Handeln besser zu reflektieren. Dies ist insbesondere in der Rolle einer Führungskraft elementar."

Eine andere junge Teilnehmerin hatte in ihrer neuen, verantwortungsvolleren Position wenig Zeit und fasste den Nutzen der Innovationspromotoren – Ausbildung kurz so zusammen:

Verschiedene Module bereichern durch Diversität in Ansätzen und Perspektiven, durch verschiedene Teilnehmer aus unterschiedlichen Branchen und durch das nötige psychologische und wissenschaftliche Know-how der Trainer.

Ein junger Teilnehmer aus einem Unternehmen, das Bauteile für Dächer herstellt, schrieb:

Die Ausbildung bei Euch hat mir beruflich sowie persönlich viel gebracht. Danach arbeitete ich tatsächlich … im Werk Berlin … neben meiner Tätigkeit als Produktentwickler auch als Innovationspromotor. Und aus meiner Sicht gab es damals auch spürbar einen Schub an eingereichten Ideen (qualitativ und quantitativ), was hauptsächlich daran lag, dass das Thema „Innovationen" damals zentral vom Management einen hohen Stellenwert erhielt. Und das wichtigste war, dass viele Ideen schrittweise umgesetzt wurden. Leider kamen dann wirtschaftliche Probleme der Firma dazwischen (u. a. erhielt auch ich die betriebsbedingte Kündigung nach Sozialauswahl) und die eher langfristig angelegten Systeme des Verbesserungswesens rückten bis dahin schon wieder etwas aus dem Focus. Eure Ausbildung ließ mich meinen firmeninternen Tunnelblick öffnen und auch in andere Richtungen schauen. ... U. a. dank Eurer Ausbildung fasste ich den Mut, meine Karriere als Künstler im Bereich Fotografie fortzuführen. Dabei war ich mir auch der notwendigen wirtschaftlichen Einschränkungen und Abstriche bewusst. Jedoch wollte ich nicht im Nachhinein bereuen, dass ich diesen Schritt nie wagte. Und ich freue mich über diese Entscheidung, denn es geht Schritt für Schritt voran und macht Spaß. Geholfen hat mir dabei, dass ich durch Euch noch mehr Augenmerk auf das gegenseitige Vertrauen und das Selbstvertrauen lege, welche die Basis für die Arbeit, Kommunikation und Projektplanung sind. Außerdem begegnen mir ständig die Phasen & Wirkmechanismen einer Änderung nach dem Change-Management (einschließlich dem „Tal der Tränen" und der Integration). In der Arbeit als Künstler hilft mir die Erfahrung im Umgang mit Kolleginnen und Kollegen und das Verständnis für die verschiedensten Bedürfnisse und Lebenseinstellungen und –auffassungen. ... Durch Eure Ausbildung und durch die anschließende Tätigkeit als Innovationspromotor wurde mir noch bewusster, dass wir uns bei jeder Idee wirklich die Frage stellen können, ob diese in die Tat umgesetzt tatsächlich eine Verbesserung in irgend einer Weise darstellt oder lediglich als solche verkauft wird, um den ständigen Wettbewerb als die den Kapitalismus treibende Kraft aufrecht zu erhalten (Sonst hätte ja die Welt bereits immer „besser" werden müssen.) Deshalb ist auch das bereits Bewährte nicht zu unterschätzen, wenn es mit der Offenheit für Neues einhergeht bzw. sich sogar mit Neuem kombinieren lässt. [Ich] Wünsch Euch alles Gute und noch mal ein riesen Dankeschön.

Eine bemerkenswerte Karriere hat auch *Mathias Quetz* gemacht; als Mitarbeiter in der Gastronomie im Springer-Verlag hat er das Unternehmen unter die TOP 100 Innovatoren gebracht, das einzige Gastronomie-Unternehmen in dieser Innovatoren-Gruppe. Aufgrund dieser Erfolge wurde er auch direkt in den Verlag gerufen, um einige Ideen auch dort bekannt zu machen. Seine eigene Weiterbildung hat er parallel dazu weitergetrieben und ist nun in der Berliner Verkehrsgesellschaft (BVG), einem ganz anderen und viel größeren Unternehmen als Teamleiter Digitale Projekte und Innovationen tätig. Seine kurzen Resümees zur Innovationspromotorausbildung kann man im Praxisvorwort zu diesem Teil IV nachlesen.

5   Fazit und Ausblick

Im Rahmen der Evaluation der Ausbildung zum Innovationspromotor konnten empirische Belege für eine gute Wirksamkeit der Maßnahme gefunden werden. So zeigten sich die Teilnehmenden mit den Modulen der Ausbildung sehr zufrieden. Mit dem Lob und der Kritik lassen sich auch gezielt Veränderungen für weitere Ausbildungen vornehmen, um diese weiter zu verbessern. Im Rahmen der Evaluation konnte auch belegt werden, dass die Ausbildung einen Wissenszuwachs bei den Teilnehmenden bewirkte. So zeigte sich sowohl für das theoretisch orientierte Faktenwissen als auch für das praktische Know-how ein Anstieg vom ersten zu den folgenden Messzeitpunkten. Die befragten Kolleginnen und Kollegen bestätigten außerdem eine Verhaltensänderung der

Teilnehmenden nach Abschluss der Ausbildung, was besonders bemerkenswert ist. Es wäre wünschenswert diese Ergebnisse in Folgeuntersuchungen zu bestätigen und weiter zu präzisieren. In einer Nachbefragung bei den erreichbaren Teilnehmer*innen konnte sehr deutlich die Nachhaltigkeit der Wirkungen der Ausbildung zum/r Innovationspromotor/in festgestellt werden.

Am Beispiel der Evaluation der Ausbildung zum Innovationspromotor konnte veranschaulicht werden, wie sich der Nutzen einer Maßnahme systematisch belegen lässt. Der entwickelte Evaluationsansatz stellt eine ausgewogene Balance zwischen wissenschaftlichem Anspruch und praktikablen Anforderungen im Feld her und bietet daher viele Ansatzpunkte zur Ableitung eines systematischen Vorgehens für Trainingsevaluationen in der Unternehmens- und Evaluationspraxis.

Literatur

Gollwitzer, M., & Jäger, R. S. (2009). *Evaluation kompakt*. Weinheim: Beltz.

Hüttner, J., & Scholl, W. (2011). Interne Innovationspromotoren als Garanten nachhaltiger Innovationsfähigkeit. In S. Jeschke (Hrsg.), *Innovation im Dienste der Gesellschaft – Beiträge des 3. Zukunftsforums Innovationsfähigkeit des BMBF* (S. 73–85). Frankfurt: Campus.

Kauffeld, S. (2010). *Nachhaltige Weiterbildung: Betriebliche Seminare und Trainings entwickeln, Erfolge messen, Transfer sichern*. Heidelberg: Springer.

Kauffeld, S., Bates, R., Holton, E. F., & Müller, C. (2008). Das deutsche Lerntransfer-System-Inventar (GLTSI): Psychometrische Überprüfung der deutschsprachigen Version. *Zeitschrift für Personalpsychologie, 7*(2), 50–69.

Kirkpatrick, D. L. (1959). Techniques for evaluating training programs. *Journal of the American Society of Training Directors, 13*, 3–26.

Kirkpatrick, D. L. (1967). Evaluation of training. In R. L. Craig (Hrsg.), *Training and development handbook: A guide to human resources development* (S. 18.1–18.27). New York: McGraw-Hill.

Kirkpatrick, D. L., & Kirkpatrick, J. D. (2006). *Evaluating training programs: The four levels* (3. Aufl.). San Francisco: Berrett-Koehler.

Lang, A., & Otto, B. (2010). Erreichen vorbereitete Verhandlungsführer mehr? Überprüfung eines Trainings zur Planung von Verhandlungen. *Zeitschrift für Arbeits- u. Organisationspsychologie, 54*(2), 92–102.

Merzenich-Hieker, C. (1996). *Evaluation von Kommunikations- und Verhaltenstrainings in Organisationen: Eine empirische Studie*. Aachen: Shaker.

Rowold, J. (2008). Evaluation eines unternehmensweiten Trainings zur Kundenorientierung in Call Centern auf den vier Ebenen nach Kirkpatrick. In J. Rowold, S. Hochholdinger, & N. Schaper (Hrsg.), *Evaluation und Transfersicherung betrieblicher Trainings. Modelle, Methoden und Befunde* (S. 90–99). Göttingen: Hogrefe.

Rudinger, G. (2012). *Can one purposefully encourage innovation? An empirical evaluation of a pilot training as innovation promotor*. Unveröffentlichte Diplomarbeit, Humboldt-Universität zu Berlin.

Saborowski, Y., & Muellerbuchhof, R. (2010). Selbstmanagement-Training als Methode der Kompetenzentwicklung bei Berufseinsteigern – Am Beispiel von Auszubildenden technischer Fachrichtungen. *Zeitschrift für Arbeits- u. Organisationspsychologie, 54*(2), 83–91.

Scriven, M. (1967). The methodology of evaluation. In R. W. Tyler, R. M. Gagne, & M. Scriven (Hrsg.), *Perspectives of curriculum evaluation* (S. 39–83). Chicago: Rand McNally.

Seyda, S. & Werner, D. (2014). IW-Weiterbildungserhebung 2014 – Höheres Engagement und mehr Investitionen in betriebliche Weiterbildung. www.iwkoeln.de/presse/presseveranstaltungen/beitrag/pressekonferenz-iw-weiterbildungserhebung-2014-201454.html.

Solga, M. (2011). Evaluation von Personalentwicklung. In J. Ryschka, M. Solga, & A. Mattenklott (Hrsg.), *Praxishandbuch Personalentwicklung: Instrumente, Konzepte, Beispiele* (3. Aufl., S. 369–394). Wiesbaden: Gabler.

Tirre, S. (2012). Wirksamkeit von Weiterbildung. Evaluation der Ausbildung zum Innovationspromotor. Masterarbeit an der Freien Universität Berlin, Berlin.

Tränkle, U. (1983). Fragebogenkonstruktion. In H. Feger & J. Bredenkamp (Hrsg.), *Datenerhebung. Enzyklopädie der Psychologie* (Bd. B, I,2, S. 222–301). Göttingen: Hogrefe.

Weissweiler, S. (2008). *Der Einfluss von Individuum, Trainingsmaßnahme und Umfeld – Eine Untersuchung zum Transferprozess in der Weiterbildung.* Inaugural-Dissertation zur Erlangung der Doktorwürde der Philosophischen Fakultät II (Psychologie, Pädagogik und Sportwissenschaft) der Universität Regensburg.

Wottowa, H., & Thierau, H. (2003). *Lehrbuch Evaluation* (3. Aufl.). Bern: Huber.

Kompetenzen von Innovationspromotoren

Martina Bierbichler und Wolfgang Scholl

Welche Kompetenzen sollte eine Person besitzen, die als Prozess- bzw. Innovations-promotor/in andere Innovatoren unterstützt und ihnen – bei Bedarf – über die unter-schiedlichsten Hürden hinweghilft? Das soll in diesem Kapitel geklärt werden.

1 Das Innovations-Promotoren-Modell

Zum langfristigen Unternehmenserfolg zählt inzwischen eine generelle Innovations-fähigkeit von Unternehmen (s. Kapitel „Innovationskultur, Innovationsprozesse und Innovationserfolge"). Diese Innovationsfähigkeit stellt neue Anforderungen an alle Beteiligten im Unternehmen, denn eine Innovation ist eine signifikante Änderung des gegenwärtigen Zustandes eines sozialen Systems (Aregger 1976, S. 118). Im gegen-wärtigen Zustand sind die meisten Chancen und Risiken bekannt, aber durch die Inno-vation tritt ein mehr oder minder großes Geflecht von Änderungen ein, die einen neuen unbekannten und ungewissen Zustand hervorbringen. Die nun entstandenen Unsicher-heiten und Risiken rufen Widerstände hervor, während auf der anderen Seite die ent-stehenden Chancen durch Befürworter aktiv unterstützt werden. Ein Innovationsprozess

M. Bierbichler
Hochschule für Technik und Wirtschaft, Berlin, Deutschland
E-Mail: bierbichler@posteo.de

W. Scholl (✉)
Institut für Psychologie, Humboldt-Universität und artop GmbH – Institut an der Humboldt-Universität zu Berlin, Berlin, Deutschland
E-Mail: schollwo@hu-berlin.de

ist durch viele Beteiligte gekennzeichnet, die sich unterschiedlich einbringen. Ihr Wirken im Innovationsprozess spielt eine entscheidende Rolle für das Ge- oder Misslingen von Innovationen.

1.1 Notwendige Beiträge in Innovationsprozessen

Da es fast bei jeder Innovation Kritiker und Befürworter gibt, ist es für das Gelingen einer Innovation besonders wichtig, dass sich mehrere Personen für bessere Ideen und deren Umsetzung engagieren und einander ergänzende Beiträge zur Innovation leisten. Wie sehen diese Beiträge im Innovationsprozess aus? Eine Innovation benötigt letztlich immer den Beitrag der Geschäftsführung, die der Innovation zustimmen und Ressourcen zur Umsetzung der Innovation bereitstellen muss. Natürlich gehören zu jeder Innovation erst einmal gute Ideen und spezielle Diagnosen zu gegenwärtigen und zukünftigen Situationen, die von Fachspezialisten entwickelt werden. Aber genauso gehören Personen zu einem gelungenen Innovationsprozess, die diesen Prozess über die gesamte Dauer unterstützen. Wie in Kapitel „Innovationsprojektgestaltung" beschrieben, ergibt sich z. B. oft ein sogenannter Badewanneneffekt, d. h. nach einem euphorischen Start nimmt die Zuversicht und die Zufriedenheit gegenüber den Erfolgsaussichten erst einmal ab. Hier sind Personen hilfreich, die motivieren und die die positiven Aspekte der Innovation nicht aus den Augen verlieren. Ebenso treten durch Befürworter und Kritiker eines Innovationsprozesses immer wieder Konfliktpotenziale auf, die möglichst konstruktiv aufgelöst werden sollten (s. Kapitel „Innovative Innovationsberatung"), zum Beispiel durch eine Person, die das Vertrauen aller Beteiligten genießt und durch Sprachgewandtheit und Konfliktfähigkeit durch solche Phasen führen kann, um der Kritik konstruktiv gegenüberzustehen und den Befürwortern nicht blindlings zu folgen. In der Innovationsforschung zeigte sich, dass diese unterschiedlichen Beiträge nicht gut von einer Person geleistet werden können, sondern am besten auf verschiedene Rollen verteilt sind.

1.2 Das Promotorenmodell

Diese unterschiedlichen Beiträge von Personen, die sich in der Praxis deutlich zeigen, wurden in der Innovationsforschung untersucht und von Witte (1973) in einem Promotorenmodell zusammengefasst. Er beschreibt einen *Machtpromotor*, der die Innovation durch sein hierarchisches Potenzial fördert. Er entscheidet grundsätzlich über den Innovationsprozess und stellt die personellen, finanziellen und zeitlichen Mittel zur Verfügung. Er ist an der Spitze des Unternehmens oder oberen Management zu finden. Seine Herausforderungen und Möglichkeiten im Innovationsprozess werden in Kapitel „Herausforderungen und Möglichkeiten der Innovationsförderung durch die Geschäftsleitung" näher beleuchtet. Der *Fachpromotor* leistet seinen Beitrag durch sein spezielles Fachwissen, zum Beispiel durch innovative Ideen und die Bearbeitung schlecht strukturierter

Probleme; seine Position kann an unterschiedlichen Stellen im Unternehmen sein und es ist vorteilhaft, wenn es mehrere Fachpromotoren bei größeren Innovationen gibt (Scholl 2004, Kap. 4). Wie in Kapitel „Innovationsprojektgestaltung" beschrieben, kann der Ideengeber einer Innovation ein Mitarbeiter sein, aber genauso auch eine Führungskraft; allerdings ist eine Idee von einem Mitarbeiter förderlicher für den Projekterfolg als eine Idee von einer Führungskraft, die dann von Mitarbeitern ausgeführt wird (s. Kapitel „Innovationsprojektgestaltung", Tab. 2).

Zusätzlich zum Macht- und Fachpromotor wurde das Promotorenmodell von Hauschildt und Chakrabarti (1999) um den *Prozesspromotor* erweitert. Die Fachliteratur im Bereich Innovationsmanagement beschreibt den Prozesspromotor sehr ausführlich. Er ist die Person im Innovationsprozess, die verknüpft und motiviert durch intern orientierte Kommunikation und Interaktion (Hauschildt und Salomo 2011). Er kommuniziert das innovative Konzept in alle Bereiche (Mansfeld 2011, S. 29). „Er ist in der Lage, die Sprache der innovativen Technik in die Sprache zu übersetzen, die traditionell in der Unternehmung gesprochen und verstanden wird […] und weiß, wie man unterschiedliche Menschen individuell anspricht" (Hauschildt und Chakrabarti 1999, S. 78). „Der Prozesspromotor hat Organisationskenntnis, er weiß, wer von der Innovation betroffen sein könnte" (Hauschildt und Salomo, 2011, S. 136). Er kennt die langfristigen Ziele und Strategien der Unternehmung und überblickt die sozialen und ökonomischen Auswirkungen der Innovation für die Unternehmung (Hauschildt und Chakrabarti 1999, S. 78). Der Prozesspromotor muss, um den Zielbildungsprozess zu steuern, auch die technischen, sozialen und organisationalen Gebiete überblicken. Neue Ziele müssen von ihm erkannt und gewichtet und in das bisher bestehende Zielkonzept der Unternehmung einbezogen werden (Hauschildt und Salomo 2011, S. 139). „Der Prozesspromotor ist der Steuermann des Prozesses" (ebenda). Zu seinen Beiträgen gehört das Konfliktmanagement (Mansfeld 2011, S. 29). Hierbei hilft er bei der Bewältigung der entstehenden Konflikte zwischen konkurrierenden Abteilungen und widersprüchlichen Meinungen (Hauschildt und Chakrabarti 1999, S. 81). Durch sein diplomatisches Geschick weiß er seine jeweiligen Interaktionspartner auf unterschiedliche Weise anzusprechen und zu gewinnen (Hauschildt und Chakrabarti 1999, S. 78). Der Prozesspromotor handelt aktiv und mit Engagement. Seine Aufgaben gegenüber der neuen Idee sind neben Koordination auch Instruktion, Erklärung, Werbung und Motivation gegenüber den betroffenen Mitarbeitern (Hauschildt und Chakrabarti 1999, S. 81). „Der Prozesspromotor unterstützt dann, wenn er gebraucht wird. Aus der Möglichkeit, anderen zum Erfolg zu verhelfen, zieht er seine innere Zufriedenheit und Bestätigung im Beruf" (Mansfeld 2011, S. 169).

Ein Prozesspromotor ist demnach nicht in einer bestimmten Abteilung oder auf nur einer Unternehmensebene zu finden, er kann von allen Positionen und von unterschiedlichsten Fachkenntnissen aus tätig sein und ist somit schwer im Vorhinein zu identifizieren. Leichter sind potenzielle Macht- und Fachpromotoren zu identifizieren, Machtpromotoren durch ihre hohe Position im Unternehmen und ihr Interesse für die Innovation und potenzielle Fachpromotoren durch ihr besonderes Fachwissen in den jeweiligen Innovationsbereichen. Es ist die Aufgabe dieses Kapitels, die Identifizierung und die weitere Ausbildung von Prozesspromotoren durch ein spezifisches Kompetenzmodell zu unterstützen.

Wir bezeichnen den Prozesspromotor als Innovationspromotor (s. a. die beiden vorhergehenden Kapitel „Innovationspromotor: Idee, Rolle, Ausbildungskonzept und Umsetzung" und „Möglichkeiten und Grenzen von Trainingsevaluation am Beispiel der Evaluation der Ausbildung zum Innovationspromotor"), denn nicht die generelle Förderung von Prozessen, sondern speziell die Förderung einer Innovation bei auftauchenden Schwierigkeiten ist das besondere Kennzeichen solcher Personen. Nach diesem Überblick über das Promotorenmodell soll nun im Folgenden ermittelt werden, welche Kompetenzen ein Innovationspromotor haben sollte und wie er gegebenenfalls über eine Befragung zu identifizieren ist. Doch zunächst soll im Abschn. 1.2 dargelegt werden, warum Kompetenzen und nicht Qualifikationen in den Fokus genommen werden.

2   Kompetenzen und Kompetenzmodelle

Unternehmen haben viele unterschiedliche Aufgaben zu bewältigen, die zu einem übergeordneten Ziel, zum Beispiel einem Verkaufsprodukt, führen. Viele dieser Aufgaben können mit Fachwissen, das über Qualifikationen erworben wurde, routinemäßig bewältigt werden. Bei Promotoren gestaltet sich dies allerdings anders. Meist gibt es für die Rolle des Innovationspromotors keine konkrete Aufgabenbeschreibung in Unternehmen, es ist keine Standardaufgabe, verschiedenste Personen können diese Rolle einnehmen und somit ist er auch nicht über seine beruflichen Qualifikationen ausfindig zu machen.

2.1   Kompetenzen

Besser eignen sich Kompetenzen, um einen Innovationspromotor zu beschreiben. Dem heutigen Verständnis nach kennzeichnen Kompetenzen die Fähigkeit eines Menschen in unsicheren offenen Situationen selbstorganisiert zu handeln, sich aus sich selbst heraus zurecht zu finden und zu handeln (Heyse et al. 2010). Ein Innovationspromotor findet sich im Innovationsprozess in neuen, unsicheren und unüberschaubaren Begebenheiten und Situationen wieder und sucht den bestmöglichen Weg innerhalb der Unternehmung zur Realisierung dieser Innovation.

Wird von Kompetenz gesprochen, sind Wissen sowie Fertigkeiten und Qualifikationen oft damit gleichgesetzt. Wird Kompetenz allerdings unter dem Aspekt der Handlungsfähigkeit betrachtet, stellen Wissen, Fertigkeiten und Qualifikationen lediglich die Voraussetzungen dar, um kreativ und selbstorganisiert zu handeln. Grundlegende verinnerlichte Regeln, Werte und Normen ergänzen diesen möglichen Handlungsspielraum einer Person, wie folgende Grafik in Abb. 1 verdeutlicht.

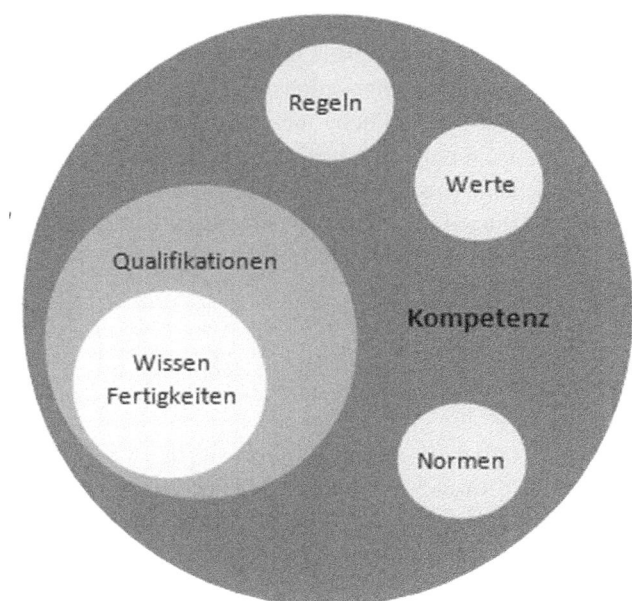

Abb. 1 Einheit von Wissen, Qualifikation und Kompetenz. (in Anlehnung an Heyse et al. 2010, S. 71)

Kompetenz beinhaltet die Fähigkeit sich selbst zu organisieren, d. h. in neuen, unbekannten Situationen selbst ein Handlungsziel zu formulieren und umzusetzen, während eine Qualifikation sich primär an die Erfüllung von vorgegebenen Aufgaben oder Anforderungen richtet, also fremdorganisiert ist. Die Kompetenz bezieht sich auf die einzelne Person und ihre vielfältigen individuellen Handlungsdispositionen, während sich eine Qualifikation auf die Aufgabe oder Anforderung bezieht, die durch erworbenes Wissen und Fertigkeiten leicht überprüft und abgefragt werden können (Arnold et al. 2001, S. 269).

Im Lauf der Zeit haben sich viele unterschiedliche Kompetenzdefinitionen entwickelt. Für die hier beschriebene Forschungsarbeit zum Kompetenzmodell des Innovationspromotors dient die Definition von Heyse und Erpenbeck als Grundlage.

▶ **Kompetenz** Kompetenzen kennzeichnen die Fähigkeit eines Menschen, eines Teams, eines Unternehmens oder einer Organisation in unsicheren offenen Situationen selbstorganisiert zu handeln.

Kurz: Kompetenzen sind Selbstorganisationsdispositionen (Heyse und Erpenbeck 2007, S. 21).

In der Regel werden Handlungen dann selbstorganisiert durchgeführt, wenn das Ergebnis nicht oder kaum voraussagbar ist. Grund hierfür kann die Komplexität der

Handlungssituation und der Zusammenhänge sein, sowie die Komplexität des möglichen Handlungsverlaufes und die Vielschichtigkeit und Unterschiedlichkeit der Zusammensetzung der Handelnden (s. Kapitel „Innovationsprojektgestaltung"). Selbstorganisierte Handlungen können zum einen gedankliche oder instrumentelle Handlungen in Form von Problemlösungs- oder Denkprozessen sein, aber auch kommunikative Handlungen, wie zum Beispiel Gespräche. Ebenso können selbstorganisierte Handlungen auch reflexiv sein und Selbsteinschätzungen und Selbstveränderungen beinhalten, genauso wie das gesamte Handlungsspektrum von Mitarbeitern oder eines Teams als selbstorganisierte Handlung bezeichnet werden kann.

2.2 Kompetenzmodelle

Um mit Kompetenzen zu arbeiten, ist es hilfreich sie in eine Ordnung zu bringen. Das Fundament bilden vier Grundkompetenzen: die personale Kompetenz, die Aktivitäts- und Handlungskompetenz, die fachlich-methodische Kompetenz und die sozial-kommunikative Kompetenz. Diese Grundkompetenzen werden von nahezu allen Kompetenzforschern in vergleichbarer Weise genutzt (Erpenbeck und Rosenstiel 2007). Nach der vorliegenden Definition sind Kompetenzen kontextabhängig, da sie sich auf neue, offene Situationen beziehen. Abbildung 2 zeigt, wie sich die vier Grundkompetenzen bezüglich ihres Handlungsbezugspunktes ordnen lassen.

Aus diesen Grundkompetenzen lassen sich nun weitere Kompetenzen ableiten. Diese detaillierten abgeleiteten Teilkompetenzen beziehen sich auf einen bestimmten Kontext, der je nach Bezugsrahmen unterschiedlich sein kann. So kann sich eine Fülle abgeleiteter Teilkompetenzen ergeben, die wieder zu einem praktikablen Set zusammengefasst, geordnet und definiert werden müssen. Dies leisten Kompetenzmodelle.

Allgemeine und übergreifende Kompetenzmodelle sind breit angelegt und beinhalten vor allem berufsunspezifische Kompetenzen. Das Ziel dieser Modelle ist es, einen möglichst umfassenden Überblick über die wesentlichen Kompetenzen für ein zukünftig erfolgreiches Handeln zu geben. Ein einflussreiches und empirisch geprüftes Modell ist der

Fähigkeit (Disposition) zur Selbstorganisation des Handelns in Bezug	zugeordnete Grundkompetenz
auf sich selbst als Person	Personale Kompetenz
auf die eigene Handlungsausführung	Aktivitäts- und Handlungskompetenz
auf den Umgang mit Objekten	Fachlich-methodische Kompetenz
auf den Umgang mit anderen Personen	Sozial-kommunikative Kompetenz

Abb. 2 Grundkompetenzen nach Handlungsbezug geordnet. (Heyse und Erpenbeck 2007, S. 15)

Personale Kompetenz				Aktivitäts- und Handlungskompetenz			
Loyalität	Normativ-ethische Einstellung	Einsatz-bereitschaft	Selbst-management	Entscheidungs-fähigkeit	Gestaltungs-wille	Tatkraft	Mobilität
Glaubwürdig-keit	Eigen-verantwort-ung	Schöpfer-ische Fähigkeit	Offenheit für Veränder-ungen	Innovations-freudigkeit	Belastbarkeit	Ausführungs-bereitschaft	Initiative
Humor	Hilfsbereit-schaft	Lernbereit-schaft	Ganzheit-liches Denken	Optimismus	Soziales Engagement	Ergebnis-orientiertes Handeln	Ziel-orientiertes Führen
Mitarbeiter-förderung	Delegieren	Disziplin	Zuverlässig-keit	Impulsgeben	Schlagfertig-keit	Beharrlichkeit	Konsequenz
Konflikt-lösungs-fähigkeit	Integrations-fähigkeit	Aquisitions-stärke	Problem-lösungs-fähigkeit	Wissens-orientierung	Analytische Fähigkeit	Konzeptions-stärke	Organisa-tionsfähigkeit
Teamfähig-keit	Dialog-fähigkeit Kunden-orientierung	Experimen-tierfreude	Beratungs-fähigkeit	Sachlichkeit	Beurteilungs-vermögen	Fleiß	Systematisch metho-disches Vorgehen
Kommunika-tions-fähigkeit	Koopera-tions-fähigkeit	Sprach-gewandtheit	Verständnis-bereitschaft	Projekt-management	Folge-bewusstsein	Fachwissen	Markt-kenntnisse
Beziehungs-fähigkeit	Anpassungs-fähigkeit	Pflichtgefühl	Gewissen-haftigkeit	Lehrfähigkeit	Fachliche Anerkennung	Planungs-verhalten	Fachüber-greifende Kenntnisse
Sozial-kommunikative Kompetenz				Fach- und Methodenkompetenz			

Abb. 3 Kompetenzaltlas nach Erpenbeck und Heyse (2007, S. 27)

Kompetenzatlas von Heyse et al. (2010). Hier wurden aus einer Vielzahl von Kompetenzen in umfangreichen Befragungen die bedeutendsten herausgefiltert und Kompetenzklassen zugeordnet. Abbildung 3 zeigt den Kompetenzatlas von Heyse und Erpenbeck (2007, S. 27) mit den vier Grundkompetenzen, die mit 64 Teilkompetenzen erweitert werden.

3   Kompetenzmodell des Innovationspromotors

Spezifische Kompetenzmodelle können auf spezielle Bedürfnisse von Unternehmen zugeschnitten sein oder auf eine bestimmte Zielgruppe. Unternehmensspezifische Kompetenzmodelle sind ein wesentlicher Bestandteil in der Personalarbeit. Die zielgruppen-spezifischen Kompetenzmodelle spezialisieren sich auf eine klar definierte Personengruppe und sind unabhängig von der ausgeübten Tätigkeit. Für die Klassifizierung der Kompeten-zen des Innovationspromotors eignet sich ein zielgruppenspezifisches Kompetenzmodell, das zunächst einmal nur für die Gruppe der Innovationspromotoren Gültigkeit besitzt.

3.1   Identifikation relevanter Kompetenzen

Zur Erstellung dieses Kompetenzmodells wurde in einem ersten Schritt aus der Beschreibung der Tätigkeit und den Eigenschaften dieser Rolle in der Fachliteratur ein Anforderungsprofil abgeleitet, wie es in Abschn. 1.2 kurz beschrieben wurde. In einem zweiten Schritt wurde dies durch einen Experten-Workshop mit Innovationsexperten überprüft und ergänzt und darauf aufbauend das Kompetenzmodell erstellt. Als Grundlage diente der allgemeine Kompetenzatlas von Heyse und Erpenbeck sowie der dazu entwickelte Synonymatlas (Heyse und Erpenbeck, 2007).

Teilnehmer des Experten-Workshops waren Innovationsexperten aus dem GI:VE-Projekt, die über langjährige Praxiserfahrung in der Organisationsberatung und/oder der Forschung verfügen. Im Vorfeld des Workshops haben die Experten eine Auswahl an relevanten Kompetenzen für den Innovationspromotor aus dem Kompetenzatlas von Heyse und Erpenbeck getroffen, die in den Workshop mit eingeflossen sind. Im Workshop hatten die Experten die Aufgabe, zunächst unterstützende und erschwerende Rahmenbedingungen für Innovationsprozesse zu beschreiben. Für diese Rahmenbedingungen wurden anschließend Kompetenzen aus dem Kompetenzatlas ausgewählt, die zum Erfolg oder Misserfolg der Innovationsprozesse führen können. In einem weiteren Schritt wurden spezielle Situationen benannt, in welchen diese Kompetenzen besonders wahrnehmbar sind und das konkrete Verhalten eines Innovationspromotors in dieser Situation sichtbar wird. Alle im Vorfeld aus der Fachliteratur abgeleiteten Kompetenzen, die im ersten Schritt erarbeitet wurden, fanden sich unter den genannten Kompetenzen der Experten wieder. Zusätzlich wurden weitere Kompetenzen ergänzt, um das Bild des Innovationspromotors zu vervollständigen.

3.2   Kompetenzmodell eines Innovationspromotors

Das so entwickelte Kompetenzmodell des Innovationspromotors setzt sich aus elf Teilkompetenzen zusammen. Die Kompetenzen werden durch ihre Fähigkeit und den dazu entwickelten Synonymen von Heyse und Erpenbeck (2007) beschrieben. In einem ersten Schritt wurden die Beschreibungen aus der Fachliteratur herangezogen, um eine erste Auswahl an Kompetenzen zu treffen, die nun einzeln aufgeführt werden.

> **Kompetenz: Hilfsbereitschaft**
> Fähigkeit, anderen Hilfe zu leisten.
> *Synonyme: Einsatzbereitschaft, Entgegenkommen, solidarisches Verhalten*

Mansfeld (2011) fand im Rahmen der Studie „*Innovatoren – Individuen im Innovationsmanagement*" heraus, dass sich der Innovationspromotor durch eine große Hilfsbereitschaft auszeichnet. „[Er] unterstützt dann, wenn er gebraucht wird. Aus der Möglichkeit, anderen zum Erfolg zu verhelfen, zieht er seine innere Zufriedenheit und Bestätigung im Beruf" (S. 169). Gegenseitiges Verständnis und Hilfsbereitschaft hatten sich auch in unserer Benchmark-Studie (Abschnitte „Übereinstimmung in den Werten und Vertrauen im Unternehmen") als besonders innovationsförderliche Werte herausgestellt.

> **Kompetenz: Innovationsfreudigkeit**
> Fähigkeit, Neuerungen gerne anzugehen.
> *Synonyme: Ideenreichtum, Veränderungswille, Neuerungsinteressen*

Den Promotor zeichnet sein Veränderungswille aus, er zeigt eine Bereitschaft, Risiken einzugehen und sich den Neuerungen zu stellen. Hat zum Beispiel ein Kollege einen Verbesserungsvorschlag, der von anderen im Team übergangen wird, hört der Innovationspromotor genau hin, nimmt diese neue Idee des Kollegen wahr und sucht nach Möglichkeiten ihm Gehör zu verschaffen. Das Gegenteil, mangelnde Offenheit für Neues, hat sich in der in Abschnitte „Probleme der Wissenskultur" berichteten Untersuchung als wichtigste Kategorie von Informationspathologien herausgestellt, die in besonderer Weise die Innovationsfähigkeit behindert.

> **Kompetenz: Initiative**
> Fähigkeit, Handlungen aktiv zu beginnen.
> *Synonyme: Dynamik, entschiedenes Handeln, Engagement*

Der Innovationspromotor steht für engagiertes und aktives Handeln. Im Verlaufe von Innovationsprozessen kommt es immer wieder zu Situationen, in denen der Prozess ins Stocken gerät und die Motivation sinkt (siehe Badewanneneffekt Abschnitte „Auswertung auf der Mikro-Ebene"). Hier bedarf es entschiedenen, engagierten Handelns mit Zielerklärungen und Wegbahnungen, um die Motivation und die Zuversicht der Beteiligten wieder zu stärken bzw. die nächsten Schritte zu initiieren. Damit erhöht er die Koordinationsfähigkeit im Unternehmen, eine der wichtigsten Voraussetzungen für die Innovationsfähigkeit (s. a. Abschnitte „Ein Kausalmodell der Innovationsfähigkeit").

> **Kompetenz: Konfliktlösungsfähigkeit**
> Fähigkeit, auch unter Konflikten erfolgreich zu handeln.
> *Synonyme: Diplomatie, Vermittlungsfähigkeit, Kompromissfähigkeit*

In Innovationsprozessen können durch konkurrierende Personen und Abteilungen oder durch unterschiedliche Meinungen Konflikte entstehen, die den Prozess gefährden oder verzögern. Ein Konfliktmanagement hilft diese Konflikte konstruktiv aufzulösen. Ein guter Innovationspromotor hat diplomatisches Geschick, das es ihm ermöglicht, die unterschiedlichen Konfliktpartner anzusprechen und für die Bearbeitung und Lösung des Konfliktes zu gewinnen. Konstruktive Konflikthandhabung erhöht in entscheidender Weise die Erfolgschancen von Innovationen (Scholl 2004, 2009; s. a. Abschnitte „Ein Kausalmodell der Innovationsfähigkeit").

> **Kompetenz: Kommunikationsfähigkeit**
> Fähigkeit, mit anderen erfolgreich zu kommunizieren.
> *Synonyme: Gesprächsführung, Offenheit in der Kommunikation, Kontaktfähigkeit, soziale Neugier*

Der Innovationspromotor kommuniziert mit Mitgliedern aus allen Bereichen des Unternehmens. „Er ist in der Lage, die Sprache der innovativen Technik in die Sprache zu übersetzen, die traditionell in der Unternehmung gesprochen und verstanden wird [...] und weiß, wie man unterschiedliche Menschen individuell anspricht" (Hausschild und Chakrabarti 1999, S. 78). Die zunehmende Heterogenität bzw. Diversität der Beschäftigten in Bezug auf Fachkenntnisse, Erfahrungen, Alter, Geschlecht, Herkunft usw. erhöht auch die Kommunikationsprobleme. Wird beispielsweise von einem Unternehmen eine bereits patentierte Idee eingekauft und die jungen Forscher gleich mit, können Verständigungsprobleme mit den „alten Hasen" aus der Fertigung aufkommen. Hier kann der Innovationspromotor über seine Kommunikationsfähigkeit für das Aufrechterhalten eines Dialoges zwischen den Parteien sorgen. Kommunikatives Lernen ist bei den innovationsfähigsten Unternehmen besonders hoch ausgeprägt (s. Abschnitte „Wissensmechanismen") und die die Steigerung der Kommunikationsqualität der Führungskräfte ist der wichtigste Hebel, um Informationspathologien zu vermeiden (s. Abschnitte „Diskussion und Interpretation").

> **Kompetenz: Organisationsfähigkeit**
> Fähigkeit, organisatorische Aufgaben aktiv und erfolgreich zu bewältigen.
> *Synonyme: Organisationstalent, Durchführungsstärke*

Die Organisationsfähigkeit umfasst nicht nur ein Organisationstalent bezüglich der Bewältigung von unterschiedlichsten Aufgaben, auch die Kenntnis der Abläufe und der Struktur im ganzen Unternehmen sind hier gemeint. Der Innovationspromotor verfügt auch über eine besonders gute Kenntnis der langfristigen Ziele und Strategie des Unternehmens (zur Bedeutung für Wissenserwerb und Innovationen s. Abschnitte „Anpassungsfähigkeit und Leitbild" und Abschnitte „Unternehmenskultur und Innovationsfähigkeit"). Wenn z. B. unterschiedliche Abteilungen vom Innovationsprozess betroffen sind, ist es wichtig, dass der Innovationspromotor mit seiner Organisationskenntnis die Möglichkeiten und Grenzen der einzelnen Abteilungen kennt, damit alle Beteiligten bestmöglich ihren Beitrag zum erfolgreichen Gelingen beisteuern können und mögliche negative Auswirkungen von Innovationsprozessen frühzeitig erkannt werden.

Kompetenz: Projektmanagement
Fähigkeit, Projekte erfolgreich durchzuführen.
  Synonyme: Koordinationsfähigkeit, Projektorganisation, Lenkungsfähigkeit

„Der Prozesspromotor ist der Steuermann des Prozesses" (Hauschildt und Salomo 2011, S. 139). Manchmal sind Innovationspromotoren auch direkt Teil des Projekts oder sogar Projektleiter. Zu seinen Aufgaben gehört es dann, für die Planung der einzelnen Schritte sowie die Freigabe von Mitteln zu sorgen und für alle Projektbeteiligten Termine und Fristen festzulegen. Selbst wenn der Innovationspromotor außerhalb des Projektes tätig ist, hat er die Fähigkeit mehrere Projekte zu überblicken und bei Koordinationsproblemen oder auftretenden Prozessschwierigkeiten Unterstützung zu leisten. Ein gutes Projektmanagement kann die wichtige Koordinationsfähigkeit (s. Abschnitte „Ein Kausalmodell der Innovationsfähigkeit") erheblich steigern. Zur Steuerung des Prozesses gehört auch die Steuerung des Teamprozesses, durch ihn haben alle einen erfolgreichen Innovationsprozess als Ziel vor Augen und tragen ihren Teil dazu bei.

Kompetenz: Ganzheitliches Denken
Fähigkeit, ganzheitlich zu denken und zu handeln.
  Synonyme: Integratives Denken, umfassendes Denken, komplexes Denken

„Er hat Sorge zu tragen, dass die innovative Entscheidung in Übereinstimmung mit den Vorgaben der strategischen Planung bleibt" (Hauschildt und Salomo 2011, S. 139/140). Der Innovationspromotor hat alle Beteiligten sowie die Auswirkungen des Innovationsprozesses im Blick. Tritt ein Problem auf oder muss eine Entscheidung getroffen werden, beachtet er neben den fachlichen auch die ökonomischen und politischen Wechselbeziehungen. Solche Probleme treten besonders auf, wenn an der Innovation auch Partnerorganisationen oder Unternehmensberatungen beteiligt sind. Durch sein komplexes Denken ist der Innovationspromotor in der Lage, die Komplexität der Innovationsprobleme besser zu bewältigen (mehr zum Komplexitätsmanagement in Kapitel „Herausforderungen und Möglichkeiten der Innovationsförderung durch die Geschäftsleitung").

In einem weiteren Schritt wurden durch den Experten-Workshop die Kompetenzen aus der Fachliteratur bestätigt und durch folgende weitere Kompetenzen ergänzt, um das Bild des Innovationspromotors zu vervollständigen.

> **Kompetenz: Integrationsfähigkeit**
> Fähigkeit, mit anderen Personen erfolgreich zusammenzuwirken.
> *Synonyme: Interkulturelle Sensibilität, interkulturelle Toleranz, Verträglichkeit*

Kulturelle Integrationsfähigkeit stellt in der globalisierten Welt einen wichtigen Aspekt dar, denn z. B. asiatische und europäische Mitarbeiter in einem gemeinsamen Team sind keine Ausnahme mehr in Innovationsprojekten. Aber nicht nur unterschiedliche Sprachen und Denkweisen schaffen Bedarf an Integration, auch die hinzu kommenden unterschiedlichen Interessen und Motive müssen integriert werden. Der Innovationspromotor kann sich gut in verschiedene kulturgebundene Sichtweisen einfühlen und unterschiedliche Interessen und soziale Bestrebungen zielorientiert bündeln. Er akzeptiert Unterschiedlichkeit und sorgt für einen Ausgleich gegensätzlicher Interessen und Sichtweisen. Die Unterschiedlichkeit produktiv zu nutzen und ihre mögliche Sprengkraft abzubauen, ist einer der wichtigsten Beiträge (s. Abschnitte „Arbeitsteilung und Koordination als Problem der Wissensgewinnung").

> **Kompetenz: Problemlösefähigkeit**
> Fähigkeit, Problemlösungen erfolgreich zu gestalten.
> *Synonyme: Flexibles Denken, interdisziplinäres Denken, Selbstkritikfähigkeit*

Die Problemlösefähigkeit zeigt sich an der Verschiedenartigkeit der Aufgaben, die sich dem potenziellen Innovationspromotor stellen. Er schlüpft in die Rolle eines Innovationspromotors, um Problemlösungen für neu auftauchende und schlecht strukturierte Probleme der anstehenden Innovationen zu finden. Problemlösefähigkeit beinhaltet auch, Probleme überhaupt zu erkennen oder schon zu antizipieren und einen Lösungsprozess einzuleiten, sowie die geeigneten Personen ausfindig zu machen, die Entscheidendes zur Lösung dieser Probleme beitragen zu können. Kreatives Problemlösen ist eine der zentralen Determinanten der Innovationsfähigkeit (s. Abschnitte „Ein Kausalmodell der Innovationsfähigkeit").

> **Kompetenz: Analytische Fähigkeit**
> Fähigkeit, Sachverhalte und Probleme zu durchdringen.
> *Synonyme: Exaktheit, Präzision, Genauigkeit*

Der Innovationspromotor kann komplexe Systeme gedanklich zerlegen und die Teile in kausale Zusammenhänge bringen, was oft die Voraussetzung für die zuvor genannte Problemlösefähigkeit ist. In Innovationsprozessen stellt sich oft die Herausforderung ein komplexes Problem erst einmal in leichter bearbeitbare Teilprobleme zu zerlegen, um daraus wieder neue Schritte für das Vorankommen ableiten zu können (z. B. durch eine Innovationsprozessanalyse, s. Kapitel „Innovationsprojektgestaltung"). Ebenso ist eine analytische Fähigkeit von Bedeutung, um bereits begangene Fehler zu diagnostizieren und daraus für neu aufkommende Situationen zu lernen.

Darüber hinaus wurde unter den Experten im Workshop diskutiert, ob Loyalität eine weitere Kompetenz bzw. Eigenschaft des Innovationspromotors sein sollte. Mansfeld (2011) stellt in Ihrer Studie fest, dass der Prozesspromotor eine besondere organisationale Identifikation (Commitment) aufweist und er durch seine Aktivitäten einen Beitrag zum Unternehmenserfolg leisten will. Allerdings wurde an Loyalität die Passivität im Ausdruck bemängelt, Commitment (Identifikation mit dem Unternehmen) als Begriff würde von den Teilnehmern eher bevorzugt werden. Von der Aufnahme Loyalität bzw. Commitment in das Kompetenzmodell wurde schließlich abgesehen, da der Prozesspromotor seine Rolle freiwillig übernimmt und das besondere Engagement für eine sinnvoll umgesetzte Innovation die Bindung an das Ziel des Unternehmenserfolgs bereits impliziert.

Aus den Beschreibungen der Fachliteratur und der Ergebnisse des Experten-Workshops wurde das folgende Kompetenzmodell für Innovationspromotoren in Abb. 4, basierend auf den vier Grundkompetenzen aufgestellt:

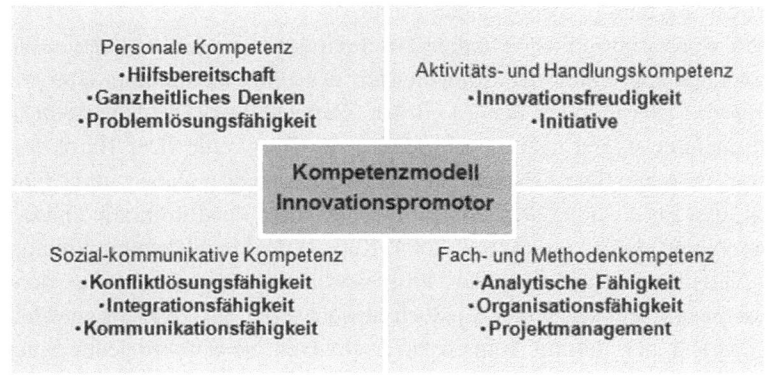

Abb. 4 Kompetenzmodell Innovationspromotor

4   Empirische Prüfung des Innovationspromotor-Kompetenzmodells

Wie in Abschn. 1.2 beschrieben, beziehen sich Kompetenzen auf komplexe Anforderungssituationen und lassen sich nicht unmittelbar beobachten. Kompetenzen zeigen sich in der Interaktion und in Verhaltensreaktionen auf gegebene Situationen. Somit ist es ein Ziel gewesen einen situativen Fragebogen zu entwickeln, der das Verhalten in Abhängigkeit von bestimmten Situationsmerkmalen erfragt, um das Kompetenzmodell zu überprüfen.

4.1   Methodik der Untersuchung

Zur Sammlung relevanter Innovationssituationen wurden frühere Forschungsarbeiten herangezogen, in denen Interviews bezüglich gelungener und misslungener Innovationen mit den Hauptbeteiligten der jeweiligen Innovationsfälle durchgeführt wurden (ausgewertet und dargestellt in Scholl 2004). Auf diese Interviews und Fallbeispiele konnte zurückgegriffen und entsprechende Situationen ausgewählt werden. Eine weitere Grundlage boten die erarbeiteten Innovationssituationen aus dem Experten-Workshop.

Der Fragebogen setzt sich aus 12 Innovationssituationen zusammen mit jeweils drei Verhaltensbeschreibungen. Die Teilnehmer sollten einschätzen, in welchem Ausmaß diese Verhaltensbeschreibungen ihrem eigenen Verhalten entsprechen. Die Antwort erfolgt über eine 5-stufige verbale Beurteilungsskala (*gar nicht, wenig, teils teils, überwiegend, völlig*). In Abb. 5 ist eine der 12 Innovationssituationen mit den drei Verhaltensbeschreibungen aus dem Fragebogen dargestellt.

Insgesamt wurden jeweils 4 Verhaltensbeschreibungen zu jeder Situation entwickelt; sie repräsentieren zum einen die Kompetenzen des Prozesspromotors (Der Promotor), zum anderen die Übertreibung der jeweiligen Kompetenzen (Der Übertreiber) und die beiden Entscheidungstypen nach den Modellen der Bürokratie (Der Bürokrat) und der organisierten Anarchie (Der Gesprächige). Untersuchungen ergaben, dass Innovationsprozesse mit den Entscheidungsstilen nach den Modellen der Bürokratie und der organisierten Anarchie erfolglos sind (Scholl 2004, Kap. 7). Für jede einzelne Situation wurde immer die Verhaltensbeschreibung des Prozesspromotors angeboten. Aus den anderen drei Beschreibungsvarianten wurden jedoch abwechselnd nur zwei ausgewählt, um die Durchschaubarkeit der Beschreibungen zu erschweren, so dass zu jeder Situation nur drei Verhaltensbeschreibungen angeboten wurden.

Die Verhaltensbeschreibung des Promotors ist aus dem Kompetenzmodell des Innovationspromotors gewonnen. Die einzelne Verhaltensbeschreibung leitet sich jeweils aus einer Kombination von 2–3 Kompetenzen ab. Die Verhaltensreaktion baut auf den Beschreibungen der Kompetenzen aus dem Kompetenzatlas von Heyse und Erpenbeck (2007), den Verhaltensbeschreibungen der Experten aus dem Workshop sowie den Fallbeispielen aus den Interviewaufzeichnungen zu Scholl (2004) auf.

Situationsbeschreibung 2:

In Ihrem Unternehmen soll eine IT-Umstellung stattfinden. Die Projektgruppe, die sich mit diesem Thema beschäftigen soll, tagt. Der Projektleiter sagt, dass er die Umstellung den Technikern überlassen möchte, da dann eine reibungslose, zeit- und kosteneffiziente Umsetzung sicher ist.

Wie würden Sie in der Situation vorgehen?

Entspricht meinem Verhalten ... gar nicht / wenig / teils teils / überwiegend / völlig

1. Ich mache den Vorschlag, die Nutzer und Techniker zusammen an der Umsetzung arbeiten zulassen, um sicher zu gehen, dass es dann auch reibungslos für alle funktioniert. Ich schlage vor, in einem ersten Schritt Anforderungen gemeinsam und umfassend zu erarbeiten, um anschließend eine akzeptierte Lösung zu finden.

2. Ich vertraue den Aussagen der IT-Techniker, da sie schon Erfahrung mit der Umsetzung solcher Systeme haben und sie für einen reibungslosen Ablauf sorgen können. Ich weise drauf hin, dass es schließlich im Interesse des Vorstandes sei, solche Veränderungsprozesse effizient durchzuführen.

3. Ich bemerke, dass mir die entstehenden Probleme aus anderen Umstellungsprozessen bekannt sind und Techniker hier nicht alleine bestimmen können. Dadurch sind selten effiziente Veränderungsprozesse entstanden.

4. ...

Abb. 5 Beispiel aus dem Fragebogen – Situation 2

Die Verhaltensbeschreibung des Übertreibers leitet sich aus der Kompetenz-beschreibung von Heyse und Erpenbeck ab, die für jede Kompetenz auch das über-triebene Verhalten, die Kompetenzübertreibung, beschrieben haben. Zum Beispiel wird die Übertreibung zur Kompetenz *Initiative*(die Fähigkeit, Handlungen aktiv zu beginnen) folgendermaßen beschrieben: Handelt überengagiert, aktivistisch, für andere irritierend-bedrängend (Heyse et al. 2010).

Die Verhaltensbeschreibung des Bürokraten geht auf die idealtypische Konzeption der Bürokratie von Weber (1921,1972) zurück. Organisationsziele werden von der Spitze der Organisation mit Hilfe von Anweisungen nach unten durchgesetzt. Die Entscheidungs-prozesse sind geordnet und es wird auf die Einhaltung der Anweisungen geachtet. Einen zentralen Stellenwert bilden Macht und Kontrolle (Scholl 2004, Kap. 7).

Die Verhaltensbeschreibung des Gesprächigen geht auf das Modell der organisierten Anarchie von Cohen et al. (1972) zurück. Bezeichnend für Organisationen nach die-sem Modell sind ungeklärte und inkonsistente Präferenzen, die vor einer Entscheidung eher vage formuliert werden. Die Entscheidungsprozesse hängen davon ab, wer und mit welcher Präferenz und Intensität sich gerade mit dem Problem beschäftigt. Diese Prozesse laufen ungeordnet ab. Entscheidungsgrundlage stellt die jeweilige Situation dar, die zu einem nächsten Zeitpunkt wieder anders aussehen kann. Der vertretbare Sinn und die passenden Ziele für diese Entscheidungen werden meist nachträglich konstruiert (Scholl 2004, Kap. 7).

Für die empirische Prüfung des Kompetenzmodells wurden zwei kontrastierende Gruppen von Personen gesucht, von denen eine so weit wie möglich schon die Kompetenzen von Innovationspromotoren aufweisen sollte, während die andere nur geringe Organisationserfahrungen und möglichst wenig Promotorenqualifikation besitzen sollte. Dementsprechend sollte dann die erste Gruppe bei der Befragung signifikant häufiger das Verhalten aus den vier Alternativen wählen, das aus Innovationspromotorkompetenzen abgeleitet war, während die Kontrastgruppe häufiger die ungeeigneten Verhaltensweisen des Übertreibers, Bürokraten oder Gesprächigen wählen sollte.

Die Personen der ersten, qualifizierten Gruppe kamen zum einen aus der Innovationspromotorenausbildung im GI:VE-Projekt (s. Kapitel „Innovationspromotor: Idee, Rolle, Ausbildungskonzept und Umsetzung" und „Möglichkeiten und Grenzen von Trainingsevaluation am Beispiel der Evaluation der Ausbildung zum Innovationspromotor") und zum anderen waren es Fachkräfte aus verschiedenen Unternehmen, die aufgrund ihrer Tätigkeit als Innovationspromotoren bezeichnet werden können oder ähnliche Aufgaben wahrnehmen. Als Kontrastgruppe wurden Studierende mit geringfügiger Organisationserfahrung befragt.

4.2   Ergebnisse

Es zeigte sich wie erwartet, dass die Fachkräfte sich in den 12 Situationen insgesamt signifikant häufiger im Sinne der ausgesuchten Innovationspromotorenkompetenzen verhalten würden als die Studierenden. Wie Tab. 1 zeigt, weisen die Innovationspromotoren bezüglich der Beantwortung der Promotoren-Items einen Gesamt-Mittelwert von 3,79 auf und die Studierenden in der Kontrollgruppe einen Gesamt-Mittelwert von 3,41. Dieser Unterschied zwischen den Gruppen ist signifikant, was das Kompetenzmodell durch den Fragebogen bestätigt.

Bei genauerer Betrachtung der einzelnen Antwortalternativen fällt ein großer Unterschied zwischen der Beantwortung der Promotoren-Items und der Beantwortung der Bürokraten-Items auf. Bei einer Antwortskala von 1-*gar nicht*, 2-*wenig*, 3-*teils teils*, 4-*überwiegend* bis 5-*völlig* entsprechen alle Werte um 3 einer teilweisen und damit eher unentschiedenen Verhaltensabsicht der Befragten. Der Mittelwert der Innovationspromotoren mit 3,79 bei den Promotoren-Items besagt, dass sie nahezu überwiegend die den Promotorenkompetenzen entsprechende Verhaltensweise wählen, während die Bürokraten-Items mit einem Mittelwert von 2,44 (siehe Tab. 2) eher wenig ihren Verhaltensabsichten entsprechen. Der Bürokrat zeigt wenig Eigeninitiative in seinen Handlungen, er ist stark auf die Unternehmenshierarchie ausgerichtet und führt von oben angeordnete

Tab. 1 Mittelwerte der beiden Gruppen Innovationspromotoren und Studierende auf Promotoren-Items und die Antwortalternativen

Items	Gruppe	N	Mittelwert	Standard-abweichung
Promotoren-Items	Innovationspromotoren	38	3,79	0,625
	Studierende	50	3,41	0,588
Unpassende Alternativen	Innovationspromotoren	38	2,65	0,470
	Studierende	50	3,05	0,508

Tab. 2 Mittelwerte der beiden Gruppen Innovationspromotoren und Studierende auf Promotoren-, Bürokraten-, Gesprächiger- und Übertreiber-Items

Items	Gruppe	N	Mittelwert	Standard-abweichung
Promotoren-Items	Innovationspromotoren	38	3,79	0,625
	Studierende	50	3,41	0,588
Bürokraten-Items	Innovationspromotoren	38	2,44	0,601
	Studierende	50	3,05	0,490
Gesprächiger-Items	Innovationspromotoren	38	2,77	0,516
	Studierende	50	3,10	0,701
Übertreiber-Items	Innovationspromotoren	38	2,72	0,751
	Studierende	50	2,99	0,601

Arbeiten unreflektiert aus. Ein Innovationspromotor dagegen ist aktiv in seinen Handlungen, er führt seine angeordneten Arbeiten zwar ordentlich und gut aus, aber er schaut auch über den Tellerrand und stellt auch Dinge innerhalb des Unternehmens infrage und fühlt sich auch außerhalb seines Aufgabenbereichs angesprochen, wenn Probleme auftreten. Somit stellt der niedrige Mittelwert der Innovationspromotoren auf die Bürokraten-Items ebenfalls eine Bestätigung der Promotorenkompetenzen dar, was durch den deutlich höheren Wert von 3,05 bei den Bürokraten-Items durch die Studierenden unterstrichen wird.

Tabelle 2 zeigt außerdem, dass die Beantwortung der Übertreiber-Items den geringsten Unterschied der drei Antwortalternativen zu den Promotoren-Items aufweist. Da diese Verhaltensbeschreibungen immer die Übertreibung der Kompetenzen der Promotoren beinhalten, war zu erwarten, dass diese Bewertungen eine Nähe zu den echten Promotoren-Items aufweisen können. Der Grad der Ausprägung der einzelnen Kompetenz ist da besonders schwer zu bestimmen und was als übertrieben gelten kann, ist ebenfalls kontextabhängig.

Abbildung 6 gibt einen weiteren Überblick der Bewertungen. Innovationspromotoren würden sich häufiger im Sinne der ausgesuchten Innovationspromotorenkompetenzen verhalten als die Studierenden, während die Studierenden sich bei den Bürokraten-,

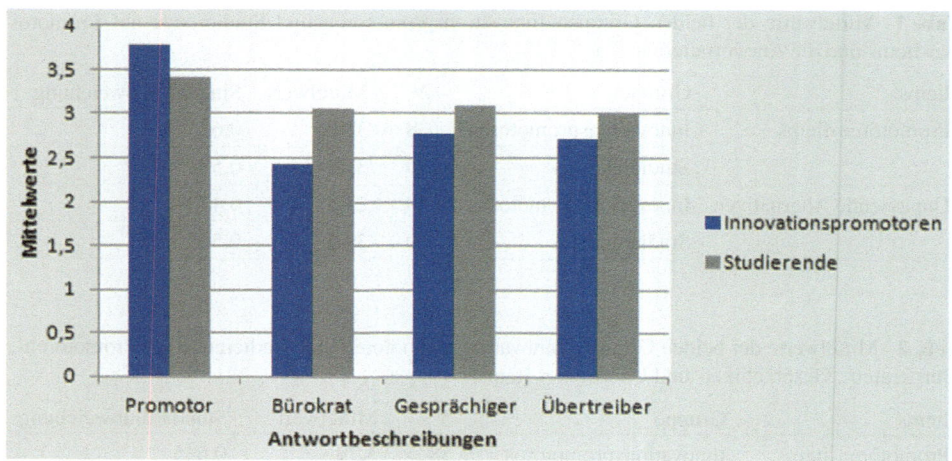

Abb. 6 Mittelwert-Diagramm der beiden Gruppen Innovationspromotoren und Studierende auf die Antwortbeschreibungen

Gesprächiger- und Übertreiberbeschreibungen ähnlich unentschieden verhalten würden wie bei den Innovationspromotorenbeschreibungen. Dies zeigt, dass sich Innovationspromotoren über ihre Verhaltensabsichten und in der Praxis auch direkt über ihr Verhalten identifizieren lassen und mit einem bestimmten Set von Kompetenzen ausgestattet sind.

5   Einsatzmöglichkeiten in der Unternehmenspraxis

Die Ergebnisse der Studie zeigen, dass Innovationspromotoren über ihr Verhalten und einen situativen Fragebogen zu identifizieren sind. Durch die guten Ergebnisse der Studie ergeben sich unterschiedliche Einsatzmöglichkeiten des Fragebogens als praxisorientiertes Instrument. Das Instrument kann im Personalmanagement in bestimmten Bereichen des Unternehmens direkt bei der Personalauswahl eingesetzt werden. Somit kann festgestellt werden, ob bzw. dass sich Innovationspromotoren grundsätzlich im Unternehmen befinden und eventuell auch über verschiedene Abteilungen hinweg verteilen, was vermutlich erwünscht ist. Gezielter kann der situative Fragebogen im Vorfeld einer Projektzusammenstellung eingesetzt werden. Ist ein innovatives Projekt geplant, ist es hilfreich dafür zu sorgen, dass sich im Team mindestens ein Innovationspromotor befindet, um den Prozess durch seine Höhen und Tiefen begleitet zu wissen. Eine weitere Möglichkeit im Personalmanagement kann die Auswahl von Mitarbeitern für Weiterbildungsmaßnahmen darstellen. Welcher Mitarbeiter eignet sich für eine Fördermaßnahme im Innovationsbereich und wo kann oder muss eine Förderung konkret ansetzen?

Eine mögliche Förderung ist hier die Innovationspromotorenausbildung von artop; sie befähigt interessierte und engagierte Mitarbeiter in Unternehmen neue Innovationsprojekte zu unterstützen und voranzutreiben (s. www.vertrauenskultur-innovation.de). Aber nicht nur intern kann dieses Instrument zur Personalauswahl eingesetzt werden. Zieht ein Unternehmen beispielsweise für ein temporäres Innovationsprojekt externe Berater hinzu und will sichergehen, dass entsprechende Innovationskompetenzen vorhanden sind, dann kann dies mit dem situativen Fragebogen geprüft werden.

Auch am Ende eines Prozesses kann dieser situative Fragebogen als Instrument zur Evaluation eines Innovationsprozesses eingesetzt werden. Führte das Projekt nicht zu einem Erfolg, kann dies z. B. auch am Fehlen eines Innovationspromotors gelegen haben und dies kann nachträglich durch die Befragung überprüft werden. Der situative Fragebogen zeigt also ein vielfältiges Einsatzspektrum in unterschiedlichen Prozessphasen als Instrument im Personalmanagement.

6   Fazit

Die dargestellte Forschung zu Kompetenzen von Prozess- bzw. Innovationspromotoren bestätigt die mögliche und fruchtbare Verknüpfung von Wissenschaft und Praxis (s. a. Abschnitte „Erste Erfahrungen mit Innovationen"). Mit wissenschaftlichen Methoden und Fragestellungen wurde in einer Forschungsarbeit ein Kompetenzmodell für Prozess- bzw. Innovationspromotoren aufgestellt und mit einem situativen Fragebogen durch praxiserfahrene Innovationspromotoren überprüft und bestätigt. Dieser situative Fragebogen lässt sich nun in der Praxis als Instrument im Personalmanagement einsetzen, um mögliche Innovationspromotoren zu identifizieren und zu unterstützen. Hiermit können Innovationsprozesse besser gestaltet werden, auch und gerade weil sie immer wieder unvorhersehbar ablaufen (s. Kap. 4 sowie Scholl 2004, Kap. 1). Schafft es ein Unternehmen Innovationspromotoren in ihrem Unternehmen zu identifizieren und ihnen die Rückendeckung eines Machtpromotors zu geben und sie zur moderierenden und vermittelnden Einflussnahme und damit zur Übernahme dieser Promotorenrolle zu ermächtigen, kann den verschiedensten Problemen und Schwierigkeiten im Laufe einer Innovation trotz aller Unplanbarkeit organisiert begegnet werden, um einen Wettbewerbsvorteil zu erreichen und damit zu einem langfristigen Unternehmenserfolg beizutragen.

Literatur

Aregger, K. (1976). Innovationen in sozialen Systemen 1. *Einführung in die Innovationstheorie der Organisation*. Bern: Haupt.

Arnold, R., Nolda, S., & Nuissl, E. (Hrsg.). (2001). *Wörterbuch Erwachsenenpädagogik*. Bad Heilbrunn: Klinkhardt.

Bierbichler, M. (2013). Kompetenzen von Innovations-/Prozesspromotoren. Unveröffentlichte Diplomarbeit, Humboldt-Universität zu Berlin.

Cohen, M. D., March, J. G., & Olsen, J. P. (1972). A garbage can model of organizational choice. *Administrative Science Quarterly, 13,* 8–22.

Erpenbeck, J., & Rosentiel, L. von (Hrsg.). (2007). *Handbuch Kompetenzmessung* (2. Aufl.). Stuttgart: Schäffer Poeschel.

Hauschildt, J., & Chakrabarti, A. K. (1999). Arbeitsteilung im Innovationsmanagement. In J. Hauschildt & H.G. Gemünden (Hrsg.), *Promotoren. Champions der Innovation.* Wiesbaden: Gabler.

Hauschildt, J., & Salomo, S. (2011). *Innovationsmanagement* (5. aktual. Aufl.). München: Verlag Franz Vahlen.

Heyse, V., & Erpenbeck, J. (Hrsg.). (2007). *Kompetenzmanagement: Methoden, Vorgehen, KODE® und KODE® X im Praxistest.* Münster: Waxmann.

Heyse, V., Erpenbeck, J., & Ortman, S. (Hrsg.). (2010). *Grundstrukturen menschlicher Kompetenzen.* Münster: Waxmann.

Mansfeld, M. (2011). *Innovatoren: Individuen im Innovationsmanagement.* Wiesbaden: Gabler.

Scholl, W. (2004). Innovation und Information. *Wie in Unternehmen neues Wissen produziert wird.* Göttingen: Hogrefe.

Scholl, W. (2009). Konflikte und Konflikthandhabung bei Innovationen. In E. Witte & C. Kahl (Hrsg.), *Sozialpsychologie der Kreativität und Innovation* (S. 67–86). Lengerich: Pabst.

Weber, M. (1972). *Wirtschaft und Gesellschaft* (5. Aufl.). Tübingen: Mohr-Siebeck. (Erstausgabe 1921).

Witte, E. (1973). *Organisation für Innovationsentscheidungen.* Göttingen: Verlag Otto Schwatz & Co.

Teil V

The Bright Side and the Dark Side of Innovation

Kein Licht ohne Schatten – Praxisbericht über Widerstände gegen das Neue als Element typischer Innovationsprozesse. Interview mit Dipl.-Ing. Ulrich Klotz

Ulrich Klotz und Wolfgang Scholl

1   Erste Erfahrungen mit Innovationen

WS: Du hast viele Erfahrungen mit Innovationen vor allem im IT-Bereich, kannst du uns kurz erzählen, woran du selbst beteiligt warst und welche Erfahrungen du dabei gemacht hast? UK: Kurz nicht, dazu sind es zu viele. Meine ersten einschlägigen Erfahrungen machte ich ja schon gegen Ende meines Studiums an der Technischen Universität Berlin. Ich hatte das Glück, in einer spannenden Zeit zu studieren, als die mikroelektronische Revolution gerade begann. Gemeinsam mit einem Kommilitonen habe ich in meiner Diplomarbeit auf Basis des ersten Mikroprozessors einen kompletten Mikrocomputer, also Hard- und Software, entwickelt. Dieser Computer wurde dann später auch in der Lehre eingesetzt und steht heute als einer der ersten in Deutschland gebauten Mikrocomputer im Heinz-Nixdorf-MuseumsForum, dem größten Computer-Museum der Welt. Ausgehend von diesen ersten Schritten in eine neue Welt haben wir uns damals als kritische 68er natürlich die Frage gestellt, was kann man Sinnvolles und Nützliches mit dieser neuen Technik machen? Die Mikroelektronik war ja anfänglich sehr umstritten, unter anderem hatte die Uhrenindustrie dadurch gerade zigtausende hochqualifizierte Jobs verloren und da hieß es dann, Mikroelektronik und Computer sind Jobkiller.

U. Klotz
ehemals IG Metall – Vorstand, Frankfurt am Main, Deutschland
E-Mail: ulrich.klotz@t-online.de

W. Scholl (✉)
Institut für Psychologie, Humboldt-Universität und artop GmbH – Institut an der Humboldt-Universität zu Berlin, Berlin, Deutschland
E-Mail: schollwo@hu-berlin.de

© Springer-Verlag GmbH Deutschland, ein Teil von Springer Nature 2019
W. Scholl (Hrsg.), *Mut zu Innovationen*, https://doi.org/10.1007/978-3-662-58390-6_20

WS: Welches Jahr war das? UK: Das war so in den Jahren 1974 bis '77, da arbeitete ich im zeitweilig im Forschungszentrum der Nixdorf Computer AG in Berlin. Während ich dort tagsüber knifflige Software-Probleme löste, las ich abends das neue Buch von Joseph Weizenbaum: „Die Macht der Computer und die Ohnmacht der Vernunft" und war natürlich hin- und hergerissen. Außerdem faszinierte mich die aus den USA seit Ende der 60er Jahre herüberschwappende gegenkulturelle Graswurzelbewegung mit dem Whole-Earth-Catalogue und ähnlichem. Darin gab es unter anderem den berühmten „Homebrew-Computer-Club", aus dem später Firmen wie Apple, Microsoft und einige andere hervorgingen, und diese jungen Wilden propagierten: „Computerpower to the people". Diese für damalige Zeiten völlig verrückte Idee, dass ein Mensch einen eigenen Computer haben könnte und das man mit Hilfe von neuer Technik das Wissen der Welt demokratisieren könnte, das hatte schon was. Da ich mich mit der Technik gut auskannte, erschien mir das alles gar nicht so utopisch und wir hatten dann bei Nixdorf eine kleine Gruppe, die die Idee eines Single-User-Mikrocomputers verfolgte (den Begriff PC gab es damals noch nicht). Na ja, wie die Geschichte weiterging, ist bekannt. Als dann wenig später mit dem Apple II tatsächlich die ersten kommerziell erfolgreichen PCs auf den Markt kamen, ließ sich der Firmengründer Heinz Nixdorf davon nicht beeindrucken. Mit seinem berühmten Satz: „Wir bauen Lastwagen und keine Mopeds" wischte er all diese revolutionären Konzepte und Ideen vom Tisch. Das war das erste Mal, bei dem ich erleben durfte, dass sich gute Ideen nicht von allein durchsetzen, sondern im Gegenteil, in der Regel erst einmal auf Widerstände stoßen. Die Firma Nixdorf war ja seinerzeit noch eines der erfolgreichsten deutschen Vorzeigeunternehmen. Und gut zehn Jahre später war Nixdorf pleite bzw. wurde von Siemens übernommen, weil man die Chancen der Mikrocomputer bzw. PC's nicht erkannt hatte und von deren Siegeszug regelrecht überrollt wurde – wie übrigens viele andere damals bekannte Computerfirmen auch.

Ganz ähnliche Erfahrungen machte ich dann in meinem allerersten Forschungsprojekt nach dem Studium. Schon während des Studiums hatten wir in einem TU-Debattierzirkel Ideen für einen sinnvollen Einsatz von Mikrocomputern sondiert und eine davon zielte auf die Veränderung der Arbeit an NC-gesteuerten Maschinen. Damals gab es eine sehr kritische Debatte über die NC-Technik in den Fabriken. Vor allem amerikanische Kritiker, wie etwa der Historiker David Noble, meinten damals, die NC-Technik bringe das Ende der Facharbeit, man könne künftig quasi überall angelernte Affen an die Maschinen stellen, die einfach nur den Lochstreifen einlegen, Rohmaterial in die Maschine stecken, dann bearbeitet die Maschine das Teil nach dem NC-Programm und sie nehmen nur noch das Fertigteil heraus. Das, was vorher hochentwickelte handwerkliche Fertigkeiten des Drehers oder Fräsers benötigte, das verschwindet alles in der Software und im Lochstreifen. Na ja, in der Praxis hat sich dann herausgestellt, dass das alles so einfach doch nicht ging und wir haben uns dann überlegt, wie man mit Hilfe der Technik die Facharbeiterqualifikation und die Ganzheitlichkeit von Hand- und Kopfarbeit erhalten kann. Wir hatten die Idee, eine Programmiersprache und eine Steuerung zu entwickeln, die so gestaltet ist, dass ein Facharbeiter sie selber programmieren kann. Das hatte den großen Vorteil, dass dann jemand programmiert, der auch zugleich etwas von Metall und Werkzeugen versteht, also wie dick die Späne sein dürfen, was zu Verschleiß führt usw., während die Leute im Programmierbüro, die Weißkittel, ja häufig kaum praktisches Erfahrungswissen mit Werkzeugen und Material hatten. Weil deren Programme so oft fehlerhaft waren, standen die teuren Maschinen häufig still und keine Seite wusste so recht, warum. Wenn man aber die Kopf- und Handarbeit wieder zusammenbringt – also enttaylorisiert – und der Facharbeiter den Prozess wieder selbst beherrscht, dann kann die Person an der Maschine solche Probleme eher vermeiden oder zumindest besser verstehen und auch selber lösen (Diekmann et al. 1979).

Dieses erste Projekt machten wir zusammen mit einer Werkzeugmaschinenfirma, der Traub AG in Reichenbach, die waren zu jener Zeit Weltmarktführer für Drehmaschinen und machten gerade ihre ersten Schritte in Richtung CNC[1] -Technik. Unser Projekt einer werkstattprogrammierbaren CNC-Steuerung war übrigens eines der frühen Projekte aus dem BMFT-Forschungsprogramm „Humanisierung des Arbeitslebens" und es wurde dann – allerdings erst sehr viel später – sogar ein Vorzeigeprojekt, weil damit deutlich wurde, dass eine Humanisierung der Arbeit auch betriebswirtschaftliche Vorteile bringen kann, was zu jener Zeit ja vor allem von Arbeitgebern stets heftig und sehr pauschal bestritten wurde.

Außerdem konnte mit diesem Projekt konkret gezeigt werden, dass es eine Frage der Gestaltung von Software ist, ob die neue Technik dequalifizierend oder ganz im Gegenteil arbeitsbereichernd und damit qualifikations- und persönlichkeitsfördernd wirkt. Jedenfalls wurde schon mit diesem Projekt klar, dass das seinerzeit vor allem in Gewerkschaftskreisen verbreitete pauschale Urteil über die Wirkungen der Computertechnik: „Der Computer übernimmt die menschliche Kopfarbeit, so wie Maschinen die Handarbeit übernommen haben" eigentlich nur bewies, dass diese Kritiker – zum Teil bis heute noch – überhaupt nicht begriffen hatten, was Computer eigentlich sind. Solche Fehleinschätzungen und Pauschalurteile haben bei uns leider jahrzehntelang die öffentlichen Debatten, auch an den Schulen, vergiftet und mit dazu beigetragen, dass Deutschland bzw. Europa in Kernbereichen der Informationstechnik inzwischen ziemlich abgehängt worden ist.

Die praktische Umsetzung unserer Ideen im Unternehmen stieß dann aber immer wieder auf Widerstände und erforderte endlose Debatten. Wir hatten zwar bei der Firma Traub einen Verbündeten, der die Chancen unserer Entwicklungen erkannt hatte und auch sonst sehr innovativ und aufgeschlossen war. Dieser schon etwas ältere Herr galt aber im Unternehmen auch als Spinner, kaum jemand hat ihn so richtig ernst genommen – mit dem haben wir gut kooperiert. Als wir dann aber die Idee hatten, eine Art grafischer Programmiersprache bzw. erste Vorläufer davon zu entwickeln, um bestimmte Elemente des Werkstücks und des Arbeitsvorgangs grafisch darzustellen,

---

[1]Computerized Numerical Control = Maschinensteuerung durch Computerprogramme.

da ist dann die Geschäftsführung ausgestiegen. Da haben die dann gesagt: „Ein Bildschirm an der Maschine? Das kommt nicht in die Tüte. Eine Werkstatt ist doch keine Videospielhölle." Damals kamen gerade erste einfache Videospiele wie „Pong" nach Europa und ein Bildschirm weckte solche Assoziationen. Kurz und gut, letztlich erforderten diese Debatten irrsinnig viel Kraft und Zeit. Nicht selten wurden gute Argumente und Vorschläge auch mit dem Hinweis vom Tisch gewischt, dass der damalige Hauptkonkurrent, eine Maschinenbaufirma aus dem Nachbarort, das ja schließlich auch nicht mache. Wir haben dann unser Projekt nicht verlängert, obwohl das durchaus drin gewesen wäre. Gut zehn Jahre später kamen dann vor allem aus Japan werkstattprogrammierbare CNC-Steuerungen mit grafischen Bildschirmen auf den Markt, die in etwa das machten, was uns seinerzeit vorschwebte. Aufgrund ihrer internen Probleme hat die Firma Traub diesen Zug verpasst und ging dann in den 90er Jahren in Konkurs und wurde übrigens von dem Nachbarunternehmen übernommen, zu dem man damals immer hinüber geschielt hatte.

Ich bin davon überzeugt, dass wir auf eine ähnliche Art und Weise ungezählte mittelständische Betriebe in Deutschland verloren haben, gerade in dieser Umbruchzeit, weil die sich schwer taten mit der Vorstellung, was Computer überhaupt sind und was man mit Software machen kann. Bei Traub beispielsweise gab es unter den damals mehr als eintausend Mitarbeitern nur einen einzigen, der ein klein wenig über Mikrocomputertechnik wusste, weil er sich privat einen Computerbaukasten zugelegt hatte – die Vorläufer der kommerziellen Kleincomputer waren ja damals ziemlich primitive Baukästen. Alle anderen waren klassische Maschinenbauer, für die die Computertechnik völlig unbekanntes Terrain war. Und Maschinenbauer denken nicht in Software, die denken in Hardware bzw. in fest verdrahteten Funktionen. Und eine Abkehr von solchen Denkweisen ist extrem schwierig.

Zwei Zusammenhänge sind mir dabei klar geworden. Bei Nixdorf wurde deutlich, dass diese Firma Opfer ihres eigenen Erfolges wurde. Beispielsweise wurden während ich im Nixdorf-Forschungszentrum arbeitete dort gerade die Scannerkassen entwickelt. Da wurden immer die Kaugummipäckchen usw. aus den USA eingeflogen, weil die schon einen Strichcode hatten – und diese Kassen wurden ja später auch ein Riesenerfolg. Aber Erfolg macht auch blind und hochnäsig – Hochmut kommt vor dem Fall. Nixdorf und viele andere untergangene Computerfirmen wie Sperry, Burroughs, Honeywell, Prime, Control Data, Data General, DEC oder Univac verkannten damals die wichtigsten Trends in der Informationstechnik wahrscheinlich auch deshalb, weil diese Trends nicht aus dem sogenannten militärisch-industriellen Komplex kamen, sondern auf einmal von ganz unten aus einer Graswurzelbewegung – und deshalb zunächst überhaupt nicht ernst genommen wurden.

Und bei Traub wurde deutlich, dass mittelständische Betriebe oft keine Qualifikationen im Betrieb haben, an denen neues, externes Wissen andocken kann – im Innovations-Fachjargon: es mangelt an „absorptive capacity". Die hatte nur dieser eine Mensch, mit dem wir zusammen arbeiteten, der war der einzige, der es wirklich kapiert hatte, aber der war in der Firma quasi als Hofnarr abgestempelt. Jedenfalls war es bei

Traub das zweite Mal, dass ich erlebte, dass innovative Ideen nicht so einfach durchgesetzt werden konnten. Zwar stellten sich unsere Konzepte auch hier später als richtig heraus, weil dann Ähnliches von anderen Firmen erfolgreich vermarktet wurde. Aber ich begann zu begreifen, das gute Ideen wenig nützen, wenn man sie zur falschen Zeit hat – und wir waren mit einigen Ideen einfach viel zu früh dran – das ist dann ziemlich undankbar und frustrierend.

2   Neue Ansätze und Erfahrungen zu Innovation und Arbeit

WS: Du hast dann wieder etwas ganz Neues, Innovatives angefangen UK: Ja, dieses HdA[2]-Projekt mit der CNC-Werkstattprogammierung hatte bei einigen Gewerkschaftern großes Interesse geweckt und 1978 erhielt ich dann einen Anruf aus dem IG Metall-Vorstand: „Ob ich nicht eine Innovationsberatungsstelle der IG Metall aufbauen will?" Man muss sich vergegenwärtigen, dass zu der Zeit, ganz anders als heute, der Begriff „Innovation" noch kaum gebräuchlich war. Jedenfalls reizte mich diese Herausforderung, das war etwas Neues und es war ein Pilotprojekt des Forschungsministeriums, weil sich jemand beim IG Metall-Vorstand gedacht hatte, die Unternehmen kriegen jede Menge Geld für Innovationsförderung und die Arbeitnehmer haben vor allem mit den Folgen zu tun; warum sollen die nicht auch einen Teil davon abbekommen, also machen wir auch eine gewerkschaftliche Beratungsstelle. Das war übrigens derjenige, der die Uhrenkrise hautnah miterlebt hatte. Und der hatte sich dieses Projekt ausgedacht und gesagt, die Arbeitnehmer haben auch innovatives Potenzial und warum sollen die nicht auch mitreden dürfen bei neuen Produkten. Die Wahl für den Ort dieser Innovations-Beratungsstelle fiel auf Hamburg, weil zu jener Zeit Hamburg besonders große Arbeitsmarktprobleme hatte, da der Schiffbau, der Werften-Zuliefererbereich und weite Teile des Maschinenbaus damals den Bach runter gingen.

Wir haben dann ab 1979 in dieser Beratungsstelle mit vielen Betriebsräten aus dem Werftbereich und mit externen Fachleuten über alternative Produktion und ganz neue Betätigungsfelder nachgedacht. Manche dieser Kollegen kamen aus der Friedensbewegung und hatten sich schon für die Rüstungskonversion in den frühen Arbeitskreisen zur alternativen Produktion stark gemacht. Vor allem aber muss man sich erinnern, dass zu der Zeit die Auseinandersetzung um das geplante Atomkraftwerk in Brokdorf einen ihrer Höhepunkte in Hamburg hatte. Auch von daher war es naheliegend, dass wir uns als Innovationsberatungsfeld auf den Bereich der Energie- und Umwelttechnik konzentrierten, weil wir hier die größten Chancen für die Schaffung vieler neuer und sinnvoller Arbeitsplätze sahen. Wir haben dann einen IG Metall-Arbeitskreis „Rationelle Energieverwendung" aufgebaut. Darin engagierten sich neben den Betriebsräten auch sehr viele Techniker und Ingenieure aus den Werften und Maschinenbaufirmen, die neben ihrer oft

---

[2]Humanisierung des Arbeitslebens – so der Titel eines BMFT-Forschungsprogramms.

frustrierenden, hochgradig arbeitsteiligen Klein-klein-Tätigkeit auch noch etwas Sinn-volles machen wollten. Das ging soweit, dass einige aus dem Arbeitskreis in ihrer Freizeit sogar erste Prototypen von Solaranlagen, Biogasanlagen und Wärmekraftkopplungs-aggregaten gebaut haben. Wir haben dann gemeinsam mit dem Arbeitskreis viele Exkursionen gemacht, etwa zu einigen damals fortschrittlichen Kommunen wie Flens-burg und Heidenheim, wo kluge und weitsichtige technische Stadtwerksdirektoren bereits Wärmekraft-Koppelung und andere fortschrittliche Umwelttechniken realisiert hatten. Dabei wurde uns dann schnell deutlich, dass man hier beispielsweise für Schiffsdiesel ganz neue Anwendungsfelder erschließen konnte und dass durch neue Energietechniken jede Menge neue Jobs im Maschinenbau und im Handwerk geschaffen werden könnten. Parallel dazu haben wir regelmäßig Fachgespräche zu energie- und umweltpolitischen Themen mit Ingenieuren, Wissenschaftlern und aufgeklärten Politikern wie Hermann Scheer, Klaus Traube, Reinhard Überhorst, Karl Werner Kieffer, Hartmut Bossel, Erhard Eppler oder Frederic Vester organisiert, die uns unterstützt haben. Und das wurde dann im Lauf der Zeit immer konkreter und ging sogar soweit, dass wir mit einigen fort-schrittlichen Leuten aus der SPD an einem alternativen Energieversorgungskonzept für Hamburg arbeiteten – wir wollten, dass die drei Milliarden, die für Brokdorf vorgesehen waren, stattdessen in intelligentere, beschäftigungsintensivere und vor allem zukunfts-trächtigere Bereiche investiert werden sollten (Klotz 1982). Man muss beispielsweise wissen, dass in jener Zeit die Stromverbrauchsspitzen in Hamburg nachts auftraten, weil die ganze Stadt von den Hamburger Elektrizitätswerken (HEW) mit elektrischen Nacht-speicherheizungen zugepflastert war. Und dieser ökonomische und ökologische Irrsinn sollte damals sogar noch ausgebaut werden. Es gab ja seinerzeit Pläne der Hamburger Industriestrategen, die gesamte Unterelberegion mit einem Dutzend Atomkraftwerken, Schnellen Brütern und energieintensiven Grundstoffindustrien wie Aluminiumindustrie, chemische Industrie, Stahlerzeugung und Kupferverhüttung zuzupflastern – einiges davon wurde ja leider auch realisiert.

In dieser Situation war klar, dass unsere Ideen zu besseren Energie- und Umwelt-techniken natürlich auf heftige Widerstände stießen. Da hieß es, diese Umweltschützer, das sind alles Jobkiller, „von blauer Luft über der Alster kann niemand leben" (Original-zitat Bundeskanzler Helmut Schmidt) und die Grünen, die damals gerade im Entstehen waren, galten als Spinner. Den massivsten Gegenwind erhielten wir übrigens aus IG Metall selbst. Das war schon ein schweres Dilemma. Auf der einen Seite brachten wir der IG Metall großen Mitglieder-Zulauf – ich glaube, dass die IG Metall später nie wie-der so schnell so viele wirklich engagierte junge Ingenieure und Techniker als neue Mit-glieder gewonnen hat, als in unserer Zeit in Hamburg. Auf der anderen Seite wurde die örtliche IG Metall vom Betriebsrat des Stromversorgers HEW regelrecht erpresst. Der drohte damit, dass man mit dem ganzen Betrieb zur ÖTV wechseln werde, wenn die IG Metall den strammen Atomkurs dieses Unternehmens nicht auch weiterhin mitmachen würde. Und dazu man muss wissen, dass HEW damals der mitgliederstärkste Betrieb in der Hamburger IG Metall war.

Außerdem muss man sich daran erinnern, dass die Gewerkschaften Ende der 70er Jahre noch große, von der Industrie bezahlte Pro-Atomkraft Demonstrationen organisierten, auf denen beispielsweise der IG Metall–Vorsitzende Loderer vor 40000 Gewerkschaftern die Entsorgungsfrage als bereits gelöst erklärte. Und der Chefredakteur der Zeitschrift der IG Bergbau und Energie, Horst Niggemeier, warf damals in der „Welt der Arbeit", das war die Zeitung des DGB, Atomkraftgegner mit den Terroristen der Bader-Meinhof-Gruppe in einen Topf. Das waren wirklich noch ganz andere Zeiten.

Na ja, ich mache das jetzt kurz: diese Konflikte eskalierten im Lauf der Zeit immer mehr. Unsere Konzepte und Papiere wurden massiv zensiert und unser Arbeitskreis mit den Ingenieuren wurde von IG Metall-Oberen verboten und wir kriegten dann Kündigungsandrohungen aus der IG Metall-Zentrale in Frankfurt – sinngemäß: „Wenn wir mit dem grünen Kurs so weiter machen, fliegen wir alle raus" Damals titelte dann die „taz" zum innergewerkschaftlichen Konflikt um die Innovations-Beratungsstellen: „So verhalten sich üble kapitalistische Unternehmer". Die politischen Mehrheitsverhältnisse in Sachen Brokdorf standen damals in Hamburg ganz knapp auf der Kippe, letztlich ist es einer undemokratischen Manipulation des strukturkonservativen Hamburger Filzes zu verdanken, dass Brokdorf dann doch gebaut wurde und unsere alternativen Konzepte erst einmal ad acta gelegt wurden.

Dieser Streit um Ökonomie und Ökologie war aber auch symptomatisch für jene Zeit und für die totale Borniertheit der etablierten Institutionen. Um nur noch ein besonders wichtiges Beispiel zu nennen: Damals war Hans Matthöfer Finanzminister im Kabinett von Helmut Schmidt. Matthöfer hatte 1982 ein Papier geschrieben mit dem Titel „Mut zur Vollbeschäftigung" und einem ellenlangen Untertitel. Darin schlug er vor, die Finanzierung des Staates künftig auf eine ganz andere Grundlage zu stellen. Statt den Faktor Arbeit zu besteuern, sollte man künftig den Verbrauch von Ressourcen besteuern. Außerdem sollten massive Investitionen in erneuerbare Energien „einen heilsamen Anstoß zur Suche nach ökologiebewussteren und gleichzeitig menschlicheren Lebensformen" geben. Das war ein umfangreiches, sehr konkretes und sehr weitsichtiges Papier, das mich damals total begeistert hat. Der Historiker Werner Abelshauser schrieb später (Abelshauser 2009), dass dieser geniale Matthöfer-Vorschlag – Zitat: „von der Prätorianergarde der alten Industriegesellschaft brutal niedergeknüppelt wurde". Matthöfer, der ja auch ein ehemaliger IG Metaller war, erhielt auch aus den Gewerkschaften keinerlei Unterstützung, ganz im Gegenteil, sowohl die Gewerkschaften als auch die SPD hatten für das Konzept wenig übrig – und durften dann prompt erleben, wie die Grünen zur etablierten Partei aufstiegen. Matthöfer hat dann wenig später resigniert und seinen Posten als Finanzminister aufgegeben und damit war dann dieses Konzept auch tot. Ich könnte jetzt noch zig ähnliche Beispiele bringen – jedenfalls waren das alles wahnsinnig aufreibende Konflikte, bei denen nicht zuletzt die Gewerkschaften beträchtlich an Ansehen vor allem bei jungen Leuten verloren haben, weil immer mehr Menschen erkannten, dass viele der Ober-Funktionäre bei der Schaffung von neuer Arbeit durch Innovationen eher hinderlich als förderlich waren. Viele

unserer engagierten Mitstreiter haben damals die IG Metall total frustriert wieder verlassen und ich habe dann nach fünf Jahren Innovations-Beratungsstelle oft gedacht:
Gewerkschaften und Innovation – das kannst du vergessen.

3   Innovation und Gewerkschaft

*WS: Inzwischen haben sie sich ja auch die Gewerkschaften der Innovation zugewandt,
wie du u. a. an den von der Hans-Böckler-Stiftung finanzierten Forschungsprojekten zu
„Innovation und Mitbestimmung" (Gerlach 2012) oder an der IG Metall-Kampagne
„Besser statt billiger" siehst* UK: Das ist schon richtig, diese Projekte habe ich übrigens vor vielen Jahren mal selbst angeregt und inzwischen haben die Gewerkschaften
dazugelernt und begriffen, dass gerade im intelligenteren, innovativen Umgang mit
natürlichen Ressourcen große Chancen für neue und gute Arbeit liegen. Aber wie lange
hat das gedauert? Fünfundzwanzig wertvolle Jahre und mehr haben wir, hat Deutschland verloren, weil unsere Institutionen so träge, so innovationsfeindlich und so struktur-
konservativ sind. In dieser langen Zeit haben wir nicht nur viele Milliarden Tonnen
unwiederbringliches Öl vergeudet und damit die Umwelt belastet, sondern auch Chancen für die Schaffung hunderttausender, wenn nicht gar Millionen neuer Arbeitsplätze
ungenutzt verstreichen lassen. Dass Deutschland im Bereich der Energie- und Umwelt-
techniken heute relativ gut dasteht, liegt zum einem daran, dass die anderen Länder zum
Teil noch borniertere Institutionen und noch mehr rückwärtsorientierte Politiker und
Lobbyisten haben und zum anderen ist dies ja eher ein Verdienst der grünen Bewegung
und nicht der Gewerkschaften, wenngleich inzwischen auch die Gewerkschaften heute
das propagieren, was sie vor 25 Jahren noch bekämpft haben.

Allein schon der Begriff „Innovation" war bei Gewerkschaften damals sehr
umstritten. Der Kollege beim IG Metall-Vorstand, der Mitte der 70er Jahre die Idee mit
eigenen Innovationsberatungsstellen hatte, wurde intern heftig angefeindet (Hinz 1976).
Seine Kollegen und sein Vorgesetzter sagten: „Innovation, das ist doch kein Thema für
uns. Das ist doch Aufgabe der Unternehmer, was sollen wir uns den Kopf der Unternehmer – oder des Klassenfeindes – zerbrechen?" Weil das Geld für die beiden ersten
Pilot-Innovationsberatungsstellen (1979 in Hamburg und Berlin gegründet) aber nicht
von der IG Metall, sondern vom Forschungsministerium kam, haben sie dann gesagt
„Na, ja, lass ihn mal machen".

Heute ist Innovation ein selbstverständlich verwendeter Begriff geworden, aber
damals kriegten wir noch Briefe an die „Invasionsberatungsstelle" und so ähnliches –
das war einfach eine ganz andere Zeit. Ich hatte ja damals noch die Hoffnung, nach und
nach flächendeckend überall solche Innovations-Beratungsstellen zu installieren, damit
Arbeitnehmer auch bei den Produkten und bei der Gestaltung ihrer Arbeit und Umwelt
mitreden können. Das war ein Ansatz für eine konstruktive und offensiv-gestaltende
Gewerkschaftspolitik, statt immer nur hinter den von anderen gemachten Entwicklungen
herzurennen und den Zaungast oder den Bremser zu spielen (Klotz 1987). Doch als die

Förderung vom Forschungsministerium ausgelaufen war, war dann auch bald Feierabend bei den Beratungsstellen – bis heute haben viele in den Gewerkschaften nicht begriffen, welche Chancen sie sich da entgehen ließen.

Erst so etwa seit der Jahrtausendwende setzte sich bei den Gewerkschaften die Erkenntnis durch, dass man den Tiger reiten muss und das unterlassener Strukturwandel meist noch härtere Folgen hat als der Strukturwandel selbst. Oder dass man sich in der Verteilungsdebatte nicht nur um die Größe der Tortenstücke streiten sollte, sondern sich vor allem auch um die Frage kümmern muss, wie man die Torte insgesamt größer machen kann – und das geht nur durch Innovationen. Als eine meiner letzten Amtshandlungen habe ich dann beim IG Metall-Vorstand Konzepte für ein neu zu schaffendes Ressort „Arbeit und Innovation" geschrieben, die sind dann immerhin auch realisiert worden.

Jedenfalls hatten wir in der Hamburger Innovationsberatungsstelle viele Freiräume und Möglichkeiten, um konzeptionelle Dinge zu tun, die bei den Gewerkschaften brach lagen. Beispielsweise haben wir intensiv bei der Konzeption für die geplante Technische Universität Hamburg-Harburg mitgewirkt und mehrere große Konferenzen hierzu veranstaltet. Wir haben dabei unter anderem durchgeboxt, dass an der TUHH eigene Bereiche für Umwelttechnik und für Arbeitswissenschaft geschaffen wurden und wir hatten auch noch ein Konzept für einen Bereich mittlere oder angepasste Technologie. Diese Bereiche gehörten zu den ersten sechs Arbeitsbereichen der neugegründeten TU Hamburg-Harburg. Ich habe dann 1984 die Innovations-Beratungsstelle verlassen und bin in den Bereich Arbeitswissenschaften an die TU gegangen, wo ich als Oberingenieur interessante Gestaltungsspielräume beim Aufbau dieses großzügig ausgestatteten Bereichs hatte – zum Beispiel hatten wir tolle Möglichkeiten, mit den seinerzeit modernsten Computern der Welt, den ersten Workstations von Sun, eigene praktische Erfahrungen zu sammeln.

4 IT-Innovation im Verwaltungsbereich

Ich war noch gar nicht lange an der TU, da erhielt ich 1985 Anrufe von den damaligen Leitern für Organisation und Personal aus der IG Metall-Zentrale, ob ich ein noch geheimes Projekt zur Modernisierung der IG Metall machen wolle, um in der IG Metall neue Informations- und Kommunikationsstrukturen aufzubauen. Das war damals die Zeit der „Bürokommunikationssysteme" und ich hatte mich ohnehin zunehmend mit dem Thema Arbeit, Organisation und Technik im Bürobereich befasst und fand die Idee, die IG Metall ein wenig umzukrempeln, durchaus reizvoll. Ich ahnte aber auch, wie schwer das sein würde und habe mich erkundigt, inwiefern ich freie Hand kriege, weil klar war, wenn du da wirklich etwas ändern willst, musst du vielen Leuten weh tun und kriegst richtig Ärger und du brauchst dann jemanden, der dir den Rücken freihält. Solche Freiräume konnten und wollten die Kollegen mir aber nicht zusichern und da habe ich gesagt, dann müsst ihr das alleine machen. Und das ging dann noch paar Mal hin und her und dann ist das Projekt trotzdem gestartet worden und ich kriegte später wieder einen Anruf, ob ich nicht doch mitmachen wolle, denn zwischenzeitlich gab es personelle Veränderungen im Vorstand. Da ich es an der Universität ohnehin nicht mehr so spannend fand, bin dann 1987 wieder zum IG Metall-Vorstand nach Frankfurt gegangen – zumal ich dann auch jede Menge Ideen hatte, was man konkret bei der IG Metall umgestalten müsste, um sie in eine moderne, innovationsfähige Organisation zu verwandeln.

Ein zentraler Aspekt bei diesem Projekt war natürlich die Ausstattung der IG Metall mit Computern, was zu der Zeit überhaupt nicht selbstverständlich, sondern heftig umstritten war. Mir war damals schon bewusst, dass es mit Technik installieren nicht getan ist, sondern dass man vor allem die Organisationstrukturen und damit langfristig auch die Organisationskultur verändern muss. Und bei solchen Veränderungen kann Technik förderlich oder auch hinderlich sein, das kommt dann vor allem auf die Gestaltung der Technik, insbesondere der Software an – ganz ähnlich wie bei dem Traub-CNC-Projekt, wo man ja auch sah, dass man mit der entsprechenden Softwaregestaltung den Taylorismus in der Produktion oder auch das genaue Gegenteil vorantreiben konnte.

An der TU in Hamburg hatte ich die ersten seinerzeit aufkommenden grafischen Workstations kennengelernt und war total begeistert von den Möglichkeiten dieser neuen Technik. Und als dann 1984 mit dem Apple Macintosh der erste Computer auf den Markt kam, den auch Computer-Laien ohne Probleme benutzen (und bezahlen) konnten, war mir klar, wo die Reise hingehen muss. Mit dem revolutionären Konzept der Computer-Steuerung durch einfaches Zeigen und Bewegen, statt durch komplizierte Kommandofolgen, eröffnete sich ja für die Arbeits- und Organisationsgestaltung eine völlig neue Welt. Endlich konnten normale Menschen viele Aufgaben selbst erledigen, für die man zuvor noch Technikspezialisten benötigte – man konnte schon absehen, dass der Computer vom Herrschaftsinstrument zum Alltagsgegenstand werden würde und das dies die Arbeitswelt ähnlich umwälzen würde, wie es die Maschinen zu Beginn der Industrialisierung taten (Klotz 1992).

Das Problem bei der IG Metall war damals aber, dass die Kollegen im Projekt diese neuen Techniken überhaupt nicht kannten, weil sie entweder aus der untergehenden Welt der Großcomputer kamen oder mehrheitlich gar keine Ahnung von Informationstechnik hatten, von Organisationsgestaltung oder partizipativer Systemgestaltung und ähnlichem ganz zu schweigen. Und einige der Meinungsführer und grauen Eminenzen hatten sich schon längst auf ein System festgelegt. Das war aber ein vollkommen anachronistisches Konzept aus den 70er Jahren mit dummen Bildschirmen, wahnsinnig komplizierter Bedienung und für den Bürobereich vollkommen ungeeignet – dafür aber irrsinnig teuer. Aber es basierte auf den alten Programmiersprachen und Betriebssystemen, die die Kollegen kannten und wer lässt sich schon gerne seine mühsam erworbenen Qualifikationen und Spezialkenntnisse entwerten?

Ich war schon vor meinem Wieder-Einstieg bei der IG Metall davon überzeugt, dass dieser von der IG Metall ausgewählte Computerhersteller, die Digital Equipment Corp. (DEC), nicht mehr lange existieren würde – die Parallelen zu Nixdorf waren gar nicht übersehen. DEC war damals der zweitgrößte Computerkonzern der Welt, doch der Gründer, Ken Olsen, mokierte sich ähnlich wie der alte Heinz Nixdorf über die PCs, eines seiner bekanntesten Zitate war damals: „Es gibt überhaupt keinen vernünftigen Grund, dass jemand einen Computer zu Hause haben sollte."

Ich habe dann schon bei meiner Vorstellung dem IG Metall-Vorstand gesagt, dass sie dabei seien, schwerwiegende Fehler zu machen – das war lustig, denn so etwas hatten die noch nicht erlebt, dass es jemand vor seiner Einstellung wagt, den Vorstand zu kritisieren. Aber ich war mir meiner Sache ganz sicher und musste alles auf eine Karte setzen – andernfalls wäre ich auf meiner Dauerstelle in der Hamburger TU geblieben. Na ja, jedenfalls erhielt ich dann gleich den Auftrag, ein Alternativ-Konzept für das Projekt zu entwickeln und das war es, was ich wollte.

Ich habe dann aber schon in den ersten Tagen gemerkt, dass es wenig Zweck hatte mit den Projekt-Kollegen fachlich zu diskutieren, weil sie nicht offen für Neues waren und die Dinge nicht kannten, von denen ich begeistert war – es ist halt schwierig, sich mit Blinden über Farben zu unterhalten. Ich musste mir ständig solche Dinge anhören wie: „Arbeitsplatzcomputer, das ist doch Quatsch, mit so etwas kann man im Büro gar nichts anfangen." oder „Grafische Benutzeroberflächen und Mäuse, das ist doch nur Spielkram, das ist für ernsthafte Arbeit völlig ungeeignet."

Nach meinen ersten vier Wochen im Projekt habe ich dann im IGM-Vorstandssaal eine Vorführung organisiert, in der ein Systemhaus einen Macintosh mit einem fix entwickelten Prototypen einer Mitglieder-Datenbank, mit integrierter Text- und Datenverarbeitung usw. demonstrierte. Bei dieser Veranstaltung waren auch einige Sekretärinnen zugegen, die waren begeistert und sagten: „Super, das ist genau das, was wir brauchen". Die arbeiteten ja damals alle noch mit Schreibmaschinen und als sie dann sahen, wie man beispielsweise mit der Maus eine Grafik in einen Text einsetzt und der Text läuft automatisch drumherum, da gab es regelrechte Begeisterungsstürme. Aber der Effekt des Ganzen war, dass ich dann schon nach vier Wochen von der Projektleitung eine Art Abmahnung erhielt, weil ich es zugelassen hatte, dass Personen, die nicht zum Projekt gehörten, bei dieser Vorführung anwesend waren. Danach schwante mir dann schon Übles.

Ich hatte dann etwa drei Monate Zeit, um das gewünschte Alternativ-Konzept für das Projekt zu schreiben und habe da wahnsinnig viel Energie reingesteckt und das dann noch trotz einer üblen Lungenentzündung fristgerecht abgeliefert. Das war ein sehr konkretes und sehr engagiertes Plädoyer für den Aufbau moderner Arbeitsumgebungen und Organisationsstrukturen, gestützt vor allem durch zeitgemäße Informationstechnik. Ich hatte damals auch die Hoffnung, in und mit der IG Metall ein arbeitsgestalterisches Vorzeigeprojekt realisieren zu können. Damit hätte man zeigen können, dass die Gewerkschaften auf der Höhe der Zeit sind und man hätte, ähnlich wie damals die schwedischen Gewerkschaften mit Ihren heute international anerkannten TCO-Standards, ergonomische Maßstäbe setzen und viel für die Gestaltung der Arbeitswelt, aber auch für die Reputation von Gewerkschaften tun können.[3]

---

[3] http://tcodevelopment.com/ und http://de.wikipedia.org/wiki/TCO_%28Standard%29.

Doch was ich dann erlebte, war in allen Punkten das genaue Gegenteil. Mein Alternativ-Konzept wurde sofort unter Verschluss genommen und das Projektteam hat dieses Papier nie zu Gesicht bekommen. Darüber war ich natürlich extrem sauer. Es gab dann monatelang sehr unerfreuliche Debatten und ich habe dabei erlebt, wie der IG Metall-Vorstand von der Projektleitung systematisch und fortwährend in die Irre geführt wurde. Da wurde falsch gerechnet, Testergebnisse wurden gefälscht, Kritiker wurden diffamiert usw. – es ging immer nur darum, bereits getroffene Entscheidungen zu legitimieren. Das Grundproblem war, dass das Projekt immer mehr Geld in die bereits eingeschlagene Richtung investierte. Eine Abkehr von diesem Kurs wäre immer mehr als Gesichtsverlust und als Eingeständnis von Fehlern erlebt worden. Und im Vorstand war man extrem unsicher und ängstlich weil man dort von Computern überhaupt nichts verstand. Um es kurz auf den Punkt zu bringen: Man machte immer mehr Fehler, vor allem aus Angst davor, etwas falsch zu machen. Offiziell lief natürlich alles bestens, der Vorstand ließ sich vom Projektteam jahrelang mit schöngefärbten Berichten, Gefälligkeitsgutachten usw. gerne einlullen – obwohl es in der Praxis vor Ort ganz anders aussah und reihenweise Sekretärinnen in den IG Metall-Büros verzweifelten, weil sie mit dieser schauderhaften Technik nicht klarkamen – und dann zu allem Überfluss oftmals die Fehler auch noch bei sich selbst suchten. Der Industriesoziologe Friedrich Weltz hat solche in Bürokratien typischen Muster, diesen Aufbau von Scheinwelten, damals in der Zeitschrift Office Management sehr anschaulich beschrieben als „Management by Potemkin".

Ich habe dann mein in der IG Metall unter die Zensur genommenes Alternativ-Konzept umgestrickt zu einer längeren Artikelserie, die zuerst in „Office Management" erschien und dort ein Riesenecho hervorrief, die Zeitschrift hat danach seitenweise durchweg begeisterte Leserzuschriften veröffentlicht (Klotz 1990). Teile dieser Serie wurden danach von anderen Fachzeitschriften wie „Harvard Manager", „Technische Rundschau" oder „ComputerWoche" übernommen und sogar mit dem Karl Theodor Vogel Preis für hervorragenden Fachjournalismus ausgezeichnet. Später wurde die Serie auch noch in den „BBB-Informationen" nachgedruckt, das ist die Zeitschrift des Bundesverwaltungsamts für Büroorganisation und Bürotechnik, mit der das Amt Empfehlungen für zeitgemäße Büroarbeitskonzepte an sämtliche Behörden in Deutschland verbreitet. Als Folge davon erhielt ich dann Einladungen zu Vorträgen ohne Ende; ich habe dann zigfach etwa auf Symposien von Diebold vor den IT-Verantwortlichen nahezu sämtlicher deutscher Großunternehmen über Trends in der Informationstechnik und im Bürobereich referiert. Mein zuständiges IG Metall-Vorstandsmitglied versuchte aber ständig all dies zu unterbinden, ich erhielt schriftliche Veröffentlichungs- und Dienstreiseverbote ohne Ende. Ich ließ es aber darauf ankommen, weil ich hoffte, dass mit einem Verfahren hierzu die Machenschaften der Projektleitung aufliegen würden. Aber dazu kam es nicht. Allein die damalige Korrespondenz, mit der immer versucht wurde, Innovationen zu verhindern und das Wissen darüber zu unterdrücken, liefert Berge von Anschauungsmaterial, mit denen man die übliche Innovationsrhetorik als oftmals ziemlich realitätsfern widerlegen könnte. Sich für Innovationen einzusetzen, kann in bestimmten Organisationsstrukturen ein ziemlich hartes Brot sein.

Ich konnte dann aber immerhin durchsetzen, in einer Test-Installation den Macintosh weiter zu erproben. Und eine Reihe von Bevollmächtigten der IG Metall, das sind die Chefs der lokalen Einheiten, schauten sich diese Test-Installation in meinem Büro an – was übrigens offiziell streng untersagt war – und waren sofort begeistert. Rund ein Dutzend dieser Verwaltungsstellen haben dann ihre Büros auf eigene Faust und vor allem auf eigene Kosten mit Macs ausgestattet. Das offizielle Bürosystem wurde ja vom Vorstand bezahlt, aber diese „Mac-Rebellen", so nannte man sie bald, waren froh, dass sie mit der moderneren Technik endlich vernünftig arbeiten konnten. Weil bei dem offiziellen System völlig veraltete Programmiersprachen verwendet wurden, gab es zum Beispiel endlos Probleme mit der Mitglieder-Datenbank – allein dadurch hat die IG Metall unglaublich viele Mitglieder und Geld verloren. Diese Verwaltungsstellen waren mit ihren selbst entwickelten Systemlösungen dem offiziellen Projekt recht bald um Jahre voraus, allerdings wurden ihnen von der IG Metall-Zentrale immer mehr Knüppel zwischen die Beine geworfen und manche haben dann irgendwann entnervt kapituliert.

Ich habe das jetzt etwas ausführlicher geschildert, weil die Konstellation und die Konfliktmuster in der IG Metall durchaus typisch waren für das, was sich in dieser Zeit in zahllosen Unternehmen und Organisationen abspielte: In den Vorständen waren damals IT-Kenntnisse eine absolute Rarität, die meisten hatten große Scheu vor dieser Technik – und wenn damals schon mal ein PC auf einem Chef-Schreibtisch stand, dann war der nicht selten gar nicht an die Steckdose angeschlossen. Für die Informationstechnik in den Unternehmen waren historisch gewachsene EDV-Abteilungen zuständig, die oft ziemlich großen Einfluss hatten – nicht zuletzt, weil sie Riesen-Etats hatten. Die EDV-Abteilungen haben natürlich bei Systementscheidungen und ähnlichem vor allem ihre eigenen Interessen verfolgt. Aufgrund des raschen Wandels in der Informationstechnik führte das dann dazu, dass die in der Regel strukturkonservativen EDV-Bereiche viele Entscheidungen fällten, die zwar gut für sie selbst, aber ganz schlecht für das gesamte Unternehmen waren.

Was ich in der IG Metall erlebte, war also der klassische Fall, dass konservative Techniker und ängstliche Vorstände Systementscheidungen fällten, bei denen die Interessen der Benutzer allerhöchstens in den Sonntagsreden eine Rolle spielen, tatsächlich aber überhaupt nicht. Dieses Friss-Vogel-oder-stirb-Prinzip war damals überall gang und gäbe, darunter haben Millionen Büroarbeiter jahrelang sehr gelitten. Untersuchungen ergaben damals, das aufgrund der benutzerunfreundlichen Software im Schnitt ein ganzer Arbeitstag pro Woche, also 20 % der gesamten Arbeitszeit für typische Benutzerprobleme mit der Technik verloren ging, weil die Menschen mit den oft grauenhaften Systemen nicht klarkamen, die ihnen die Techniker auf die Schreibtische gestellt hatten. Mit anderen Worten: Viele Firmen haben durch miserable Computertechnik Milliarden verloren, hochgerechnet auf die ganze Volkswirtschaft summierten sich solche Produktivitätsverluste im Verlauf von Jahren sogar zu Billionen.

Mit der wachsenden Verbreitung moderner Arbeitsplatz-Systeme und besserer Home-Computer haben dann aber immer mehr Benutzer nach und nach erkannt, dass es durchaus bessere Alternativen gab und dass die eigenen EDV-Abteilungen auf dem

Holzweg waren. Daraus resultierten dann natürlich massive Innovationskonflikte, die es in ähnlicher Form auch heute noch vielfach gibt, wenn es etwa um die Thematik BYOD (Bring your own device) geht. Das heißt, solche Konflikte zwischen Top-Down zentralistischer EDV (Top-Down) und dezentraler Informationstechnik (Bottom-Up) waren ganz typisch für diese Zeit und haben sich so oder ähnlich in ungezählten Unternehmen abgespielt. Im „Harvard Manager" habe ich das mal Anfang der 90er als Beginn einer zweiten Ära der Informationstechnik beschrieben (Klotz 1991). Diese Konflikte waren letztlich nichts anders als die verzweifelten Versuche der alten zentralistischen EDV-Hohepriester ihre Pfründe gegen die aufkommenden Innovationen der dezentralen Informationstechnik zu verteidigen, mit denen sich die User emanzipierten und aus der Abhängigkeit von ihnen befreiten.

In solchen Konflikten gab und gibt es natürlich noch viele andere Player. Zum Beispiel wurden in der IG Metall die Systemschulungen von externen Dienstleistern gemacht. Als bei uns beispielsweise um die Auswahl von Textverarbeitungssystemen gestritten wurde, waren solche Dienstleister und Berater dann immer schnell mit Gefälligkeitsgutachten bei der Hand. Die haben dann natürlich für die alten, besonders komplizierten und benutzerfeindlichen Systeme plädiert, weil die besonders hohen Schulungsaufwand erforderten – allein auf diesem Terrain haben sich Externe reihenweise goldene Nasen auf Kosten der IG Metall verdient. Bei Innovationsprozessen sollte man die Eigeninteressen von externen Beratern stets berücksichtigen – das geschieht auch heute noch leider nur selten.

Ich könnte noch viele teilweise kaum glaublicher Episoden aus diesem Projekt erzählen, aber das würde jetzt zu weit führen. Jedenfalls eskalierten diese Konflikte um Innovationen immer mehr. Es gab zwar einen Vorstandsbeschluss, dass vor einer endgültigen Systementscheidung eine Reihe von Verwaltungsstellen alternative Systeme erproben sollte. Doch die Projektleitung hat die Umsetzung dieses Beschlusses erfolgreich unterlaufen. Insgeheim ahnten sie vermutlich, wie diese Vergleichstests ausgegangen wären und hatten eine Heidenangst davor. Da selbst der Vorstand nicht in der Lage war, seine eigenen Beschlüsse durchzusetzen, konnte auch ich im Endeffekt von meinen Vorschlägen fast nichts durchsetzen und habe dann das Projekt verlassen und bin in den Bereich Technologiepolitik gewechselt. Ich habe zum Abschluss meiner Arbeit im Projekt noch eine Art Chronologie über diese Zeit geschrieben und dem Vorstand zukommen lassen – das war ziemlich erhellendes Material über das Innenleben der Organisation. Doch wie es so ist in solchen Organisationen – der Vorstand hat natürlich auch das sofort unter Verschluss genommen und ich wurde schriftlich angewiesen, dieses Papier ja niemandem zu zeigen.

Es hat danach nicht mehr lange gedauert, bis DEC in Konkurs ging und spätestens dann hätte auch dem Letzten klar werden können, dass die IG Metall mit ihrem Projekt voll in einer Sackgasse gelandet war. Zur gleichen Zeit erhielt ich übrigens eine aufschlussreiche Studie über die EDV in der Bundesanstalt für Arbeit, die seinerzeit mit IT-Fehlentscheidungen hunderte von Millionen DM in den Sand setzte. Die IG Metall hat durch technische Sackgassen und die systematische Verhinderung von Innovationen auf diesem Gebiet im Verlauf von zwanzig Jahren ähnlich hohe Summen verloren, vor allem in Form verdeckter Nebenkosten, etwa durch vergeudete Arbeitszeit. Allerdings kann man das nur schätzen, denn professionelle Kalkulationen, wie etwa Total-Cost-of-Ownership-Berechnungen kannte man in der IG Metall überhaupt nicht. Die Kalkulationen, auf denen beispielsweise die Systementscheidungen basierten, waren Milchmädchen-rechnungen, man verglich meist nur die Hardware-Kosten miteinander. Das heißt 80 bis 90 % der realen IT-Kosten blieben bei solchen Vorstandsbeschlüssen unberücksichtigt, denn das sind nun einmal vor allem die Kosten, die beim User entstehen.

Aber das verlorene Geld ist noch der harmlosere Teil. Denn viel folgenreicher waren meines Erachtens die Wirkungen auf das Image der IG Metall bzw. der Gewerkschaften insgesamt – denn bei anderen Gewerkschaften lief ja alles ganz ähnlich. Das IT-Projekt der IG Metall war jahrelang Gespött in der IT-Branche, über die „Laienspielschar" der IG Metall mokierte sich sogar die Fachpresse gelegentlich. Deshalb war es kein Wunder, dass es ab dieser Zeit der IG Metall immer schwerer fiel, junge und qualifizierte Angestellte, Techniker und Ingenieure als neue Mitglieder zu gewinnen, sie galt dann vor allem in diesen computererfahrenen Kreisen als eine ziemlich verstaubte, rückständige Organisation. Ein junger Kollege hat das mal auf den Punkt gebracht, als er sagte: „Eine Organisation, in deren Büros es wie in einem Technik-Museum aussieht, ist einfach nicht attraktiv für Leute wie mich."

Leider war dieses Projekt keine einmalige Episode, sondern das alles hat Nach-wirkungen bis heute. Das liegt vor allem daran, dass es in solchen Organisationen keinerlei Fehlerkultur gibt. Nach Abschluss des Projektes gab der Vorstand eine Projekt-Evaluation in Auftrag, die dem Ganzen die Krone aufsetzte. Statt eigener Prüfungen hat die damit beauftragte Beratungsfirma einfach auf Basis der projektinternen Daten und Papiere ein ziemlich teures Gefälligkeitsgutachten verfasst, aus dem hervorging, dass das Projekt insgesamt sehr erfolgreich verlaufen ist. Das hat der Vorstand dann auch gerne geglaubt. Mich hat das alles sehr an den Sommer 1989 erinnert, als Erich Honecker in seiner berühmten Rede den ersten 32-Bit Mikroprozessor aus DDR-Produktion hochhielt und verkündete, dass die DDR nun den Anschluss an das Weltniveau erreicht hat und das weder Ochs noch Esel den Sozialismus in seinem Lauf aufhalten. Wenn man vorwiegend von Jasagern und Schönfärbern umgeben ist, verliert die Spitze einer Organisation all-mählich den Kontakt zur Wirklichkeit und geht immer mehr der eigenen Selbstdar-stellung auf den Leim.

Solche Strukturen, in denen die heimliche Regeln heißen: „Fehler machen ist gefähr-lich, Fehler zugeben ist tödlich" oder „Lieber mit dem Chef irren, als gegen den Chef Recht haben!" findet man heute noch immer vielerorts, besonders in den Verwaltungen. Wo es keine produktive Verarbeitung von Fehlern gibt, wird auch nichts dazugelernt. Auch das hat Friedrich Weltz in seinen Arbeiten über die Lernschwäche von Ver-waltungen unter der Überschrift: „Aus Schaden dumm werden" seinerzeit sehr lesens-wert geschildert (Weltz 1986). Und exakt wie von Weltz beschrieben, war man auch in der IG Metall mit irrwitzig steigendem Personalaufwand vor allem damit beschäftigt, alte Fehler durch immer neue Fehler zu kaschieren. Der EDV-Bereich der IG Metall hatte zeitweilig mehr Personal als der der Frankfurter Flughafen AG, die damals die mehr als zehnfache Mitarbeiterzahl und weitaus komplexere Aufgaben zu bewältigen hatte.

Mich hat es dann auch nicht mehr gewundert, dass diejenigen, die für diese chronische Schönfärberei verantwortlich zeichneten, bald darauf mit Nachfolge-Projekten beauftragt wurden – das war dann zum Beispiel ein Projekt zur Organisationsentwicklung in der IG Metall, das letztendlich ganz ähnlich scheiterte, aber intern ebenfalls als Erfolg verkauft wurde. Und ziemlich ähnlich ging es dann auch mit anderen Projekten weiter. Im Grunde dienten viele dieser Vorhaben vor allem als Karrieresprungbrett für Einzelne, die dann später selbst in den Vorstandsetagen landeten.

Vor allem in Funktionärsorganisationen, in denen man an der Spitze Wahlämter hat, sind die Spielchen, die in dem darunterliegenden gewachsenem administrativen Apparat ablaufen, oftmals verheerend für die Institution. Wo sich zum Beispiel der Wert einer Aufgabe dadurch definiert, inwieweit sie dem Vorgesetzten nutzt, wird häufig Opportunismus zum Qualifikationsersatz – um Karriere zu machen, reicht es völlig, stets nur das zu tun, was dem Vorgesetzen gefällt. Eines der Schlüsselprobleme in solchen Organisation ist die Tatsache, dass jemand in einem Bereich als kompetent gilt, weil ihm die entsprechende Stelle oder Funktion übertragen wurde. Der US-Mikroökonom Canice Prendergast hat mal in den 90er Jahren in seiner „Theorie der Ja-Sager" mit mathematischer Präzision beschrieben, dass „Organisationen, in denen die Beförderung und Bezahlung eines Mitarbeiters an die Wertschätzung gekoppelt sind, die er bei seinem Chef genießt" früher oder später zwangsläufig untergehen, weil sie eines Tages von Opportunisten total durchseucht sind (Prendergast 1993). Dafür ist nicht nur die DDR ein besonders krasses Beispiel – auch so manches untergegangene Unternehmen bei uns wurde letztlich Opfer der eigenen Strukturen und Kulturen.

5   Lessons to be learned

Ausgehend von diesen und ähnlichen Erfahrungen, wie ich sie hier kurz in groben Strichen skizziert habe, habe ich mich später mehr und mehr mit der Frage beschäftigt, wie setzen sich eigentlich Ideen und Innovationen in Organisationen durch? Worin unterscheiden sich eigentlich innovative, erfolgreiche von den weniger innovativen Unternehmen oder Organisationen? Die von mir geschilderten Beispiele zeigen ja deutlich, dass Widerstände und Konflikte eine zwangsläufige Begleiterscheinung jeder Innovation sind. Und wenn man mal gründlicher der Frage nachgeht, was man denn tun kann, um Innovationen zu fördern, dann wird einem bald klar, das man das Neue, das noch Unbekannte gar nicht direkt systematisch fördern kann – denn dazu müsste man es ja schon kennen. Innovation ist das Erdenken und Ausprobieren des heute noch Unbekannten. Was man noch nicht kennt, kann man auch nicht „managen". Innovationen erhält man auch nicht mit Zielvereinbarungen. Kreativität kann man nicht verordnen, das Neue lässt sich auch mit noch so viel Aufwand nicht erzwingen – Ideen lassen sich weder befehlen noch gibt es sie für Geld. Deshalb verpuffen auch so viele „Innovations-offensiven", „Innovationsmanagementseminare" und andere Innovationsvehikel als folgenlose Schauveranstaltungen.

Man kann aber Umgebungen schaffen, in denen das Neue besonders gut gedeiht. Man kann Bedingungen so verändern, dass Innovationen wahrscheinlicher werden. Wer wirklich Neues will, sollte nicht mit Belohnungen winken, sondern vor allem danach fragen, was Innovation behindert oder auch verhindert. Aufgrund meiner eigenen Erfahrungen halte ich es inzwischen für besonders wichtig und erfolgversprechend, das man versucht, solche Hindernisse zu identifizieren, die üblicherweise Innovationen verzögern oder blockieren. Und das man sich dann darauf konzentriert, solche Hindernisse aus dem Weg räumen. Das ist vermutlich die beste Art der Innovationsförderung. Dieses ganze Terrain der offenen und heimlichen Innovationshemmnisse ist in leider in der innovationspolitischen Debatte ziemlich unterbelichtet, manches wird auch regelrecht tabuisiert – aber klar, wer redet schon gerne über Misserfolge oder gescheiterte Innovationsprozesse – dabei sind gerade die aber besonders aufschlussreich und erhellend.

Deshalb will ich nochmal zusammenfassen, was aus den geschilderten Erfahrungen zu lernen ist, was typische Probleme sind: Das erste Problem ist sicherlich die Tatsache, dass Erfolg ein Feind des Wandels oder ein Innovationshemmnis ist – wie damals zu sehen bei Nixdorf oder DEC. Im Grunde sind alle heute erfolgreichen Unternehmen hochgradig gefährdet, wir haben in letzter Zeit bei Konzernen wie Kodak, Sony, Nokia, oder BlackBerry gesehen, wie schnell bei erfolgsverwöhnten Highflyern ein Absturz folgen kann.

Ein zweites Problem ist das besonders in Deutschland vorherrschende Denken in Hardwarekategorien anstatt in Software und deren Gebrauchstauglichkeit, das ist nicht nur im Maschinenbaubereich auch heute noch ein Problem. Nimm als Beispiel Nokia. Nokia war ja einerseits lange Zeit ein Beispiel für einen erfolgreichen Strukturwandel vom Gemischtwarenladen zum weltweit erfolgreichen High-Tech-Konzern. Aber Nokia ist dieses Denken in Hardware nun zum Verhängnis geworden. Die haben ja alle naselang neue Mobiltelefone auf den Markt gebracht, wo die neuen Funktionen in Hardware realisiert waren, es gab neue Tastenanordnungen und einen neuen Bildschirm usw. Das heißt, wenn sie sich neue Funktionen ausgedacht haben, dann wurde ein neues Handy gebaut. Apple hat dann deutlich gemacht, dass das alles mit Software viel einfacher und besser und nicht zuletzt kostengünstiger zu realisieren ist. Wenn Du Ideen für neue Funktionen hast, entwickelst Du nur ein paar neue Apps und dann wird daraus quasi ein neues Handy mit völlig neuen Funktionen – jedoch bleibt die Hardware völlig unverändert und das ist der entscheidende Unterschied.

WS: Bei Siemens habe ich das auch so erlebt, die hatten größte Schwierigkeiten bei der Umstellung von der Elektromechanik auf die Elektronik und die IT-getrieben Bereiche wurden Stück für Stück aufgegeben. Die Hardwarekosten waren immer leicht zu berechnen, die Softwarekosten, besonders die Anpassung an die betrieblichen Bedürf-nisse waren schon viel schwerer abzuschätzen und die An- und Umlernkosten der

Beschäftigten wurden meist überhaupt nicht betrachtet, anstatt sie als sorgfältig abzu-wägende Investitionen in die Arbeitsfähigkeit zu begreifen UK: Ja, dafür gibt es ganz viele Beispiele, das grandiose Scheitern von Siemens im Mobilfunkmarkt gehört übri-gens auch dazu. Allgemeiner gesehen ist das Denken in alten Kategorien eines der großen Innovationshemmnisse. Als ich in Hamburg lebte, hat mir mal ein Freund, der dort für Industrieansiedlung zuständig war, ein erhellendes Beispiel aus den 70er Jah-ren erzählt. Damals war Siemens auf der Suche nach Standorten für die Produk-tion von Mikroelektronik und klopfte auch in Norddeutschland an. Doch die Politiker und Gewerkschafter im Norden konnten mit dem damals völlig neuen Begriff Mikro-elektronik gar nichts anfangen und sagten dann: „Mikro...was?, so etwas können wir hier nicht gebrauchen – wir brauchen hier richtige Industrie mit Schornsteinen, wo etwas rauskommt." Ich habe ja die damaligen Wahnsinns-Pläne der Industriestrategen für die Unterelberegion schon erwähnt. In Bayern hingegen waren einige Leute nicht so verbohrt und haben Siemens mit offenen Armen empfangen. So kam es, dass Siemens allmählich immer mehr im Großraum München investiert hat und so dort zu einer Keim-zelle für eine Fülle an verwandter Industrie wurde, die sich dort im Lauf der Jahre und Jahrzehnte angesiedelt hat. So wurde aus einem ehemals strukturschwachen Gebiet eine boomende Vorzeigeregion – nicht nur für Bayern, sondern für ganz Deutschland. Jeden-falls können sich die Bayern heute bei den Nordlichtern bedanken.

Mit diesem Denken in alten Kategorien hatte ich schon während meines Studiums Probleme. Als ich zu studieren begann, gab es den Fachbereich Informatik noch gar nicht. Ich habe dann Elektrotechnik studiert und dann aber als Vertiefungsfach Softwaretechnik gewählt. Das wollten einige der alten Herren Professoren aber gar nicht anerkennen – Software, das war in deren Augen keine richtige Technik, das konnte man ja gar nicht anfassen. Ich musste da ziemlich kämpfen, um diese Anerkennung durchzusetzen.

Und als ich später in den 90er Jahren das Bonner Forschungsministerium bei der Konzeption von IT-Förderprogrammen beraten habe, habe ich ganz Ähnliches erlebt. Damals habe ich mich auch in öffentlichen Anhörungen vor Bundestagsausschüssen immer wieder für die Förderung von Software stark gemacht, weil mir sonnenklar war, dass dies für alle Industriezweige einer der wichtigsten Wettbewerbsfaktoren und zugleich eines der wichtigsten Beschäftigungsfelder der Zukunft werden würde (Klotz 1993). Man muss sich das mal vorstellen: Bis in die 90er Jahre hinein taucht der Begriff „Software" in deutschen IT-Förderprogrammen überhaupt nicht auf. IT-Forschungs-förderung war damals im wesentlichen viel Geld für die Firma Siemens, mit dem jeder Wechsel vom x-Megabit-Chip zum x + y-Megabit-Chip immer wieder als große Inno-vation gefeiert und staatlich subventioniert wurde. Mich hat dann damals in so einer Sitzung ein Abteilungsleiter des Ministeriums angepflaumt „was ich denn immer mit meiner blöden Software wolle, die wäre doch sowieso in den Chips drin". Leider haben wir uns in den 80er und 90er Jahren große Chancen für eine nachhaltige Modernisie-rung von Wirtschaft und Gesellschaft entgehen lassen, weil unsere Politiker und auch Gewerkschafter den Kern dieses fundamentalen Strukturwandels lange Zeit gar nicht begriffen haben.

Und was heute kaum jemand mehr weiß: Bis in die 60er Jahre hinein waren Deutschland und Europa noch ziemlich vorne dran in der Informationstechnik, viele ganz wichtige Innovationen, wie etwa die objektorientierten Programmiersprachen, sind im Kern europäische Entwicklungen. Mit dem Strukturkonservatismus, der sich bei uns vor allem ab den 70er Jahren breitmachte, haben wir viele dieser Vorsprünge und letztlich ganze Industriezweige verloren – dabei spielen leider auch die Gewerkschaften eine ziemlich unrühmliche Rolle. Und ich befürchte, dass es uns eines Tages böse auf die Füße fallen könnte, dass wir in den wichtigsten Kernbereichen der Informationstechnik inzwischen total abhängig vor allem von US-Firmen sind.

Das dritte Problem, bzw. Haupthindernis für Innovationen ist oft die Art und Weise, wie man mit Fehlern umgeht. Dort wo Fehler sanktioniert werden, haben innovative Ideen meist schlechte Chancen. Dann werden Innovationen oftmals behindert, weil man neue Ideen als bedrohliche Hinweise auf mögliche eigene Fehler empfindet. Da in dem geschilderten Fall bei der IG Metall mittlere Führungskräfte befürchteten zugeben zu müssen, hohe Millionenbeträge in technische Sackgassen investiert zu haben, wurden innovative Alternativen so lange wie möglich unterdrückt. Natürlich ist es viel klüger mit Fehlern ganz offen umzugehen und sie als Chancen zu begreifen – als Chance, es beim nächsten Mal besser zu machen. Aber in hierarchischen Organisationen findet man eine solche Betrachtungsweise nur äußerst selten – denn in einer Hierarchie macht man normalerweise mit Erfolgsmeldungen Karriere und nicht mit Hinweisen auf eigene Fehler.

Und damit bin ich beim nächsten Problem und Hindernis für Innovationen. Das sind die hierarchischen Strukturen. Natürlich wünschen sich auch in einer Hierarchie die Führungskräfte viele Ideen. Doch was passiert, wenn sie diese tatsächlich geliefert bekommen? Wenn Vorgesetzte über Ideen ihrer Untergebenen zu urteilen haben, dann wird neues Wissen oft als Bedrohung empfunden, denn neues Wissen entwertet altes Wissen. Ist eine Organisation hierarchisch, also nach dem Prinzip „Wissen ist Macht" aufgebaut, dann greifen Innovationen also stets in bestehende Strukturen und Machtverhältnisse ein und gefährden die mit den Machtpositionen verbundenen Privilegien und Pfründe. In solchen Strukturen ist die Ausübung von Macht eines der am schwierigsten zu überwindenden Hindernisse für innovative Ideen. Denn, wie Du mal so treffend gesagt hast: „Macht bietet die Möglichkeit, bessere Argumente zu ignorieren." (Scholl 2007) Deshalb werden neue Ideen oft vorschnell verworfen, egal wie gut die Argumente dafür sind.

Ich habe in den geschilderten Projekten ja lange auf die Überzeugungskraft von Fakten und guten Argumenten vertraut, das war aber ziemlich naiv. Es gab zum Beispiel damals viele Studien zur unterschiedlichen Entwicklung der Produktivität im Bürobereich, die hatten sehr eindeutige Ergebnisse – das heißt, wenn man nicht nur die Kostenseite, sondern auch die Nutzenseite miteinander verglich, war eigentlich sonnenklar, was zu tun ist. Und darauf habe ich meine Argumentationen gestützt. Aber Fakten spielen in solchen Prozessen oft gar keine Rolle. Es gibt zahllose Beispiele dafür, dass auch Managern das Hemd näher als die Jacke ist und sie dann Entscheidungen fällen, die vielleicht gut für sie selbst, aber schlecht für das Unternehmen sind. Und diese

Konstellation, dass eine einzelne Fachabteilung aus purem Ressort-Egoismus Innovationen torpediert, die gut für das Unternehmen gewesen wären, das ist gar nicht so selten anzutreffen. Das berühmteste Beispiel dafür stammt vom Xerox-Konzern, der mit dem PARC (Palo Alto Research Center) lange Zeit über das wohl beste Forschungslabor der Welt verfügte. Fast alle Erfindungen, die für den Siegeszug der Personal-Computer bedeutsam waren, stammen nicht etwa von Microsoft oder Apple, sondern wurden schon in siebziger Jahren im PARC entwickelt (Maus, Windows, grafische Arbeitsplatzstationen, Laserdrucker, Netzwerke und vieles mehr). Die Topmanager von Xerox jedoch konnten den ungeheuren Wert dieser Erfindungen nicht erkennen, weil sie von mittleren Managern des Konzerns – die diese Erfindungen als Gefahr für ihre (Kopierer-)Bereiche und damit für ihre Machtpositionen ansahen – systematisch falsch informiert worden waren. Das Ganze ist dann als der größte Managementfehler des letzten Jahrhunderts in die Historie eingegangen (Smith and Alexander 1988).

WS: In der Wissenschaft gab es ab Anfang der 80er Jahre viele Untersuchungen zum so genannten „Produktivitätsparadox" (Klotz 1993) UK: Ja, das war bemerkenswertes Phänomen, das hier und da auch heute noch zu beobachten ist. Trotz ständig steigender IT-Aufwendungen und immer leistungsfähigerer Systeme sank die Produktivität im Bürobereich immer weiter. Das lag und liegt vor allem an schlecht gestalteter Software, mit der die Benutzer nicht klarkommen und dann viel Zeit verlieren mit der Lösung sachfremder Probleme. Ich habe 1980 mal den DGB-Bundesvorstand angeschrieben und versucht deutlich zu machen, dass in Zukunft Software einer der wichtigsten Einflussfaktoren für die Gestaltung von Arbeit werden wird und habe ihm dazu ein Projekt vorgeschlagen – die Antwort sprach Bände, sagen wir, es war mir nicht gelungen, mich verständlich zu machen – die Vokabel „Software" war dort noch gar nicht angekommen. Inzwischen wird das ja besser, heute weiß man, wenigstens im Prinzip, dass Systeme benutzerfreundlich sein sollten, aber noch in den späten 80er Jahren galt Softwareergonomie oft als Spinnerthema und so etwas wie Usability Labs gab es überhaupt nicht.

WS: Ja, wir merken bei artop auch, dass das Thema Usability an Bedeutung gewinnt, die Nachfrage nach Usability-Beratung und nach der Ausbildung zum Usability Consultant steigt.[4]

6   Wie könnte eine innovations- und arbeitsfreundliche Organisation aussehen?

WS: Wenn du es mal nach der Positivseite entwirfst, was wäre ein Modell für eine innovative und wirtschaftlich erfolgreiche Organisation, die auch inhaltlich befriedigende Arbeit schafft, also wo die Leute auch gerne arbeiten; was wären da für dich die

---

[4]Siehe http://www.artop.de/2000_Leistungen/2100_Mensch_und_Technik.html.

Hauptpunkte? UK: Ja, beides geht Hand in Hand, die Gestaltung der Arbeit hat direkten Einfluss auf die Innovationsfähigkeit und natürlich auch umgekehrt. Ich will es mal ganz einfach sagen: Die Quelle einer jeden Innovation ist immer der Mensch. Und Menschen handeln innovativ, wenn drei Bedingungen erfüllt sind: Erstens, wenn sie können, das heißt die erforderlichen Qualifikationen vorhanden sind – also Fähigkeiten, Wissen, Erfahrung und Kreativität. Zweitens, wenn sie wollen, das heißt, wenn die entsprechende Motivation vorhanden ist, und drittens, wenn sie dürfen, das heißt wenn die erforderlichen Freiräume vorhanden sind. Innovationen entstehen ja nur dann, wenn man die Menschen auch wirklich machen lässt.

Man muss in der Innovationsdebatte über die reine Technikdiskussion hinauskommen, denn Innovation ist mehr als Technik. Genaugenommen ist Innovation ein sozialer Prozess, in dem Qualifikation, Motivation, Freiraum und Kommunikation die entscheidenden Einflussgrößen sind. Arbeitsbedingungen, in denen Menschen sich wohlfühlen und möglichst ungehindert ihre Fähigkeiten entfalten können, sind eine notwendige Voraussetzung für Innovationsfähigkeit. Innovationen entstehen ja besonders häufig bei informeller, freier Kommunikation und dort, wo über Bereichs- und Disziplinengrenzen hinweg kommuniziert wird.

Hierfür liefert die Open Source-Bewegung besonders schöne Beispiele. Tom Malone hat ja deshalb schon vor 15 Jahren Netzwerke von e-Lancern – elektronisch vernetzte Freelancer – als Arbeitsform der Zukunft beschrieben, weil sie viel effizienter und innovationsfähiger sind, als die starren Strukturen großer Konzerne, wo offiziell nur auf dem Dienstweg kommuniziert wird (Malone and Laubacher 1998).

Motivation findest du heute vor allem in Strukturen, wo Leute völlig freiwillig etwas machen, auch ohne Bezahlung, wie im Open Source Bereich; das ist das beste Indiz für hohe Motivation. Da hängen Leute manchmal jahrelang ungezählte Tage und Nächte rein in Projekte, machen das mit großer Begeisterung. Weil sie da etwas kriegen, was sie im normalen Arbeitsprozess oft nicht bekommen: Anerkennung; da wird respektvoll, tolerant, vertrauensvoll und fair miteinander umgegangen, da wird auch zugehört und sachlich geurteilt, wenn jemand neue Ideen einbringt. Und das sind für mich Bereiche, von denen auch klassische Unternehmen viel lernen können, was eigentlich eine innovative Unternehmenskultur sein könnte. Also so miteinander umgehen wie beispielsweise in Open Source Communities. Das lässt sich zumindest teilweise auch auf Unternehmenübertragen.

WS: Genau, das ist noch mal die Frage: Man könnte ja sagen, diese Open Source Geschichten sind meistens solche, wo Leute neben ihrem Job in ihrer Freizeit etwas machen. Aber sie haben eben ihren normalen Job, um erst mal Geld zu verdienen für ihren Lebensunterhalt UK: Noch sind solche Jobs sehr selten, wo so miteinander umgegangen wird. Aber mittlerweile ändert sich einiges zum Besseren, zum Beispiel, weil die Unternehmen erkennen, dass sie andernfalls an Attraktivität für qualifizierten Nachwuchs verlieren.

WS: Aber du meinst, man könnte Jobs in einer normalen Organisation so aus-gestalten UK: Nicht nur könnte, man muss. Den wichtigsten Grund hat der große Peter F. Drucker schon vor langer Zeit beschrieben, als er den Begriff des Wissensarbeiters in die Welt gesetzt hat, das war vor über 50 Jahren. Er hat das so definiert: „Ein Wissensarbeiter ist jemand, der besser über seinen Job Bescheid weiß als jeder andere im Unternehmen" (Drucker 2002) – und das trifft heute vermutlich auf die Mehrzahl aller Beschäftigten zu. Heute wissen viele Arbeiter und Angestellte mehr über ihren Job als jeder andere, der ihnen da reinreden will. Es ist auch eine zwangsläufige Folge der Wissensexplosion durch die Zunahme der Informationsmenge. Um diese Wissenslawine überhaupt bewältigen zu können, müssen Menschen sich stärker spezialisieren. Das hat Drucker bereits vor 50 Jahren klar erkannt. Er hat einfach extrapoliert, wohin die Reise mit der Informationstechnik gehen wird. Und wenn du stärker spezialisierte Fachleute hast, dann müssen die anders miteinander kooperieren, um produktiv arbeiten zu können. Dabei ist der entscheidende Punkt, dass Wissen nicht hierarchisch organisiert ist. Es gibt kein höherwertiges oder niederwertiges Wissen. Wissen ist entweder in einer bestimmten Situation relevant oder irrelevant. Und in einer konkreten Situation kommt es darauf an, dass die, deren Wissen jetzt relevant ist, dann das Sagen haben, aber nur für diese Situation, also nur temporäre Macht und Entscheidungsbefugnis.

Heute ist die Situation ja die, dass wir Organisationen haben, in denen häufig relevantes Wissen unten bei den Leuten zu finden ist, wo die direkten Kundenkontakte bestehen; da entsteht auch oft das neue Wissen, die innovativen Ideen. Die haben dann zwar das beste Wissen, aber sie haben auch in hierarchischen Organisationen oft Vorgesetzte vor der Nase, die von der jeweiligen Fragestellung viel weniger verstehen, aber meinen qua Amt ihnen sagen zu müssen, wo es lang geht. Dieses Dilemma führt unter anderem dazu, dass Gallup in den alljährlichen Umfragen zum Betriebsklima feststellt, dass die Identifikation der Leute mit ihrem Job immer weiter sinkt, dass ein wachsender Teil der Beschäftigten innerlich gekündigt hat – die Menschen sind es einfach leid, Vorgesetzte zu haben, die von der konkreten Arbeit heute oft viel weniger verstehen, als sie selbst[5]. Die Zahlen werden von Jahr zu Jahr immer schlechter. In dem Maß, in dem die Wissensmenge weiter wächst und die Menschen sich stärker spezialisieren, führen hierarchische Strukturen dazu, dass Sach- und Entscheidungskompetenz immer weiter auseinanderfallen – damit sind Fehlentscheidungen und Frust en masse vorprogrammiert. Und deswegen können die klassischen Strukturen auf Dauer nicht bestehen bleiben.

Innovationen sind in der Regel bottom-up Prozesse. Ideen für Neues kommen heute oftmals von unten aus der Organisation und von außen, zum Beispiel von den Kunden. Natürlich gibt es auch Ausnahmen, aber die bestätigen nur die Regel. Und wenn du top-down geführte Strukturen hast, dann müssen die Unteren und deren Ideen sich dagegen durchsetzen und stoßen auf viele Widerstände, weil natürlich die Oberen sagen, that's notnvented here oder das wissen wir besser, sonst wären wir ja nicht hier oben.

---

[5]Siehe www.gallup.com/strategicconsulting/158162/gallup-engagement-index.aspx.

Mit anderen Worten: radikaler Hierarchieabbau wäre die vielleicht effektivste Form einer Innovationsförderung.

In großen Organisationen dominiert die Angst vor Machtverlust alles Andere – da können innovative Ideen noch so gut sein. Xerox hätte die Rolle von IBM und später Microsoft und Apple übernehmen können, wenn einige Abteilungsfürsten nicht solche Angst um ihre Pöstchen gehabt hätten. Und auch die Gewerkschaften würden mit Sicherheit heute völlig anders dastehen, wenn sie die Chancen ergriffen hätten, die ihnen neue Techniken boten. Doch stattdessen wurden hier wie dort die schlimmsten Innovationskiller sogar mit Vorstandsposten „belohnt". Wo die Verhinderung von Innovationen derart „erfolgreich" ist, setzen sich mehr und mehr die Opportunisten durch. Irgendwann ist dann niemand mehr da, der es riskiert, sich mit einer neuen Idee beim Chef unbeliebt zu machen. Es ist überall dasselbe: Wo Querdenker als Querulanten gelten, werden keine Visionen für die Zukunft entwickelt. Da wird nur die Vergangenheit verwaltet.

WS: Siehst du Anhaltspunkte dafür, dass sich Organisationen ändern? UK: Einerseits ändern sie sich dadurch, dass die alten Organisationen einfach den Bach runter gehen. Innovationsresistente Unternehmen gehen pleite, da geht es etwas schneller, während zum Beispiel bei Behörden, deren Existenz auf Grund anderer Faktoren gesichert ist, so etwas länger dauert. Ähnliches trifft auch auf den Wissenschaftsbetrieb zu oder auf Bereiche wie Kirchen oder Gewerkschaften. Die können sich mitunter alles Mögliche erlauben, ohne dass sie sofort pleite gehen, deshalb halten sich da bestimmte Anachronismen dort meist etwas länger.

WS: Bei den Gewerkschaften muss man ja schon damit rechnen, dass sie zugrunde gehen. Sie sind in vielen Ländern besonders stark gefährdet, die Mitgliederzahl nimmt aber auch in Deutschland seit vielen Jahren ab. UK: Na ja, in letzter Zeit ist es etwas besser geworden – aber wenn man längere Zeiträume betrachtet, hast Du recht. Noch in den siebziger Jahren hatten viele Gewerkschaften einen ungleich höheren Organisationsgrad, das lag meines Erachtens auch daran, dass die Gewerkschaften bei aktuellen Fragestellungen auf der Höhe der Zeit waren oder sogar ihrer Zeit voraus, das glaubt man heute kaum. Die Fragestellung nach der Qualität des Lebens oder nach qualitativem Wachstum, die später vom Club of Rome und noch später von den Grünen aufgegriffen wurde, diese Debatte ist beispielsweise zuerst bei der IG Metall geführt worden. 1972 organisierte die IG Metall einen weltweit beachteten Kongress, auf dem solche Fragen auf sehr hohem Niveau diskutiert wurden, da waren Gewerkschaften absolut auf der Höhe der Zeit. In den nachfolgenden Jahren haben Gewerkschaften dann aber angefangen auf die Bremse zu treten und Prozesse zu bremsen; dabei spielte der technische Wandel eine wichtige Rolle. Das hatte dann auch Rückwirkungen auf sie selbst – dazu habe ich ja einige Beispiele geschildert – und mit diesen Widerständen gegen Innovationen sind sie auch selbst mehr und mehr zurückgefallen und haben sich selbst ziemlich geschadet.

Zurück zu deiner Frage zu Modellen für innovative Organisationen: Die gibt es natürlich bei jungen Start-Ups, die ticken sowieso anders, weil sie sonst qualifizierte junge

Leute gar nicht gewinnen könnten. Das ist der nächste Grund, warum sich Unternehmen ändern müssen, die klassischen Unternehmen kriegen andernfalls demnächst noch mehr Probleme bei der Rekrutierung von qualifiziertem Nachwuchs. Für viele junge Leute ist es nicht mehr attraktiv, in traditionellen Unternehmen zu arbeiten. Menschen, die über das Internet und soziale Medien eine andere Kommunikationskultur gewöhnt sind, mögen in den klassischen Hierarchien mit ihren kommunikativen Begrenzungen und Empfindlichkeiten nicht mehr arbeiten. Die Vorstellung, dass Wissen als Herrschaftswissen missbraucht werden kann, ist ihnen völlig fremd. Viele der „Digital Natives" werden sich nicht mehr in eine graue Sachbearbeiter-Welt einsperren lassen, wo sie zwischen Karriereleitern, Gehaltsgittern, Planstellen und Dienstwegen viel Zeit und Energien mit internen Machtspielen vergeuden. Unsere Unternehmen werden von diesen Internet-Communities lernen müssen, weil sie andernfalls diese Generation nicht als kreative Mitarbeiter gewinnen oder halten können. Natürlich wird unsere Welt keine Open-Source-Welt werden. Aber ich bin davon überzeugt, dass sich intelligentere Formen der Zusammenarbeit und offene Innovationskulturen langfristig durchsetzen und künftig zu einem neuen Verständnis von Arbeit führen werden. Unternehmen, die hingegen zu lange an den überkommenen Arbeitsstrukturen der Industrieära festhalten, werden aufgrund ihrer internen Innovationsbarrieren untergehen. Die Entwicklung geht in diese Richtung, früher oder später. Allerdings kann es auch länger dauern, als mir und vielen Leuten lieb ist, weil die Beharrungskräfte der alten Institutionen doch enorm sind und nicht unterschätzt werden sollten.

Ich habe später als Berater beim BMBF zahlreiche Projekte begleitet, die eine Verbesserung der Innovationsfähigkeit durch innovative Arbeitsformen zum Ziel hatten. Aus diesen gesammelten Erfahrungen lässt sich sehr genau ableiten, was innovationsfördernde Arbeitsformen kennzeichnet. Um es in nur mal in wenigen Stichworten zusammenzufassen: Ganzheitliche Aufgabenzuschnitte, Freiräume für Eigeninitiativen der Mitarbeiter, Toleranz gegenüber Fehlschlägen und abweichenden Meinungen, Sicherheit für die Mitarbeiter, bereichsübergreifende Teams und Netzwerke mit Rotation, vielfältig zusammengesetzte Arbeitsgruppen (bunte Mischung von Alter, Geschlecht, Herkunft, Kultur usw.), keine Ausrichtung an Abteilungs- oder Bereichszielen, keine Statussymbole, horizontale statt vertikaler Karrieremodelle, Offenheit und Transparenz statt Informationsfilterung sowie nicht zuletzt eine besonders intensive informelle Kommunikation.

7   Arbeitsautonomie und Hyperspezialisierung

WS: Wenn man die Open Source Bewegung zum Anhaltspunkt nimmt, dann arbeiten ja Leute oft alleine zu Hause, ganz autonom, und wenn man das jetzt weiter denkt, dann kommt man auch auf den Begriff der Hyperspezialisierung, den Thomas Malone und die Kollegen geprägt haben (Malone et al. 2011). Hyperspezialisierung bedeutet ja eine extreme Arbeitsteilung in immer kleinere Arbeitsaufgaben, die übers Internet weltweit vergeben werden können, um die sich dann viele anscheinend autonome Personen bewerben können. Und da stellt er gegenüber, dass Hyperspezialisierung etliche Vorteile, aber auch mögliche Nachteile haben kann, nämlich dass dann wieder Arbeit kleinteilig vergeben wird, eher wieder taylorisiert wird, und die Leute extrem abhängig werden können. Wie siehst du das? UK: Klar, mit der Informationstechnik können Menschen Ideen und Arbeitsergebnisse über beliebige Entfernungen hinweg ohne Zeitverzug und auch abseits bürokratischer Dienstwege austauschen. Das ermöglicht ganz neue Formen von Koordination und Kooperation. Ohne die Bindung an Ort und Zeit werden viele Arbeiten zu einer Ware, die weltweit gehandelt werden kann. Was wir heute als „Outsourcing", „Offshoring" oder allgemeiner als „Globalisierung" kennen, sind ja erst die Anfänge neuer Formen grenzenloser Arbeitsteilung, denn das Netz ermöglicht auch vollkommen neuartige Unternehmensmodelle. Ein Beispiel: IBM plant eine „Verflüssigung" (Liquid organization) seiner Arbeitsstrukturen durch weitgehenden Verzicht auf festangestellte Mitarbeiter. Künftig sollen Projekte in kleine Arbeitspakete zerlegt und diese via Internet weltweit ausgeschrieben werden. Um diese globalen Minijobs kann sich jeder bewerben, auch die ehemaligen Angestellten des Konzerns. Die weltweit verstreuten Auftragnehmer kooperieren dann über das Internet in „Talent Clouds". Bei dieser Art von „Crowdsourcing" verschwindet nicht die Arbeit, aber der feste Arbeitsplatz. Dabei werden sozialpartnerschaftliche Modelle und nationalstaatliche Einwirkungsmöglichkeiten, etwa beim Arbeitsrecht, durch die Spielregeln privater Konzerne ersetzt. Ob das alles so funktionieren wird, sei dahingestellt. Auf jeden Fall sollten wir solche Entwicklungen sehr aufmerksam beobachten. Es ist klüger, sich beizeiten mit der Konstruktion von Brunnen zu befassen, als hinterher über die hineingefallenen Kinder zu jammern.

Tom Malone argumentiert in eine ähnliche Richtung, seit ich ihn kenne. Ausgehend von den Transaktionskosten[6] hat er seine schon erwähnte e-Lance-Economy prognostiziert, also Netzwerke von Freelancern als Arbeitswelt der Zukunft. Es gibt ja heute schon viele Beispiele im Softwarebereich für solche Arbeitsformen. Nimm z. B. die Vermittlungsorganisation Topcoder, die haben mehrere hunderttausend Softwareentwickler in ihrer Adressdatei, die sich auf weltweit ausgeschriebene Projekte bewerben. Oft ist es dann so bei diesen Wettbewerben, dass nur derjenige etwas verdient, der den Zuschlag kriegt, und alle anderen, die sich beworben haben, die Entwürfe eingereicht haben, gehen leer aus. Im Designbereich gibt es Ähnliches oder auch dort, wo Marketing-Kampagnen entworfen werden; auch hier geht der Rest leer aus. Das ist natürlich sehr lukrativ für die Auftraggeber, liefert oft sehr innovative Ergebnisse und wird sich deshalb vermutlich weiter durchsetzen. Und ich kenne eine Reihe von Menschen, die finden das eigentlich ganz gut, die machen das gerne, weil sie da ihr eigener Herr sind, sie können das

---

[6]Transaktionskosten sind die Kosten für die Vereinbarung und Überwachung von Verträgen, s. Williamson, O. E. (1975). Markets and hierarchies: Analysis and antitrust implications. New York, London: The Free Press.

machen, was sie wollen und niemand redet ihnen rein – so lange sie auf der Gewinner-
seite sind, ist das auch okay. Aber es gibt im kreativen Bereich inzwischen auch sehr
viele Menschen, die höchst prekäre Jobs haben.

8   Generelle Entwicklungen

WS: Wo siehst Du noch andere generelle Trends in der Arbeitswelt? UK: Mit generellen Trends ist das so eine Sache, ich sehe eher, dass die Vielfalt in der Arbeitswelt
zunimmt und immer weniger generalisierbar ist – für jede These und Gegenthese gibt
es praktische Beispiele in Fülle. Ich glaube aber, dass aufgrund der Informatisierung vor
allem die Polarisierung in der Arbeitswelt dramatisch zunehmen wird. Die Schere zwischen den Gewinnern und Verlierern dieser Veränderungsprozesse geht immer weiter
auf. Wer etwas kann, was Computer nicht können, wer über Talent, Kreativität, Intuition,
Einfühlungsgabe und Erfahrungswissen verfügt, hat jedenfalls weitaus bessere Chancen als jemand, der etwas tut, was prinzipiell auch in Software abgebildet werden kann.
Am unteren Ende konkurrieren immer mehr Leute mit Maschinen, deren Fähigkeiten
Routinearbeiten zu übernehmen immer besser werden. Das betrifft mittlerweile immer
mehr Bereiche, wie etwa auch Call-Center-Mitarbeiter, Bank- und Versicherungsberater,
Anwaltsgehilfen, die Texte analysieren usw., da kann man immer mehr automatisieren.
Also viele Bereiche intellektueller Dienstleistungen werden betroffen sein, wenn sich
die Fähigkeit, Sprache maschinell zu verstehen, in diesem Tempo weiter entwickelt. Da
werden viele Leute nur solange ihre Jobs behalten, wie sie noch billiger sind als diese
Maschinen. Das ist eine Abwärtsspirale. Auf der anderen Seite, wo Menschen die Algorithmen schreiben, wird zum Teil unglaublich viel verdient. Das ist ein schmales Seg-
ment, das sind die Gewinner dieser Prozesse. Und der Bereich der durchschnittlichen
Fähigkeiten oder was man so Mittelschicht nennt, der nimmt tendenziell ab. Das heißt,
an den beiden Enden verschärfen sich die sozialen Gegensätze, sowohl innerhalb der
Branchen wie auch zwischen den Regionen und Nationen. Da entsteht sozialer Spreng-
stoff ungekannten Ausmaßes.

Es gibt noch weitere Faktoren, die hierbei eine Rolle spielen: Die Aufteilung der Ein-
kommen auf die Kapital- und Arbeitsseite z. B. verschiebt sich dramatisch. Von der Tatsache, dass immer mehr Dienstleistungen in Software abgebildet werden, profitiert vor
allem die Kapitalseite. Man sieht das auch an den Statistiken, wie sich die Einkünfte aus
Kapital gegenüber den Einkünften aus Arbeit verschieben (Brynjolfsson and McAfee
2011). Und wenn solche Prozesse wie Crowdsourcing und Liquid Organization noch dazu-
kommen und immer mehr Leute als Selbstständige arbeiten oder als Quasi-Selbstständige,
dann stellt sich grundlegend die Frage, auf welcher Basis kann sich zukünftig überhaupt
ein Staatswesen finanzieren? Heute finanziert es sich über den Faktor abhängige Arbeit
(und über Konsumsteuern), das funktioniert dann aber auf Dauer so nicht mehr und den
ganzen sozialen Sicherungssystemen bröckelt das Fundament weg. Auch deshalb war übrigens das erwähnte Papier von Hans Matthöfer so klug und weitsichtig. Es geht also um

ganz grundlegende Fragen, wie ein Staatswesen überhaupt noch finanziert werden kann, wenn diese Veränderungen von Arbeit so weitergehen, wie es sich seit den 80er/90er Jahren abzeichnet. Man könnte sagen, zum Glück geht das noch nicht so schnell, weil es eben immer auch viele Innovationshemmnisse gibt, aber das kann man so oder so sehen.

Ich glaube, da wird die Schere auch noch zwischen den Nationen weiter aufgehen. Diejenigen, die zuerst auf die neuen Züge springen, die profitieren. Beispielsweise ist das Durchschnittseinkommen in den USA nicht ohne Grund ein Drittel höher als in Deutschland, mit steigender Tendenz, obwohl in den USA viele Bereiche eine deutlich geringere Produktivität haben als deutsche Unternehmen; speziell im Maschinen- und Autobau, da sind wir meistens besser. Trotzdem haben die Amerikaner ein höheres Durchschnittseinkommen pro Kopf, weil sie einige Bereiche haben, wo eine ganz andere Musik spielt, und diese ziehen als hochprofitable Wohlstandsinseln die Statistik des ganzen Landes hoch. Ich halte es für möglich, dass noch einige andere Länder an uns vorbeiziehen werden und sehe auch mit Sorge, dass wir derzeit nochmal einen Boom haben im Bereich traditioneller Industriegüter. Es könnte sein, dass das ein Strohfeuer ist. Wie lange das trägt, ist fraglich, vielleicht sind die Chinesen in x Jahren in der Lage, ähnlich gute Autos herzustellen wie wir und wenn uns dann noch nichts Neues eingefallen ist, dann könnte es so gehen wie mit den anderen Branchen, in den wir mal gut waren, wie zum Beispiel die Unterhaltungselektronik oder die Fotoindustrie usw. Es ist einfach ein Problem, dass die Industriezweige, die noch heute das Rückgrat der deutschen Wirtschaft bilden – Automobil- und Maschinenbau, Elektrotechnik und Chemie – sich im Kern auf Durchbruchsinnovationen des ausgehenden 19. Jahrhunderts gründen und dass wir bei fast allen jüngeren und perspektivenreichen Industriezweigen, wie etwa der Informationstechnik, inzwischen abgehängt worden sind. Ausnahme ist der Bereich der ressourcenschonenden Techniken, aber auch hier werden zur Zeit bei uns viele Fehler gemacht und ich halte es für denkbar, dass zum Beispiel innovative US-Unternehmen auch in diesem Terrain uns bald das Fürchten lehren könnten – die kalifornische Autofirma Tesla könnte so ein Beispiel werden, die schleppen einfach viel weniger historisch gewachsenen Ballast und Innovationshemmnisse mit sich herum.

9   Die Zwiespältigkeit von Innovationen

WS: Das World Wide Web ist mit der Hoffnung auf weltweite offene Kommunikation und Demokratisierung gestartet worden, aber nun ist es auch eine Plattform für raffinierte Geschäftemacher, Abzocker, Spionage in Demokratien und Unterdrückung durch diktatorische Regime. Wird am Ende ökonomischer und militärischer Cyberwar das Netz regieren? UK: Jede Innovation, jede Veränderung hat immer Licht- und Schattenseiten. Oft entpuppen sich später die Nebenwirkungen als Hauptwirkungen – gerade beim Thema Internet sind ja aktuelle Paradoxien zu verzeichnen. Galt es bisher als Hort der Freiheit, so zeichnet sich nun ab, dass wegen der perfektionierten Überwachungs-, Kontroll- und Auswertungsmöglichkeiten – Stichwort „Big Data" – das Internet zu einem

Raum wird, in dem die Grundrechte keine Gültigkeit mehr haben. Und was seine Rolle als Terrain für kriminelle oder terroristische Aktivitäten betrifft, da stehen wir vermutlich auch erst am Anfang. Aber nichtsdestotrotz – bislang war es jedenfalls so, dass neue Kommunikationsmöglichkeiten, wie die Sprache, die Schrift oder der Buchdruck, das Telefon, Funk, Film und Fernsehen langfristig gesehen die Entwicklung der Menschen und ihrer Kultur, Wirtschaft und Gesellschaft unter dem Strich positiv beeinflusst haben. Wenn sich Kommunikationsformen ändern, dann wandelt sich das Fundament einer Gesellschaft. Wenn sich die Art und Weise verändert, wie Menschen ihre Fähigkeiten verbinden und weiterentwickeln, dann wirkt sich das auf jeden Aspekt unseres Denkens aus: Wahrnehmung, Gedächtnis, Sprache, Vorstellungsvermögen, Kreativität, Urteilskraft, Entscheidungsprozesse und vieles mehr. Solche gesellschaftsverändernden Wirkungen hatten zu früherer Zeit auch andere ehemals neue Medien. Nur heute läuft dieser Prozess viel schneller ab. Man sollte da aber immer unterscheiden zwischen kurz- und langfristigen Wirkungen – und darüber zu urteilen wäre jetzt viel zu früh.

WS: Gibt es Hoffnungen auf Lösung der großen Probleme der Menschheit wie Bevölkerungsexplosion, Armut, Unterernährung, Unterentwicklung und Massensterben bis hin zum (Bürger)Krieg durch Innovationen? Kann man die Lösung eher von technischen und digitalen Innovationen erwarten oder werden eher soziale und politische Innovationen dafür benötigt? Ich will es ganz kurz machen: Zur Bewältigung der vielfachen Herausforderungen, die sich uns und künftigen Generationen stellen, um unter würdigen Bedingungen auf unserem Planeten zu leben, sind Kreativität und innovative Ideen unabdingbar und zwar jedweder Art. Soziale und politische Innovationen, also zum Beispiel eine Umgestaltung unserer Arbeitswelt hin zu innovationsfähigeren Formen, sind ja oft die Voraussetzung für erfolgreiche technische Innovationen – und wie ich in meinen Beispielen gezeigt habe, ist es mitunter auch umgekehrt. Manche technischen Entwicklungen induzieren auch soziale Innovationen, positive wie negative. Wir brauchen jedenfalls viel mehr Innovationen aller Art, um im Raumschiff Erde auf Dauer überleben zu können – so weitermachen wie bisher, das können wir uns einfach nicht mehr lange erlauben. Genau deshalb treibt mich seit vielen Jahren die Frage um, wie wir endlich die Arbeitsformen und innovationsfeindlichen Kommando-Strukturen der Industriegesellschaft überwinden können – zugunsten einer Arbeitskultur, die von gegenseitiger Wertschätzung, Respekt und Toleranz geprägt ist. Ob die Entwicklung einer offenen Innovationskultur hinreicht, um alle von Dir genannten Probleme zu lösen, weiß ich natürlich auch nicht – aber dass dies eine notwendige Voraussetzung für die Entwicklung intelligenter Problemlösungen ist, das dürfte nach alledem, was ich hier an konkreten Beispielen geschildert habe, wohl klargeworden sein.

WS: Lieber Uli, ich danke Dir im Namen aller Mitarbeiter/innen des GI:VE-Projekts für dieses ausführliche Interview und Deine wohlwollende und kritische Begleitung unseres Projekts.

Literatur

Abelshauser, W. (2009). *Nach dem Wirtschaftswunder. Der Gewerkschafter, Politiker und Unternehmer Hans Matthöfer.* Bonn: J.H.W.Dietz Nachf.

Brynjolfsson, E., & McAfee, A. (2011). *Race against the machine.* Lexington: Digital Frontier Press.

Diekmann, T., Klotz, U., & Martin, W. (1979). Ansätze zur Arbeitsbereicherung an NC-Maschinen durch Mikrocomputer. *Rationalisierung, 1979*(2), 39–42.

Drucker, P. F. (2002). *Was ist Management? Das Beste aus 50 Jahren.* München: Econ.

Gerlach, F. (2012). *Innovation und Mitbestimmung: Empirische Untersuchungen und Literaturstudien.* Düsseldorf: HBS.

Hinz, H. (1976). Innovationsberatungsstellen (IBS) – zum IBS-Konzept der IG Metall. *WSI Mitteilungen, 1976,* 617–626.

Klotz, U. (1982). Ansatzpunkte gewerkschaftlicher Innovationspolitik. In IBS/I. G. Metall (Hrsg.), *Rationelle Energieverwendung – Herausforderung und Chance für Arbeitnehmer* (S. 4–8 und S. 43–46). Hamburg: IG Metall.

Klotz, U. (1987). Innovations- und Technologieberatung als Teil eines gewerkschaftlichen Offensivkonzepts. In T. Kreuder & W. Loewy (Hrsg.), *Konservatismus in der Strukturkrise* (S. 440–461). Frankfurt a. M.: Suhrkamp.

Klotz, U. (1990). Die Wende in der Bürokommunikation – Neue Perspektiven für Ergonomie und Organisationsentwicklung. *Office Management, 1990,* Hefte 6–8.

Klotz, U. (1991). Die zweite Ära der Informationstechnik. *HARVARDmanager, 1991*(2), 101–112.

Klotz, U. (1992). Rollenwechsel – Computer auf dem Weg vom Herrschaftsinstrument zum Alltagsgegenstand. *InfoTech – Informatik und Gesellschaft, 1992*(1), 16–22.

Klotz, U. (1993). Software als Wettbewerbsfaktor. Perspektiven der Technologiepolitik und der Informatik-Branche vor dem Hintergrund der aktuellen Standortdiskussion. In Deutscher Bundestag (Hrsg.), *Die Wettbewerbsfähigkeit der deutschen informations- und kommunikationstechnischen Industrie – Stellungnahme zur Anhörung des Deutschen Bundestages* (S. 224–246). Bonn: Bundestagsverwaltung.

Klotz, U. (1993). Ausweg aus dem Produktivitäts-Paradoxon. *zfo – Zeitschrift Führung + Organisation, 1993*(6), 404–410 und 1994(1), 18–26.

Malone, T., & Laubacher, R. (1998). The dawn of the E-Lance economy. *Harvard Business Review, 76*(9).

Malone, T. W., Laubacher, R. J., & Johns, T. (2011). Das Zeitalter der Spezialisten. *Harvard Business Manager,* September *2011,* 36–47.

Prendergast, C. (1993). A theory of „Yes Men". *American Economic Review, 83,* 757–770.

Scholl, W. (2007). Einfluss nehmen und Einsicht gewinnen – gegen die Verführung der Macht. *Wirtschaftspsychologie aktuell, 14*(4), 15–22. /Scholl, W. (2012). Machtausübung oder Einflussnahme: Die zwei Gesichter der Machtnutzung. In B. Knoblach, T. Oltmanns, I. Hajnal, & D. Fink (Hrsg.), *Macht in Unternehmen – Der vergessene Faktor* (S. 203–221). Wiesbaden: Gabler.

Smith, D., & Alexander, R. C. (1988). *Fumbling the future: How Xerox invented, then ignored, the first personal computer.* New York: Morrow.

Weltz, F. (1986). Aus Schaden dumm werden/Zur Lernschwäche von Verwaltungen. *Office Management, 1986*(5), 532–534.

Ist das Neue auch das Bessere? Für wen? Ein (persönlicher) Rückblick auf das Wechselspiel von Licht- und Schattenseiten in fünfzig Jahren IT-Innovation

Zweites Interview mit Dipl.-Ing. Ulrich Klotz – 5 Jahre später

Ulrich Klotz und Wolfgang Scholl

WS: Aus Anlass der Neuauflage unseres Buches setzen wir unser Gespräch nun nach einer fünfjährigen Unterbrechung fort. Was ist geschehen in dieser Zeit? Welche neuen Einsichten bezogen auf unser Thema – Licht- und Schattenseiten von Innovationen – hast Du seitdem gewonnen? Siehst Du heute manches anders als bei unserem damaligen Gespräch? UK: Ich will mal mit einem Bild anfangen. Heute siehst Du in U-Bahnen, Bussen oder Cafès jeder x-beliebigen Stadt das gleiche Bild: Menschen, die mit ihren Smartphones beschäftigt sind. Das war vor fünf Jahren noch anders und vor zehn Jahren gab es Mobilgeräte heutiger Bauart so gut wie nicht – das iPhone, mit dem sich alles änderte, kam 2007 in die Welt. Heute ist das Smartphone allgegenwärtig. Niemals zuvor in der Zivilisationsgeschichte hat sich eine Erfindung oder Gerätegattung derart rasant in aller Welt verbreitet. Frühere Entwicklungen, die unsere Gesellschaft tief greifend verändert haben, wie Telefon, Radio, Fernsehen oder das Automobil brauchten Jahrzehnte bis zur Omnipräsenz. Die Art und Weise, wie diese mobilen Computer inzwischen praktisch jeden Bereich unseres Lebens durchdrungen haben, lässt schon ahnen, dass in dieser kurzen Zeit viel passiert ist. Worauf ich hinaus will: Wir erleben schon seit einigen Jahrzehnten etwas menschheitsgeschichtlich Einzigartiges, eine exponentielle Entwicklung der Technik und ihrer Anwendungsmöglichkeiten – aber Menschen sind nun mal kaum fähig, exponentielle Entwicklungen kognitiv zu erfassen, denn unsere

U. Klotz
ehemals IG Metall – Vorstand, Frankfurt am Main, Deutschland
E-Mail: ulrich.klotz@t-online.de

W. Scholl (✉)
Institut für Psychologie, Humboldt-Universität und artop GmbH – Institut an der Humboldt-Universität zu Berlin, Berlin, Deutschland
E-Mail: schollwo@hu-berlin.de

331

Erfahrungswelt ist vor allem geprägt von Beschränkungen und natürlichen Vorgängen, die selten exponentiell sind.

Der berühmte KI-Pionier und -Prophet Ray Kurzweil hat den Unterschied einmal mit einer kleinen Geschichte illustriert: Zwei Menschen gehen jeweils 30 Schritte, der erste macht normale Schritte und der zweite exponentielle, das heißt jeder Schritt ist doppelt so lang wie der vorangegangene. Wie weit kommt der Zweite mit 30 Schritten? Antwort: Er hat die Erde 26-mal umrundet.

Um es mit einem realen Beispiel zu verdeutlichen: Mitte der 80er Jahre war die legendäre Cray-2 der leistungsstärkste Supercomputer der Welt, ein imposanter Koloss von 2,5 t Gewicht. Die Anschaffung der damals einzigen Cray-2 in Europa durch Lothar Späth führte 1986 wegen der Kosten von 48 Mio. DM zu heftigen öffentlichen Diskussionen im „Ländle" – die Maschine wurde der Grundstock des „Bundeshöchstleistungsrechenzentrums" in Stuttgart. Heute verfügen durchschnittliche Smartphones und sogar manche Smartwatches über deutlich mehr Rechenleistung und Speicherkapazität als eine Cray-2, neuere Modelle haben inzwischen sogar die Power von einigen Dutzend damaliger Rechenzentren. Insofern dürfte den meisten Menschen auch nicht ansatzweise klar sein, was sie da heute ganz selbstverständlich mit sich herumtragen – bisweilen hat man ja schon den Eindruck eines neuen, zusätzlichen Körperteils. Hätten wir uns vor 30 Jahren vorstellen können, dass im Jahr 2018 auch Kinder mit einer Cray spielen? Oder, um das Bild zu vervollständigen, mit einem Supercomputer, der sogar mit Milliarden anderer Computer in der ganzen Welt in einem Netzwerk verbunden ist?

WS: Nein, man wäre wahrscheinlich als Spinner verlacht worden. Aber wenn wir schon solche Schwierigkeiten haben, die technische Dynamik dieser Innovationen zu erfassen, was ist dann mit deren Wirkungen? Können wir erkennen, wie das alles unsere Gesellschaft verändert – kommen wir da überhaupt hinterher bzw. kann Politik noch mitgestalten? Und weil in diesem Jahr so viel von 1968 die Rede ist – wie hast Du das damals gesehen, als Du an der TU Berlin mit der Informatik angefangen hast und wie siehst Du das heute – nach fünf Jahrzehnten exponentieller Entwicklung? UK: Zur ersten Frage: Wir können diese Veränderungen nicht in ihrer Gesamtheit und Tiefe erkennen. Selbst besonders Augenfälliges, wie etwa das erwähnte Bild in der U-Bahn, nehmen wir mitunter kaum mehr wahr. Die Veränderungen sind auch viel zu facettenreich – nimm allein die Produktgattung, die vor 10 Jahren noch kaum bekannt war und die heute größere Reichweite und Wirkungen hat als alles bisher Dagewesene: die Smartphone-Apps. Dazu nur ein prominentes Beispiel: die App „WeChat" von Tencent wird jeden Tag von etwa einer Milliarde Menschen benutzt. Sie hat deren Leben völlig verändert, weil sie damit inzwischen fast jeden Aspekt ihres Alltags bestreiten können. Die dabei anfallenden Daten – pro Tag werden damit 7 Mrd. Fotos verschickt und zahllose Geschäfte getätigt – landen in China auch bei staatlichen Behörden, die damit unter anderem Software für Gesichtserkennung optimieren. Inzwischen gibt es mehr als sechs Millionen verschiedene Apps für Smartphones und allein im Jahr 2017 wurden davon weltweit 175 Mrd. Stück verkauft bzw. installiert. Jede dieser Anwendungen gibt dem mobilen

Computer eine andere Funktion mit vielfältigen und oft weitreichenden Wirkungen, das kann niemand überblicken.

Auch ist es kaum möglich, gesellschaftlichen Wandel richtig zu beurteilen, wenn man selbst Teil dieses Wandels ist. Historiker können später in der Rückschau erkennen, was passiert ist – aber auch das nicht immer. Und nicht zuletzt: Allgegenwärtigkeit macht unsichtbar. Anders gesagt: wenn sich Veränderungen flächendeckend vollziehen, dann nimmt man die Veränderung kaum mehr wahr – was geschieht, erscheint dann einfach „normal". Günther Anders thematisierte schon 1956 in „Die Antiquiertheit des Menschen – über die Seele im Zeitalter der zweiten industriellen Revolution"[1] die Unfähigkeit des Menschen, sich die Folgen komplexer und für den Einzelnen undurchschaubarer Technologien auszumalen – das ist heute aktueller denn je. Heute laufen technologische Veränderungsprozesse viel schneller ab als politische Prozesse – das führt dazu, das zum Beispiel Parlamentarier und Wähler den Überblick und damit die Kontrolle verlieren. Statt vorausschauend Entwicklungen zu gestalten, sind Politiker meist nur staunende Zaungäste. Wobei ich aber durchaus der Meinung bin, dass man solche Entwicklungen auch politisch gestalten kann. Dazu muss man allerdings das Wesen der Veränderungen so tief gehend verstanden haben, dass man mögliche Weiterentwicklungen antizipieren und Alternativen erkennen kann. Genau hier liegen unsere heutigen Probleme.

Wenn sich Kommunikationsformen ändern, dann ändert sich das Fundament einer Gesellschaft – sie wird eine andere. Allgegenwärtige Computer schieben sich als ein neues Medium zwischen uns und die erfahrbare Wirklichkeit. Wie Marshall McLuhan schon 1964 in seinem Hauptwerk „Understanding Media" mit vielen Beispielen gezeigt hat, sind bei Medien allerdings die tatsächlichen Wirkungen oft anders als die ursprünglich erwarteten oder intendierten. Das liegt an den komplexen Wechselwirkungen, um noch mal McLuhan zu zitieren: „We shape our tools and our tools shape us."

Andererseits, ich sehe so viele Veränderungen und ihre Dynamik, dass wir jetzt stundenlang darüber sprechen könnten. Nur zwei Beispiele: Bei unserem Gespräch vor fünf Jahren hätten wir uns so etwas wie den Brexit oder die Wahl eines US-Präsidenten Trump nicht vorstellen können. Bei diesen beiden ähnlichen Ereignissen haben computerbasierte neue Kommunikationsmöglichkeiten eine wichtige Rolle gespielt. Und deren Einfluss wächst: wenn sich der mächtigste Politiker heute permanent über Twitter an seine 'zig Millionen Follower wendet, dann stellt dieses „Megaphon" in seiner Wirkung alles in den Schatten, was wir bislang kannten. Eine Welt, in der Milliarden Menschen private TV-Sender mit globaler Reichweite mit sich herumtragen, ist eine neue Welt. Eine Facette dieses Wandels ist auch das Hauptthema unserer Zeit, das uns vermutlich in Zukunft mehr und mehr beschäftigen wird: die weltweiten Migrationsbewegungen.

WS: Wie das? Ist da das Smartphone wichtig? UK: In der DDR haben sich die Menschen in Bewegung gesetzt, wenn sie lange genug Westfernsehen geschaut haben und

---

[1]4. durchgesehene Auflage 2018. München: C. H. Beck.

ihnen die Vorstellung, die sie sich vom Westen machten, wesentlich attraktiver erschien. Heute können sich die Menschen selbst im hintersten Winkel Afrikas ihre Hoffnungsbilder mithilfe ihrer Smartphones machen. Das heutige Fernsehen auf Milliarden mobiler Displays hat weit intensivere Wirkungen, weil es von Menschen wie Dir und mir gemacht wird und deshalb als authentischer empfunden wird. Die Schleuserindustrie bedient sich in nahöstlichen Flüchtlingslagern und afrikanischen Failed States derselben Mittel wie die oftmals zweifelhaften YouTube-Stars, die weltweit 'zig Millionen Teenies zu naiven Followern werden lassen – hier wie dort werden Illusionen erzeugt und damit große Geschäfte gemacht. YouTube, Facebook, Instagram, Snapchat, WhatsApp, Twitter & Co. stellen in ihren Wirkungen alles in den Schatten, was mit klassischen Massenmedien bislang möglich war. Das hat natürlich vor allem in jenen Regionen, in denen man sich noch vor kurzem kaum ein Bild von anderen Teilen der Welt machen konnte, eminente Wirkungen. Die kommunikationstechnische Entwicklung formt die Welt stärker als die Beziehungen der Nationen zueinander; mit der weltweiten Bilderflut wurden die Vorstellungen über Wohlstand und Ungleichheit globalisiert und das hat vermutlich viel stärkere Wirkungen als alle Politik. Auch dies ist eine Facette der exponentiellen Veränderungen, noch vor fünf Jahren sah das alles ganz anders aus. Damals, es war ziemlich genau während unseres letzten Gesprächs, sagte Angela Merkel: „Das Internet ist für uns alle Neuland". Anlass waren die Enthüllungen von Edward Snowden über die NSA[2], die uns einige neue Einsichten seit unserem letzten Gespräch brachten. Leider leben die meisten unserer Politiker gedanklich noch im „Altland", sie unterschätzen oft die Wirkungen im Netz und agieren sehr kurzsichtig. Letztlich werden dadurch massenhaft Menschen ins Unglück gestürzt. Unsere Politiker verkennen die tieferen Gründe, weshalb sich inzwischen in vielen Gesellschaften ein dramatischer Zerfall abzeichnet, und sie tragen somit sogar noch zu dessen Beschleunigung bei. Eine Folge ist das, was derzeit in Europa mit der Erosion unserer Wertegemeinschaft, dem Aufstieg des Populismus und der Instabilität der Parteienlandschaft geschieht. Das heute weitverbreitete Gefühl von Unsicherheit gab es vor fünf Jahren so noch nicht.

WS: Du klingst heute skeptischer als vor fünf Jahren. Deshalb noch mal meine zweite, mehr persönliche Frage nach Deinen Einschätzungen zu diesen Entwicklungen, die Du ja zeitweilig und schon sehr früh selbst mit vorangetrieben hast? UK: Ja, inzwischen sehe ich manches wesentlich kritischer als bei unserem letzten Gespräch. Vor allem in den letzten Jahren wurden für mich mehr und mehr die Schattenseiten vieler IT-Innovationen erkennbar. Außerdem wird unübersehbar, dass wir in Deutschland aufgrund unserer Schwierigkeiten mit bestimmten Arten von Innovationsprozessen in eine zunehmend problematische Lage geraten. Um unsere heutige Situation, in der Politiker oftmals ziemlich hilflos agieren, besser einschätzen zu können, will ich etwas weiter ausholen. Denn die Vergangenheit macht die Gegenwart besser lesbar. Ohnehin gilt der Satz von

---

[2]National Security Agency, größter Auslandsgeheimdienst der USA.

August Bebel: „Wer die Vergangenheit nicht kennt, kann die Gegenwart nicht verstehen und die Zukunft nicht gestalten."

Wenn ich so zurückschaue auf die inzwischen fünfzig Jahre, in denen ich mich mit Informationstechnik sowohl praktisch als auch politisch befasst habe, dann gab es bei mir ganz unterschiedliche Phasen. Oft war ich regelrecht enthusiastisch, zeitweilig aber auch eher skeptisch. Diese Wechsel hingen mit wichtigen Wegmarken und Durchbrüchen in der Technologie-Entwicklung zusammen, von denen es in diesem Zeitraum vier oder fünf gab und die jeweils neue Licht- oder Schattenseiten offenbarten. Solche Wechsel von Optimismus und Pessimismus gab es ja in der gesamten Gesellschaft – allerdings stand ich oft gegenläufig zum Mainstream. Als bei uns allgemein Skepsis und sogar eine regelrechte Computer-Phobie vorherrschten, war ich von einigen Entwicklungen sehr angetan; heute hingegen, wo viele von einer „digitalen Revolution" schwärmen, wachsen bei mir die Besorgnisse über unsere Zukunft. Unter den Zeitgenossen, die sich auch schon länger mit dieser Thematik befassen, geht es nicht wenigen heute ähnlich wie mir.

Als ich 1968 mit dem Studium begann, wurde die Informationstechnik allgemein als Produkt des militärisch-industriellen Komplexes betrachtet und war als „Herrschafts-technologie" nicht nur unter linken Studenten Gegenstand von Kritik. Gleichwohl faszinierten mich die riesigen Computer seinerzeit sehr. Ich habe noch vor Augen, wie 1970 im Rechenzentrum der TU Berlin das neueste Non-Plus-Ultra unter den Groß-rechnern installiert wurde, eine IBM 370. Die imposanten Schränke mit ihrem Meer an Kontrollleuchten und Schaltknöpfen füllten einen ganzen Saal im Telefunken-Hoch-haus am Ernst-Reuter-Platz. Das System hatte ein ganzes Megabyte Hauptspeicher – das war sensationell. Es war eines der ersten Time-Sharing-Systeme, das heißt, mehrere Benutzer konnten mit dem Computer interaktiv arbeiten, die Terminals waren damals IBM-Kugelkopfschreibmaschinen. Auf jede Eingabe mit der Tastatur dieser fein-mechanischen Wunderwerke erhielt man sofort eine Reaktion der großen Maschine. Endlich keine Lochkartenstapel mehr, wo man oft erst Tage später erfuhr, welche Feh-ler das mühsam gelochte Programm hatte. An dieser Riesenmaschine in der Top-Etage des Telefunken-Hochhauses mit tollem Blick über Berlin fühlten wir uns einerseits ein wenig wie „Masters of the Universe". Andererseits war ich damals in einer Gruppe von Technik-Studenten an der TU Berlin aktiv, die sich „Rotzkybel" (Rote Zelle Kybernetik Elektrotechnik) nannte und die gesellschaftlichen Wirkungen der EDV ziemlich kritisch analysierte.

WS: Du sagtest, es gab seither vier oder fünf Umbrüche oder Wendepunkte in der Technikentwicklung – welche waren das?

1   Die Erfindung des Mikroprozessors

UK: Der erste war zweifellos die Erfindung des Mikroprozessors Anfang der 70er Jahre. Damit eröffneten sich vollkommen neue Welten, denn nun konnte man erstmals Geräte bauen, deren Funktion nicht mehr durch Hardware, sondern durch Software festgelegt wurde. Das hat bis zum heutigen Tag in praktisch sämtlichen Bereichen von Wirtschaft und Gesellschaft umwälzende Konsequenzen. Außerdem konnte man damit wesentlich kostengünstigere kleine Computer realisieren, die neue Gattung Mikrocomputer.

Dass dies nicht nur technisch und ökonomisch, sondern auch sozial und kulturell die Welt verändern würde, erkannten zuerst einige Hippies aus der amerikanischen Gegenkultur, die damals im Raum San Francisco ihr Zentrum hatte. In diesen Kommunen waren damals Norbert Wiener und Marshall McLuhan gefragte Lektüre. Während der größte Teil der damaligen Generation Computer als Verkörperung zentralisierter Kontrolle verachtete, sahen einige junge Leute, die man heute Hacker nennen würde, in dem Mikrocomputer eine Möglichkeit, den menschlichen Geist zu befreien und zu verstärken – ähnlich wie es einstmals mithilfe der Druckerpresse gelang, den etablierten Institutionen die Alleinherrschaft über die Verbreitung von Informationen zu entreißen. Stewart Brand, eine Ikone der damaligen „Computing Power to the People"-Bewegung, sagte später einmal, dass das wahre Erbe der 60er Generation nicht Flower-Power, Woodstock oder der Protest gegen den Vietnamkrieg, sondern die Computer-Revolution sei. Da ist auch etwas dran, jedenfalls wurden damals dort die Keimzellen für das heutige Silicon Valley gelegt, wie es zum Beispiel Fred Turner in seinem Buch: „From Counterculture to Cyberculture" beschreibt[3]. Diese frühe Computer-Euphorie ging auch an mir nicht spurlos vorüber. Als ich an der TU Berlin die Chance erhielt, als Diplomarbeit mit einem frühen Mikroprozessor einen der ersten Mikrocomputer in Deutschland zu entwickeln, war das natürlich eine glückliche Fügung. Wobei ich zugeben muss, dass uns in den frühen 70er Jahren die Bedeutung dieser Entwicklungen noch kaum bewusst war. Erst viel später, als mein – übrigens heute noch immer funktionsfähiger – Mikrocomputer ins Museum kam, war klar, dass in jener Zeit die wohl folgenreichste Umwälzung seit Gutenberg ihren Anfang nahm.[4]

In der Rückschau wird auch erkennbar, dass 1968 auch in der Computergeschichte ein besonderes Jahr war. Denn in diesem Jahr gab es auf einer Computerkonferenz in San Francisco eine legendäre Präsentation, die heute „The Mother of All Demos"[5] genannt wird, weil sie vermutlich die bedeutsamste des letzten Jahrhunderts war. Das Team um den Computerpionier Douglas C. Engelbart demonstrierte seinerzeit nahezu alles, was heute die Arbeit mit modernen vernetzten Personal Computern kennzeichnet, einschließlich eines neuartigen Zeigegeräts in Gestalt eines Holzkästchens – der Computermaus. Beim Entwurf seines Systems verfolgte Engelbart eine Vision, die er schon 1962 einem umfangreichen Report beschrieben hatte – kurz gefasst: Computer als Verstärker kollektiver Intelligenz durch neue Formen der Kollaboration.[6] Die Bedeutung dieses für die

---

[3]Turner, F. (2006) *From Counterculture to Cyberculture: Stewart Brand, the Whole Earth Network and the Rise of Digital Utopianism.* University of Chicago Press, 2006.

[4]https://blog.hnf.de/netzwerk-fuer-jahrtausendmenschen/ und: http://bit.ly/SZ_TR-History_2017.

[5]https://en.wikipedia.org/wiki/The_Mother_of_All_Demos.

[6]http://www.dougengelbart.org/pubs/augment-3906.html.

damalige Zeit unglaublich weitsichtigen Reports und genialen Systemkonzepts wurde jahrzehntelang verkannt, deshalb ist Engelbart heute – sofern überhaupt – nur noch als Erfinder der Computermaus bekannt. Der Umgang mit Engelbarts Werk ist auch ein Lehrstück über das Schicksal von visionären Innovatoren und Innovationen. Nicht selten wird deren Bedeutung auch von der Fachwelt erst Jahre oder sogar Jahrzehnte später erkannt – dann heißt es ja meist, sie seien ihrer Zeit voraus gewesen. Und bis sie ins Bewusstsein der breiten Öffentlichkeit dringen, dauert es meist noch länger – so kommt nun – also 50 Jahre später – ein erster Film über Douglas C. Engelbart in unsere Kinos.

Allerdings gehört zum vollständigen Bild der damaligen Situation auch etwas, was man heute kaum glauben mag: Ende der 60er Jahre waren deutsche und europäische Unternehmen und Wissenschaftler auf manchen Gebieten der Informationstechnik sogar weltweit führend. Beispielsweise kam der erste in Serie gebaute Mikrocomputer nicht aus den USA, sondern 1973 aus Frankreich – der Micral. Auch die weltweit erste industriell produzierte Computermaus, damals noch Rollkugel genannt, wurde schon 1968 von der Telefunken-Computer AG als Bestandteil des Großrechners TR 440 auf den Markt gebracht. Das war noch vor der erwähnten Demo von Engelbart und lange vor Apple & Co. Allerdings hat Telefunken – im Gegensatz zu Engelbart – seinerzeit kein Patent auf die Maus beantragt – wie so häufig, war der Firma die Bedeutung ihrer Entwicklung gar nicht bewusst. Um noch eine dritte, besonders wichtige europäische Innovation zu nennen: das für moderne Computersysteme essenzielle Konzept der objektorientierten Software wurde ursprünglich in den 60er Jahren in Norwegen erfunden. Solche Tatsachen sind leider heute kaum mehr bekannt.

Objektorientierte Programmierung spielte auch die Schlüsselrolle bei den wohl bedeutsamsten Entwicklungen der bisherigen Computer-Geschichte, die in den 70er Jahren im Palo Alto Research Center (PARC) von Xerox stattfanden, wohin auch einige Mitarbeiter aus Engelbarts Team abgewandert waren. Das alles gerät leider zunehmend in Vergessenheit und es ärgert mich jedes Mal, wenn heute in den typischen Jubiläums-Artikeln in der Presse immer wieder zu lesen ist, was ein Bill Gates oder Steve Jobs oder ähnliche Silicon Valley-Größen alles erfunden hätten. Das ist häufig Nonsens, der von Journalisten stammt, die statt zu recherchieren lieber voneinander abschreiben. In Wahrheit waren es Innovatoren wie Alan C. Kay, sein „Dynabook" von 1972 nahm als Vision den modernen drahtlos vernetzten Tablet-Computer vorweg, es ist quasi die Mutter aller heutigen Laptops, Tablets und Smartphones – wohlgemerkt, auch das war vor fast 50 Jahren! Alan Kay, der von McLuhan und Jean Piaget beeinflusst war, hat am PARC schon sehr früh auch Kinder in die iterativen Gestaltungsprozesse der User-Interfaces einbezogen, sein Ziel war ein Computer als Lernunterstützung für Kinder.[7] So manches, was bei uns heute mit Modevokabeln wie Design Thinking, User-Centered-Design oder Scrum als neuester Schrei propagiert wird, war bei diesen Pionieren schon

---

[7]Kay, A. (1972) *A Personal Computer for Children of All Ages.* In: Proceedings of the ACM National Conference, Boston 1972.

damals praktische Realität. Wegen unserer Geschichtsvergessenheit sei hier noch einmal hervorgehoben, dass fast alles, was den späteren Siegeszug der Personal Computer ermöglichte, seinerzeit im PARC erfunden und schon 1973 im Xerox Alto realisiert wurde: Das war ein kühlschrankgroßer Computer, er hatte ein grafisches Interface mit Maus und Fenstertechnik, Small Talk als objektorientierte Programmiersprache, WYSIWYG-Editing, Lokales Ethernet mit E-Mail-Funktion, Laserdrucker und anderes mehr. Warum die Xerox-Manager die Bedeutung dieser Innovationen verkannten, habe ich schon bei unserem ersten Gespräch angedeutet.

Im Gegensatz dazu erfasste Steve Jobs bei einem Besuch im PARC (1979) den revolutionären Charakter dieser Innovationen sofort; diese legendäre Besichtigung wurde zum Wendepunkt in seinem Leben. Gegen ein Paket Aktienoptionen durfte die 1976 als Garagenfirma gegründete Apple Computer Inc. dann viele der Xerox-Ideen übernehmen und weiterentwickeln. Das Ergebnis war der 1984 vorgestellte Apple Macintosh. Mit seinem neuartigen Interface läutete der Mac den folgenreichsten Paradigmenwechsel der bisherigen Computerhistorie ein: Aus der Maschine für Spezialisten wurde ein Werkzeug und Medium, das auch gewöhnliche Menschen benutzen und bezahlen konnten – aus dem Herrschaftsinstrument wurde allmählich ein Alltagsgegenstand.

2   Nutzerorientierung

WS: Halten wir fest, nach dem Mikroprozessor brachten neue, am Benutzer orientierte Interaktionsformen, den zweiten großen Durchbruch. Wie hat das Deine eigene Entwicklung oder Haltung beeinflusst und was waren für Dich die nächsten Wendepunkte? UK: Ja, Mikroprozessoren waren die notwendige technisch-ökonomische Voraussetzung für eine weite Verbreitung der Informationstechnik. Aber erst, als es gelang, auch die psychologischen Hürden zu überwinden, wurden Computer massenkompatibel – das zweite war also die hinreichende Bedingung. In meiner persönlichen Computergeschichte kam beides zusammen, als ich 1985 zum ersten Mal einen Macintosh benutzte – ein unvergessliches Erlebnis. Das kann man allerdings heute kaum mehr vermitteln oder nachvollziehen – es ist längst Alltag. Jedenfalls wissen wir heute, dass diese Innovation die Welt verändert hat – so wie es Steve Jobs im weltberühmten Werbespot des Orwell-Jahrs 1984 prophezeite.

Im selben Jahr gab ich ein rororo-Buch heraus: „Personal-Informations-Systeme – auf dem Weg zum arbeitsplatzgerechten Menschen" – Datenschutz und Überwachung waren seinerzeit hierzulande die Hauptthemen im Zusammenhang mit Computern. Und nun tauchte dieser kleine Mac auf, der beim Einschalten freundlich grüßte, ohne dicke Handbuchstapel daherkam und endlich machte, was der Benutzer wollte – zuvor war es ja umgekehrt, der Mensch war bis dahin eher Bediener, der sich der Technik anpassen und haufenweise kryptische Kommandos auswendig lernen musste. Orwell und der Mac – das passte irgendwie gar nicht zusammen. Damals begann sich – nicht nur bei mir – das Bild vom Computer zu wandeln. Es war die Zeit, in der sich geradezu ein neues Universum in der Informationstechnik mit begeisternden neuen Möglichkeiten eröffnete.

In Deutschland begann dieser Durchbruch nutzertauglicher Computer allerdings mit mehr als zehn Jahren Verspätung. Vor allem als Microsoft mit Windows 95, einer leidlichen Nachahmung der Mac-Software, auf den Markt kam, entwickelte sich auch hierzulande der Übergang in das, was ich einmal als die zweite Ära der Informationstechnik beschrieben habe[8] . Bei den innovationsresistenten großen Unternehmen und Organisationen erfolgte dieser Wandel sogar noch wesentlich später – ich erinnere an meine Schilderungen der Innovationsblockaden in der IG Metall im vorigen Kap. „Kein Licht ohne Schatten", die für jene Zeit durchaus typisch waren.

Ähnlich war es auch mit einigen anderen Pioniertaten der Informationstechnik, die mich schon früh faszinierten. Zum Beispiel hatte Theodor Holm Nelson bereits in den späten 60er Jahren die Ideen zu Hypertext und Hypermedia, beide Begriffe gehen auch auf ihn zurück.[9] Nelson war, wie Steve Jobs auch, inspiriert durch den schon erwähnten Whole Earth Catalog von Stewart Brand (s. Fußnote 3). Und Stewart Brand, der so etwas wie ein Mittler zwischen der Hippie-Szene in San Francisco und der Hacker-Szene im Silicon Valley war, schuf dann auch 1985 mit The WELL (Whole Earth 'Lectronic Link) eine frühe Virtual Community; heute haben sich hierfür Bezeichnungen wie „Soziales Netzwerk" durchgesetzt. Es war schon faszinierend, damals noch ziemlich hakelig via Akustikkoppler mit Menschen aus anderen Teilen der Welt zu kommunizieren (der Begriff „chatten" war noch nicht gebräuchlich) oder per elektronischer Post Texte binnen Sekunden rund um die Erde schicken zu können. Abenteuer war auch dabei, denn in Deutschland waren viele Modembasteleien illegal, weil das Fernmeldeamt, die spätere Telekom, mit seinem Fernmeldemonopol eine fürchterliche Innovationsbremse war – konkurrierende Entwicklungen wurden einfach unter Strafe gestellt. Bei diesen virtuellen Wanderungen und Begegnungen hatte ich ein ähnliches Gefühl wie in meiner Jugend, als ich mit einem selbstgebauten Kurzwellenempfänger nachts auf akustische Weltreise ging.

WS: Das waren also frühe Vorläufer des Internet! Was vermutlich auch der nächste Meilenstein in der Geschichte ist …

3   Das World Wide Web

UK: Ja, der Begriff „Internet" kam aber erst im Übergang zu den 90er Jahren auf. Aber klar, die dritte wichtige Entwicklungsstufe war die praktische Umsetzung der Hypertext-Ideen von Ted Nelson durch Tim Berners-Lee am Genfer CERN in Gestalt von

---

[8]siehe Anm. 13.

[9]Nelson T. H. (1974) *Computer Lib/Dream Machines,* Eigenverlag T. Nelson 1974.; Reprint Microsoft Press, Redmond 1987.

HTML (Hypertext Markup Language) und dem World-Wide-Web. Und ganz ähnlich wie zehn Jahre zuvor beim Mac brachte dann eine neuartige, auch von Computer-Laien benutzbare Software den breiten Durchbruch – die 1993/1994 von Marc Andreessen entwickelten Webbrowser Mosaic und Netscape. Mithilfe dieser Software wurde erstmals auf einfache Weise das erlebbar, was man heute „Internet" nennt. Diese damals außerordentlich faszinierenden Programme ließen schon ahnen, dass sich hiermit Türen zu einer ganz neuen Welt öffneten – einer Welt, in der Computer zu einem massentauglichen Medium für multimediale und weltweite Kommunikation werden würden.

Wohin die Reise in der Technik, aber auch in Wirtschaft und Gesellschaft gehen würde, prognostizierten damals einige der bedeutsamsten IT-Pioniere in einer Spezial-Ausgabe des Scientific American, die im September 1991 erschien. Diese Texte waren für mich geradezu eine Offenbarung. In der Rückschau kann man sagen, dass die Dekade der Aufbruchsstimmung – etwa von 1988–1998 besonders fruchtbar war, was fundierte Analysen und Prognosen zu der Frage betrifft, wie Computer und Internet unsere Welt verändern werden. Viele Arbeiten aus jener Zeit sind um Klassen besser als so manches, was bei uns in den letzten Jahren zu diesen Themen erschien. Ich denke etwa an Beiträge, die Tom Malone, Sara Kiesler, Nicholas Negroponte oder Shoshana Zuboff Anfang der 90er Jahre zum Thema Computernetze und Management publizierten. Vieles, was bei uns derzeit als hochaktuelles Thema gehandelt wird, wie etwa das „Internet of Things", war schon 1991 im Scientific American detailliert beschrieben, etwa durch den PARC-Forscher Mark Weiser. Viele der fundiertesten Beiträge aus dieser Zeit kamen übrigens von Autoren, die zeitweilig mal im PARC tätig waren.

Im Jahr 1994 erschien dann noch in der US-Zeitschrift FORTUNE ein langer Artikel: „Waking up to the New Economy" der mich nachhaltig inspiriert hat.[10] Darin war im Grunde schon nahezu alles skizziert, was bei uns heute unter dem Schlagwort „Digitale Transformation" aktuell diskutiert wird. Also der gesamte Themenkomplex, wie sich durch die informationstechnische Revolution ökonomische Regeln, Wertschöpfungsprozesse, Geschäftsmodelle, Unternehmens- und Organisationsstrukturen, Arbeitsformen, Managementkonzepte, Unternehmenskulturen und vieles andere mehr verändern werden. Ich erinnere mich noch an einen einprägsamen Vergleich, mit dem der Autor die IT-Entwicklungsdynamik illustrierte: jede der damals aufkommenden Grußkarten, die beim Aufklappen „Happy Birthday" fiepen, verfügt über mehr Rechenleistung als vor 1950 auf der ganzen Welt existierte. Warum heute, ein Vierteljahrhundert später, diese Entwicklungsdynamik ungleich größer ist, habe ich ja schon angedeutet. Unter den ersten, die seinerzeit begriffen, nach welchen neuen Regeln ein Datenkapitalismus funktioniert, war übrigens Jeff Bezos. Er gründete noch im selben Jahr Amazon und ist heute der reichste Mensch der Welt.

Erwähnenswert ist auch noch der kürzlich verstorbene John Perry Barlow, der 1996 auf dem Weltwirtschaftsforum in Davos seine „Unabhängigkeitserklärung des

---

[10]Huey, J. (1994) *Waking up to the New Economy.* In: FORTUNE, June 27, 1994, S. 18–31.

Cyberspace" vortrug. Dieser Aufruf machte weltweit Furore. Er ist das wichtigste Dokument der frühen Internetbegeisterung, weil er das Lebensgefühl einer ganzen Generation ausdrückte, die im Internet ein großes demokratisches Versprechen sah.[11] Aus heutiger Sicht klingt manches davon recht naiv, viele Träume der frühen Netzaktivisten sind zerplatzt, zwar sind neue soziale Räume entstanden, aber diese haben auch asoziale Nebenwirkungen. Immerhin hat Barlow mit der von ihm gegründeten „Electronic Frontier Foundation" eine schlagkräftige Organisation hinterlassen, die sich in vielfältiger Weise für die Grundrechte im Informationszeitalter einsetzt.

Ich war jedenfalls damals überzeugt, dass die Informationstechnik als „Buchdruck der Neuzeit"[12] ebenso dramatische Folgen haben würde wie zuvor die Einführung der Sprache, der Schrift und des Buchdrucks. Peter F. Drucker, der Pionier der modernen Managementlehre, nannte die Gesellschaft, die auf die Einführung des Computers zu reagieren beginnt, „next society", „weil sie sich in allen ihren Formen der Verarbeitung von Sinn, in ihren Institutionen, ihren Theorien, ihren Ideologien und ihren Problemen, von der modernen Gesellschaft unterscheiden wird".[13]

Schon damals zeichnete sich ab, dass in dieser nächsten Gesellschaft auch „Arbeit" neu definiert werden wird – ähnlich wie es beim Übergang von der Agrar- zur Industriegesellschaft geschah. Speziell zu diesem Thema habe ich damals viel publiziert, manche dieser Artikel wurden bis in die jüngste Zeit immer mal wieder nachgedruckt. Die größte Reichweite hatte eine sehr umfangreiche Artikelserie, die im Jahr 2000 in der Frankfurter Allgemeinen Zeitung erschien.[14] Sie trug den Titel: „Die Neue Ökonomie" – damit wollte ich deutlich machen, dass eine Ökonomie, deren wichtigstes Produkt digitale, also leicht zu vervielfältigende Informationen sind, nach anderen Mustern und Regeln funktioniert als eine Wirtschaft, in der unter Einsatz von traditionellen Rohstoffen, Kapital und Arbeit materielle Güter hergestellt und gehandelt werden. Die Serie fand großes Echo, sie wurde in fünf Sprachen übersetzt und brachte mir eine Stiftungsprofessur ein. Es folgten Vortragseinladungen ohne Ende, zum Beispiel von den Vorständen der Allianz AG, der Bundesbank oder vom Sachverständigenrat, der daraufhin in seinem Jahresgutachten dem Thema „Neue Ökonomie" ein ganzes Kapitel widmete.

WS: Wie kamen deine Thesen über die Zukunft der Arbeit bei deinem Arbeitgeber IG Metall an? Hatten sie Auswirkungen auf die praktische Politik? UK: Bei der IG

---

[11]https://www.eff.org/cyberspace-independence.

[12]Giesecke, M. (1991) *Der Buchdruck in der frühen Neuzeit. Eine historische Fallstudie über die Durchsetzung neuer Informations- und Kommunikationstechnologien.* Frankfurt am Main, Suhrkamp, 1991.

[13]zitiert nach: Baecker, D. (2007) *Studien zur nächsten Gesellschaft.* Frankfurt am Main, Suhrkamp, 2007.

[14]Klotz, U. (2000) *Die Neue Ökonomie.* Artikelserie, in: Frankfurter Allgemeine Zeitung, 25.4.2000, S. 31; 8.5.2000, S. 33; 29.5.2000, S. 33; 3.7.2000, S. 30; 24.7.2000, S. 28; 11.9.2000, S. 30 – auch hier: http://bit.ly/FAZ_Serie_NOek_2000opt.

Metall bestätigte sich die Erkenntnis: Wo Licht ist, ist auch Schatten. Denn dies alles rief innerhalb der IG Metall-Zentrale vor allem Kritiker und Neider auf den Plan. Ich erinnere mich beispielsweise gut an eine Sitzung mit dem damaligen 2. Vorsitzenden Jürgen Peters, in der er coram publico meine Texte zum Internet und zur Zukunft der Arbeit rundweg als „intergalaktischen Blödsinn" abwatschte und das Internet als Modeerscheinung abtat. In den späten 90er Jahren waren solche Meinungen nicht selten.

Bei solchen Fehleinschätzungen wurde sichtbar, dass Vorstände häufig Opfer ihrer Ratgeber und Höflinge sind, die ihr eigenes Spiel spielen. In solchen Strukturen zählen ja Seilschaften ungleich mehr als Sachkompetenz. Die ehemals durchaus renommierte Wirtschaftsabteilung der IG Metall lieferte in jener Zeit viele Beispiele irreführender Politikberatung. Dieser Politikbereich wurde in den 90er Jahren heruntergewirtschaftet und später gänzlich aufgelöst, weil der Vorstand sich damals einen „Chefökonomen" hielt, der zwar keine wirtschaftswissenschaftliche Ausbildung hatte, dafür aber als besonders pflegeleicht galt – Opportunismus als Qualifikationsersatz. Der Fall war ein geradezu ein Musterbeispiel für die kognitive Verzerrung, die als „Dunning-Kruger-Effekt" bezeichnet wird.[15] Damals spottete Christoph Keese in der Financial Times: „In Sachen Volkswirtschaft denken Peters (IGM Vize-Chef) und Schulte (DGB-Chef) ungefähr auf dem Erkenntnisniveau von 1917. Ganze Kaskaden wissenschaftlichen Fortschritts sind spurlos an ihnen vorübergezogen … Der Schaden, den sie damit anrichten, ist immens und wird lange anhalten."[16]

Das war eine zutreffende Vorhersage, denn die fatalen Wirkungen dieser partiellen Blindheit wirken bis heute und wahrscheinlich sogar noch in der Zukunft nach. Denn seit Anfang der 90er Jahre wurden nicht nur von den Gewerkschaften, sondern von der Politik insgesamt zahllose Chancen vertan, auf die klar absehbaren dramatischen Umwälzungen in Wirtschaft und Gesellschaft insgesamt gestaltend Einfluss zu nehmen. Was ja zu jener Zeit noch durchaus möglich gewesen wäre, da zum Beispiel Unternehmen wie Google, Facebook & Co. noch gar nicht gegründet waren. Politische Entscheidungsträger, und nicht nur sie, haben bei uns die Jahre, in denen beim Thema Internet die entscheidenden Weichenstellungen stattfanden, ungenutzt verstreichen lassen oder schlicht verschlafen. Ich gehe sogar so weit, dies heute als epochales Staats- und Politikversagen zu bezeichnen. Entwicklungen, die für unser Alltagsleben, für unsere Wirtschaft und für unsere Sicherheit von entscheidender Bedeutung sind, die zu einer Neuordnung nahezu aller Lebensbereiche führen, vollziehen sich ohne jegliche politische oder demokratische Kontrolle. Entscheidungen über Alternativen, wie zum Beispiel andere Netzentwürfe, die es durchaus gab und gibt, werden nicht in einem

---

[15]Überschätzung der eigenen Fähigkeiten und Unterschätzung von anderen: https://de.wikipedia.org/wiki/Dunning-Kruger-Effekt.

[16]Keese, C. (2002) *Fataler Angriff auf die, Fataler Angriff auf die SPD*, in: Financial Times Deutschland, 18.03.2002.

demokratischen politischen Prozess getroffen, obwohl sie massiv auch ganz traditionelle politische Fragen wie Souveränität, Privatheit, Sicherheit und Grenzen betreffen.

WS: Kannst Du das einmal an einem Beispiel erläutern? UK: Die für heutige und auch künftige gesellschaftliche Entwicklungen entscheidenden Weichenstellungen fanden um das Jahr 1995 herum statt. Bis 1995 wurde das Internet vom amerikanischen NFSNET (National Science Foundation Network) getragen, die die wichtigsten Backbone-Systeme betrieb. Als die US-Regierung 1995 NFSNET schloss und das Internet-Rückgrat kommerziellen Interessen und Regularien überließ, war das einer der folgenreichsten Wendepunkte in der Geschichte technisch-ökonomischer und sozialer Entwicklungen. John Doerr, einer der einflussreichsten Risikokapitalgeber im Silicon Valley, fasste diesen politischen Akt kurz und knapp so zusammen: „Der größte Erzeuger von legalem Reichtum in der Geschichte der Menschheit."[17]

Einen Vorgeschmack auf kommende Entwicklungen konnte man schon 1995 bekommen, als die erst 18 Monate alte Netscape Communications an die Börse ging und einen bis dahin beispiellosen Erfolg erzielte, der als „Netscape Moment" in die Historie einging. Dieses Ereignis gilt als der Startschuss für das moderne Silicon Valley; von da an begann mit rasendem Tempo der Umbau des Internets von einer gemeinnützigen Einrichtung zu einer Monopolwirtschaft, die eine ganz neue Klasse von Oligarchen hervorbrachte. Hätte man beispielsweise die bis dahin bestehende Internet-Architektur mit offenen Protokollen beibehalten und die von kommerziellen Interessen getriebenen Strukturveränderungen des Netzes politisch verhindert, wären die inzwischen gigantischen Quasi-Monopolisten im Silicon Valley und die damit einhergehenden Machtkonzentrationen und die dramatischen sozialen Ungleichheiten so nicht entstanden. Die von Investoren dominierten sozialen Massenmedien hatten ja vor allem eine dauerhafte Sicherung von Profiten durch Schaffung von Abhängigkeiten zum Ziel und zur Folge, zum Beispiel indem man Benutzer in den jeweiligen Netzwerken durch Lock-in-Effekte quasi gefangen hält. Um es an einem Beispiel konkret zu machen: In den 80er und 90er Jahren waren die kommerziellen Einwahlanbieter Compuserve und AOL die größten Online-Dienste sie wurden als weitgehend geschlossene Portale betrieben, was ihnen letztlich zum Verhängnis wurde. Im offenen Internet gab es hingegen mit dem seit den frühen 80er Jahren bestehenden SMTP (Simple Mail Transfer Protocol) einen offenen und deshalb besonders populären Dienst – die E-Mail. Dieses Protokoll ist eines der wenigen, die die damalige Wende überlebt haben, deshalb können E-Mails seitdem auch über Providergrenzen hinaus verschickt werden und wer den Anbieter wechseln möchte, verliert weder sein Adressbuch noch seine Daten.

Ganz anders bei den neuen sozialen Massenmedien, wie Facebook, Twitter, Instagram, LinkedIn, WhatsApp, Snapchat oder zahllosen anderen kommerziellen Diensten, die nach dem Jahr 2000 entwickelt wurden und bei denen die Benutzer Inhalte nicht nur

---

[17]zitiert nach: Keen, A.: Das digitale Debakel, München 2015, S. 53.

konsumieren, sondern als Prosumenten auch Inhalte erstellen, bearbeiten und verteilen können. Fast alle beruhen auf geschlossenen und von den Betreibern kontrollierten Standards, die verhindern, dass Benutzer über die von den Anbietern definierten Grenzen hinweg kommunizieren können. Man kann sich also vorstellen, was geschehen wäre, wenn beispielsweise erst Facebook die E-Mail erfunden hätte.

Neben diesem Lock-In-Effekt bewirken in der Neuen Ökonomie natürlich auch Skaleneffekte, Netzwerkeffekte und Feedbackeffekte die Konzentrationsprozesse, die zum rasanten Aufstieg der heute global herrschenden Tech-Giganten führten. Deren ökonomische und politische Macht stellt inzwischen alles in den Schatten, was wir bislang in der Industriegeschichte gesehen haben. Mitte der 90er Jahre, als die Weichen gestellt wurden und die Wende begann, war allerdings noch nicht absehbar, mit welch großer Dynamik sich diese Entwicklung tatsächlich vollziehen würde. Aber dass es so kommen würde, konnte man 1995 durchaus wissen, denn in selben Jahr erschien beispielsweise das hellsichtige Buch: „The Winner-Take-All Society" in dem die US-Ökonomen Robert H. Frank und Philip J. Cook als Folge der Entwicklungen in Telekommunikation und Computertechnik die Bildung von Monopolstrukturen voraussagten. Digitale Netzwerke führen zur Bildung positiver Feedbackschleifen, je mehr wirtschaftliche Transaktionen über ein solches Netzwerk laufen, desto stärker expandiert die wirtschaftliche Macht der Netzwerk-Hubs, heute oft Plattformen genannt; Amazon, Google und Uber sind einige der prominentesten Beispiele hierfür. In all diesen Fällen beruht das Vorgehen auf Geschäftsmodellen, die mit enormem Kapitaleinsatz das Größenwachstum forcieren und dazu erst mal auf schnelle Gewinne verzichten, um normal wachsende andere Anbieter zu verdrängen und so monopolartige Stellungen zu erreichen, die dann riesige Gewinne abwerfen. In den USA hat die Dominanz des neoliberalen Denkens diesen Entwicklungen in die Hände gespielt. Der Schutz persönlicher Daten und die informationelle Selbstbestimmung wurden nicht thematisiert, die Benutzer geben ja anscheinend freiwillig ihre Daten her und die bestehenden Antitrust-Gesetze wurden auf die Internetökonomie einfach nicht angewandt.

Schon in der Frühzeit der IT hat Norbert Wiener, der Begründer der Kybernetik, in seinem Buch „Mensch und Menschmaschine – Kybernetik und Gesellschaft" (1950) vor der Entwicklung von feedbackgestützten Systemen gewarnt: „… weil sie von einem Menschen oder einer Gruppe von Menschen dazu missbraucht werden können, ihre Macht über den Rest der Menschheit zu vergrößern."[18] Norbert Wiener schrieb aber auch schon 1960, dass Politiker der technischen Entwicklung hinterherhinken, weil ihnen das Verständnis für die Technologie fehlt und politische „Kritik nicht mehr wirksam wird, weil sie zu spät kommt und nicht mehr relevant ist." Vor allem in Deutschland ist die bisherige informationstechnische Entwicklung begleitet von zahllosen politischen Fehleinschätzungen und Versäumnissen. Mangels Informatik-Kompetenz werden Wirkungen nicht beizeiten erkannt und der politische Gestaltungsanspruch verkommt zur

---

[18]zitiert nach: Mayer-Schönberger, V. und Ramge, T.: Das Digital, Berlin 2017, S. 185.

Sonntagsrede. Inzwischen erleben wir ganz aktuell in einigen Bereichen, welche schwerwiegenden Folgen das haben kann.

WS: Kannst Du dafür ein aktuelles Beispiel nennen? UK: Ein Beispiel für die Folgewirkungen der Ignoranz gegenüber informationstechnischen Entwicklungen ist das derzeit drängendste Problem der deutschen Wirtschaft: der Mangel an Fachkräften. Aktuelle Studien, zum Beispiel von Korn Ferry, prognostizieren, dass Deutschland bis Ende des nächsten Jahrzehnts 4,9 Mio. Fachkräfte fehlen und sie beziffern die potenziellen Einnahmenausfälle bis 2030 auf über 500 Mrd. EUR. Ich halte solche Prognosen für gewagt – Fakt ist aber, dass derzeit Fachkräfte mit technischen, insbesondere Informatik-Qualifikationen massenhaft fehlen und viele Firmen mittlerweile die Schwierigkeiten bei der Besetzung wichtiger Schlüsselpositionen als ihr größtes wirtschaftliches Risiko benennen.

Das alles ist weder vom Himmel gefallen noch überraschend. Beispielsweise war ich in den 90er Jahren Mitglied in einer von der Bertelsmann-Stiftung geförderten Kommission mit Arend Oetker, Roland Berger, Peter Glotz und anderen, die sich mit absehbaren strukturellen Veränderungen in der Arbeitswelt befasste. Uns war damals klar, dass als Folge der Informatisierung die Qualifikationsanforderungen steigen und der schon damals viel zitierte „War for Talents" zwangsläufig an Schärfe zunehmen würde. Ähnliches hatte ja schon Peter F. Drucker prognostiziert, als er Ende der 50er Jahre den Begriff „Wissensarbeit" prägte[19]. Dass infolge der exponentiell wachsenden Informationslawine Humankapital zum Engpass werden würde, war auch in meiner bereits erwähnten Artikelserie zur Neuen Ökonomie dargelegt: Wenn die Datenmenge wächst, wird die Fähigkeit, Daten in Bedeutung und in Wissen zu verwandeln, zum neuen knappen Faktor, schrieb ich seinerzeit. Heute werden Data Scientists weltweit händeringend gesucht, mehr als alle anderen Fachkräfte. Dahinter kommen Software-Spezialisten, wie ebenfalls seit langem prognostiziert, zum Beispiel wies ich bereits Anfang der 90er Jahre in einer Anhörung vor zwei Bundestagsausschüssen eindringlich auf die künftige Schlüsselrolle der Software für sämtliche Industriezweige hin.[20] Im Abschlussbericht der Kommission warnten wir deshalb vor allem vor einem drohenden Fachkräftemangel und mahnten dringend notwendige Veränderungen im Bildungsbereich an. Der Bericht wurde allerdings seinerzeit von Politikern kaum wahrgenommen und von den Gewerkschaften, insbesondere von IG-Metall-Vorständen – mit Verweis auf die damals hohe Arbeitslosigkeit – sogar als Nonsens verrissen. Stattdessen forcierte die IG Metall ihre damalige Kampagne „Rente mit 60", um die Arbeitslosigkeit zu reduzieren. Unverdrossen wurde weiter für die Arbeitswelt von gestern ausgebildet.

---

[19]Drucker, P. F. (1959). *The landmarks of tomorrow*. New York, NY: Harper and Row. s. a. Drucker, P. F. (2010). *Was ist Management? Das Beste aus 50 Jahren* (6. Aufl.). München: Econ.

[20]siehe Anmerkung 16.

Die fatalen Folgen dieser Ignoranz erleben wir heute: die Ungleichheiten zwischen den Gewinnern und Verlierern des Strukturwandels haben seither dramatisch zugenommen – genau davor warnte seinerzeit unser Bericht. Damit waren wir nicht allein, denn in den 90er Jahren erschienen zahlreiche ähnliche Studien und Publikationen, in denen beschrieben wurde, wie sich Arbeitsformen und Qualifikationsanforderungen im Gefolge der Informatisierung wandeln werden. Ein Beispiel war das Buch „Job Shift" von William Bridges, das damals in den USA breit diskutiert wurde, nachdem FORTUNE 1994 eine große Titelstory dazu brachte[21] . Seit etwa drei Jahren erscheinen in Deutschland in wachsender Zahl Veröffentlichungen zum Thema Zukunft der Arbeit, in denen Bildungspolitiker, Gewerkschafter und andere Experten nun ganz ähnliche Inhalte als brandneue Erkenntnisse ausgeben, doch oftmals ist darin das modische Vokabular das einzig Neue. Was noch in den 80er Jahren „computerunterstützte Arbeit" hieß, wurde inzwischen zur „digitalen Arbeit" oder zur „Arbeit 4.0", ganz zu schweigen von der „New Work" oder dem „Smart Working". Was beispielsweise Tom Malone schon in den 90er Jahren als „eLance Economy" beschrieb, firmiert aktuell unter „Crowdworking", „Clickworking", „Cloudworking", „Coworking" oder „Gig-Economy." Um den Kern der aktuellen Entwicklungen wirklich verstehen zu können, sind die ursprünglichen Arbeiten auch heute noch meist hilfreicher als viele Texte der jüngeren Zeit, da diese vielfach lediglich mit immer neuen Schlagworten Erscheinungsformen beschreiben, statt zu erklären.

WS: Was waren die Gründe für die damalige Ignoranz, waren die genannten Autor*innen und Du einfach zu früh dran mit diesen Hinweisen? UK: Na ja, eigentlich kann man gar nicht früh genug auf kommende Veränderungen aufmerksam machen, besonders bei Bildungsthemen, bei denen ein Umsteuern ja ziemlich viel Zeit und Vorlauf benötigt. Aber ich muss schon selbstkritisch konstatieren, dass meine Aktivitäten zwar zeitweilig großes Echo fanden, aber letztlich weitgehend folgenlos blieben und eher verpufften. Das lag unter anderem auch an der unglücklichen Begriffswahl „Neue Ökonomie". Zum einen ist alles Neue irgendwann so neu nicht mehr, zum anderen sind unscharfe Begriffe problematisch, weil dann jeder darunter verstehen kann, was er will. Da sich die wenigsten Menschen mit den dahinterliegenden Konzepten befassten, wurde „Neue Ökonomie" bald als Synonym zu „Neuer Markt" verstanden – das war das Börsensegment, in dem um 2000 herum die Dot-Com-Blase entstand. Als die dann platzte, war es bei uns auch bald vorbei mit dem Thema „Neue Ökonomie" – viele dachten, nun hätte sich das Thema erledigt und machten so weiter wie zuvor. Heute wissen wir, dass das Gegenteil richtig war, die großen Umwälzungen und der Aufstieg der heutigen Giganten im Silicon Valley begannen da erst.

---

[21]http://archive.fortune.com/magazines/fortune/fortune_archive/1994/09/19/79751/index.htm.

4 Das Smartphone

Aufgeweckt wurden unsere Zeitgenossen dann allerdings durch ein Ereignis, das ich als den vierten Meilenstein der IT-Entwicklung ansehe. Das ist aus meiner Sicht der Zeitpunkt, in dem die drei zuvor skizzieren Entwicklungslinien in einem neuen Gerät zusammenflossen: 1) Hochleistungs-Mikrocomputer, 2) kinderleichte Bedienung, 3) Netzwerkfähigkeit und dazu kam noch Mobilität – konkret: die Einführung des Apple iPhone im Jahr 2007. Zwar gab es internetfähige Mobiltelefone schon einige Jahre vorher, doch erst das iPhone brachte den weltweiten Durchbruch dieser Gerätegattung. Binnen relativ kurzer Zeit expandierte Apple infolgedessen zum wertvollsten Unternehmen der Welt. Der Schlüssel zum Erfolg war auch hier wieder ein neuartiges Bedienkonzept mit dem Multi-Touch-Screen, im Kern eine Weiterentwicklung der Software-Designprinzipien, die schon den Mac zum Vorbild einer ganzen Gerätegattung werden ließen. Mit dem iPhone verlief es genauso, nur viel schneller: es dauerte keine 18 Monate, bis die Geräte der Wettbewerber allesamt aussahen wie das iPhone – der Rest ist vom Markt verschwunden. Inzwischen werden pro Jahr etwa 1,5 Mrd. Smartphones weltweit verkauft. Mit diesem vierten großen Entwicklungsschritt nähern wir uns der Vision, die Mark Weiser schon 1991 in seinem berühmten Aufsatz als „Ubiquitous Computing" beschrieben hatte – Computer werden allgegenwärtig.[22]

Schon jetzt lässt sich sagen: Keine andere Technologie hat die Gesellschaft so rasch und nachhaltig verändert wie das Smartphone. Und ich behaupte, wir stehen erst am Anfang, die kaum absehbaren großen ökonomischen, sozialen und kulturellen Folgen dieser Entwicklung kommen erst noch. Mir bereitet allerdings schon das, was man heute wahrnehmen kann, reichlich Sorgen. Damit meine ich allerdings weniger die Besorgnisse, die heute allenthalben von inzwischen aufgewachten Politikern oder Managern zu hören sind, wenn sie darüber klagen, dass Deutschland auf wichtigen Gebieten der praktischen Informatik den Anschluss verloren hat und die nun zur Aufholjagd blasen.

WS: Du hast am Anfang erwähnt, dass europäische Computerunternehmen und Wissenschaftler*innen bis in die 70er Jahre auf manchen IT-Gebieten sogar führend waren. Heute gibt es keinen einzigen Computerhersteller mehr in Europa, wir sind bei wichtigen Hardware- und Software-Komponenten inzwischen vollkommen abhängig von amerikanischen oder asiatischen Firmen. Wie konnte das eigentlich geschehen? Hat eine Aufholjagd überhaupt eine realistische Chance? UK: Um verstehen, was uns in diese Lage gebracht hat, muss man noch mal weit zurückgehen und sich vergegenwärtigen, dass sich etwa ab Mitte der 70er Jahre in Deutschland und Europa eine Wende im Verhältnis der Menschen zur Informationstechnik vollzog. In dieser Zeit wurzelt vor allem in Deutschland eine verbreitete Angst vor der Mikroelektronik und eine nahezu

---

[22]Weiser, M. (1991) *The Computer for the 21st Century.* In: Scientific American 9 -1991, S. 94–104.

gesellschaftsweite regelrechte Computerphobie, die bis weit in die 90er Jahre anhielt und die in manchen Bereichen sogar bis heute spürbar ist.

WS: Was waren die Ursachen für das Entstehen dieser Computerkritik und warum war sie in Deutschland besonders ausgeprägt? Wie schon mal erwähnt, hatten bereits die ersten Anwendungen der Mikroelektronik bei uns in einigen Industriezweigen gravierende Folgen. So zum Beispiel in der Uhrenindustrie, wo in den 70er Jahren binnen kürzester Zeit zehntausende hoch qualifizierter Feinmechaniker ihren Arbeitsplatz verloren, weil die filigranen Räderwerke mechanischer Uhren durch einen Halbleiterchip ersetzt werden konnten. Diese elektronischen Uhrwerke wurden weitgehend automatisiert produziert, vor allem in Asien und nicht mehr im Schwarzwald oder in der Schweiz. Vielen anderen Industriezweigen erging es damals ganz ähnlich. Deshalb wurden Computer damals in erster Linie als Jobkiller angesehen, man befürchtete, dass nach dem Beispiel der Uhrenindustrie überall Hochqualifizierte durch angelernte Maschinenbediener ersetzt werden. Erfahrungen aus der industriellen Revolution mit klassischen Maschinen, die Muskelarbeit ersetzen und den Menschen zum Anhängsel machen, wurden einfach auf den Computer übertragen. Man sah in dem Computer, der in den 60er Jahren oft noch „Elektronengehirn" genannt wurde, eine „Denkmaschine", die die Kopfarbeit ersetzen und entwerten würde. Ihren Höhepunkt hatte die Computerphobie bei uns in den 80er Jahren. In der Medienbranche gab es seinerzeit Tarifverträge, nach denen Redakteure nicht zur Arbeit an einem Computer verpflichtet werden durften. Bei mir stehen einige Regalmeter computerkritischer Bücher aus jener Zeit. Typisch für diese Kritik war ein Zitat von Freimut Duve, MdB und später Medienbeauftragter der OSZE. In der von ihm herausgegebenen rororo-Buchreihe „Technologie und Politik" schrieb er 1982: „Heute, bei der radikalsten Abwertung des menschlichen Denkens durch die Computer, haben Angst und Entsetzen eine ganze Generation erfasst."[23]

WS: Damit könnte man heute bei den Smartphone-Kiddies viel Gelächter ernten. UK: Ja sicher, um es mit Bob Dylan zu sagen: „the times they are a-changin'". Wie sehr sich die Zeiten geändert haben, will ich noch mal mit einem Beispiel verdeutlichen, das auch Bezüge zu aktuellen Ereignissen hat. Du wirst Dich erinnern, eine der größten Protestbewegungen in der Geschichte der Bundesrepublik hatte ihren Höhepunkt in den Jahren 1983 bis 1987 – das war der Protest gegen die Volkszählung. Damals gab es mehr als 1500 Bürgerinitiativen, Großdemonstrationen mit Hunderttausenden Teilnehmern, über 1200 Verfassungsbeschwerden und zahllose fantasievolle Aktionen im ganzen Land. Auch viele Prominente wie Günter Grass, Helmut Simon, ehemaliger Verfassungsrichter, oder der Forsa-Gründer Manfred Güllner riefen damals zum Boykott auf. Wer diese Zeit nicht erlebt hat und heute, gut 30 Jahre später, beispielsweise den damaligen Volkszählungsbogen mit seinen 33 Fragen zur Wohnung und Person betrachtet, kann sich nur

---

[23]Duve, F. (1982) Editorial von: Technologie und Politik, Band 19, Reinbek, 1982, S. 3.

noch wundern. Aus heutiger Sicht erscheinen die Fragen allesamt banal und harmlos, die intimste war die Frage nach der Dauer des Weges zwischen Wohn- und Arbeitsort. Übrigens formierten sich seinerzeit auch gegen vieles andere, was irgendwie mit dem damaligen Reizthema „Computer" zu tun hatte, wie etwa den Aufbau eines ISDN-Netzes oder von Kabel-TV, breite Widerstandsbewegungen – vor allem unter dem Dach der damals noch jungen Grünen.

Und heute? Heute geben die meisten Menschen ein Vielfaches an Informationen über sich preis – ganz freiwillig. Was in den 80er Jahren als „gläserner Mensch" befürchtet und bekämpft wurde, ist inzwischen längst flächendeckend Realität. An die Stelle der Angst vor staatlicher Überwachung ist vielfach ein bisweilen geradezu exhibitionistischer Drang zur Selbstdarstellung in Wort und Bild getreten, den heute Weltkonzerne wie Facebook, Google & Co. für kommerzielle Zwecke ausschlachten, um damit Werbeströme zu steuern.

Während der ersten Volkszählungsproteste definierte 1983 das Bundesverfassungsgericht ein neues Grundrecht – das „Recht auf informationelle Selbstbestimmung". Doch was ist daraus geworden? Papier ist geduldig, auch das der Verfassung. Heute hinterlassen die Menschen bei fast jeder Kommunikation, jeder Handlung, jeder Bewegung, jeder Entscheidung eine stetig wachsende Spur persönlicher Daten, die oft derart umfangreich und detailliert sind, dass sie sogar Zugang zum Unterbewussten verschaffen, sei es für zielgerichtete Werbung, zur emotionalen Beeinflussung, um Suchtverhalten zu induzieren oder für andere Formen der Verhaltenssteuerung.

Smartphones nutzen heute eine Technologie, die bis vor zehn Jahren nur im Strafvollzug als „elektronische Fußfessel" bekannt war. Fitness-Tracker und viele andere Geräte, die heute stolz am Handgelenk getragen werden, verwenden technische Verfahren, die zuvor nur bei Lügendetektoren zum Einsatz kamen. Aus Kontrollmedien wurden Statussymbole. Am Beispiel des Begriffs „Profil" zeigt sich, wie ursprünglich aus dem Bereich der Kriminalistik und Psychiatrie stammende Methoden, die zur Überwachung und Verhaltenssteuerung gedacht waren, heute von vielen Menschen freiwillig auf sich selbst angewendet werden. Noch vor 25 Jahren waren nur Serienmörder oder Psychiatriepatienten Gegenstand eines „Profils". Heute entblößen sich die Nutzer von Facebook, LinkedIn, Xing, Instagram & Co. auf der Suche nach Aufmerksamkeit und zur Selbstvermarktung mit immer ausgefeilteren persönlichen Profilen. Raffinierte Elemente, wie der „Like-Button", zielen darauf ab, die Nutzer süchtig nach permanenter Bestätigung durch die „Likes" ihrer Zeitgenossen zu machen. Aus solchen Aktivitäten im Netz und besonders aus unseren Suchanfragen erwachsen im Lauf der Zeit immer detailliertere Persönlichkeitsprofile. Diese unsere Daten werden zu einer Ware, mit der private Unternehmen wie Facebook oder Google Geschäfte machen und die in ihrer Summe historisch beispiellose Machtkonzentrationen zur Folge haben. In einem brillanten Essay über

Facebook brachte es John Lanchester in der Überschrift kurz und knapp auf den Punkt: „Das Produkt bist Du."[24]

Wie lukrativ sich unsere Daten in klingende Münze verwandeln lassen, zeigt der aktuelle Börsenwert der fünf Giganten aus dem Silicon Valley: mit 3,8 Billionen US$ übertrifft er das deutsche Bruttoinlandsprodukt. Diese eindrucksvollen Zahlen zeigen, dass die „Ökonomie der Aufmerksamkeit" – so hieß eine Folge meiner Artikelserie zur Neuen Ökonomie – mittlerweile manifeste Realität wurde.

Der Whistleblower Edward Snowden stellte kürzlich in einem seiner Tweets klar: „Unternehmen, die Geld verdienen, indem Sie detaillierte Aufzeichnungen über Privatpersonen sammeln und verkaufen, wurden einst als „Überwachungsfirmen" bezeichnet. Ihre Umfirmierung als „Soziale Medien" ist die erfolgreichste Täuschung seit der Umbenennung des „Kriegs-" in „Verteidigungs-"Ministerium."

WS: Hast Du eine Erklärung, warum sich innerhalb von nur einer Generation der Umgang mit dem eigenen Selbst, mit Privatheit und Datenschutz derart grundlegend geändert hat? UK: Ich erkläre mir es so, dass sowohl die Computerphobie der 80er Jahre wie auch die kaum glaubliche Naivität, die heute im Umgang mit dieser Technik allenthalben zu beobachten ist, dieselbe Ursache haben: das weitverbreitete Fehlen jeglichen Verständnisses für die Funktionsweise und die Potenziale der Informationstechnik.

In den frühen 80ern wurden Computer meist noch mit EDV-Rechenzentren assoziiert. Was sich in diesen Hochsicherheitstrakten mit ihrer bedrohlich wirkenden Aura abspielte, war für Normalbürger nicht sichtbar und blieb rätselhaft. In großen Teilen der Gesellschaft dominierte eine weitverbreitete Angst vor dieser Technologie als eine Folge mangelnder Aufklärung. Außerdem waren diejenigen, die selbst noch totalitäre Strukturen erlebt hatten, natürlich sensibler für das Thema Überwachung und das symbolische Orwell-Jahr 1984 war auch nicht weit weg. Heute haben wir das Rechenzentrum in der Hosentasche. Winzige Geräte mit kinderleichter Bedienung machen aber niemandem Angst. Hinter einem Interface, dass sich von selbst versteht, verschwindet der Computer. Die Benutzer glauben, sie würden die Technik verstehen und beherrschen, weil das Gerät meist tut, was sie wollen, wenn sie auf den Displays wischen und tippen. Dabei ist in Wirklichkeit heute alles viel, viel unsichtbarer, undurchschaubarer und unbeherrschbarer als zur Zeit der Volkszählungsproteste.

Wie schon gesagt, gewöhnliche Smartphone-Benutzer haben in der Regel keinen blassen Schimmer, was sie da mit sich herumtragen. Noch viel weniger ist ihnen klar, wie gigantisch die Datenmengen sind, die sie täglich hinterlassen. Was uns die Industrie da als schickes Gadget verkauft, ist ja heute eher eine Art Messgerät, mit dem man praktischerweise auch noch telefonieren und fotografieren kann. Vermessen wird aber nicht die Umwelt, sondern der Benutzer. Heute ist das Smartphone auch eine Art externe

---

[24]Lanchester J. (2017). *You Are the Product.* In: London Review of Books, Vol. 39, No. 16. August 2017, S. 3–10. Auch hier: https://www.lrb.co.uk/v39/n16/john-lanchester/you-are-the-product.

Speichererweiterung unseres Gehirns, in der unsere Gedanken und alles was für uns und über uns wichtig ist, gespeichert wird. Darüber hinaus ist es ein Endgerät oder bildhafter: eine Art Tentakel von viel größeren Maschinen, die wir nie zu Gesicht bekommen. Bei Orwell hingen die Televisoren des großen Bruders noch sichtbar an den Wänden, heute tragen wir einen unsichtbaren Big Brother ständig mit uns herum. Stell Dir vor, man hätte damals einem Stasi-Mitarbeiter erzählt, dass in 30 Jahren die Menschen freiwillig Mikrofone und Kameras installieren und diese sogar permanent spazierentragen. Heute werden wir selbst zu „Komplizen des Erkennungsdienstes", wie es Andreas Bernard in seinem Buch nannte.[25] Google weiß was wir denken, Amazons Kindle Reader was wir lesen, Youtube, Netflix & Co. was wir sehen; Spracherkennung belauscht unsere Gespräche, Facebook und WhatsApp wissen, mit wem wir was kommunizieren, was wir mögen und so weiter – durch zahllose Apps, Tracker und Cookies wird unser gesamtes Interaktions- und Kommunikationsverhalten auslesbar und vorhersagbar, perfektioniert in elektronischen Assistenten wie Alexa.. Diese Daten sind nichts Anderes als unser eigenes Leben – unsere Lebensgewohnheiten, unser Verhalten, unsere Vorlieben, Wünsche, Krankheiten, Süchte und Sehnsüchte. Dabei entsteht eine neue Form von Leibeigenschaft.

Wer sich heute die Mühe macht, beispielsweise über die Takeout-Funktion sein persönliches Archiv bei Google anzufordern und zu inspizieren, kommt aus dem Staunen nicht mehr heraus. Oft schon nach wenigen Monaten ist der individuelle Datenschatten mit vielen Gigabyte weitaus umfangreicher als das gesamte Datenaufkommen der damaligen Volkszählung. Beispielsweise lassen die bei Google gespeicherten Bewegungsprofile auch noch Jahre später auf Landkarten mitunter metergenau verfolgen, wann man sich wo aufgehalten hat, mit welchem Verkehrsmittel man unterwegs war und vieles andere mehr. Und noch weitaus intimere Einblicke in Privatsphäre und Persönlichkeit ermöglichen beispielsweise die langen Listen der gespeicherten Suchanfragen.

Für die 3,5 Mrd. Suchanfragen, die bei Google täglich eingehen, interessieren sich nicht nur die Werbekunden, sondern auch Strafverfolgungsbehörden mit vielen zehntausend Auskunftsersuchen pro Jahr. Schon häufig wurden Täter aufgrund von Google-Suchen überführt. Dabei werden viele Rechtsstaatlichkeitsprinzipien ausgehebelt. Vor allem dort, wo die Überwachung als Mittel der Prävention dient: wenn das Verhalten der Menschen vor einer möglichen Tat überprüft wird, ist der Schritt zum Orwell'schen Gedankenverbrechen nicht mehr weit, in dem Menschen für das bestraft werden, was sie denken, obwohl es vielleicht nie zur Ausführung kommt.

Wäre Facebook ein Staat, so wäre er mit seinen über zwei Milliarden Einwohnern der größte der Erde. Er wird von einer einzigen Person kontrolliert. Kein Land der Welt, auch nicht Nordkorea, ist über das Seelenleben und die Gedankenwelt seiner Bewohner so detailliert informiert wie dieser Konzern. Für andere Online-Plattformen

---

[25]Bernard, A., (2017) *Komplizen des Erkennungsdienstes. Das Selbst in der digitalen Kultur.* Frankfurt a. M., 2017.

wie Instagram, Snapchat und viele andere gilt ähnliches. Die Plattformen kooperieren mit Datenbrokern, wie zum Beispiel Acxiom, der damit wirbt, Informationen zu 700 Mio. Menschen zu besitzen und 3,7 Mrd. Nutzerprofile für Kunden zu managen. Für kundenfokussiertes Marketing schlüsselt das Unternehmen bis zu 3000 Merkmale pro Person auf, darunter auch zahlreiche verhaltensbezogene Daten, politische Ansichten, Suchhistorien im Netz und ähnliches. Im Jahr 2017 setzte allein Acxiom rund 880 Mio. US$ mit diesem Datenhandel um. Die gesamten Marketingausgaben im Netz werden für 2018 auf 237 Mrd. US$ geschätzt[26] – das ist es, was die Ausforschung so lukrativ macht. Shoshana Zuboff hat dies alles schon vor Jahren als „Überwachungskapitalismus" angeprangert[27]. In totalitären Systemen existierten ja immer noch Nischen, die den Geheimdiensten und Blockwarten nicht zugänglich waren. Im Überwachungskapitalismus auf Basis allgegenwärtiger Computer gibt es diese Nischen nicht mehr. Und auch der Satz: „Niemand weiß mehr über mich selbst als ich selbst" gilt nicht mehr, denn die virtuellen Assistenten wissen mehr über uns als wir selbst.

Bei alledem geht es aber nicht nur um Datenschutz und Privatsphäre. Sondern es wird immer deutlicher, wie man mittels der gespeicherten Daten und entsprechenden Algorithmen – Stichwort „Big Data" – menschliches Verhalten vorhersagen und beeinflussen kann, ohne dass die Nutzer, oder besser: die Überwachten, sich eines solchen Einflusses bewusst sind. Facebook hat beispielsweise 2014 so ein psychosoziales Online-Experiment mit fast 700.000 ahnungslosen Nutzern durchgeführt und die aufschlussreichen Resultate wurden in den prestigeträchtigen „Proceedings of the National Academy of Sciences" publiziert.[28]

Kurz gefasst: bei alledem besteht die Gefahr, dass Menschen die Kontrolle über ihre Entscheidungen, Emotionen und Verhaltensweisen verlieren. Ein großer Teil der heutigen Onlinewelt ist letztlich ein Wettrüsten um besseren Zugang zum Unterbewussten. Mit „Social Computing" muss man nicht in den Gehirnen von Menschen lesen, um ihre Entscheidungen beeinflussen zu können. Es reicht aus, dass die Daten, die sie regelmäßig und meist nichtsahnend online austauschen, gesammelt und analysiert werden. Letztlich läuft es auf die Frage hinaus, was dabei mit unserer kognitiven Freiheit geschieht, also unserem Recht auf Selbstbestimmung über unsere Gedanken, Emotionen und Überzeugungen. Kein Wunder, dass aufgrund dieser Entwicklungen inzwischen auch immer mehr Buchtitel vor einem „Ende der Demokratie" warnen.[29]

---

[26]Kuhn, T. (2018). *Auf der Spur der Datensammler.* In: Wirtschaftswoche, 25. Mai 2018, S. 57–61.

[27]Zuboff, S. (2013). The surveillance paradigm: Be the friction – Our response to the New Lords of the Ring. http://www.faz.net/aktuell/feuilleton/the-surveillance-paradigm-be-the-friction-our-response-to-the-new-lords-of-the-ring-12241996.html?printPagedArticle=true#atc-ImageDescription./Zuboff, S. (2014). Die GOOGLE-Gefahr. Schürfrechte am Leben. http://www.faz.net/aktuell/feuilleton/debatten/die-google-gefahr-zuboff-antwortet-doepfner-12916606.html?printPagedArticle=true#pageIndex_0.

[28]http://www.pnas.org/content/111/24/8788.

[29] so z. B. Hofstetter, Y. (2016). *Das Ende der Demokratie.* München: Bertelsmann.

Wo das hinführen kann, lässt sich derzeit in China beobachten. Dort wird seit 2014 ein gesellschaftliches Bonitätssystem aufgebaut (Social-Credit-System, SCS), mit dem das Verhalten der Bevölkerung umfassend erfasst, bewertet und gesteuert werden soll. Für Wohlverhalten im Sinne der Machthaber gibt es Pluspunkte, für unerwünschtes Verhalten Minuspunkte und die Zugänge zu gesellschaftlichen Bildungs- und Berufsmöglichkeiten werden je nach Punktestand geöffnet oder geschlossen. In diesem monströsen Scoring-System werden dystopische Visionen einer „Schönen Neuen Welt" real, wie man sie bislang nur aus der Science-Fiction Literatur kannte. Big Data und Künstliche Intelligenz, eine totale Kontrolle mithilfe der in China besonders hoch entwickelten Techniken der Biometrie und Gesichtserkennung, gepaart mit Anreizsystemen auf Basis raffinierter Algorithmen sollen einen Traum aller autoritären Herrscher erfüllen: eine auf avanciertem technischen Niveau gleichgeschaltete Gesellschaft. Bislang gibt es auch kein Aufbegehren dagegen, weil das SCS in eine raffinierte Strategie eingebettet ist, die das alles nicht als Eingriff von außen erscheinen lässt, sondern als quasi-automatische Selbstorganisation der gesellschaftlichen Subsysteme. Alle überwachen sich gegenseitig, gelenkt von der unsichtbaren Hand der hoch entwickelten Technik. Mich erinnern die chinesischen Pläne an ein altes Zitat von Marie von Ebner-Eschenbach: „Glückliche Sklaven sind die erbittertsten Feinde der Freiheit."

WS: Hältst Du solche Entwicklungen auch bei uns für möglich? UK: Ja und nein. Manche der in China praktizierten Formen der Sanktionierung von Fehlverhalten, zum Beispiel, dass dein Konterfei inklusive Namen auf großen öffentlichen Monitoren an den Pranger gestellt wird, sobald Du etwa eine Straße bei Rot überquerst, oder dass Du keine schnellen Verkehrsmittel mehr benutzen darfst oder Deinen Kindern eine bessere Schule verwehrt wird, wenn Dein Wohlverhaltens-Score zu niedrig ist, solche rabiaten Formen wären bei uns wohl kaum durchsetzbar. Andererseits werden auch bei uns ähnliche Techniken vermehrt eingesetzt, aber das läuft meist viel subtiler. Ich denke dabei vor allem die Technik der automatischen Gesichtserkennung, die sich rasant entwickelt. Der *Economist* schrieb dazu unlängst: „Gesichtserkennung ist nicht einfach eine weitere Technik. Sie wird die Gesellschaft verändern." Das kann man nur unterstreichen. Die Amazon-Tochter AWS bietet beispielsweise die Bilderkennungs-Software *„Rekognition"* für jedermann an, die als mächtiges Überwachungswerkzeug verwendet werden kann. Sie kann Menschenansammlungen von hundert und mehr Personen oder auch hunderte Überwachungskameras in Echtzeit auswerten und zehntausende Bilder gleichzeitig verarbeiten. Das funktioniert natürlich mithilfe großer Serverfarmen, die in anderen Teilen der Welt stehen und bei denen zu vermuten ist, dass die dabei anfallenden Daten auch anderweitig verwendet werden. In Deutschland raten Datenschützer dringend vom Einsatz dieser Dienste ab. In den USA setzen auch Polizeibehörden diese Software ein, Bürgerrechtler protestieren dagegen.

Inzwischen gibt es auch Supermärkte, in denen man via automatischer Gesichtserkennung bezahlt, nicht nur in den USA und China, sondern auch in jordanischen Flüchtlingslagern, wo Ausweise, Kreditkarten oder Bargeld Mangelware sind. Aus ähnlichen Gründen verwendet Indien das Identifizierungsprogramm *Aadhaar,* darin sind inzwischen die biometrischen Daten von 1,2 Mrd. Menschen erfasst, das ist die größte biometrische Datenbank der Welt. Facebook hat über lange Zeit biometrische Daten ohne Einwilligung der Nutzer gesammelt und verwendet hochgeladene Fotos, um seine Software *Deep Face* zu optimieren. Darüber hinaus wird vermehrt Software zum Eye-tracking und zum Emotional Decoding eingesetzt, also Gesichtsanalyse-Software, die das Entschlüsseln von Mimik und den sich darin ausdrückenden Gefühlen ermöglicht, etwa beim Betrachten einer Werbeanzeige. Sniffer-Algorithmen erschnüffeln unsere Stimmungen, zum Beispiel am Inhalt und Klang unserer Sprache. Chinesische Polizisten und die Mitarbeiter einer Reihe chinesischer Unternehmen tragen sogenannte EEG-Sen-sor-Mützen, mit denen ihre Gehirnwellen gemessen und überwacht werden. Inzwischen gibt es Kamera-Systeme, die Bildinhalte interpretieren können, beispielsweise tätliche Übergriffe oder andere schädliche Verhaltensweisen erkennen und dann automatisch entsprechende Triggerereignisse auslösen. Solche Kontrollsysteme sind beispielsweise in Shenzhen auch in Taxis installiert, für die automatische Überwachung der im Taxi geführten Gespräche gibt es Ähnliches. Die Liste ließe sich fortsetzen. Auf all diesen Gebieten schreitet die Entwicklung allerdings inzwischen derart schnell fort, dass ein umfassender Buchbeitrag hierzu schon vor seinem Erscheinen überholt wäre.

WS: Ja, das ist schon weit gediehen: Neuere Fernsehapparate melden z. B. der Firma, was wann gesehen wurde und über die Kamerafunktion wird zugleich die Mimik erfasst und automatisch analysiert, wieweit es den Betrachtern gefallen hat. Bei Inbetrieb-nahme wird zwar zu verschiedenen dieser Aspekte die Zustimmung erfragt, aber die Erläuterungen dazu sind so umfangreich, dass vermutlich die meisten schnell den Generalknopf anklicken „Stimme allem zu". Damit lässt sich dann kontrollieren, wie auf die Werbung reagiert wird und ob Nutzer*innen da überhaupt sitzen bleiben und hinschauen. Liegen hier, bei dieser zunehmenden Überwachung, die Gründe für Deine Besorgnisse oder die wachsende Skepsis über die technische Entwicklung? UK: Nur zum Teil, das Thema computergestützte Überwachung ist ja nicht neu. Wohin das füh-ren kann, wurde mir bereits im Jahr 2000 in Singapur deutlich, wo der öffentliche Raum schon damals penibel mit hoch entwickelter Technik überwacht wurde – selbst öffent-liche Toiletten signalisierten, wenn jemand das Spülen vergessen hatte. Mit meinem Exkurs – von der Volkszählung bis zum Social-Scoring – wollte ich vor allem andeuten, welche Veränderungen sich in unserer Gesellschaft innerhalb von nur einer Genera-tion vollzogen haben. Was mir Sorgen bereitet, ist die wachsende Diskrepanz zwischen der sich immens beschleunigenden technischen Entwicklung und dem diesbezüglichen Wissensstand und Problembewusstsein in weiten Teilen der Bevölkerung und auch in der Politik. An die Stelle der Technik-Ängste, die bei uns in den 80er und 90er Jahren vorherrschten, ist heute eine geradezu beängstigende Naivität und Oberflächlichkeit im Umgang mit Dingen und Themen getreten, die unsere Gesellschaft so rasch und tief grei-fend verändern, wie noch keine Entwicklung zuvor.

Meines Erachtens rührt diese Oberflächlichkeit unter anderem daher, dass die Lehrer-
bildung in Deutschland diese Aspekte erst sehr spät und dann zu oberflächlich in die
Ausbildungen integriert hat, um elementares Wissen über Informationstechnik und deren
Wirkungen angemessen zu vermitteln. In den 80er und 90er Jahren konnten Pädagogen
noch damit kokettieren, dass sie mit Computern nicht umgehen können. Ich erinnere
mich an Fälle aus den 90ern, in denen Lehrer die Annahme von Hausaufgaben ver-
weigerten, weil diese erkennbar mit einem Computer geschrieben worden waren.

Nun fallen uns die Folgen dieser jahrzehntelangen Computerabstinenz auf die Füße,
denn die damaligen Schüler stehen heute im Berufsleben und sind nur selten in der Lage,
das Wesen vieler IT-getriebener Veränderungen in ihren Arbeitsfeldern tiefer gehend zu
verstehen, geschweige denn zu gestalten. Selbst bei dem bisherigen Stolz der Nation,
dem deutschen Ingenieur, fehlt nahezu flächendeckend das Verständnis für Algorithmen, Software oder IT-basierte Geschäftsmodelle, wie der SPIEGEL unlängst beklagte
und dringend eine „Runderneuerung des deutschen Ingenieurs" anmahnte.[30] Im anderen Berufsfeldern, wie etwa im Management, im Journalismus, im Bildungswesen oder
in der Politik wirken sich solche Defizite oft noch folgenschwerer aus. Mangels tiefer
gehendem Verständnis von Funktionsweisen und Wirkungszusammenhängen wird hierzulande oft nur auf der Ebene von Schlagworten und Modebegriffen über die „Herausforderung Digitalisierung", „Digitale Schulen" oder ähnliches diskutiert. Schon die
Wortwahl ist verräterisch – da kaum jemand die ursprüngliche Bedeutung dieses technischen Begriffs kennt, ist bei uns „Digitalisierung" zu einer Worthülse verkommen,
die alles Mögliche enthalten kann. Die meisten Wortkombinationen mit dem Adjektiv
„digital", die man heute täglich in den Medien findet, sind genau genommen unsinnig.
Zeitgenossen, die wie ich noch den Übergang von der Analog- zur Digital-Elektronik
während ihres Studiums erlebten, sind hier ähnlich sprachkritisch. Peter Mertens, einer
der Gründerväter der deutschen Wirtschaftsinformatik, hat unlängst sogar ein Buch zu
diesem Phänomen verfasst, seine Sammlung umfasst inzwischen mehr als zweitausend
unterschiedliche Bedeutungen der Begriffe „Digitalisierung" und „Industrie 4.0".[31]
Unscharfe Begriffe führen zu unscharfem Denken – auch daran leidet bei uns sowohl der
politische Diskurs wie auch die Praxis.

Aufgrund der Defizite im Bildungssystem ist unser „Digital"-Diskurs oftmals nicht
nur oberflächlich, sondern mitunter auch ziemlich rückständig. Ein Beispiel: Wenn bei
uns Bildungspolitiker über die „digitale" Schule sprechen, dann geht es dabei in erster
Linie um Hardware, also Ausstattung mit Glasfaser-Infrastruktur, entsprechenden Geräten, wie Tablet-Computern und allenfalls noch um die Vermittlung von Fertigkeiten
zur Bedienung von Standard-Software zur Textverarbeitung, Tabellenkalkulation oder
Präsentation – das wird dann oft als „Medienkompetenz" bezeichnet. Natürlich sind
gute Ausstattung und Fertigkeiten wichtig, aber in einer Situation, in der heute so gut

---

[30]Jung, A (2018) *Das Düsentrieb-Dilemma.* In: Der SPIEGEL, 2. Juni 2018, S. 64–70.
[31]Mertens, P. (2017) *Digitalisierung und Industrie 4.0 – eine Relativierung.* Wiesbaden, 2017.

wie jeder Schüler ein Smartphone besitzt und somit einer Vielzahl von medialen Einflüssen ausgesetzt ist, muss sich Schule vor allem auf etwas konzentrieren, was man „Medien-Mündigkeit" nennen könnte. Studien zeigen regelmäßig, dass junge Leute nur selten zwischen zuverlässiger und irreführender oder gesponserter Information unterscheiden können und dass sie sich ihre Information heute fast ausschließlich aus sozialen Netzwerken wie Facebook etc. holen. Das trifft mittlerweile leider genauso auch auf Lehramtsstudenten zu, wie eine Studie der TU Dresden ergab.[32]

Dazu ein Zitat: „Schon bei der Flut des Gedruckten ist es schwierig, den Wert und die Gültigkeit von Informationen kritisch zu beurteilen und ihre Entstehungszusammenhänge zu erkennen. Mit immer mehr verfügbaren Informationen werden diese Fähigkeiten immer bedeutsamer. Damit stellt der Computer vor allem unser Bildungssystem vor Herausforderungen, die vielleicht nur mit denen bei der Einführung der Schrift vergleichbar sind. Es darf künftig nicht mehr nur darum gehen, lediglich die Fertigkeiten zur Bedienung von Computerprogrammen zu erlernen – dies entspricht nur der Fertigkeit, mit Papier und Bleistift umzugehen. Die‚Grammatik' zu kennen genügt nicht, um verantwortungsbewusst und kritisch mit Texten und Informationen umzugehen oder sich kreativ die Ausdrucksmöglichkeiten eines neuartigen Mediums zu erschließen." Das stammt aus einem 1993 publizierten Artikel[33], mich inspirierte damals ein Beitrag von Alan Kay in der bereits erwähnten Sonderausgabe des Scientific American von 1991, den man auch heute noch jedem Pädagogen und Bildungspolitiker wärmstens empfehlen kann.[34]

WS: Unsere Bildungsbürokratie ist ja bekanntermaßen schwerfällig, ansonsten ist aber doch inzwischen „Digitalisierung" einer der am häufigsten zu hörenden Begriffe in der politischen Debatte, ist das nicht ein Indiz für wachsendes Problembewusstsein? UK: Inzwischen ist ja nicht mehr zu übersehen, wie rasch einige US-Internetkonzerne in eine andere Liga aufgestiegen sind und dass China technologisch auf die Überholspur gewechselt ist. Auch wird erkannt, wie problematisch die Abhängigkeit von US-Software und asiatischen Hardware-Komponenten für unsere Industrie sein kann. Aber unsere Debatte ist oft nicht auf der Höhe der Zeit. Beispielsweise verkündete die Bundeskanzlerin 2018 in ihrer Regierungserklärung zum Start der Großen Koalition: „Was immer digitalisiert werden kann, wird digitalisiert werden."[35] Diesen Satz (Erstes Zuboffsches Gesetz) konnte man wortgleich schon vor 30 Jahren bei der

---

[32]Spiewak, M., (2018) *Nachhilfe in Skepsis*. In: DIE ZEIT, 1. März 2018, S. 35, 36.

[33]Klotz, U. (1993) *Computer im Paradigmenwechsel*. In: Datenschutz und Datensicherung, 3-1993, S. 136–145.

[34]Kay, A. (1991) *Computers, Networks and Education*. In: Scientific American 9 -1991, S. 138–148.

[35]Merkel, A. (2018) *Regierungserklärung vom 21. März 2018*, In: Das Parlament 13-2018, Dok.-Beilage S. 4.

US-Ökonomin Shoshana Zuboff lesen, deren wegweisendes Werk hierzulande, wie so vieles, seinerzeit leider ignoriert wurde.[36] Oder ähnlich der CDU-Fraktionschef Kauder, der jüngst entdeckte: „Die Digitalisierung ist für mich das Megathema der kommenden Jahre" und dann forderte: „Deutschland braucht einen Digitalrat"[37]. Nachdem wichtige Entwicklungen bei uns jahrzehntelang ignoriert wurden, ist inzwischen bei unseren Politikern eine regelrechte „Digital"-Panik ausgebrochen, die sich zum Beispiel auch darin zeigt, dass im aktuellen Koalitionsvertrag das Wort „digital" rund dreihundert Mal enthalten ist. Besonders zuspitzend war die FDP auf ihren Wahlplakaten mit dem Slogan: „Digital first, Bedenken second." Sofern dem Wortgeklingel überhaupt Taten folgen, geht es dann vor allem um Breitband-Ausbau. Insofern erinnert mich bei unseren Politikern vieles an die relativ unkritischen US-Positionen der 90er Jahre, als der Information-Superhighway propagiert wurde. Hingegen sind nicht zuletzt unter den Internet-Pionieren im Silicon Valley mittlerweile nicht wenige schon wieder einen Schritt weiter. Sie erkennen mehr und mehr dunkle Seiten ihrer Innovationen und thematisieren diese auch offen. Statt blindlings hinter dem Mainstream her zu rennen, wäre es für uns ratsam, zunächst einmal diese kritischen Positionen von geläuterten Technik-Pionieren ernst zu nehmen – also Nachdenken first.

WS: Aber gerade Bedenkenträgertum wurde uns ja lange Zeit vorgehalten – sind die Erkenntnisse über die Schattenseiten von Innovationen aus dem Silicon Valley für uns wirklich so neu? UK: Es ist schon aufschlussreich, wenn Insider von kalifornischen Internet-Giganten ihre eigenen Methoden und deren gesellschaftliche Folgewirkungen kritisch beleuchten. In mancherlei Hinsicht bestätigen sich dabei Warnungen, die schon in der Frühzeit der informationstechnischen Entwicklung formuliert wurden, aber zumeist in Vergessenheit gerieten. Beispielsweise sah Norbert Wiener schon 1948 in seinem Hauptwerk „Kybernetik" mit erstaunlicher Weitsicht einige Entwicklungen und Gefahren voraus, die heute Realität geworden sind. In dem Kapitel über „Kommunikation, Sprache und Gesellschaft" rechnet Wiener zunächst mit dem Irrglauben ab, dass der freie Markt schon alles regeln werde. Da Kommunikation ein entscheidendes Element des gesellschaftlichen Zusammenhalts darstelle, sei es äußerst gefährlich, Instrumente der Massenkommunikation dem menschlichen Gewinnstreben zu überlassen. Wenn Kommunikationsmittel für andere sekundäre Funktionen genutzt werden, wie zum Beispiel Werbung, haben diese die Tendenz, die primäre Funktion immer stärker einzuengen und zu beeinflussen. Mit drastischen Worten beschreibt er dann, mit welchen Mitteln und Methoden Kommunikationsprozesse und politische Meinungen manipuliert werden können, denn „es sind immer Statistiker, Soziologen und Volkswirtschaftler vorhanden, die ihre Dienste an diese Unternehmen verkaufen. Glücklicherweise haben diese

---

[36]Zuboff, S. (1988) *In the Age of the Smart Machine: The Future of Work and Power.* New York.

[37]Kauder, V. (2018) *Deutschland braucht einen Digitalrat.* In: Welt am Sonntag, S. 12.

Lügenhändler, diese Ausbeuter der Leichtgläubigkeit, noch nicht eine solche Perfektion erreicht, dass sie alle Dinge in ihrem Sinne lenken."[38]

An dieser Stelle kann man – nach einem Zeitsprung über 70 Jahre – mit einem aktuellen Zitat des Multi-Milliardärs George Soros fast nahtlos fortfahren: „Facebook und Google haben eine Fülle von Problemen geschaffen, die uns erst in Ansätzen bewusst werden. … Diese Unternehmen sind besonders ruchlos, weil sie das Denken und das Verhalten der Menschen beeinflussen, ohne dass sich diese dessen bewusst sind. Dies beeinträchtigt das Funktionieren der Demokratie und die Integrität von Wahlen."[39] Vor Mitgliedern des EU-Parlaments lieferte der Whistleblower Christopher Wylie, der den Fall Cambridge Analytica aufdeckte, hierfür ein praktisches Beispiel. Mit Microtargeting und einigen Millionen Facebook-Datenprofilen kann eine Handvoll Menschen binnen weniger Tage etwas bewirken, worunter ganz Europa für Jahrzehnte leiden wird: „Ohne Cambridge Analytica hätte es den Brexit nie gegeben … Was wir hier sehen, das ist für mich moderner Kolonialismus".[40]

Inzwischen wird unverkennbar, dass sich die Struktur der öffentlichen Sphäre durch das Internet und die Online-Netzwerke fundamental verändert. Zu Beginn der Internet-Ära sahen viele Zeitgenossen in dieser neuen Kommunikationstechnik Parallelen zu der technischen Entwicklung, die den Lauf der Geschichte wie keine zweite verändert hat: der Erfindung des Buchdrucks, mit der auch das entstand, was später Öffentlichkeit genannt wurde. Auch ich glaubte damals, das weltweite Netz würde die Kommunikation demokratisieren und die Menschen einander näherbringen.

Die folgenden Entwicklungen, die anfänglich Web 2.0 und später soziale Netzwerke genannt wurden, transformierten einen rasch wachsenden Teil der Öffentlichkeit in Oligopole. Diese scheinen öffentlich, sind aber tatsächlich unternehmerisches Eigentum. Während in der gesamten Menschheitsgeschichte der öffentliche Raum bislang als nicht kommerziell galt, wird er heute vor allem von Facebook und Google dominiert. Denn diese rasant wachsenden Unternehmen erzielen inzwischen bespiellose Reichweiten. Jeden Tag gehen 1,5 Milliarden Menschen bei Facebook online. Bei YouTube, WhatsApp und vielen anderen sind diese Zahlen kaum geringer. Umfragen zufolge konsumieren inzwischen 80 % der US-Amerikaner ihre Nachrichten ausschließlich über die Newsfeeds von Facebook oder Google. Hierzulande sieht es bei Jugendlichen und jungen Erwachsenen ähnlich aus. Facebook ist durch seinen Newsfeed der mit Abstand größte Herausgeber von Nachrichten in der Geschichte der USA.

Das Problem dabei ist, dass sich all diese Unternehmen über Werbung finanzieren und somit um den knappen Faktor Aufmerksamkeit konkurrieren. Die Psychologen und Softwaretechniker der Plattformen implementieren deshalb subtile psychologische Tricks in immer raffinierteren Algorithmen, um die Aufmerksamkeit der Benutzer auf ihre

---

[38]Wiener, N., (1968) *Kybernetik*. 2. Aufl. Rowohlt-Verlag 1968, S. 197. (1. Aufl. 1948).

[39]Soros, G., (2018) *Ausbeutung der Zivilisation*. In: Handelsblatt, 23. Feb. 2018, S. 72.

[40]Bolzen, S. (2018) *Ein Mann greift Facebook an*. In: Welt, 27. März 2018, S. 6.

Seiten zu lenken und sie dort möglichst lange festzuhalten. Den Benutzern wird nur vor-gegaukelt, man würde ihnen die ganze Welt frei Haus liefern, tatsächlich aber werden sie mit allem geflutet, wovon man glaubt, es könnte ihm oder ihr gefallen. Newsfeeds oder Suchergebnisse werden individuell manipuliert, man zielt auf den aus der Kognitions-psychologie bekannten Bestätigungsfehler (confirmation bias), nach dem Menschen sich bevorzugt auf solche Informationen fokussieren, die ihre Einstellungen und ihr Welt-bild bestätigen. Dies schränkt den Horizont des Users ein, statt ihn zu erweitern, da ihm Unbekanntes vorenthalten wird. Das Netz wird so zu einem Verstärker von Vorurteilen. Das geschieht auch auf der Ebene der zwischenmenschlichen Kommunikation. Zwei Menschen können in diesen Systemen ja nur dann miteinander kommunizieren, wenn ihnen ein Dritter das ermöglicht, der sie manipulieren will. Echokammern, Filterblasen und neue Formen von Tribalismus (Gruppendenken) im Netz sind nur einige der Fol-gen. Hinzu kommt die Tatsache, dass sich im Netz bestimmte Informationen viral effek-tiver und schneller verbreiten als andere. Insbesondere alles was aufregt, Empörung oder Ängste hervorruft, erhält signifikant höhere Aufmerksamkeit. Falschmeldungen, Hass-botschaften, Wut und Paranoia sind somit gut für das Geschäft, was wiederum zu deren Bevorzugung durch die Netzwerk-Algorithmen führt. Diese Selbstverstärkung hat fatale Folgen für den gesellschaftlichen Zusammenhalt. Die Netzwerke gefährden somit die Werte der Aufklärung und die offene Gesellschaft, stattdessen begünstigt die Verarmung des öffentlichen Diskurses weltweit populistische Strömungen, da zum Beispiel Auto-kraten und Vereinfacher heute „alternative Fakten" hocheffizient verbreiten können.

Der Historiker Niall Ferguson vergleicht unsere Zeit mit der der Religionskriege und Hexenverfolgungen und konstatiert: „Damals wie heute war es eine neue Techno-logie, die zu gewaltigen Umbrüchen führte. Im 17. Jahrhundert der Buchdruck, heute das Internet. … Die Algorithmen, auf denen soziale Netzwerke wie Facebook oder Twitter basieren, sind wahre Polarisierungsmaschinen. Es ist schockierend, wie sie bösartiges Verhalten mit viraler Geschwindigkeit in der Bevölkerung verbreiten und dadurch die Struktur der öffentlichen Meinung verändern…. Trump ist das Produkt dieser Netzwerk-revolution. Ohne soziale Medien wäre sein Wahlsieg undenkbar gewesen."[41] Aber auch beim Brexit, dem Wahlerfolg der populistischen 5-Sterne-Partei in Italien, dem Wandel in Ungarn und Polen wie auch bei dem Genozid an den Rohingya in Myanmar hat Face-book entscheidenden Anteil, weshalb die dortige UN-Sonderberichterstatterin klagte: „Facebook ist zu einer Bestie geworden und nicht mehr das, wozu es mal gedacht war."

Wegen solcher Entwicklungen haben nicht wenige Menschen das Gefühl, die Welt sei aus den Fugen geraten. Ich befürchte aber, dass dies alles erst der Anfang ist. Es wird nicht mehr lange dauern, bis man mit „Deepfakes" genannten Audios und Videos jedes beliebige Ereignis simulieren oder auch in Echtzeit verfälschen kann, egal ob es statt-gefunden hat oder nicht. Mit solchen Fake-News der zweiten Generation droht eine

---

[41]Interviews mit Niall Ferguson in Welt am Sonntag, 10. Juni 2018, S. 42 und Handelsblatt, 8. Juni 2018, S. 60 f.

Perfektionierung der Lügenmanufakturen und ein Verlust unserer vertrauten Medien- und Kommunikationsstrukturen. Wenn man bei O-Tönen und Filmaufnahmen nicht mehr erkennen kann, ob diese echt sind oder aus dem Computer stammen, erodiert das gesellschaftliche Vertrauen noch stärker. Wachsende Zweifel beim Publikum sind Wasser auf die Mühlen von Populisten. Kurz: solche Entwicklungen können unsere Gesellschaft noch weitaus stärker destabilisieren, als wir es derzeit erleben.

Zunehmende Überwachung und Fragmentierung der Gesellschaft sind aber nur zwei Facetten der dunklen Seite von informationstechnischen Innovationen, die, wie angedeutet, nicht zuletzt eine Folge fehlerhafter politischer Weichenstellungen während der 90er Jahre sind. Übrigens hat schon damals der große Visionär Stanislaw Lem diese und andere Risiken und Nebenwirkungen der globalen Vernetzung sehr klar vorhergesagt wie auch etwa die Cyberkriminalität oder die zunehmende Vermüllung der Infosphäre.[42] In jener Zeit glaubte ich noch, das Internet würde quasi eine große Bibliothek, heute wissen wir: es ist viel eher eine große Deponie.

WS: Von Deiner früheren Begeisterung über das Internet ist anscheinend nicht mehr viel übrig? Und noch mal zurück zur Frage: was kommt heute an selbstkritischen Tönen aus dem Kreis der Macher dieser Entwicklungen – erkennen einige von ihnen inzwischen, was sie anrichten? UK: Insgesamt muss ich sagen, dass von meiner früheren Euphorie über die Möglichkeiten des Netzes heute kaum noch etwas übrig geblieben ist – im Gegenteil, inzwischen habe ich den Eindruck, dass die Schattenseiten überhandnehmen. Mir geht es ähnlich wie einer rasch wachsenden Zahl von Internet-Pionieren, die heute von einem „Techlash" (angelehnt an „Backlash") sprechen und die mittlerweile oft regelrecht entsetzt sind, über das, was sie seinerzeit mit in die Welt gesetzt haben bzw. was heute daraus geworden ist. Besonders beeindruckend fand ich einen umfangreichen Artikel, der im April 2018 im „New York Magazine" unter der Überschrift: „The Internet Apologizes" erschien.[43] Darin äußern sich mehr als ein Dutzend Architekten des Internet und Macher der ersten Stunde aus dem Silicon Valley in ausführlichen Interviews ungewöhnlich frei- und reumütig über ihre Entwicklungen und deren fatale Folgen und sie entschuldigen sich sogar für den Geist, den sie aus der Flasche gelassen haben. So bezeichnete Sean Parker, der erste Präsident von Facebook, soziale Medien als gefährliche Form psychologischer Manipulation, die durch regelmäßige Dopamin-Kicks die Nutzer regelrecht süchtig machen: „Nur Gott weiß, was das mit den Gehirnen unserer Kinder anstellt" warnte er unlängst. Chamath Palihapitiya, ehemals verantwortlich für Mitgliederwachstum bei Facebook: „Was wir schufen, zerstört den Zusammenhalt jeder Gesellschaft." Auch Tim Berners-Lee, der Erfinder des WWW, äußert sich eindringlich zu dystopischen Auswüchsen seiner Erfindung: „Das, was das Web mal war, ist es

---

[42]Lem, S. (1996) *Zu Tode informiert*. In: Der SPIEGEL, 11/1996, S. 108 ff.

[43]http://nymag.com/selectall/2018/04/an-apology-for-the-internet-from-the-people-who-built-it.html.

heute nicht mehr … Die Tatsache, dass dessen Macht in den Händen so weniger Internet-Firmen liegt, hat es ermöglicht, dass das Web heute zu einer Waffe wurde."

Große Aufmerksamkeit erhalten insbesondere die Aktivitäten von Tristan Harris, Ex-Design-Ethiker bei Google, der unter anderem am Stanford Persuasive Technology Lab zu einem der weltweit führenden Experten für Verhaltensmanipulation durch Technologie wurde. Harris gründete gemeinsam mit anderen Abtrünnigen von Facebook, Google, Apple und weiteren das „Center for Humane Technology" (CHT), mit dem sie über die negativen Folgen der Technologie aufklären wollen und sich für strengere Gesetze stark machen. Ein Beispiel ist die mit sieben Millionen Dollar finanzierte und von zahlreichen Medienpartnern durch kostenlose Sendezeit unterstützte Aufklärungskampagne „Truth about Tech" die sich vor allem an Eltern, Lehrer und Schüler richtet – derzeit an 55000 US-Schulen.[44] Darin heißt es: „Was als Wettlauf begann, um unsere Aufmerksamkeit zu monetarisieren, zerfrisst jetzt die Säulen unserer Gesellschaft: psychische Gesundheit, Demokratie, soziale Beziehungen und unsere Kinder." Harris, der soziale Medien auch als „Gedankenkontrollmaschine in Zivilisationsgröße" bezeichnet, erläutert in erhellenden Beiträgen – zum Beispiel: „How a handful of tech companies control billions of minds every day" – die zahlreichen sinistren Tricks, mit denen im Netz die Gehirne der Nutzer gekapert werden.[45,46]

Der amerikanische Informatiker und Virtual-Reality-Pionier Jaron Lanier, der 2014 für sein Buch: „Wem gehört die Zukunft?" den Friedenpreis des Deutschen Buchhandels erhielt, gilt als der profilierteste Intellektuelle einer IT-kritischen Avantgarde im Silicon Valley. Auch er gehört zu der interessanten Spezies, die Macher des Systems und zugleich dessen Widersacher sind. Der Insider, der an verschiedenen Universitäten Informatik lehrt und nebenbei noch für Microsoft Research arbeitet, las unlängst als Eröffnungsredner der Cebit 2018 den großen Internet-Konzernen kräftig die Leviten. In seinem jüngsten Buch belegt er mit einer Vielzahl von Beispielen und Erkenntnissen aus Computerwissenschaft und Psychologie seine fundierte und oftmals drastisch formulierte Kritik an den sozialen Netzwerken, die er als „Verhaltensmodifikations-Imperien" geißelt. Er schreibt: „Als die sozialen Netzwerke aufkamen, verwandelten sich die Mobiltelefone in Propaganda-Werkzeuge irrsinniger gesellschaftlicher Gewalt." Letztlich würden dadurch sowohl Persönlichkeiten wie auch die Gesellschaft insgesamt zerstört – deshalb enthält schon der Buchtitel sein klares Plädoyer: „Zehn Gründe, warum du deine Social Media Accounts sofort löschen musst."[47]

---

[44]http://humanetech.com/problem/.

[45]https://medium.com/thrive-global/how-technology-hijacks-peoples-minds-from-a-magician-and-google-s-design-ethicist-56d62ef5edf3.

[46]https://www.ted.com/talks/tristan_harris_the_manipulative_tricks_tech_companies_use_to_capture_your_attention/transcript.

[47]Lanier, J. (2018). *Zehn Gründe, warum du deine Social Media Accounts sofort löschen musst.* Hamburg.

Seit einiger Zeit werden in den USA auch verstärkt die Auswirkungen von sozialen Netzwerken und Smartphone-Nutzung insbesondere auf die seelische Gesundheit von Kindern und Jugendlichen diskutiert. Hierzu hat unter anderem die US-Psychologin Jean M. Twenge auf der Grundlage von repräsentativen Langzeitstudien mit insgesamt über 11 Mio. jungen Menschen teilweise erschreckende Ergebnisse ermittelt und mit großer Resonanz publiziert[48] – ein viel zitierter Beitrag von ihr erschien im „Atlantic" unter der Überschrift: „Have Smartphones Destroyed a Generation?"[49] Die Ergebnisse zeigen, wie berechtigt schon frühe Warnungen waren – etwa in den wegweisenden Arbeiten von Sherry Turkle, Professorin für Science, Technology and Society am Massachusetts Institute of Technology (MIT), die sich schon seit über 30 Jahren mit den seelischen Folgen der „Wunschmaschine" Computer befasst – so der deutsche Titel ihres 1984 erschienenen Buches: „The Second Self: Computers and the Human Spirit". Die schon damals problematisierte Sogwirkung des Computers hat sich natürlich durch die heute gegebene permanente Verfügbarkeit sowie das Aufkommen der Apps und der sozialen Netzwerke potenziert – mit der Folge, dass junge Menschen in Deutschland inzwischen jeden Tag durchschnittlich mehr als acht Stunden online sind.

Schon aus Zeit- und Platzmangel kann man hier nicht erörtern, welche vielfältigen Folgen es hat, wenn junge Menschen einen derart großen Anteil ihrer wichtigen Entwicklungsphasen ganz anders als ihre Vorgängergeneration verbringen – manche Wirkungen sind vermutlich derzeit auch noch gar nicht vollständig absehbar. Ich will lediglich einen Aspekt erwähnen, den schon Sherry Turkle hervorhob: Empathie, Sozialkompetenz, Gemeinschaftssinn, Solidarität, Feinfühligkeit, Beziehungssicherheit, Höflichkeit und Kommunikationsfähigkeiten entstehen im menschlichen Miteinander. Dort wo Menschen weniger Zeit miteinander, stattdessen mehr und mehr mit virtuellem Gegenüber verbringen, können sich diese – auch für die künftige Arbeitswelt besonders bedeutsamen Fähigkeiten – nicht gut entwickeln, sondern stattdessen entstehen – verstärkt durch die Netzwerke – vor allem Narzissmus und neue Formen von Tribalismus. Im heutigen Großstadt-Alltag kann man derartige Veränderungen im Umgang miteinander praktisch täglich beobachten.

Inhärente Widersprüche der Silicon-Valley-Welt, die auch Lanier in seinem Buch aufzeigt, sind insofern nicht verwunderlich: Viele der Konzernchefs und hoch bezahlten Entwickler schicken ihre eigenen Kinder auf technologiefreie Waldorf-Schulen, wo sie von den Geräten und Programmen, mit denen ihre Eltern die Welt beglücken, ferngehalten werden. Ähnliches wurde auch von Steve Jobs berichtet und auch sein Nachfolger, der heutige Apple-Chef Tim Cook, bekannte unlängst, dass er seinen Neffen den Beitritt zu sozialen Netzwerken nicht erlaube. Der Medienwissenschaftler Roberto Simanowski in

---

[48]Twenge, J. (2017). *iGen*. New York.

[49]https://www.theatlantic.com/magazine/archive/2017/09/has-the-smartphone-destroyed-a-generation/534198/.

einem Buch zur Zukunft der Bildung im Internet-Zeitalter: „IT-Eltern verschaffen eigenen Kindern Wettbewerbsvorteile durch die forcierte Verblödung aller anderen."[50]

WS: Das klingt aber eher nach Verschwörungstheorie. UK: Na ja, das war von ihm auch nicht ganz ernst gemeint. Übrigens fand ich kürzlich beim Aufräumen eine Broschüre des Schweizer Metall- und Uhrenarbeiter-Verband (SMUV) aus dem Jahr 1977 mit dem Titel: „Computer: Fortschritt oder Abhängigkeit?" Diese Frage ist heute so aktuell wie damals. Dabei lag auch ein Zitat, dass seit den frühen 70er Jahren in meinem Büro hing – es stammt aus dem Vorspann zum Medien-Kapitel in Günther Anders „Die Antiquiertheit des Menschen" (s. Fußnote 1): „Da es dem König aber wenig gefiel, daß sein Sohn, die kontrollierten Straßen verlassend, sich querfeldein herumtrieb, um sich selbst ein Urteil über die Welt zu bilden, schenkte er ihm Wagen und Pferd. „Nun brauchst du nicht mehr zu Fuß zu gehen", waren seine Worte. „Nun darfst du es nicht mehr", war deren Sinn. „Nun kannst du es nicht mehr", deren Wirkung." Dieses Zitat kommt mir heute häufig in den Sinn. Was passiert mit uns, wenn die Technik immer mehr kann und übernimmt? Schon 1972/1973 als Tutor während Elektrotechnik-Klausuraufsichten machten mich Wirkungen der zu jener Zeit aufkommenden programmierbaren Taschenrechner nachdenklich. Im Gegensatz zu den Rechenschieber-Benutzern stimmten bei den Taschenrechner-Studenten zwar meist die Ziffernfolgen, aber bisweilen waren die Größenordnungen technischer Nonsens, weil das Komma falsch gesetzt war. Rechenschieber förderten die für Techniker essenzielle Fähigkeit zur Abschätzung physikalischer Größen, die frühe Digitaltechnik hingegen bewirkte das Gegenteil. In der CAD-Frühzeit kamen um Zehnerpotenzen falsch konstruierte Maschinenteile immer mal wieder vor. Heute ist gar nicht mehr zu überschauen, welche Vielzahl an Fähigkeiten uns allmählich abhandenkommt. Der Taxifahrer mit Navi muss nicht mehr den Weg zum Ziel kennen, sondern nur den zu Gaspedal und Bremse. Universitäten beklagen zunehmend, dass es heutigen Studienanfängern oft an Allgemeinbildung, Kulturtechniken, Einfühlungsvermögen, Selbstständigkeit, Konzentrations- und Kommunikationsfähigkeit mangelt. Die Smartphone-Kids können zwar googeln, das ist aber nicht gleichbedeutend mit Wissen oder Verstehen; die Aufzählung ließe sich fortsetzen. Ein Teil der obigen SMUV-Frage ist klar zu beantworten: Die Abhängigkeit von Computern ist längst total, und zwar nicht nur bei den süchtigen „Smombies" (aus: Smartphone+Zombies). Bei einem Internetausfall wäre unsere Zivilisation vermutlich binnen weniger Tage ernsthaft in Gefahr. Aber ob das alles Fortschritt ist? – das Fragezeichen kann stehen bleiben.

---

[50]Simanowski, R. (2018) *Stumme Medien – vom Verschwinden der Computer in Bildung und Gesellschaft.* Berlin, 2018.

5   Künstliche Intelligenz

WS: Seit einiger Zeit ist vermehrt und nahezu überall von „Künstlicher Intelligenz" die Rede, inzwischen wird praktisch täglich über neue Entwicklungen auf diesem Gebiet berichtet. Zurzeit unseres ersten Gespräches war das noch kaum ein öffentliches Thema. Was steckt dahinter? Und weil inzwischen auch darüber oft sehr kontrovers diskutiert wird – sind diese Entwicklungen eher Fortschritt oder Risiko? UK: Auch da würde ich das Fragezeichen belassen. Wie überall, so gibt es auch hier Licht- und Schattenseiten – kein Fortschritt ohne Risiken und Nebenwirkungen. Vor allem aber sollte man bei diesem Thema erst einmal genauer hinschauen, denn heute wird alles Mögliche mit dem Etikett „Künstliche Intelligenz" (KI) versehen, das sind teilweise völlig verschiedene Techniken, die natürlich auch unterschiedliche Implikationen haben. Zu einem Teil hat beispielsweise Jaron Lanier recht, wenn er schreibt: „KI ist nur eine Phantasie, nur ein Märchen, das wir über unsere Programme erzählen. … KI ist eine Geschichte, die wir Kybernetiker vor langer Zeit erfunden haben, um an Forschungsgelder zu kommen, damals, als wir noch von staatlicher Förderung abhingen."[51]

Seit der Begriff „Artificial Intelligence" (AI) 1956 von John McCarthy geprägt wurde, gab es mehrmals Phasen, in denen dieses Thema hochgejubelt wurde und Wunderdinge versprochen wurden. Als ich den 80er Jahren an der TU Hamburg-Harburg arbeitete, waren Expertensysteme ein großes Thema, für das es viele Fördermittel gab. Auch das lief unter Künstliche Intelligenz und auch damals gab es Debatten darüber, ob diese Bezeichnung angemessen oder irreführend ist – ganz abgesehen davon, dass das englische „Intelligence" nicht einfach mit „Intelligenz" übersetzt werden kann. Auch heute ist das Etikett „Künstliche Intelligenz" nützlich, um Aufmerksamkeit und Förderung zu erhalten, da die Vision „intelligenter" Maschinen schon immer besonders faszinierte.

Seit etwa fünf Jahren gibt es aber, ebenfalls meist mit Künstlicher Intelligenz etikettiert, eine wirklich neue Entwicklung in der Informationstechnik, die wegen ihrer weitreichenden Folgen für mich auch einen weiteren bedeutsamen Meilenstein in der Entwicklung der Informationstechnik darstellt. Um das Jahr 2013 herum war die Leistung der Hardware erstmals ausreichend, um künstliche neuronale Netze bzw. selbstlernende Algorithmen zu realisieren, die hohe Rechenleistung und große Datenmengen benötigen, um ihre Stärken ausspielen zu können. Während bei klassischen Softwaresystemen durch Algorithmen bzw. Programme Daten verändert werden, ist es bei diesen „Machine Learning" oder „Deep Learning" genannten Verfahren umgekehrt: Daten verändern die Algorithmen bzw. die Struktur des Systems, ähnlich wie natürliche Lernvorgänge Veränderungen in unserer Hirnstruktur zur Folge haben. Ein „selbstlernendes" algorithmisches System analysiert Daten und erkennt dabei Muster und Zusammenhänge, die seine weiteren Aktionen beeinflussen. Dabei geht es immer um große

---

[51]Lanier, J. (2018) a. a. O., S. 190–91.

Datenmengen, in denen Muster anhand von statistischen Modellen identifiziert werden können, um dann daraus automatisiert Entscheidungen ableiten zu können.

Auf diesem Gebiet hat es in den vergangenen fünf Jahren mehr Fortschritte gegeben als in den fünfzig Jahren KI-Forschung zuvor. Vor allem im Bereich der Muster-Erkennung und -Interpretation, etwa beim Sprach-, Text- und Bildverständnis leisten die Systeme inzwischen Erstaunliches und sind nicht selten schon heute dem Menschen überlegen. Angesicht des immens hohen Entwicklungstempos und der Tatsache, dass es kaum mehr einen Bereich menschlicher Tätigkeiten gibt, in dem in dem diese Technologie nicht angewendet werden kann, macht es wenig Sinn, einen Überblick über den Stand von Technik und Anwendung zu geben – er wäre schon vor Erscheinen des Buches überholt. Ähnliches gilt für die Auswirkungen, die unüberschaubar und auch gravierender sind als alles, was wir in der bisherigen Geschichte der Informationstechnik an Folgen verzeichnet haben[52]. Auch hier dürfte gelten, was sich in der bisherigen Technikgeschichte immer wieder bestätigt: kurzfristige Auswirkungen werden überschätzt, die langfristigen hingegen eher unterschätzt.

Bezogen auf unser Thema Innovation will ich lediglich einen Aspekt hervorheben. Mit den lernenden Systemen gibt es neue Quelle für Innovationen, basierend auf umfangreichen Datensammlungen, Stichwort „Big Data": Je mehr Daten zur Verfügung stehen, desto besser können lernende Algorithmen hieraus völlig Neues generieren. Deshalb prognostizieren zum Beispiel viele Beobachter, dass in den nächsten Jahren China den weltweiten Innovationswettbewerb insbesondere auf dem Gebiet der sogenannten Künstlichen Intelligenz gewinnen wird, denn in China ist das Datenaufkommen besonders groß und der Umgang mit Daten ist kaum reguliert.

WS: Kannst Du positive Beispiele für die Anwendung künstlicher Intelligenz nennen? UK: Da gibt es zahllose Beispiele, vor allem überall dort, wo es um Mustererkennung geht, etwa in vielen Bereichen der medizinischen Diagnostik sind lernfähige Systeme heute oft sogar auch den erfahrenen Experten überlegen.

6   Wohin führt die IT-Entwicklung?

WS: Es bleibt die Frage, wo das alles hinführen kann und ob die Entwicklungen noch unter Kontrolle sind? Die Debatte schwankt ja zwischen Dystopien über Superintelligenzen und der Hoffnung, die Technologie werde jedes Problem der Menschheit lösen. UK: Die Frage ist, ob die Entwicklungen jemals „unter Kontrolle" waren? Was immer in Wissenschaft und Technik gemacht werden kann, wird auch gemacht. Wie Zauberlehrlinge haben die Internetkonzerne eine Macht entfesselt, die sie nicht bändigen können. Und dass Politiker und die Mehrzahl der Bürger bei dem hohen

---

[52]Aktualisierte Beispiele finden sich im Wikipedia-Artikel zu Künstlicher Intelligenz.

Entwicklungstempo nicht mehr mitkommen, habe ich versucht, deutlich zu machen. Schon 1976 schrieb Joseph Weizenbaum in seinem Buch: „Die Macht der Computer und die Ohnmacht der Vernunft", Computerprogramme hätten längst eine solche Komplexität erreicht, dass selbst die Programmierer nicht mehr alle Schritte eines Programms begreifen können. Was damals schon richtig war, gilt natürlich heute umso mehr. Dies gilt erst recht bei den lernenden Systemen, bei denen auch ihre Entwickler nicht erklären können, wie die von den Maschinen gelieferten Resultate zustande kommen.

Wohin die technische Entwicklung geht, ist das eine. Für noch bedeutsamer halte ich die Frage, wohin sich die Menschen unter dem Einfluss der Technik entwickeln? In einem Artikel über Künstliche Intelligenz habe ich einmal vor gut 30 Jahren zwei schon damals alte Zitate verwendet: „Die Möglichkeit, menschengleiche Roboter bauen zu können, gehört – falls sie überhaupt einen Ort hat – in die Zukunft. Doch die Gegenwart zeigt uns bereits Menschen, die wie Roboter handeln. Wenn die Mehrheit der Menschen sich wie Roboter verhält, durfte es tatsächlich kein Problem mehr sein, menschengleiche Roboter zu bauen." Das schrieb Erich Fromm 1968 in seinem Buch: „Die Revolution der Hoffnung. Für eine Humanisierung der Technik". Ganz ähnlich klang 1972 Hubert Dreyfus in seinem Buch: „Was Computer nicht können. Die Grenzen künstlicher Intelligenz": „Die Gefahr besteht für uns nicht so sehr in dem Aufkommen superintelligenter Maschinen wie vielmehr in dem subintelligenter Menschen."[53] Heute, also 50 Jahre später, teilt der Apple-Chef Tim Cook diese Besorgnis: „Viel ist gesagt worden über die möglichen Risiken von Künstlicher Intelligenz, aber ich sorge mich nicht um Maschinen, die denken wie Menschen. Ich sorge mich um Menschen, die denken wie Maschinen."[54] Solche Zitate kommen mir in letzter Zeit häufiger in den Sinn – um noch mal auf das Bild vom Anfang unseres Gesprächs zurück zu kommen – etwa wenn ich heute Menschen in der U-Bahn betrachte. Was würde wohl ein Zeitreisender aus dem 19. Jahrhundert bei diesem Anblick denken? Vielleicht, dass die Menschen anscheinend von Außerirdischen beherrscht werden, mittels kleiner rechteckig-glänzender Kästchen, die ihre ganze Aufmerksamkeit aufsaugen?

In einem brillanten Essay mit dem Titel „Das Ende der Aufklärung" warnte der ehemalige US-Außenminister Henry Kissinger (95): „Philosophisch, intellektuell – in jeder Hinsicht – ist die menschliche Gesellschaft auf den Aufstieg künstlicher Intelligenz nicht vorbereitet."[55] Darin spannt er einen großen historischen Bogen von der Erfindung des Buchdrucks, in deren Folge wissenschaftliche Erkenntnis zunehmend an die Stelle von

---

[53]Klotz, U. (1986) „Künstliche Intelligenz" und Expertensysteme – Mythos oder Realität? In: Mitbestimmung 11/86, S. 562–567.

[54]http://www.faz.net/aktuell/wirtschaft/diginomics/apple-chef-tim-cook-sorgt-sich-um-wie-menschen-denkende-maschinen-15322270.html.

[55]Kissinger, H. (2018) *How the Enlightenment Ends* In: The Atlantic, 6/2018
    https://www.theatlantic.com/magazine/archive/2018/06/henry-kissinger-ai-could-mean-the-end-of-human-history/559124/.

Religion traten und das Zeitalter der Vernunft zur heutigen Weltordnung führte. Die Aufklärung begann mit philosophischen Einsichten, verbreitet mittels neuer Technologie. Nunmehr führe eine noch viel umfassendere Technikrevolution zu einer entgegengesetzten Entwicklung, in eine Welt, die zusammengehalten wird durch Daten und Algorithmen statt durch ethische oder philosophische Normen. Menschliche Erkenntnis verliert ihren personenbezogenen und -vermittelten Charakter, Individuen werden zu Daten und Daten werden beherrschend. Weisheit droht in Informationen unterzugehen, wir laufen Gefahr, genau die Fähigkeit zu verlieren, die die Essenz menschlicher Erkenntnis war. Es stellt sich die Frage: Was wird aus unserem Bewusstsein, wenn unsere Verstandeskraft von Maschinen übertroffen wird und der Mensch die so geschaffene Welt nicht mehr versteht, weil er sie nicht mehr mit seinen Begriffen interpretieren kann? Ein ähnlicher Grundgedanke zog sich auch bereits vor über 40 Jahren durch das erwähnte Buch von Joseph Weizenbaum, dessen US-Ausgabe den Untertitel trägt „From Judgement to Calculation": Menschliche Entscheidungen sollten nicht überall durch Berechnungen ersetzt werden, weil sonst Gefahr besteht, dass die Wirklichkeit auf diejenigen Aspekte reduziert wird, die von Computern verarbeitet werden können. Kissinger beendet seinen Essay mit dem dringenden Appell an die US-Regierung, in einer Kommission diese Fragen zu erörtern und eine gesellschaftliche Vision zu formulieren: „Wenn wir das nicht schnell tun, werden wir sehr bald merken, dass wir zu spät gekommen sind."

Vielleicht ist es schon zu spät, der Geist ist längst aus der Flasche. Bei einigen der von mir skizzierten Innovationen überwiegen meines Erachtens inzwischen deren Schattenseiten, wenn man sieht, wie derzeit Gesellschaften auseinanderfallen und politische Systeme destabilisiert werden. Vielleicht muss man nicht so weit gehen wie der prominente US-Schriftsteller Jonathan Franzen, der einen Essay überschrieb: „Das Internet ist ein Geschenk des Teufels und Karl Kraus sein hellsichtiger Prophet." Karl Kraus äußerte bekanntlich häufig sein Misstrauen gegenüber der Fortschrittsrhetorik, „da die moralische und emotionale Entwicklung der Menschheit den technischen Innovationen weit hinterherhinkt."[56] Das dies so ist, sollte auch bei meiner kleinen Zeitreise deutlich geworden sein.

WS: Lieber Uli, ich danke Dir sehr für dieses aufschlussreiche Interview, das die Schattenseiten einiger zentraler IT-Innovationen bzw. der Digitalisierung, wie das heute oft unscharf genannt wird, besser ausgeleuchtet hat. Es ist zu sehr wünschen, dass dieser Bericht viele Leser*innen findet und zum Nachdenken über das eigene Verhalten und über notwendige politische Maßnahmen bringt.

---

[56]Franzen, J. (2017) *Bevor wir in der Crowd ertrinken.* In: Neue ZZ, 14. Okt. 2017, S. 28–29.

7   Nachgedanken (Wolfgang Scholl)

Die dargestellte kritische Sicht auf viele zentrale IT-Entwicklungen wirft schnell die Frage auf: Was kann man gegen solche Fehlentwicklungen tun? Leider sehen viele Menschen diese Entwicklung gar nicht als problematisch, die sich ja auch weitgehend im Verborgenen abspielt, oder sie unterschätzen das Ausmaß der zunehmenden Beeinflussung. Andererseits gibt es bedeutende Kritiker dieser Entwicklung, von denen etliche im Interview zitiert wurden, aber bei der Frage nach geeigneten Maßnahmen gegen solche Fehlentwicklungen bleiben viele im Allgemeinen oder geben spezifische Tipps für einzelne Aspekte und manche glauben sogar, dass diese Entwicklung sich nicht mehr aufhalten lässt. Eine umfassende kritische Analyse hat dazu Shoshana Zuboff in ihrem neuen Buch vorgelegt.[57] Dabei dürfte klar sein, dass der zentrale Ansatzpunkt bei der Sammlung und Verwertung massenhafter persönlicher Daten sein müsste, die der privatwirtschaftlichen Ausbeutung Tür und Tor öffnen, aber auch von Geheimdiensten genutzt und von kriminellen oder politisch motivierten Hackern erbeutet werden. Dieser problematischen Entwicklung sollte im Minimum mit drei Maßnahmen auf breiter Front begegnet werden:

- Das Bewusstsein in der Öffentlichkeit ist zu schärfen, wie gefährlich die Auslieferung persönlicher Daten an unkontrollierbare private Gewinninteressen und politische Gruppierungen ist. Hier ist eine breite öffentliche Diskussion aller Facetten notwendig.[58]
- Jede*r Einzelne kann die IT-Nutzung weitgehend so gestalten, dass relativ wenige persönlichen Daten gespeichert werden können. So gibt es anstelle von Google andere Suchmaschinen, wie z. B. Qwant, wo kein personal tracking stattfindet und damit auch keine personalisierte Werbung oder Informationsauswahl, oder wie Startpage, das Suchanfragen anonymisiert an Google weiterleitet, sodass ebenfalls kein personal tracking möglich ist. Als Webbrowser bietet sich Mozilla's Firefox anstelle von Chrome (Google), Edge/Nachfolger (Microsoft) oder Safari (Apple) an, zusammen mit dem Add-on Disconnect, das vor personalisierter Werbung, Cookies, Trackern usw. behütet.[59] Als Mail-Programm eignet sich z. B. Thunderbird, das wie Firefox ein Open Source Programm der nicht gewinnorientierten Mozilla-Foundation ist. Besser wäre jedoch der Ersatz von electronic mail durch den Messenger-Dienst

---

[57]Zuboff, S. (2018). *Das Zeitalter des Überwachungskapitalismus*. Frankfurt, New York: Campus.

[58]Im Netz findet sich dazu Etliches, s. z. B. https://www.faz.net/aktuell/feuilleton/debatten/die-digital-debatte/shoshana-zuboff-googles-ueberwachungskapitalismus-14101816.html; https://www.tagesspiegel.de/wirtschaft/bildungsforscher-gerd-gigerenzer-deutschland-wird-eine-ueberwachungsgesellschaft/23855396.html.

[59]S. a. https://www.selbstdatenschutz.info/tracking_verhindern/.

Signal (https://signal.org/), der die Funktionen von „high-quality group, text, voice, video, document, and picture messages" vereinigt, eine sehr gute Ende-zu-Ende Verschlüsselung sowie eine einstellbare Verfalls- bzw. Löschungszeit beinhaltet. Größte Zurückhaltung ist bei den meisten „Smart"-Produkten des Internet of Things (IoT), von Smart-Watches bis Smart Homes angezeigt, die den Nutzer*innen besonders „auf den Leib rücken", um ihr Denken und Fühlen zu erfassen und Schritt für Schritt zu übernehmen. Ein kompletter Verzicht auf die persönlichen KI-Assistenten wie Alexa, Cortana oder Google Home ist ratsam, die als Rundum-Spione arbeiten. Empfehlenswert ist immer die Nachfrage bei Mobilsicher, das Infoportal für mehr Sicherheit auf Smartphone und Tablet (https://mobilsicher.de/), das regelmäßig aktualisiert über die Verletzung der Privatsphäre und die Möglichkeiten ihrer Vermeidung informiert.

- Der Staat oder besser die Europäische Union sollte personal tracking so weit wie möglich beschränken und vor allem die Verknüpfung unterschiedlicher Datenquellen zu umfassenden Persönlichkeitsprofilen bis auf wenige, sachlich gebotene Ausnahmen verbieten. Ebenfalls verboten sollte der Verkauf persönlicher Daten und Profile an andere Organisationen, weil das dem Einzelnen eine persönliche Kontrolle seiner Daten unmöglich macht. Die Privatsphäre der Bürger*innen muss gegenüber der Wirtschaft ähnlich geschützt werden wie gegenüber dem Staat. Wie das im Einzelnen realisiert werden kann, muss diskutiert und ausprobiert werden. Zentrales Ziel muss es sein, die individuelle Freiheit im Internet mit seinem Demokratisierungspotenzial zu nutzen und zu sichern und die Ausbeutung anfallender Datenspuren zu verhindern. Die neue EU-Datenschutzgrundverordnung ist ein erster Schritt in diese Richtung und mit der in Planung befindlichen EU-ePrivacy-Verordnung soll das personal tracking weiter einschränkbar werden.

Es ist zu wünschen, dass diese Initiativen weitergeführt und immer wieder verbessert werden und dass mehr solcher konstruktiven Alternativen entwickelt und bereitgestellt werden. Ein positives Beispiel ist die Smart-City-Entwicklung in Barcelona, die umfassend partizipativ gestaltet wird und wo die anfallenden Daten anonymisiert der Öffentlichkeit zur kontrollierten Nutzung zur Verfügung gestellt werden.[60] Angesichts der Filterblasen, die durch Facebook und andere Social Media erzeugt werden[61], ist schließlich ein kritischer Journalismus zu fördern, der sich mit der Entstehung und Verbreitung von Falschnachrichten und Einseitigkeiten auseinandersetzt, wie z. B. die Plattform https://correctiv.org/ und verschiedene Zusammenschlüsse investigativer Journalisten. Richtig wirksam werden solche Initiativen jedoch erst dann, wenn der Besitz privater Medien durch ein schärferes Medienwettbewerbsrecht auf maximal 10 % pro

---

[60]https://netzpolitik.org/2018/freie-software-als-oeffentliches-gut-und-was-rathaeuser-dafuer-tun-koennen/.
[61]https://www.dw.com/de/wie-soziale-netzwerke-zu-gewalt-f%C3%BChren/a-46260784.

Land und Medienart beschränkt wird und öffentliche Medien wie Rundfunk und Fernsehen vom Staat finanziert und zugleich dem politischen Zugriff entzogen werden. Fehlentwicklungen etablierter Demokratien und die Verfestigung autoritärer Systeme sind fast immer durch den wirtschaftlichen oder politischen Zugriff auf oligopolistische Medien entstanden.

Zuletzt und grundsätzlich: Europa sollte eine eigene IT-Basis mit einer Hardware-Basis und einem Betriebssystem jenseits von Google, Apple und Microsoft entwickeln bzw. diese Entwicklung fördern und finanzieren. Diese Anbieter versuchen, die Kunden innerhalb ihrer Systeme zu halten und Wechsel auf Alternativ- und Zusatzprodukte so weit wie möglich zu erschweren. Besonders Windows ist ein viel zu teures System, was mit immer neuen und den Nutzer*innen aufgezwungenen Funktionswechseln nicht nur beim Erwerb, sondern auch bei der Umgewöhnung unnötige Kosten verursacht. Die weitgehende Abhängigkeit der öffentlichen Verwaltungen in Europa von Windows mit seiner Hacker-Anfälligkeit und der Öffnung für den US-Geheimdienst sollte nicht weiter hingenommen werden.[62] Bei der Hardware könnten europäische Anbieter wie Infineon und NXP Semiconductors mit außereuropäischen Anbietern zusammenarbeiten, um technologisch aufzuholen und um sicherzustellen, dass keine versteckten Spionagetüren in die Hardware eingebaut werden. Bei der Software würde sich vermutlich eine Weiterentwicklung, Verbesserung und Vereinfachung der Open Source Software Linux eignen wie z. B. Ubuntu (www.ubuntu.com), die allen in und außerhalb Europas kostenlos zur Verfügung steht. Schüler*innen und Student*innen könnten dann auch an der Verbesserung und Entwicklung neuer Anwendungen (Apps) mitarbeiten und so den sinnvollen IT-Umgang von klein auf lernen. So wie Lesen, Schreiben und Rechnen keinen Gebühren unterliegt und Geräte und Material preiswert zu haben ist, so sollten grundlegende IT-Anwendungen allen kostenfrei zur Verfügung stehen was bei solchen Open Source Programmen der Fall ist. Bei Open Source lässt sich auch leichter prüfen, ob heimlich Personalisierung, Spionage, Weiterleitung an Dritte und Verknüpfung mit anderen Daten eingebaut wird.

---

[62]Siehe   http://www.ardmediathek.de/tv/Reportage-Dokumentation/Das-Microsoft-Dilemma/Das-Erste/Video?bcastId=799280&documentId=50159194.

Aufbau einer Innovationskultur bei Expresso – Interview mit Dr. Alexander Bünz

Alexander Bünz und Wolfgang Scholl

Think-Act-Be: Different!

1 Einleitung

WS: Guten Tag, Alexander; ich freue mich sehr, dass dieses Interview zustande kommt. Kannst Du bitte zuerst kurz Deine Aufgabe und Funktion bei Expresso beschreiben? AB: Ich bin bei Expresso als Geschäftsführer und CEO angestellt seit Juli 2015. Nach meinem Weggang von der Firma Knauer in Berlin habe ich mich auf die ausgeschriebene Geschäftsführungsstelle beworben und nach einem intensiven Gespräch mit dem Eigentümer der Joachim Loh Unternehmensgruppe, zu der Expresso gehört, wurde ich übernommen. Bei Expresso geht es um Inter- und Intralogistik-Produkte, um Handhabungs- und Verladetechnik, angefangen bei den bekannten Sackkarren bzw. Stapelkarren seit den 1950er Jahren und den Gepäckwagen an den Flughäfen, was dann weiterentwickelt wurde hin zu komplexeren, z. T. motorisierten Lösungen für Hebe- und Transporthilfen. Damit sind wir in Deutschland bekannt und führend und weiten das aus auf andere Länder. Ein viertes Standbein ist die sog. Sicherheits- und Verladetechnik an Lkw-Verladerampen.

A. Bünz (✉)
EXPRESSO Deutschland GmbH, Kassel, Deutschland
E-Mail: abuenz@expresso.de

W. Scholl
Institut für Psychologie, Humboldt-Universität und artop GmbH – Institut an der Humboldt-Universität zu Berlin, Berlin, Deutschland
E-Mail: schollwo@hu-berlin.de

© Springer-Verlag GmbH Deutschland, ein Teil von Springer Nature 2019   371
W. Scholl (Hrsg.), *Mut zu Innovationen*, https://doi.org/10.1007/978-3-662-58390-6_22

WS: Wie entwickeln sich Eure Märkte? Sind nicht anderswo die Lohnkosten günstiger?
Spielt womöglich die Digitalisierung für Euch eine Rolle? AB: Ja, beides ist richtig.
Natürlich ist der Wettbewerb stark und hat zugenommen, die Produkte aus dem Osten
sind in der Regel günstiger im Preis und werden auch von unseren Großkunden z. T.
angenommen. Noch können wir mit der Qualität und Zuverlässigkeit unserer Produkte
jeweils punkten, aber es ist wohl nur eine Frage der Zeit, dass die Konkurrenz auch da
aufholt. Deswegen überlegen wir ständig, was wir tun können, nicht indem wir günstiger werden, sondern besser, indem unsere Produkte mehr können. Und da passt das
Stichwort Digitalisierung und Industrie 4.0 sehr gut rein. Wir versuchen jetzt, dieses
Thema umzusetzen, und wir werden im nächsten Jahr in Form von Pilotprojekten testen, was das am Markt bedeutet. Es geht z. B. um pay per use oder um Zusatznutzen
zu generieren über smarte bzw. smart aufgerüstete Produkte. Im Prinzip lässt sich das
mit all unseren Produkten machen; es muss nur gut durchdacht werden, wie diese neuen
Geschäftsmodelle dann funktionieren.

WS: Welche Rolle spielen Innovationen in der Firma? AB: Aus meiner Sicht eine ganz
entscheidende; ich habe aber die Firma so kennen gelernt, dass man sich hier stark auf
das gut laufende Geschäft mit Stapelkarren verlassen hat. Es ist immer noch ein wachsendes Geschäft in der Logistik, der Hotellerie, der Getränkeindustrie und in weiteren Branchen. Wir haben da hunderte von Konfigurationen, für jeden Anwender etwas
Passendes. Da spielte aber seit Jahren Innovation keine Rolle und die Frage ist, ob auch
dieses scheinbar einfache Produkt innoviert werden muss. Und in anderen Produktberei-
chen spüren wir schon sehr stark den Druck, immer wieder Neues zu machen. Ich habe
in den vergangenen zwei Jahren versucht, auch dort Innovationen voran zu bringen, denn
das ist ein zentraler Erfolgsfaktor!

WS: Kannst Du da ein Beispiel nennen? AB: Ja, im Oktober 2017 haben wir das erste
autonome Fahrzeug zusammen mit einem Kooperationspartner entwickelt und erstmals
der Öffentlichkeit vorgeführt. Da bringen wir unsere bewährte Technik ein, Hebehilfen,
die so ähnlich wie ein kleiner Gabelstapler sind, aber manuell geschoben werden, ohne
Mann drauf, und das Heben und Senken von Lasten bis zu 400 kg erfolgt elektrisch,
sodass die Bedienung nicht schleppen oder heben muss. Bei hohen Lasten ist allerdings
schon das Schieben eine Belastung, das haben wir erkannt und zudem den Kostendruck
beim Kunden berücksichtigt und jetzt ein fahrerloses Transportsystem (FTS) entwickelt,
das alleine mithilfe der Digitaltechnik von einem Be- und Entladepunkt zum nächsten
Be- und Entladepunkt fahren kann. Dort wird es dann von einer Person für den Lade-
vorgang übernommen, also ein teilautonomer Betrieb. Das ist neu, das gab es in unserer
Branche der Hebehilfen noch nicht. Das hat uns auch einen neuen Markt eröffnet.

2   Umbau zu einem innovationsorientierten Unternehmen

WS: Als Du zu Expresso gekommen bist, wie hast Du erlebt, wie die Firma tickt, und wo hattest Du das Gefühl, da will oder muss ich etwas verändern. Hast Du da schon etwas eingeleitet oder sogar abgeschlossen? AB: In der Stellenanzeige stand bereits die größte Aufgabe ziemlich direkt drin, nämlich der Aufbau der zweiten Führungsebene. Nach dem Weggang meines Vorgängers gab es viel zu tun: Die Firma war zwar insgesamt profitabel, aber es gab sehr wenig Innovation, es gab Effizienzprobleme in den Prozessen und es gab auch nicht-profitable Geschäfte. Das hat der Inhaber zu Recht auch auf das Thema Führung zurückgeführt und das sollte ich zuerst angehen. Ich habe dann innerhalb der ersten zwei Jahre die Führungsebene neu aufgebaut. Das Thema Service lief nicht gut, es gab hohe Unzufriedenheit bei den Kunden, lange Reaktionszeiten und die Qualifikation in der Mannschaft war nicht ausreichend. Das wurde mit neuem Personal geändert! Für den Vertrieb wurden die Produktbereiche neu sortiert und besser aufgeteilt, sodass es nun fünf Geschäftsbereiche mit je einer Führungskraft mit Umsatz- und Ergebnisverantwortung gibt. Außerdem gibt es einen Betriebsleiter (Supply Chain Management), insgesamt also sechs Bereichsleiter. Mit den Abteilungsleitern für Entwicklung, Konstruktion, Marketing und Personal, sowie einer Stabsstelle Qualitäts- und Umweltmanagement habe ich insgesamt elf Führungskräfte, die mir direkt zugeordnet sind. Die Abteilungen Entwicklung und Konstruktion habe ich neu geschaffen. Vorher gab es nur einen Bereich Technik. Durch die Trennung kann sich die Konstruktion auf das Projektgeschäft und die Entwicklung auf neue Produkte konzentrieren.

WS: In einem anderen Interview hast Du gesagt, Du kannst hier die Leitidee Deines unternehmerischen Wirkens konkret anwenden: „Think – Act – Be: Different!" Was heißt das? Hat das hier besonders gepasst? Welche Rolle spielt es und was hat es bewirkt? AB: Das ist mein Naturell, das habe ich immer versucht beruflich umzusetzen, sich nicht abzufinden mit scheinbaren Gesetzmäßigkeiten, mit Dingen, die schon immer so waren, sich also zu fragen, was wäre, wenn …? Anders denken, ‚Think out of the box', anders an die Sache herangehen usw. Das will auch der Inhaber und er ist selbst so unterwegs. Das war für das Unternehmen dringend notwendig und ich habe versucht, das den Mitarbeitern nahe zu bringen. Gerade auch, wenn Dinge gut laufen, sie zu hinterfragen, denn es gibt keine Garantie, dass das immer so weiter geht wie zurzeit. Dabei werde ich unterstützt von einigen, die das genau so sehen, nicht nur der Inhaber, sondern z. B. auch unser Entwicklungsleiter. Mit ihm und anderen machen wir regelmäßig Brainstormings und versuchen, das Gegebene zu hinterfragen. Die Kunden spüren das, denke ich, schon am Innovationstempo, indem wir zu jeder neuen Messe neue Produkte präsentieren. Das zeigt sich auch daran, wie wir an den Markt herangehen: Wir haben unseren Messestand ganz neu gemacht, wir werben z. B. mit einem Zauberer, der den Spruch bringt ‚Wie von Zauberhand': Wir heben und tragen Lasten ohne menschlichen Einsatz, das ist Magie. So versuchen wir, andere Bilder in den Köpfen der Kunden zu erzeugen. So gewinnen wir größere Aufmerksamkeit, aber am Ende müssen natürlich die Lösungen überzeugen.

WS: Wie reagieren die Mitarbeiter? Bisher lief es doch gut, warum soll nun vieles anders sein? AB: Ja (lacht), das ist in der Tat eine große Herausforderung, die ich unterschätzt habe, obwohl ich das in Firmen dieser Größe nun zum dritten Mal tue. Ich habe den Eindruck, dass es hier eine besondere Aufgabe ist, die auch mit dem Naturell der Mitarbeiter zu tun hat. Sie stammen aus der Region und es ist hier schwerer als zuvor in Hamburg oder Berlin, die Leute aus ihrer Komfortzone zu bringen. Da braucht es sehr viel Überzeugungsarbeit, die ich leisten muss, die aber auch meine Führungskräfte in die Mannschaft tragen müssen, dass es auch anders gehen kann, dass Ausprobieren möglich und sinnvoll ist und dass man keine Angst haben muss, wenn das dann nicht klappt. Das Thema Fehlerkultur spielt eine große Rolle, wobei unterschieden werden muss zwischen Fehlern beim Ausprobieren neuer Möglichkeiten mit Reflexion der eingegangenen Risiken und Fehlern aus Leichtsinn, Nachlässigkeit oder mangelndem Nachdenken. Im ersteren Fall kann ich nur sagen, Gratulation, durch Analyse des Scheiterns haben wir dazugelernt, während wir im zweiten Fall zwar auch den Fehler analysieren, wie konnte das passieren, aber das wird dann nicht zelebriert. So versuche ich das zu erklären, aber für viele ist diese Unterscheidung zu schwierig. Dagegen hilft es, wie ich erlebt habe, selber Fehler einzugestehen und zu erklären, was beabsichtigt war, welches Risiko eingegangen wurde und warum es dann doch nicht geklappt hat. Ein Beispiel von mir: Ich habe mir zu viel Zeit gelassen, um die Führungsmannschaft zu erneuern. Ich hatte zu Beginn einen klaren Auftrag vom Inhaber und habe dann nach ein paar Monaten des Kennenlernens gesehen, wo die Defizite sind, und dann zu lange gehofft, dass ich durch entsprechendes Coaching helfen könnte, diese Defizite zu korrigieren. Wenn ich schneller reagiert hätte, dann wären wir heute schon weiter. Da habe ich zwar darüber nachgedacht, was ist, wenn …, aber ich wollte das Risiko eingehen und der Inhaber und seine rechte Hand haben mich gewähren lassen, obwohl sie die Erneuerung der Führungsmannschaft schneller haben wollten. Auch das ist ein Beispiel für positive Fehlerkultur. Darüber habe ich dann offen gesprochen und andere ermuntert, ebenfalls gut überlegte Risiken einzugehen; lieber etwas potenziell Weiterführendes oder ganz Neues probieren als vor erwarteten Schwierigkeiten gar nicht erst anzufangen.

WS: Hat dieser große Wechsel in der Führungsmannschaft nicht bei den sonstigen Mitarbeitern größere Ängste ausgelöst, statt im Sinne einer positiven Fehlerkultur Vertrauen zu schaffen? AB: Ja, das war wohl zunächst auch der Fall, aber die Mitarbeiter haben auch gesehen, dass es nicht gut lief, dass die früheren Coaching-Versuche des Inhabers nicht ausreichten, meine dann ebenfalls nicht und dass Änderungen notwendig waren. Neben der natürlichen Fluktuation gab es nur in 2–3 Fällen Kündigungen meinerseits. Die Mitarbeiter haben gesehen, dass die Ängste, die es vielleicht gab, nicht begründet waren. Mit der Einarbeitung der neuen Führungsmannschaft hat sich die Situation beruhigt und stabilisiert.

WS: Was ich auch interessant fand, war Deine Äußerung „Wettbewerber sind für mich keine Konkurrenten, sondern Marktbegleiter". Was heißt das? Wie läuft das? AB: Das Wort „Marktbegleiter" kommt aus der ersten Firma in Hamburg und war erst ein etwas abschätziger Begriff für die anderen in diesem Markt aus Sicht des Marktführers. Für mich ist dieser Begriff jetzt anders besetzt: Marktbegleiter heißt, dass wir alle in irgendeiner Form am Markt operieren und nicht primär daran denken, den Anderen auszustechen. Wir sind am Markt, um den Kunden glücklich zu machen. Wenn das so ist, dann ist es doch viel sinnvoller, sich mit den anderen Anbietern darüber auszutauschen, wie wir diesen Auftrag in Form von Kooperationen noch besser erfüllen können. Dazu gehört auch, etwas gemeinsam zu entwickeln, gemeinsam über Modelle und Methoden nachzudenken. Gleichzeitig ist das immer noch nicht Konsens. Ich hatte ja zwei heftige Rechtsstreitigkeiten geerbt und trotzdem habe ich auch bei diesen beiden Marktteilnehmern die Kooperation gesucht, nachdem der Rechtsstreit beigelegt wurde: Lasst uns gedanklich abtrennen, was war, und fragen, was könnten wir gemeinsam besser machen? Da stoße ich noch auf Ablehnung, weil der Rechtsstreit wohl zu lange ging und zu teuer für alle Beteiligten war. Andere sind da auch erstaunt, aber offener, und so besuchen wir diese Marktteilnehmer, sagen, was wir machen, fragen, was bei ihnen läuft, und überlegen, was wir gemeinsam machen könnten. Das machen wir sowohl mit kleineren als auch mit größeren Marktbegleitern.

WS: Es gibt ja auch ganz andere Geschäftsmodelle, vielleicht häufiger in den USA, wo versucht wird, den Kunden so in den Griff zu bekommen, dass er abhängig vom Unternehmen wird und nur zu unvertretbaren Kosten wechseln könnte. Die großen IT-Firmen wie Google, Apple, Microsoft sind Beispiele oder in einer andern Branche Monsanto. Da geht es dann darum, den Markt zu dominieren bzw. die Marktkräfte auszuhebeln. AB: Ich glaube, das ist das falsche Modell und als Konsument ärgere ich mich darüber. In unserem Bereich merken wir das auch: Wenn wir in einen neuen Markt gehen, dann ist das ein Einfallstor, wenn sich die Kunden über die Bedingungen der marktbeherrschenden Firma ärgern. Die diktieren die Konditionen, die können eigentlich machen, was sie wollen, und deshalb suchen die Kunden nach einer Alternative. Das zeigt mir, dass es besser ist, seine Position nicht auf Abhängigkeiten aufzubauen, sondern auf der Erfüllung des Auftrags: Der Kunde soll das machen können, was er sich wünscht. Ich möchte, dass unsere Marken ‚love brands' sind, dass unsere Kunden unsere Produkte lieben, ohne dass damit Abhängigkeiten und negative Gedanken damit verbunden sind, sodass sie den Absprung suchen. Wir sind in einigen Bereichen führend, wie z. B. bei den Gepäckwagen, in Deutschland die Nummer eins, weltweit die Nummer zwei, aber man *muss* nicht bei uns kaufen und wechseln ist jederzeit möglich.

3   Der Geschäftsführer als Innovationspromotor

WS: In unserem GI:VE-Projekt[1], das in seinen verschiedenen Facetten in diesem Buch dargestellt ist, hatten wir auch eine Ausbildung zum Innovationspromotor konzipiert (s. Kap. „Innovationspromotor: Idee, Rolle, Ausbildungskonzept und Umsetzung"), die sehr positiv evaluiert wurde (s. Kap. „Möglichkeiten und Grenzen von Trainingsevaluation am Beispiel der Evaluation der Ausbildung zum Innovationspromotor"). Die Ausbildung war primär für Mitarbeiter/innen der Geschäftsleitung im Zusammenspiel mit ideenreichen Beschäftigten gedacht, aber es haben außer Dir noch ein weiterer Geschäftsführer und eine Geschäftsführerin selber teilgenommen. AB: Eigentlich bin ich ja da wie die Jungfrau zum Kinde gekommen. Wir hatten andere Führungskräfte angesprochen, aber das schien dann ein zu großes Zeitproblem zu sein, die konnten oder wollten sich die Zeit nicht nehmen. Und da habe ich das natürlich gerne angenommen und hatte dann auch die Chance, meiner Mitgeschäftsführerin und den anderen darüber zu berichten und zu zeigen, dass das durchaus einen Wert hat, da mitzumachen.

Grundsätzlich finde ich es gut, so etwas mitzunehmen und sich damit auch zu präsentieren. Das machen wir hier auch: Meine Mitarbeiter sind aufgefordert, ihre besten Leute immer zu fordern mit solchen Aufgaben. Die bekommen auch entsprechende Unterstützung, Fortbildung usw., und sie dürfen dann zeigen, dass sie auch über den Tellerrand hinausblicken und die Projekte managen können. Wir haben da z. B. einen Einkäufer, der ist ganz jung, Mitte 20, kompetent, und der hat immer wieder Lust, Neues auszuprobieren, vor allem natürlich in seinem Einkaufsbereich. Aber er hat jetzt auch schon Chancen in der Prozessoptimierung gesehen; wir wollen ein neues ERP-System einführen und da sehe ich ihn auch ganz weit vorne. Der bekommt dann ein Team um sich und gewinnt Führungserfahrung; auch das ist wichtig, um Innovation zu fördern.

Du bist nun seit gut zwei Jahren in diesem neuen Unternehmen. Da liegt die Frage nahe: Was ist Dir von der Ausbildung im Gedächtnis geblieben? Was hat Dein Handeln in diesem neuen Unternehmen beim Aufbau einer innovativen Unternehmenskultur beeinflusst? AB: Das ist natürlich ein paar Jahre her, aber wenn ich mich recht erinnere, dann war es damals das erste Mal, dass ich von einer speziellen Ausbildung für Innovationen gehört habe. Besonders gut gefallen hat mir der Austausch mit den anderen Teilnehmern, die verschiedene Positionen in verschiedenen Branchen innehatten, und es wurde deutlicher sichtbar, wie das Thema Innovation nicht nur die Industrie, sondern auch Dienstleistungen, nicht nur Produkte und technische Verfahren, sondern auch organisatorische Verfahren und letztlich die ganze Kultur von Organisationen betrifft. Das gab mir Zuversicht, dass ich auf dem richtigen Weg bin, dass ich auch mehr Gleichgesinnte in dem jeweiligen Unternehmen haben möchte, denn als Geschäftsführer kann ich eine

---

[1]GI:VE steht für ‚Grundlagen nachhaltiger Innovationsfähigkeit: Vertrauenskultur und Evolutionäre Wissensproduktion'.

solche Qualifikation/Funktion nicht alleine ausführen, aber ich kann andere damit inspirieren, die das dann ihrerseits weitergeben. Das versuche ich hier, auch indem ich bei der Neubesetzung von Stellen schaue, sind das Leute, die über den Tellerrand blicken? Die beim Thema Innovation nicht nur an Produkte denken, sondern auch an Prozesse und Geschäftsmodelle, die dafür einen Kopf haben, die das auch gezeigt haben in ihren bisherigen Tätigkeiten. Mit denen und auch mit ähnlichen, die schon bei uns sind, können dann grundlegendere Veränderungen angegangen werden.

Wichtig war in der Ausbildung auch das integrierte Praxisprojekt, das man mit den jeweiligen Ausbildern und den anderen Teilnehmern im Verlaufe immer wieder besprechen konnte. Bei mir war es damals die Einführung des betrieblichen Vorschlagswesens bei Knauer, das ich mit den Mitarbeitern entwickelt habe, ein rollierendes System mit Prämien; das hat gut funktioniert, wie die eingebauten Evaluationen gezeigt haben. An solchen Projekten kann sich schnell zeigen, dass sich der zeitliche Aufwand und die Kosten der Ausbildung auszahlen. Einen schnellen Return, das wünscht sich natürlich jedes Unternehmen, aber bei Innovationen ist das gar nicht so einfach; im Laufe der Ausbildung haben die Teilnehmenden das jedoch weitgehend hinbekommen.

WS: Du hattest mir bei der Voranfrage zu diesem Interview einen Satz geschrieben, der mich staunen ließ: „Für mich war die Ausbildung ein Wendepunkt in meiner Karriere, denn ich fokussiere mich seitdem auf Organisationsentwicklung, um mit Innovationen auf den Markt zu kommen, die das Unternehmen erfolgreich macht." Du warst doch schon vorher intensiv mit dem Thema Innovation zu Gange? Ich hatte mich bis dahin immer im engeren Sinn mit Innovation beschäftigt: Wie kann ich neue, interessante Produkte entwickeln, die am Markt erfolgreich sind. Das kann aber nicht losgelöst von der Organisation betrachtet werden: Wenn einer etwas Neues möchte, die Organisation aber anders tickt, dann ist das in der Regel zum Scheitern verurteilt. Dann kann man vielleicht noch einen radikalen Schnitt machen und das Unternehmen ganz neu aufstellen. Am schönsten ist es natürlich, wenn man das mit den Mitarbeitern machen kann und gemeinsam die Strukturen und die Prozesse verändert, also Innovation in allen Bereichen. Im Grunde genommen ist doch jeder daran interessiert, ein spannendes Leben zu führen. Neues ist inspirierend und auch wenn es bequem ist, die gewohnten Wege zu gehen, ich will diese Inspiration bei den Mitarbeitern wachrütteln.

Diese breitere Sichtweise von Innovation als Organisationsentwicklung ist mir durch die Ausbildung zum Innovationspromotor in allen Details bewusst geworden. Ich glaube, dass der Innovationspromotor eine Marke werden kann. Ich habe das ja bei mir aktiv eingebunden in meine Profile; ich glaube auch, dass das aufgefallen ist und dass das bei der Bewerbung bei Expresso Resonanz gefunden hat beim Inhaber: da hat sich jemand intensiv damit beschäftigt, da ist Innovation nicht nur eine Worthülse.

WS: Inwieweit gibt es spezifischere Bezüge zwischen Deiner heutigen Vorgehensweise und einzelnen Themen der Ausbildung zum Innovationspromotor? Wir haben z. B. die verschiedenen Möglichkeiten besprochen, wie man neues und besseres Wissen generieren kann über verschiedene individuelle, gruppenbezogene und organisationale Möglichkeiten (s. das evolutionäre Wissensmodell im Kap. „Innovationskultur, Innovationsprozesse und Innovationserfolge") und das wurde dann in der Brückenbauaufgabe ausprobiert. AB: Aufgenommen habe ich die vielfältigen Möglichkeiten des Innovierens, d. h. Innovation nicht so eindimensional zu sehen: Wie innoviert man? Z. B. gibt es neben der Förderung der Kreativität auch das kreative Nachahmen; nicht als Plagiat, nicht ohne Verstand einfach nachahmen und dann doch an Details scheitern oder womöglich einen Rechtsstreit riskieren. Also ‚steal with pride and share with delight'. Was machen andere, was können wir vielleicht besser machen? Da zeigen wir dann denen auch, worauf wir aufbauen. Und dann können wir gelegentlich auch radikale Innovationen anstoßen, etwas für die Branche ganz Neues machen.

WS: Die Nutzung der verschiedenen Wissensmöglichkeiten hängt auch vom Umgang mit Macht ab. Muss man sich, besonders als Führungskraft oder Geschäftsführer, letztlich einfach gegen mangelnde Einsicht oder Widerstand durchsetzen? AB: Unser Unternehmen war traditionell sehr stark vom früheren Inhaber dominiert, der die Karrenentwicklung mit seinen Ideen vorantrieb; er war eine Art Guru der Karren, sehr erfolgreich, aber er hat auch versäumt, noch andere mit einzubeziehen und so entwickelte sich die fatale Neigung ‚Am besten weiter so wie bisher'. Der Entwicklungsprozess, den wir heute implementiert haben, wird Phoenix genannt, d. h. wie der Vogel aus der Asche wollen wir Neues schaffen, nicht mit großem Aufwand, sondern mit dem, was geblieben aus der Substanz an Know-how der Mitarbeiter. Phoenix hat einen viel stärkeren demokratischen Ansatz. Da wir verschiedene Produktbereiche und Produktverantwortliche haben, ist es sinnvoll, im Kreise dieser verschiedenen Verantwortlichen gemeinsam die Ideen zu evaluieren, was zukünftig entwickelt wird und was nicht. Dabei suchen wir den Konsens über Punktevergaben, Abstimmungen usw., um damit eine Roadmap zu entwickeln, zu der sich alle bekennen können. Das ist am Anfang mit großer Skepsis aufgenommen worden, aber wir haben es in den ersten Besprechungen hinbekommen, dass keiner sich verloren oder zurückgesetzt fühlte und alle mit den Rankings einverstanden waren. Es wurde von vielen Seiten Einfluss genommen, keiner dominierte, auch ich nicht. Natürlich können sich die Festlegungen verschieben bei neuen Marktentwicklungen und das wird dann in der monatlichen Runde, dem ExCo (Executive Committee) besprochen und verändert. Da versuchen wir, durch mehr Partizipation zu mehr Verständnis zu kommen.

WS: In der Ausbildung hatten wir die Cockpit-Metapher eingeführt, d. h. welche Instrumente habe ich, um den Innovationsprozess zu beobachten, zu steuern und zu evaluieren? Wie sieht das bei Expresso aus? AB: In Berlin hatte ich das schon begonnen, aber hier haben wir neu geeignete Werkzeuge eingerichtet. Wir haben für unsere Entwicklungsprojekte a) die klassischen Roadmap-Pläne, wo wir über die nächsten 3 Jahre den Verlauf der Entwicklungsprozesse projektieren. Wir haben b) eine Bewertungsmatrix, wo technische Anforderungen oder Technologien in einem Spinnendiagramm entwickelt werden, um dann Synergien zwischen verschiedenen Produkten und Marktanforderungen aufzuzeigen. Wenn wir in dieser Matrix eine Häufung sehen, dann ist das positiv für so eine Entwicklung. Und dann haben wir c) die klassischen Meilensteindokumente wie schon in Berlin. Darüber gibt es d) noch ein Cockpit, wie es der Inhaber sich wünscht, wo alle Strategien noch mal kondensiert werden, und das beinhaltet natürlich auch als Teil die Entwicklungsstrategien.

WS: Wie sieht es mit der Evaluation der Vorhaben aus? Erfahrungsgemäß unterbleibt die oft, weil die Projekte länger dauern als geplant, weil Neues dringlicher ist und die Evaluation noch mal Ressourcen binden würde. AB: Ich sehe schon die Notwendigkeit der Evaluation. Wir hatten beispielsweise im Herbst 2015 ein großes Prozessoptimierungsprojekt, das bis Sommer 2016 gegangen ist. Dort haben wir nach Abschluss des Projektes zusammengesessen und bewertet: Was haben wir erreicht und was haben wir nicht erreicht? Und wir haben uns auch danach periodisch zu den Ergebnissen aus den Teilprojekten immer wieder zusammengesetzt. Das kommt tatsächlich oft zu kurz auch bei Expresso; in dem Fall ist es, glaube ich, beispielhaft gut gelungen. Auch bei Entwicklungsprojekten machen wir das so, dass wir das Ergebnis zelebrieren, wenn der Abschluss da ist. Beim Marketing haben wir das jetzt ebenfalls eingeführt, dass nach einer Messe so ein ‚after action review' kommt, es kommen alle Beteiligten und die, die das nur miterlebt haben, zusammen. Die schreiben auf, was haben wir erlebt, was war gut und was hat nicht so gut funktioniert, damit wir im nächsten Jahr diese Messe noch besser gestalten können. Man muss das direkt nach dem Projekt oder der Veranstaltung machen.

WS: Ein wichtiges Thema in der Ausbildung waren die Zusammenhänge zwischen den einzelnen Innovationsvorhaben und den organisationalen Rahmenbedingungen. Innovationen rufen ja fast immer Widerstände hervor und da ist zu fragen, wo und wie sie im System verwurzelt sind. Wie lässt sich das rechtzeitig berücksichtigen? AB: Widerstände habe ich hier sehr stark gespürt. Zu Anfang hatte ich einen Personalberater, der für uns Führungskräfte gesucht hat; eigentlich ist das aber ein Organisationsentwickler. Der hat sehr schnell erkannt, dass wir hier größere Probleme haben, als nur punktuell neue Köpfe zu finden, und so machen wir mit ihm heute auch verschiedene Projekte der Organisationsentwicklung, in denen viele Mitarbeiter einbezogen werden. Eines ist, ein gemeinsames Grundverständnis zum Thema Führung zu entwickeln, gerade auch weil ja neue Führungskräfte von verschiedenen Seiten hinzugekommen sind, und da war klar, dass die Mannschaft dahinter auch einbezogen werden muss; nur Führungskräfte zu trainieren, bringt wenig.

Ein weiteres Thema ist die Kundenorientierung; das hat auch nicht gut funktioniert. Da fangen wir nun an, mit dem gesamten Organismus zu arbeiten und überall auch die internen Kunden- und Lieferantenbeziehungen zu identifizieren. Da können die Mitarbeiter lernen, dass sie zwar vielleicht gerade einem externen Kunden gegenübersitzen, aber dass sie selbst auch immer wieder Kunde oder Lieferant für andere in der Organisation sind. Ein Entwickler kann z. B. sowohl Kunde als auch Lieferant sein. Das spielen wir gerade durch, haben die Einzelnen gefragt: „Was sind Deine Wünsche? Werden die erfüllt?" und das schlägt sich in Bewertungen nieder; jeder Befragte wird ebenso von seinen Kunden und Lieferanten bewertet. Das macht gerade eine ganze Menge Laune, aber wir müssen auch da an Widerständen arbeiten. Das ist ein mehrmonatiger Prozess, aber auch das führt zu Innovationen.

WS: In einem Ausbildungsmodul wurde eine Gerüchteküche etabliert; es wurde simuliert, wie in Organisationen Gerüchte entstehen. Erinnerst Du Dich daran? AB: Das ist ein Phänomen, das haut mich echt vom Hocker. Das ist tatsächlich genau so, auch in diesem Unternehmen, vielleicht sogar noch stärker als anderswo. Was da immer hilft, ist noch mehr Kommunikation auf allen Ebenen. Das kann ich nicht alleine leisten. Ich mache in Quartalssitzungen meine Präsentation, mal mit, mal ohne den Betriebsrat, aber wir müssen das viel engmaschiger machen. Wir machen das auch teilweise, indem wir im Wochenrhythmus mit den Führungskräften zusammensitzen; die geben die Botschaft dann weiter. Im Monatsrhythmus haben wir Lenkungskreise, da kommt dann mein Chef mit den Führungskräften zusammen und die Berichte werden dann wieder in die Mannschaft gegeben. Im Dezember 2017 ist außerdem unser Social Intranet an den Start gegangen. Hier können alle, nicht nur die Führungskräfte, spielerisch in ihrem Bereich posten. Andere können das kommentieren, damit viel, viel mehr Kommunikation stattfindet. Gerade die neuen Medien können helfen, in der vielfältigen Kommunikation Korrekturen schneller zu erreichen. Das hilft, Gerüchten vorzubeugen.

WS: Neben den innovationsbezogenen Inhalten hatten wir in der Ausbildung auch die Bedeutung kommunikativer und interaktiver Fähigkeiten für das Gelingen von Innovationen betont und Trainingseinheiten in Gesprächsführung und Kommunikation, in Konflikthandhabung und im Projektmanagement eingebaut. Inwieweit hattest Du schon vorher entsprechende Trainings absolviert und inwieweit war das zusätzlich für Deine jetzige Tätigkeit nützlich? AB: Ja, solche Trainings hatte ich schon seit Anfang meiner Industriekarriere absolviert. Begonnen hatte das mit einem Moderations-Crash-Kurs für eine große Veranstaltung, wo Gruppen moderiert werden mussten. Später habe ich auch noch mal ein längeres Moderatorentraining in Berlin gehabt und wir wurden anschließend in der Umsetzung durch Coachings unterstützt. Die Notwendigkeit sehe ich ganz groß, denn sonst besteht die Gefahr: „Viel kommt rein und nichts kommt raus" (Nietzsche?). Sonst sind die Zusammenkünfte unstrukturiert, es werden kaum Medien eingesetzt und z. T. wird nicht mal ein Protokoll angefertigt. Diese Basics müssen auch hier noch weiter trainiert werden. Für das Konfliktmanagement hatte ich auch schon ein Training, das wurde in der Berliner Schulung kombiniert mit der Moderation. Auch Schulungen in Projektmanagement hatte ich bereits vorher. Ich halte es aber trotzdem für richtig, das in die Ausbildung zum Innovationspromotor aufzunehmen, weil solche Dinge immer wieder aufgefrischt werden müssen; da bin ich dankbar, wenn sich dazu wieder eine Gelegenheit bietet. Günstig wäre vermutlich eine noch stärkere Verzahnung mit den inhaltsbezogenen Teilen der Innovationsförderung. Auf Widerstände bei Innovationen eingehen und im Konflikttraining dafür geschult werden, das gehört unmittelbar zusammen.

WS: Gibt es etwas, was in der Ausbildung fehlte, was Du gerne dabei gehabt hättest? AB: Einen Betrieb zu besuchen und sich dort über Innovationsprozesse zu informieren, das fände ich eine gute Idee. Zu bestimmten Themen andere Betriebe zu besuchen und mit den dort Zuständigen zu diskutieren, das habe ich immer als bereichernd empfunden. Und auch anders herum gedacht, eine Person mit ähnlicher Ausbildung und Funktion einzuladen und über die eigenen Erfahrungen berichten zu lassen, so etwas ist auch immer sehr aufschlussreich. Und dann vielleicht noch mehr Rollenspiele; das haben wir zwar gemacht, das war gut, aber da könnte noch mehr sein. Das, was man gelernt hat, immer wieder anwenden, über mehrere Module hinweg, das wäre sehr hilfreich. Schließlich, wenn ich an Erfahrungen bei mir und den Mitarbeitern denke, raus aus der gewohnten Umgebung und als Gruppe mehrere Tage zusammen zu verbringen in der Ausbildung, das schafft eine besondere Dynamik. Bei GI:VE hatten wir immer nur zweitägige Module und abends gingen die Teilnehmenden nach Hause oder in ihr Hotel. Wir haben bei Expresso dieses Jahr eine sogenannte ‚Innovation Week‘ durchgeführt: Wir haben ausgewählte jungen Nachwuchskräfte eingeladen, mit uns spielerisch eine Woche lang an Produktinnovationen zu arbeiten. Dabei wurde die Methodik des Design Thinking angewandt. Wir haben ein übergeordnetes Thema gewählt und einen jungen Mitarbeiter, der eine Spezialausbildung dazu hatte, als Verantwortlichen bestimmt. Wir haben ein externes Hotel gesucht und da haben die fünf Tage von morgens bis abends zusammengearbeitet. Ein zusätzlicher Erfolgsfaktor war dabei, dass sie auch die freien Zeiten, vor allem abends nach der Arbeit zusammen in lockeren Gruppierungen verbracht haben. Da findet dann ein zusätzlicher, viel persönlicherer Austausch und Erfahrungstransfer statt. Bei GI:VE hatten wir das nur in den Pausen, vor allem mittags, sowie einige Male abends. Ich kenne das auch von meiner MBA-Ausbildung, ich fand das immer ganz toll.

WS: Eine große Diskussion gibt es heute zum Thema ‚Agile Arbeit‘. Ist das wichtig für Innovationen? Ist das womöglich selbst eine Innovation? Welche Rolle spielt das bei Euch? AB: Das ist ganz eminent: Die Geschwindigkeit, mit der wir heute agieren und reagieren, ist für uns entscheidend. Agilität hängt stark mit dem Thema Führung zusammen. Meine Idee ist, dass wir noch stärker die Mannschaft ermächtigen selbst zu agieren, also Entscheidungen selbst zu treffen, ohne hierarchische Genehmigungsprozedur nach dem Motto: Der Inhaber legt es fest, der Geschäftsführer stimmt dem zu und die Führungskräfte arbeiten dann die Pläne aus, die Mitarbeiter setzen die Pläne um und zurück gehen dann die Berichte über den Vollzug nach oben. Das muss schneller, agiler laufen, gerne auch im Rahmen einer wie immer gearteten Strategie. Wenn Mitarbeiter selbst erkennen, was zu tun ist, und nicht immer nur Aufträge schrittweise abarbeiten, dann ist viel gewonnen und dann sollen sie das auch umsetzen können.

Wie das umzusetzen ist, da fehlt noch die Erfahrung. Wir reden über Digitalisierung, über Industrie 4.0, und Agilität passt da natürlich sehr gut rein. Ich sehe das immer bei Start-ups, wie die das machen. Da gibt es eigentlich gar keine wirklichen Hierarchien mehr. Was ich von Freunden aus dem IT-Bereich gehört habe, als Beispiel für agile

Arbeit, das ist Scrum. Das habe ich hier für die Fertigung und die Konstruktion vorge-schlagen, wo tagtäglich schnell und unkompliziert Dinge entschieden und umgesetzt werden müssen. In der Konstruktion wird inzwischen ein wesentlicher Teil, um den es mir ging, umgesetzt. Das ist Daily Scrum: Alle kommen morgens zusammen, sprechen miteinander ganz kurz, was habe ich zu tun, wo sind Fragen, was hat gut funktioniert und was nicht, was nehme ich mir vor bis morgen. Dann gehen alle auseinander, es wird nicht groß diskutiert, jeder hat das jetzt im Kopf und kann dann über den Tag sich Hilfe holen oder eine Idee vorbringen und auf einen anderen zugehen. Das ist für mich schon ein Fortschritt auf dem Weg zur Agilität.

WS: Im GI:VE-Modell, an dem wir uns orientiert haben (siehe die Kap. „Making the difference: Benchmarks der Innovation in deutschen KMU" und „Innovationskultur, Innovationsprozesse und Innovationserfolge"), wird die Organisationskultur als zentraler Einflussfaktor für die ablaufenden Prozesse gesehen. Darin sind Veränderungsfähigkeit und Kundenorientierung wichtige Punkte sowie Mitarbeiterorientierung der Führungskräfte und Partizipation; darüber hatten wir schon gesprochen. Im Zentrum des Kulturmodells steht das Vertrauen in die Kollegen, die Vorgesetzten und in die Organisation insgesamt. Inwieweit spielt das bei Euch eine Rolle? Wie wichtig ist dieses Thema bei Expresso? AB: Ich glaube, Du hast das Thema damals eingeführt und hast es für mich erstmals klargemacht. Dass Innovation ohne Vertrauen nicht gut funktioniert, das war mir vorher nicht so klar. Ob wir da schon in Berlin Fortschritte gemacht haben, ist schwer zu beurteilen; es gibt so viele verschiedene Faktoren, die da hineinspielen, und jeder hat auch unterschiedliche Wahrnehmungen; das ist schwer zu fassen. Und das ist hier bei Expresso auch so. Aber dass dieser Zusammenhang existiert, das unterschreibe ich. Wenn Vertrauen vorhanden ist, lassen sich Veränderungsprozesse und damit Innovationen viel leichter und besser durchführen. Wichtig ist daher, dieses Thema immer wieder zu beleuchten, das geht sonst angesichts der konkreten Tagesgeschäfte leicht verloren. Ich kann auch nicht behaupten, dass mir das so gut gelingt; ich bräuchte dafür vielleicht eine Ausbildung als Psychologe oder Theologe (WS lacht); immer schwanke ich zwischen diesen beiden Ausbildungen. Einer meiner Führungskräfte hat tatsächlich jetzt ein Fernstudium in Wirtschaftspsychologie begonnen. Ich stelle fest, dass ich oft Dinge sage, die ich so meine, die aber anders verstanden werden und dass davon auch das Thema Vertrauen/Misstrauen betroffen ist. Ein HR-Berater hat einmal gesagt: „Wenn Sie morgens hereinkommen, vielleicht in Gedanken versunken, und jemanden nicht grüßen, dann haben Sie schon geführt." Die Sensibilität für vermeintliche Untertöne ist oft sehr groß.

WS: Es ist natürlich schwer einzuschätzen, inwieweit in einer Firma Vertrauen herrscht, wenn man nicht gleich eine gute, anonyme und repräsentative Befragung durchführt. Auf der anderen Seite kannst Du vielleicht eher dazu etwas sagen, was Du explizit machst, um Vertrauen zu schaffen. AB: Ja, dazu kann ich natürlich ein paar Dinge sagen, die ich grundsätzlich für mich in Anspruch nehme. Das erste ist: Dinge, die man verspricht, auch tatsächlich zu tun. Da kommt man leicht an seine Grenzen, weil man Gutes tun will bzw. Maßnahmen trifft, die Gutes erbringen sollen, die man aber nur teilweise oder sogar kaum unter Kontrolle hat. Die Mitarbeiter erwarten das aber, das war so gesagt, dann soll das auch so sein. Das ist ganz wichtig. Wenn Zusagen mehrfach nicht eintreffen oder eingehalten werden, dann verliert man das Vertrauen, egal wie die Begründungen sind. Dann lieber die Brötchen etwas kleiner backen als Dinge, die man sich wünscht, aber die eventuell nicht einzuhalten sind.

Dann unmittelbar über gravierende Veränderungen informieren, nicht lange versuchen, die Dinge für sich zu behalten, weil man sich noch unsicher ist, wie darauf zu reagieren ist. Das predige ich hier und das mache ich auch selbst. Das war bei den Personalveränderungen so: Sobald klar war, jemand wird oder muss gehen, wurden die Mitarbeiter informiert und es wurde erklärt, was geschehen war und warum das die Konsequenz war.

Ein wichtiger Punkt, um Vertrauen zu schaffen, ist die oben angesprochene Fehlerkultur, also das Vertrauen darauf, dass beim Vorstoß ins Neuland, bei Innovationen, immer mal wieder Fehler zu erwarten sind, weil man eben manches noch nicht weiß. Wenn man dann als Geschäftsführer oder Führungskraft über eigene Ziele und Vorhaben berichtet und auch sagt, was schief gelaufen ist und was man daraus gelernt hat, dann erntet man Respekt und Glaubwürdigkeit und animiert die Mitarbeiter, ebenfalls neue Wege zu gehen und nicht nur über Erfolge, sondern auch über Fehler und Scheitern zu berichten. Wenn das passiert, dann ist das ein Zeichen für gewachsenes Vertrauen.

Vertrauen kann man natürlich auch im ganz kleinen Rahmen aufbauen mit den einzelnen Mitarbeitern. Dafür haben wir ein formales Vorgehen, indem ich mich – neben den informellen Treffen – monatlich mit den Führungskräften austausche, anderthalb Stunden werden dafür frei gehalten; da ist dann Zeit genug, um auch über Persönliches zu sprechen. Das ist wichtig und das sollen die Führungskräfte auch tun mit ihren Mitarbeitern. Und dann gehe ich hier auch – viel öfter als in Berlin – zu den übrigen Mitarbeitern an ihren Arbeitsplätzen. Ich gehe fast jeden Tag durch die drei Hallen, wo die Produktion läuft, rede mal mit dem, mal mit jenem, um auch zu zeigen, der ist ansprechbar, dem geht es nicht nur um Excel-Tabellen und Zielerfüllung. Allerdings ist mir auch wichtig, dass das nicht falsch verstanden wird: Ich möchte freundlich wirken, zeigen, dass ich ein offenes Ohr habe, aber ich möchte nicht freundschaftlich rüberkommen, ich bin nicht der Freund von allen. Ich habe das auch schmerzlich erlebt, dass Leute dann denken, sie können einen Deal mit mir machen, eine Sonderbehandlung bekommen; das möchte ich nicht. Ich möchte signalisieren, wir sind hier Menschen, die versuchen sich zu verstehen und einander zu helfen. Das schafft m. E. Vertrauen und das pflege ich auch.

Wichtig ist natürlich der Umgangston, gerade auch, wenn man Konflikte hat. Wenn man etwas bei einzelnen kritisieren will, dann nicht in der Runde, sondern im persönlichen Gespräch. Oder wenn es zu Anwürfen kommt, dann deeskalieren, durchaus signalisieren, dass man anderer Meinung ist, aber das dann nicht ausufern lassen. Das war leider in der Anfangsphase bei Expresso anders im Führungskreis, da wurde es manchmal richtig heftig. Das versuche ich nun zu vermeiden, mache lieber einzelne Kritik- und regelmäßige Feedbackgespräche. Wie sagte unser Berater: „Feedback ist das Frühstück des Gentleman".

WS: Lieber Alexander, ich danke Dir ganz herzlich für dieses ausführliche und sehr interessante Interview. Es ist eine wesentliche Bereicherung für die 2. Auflage und macht Mut zu Innovationen, wie der Buchtitel verspricht.

The manufacturer's authorised representative in the EU is Springer Nature Customer Service Centre GmbH, Europaplatz 3, 69115 Heidelberg, Germany. If you have any concerns regarding our products, please contact ProductSafety@springernature.com

Printed and bound by CPI Group (UK) Ltd, Croydon, CR0 4YY

23/04/2026

02095588-0019